19세기 상·하층 소설의 접점과 문화적 의미

이 책은 高麗大學校 民族文化研究院이 새로운 民族文化의 창달과 國學振興을 위하여 제정한『芝薰國學研究造成費』와『民族文化研究叢書刊行計劃』에 의하여 出版되었습니다.

民族文化研究叢書 154

19세기 상·하층 소설의
접점과 문화적 의미

장예준 지음

高麗大學校
民族文化研究院

머리말

이 책은 필자의 박사학위논문인 〈19세기 상·하층 소설의 접점과 문화적 의미: 한문 장편소설과 우화 소설·판소리계 소설의 글쓰기 방식을 중심으로〉를 책으로 엮은 것이다. 학위논문의 부족한 점들을 보완해서 좀 더 완성도 높은 책을 만들어야겠다고 생각했지만, 필자의 게으름 탓에 오탈자를 수정하고 문장을 다듬기만 하고는 부랴부랴 책을 내게 되어서 부끄러운 마음이 앞선다. 아무튼 이 글을 인용하실 분들은 이 책을 활용해 주셨으면 한다.

이 글은 필자가 고전소설을 공부하면서 늘 궁금했던 두 가지 의문에 대해 나름대로 답을 찾아가는 과정에서 얻은 작은 결론이라 할 수 있다. 먼저 비교적 하층민들이 주로 향유했다고 간주되는 소설 유형인 우화 소설, 판소리계 소설 등에 다양한 전고들과 생활 지식들이 쏟아져 들어오는 양상, 우화 소설, 판소리계 소설, 한문 장편소설 등에서 서사 진행과 별 관련이 없으면서 그렇다고 서사 진행의 묘미를 높이는 보조적 역할을 하는 것 같지도 않은 이야기들을 펼쳐내는 양상이었다. 필자는 이러한 양상이 어디서 연유했는가가 궁금했다. 다른 하나는 바로 고전문학 연구에서 일반적으로 통용되어 온, 성리학적 이데올로기가 해체되어 가는 전환기적 시기로서 조선 후기를 바라보는 시각에 대한 의구심이었다. 두 번째 궁금증은 필자가 고전소설을 공부하는 과정 내내 마음 한 구석에 자리 잡고 있었던 본질적인 의문이었다.

사실 조선시대 역사 흐름에 대해, 고려 말에 성리학이 우리나라에 도입된 후, 조선 전기에는 성리학에 대한 이해가 심화되고, 16세기에 성리학적 지배체제가 가장 완벽하게 구현되었다가 임병양란을 거치면서 서서히 성리학적 이데올로기가 해체되어 가면서 근대로 가는 전환기로 흘러간다고 보는 것이 통설이었다. 그리고 근대 전환기적 지표로 시장 경제의 발전, 부에 대한 관심 증대, 농민층의 분화, 민중들의 의식 성장과 같은 것들을 들곤 했다. 다 알다시피 조선 후기 야담계 한문단편소설, 여성영웅 소설, 판소리계 소설, 우화 소설 등에 연구자들이 지대한 관심을 가졌던 배경도 여기에 있었다. 또 소설 작품 속에 당대 지배체제나 가부장적인 가족제도 등에 대한 불만이 표출될 때면 어김없이 이를 중세 봉건체제의 모순을 인식하고 이를 강렬하게 비판하였다는 식의 결론을 내리던 모습도 여기에 기인했다.

필자는 작품을 읽고 이러한 결론에 도달한 논의를 볼 때마다 뭔가 실상과 맞지 않는 것 같다는 찜찜한 마음이 계속 들었다. 소설 작자가 모두 당대 체제에 비판적인 시선을 갖고 있어야만 하고 또한 그랬을까. 과연 당대를 살아가는 사람들이 그렇게 당대의 체제와 인식에서 벗어나 새로운 사고를 표출하고 새로운 체제를 구상하는 것이 쉬운 일인가. 그렇다고 이러한 의문들에 대한 대안 또한 생각하기가 만만치 않았기에 늘 마음 한 구석이 답답하기만 했다.

그러다 함께 박사학위논문을 준비하던 후배와 이야기를 나누던 중 '내재적 발전론'으로 대표되는 조선 후기를 바라보는 시각에 대한 논쟁이 사학계와 철학계에서 있었음을 알게 되었다. 그리고 문학을 연구하는 관점에도 이 '내재적 발전론'이 깊숙이 전제되고 있다는 점도 알 수 있었다. 필자는 이러한 시각이 과연 역사적 실상을 합당하게 보여주고 있는 것인지 의문스러웠다.

실제 성리학적 측면만 놓고 보더라도 조선은 16세기에 성리학적 지배체제가 완벽하게 구현되기는커녕 아직 성리학에 대한 이해도 깊지 못했다. 17세기가 되어서야 조선 사대부들은 성리학에 대한 이해 수준이 높아졌고, 비로소 이를 조선 사회에 적용하기 시작하였다. 17세기 중후반, 성리학적 지배체제의 균열에 대한 반작용으로 강화되기 시작했다는 가문의식과 문중화 현상 또한 성리학적 지배 질서가 흔들리면서 나온 것이 아니라 오히려 점차 자리를 잡아가면서 나온 것이며, 아주 느린 속도로 조선에 자리 잡아가고 있었던 것이다.

결국 필자는 조선시대를 바라보는 기존 시각에서 벗어나 조선시대 전(全) 시기를 성리학적 이념과 규범, 질서가 서서히 뿌리를 내리고 확산되어 가던 때로 보는 것이 합당하다는 결론에 도달했다. 그리고 그러한 시각에서 접근해야만 우화 소설, 판소리계 소설 등 비교적 하층민들이 주로 향유했다고 간주되는 소설 양식들에 다양한 전고들과 생활 지식들이 쏟아져 들어오는 현상과 그 시대적 의미를 좀 더 명확하게 설명할 수 있겠다는 생각이 들었다.

그래서 필자는 조선 후기를 성리학적 이념이 전면적으로 확산되는 과정으로 보고, 우화 소설과 판소리계 소설에서 전고와 생활 지식들이 대거 등장하는 현상이 성리학적 규범이 아래로 확산되어 가는 과정에서 나타난 부수적 결과물이었음을 밝혔다. 우화 소설과 판소리계 소설에 나타나는 전고와 생활 지식의 향유 현상은 하층에서 상층의 지배적 이념 전유를 통해 상층의 문화, 관습, 지식 등도 일정 부분 수용하여 자기화하고, 이를 다시 활용하는 과정에서 나타난 현상일 가능성이 크다는 것이다. 그리고 성리학적 규범을 아래로 확산시키기 위해 상층에서 나름대로 치밀한 논리를 적용시켜 나갔고, 이것이 나름 성공을 거두었음도 알 수 있었다.

필자가 이 자리에 오기까지 정말 많은 분들의 은혜와 은덕을 입었다. 코흘리개 학부 1학년 시절, 강의 시간에 분에 넘치는 칭찬을 해 주시며 필자를 학문의 길로 인도해 주신 정재호 선생님께 가장 먼저 감사 인사를 드리고 싶다. 석사 과정 때 지도교수이신 전경욱 선생님, 박사 과정 때 지도교수이신 장효현 선생님께서는 필자가 석사 과정일 때부터 지금까지 학업과 생활 전반에 관심을 갖고 많은 조언을 해 주시고 챙겨주셔서 이를 어떻게 갚아야 할지 모르겠다. 엉성하기 짝이 없는 박사학위논문이 좀 더 체계를 갖추고 완성도가 높아질 수 있도록 세심하게 심사해 주신 박일용 선생님, 김기형 선생님, 이형대 선생님, 심치열 선생님께도 깊이 감사드린다. 그리고 언제나 인자한 미소로 당신께서 갖고 계신 모든 것을 다 퍼주려 하시는 이창희 선생님, 필자의 건강을 염려하여 늘 산에 데리고 다니시며 세상살이에 대한 이런저런 가르침을 주시는 장정수 선생님의 은혜와 은덕도 갚을 길이 없다.

대학원 시절 함께 공부하며 동고동락했던 선후배들께도 감사 인사를 빼놓을 수가 없다. 학부 시절부터 박사학위논문을 쓰던 시기까지 어리숙한 선배를 늘 걱정하고 챙겨주던 하윤섭 선생, 함께 박사학위논문을 심사 받으며 힘이 되어 주었던 엄태웅 선생, 늘 말벗이 되어주고 함께 밥을 먹어주며 필자와 함께 해 왔던 김인경 선생, 정혜경 선생, 배수현 선생은 평생 필자가 잊지 말아야 할 소중한 벗들이다. 늘 따뜻한 얼굴로 맞이하며 필자의 하소연들을 잘 들어주셨던 김도환 선배님,

석사 과정 시절 항상 말벗이 되어 주셨던 장성윤 선배님에 대한 감사 인사도 빼놓을 수 없다. 이 머리말을 쓰는 지금, 석사 과정 때부터 지금까지 필자에게는 학문적 롤 모델이었던, 그리고 민족문화연구원에서 한문 소설 총간 작업과 XML 작업을 하면서 즐거운 추억을 많이 쌓게 해 주셨던 지연숙 선배님이 새삼 그립다. 그 외 고마운 사람들이 참 많지만, 일일이 다 언급할 수 없어 아쉽다.

일곱 달 반 만에 태어난 통에 태어나자마자 집안 기둥뿌리 하나를 뽑아 먹었던 필자를 이 자리에 오기까지 평생 노심초사하며 키워주신 부모님께 감사의 큰절을 올리며 사랑한다는 말씀을 꼭 드리고 싶다. 이제는 후회와 걱정을 모두 내려놓으시고 편안히 여생을 보내시기를 마음속 깊이 기원한다. 그리고 공부를 핑계로 자식노릇 제대로 하지 못하는 필자를 대신하여 집안의 가장 역할을 도맡아 하고 있는 하나뿐인 여동생에게는 사랑한다는 말과 함께 미안하고 고마운 마음도 전하고 싶다.

마지막으로, 보잘 것 없는 글을 고려대 민족문화연구원 지훈인문저술지원에 선정해 주시고 책으로 엮게 해 주신 민족문화연구원 최용철, 조성택, 이형대 선생님, 여러 심사 위원 선생님들과 연구원 관계자 분들께도 고개 숙여 감사를 드린다.

아무것도 모르던 석사 1학기 시절, 교양관 교양국어실에서 글자 따라가기도 벅차하면서도 여러 선배들과 함께 활자본 고전소설 작품을 읽으며 즐거워했던 모습이 지금도 흑백 사진 한 장처럼 머릿속에 선명히 남아있다. 새삼 그 시절도 그립다.

2016년 7월 6일

장예준 삼가 씀

차례

1장
머리말

이 책에서는 우화 소설과 판소리계 소설에서 상층에서 향유하던 지식·전고(典故)들이 대거 등장하는 현상에 주목하여 이러한 현상이 성리학적 이념과 규범이 아래로 확산되어 가는 과정에서 나타난 부수적인 결과물임을 밝히고자 한다. 본격적인 논의에 앞서 이 연구를 수행하게 된 배경과 논의 방향을 서술하겠다.

1. 문제의 소재

19세기를 특징지을 수 있는 중요한 문화 현상의 하나로 엄청난 양의 지식 생성과 유통, 그리고 정리 작업을 들 수 있다. 그 정리 작업은 각 분야에 따라 백과사전 편찬, 총서 간행, 개인 저술 등을 통해 이루어졌다. 19세기에 당대 유통되던 지식들이 정리되는 현상은 사실상 전근대(前近代) 생활을 영위하고 국가를 유지하는 데 기반이 되는 지식들의 총괄, 집적(集積)이라는 점에서 의미가 깊다. 따라서 19세기를 이해하기 위한 한 방안으로 이러한 현상을 세심하게 분석할 필요가 있다. 그

방법으로 대략 다음 세 가지 정도를 들 수 있을 것이다.

우선 당대 지식들이 지닌 성격을 파악해야 한다. 이를 위해서 당대 지식들을 총망라 해 놓은 서적들을 대상으로 하여 거기에 담긴 지식들이 어떤 성격을 지니는지, 그 지식의 원천이 무엇인지, 이보다 앞선 시기에 유행하던 지식들과 어떤 차별점을 지니는지, 이전 시기에 유행하던 지식들과 비교하였을 때 당대에 집적된 지식이 갖는 의미가 무엇인지 따져 보아야 한다.

어떤 사회든 지식이 당대의 지식으로서 기능하기 위해서는 그 지식이 관념적이든, 실용적이든 간에 어떤 방식으로든 세상에 유통이 되어야 한다. 그리고 여기에 그치지 않고 일정한 방식으로 정리되고, 집적되는 과정을 거쳐야 한다. 지식의 생성, 유통, 정리, 집적 과정에 대한 연구는 당대 지식이 유통되는 메커니즘을 규명할 수 있다는 점, 거기에 관여되어 있는 지식인층이나 지식을 매개하는 계층의 실태와 역할을 파악할 수 있다는 점, 지식을 생성하고 유통시키는 데 큰 역할을 한 매체를 규명할 수 있다는 점, 그럼으로써 당대의 지식의 생성, 유통, 정리, 집적 과정이라는 큰 구도를 대략 그려볼 수 있다는 점에서 중요한 의미가 있다.

지식은 일단 생성이 되면, 유통되는 과정에서 다른 지식들과 결합, 재구성됨으로써 새로운 정보나 지식을 창출한다. 한 걸음 더 나아가 그 과정 속에서 당대 사회가 기반으로 삼고 있는 이념에 바탕을 둔 새로운 담론을 생성하기도 하고, 그 이념에 대항하는 담론을 엮어내기도 하면서 당대 사회에 영향을 미친다. 이러한 담론들의 성격을 살피고 담론의 유행이 갖는 사회적 의미를 고찰하는 것은 당대 사회의 실상에 좀 더 가까이 다가서서 바라볼 수 있다는 점에서 중요하다.

당대 지식인들이 사회와 국가를 운용해 나가고 유지하기 위해 고심했던 것이 무엇인가. 그 내부에 얽힌 정치적 이해관계를 어떤 관점에서 바라볼 것인가. 당대 지식인들은 사회를 변화시키기 위해서 어떤 담론을 만들어 내었는가. 그 담론은 사회를 어떤 방향으로 변화시켜 나갔는가. 혹 어떤 담론이 담론으로만 그치고 사회의 변화를 이끌어 내지 못했다면, 혹은 도리어 사회 전반에 후유증만 남겼다면 그 담론은 또 어떤 관점에서 바라보아야 할 것인가. 당대 일반 백성들이 일상생활 속에서 믿고 의지했던 것은 무엇이었으며, 그들이 믿고 의지하였던 이념, 혹은 신념이 지배층과 관계를 정립하고 유지하는 데 어떤 영향을 미쳤는가. 그 이념 혹은 신념을 통해 그들은 무엇을 꿈꾸었는가. 이렇게 당대 중요한 담론의 성격을 파악하고, 의미를 규명하는 작업을 통해 그 당시 국가, 사회가 지녔던 꿈과 이를 이루기 위해 해결해야 했던 과제, 이를 해결해 나가는 과정의 역동적인 면모를 드러낼 수 있다.

물론 이러한 논의가 전혀 이루어지지 않았던 것은 아니다. 특히 최근에는 19세기에 지식이 대규모로 유통되고 정리, 집적되는 현상에 대한 연구가 여러 측면에서 이루어지고 있다. 관련 성과를 간단하게 서술하면 다음과 같다.

특정 저서를 대상으로 하여 저서의 특징과 작가로서의 저자의 면모, 지식 유통 차원의 글쓰기 방식에 대한 연구가 있다. 『숙수념(孰遂念)』 분석을 통해 홍길주(洪吉周)가 지닌 독특한 지식 공간 관념과 작가로서의 면모를 분석[1]하거나 『지수념필(智水拈筆)』 분석을 통해 지식의 유통

1 최원경, 「항해 홍길주의 『숙수념(孰遂念)』: 지식과 공간의 인식」(성균관대학교 박사학위논문, 2008); _____, 「항해(沆瀣) 홍길주(洪吉周)를 통해 본 고전작가의 초상」, 『현대문학의 연구』 37(한국문학연구학회, 2009).

에서 차기체(箚記體) 글쓰기가 지닌 의미를 고찰한 논의[2], 일본 강호(江戶) 시대 백과사전인 『화한삼재도회(和漢三才圖會)』와 18·19세기 조선 학계의 관련 양상을 고찰한 연구[3] 등을 들 수 있다.

당대에 국내 혹은 국내외적으로 지식이 유통되는 양상에 주목하여 그러한 현상이 가능했던 시대적 분위기, 주도 계층, 국내의 독서경향과 학술 경향 등을 살핀 연구들도 나왔다. 17~19세기에 걸친 중국, 일본 지식인들과의 지식 교류 양상을 살피고, 이러한 현상이 17~19세기 동아시아 세계가 '흔들린 조공질서'로 전통적인 체제를 유지하고 있었기에 가능했다는 연구[4], 중국과의 관계 속에서 당대 지식들을 유통시키는 데 큰 역할을 한 중간계층에 주목하여 18·19세기 지식 유통의 메커니즘과 중간계층의 관계를 살핀 논의[5], 홍석주(洪奭周) 가(家)를 대상으로 하여 경화세족의 독서성향을 살피고, 당대의 학술과 문예에 대한 인식과 비평, 시대인식의 추이 등을 고찰한 연구[6], 18세기 중후반에 활동한 초정(楚亭) 박제가(朴齊家, 1750~1805)의 연행활동을 통해 그의 국제교류에 대한 인식, 태도, 교류의 구체적인 양상을 고찰한 논의[7] 등을

---

2 진재교, 「19세기 차기체(箚記體) 필기(筆記)의 글쓰기 양상: 『지수념필(智水拈筆)』을 통해 본 지식의 생성과 유통」, 『한국한문학연구』 36(한국한문학회, 2005); ______, 「이조 후기 차기체(箚記體) 필기(筆記) 연구: 지식의 생성과 유통의 관점에서」, 『한국한문학연구』 39(한국한문학회, 2007).

3 안대회, 「18·19세기 조선의 백과전서파(百科全書派)와 『화한삼재도회(和漢三才圖會)』」, 『대동문화연구』 69(성균관대 대동문화연구원, 2010).

4 임형택, 「17~19세기 동아시아, 한·중·일 간의 지식교류 양상: "이성적 대화"의 열림을 주목해서」, 『대동문화연구』 68(성균관대학교 대동문화연구원, 2009).

5 진재교, 「18~19세기 초 지식·정보의 유통 메커니즘과 중간계층」, 『대동문화연구』 68(성균관대학교 대동문화연구원, 2009).

6 진재교, 「경화세족의 독서성향과 문화비평: 19세기 홍석주(洪奭周) 가(家)의 경우」, 『독서연구』 10(한국독서학회, 2003. 12).

예로 들 수 있다.

상하층 간의 지식, 문화 교류에 하나의 기반이 되는 이중 언어 현상에 주목한 연구 성과들도 제출되었다. 조선 후기 이중 언어 텍스트가 활성화된 현황과 이에 대한 지식인들의 시각 문제를 다룬 논의[8], 조선시대 상하층 간 문화를 교류하고 전승하는 매체였던 이야기판을 중심으로, 야담의 구연 양상과 이를 국문, 한문으로 번역하면서 생기는 특징, 국문, 한문 간에 번역되면서 생기는 변화 등에 대한 고찰[9] 등을 들 수 있다. 아울러 국내외의 정세와 학술 경향을 종합적으로 고찰하고 18세기 후반~19세기 전반에 '조선학(朝鮮學)'의 형성 가능성을 타진해 본 연구[10]도 제출되었다.

한편 지식들이 대규모로 유통되고, 정리되고, 집적되는 현상은, 비록 거의 말단의 위치를 벗어나지는 못하였지만 글쓰기 양식의 하나로 자리 잡아 있던 소설에도 영향을 끼친 것으로 보인다. 지식·전고의 활용이라는 관점에서 봤을 때, 19세기 소설이 창작되고 향유되는 양상은 이전 시기 소설과 다른 양상을 보여준다고 할 수 있다. 19세기 소설에 나타난 이러한 현상들이 뭐 그리 대수인가 싶을 수도 있다. 지식의 활용은 차치해 두더라도, 소설의 창작과 향유에 있어서 전고의 활용은 새삼스러울 것이 없는 현상이기 때문이다.

---

7 안대회, 「초정(楚亭) 박제가(朴齊家)의 연행(燕行)과 일상속의 국제교류」, 『동방학지』 145(연세대 국학연구원, 2009).

8 안대회, 「조선 후기 이중 언어 텍스트와 그에 관한 논의들」, 『대동한문학』 24(대동한문학회, 2006).

9 이강옥, 「이중 언어 현상으로 본 18, 19세기 야담의 구연, 기록, 번역」, 『고전문학연구』 32(한국고전문학회, 2007).

10 조성산, 「18세기 후반~19세가 전반 "조선학(朝鮮學)" 형성의 전제와 가능성」, 『동방학지』 148(연세대학교 국학연구원, 2009).

전근대 사회 글쓰기에서 전고의 활용이 갖는 중요성에 대해서는 굳이 강조할 필요가 없다. 잘 알려진 대로, 글쓴이가 자신의 논지를 더 명확하게 내세우고, 이에 대한 논거를 뒷받침하기 위해서는 반드시 전고를 활용해야만 했다. 독자들도 글쓴이가 자신의 논지를 내세우고 뒷받침하는 과정에서 반드시 적절한 전고를 끌어와 활용하기를 기대하고, 전고 활용을 통해 자신들을 설득할 것을 요구했다. 뿐만 아니라, 전고의 적절한 활용은 글쓴이 자신의 지식과 교양 수준을 나타내는 하나의 준거(準據)이기도 했다는 점에서 결코 소홀히 할 수 없었다.

다른 한편 작자가 전고를 따와서 활용하는 것은 그 전고와 관련된 역사적 사실과 인물에 대한 정보, 이야기 등에 대해 이해를 하고 있고, 자신에게 하나의 지식으로 자리 잡고 있다는 것을 전제로 한다. 그래서 자신이 이해하고 알고 있는 전고들을 문학 창작에 활용함으로써 그 전고들에 대한 자신의 이해를 바탕으로 그 전고들을 재구성하거나 재배치해 보는 과정을 통해 작자 스스로 그 전고들을 '재(再) 이해'할 수 있고, 나름대로 새로운 문맥을 창출할 수 있는 기회를 갖는다. 거꾸로 이런저런 전적들에서 구절을 따와서 이를 조합하는 방식으로 새로운 글을 써 내는 경우도 마찬가지이다. 해당 전적들에 실린 구절들의 정확한 의미를 알고 있지 않으면, 이를 원래 의미대로 혹은 새로운 문맥에 맞게 짜 맞추기가 불가능하기 때문이다.

이는 소설의 창작과 향유에서도 결코 예외가 아니었다. 주요 사건을 서술할 때, 등장인물이 대화를 하거나 어떤 행위를 할 때, 주인공을 비롯한 인물들이 등장하여 이들을 소개할 때 으레 전고가 활용된다. 이야기가 진행되는 과정 속에서 중요한 전환 국면을 맞이할 때면, 선한 인물과 악한 인물을 막론하고 자신의 행위나 계획이 정당함을 각종 전고를 적당히 끌어들여서 이야기한다. 등장인물 간에 갈등이 생겨 상대를 설득해야 하는 상황에 처했을 때도 그들은 각자 자신의 행위가 옳음을 주장하기 위해 전고를 끌어들인다. 이때 전고는 그들의 대화나 행위, 사건의 전모나 내면적 의미 등을 독자들이 좀 더 쉽게 파악하고, 받아들일 수 있도록 도와주는 역할을 하였다.

결국 전근대 사회의 글쓰기에서 전고는 글쓴이의 주장을 더 명확하게 하고, 타당성을 부여하며, 소설 속 등장인물들이 말하는 내용의 맥락을 드러내고, 그들이 세운 계획과 행하는 행위가 정당함을 밝히는 데 간접적인 역할을 한다고 정리할 수 있다. 19세기 소설도 기본적으로 이러한 모습을 그대로 지닌다. 그런 점에서 소설 속에서 지식·전고들을 활용하는 것 자체는 그다지 대수로운 일이 아니다. 주목할 점은, 이를 그대로 유지하면서도 이전 시기에는 볼 수 없었던 새로운 현상도 나타난다는 점이다. 지식·전고 활용 측면에 국한하였을 때, 크게 두 가지 정도를 들 수 있다.

우선 소설 작품 내에 서사가 진행되는 과정 속에서 온갖 지식들이 끼어든다는 점이다. 이때 지식들은 결코 아무렇게나 끼어들지 않는다. 지식들은 소설 속에서 진행되는 서사와 관계를 맺으며, 이에 따라 서사 진행 과정 속에서 다양한 역할을 수행하게 된다. 이러한 현상은 한문 장편소설에서 가장 뚜렷하게 나타난다. 그리고 이는 한문 장편소설의 가장 큰 특징이기도 하다. 그래서 이러한 양상, 글쓰기 방식의 특성과 문화적 기반 등을 작자층의 특성에 주목하여 연구가 많이 이루어졌다.

예컨대, 〈옥선몽(玉仙夢)〉을 대상으로 하여 서사 흐름에 따라 지식들이 배열되는 양상을 살핀 논의가 있다.[11] 여기서 〈옥선몽〉이 지식 제시를 위해서 일생 구조를 활용하였으며, 주인공의 지적 능력을 강조하기 위해 주인공의 삶에서 요구되는 지식을 정밀하게 제시하는 경향을 보임을 지적하였다.[12] 아울러 〈옥선몽〉의 전반적인 구성 양상을 논한 연구도 있다.[13] 이 연구에서는 작품의 추상적 성격을 구체적 형상으로 대체하고 있음에 주목하고, 작자가 구체적 시간 속에 제도나 절차를 나열시켜 사건 자체보다 사건이 놓인 상황에 주목하여 작품을 구성하고 있음을 밝혔다. 그리고 〈삼한습유(三韓拾遺)〉, 〈옥선몽〉, 〈정생전(丁生傳)〉 등에 크고 작은 의론(議論)들이 들어가는 양상에 주목하여 이를 '의론적 대화'로 명명하고 그 양상과 서사적 기능을 논의도 있다.[14]

아울러 19세기 한문 장편소설의 작가들이 근기(近畿) 사족임을 주목하여 이들이 기반하고 있던 문화적 동향과 소설 창작 방법을 살핀 다음, 〈삼한습유〉, 〈옥수기(玉樹記)〉, 〈옥루몽(玉樓夢)〉, 〈육미당기(六美堂記)〉, 〈난학몽(鸞鶴夢)〉 등을 대상으로 하여 작자의 지향과 작품의 양상을 분석한 연구 성과[15]도 있다. 이 연구는 한문 장편소설의 작자층의 정체를 보다 분명하게 규정하고, 그들의 문화적 기반, 의식지향, 창작 방식에 대해 세밀하게 고찰한 결과를 바탕으로 각 작품 작자들의 지향과 작품의 특성을 드러내었다. 그럼으로써 작자층의 성격에 기반한 한

11 전성운, 「19세기 장편 한문소설과 청말 재학소설의 지식 제시 방식: 옥선몽(玉仙夢)과 경화연(鏡花緣) 비교를 중심으로」, 『어문연구』 58(어문연구학회, 2008).

12 아울러 지식 현시가 중심이 되는 삽화는 사건의 진행과는 다소 독립적인 성격을 띠면서도 전체적으로는 유기적 통일성을 지니고 있음도 지적하였다(전성운, 위의 논문, 402면).

13 서경희, 「옥선몽의 구성방식 연구」, 『한국고전연구』 7(한국고전연구학회, 2001).

14 김경미, 「조선 후기 한문소설의 의론적 대화 양상과 그 의미: 정생전, 삼한습유, 옥선몽을 중심으로」, 『고소설연구』 8(한국고소설학회, 1999). '김경미, 『19세기 소설사의 새로운 모색: 지식, 이념, 섹슈얼리티를 중심으로』(보고사, 2011), 81~110면)'에 재수록.

15 이기대, 『19세기 조선의 소설가와 한문 장편소설』(집문당, 2010).

문 장편소설 연구를 한 단계 완결 짓고, 동시에 다음 단계로 넘어갈 수 있는 발판을 마련했다는 점에서 큰 의의가 있다.

하지만 소설 속에 지식이 끼어드는 현상이 한문 장편소설에서'만' 나타나는 것은 아니라는 점에 주목한다면, 이에 대한 연구는 사실상 몇몇 작품만을 대상으로 하여 제한적으로 이루어졌다고밖에 볼 수 없다. 우화 소설 〈두껍전〉에는 두꺼비와 여우의 언변을 통해 수많은 지식·전고들이 쏟아져 나온다. 국문 장편소설에서는, 19세기에 창작된 것으로 추정되는 〈명행정의록(明行貞義錄)〉과 〈위씨오세삼난현행록(魏氏五世三難賢行錄)〉 등에서도 서술자가 장면이나 경관을 세밀하게 서술하거나 묘사하는 과정에서 이런저런 지식·전고들이 등장한다. 한문 소설 〈서대주전(鼠大州傳)〉과 〈서옥기(鼠獄記)〉 같은 작품들 역시 이러한 관점에서 논의할 부분이 결코 적지 않다.

따라서 한문 장편소설뿐만 아니라, 국문 소설까지 포함하여 소설 속에 지식들이 대규모로 끼어드는 현상에 대한 연구를 진행할 필요가 있다. 일차적으로 서사학적인 관점에서, 작품들 속에서 서사와 지식·전고들 간에 관계 맺기 양상이 어떠한지, 지식의 활용 양상은 어떠한지에 대한 전체적인 윤곽을 그려 보아야 한다. 한 걸음 더 나아가 소설 속에서 향유되는 지식·전고들의 성격도 규명이 되어야 한다. 장편소설이든 단편소설이든, 한문 소설이든 국문 소설이든 소설 속에서 활용되는 전고들은 대체로 한정되어 있다. 어느 소설 유형에서든 고루, 빈번히 발견되는 전고들이 있으며, 소설 속에서 활용되는 전고의 범위는 대체로 이를 벗어나지 않는다. 장편소설의 경우, 그다지 익숙하지 않은, 잘 인용되지 않는 전고들도 끌어 오는 일도 종종 있지만, 그 범위가 무한정 확장되지는 않는다. 그런 점에서 볼 때, 각 소설 유형별로 활용되는 전고들의 범위를 살펴보고, 이를 바탕으로 소설 속에서 활용되는 전고들의 범위와 성격을 규정해 보는 작업도 이루어져야 한다.

지식·전고 활용 측면에서 19세기 소설 속에서 발견되는 또 한 가지 특징은 그동안 후면으로 물러나 있던 전고들이 종종 전면으로 나서기도 한다는 것이다. 이런 현상은 특히 우화 소설이나 판소리계 소설에서 집중적으로 나타난다.

우선 소설 작품 속에서 전고가 하는 역할을 그대로 유지하면서 동시에 전고를 과시적으로 제시하는 경향이 나타난다. 여기서 과시적이라는 것은 등장인물들이 이런저런 전고들을 많이 안다는 것을 과시하기 위해 전고들을 활용하는 것을 의미하지 않는다. 그들이 활용하는 전고들은 자신의 뜻을 상대방에게 명확하게 전달하거나 자신의 의견이 타당함을 뒷받침해주는 기능을 한다. 다만 서술자가 등장인물의 고상함을 드러내기 위해, 혹은 등장인물 스스로 고상함을 드러내기 위해 상대방과 벌이는 대화를 전고로 '포장'한다는 점이 다르다. 예컨대, 우화 소설 〈장끼전〉에서 장끼와 까투리가 나누는 대화 속에서 전고를 활용하는 양상이 여기에 해당한다.

한 걸음 더 나아가 전고를 순전히 과시를 위한 것처럼 활용하는 경우도 있다. 이때 등장하는 전고들 역시 서사의 흐름상 필요하기 때문에 나오는 것이기는 하다. 등장인물 스스로 한 주제에 대해서 아는 것이 그만큼 풍부함을 상대방에게 자랑하고 있기 때문이다. 하지만 독자 입장에서는 필요 이상으로 나열되는 전고들 때문에 정작 무엇 때문에 이 전고들을 활용하는지 헷갈릴 가능성이 높다. 이러한 성향은 특히 〈서동지전(鼠同知傳)〉에서 심하게 나타나며, 〈두껍전〉에서는 두꺼비와 여우가 설전을 벌이는 부분에서 전고 활용의 두 가지 양상이 모두 나타난다.

소설 속에서 이런 식의 전고 활용은 작자 나름대로 의도 하에 이루어지는 것으로, 이를 통해 특정한 효과를 노리는 경우가 많다. 게다가 전고의 나열로 인해 서사 진행이 끊어져버리는 경우도 왕왕 있다. 이러한 전고 활용 양상은 서사학적인 관점에서도 논의할 거리가 풍부함에도 불구하고, 〈두껍전〉에서 두꺼비와 여우가 구사하는 말하기 전략에 대한 논의[16]만 있을 뿐 아직 제대로 이루어지지 않았다.

한편 소설에서는 화자의 이야기에다 인물들의 대화를 섞는데, 이들은 자신들의 사회적 위상과 개인적 특성에 적합한 언어를 말한다는 점[17]을 감안하면, 우화 소설과 판소리계 소설에 등장하는 하층민들이 이렇게 전고들을 활용하여 대화하는 양상은 분명 어색한 데가 있다. 이 책의 일차적인 관심은 우화 소설과 판소리계 소설에서 보이는 이러한 글쓰기 방식 자체가 주목할 만한 점이라는 데 있다.[18]

---

16 이강옥, 「두껍전의 말하기 전략과 그 의미」, 『고전문학연구』 22(한국고전문학회, 2002); 최기숙, 「담론의 패권주의와 기만의 사회학: 두껍전 읽기」, 『돈암어문학』 12(돈암어문학회, 1999).

17 베르나르 발레트, 조성애 옮김, 『소설분석: 현대적 방법론과 기법』(동문선, 2004), 29면.

18 이러한 현상이 눈여겨 볼 만한 점임을 다음 인용문에서도 보여준다.
"「장끼전」의 전반부는 콩, 즉 먹을 것을 두고 장끼 부부가 실랑이를 하는 내용이 거의 전부다. 금기에 대한 파괴 여부를 나름 주목한 것이다. 먹어도 된다는 장끼와 먹으면 안 된다는 까투리 사이에는 팽팽한 긴장감이 유지되고, 또 그런 만큼 절박하다. 그럴 수밖에 없는 게 콩 자체는 단순히 허기를 채우는 수단이지만, 실상은 목숨을 담보로 하고 있기 때문이다. 그러다보니 장끼와 까투리는 서로 지지 않으려고 설득력 있는 주장을 펼친다. 그리고 그 주장의 근거로 역사책이나 고전 작품의 전고(典故)를 끌어온다. 결국, "나도 이 콩 달게 먹고 태공(太公) 같이 오래 살고, 태백(太白) 같이 상천(上天)하여 태을선관(太乙仙官) 되오리다"는 장끼의 고집으로 일단락이 된다. 이후 까투리에게 접근하는 갈가마귀, 부엉이, 물오리 따위가 수작을 하는 방편도 역시 고전의 전고이다. '권위적 언사'라고 할 수 있는 고전의 전고가 남용된 사례인데, 이것을 하층 그런데 이 양상에 대한 지적은 우화 소설과 판소리계 소설에 대한 초창기 연구부터 지적되어 온 것이다. 게다가 영웅 소설에서도 다양한 전고 활용이 이루어지고 있는 것을 감안한다면, 우화 소설과 판소리계 소설에서 전고가 활용된다는 사실 자체는 더 이상 주목받을 사안이 되지 못한다.

그럼에도 불구하고 이 책에서 이러한 현상에 주목하는 것은 주로 중하층민들을 주로 형상화하고, 중하층민들을 중심으로 읽혔다고 간주되는 우화 소설과 판소리계 소설에서 특히 전고 활용이 두드러진다는 점[19], 전고 활용 방식의 차원에서 보면 한문 장편소설이나 국문 장편소설 등 상층민들이 주로 향유했던 소설에 결코 뒤처지지 않는다는 점 때문이다.

전고들에 대해 사람들은 흔히 전고들이 일상생활과 동떨어져 버린 현대인들에게는 애써 익히고 기억해야만 쌓일 수 있는 지식이지만, 전고들이 일상생활과 가까이 있었던 전근대인들에게는 결코 어려운 것이 아니며, 문자를 익힌 사람이라면 누구나 쉽게 알 수 있는 것들이라고 생각한다. 특히 소설에 등장하는 전고들은 당대 사람들에게는 매우 익숙하게 알고 있는 것이라 단정하고, 이에 대해 전혀 의문을 제기하지 않는다. 판소리계 소설에서 전고 활용 양상을 '관용구 활용'의 차원으

민으로 표상된 새들이 늘어놓는다는 점에서 그 자체로 유머러스하다. 이런 양상은 「변강쇠가」도 마찬가지이다. 걸쭉한 시쳇말을 늘어놓다가도 점잔 빼듯 전고를 가져와 상대방을 설득시키려 한다"(정환국, 「19세기 문학의 '불편함'에 대하여: 그로테스크한 경향과 관련하여」, 『한국문학연구』 36(동국대 한국문학연구소, 2009), 274~275면).

19 연구자의 관점에 따라 다를 수도 있겠지만, 우화 소설과 판소리계 소설에서 전면화되어 나타나는 전고들이 갖는 비중을 따진다면, 영웅 소설은 전반적으로 전고 활용이 적은 편에 속하는 소설 유형이라고 할 수 있다.

로 간주하고 마는 것도 바로 이 때문이다. 그러나 전고가 당대 사람들에게 매우 익숙한 지식으로 자리를 잡기 위해서는 상당한 시간이 걸린다. 더구나 한 계층 내에서만이 아닌, 여타 계층으로까지 확산되고 보편화되는 데는 더욱 더 긴 시간이 필요하다.

최근 황릉묘(黃陵廟)라는 실재 공간이 조선 후기 소설에서 어떻게 가상공간으로 등장하고 변형, 확산되어 갔는지를 상호텍스트성의 관점에서 접근하여 황릉묘라는 특수한 공간의 전변(轉變)을 고찰한 논의[20]가 있다. 이 논의에서는 황릉묘라는 특수한 공간이 어떤 과정을 거쳐 조선 후기 소설 독자들에게 일반적인 상식으로 정착되어 갔는가 하는 점을 다루었다.

이 논의는 역사적 지식·전고들이 소설 속으로 들어 왔다고 해서 무조건 이 지식·전고들이 독자들에게 익숙한 것으로 간주할 수는 없으며, 점진적인 과정을 거쳐 비로소 일상적인 상식으로 자리 잡는 사실을 잘 보여준다. 그리고 이 논의가 상층 여성들이 즐겨 읽었던 소설들을 대상으로 하였음을 감안한다면, 상층의 여성들조차도 이러한 역사적 지식·전고들을 상식화하기까지 상당한 시간이 필요했음도 알 수 있다.

이러한 문제는 중인계층도 예외가 아니었다. 여항인들로 규정된, 경아전이나 기술적 중인들이 세습적이고 폐쇄적인 신분층으로 성립된 것은 17세기 후반의 일[21]이며, 이들은 여항인들 자체 교육을 통해 18세

20 지연숙, 「고전소설 공간의 상호텍스트성: 황릉묘를 중심으로」, 『한국학연구』 36(고려대학교 한국학연구소, 2011. 3).

21 강명관, 『조선후기 여항문학 연구』(창작과비평사, 1997), 34~61면. 조선 후기 중인층에 대한 개념문제와 문학적 활동에 대해서는 이 책 외에도 '윤재민, 『조선후기(朝鮮後期) 중인층(中人層) 한문학(漢文學)의 연구(硏究)』(고려대학교 민족문화연구소, 1999)'이 많은 참고가 된다.

기를 넘어서서는 사대부 못지않은 문한(文翰)과 학문적 역량을 소유한 여항의 지식인들이 대거 출현하기에 이른다.[22] 그리고 이를 토대로 그들은 18세기부터 20세기 초에 이르기까지 왕성한 문학 활동을 펼치며 여항 문학의 성립과 흐름을 주도해 나간다. 이는 기본적으로 17세기 말 이래 여항인 층에서 배출된 유수한 교육자들이 여항인들을 교육시킴으로써 여항의 교육은 비상한 성장을 보이게 되며, 이러한 과정을 거쳐 두터운 문식층이 형성되었[23]던 데 기인한 것이다. 이러한 사례 역시 당대 인문학적 교양으로 간주되던 이런저런 지식들을 습득하고 다시 이를 바탕으로 나름의 학문이나 문학 세계를 형성하기까지 수십 년의 시간이 걸림을 잘 보여준다.

우화 소설과 판소리계 소설 향유의 중심을 이루는 층이 중하층임을 고려할 때, 이들 소설 작품들 속에 등장하는 지식·전고들이 대규모로 등장하는 현상은 두 가지 측면에서 눈여겨볼 만하다.

하나는 이러한 지식·전고들은 기본적으로 상층에서 향유되던 것들이다. 게다가 전고 활용을 통한 글쓰기 방식 역시 상층의 전유물이었던 점을 감안하면, 중하층 문학에서 이러한 글쓰기 방식을 모방한 데는 특별한 계기가 작용했을 것이다.

다른 하나는 이러한 지식·전고들을 중하층 문학에서 끌어다 쓴다는 것은 이것들이 이제는 중인층뿐만 아니라 하층민들에게도 비교적 익숙한 것[24]으로 자리 잡기 시작했다는 것을 보여준다. 그리고 이것들은

22 여항인들의 교육과 지식수준 향상에 대해서는 '강명관(1997), 위의 책, 90~108면'을 참조.

23 강명관(1997), 위의 책, 92면.

24 여기서 익숙하다는 의미는 반드시 그 전고의 내용과 의미를 정확하게 잘 알고 있는 것만을 뜻하지 않는다. 대략적인 의미만 알고 있거나 전반적인 내용을 잘 모르더라도

하나의 단편적인 지식으로 전달되는 것이 아니라, 이를 활용하는 문화적 관습과 함께 퍼진다는 점을 감안한다면, 이것들이 중하층에게까지 퍼져 나간다는 것은 이를 둘러싼 유교적 이데올로기, 이념, 규범, 관습도 중하층에까지 자리 잡아 가는 단계에 이른 것은 아닌가 하는 생각을 해 볼 수 있다.

결국 우화 소설과 판소리계 소설과 같은 유형에서 이렇게 지식·전고 활용이 다채롭게 이루어지는 양상이 어디에서 기인한 것인가 하는 점을 해명해 보는 것이 이 책의 주관심사라 하겠다.

한편 어느 사회든지 상·하층 간의 지식, 교양 수준의 격차는 상당하다. 상층은 상층끼리, 하층은 하층끼리 교유를 통해서 생성해 낸 지식이나 교양, 관습 등을 바탕으로 하여 삶을 영위해 나간다. 이러한 면은 특히 문화적인 측면에서 강하게 드러난다. 그리고 이러한 과정 속에서 생성된 지식, 관습, 교양 등은 쉽게 다른 계층으로 퍼지지 않는 폐쇄적인 성격을 지닌다.

그런데 이러한 면이 경제적, 사회적 측면들보다도 상대적으로 두드러져 보이기 때문에 상·하층 간의 교점(交點)이나 혹은 최소한의 접점조차도 존재하지 않는 것처럼 생각하기가 쉽다. 서로 상대 계층의 삶에 대해서 '별세계'에서 일어나는 일로 치부해 버리기가 쉽다는 것이다.

이러한 현상은 특히 상·하층 간의 경제적·문화적 격차가 극심하게 벌어진 현대 사회에서 더욱 두드러지게 나타난다. 그리고 신분제 사회인 조선 사회 역시, 특히 19세기 사회에서도 이러한 현상이 나타나는 것은 어쩌면 당연한 일일지도 모른다. 더구나 계층 간 소설에서 향유되

오며가며 많이 들어서 귀에 익은 경우까지 모두 포함한다.

는 지식·전고의 격차가 특히 19세기에 와서 극단적으로 벌어지는 양상을 볼 때 충분히 가능성이 있다고 생각된다.

하지만 사회라는 것이 어느 한 계층만 존재하거나 활동해서는 결코 돌아갈 수도 존재할 수도 없음을 상기한다면, 사회 전체를 통틀어서 사회 전체 구성원을 포섭하는 기본적인 지식, 관습, 문화가 존재하지 않을 경우, 그 사회는 유지되기가 불가능하다. 그 최소한의 지식, 관습, 문화의 존재 가능성을 타진해 보려는 것이다. 그리고 그 논의를 지식·전고 활용과 글쓰기 측면에서 나타나는 접점을 찾는 데서 시작해 보려는 것이다.

이 책의 제목에서도 언급되었지만, '상·하층 소설'은 '상층 소설'과 '하층 소설'을 아울러서 통칭하는 말로 사용한다. 그리고 논의 과정에서 필요할 경우, 국문 장편소설이나 한문 장편소설처럼 주로 상층민들이 즐겼던 소설 유형을 지칭하는 의미로 '상층 소설'이라는 용어를, 우화 소설이나 판소리계 소설, 영웅 소설처럼 주로 중·하층민들이 즐겼다고 간주되는 소설 유형을 지칭하는 '하층 소설'이라는 용어를 사용하기로 한다. 이 책의 목적상, 하층 소설이라 했을 때는 특히 우화 소설과 판소리계 소설에 초점을 맞추어 지칭하는 말로 활용하겠다.

소설 속 지식의 문제에 대해서도 미리 언급해 두어야겠다. 소설 속에서 활용되는 지식들은 과연 지식으로 부를 만한 것들인가? 그대로 지식이라고 부른다면, '지식'이라는 용어에 대해 개념규정을 별도로 해야 하는 것은 아닌가?

상대적으로 '날 것'인, 특수하고 실용적인 것들을 정보라 하고, '익힌 것', 사고과정을 거쳐 분석 또는 체계화된 것을 지식이라고 하는 피터 버크의 구분[25]을 따르더라도 문제가 잘 해결되지는 않는다. 왜냐하면,

소설 속 지식들은 이미 사고과정을 거쳐 분석, 체계화되어 일정한 형태와 범주로 '굳어진' 것을 필요에 따라 부분 부분 빼온 것이기 때문이다. 그런 점에서 순수한 지식과는 거리가 멀다. 또 더 이상 새로울 것이 없기에 이들을 정보라 할 수도 없고, 이를 바탕으로 새로운 정보를 창출하거나 지식을 생성해 내는 것도 아니기에 지식이라 부르기도 어렵다. 당대인들에게 자리 잡은 일종의 상식이자 가공된 지식이라 할 수 있을 것이다. 그래서 소설 속에서 이런 지식들이 쏟아져 나온다고 해서 작자가 자신의 지식을 의도적으로 과시했다고 보기가 어렵다. 당대 사람들에게 그다지 새롭게 여겨지지 않는 지식들이기에 이들을 나열한다고 해서 그것이 과시의 의미를 지닐 수가 없다는 것이다.

그렇다면 관건은 이런 상식화된 지식들을 소설 작품 속에서 문맥에 맞게 얼마나 잘 녹아내느냐에 따라 소설 속 지식 활용의 성패가 갈린다고 할 수 있다. 이러한 지식들이 작품 속에서 문맥에 잘 맞게 재구성되고 재배치되었을 경우, 이를 읽는 독자들은 작품 속에서 이런 지식들을 재배치하고 가공하는 묘미를 느끼며 흥미를 갖게 되는 것이다. 그런 점에서 〈옥루몽〉, 〈삼한습유〉, 〈두껍전〉은 성공한 작품이라 할 수 있다.

이 책에서는 이러한 특징을 고려하여 지식이라는 용어를 소재 차원에서 활용되는 아주 단편적인 것들부터 의론을 통해 제시되는 다소 고차원적인 것들까지 통틀어서 지칭하는 말로 사용한다. 즉 지식의 새로움 측면이나 수준을 고려하기보다는 그것들을 어떻게 가공해서 활

---

25 피터 버크, 박광식 옮김, 『지식: 그 탄생과 유통에 대한 모든 지식』(현실문화연구, 2006), 28면.

용하는가 하는 점에 초점을 맞추는 것이다.

2. 논의 구도와 방향

1) 19세기 상·하층 소설의 접점

앞서 언급한 것처럼, 이 책의 문제의식은 우화 소설과 판소리계 소설의 글쓰기 방식이 상층의 글쓰기 방식을 일정 정도 모방한 결과이며, 소설 속 지식·전고 활용 양상 역시 이러한 맥락에서 보아야 한다는 데서 출발한다. 그런데 우화 소설과 판소리계 소설 작품들을 면밀히 살펴보다 보면, 상층의 지식·전고들만 끌어다 활용하는 것으로 보이지 않는다. 서사 운용과 관련된 전반적인 글쓰기 방식, 작품의 구조 설정과 논리 등의 측면에서도 상층 소설에서 활용되던 방식과 논리를 끌어오는 것으로 보이는 면면들이 결코 적지 않다.

따라서 이 책 전반부에서는 우화 소설 〈두껍전〉, 〈장끼전〉, 〈서대주전〉, 〈서동지전〉, 판소리, 판소리계 소설 〈흥부가/전〉, 〈심청가/전〉, 한문 장편소설 〈삼한습유〉, 〈옥루몽〉, 19세기에 창작된 교훈 가사 〈용부가(庸婦歌)〉, 〈우부가(愚夫歌)〉 등을 대상으로 하여 지식·전고 활용 방식, 서사를 운용하는 글쓰기 방식, 작품 구조 설정 방식과 논리라는 세 측면에서 상층 소설과 하층 소설 간에 접점이 존재함을 밝히는 데 중점을 둔다. 그 과정에서 하층 소설에서 나타나는 글쓰기 방식들이 상층 소설에서 활용되던 방식을 모방했음을 밝힐 것이다. 단, 〈용부가〉, 〈우부가〉는 전고 활용 측면에서 다룰 수 있는 면이 존재하지 않으므로, 이에 대한 논의에서는 제외한다. 이제 그 구체적인 논의 방향을 서술하기로 한다.

(1) 지식·전고 활용 방식

지식·전고 활용이 다양한 방식으로 두드러지게 나타나는 우화 소설, 판소리계 소설과 한문 장편소설 작품들을 대상으로 하여 지식·전고 활용 면에서 공통적인 면모를 찾아본다. 그리고 우화 소설과 판소리계 소설에 등장하는 수많은 지식·전고들이 상층민들의 문학에서 끌어오고 모방하여 활용하는 측면이 강하며, 여기에는 유교의 내면화 과정이 뒷받침되었으리라는 가설 하에 논의를 진행한다.

다만 판소리계 소설의 경우, 유교의 내면화 과정에서 상층의 지식·전고들을 끌어다 활용하는 경우도 많지만, 패러디 측면에서 활용되었다고 보는 것이 타당한 경우가 더 많다. 다른 작품에서 활용된 특정 어구들을 별 의미 없이 끌어다 쓰기도 하고, 특정 어구들 자체가 하나의 의미를 담고 있는 고유 어구가 됨으로써 그 어구를 통째로 가져다 쓰기도 한다. 이는 지식·전고 활용 측면에서 또 다른 층위가 존재한다는 것을 뜻하며, 이 책의 구도와는 다른 차원에서 접근해야 하는 문제이기도 하다. 그래서 판소리계 소설의 경우에는 유교의 내면화 과정과 관련 있다고 판단되는 전고 활용에 국한하여 논의를 진행하기로 한다.

한편 문학이론에서 담론은 화자의 발화뿐 아니라 화자의 의도가 발화로 구현되는 데 개입하는 작용뿐만 아니라, 그 발화를 청자가 이해하는 데 개입하는 작용까지 기술하는 개념으로, 대화 형식을 통해 성립된다. 곧 담론은 창작과 수용의 상호 작용을 통한 본문의 역동적 의미 생산을 기술하는 개념들이다.[26]

그런데 기존의 담화 혹은 담론(discourse)이라는 용어는 상당히 많은 의미를 지니고, 문맥 속에서 서로 다른 뜻을 지니고 사용되는 문제점을 지닌다. 이를 해결하기 위해 이 책에서는 '서사담화'라는 용어[27]로 대체하여 사용한다. 이는 서술된 스토리라는 뜻으로, 특정 서사 내에서 변용된 스토리라는 의미를 지닌다. 또 이 용어는 기본적으로 플롯과 같은 의미이지만, 플롯이 종종 스토리의 의미로 사용됨으로써 발생하는 혼동을 줄일 수 있다.[28]

스토리는 '어떤 사건 혹은 사건들의 연속'의 차원을 문제 삼는다면, 서사담화는 '어떻게 그 스토리가 전달되는가'의 차원을 문제 삼는다. 포터 애벗의 지적처럼, 종종 스토리 차원에서 나타나는 사건의 순서와 시간의 길이는 서사담화 차원에서의 시간과 사건의 순서들과는 매우 다르게 나타날 수 있다.

소설은 충분한 효과를 발휘하기 위해서 사건이 일어난 진실한 시간적 순서를 재구성하려는 독자들의 노력에 의존함을 감안할 때, 모든 스토리는 시간이 흘러가는 방향으로만 나아가며, 서사담화는 작가가

---

26 강헌국, 『서사문법시론』(고려대학교 민족문화연구원, 2004(2쇄), 초판(2003)), 41, 42, 43면.

27 사실 스토리, 플롯, 담론이라는 용어는 매우 익숙하면서도 워낙 다른 의미로 혼용되기 때문에 뜻하지 않은 혼동을 불러오는 경우가 많다. 게다가 서사분석 작업을 할 때, 스토리가 시간의 계기성에 국한되고, 담론의 외연이 지나치게 큼으로써 작업을 애매하게 하거나 제약을 받는 일마저 생긴다. 그래서 연구자에 따라서는 '스토리'와 '담론'이라는 의미를 명확히 구별하기 위해 스토리와 담론이라는 말 대신, 각각 서사(敍事)와 서사행위(敍事行爲)라는 용어를 사용하기도 한다. 이에 대해서는 '강헌국, 위의 책, 41~44면' 참조.

28 H. 포터 애벗, 우찬제·이소연·박상익·공성수 옮김, 『서사학 강의: 이야기에 대한 모든 것』(문학과지성사, 2010), 451면, 용어해설. 아울러 '서사담화'에 대한 상세한 논의는 'H. 포터 애벗, 같은 책, 41~61면'을 참조.

선택하는 어떤 시간적 방향으로도 흘러갈 수 있다.[29] 서사를 '스토리와 서사담화로 구성되는 사건들의 재현'[30]이라는 정의에 따를 때, 스토리는 사건 혹은 사건의 연속(행위)이며, 서사담화는 재현되고 있는 사건을 의미한다. 이 책에서 이 서사담화라는 용어는 재현되고 있는 사건, 즉 어떤 특정 사건을 구성하고 있는 담화를 지칭하는 뜻으로만 사용된다.[31]

이 책에서 대상으로 한 소설 작품들은 모두 서사 흐름 속에서 일어나는 갈등 양상과 이를 바탕으로 한 서사담화가 뚜렷하게 드러나는 편이다. 몇 작품들만 예로 들어보면, 〈두껍전〉의 경우, 두꺼비와 여우가 기 싸움을 벌이는 부분에서는 천하구경의 내력, 하늘구경의 내력이라는 두 개의 서사담화로 이루어진다. 〈장끼전〉은 콩을 두고 장끼와 까투리가 벌이는 다툼, 까투리에 대한 뭇 새들의 청혼이라는 두 개의 서사담화로 구성된다. 장끼와 까투리가 벌이는 다툼은 다시 까투리가 꾼 꿈을 두고 벌어지는 논쟁과 예의염치 문제를 놓고 벌이는 다툼 두 부분

---

29 H. 포터 애벗, 위의 책, 43~45면.

30 사실 '서사'에 대한 시각 자체도 학자들 사이에 큰 차이가 있다. 일정한 서사성을 지닌 경우에 한해서 서사라고 부르는가 하면, '사건의 재현'을 모두 서사로 간주하는 폭넓은 시각도 존재한다. 필자는 서사를 "시간에 따른 사건의 재현을 포함하는 모든 활동에서 볼 수 있는 인간적인 현상으로서 다루는 입장에 근거를 두"는 H. 포터 애벗의 관점을 따라 '서사'라는 용어를 후자의 입장에서 쓰는 것을 지지한다. 다만 이 책에서는 어느 뜻으로 쓰든 '서사'라는 용어 자체에 문제의 소재가 없다고 판단되므로, 이에 대해서는 따로 논의하지 않겠다. '서사'에 대한 두 가지 시각에 대해서는 'H. 포터 애벗, 위의 책, 35~41면'을 참조.

31 이 책에서 "소설에 국한된 담론을 지칭"하는 '서사행위(敍事行爲)'라는 대체 용어가 있음에도 불구하고, '서사담화'라는 용어를 사용하는 것은, 위에서 언급한 것처럼 서사담화라는 용어가 지니는 여러 장점들 때문이기도 하지만 '서사행위'의 '행위'라는 말 때문에 담화 자체를 지칭하는 것이 아니라 등장인물들의 행위에 초점을 맞추는 것은 아닌가 하는 불필요한 오해를 피하기 위해서다.

으로 구성된다. 〈서동지전〉은 작품 중반부에서 다람쥐가 서동지에게 양식을 빌리러 가는 것을 두고 아내와 벌이는 두 번의 논쟁, 다람쥐가 서동지에게 양식을 꾸러가서 나누는 대화들, 서동지에게 거절을 당한 뒤 돌아와서 아내와 벌이는 논쟁, 송사를 제기한 다람쥐가 관아에서 관장(官長)인 백호산군(白虎山君)과 나누는 대화들 등 여러 부분으로 구성된다. 이러한 서사담화들 속에서 각 등장인물들은 자신의 뜻을 밝히고, 전달하고, 설득하기 위해 이런저런 지식·전고들을 끌어와 활용한다. 이때 그들은 전고들을 매우 적확하게 가져다 쓰기도 하고, 자신의 의도에 맞게 비틀기도 한다.

이러한 문제의식 하에 이 책에서는 우화 소설과 판소리, 판소리계 소설의 서사담화 속에서 벌어지는 지식·전고 활용 양태를 양상별로 정리하고, 이들을 한문 장편소설과 비교함으로써 지식·전고 활용 방식의 측면에서 공통적인 면모가 존재함을 밝혀 보기로 한다.

(2) 서사의 착종과 서사 인식

한편 이 책에서 대상으로 삼고 있는 우화 소설, 판소리계 소설에서 보이는 커다란 특성은 작품 전체 스토리가 어떤 특정 주제를 구현하기 위하여 매끄럽게 흘러가지는 않는다는 점이다. 스토리가 흘러가는 도중에 다른 이야기로 빠지기도 하고, 특정 장면을 묘사하는 데 몰입하기도 한다. 이런 현상들을 기존 연구에서는 판소리의 '장면화 기법'에 기인한 것으로 간주하였다. 판소리가 생성되고 전승되어 오는 과정 속에서 판소리 특유의 양식적 특성에 따라 생겨난 것이라 하겠다. 〈서대주전〉, 〈서ᄃᆡ쥐〉, 〈서동지전〉, 〈두껍전〉 등 몇몇 우화 소설 속에서도 비슷한 현상이 나타나는데, 이 역시 판소리에서 활용되던 화소들이 들어

간 것으로 추정한다. 이뿐만이 아니다. 〈옥루몽〉, 〈삼한습유〉, 〈옥선몽〉과 같은 한문 장편소설에서도 스토리가 흘러가는 도중에 특정 주제에 대한 의론에 집중하거나, 특정 광경들을 아주 세밀하게 묘사하거나, 특정 인물에 대한 에피소드를 엮음으로써 스토리의 진행을 지체시키는 경우가 상당히 많이 발견된다.

결국 이는 19세기 한문 소설과 판소리계 소설, 우화 소설, 가문 소설 같은 일부 국문 소설 등에서 중심 스토리 라인에서 벗어나는 갖가지 이야기들이 중심 스토리를 이루는 담화들과 뒤섞여 있는 양상을 보인다고 정리할 수 있을 것이다.

그런데 이 책에서 문제 삼고 싶은 것은, 이러한 현상들이 비록 각 작품들이 속해 있는 소설 양식의 특성에서 기인한 것이 분명하지만 이들을 하나의 '텍스트'로서 한데 놓고 비교해 볼 경우, 텍스트 내에서 서사의 매끄러운 흐름이라는 관점에서 다룰 수 있는 여러 가지 공통적인 특성들이 나타날 가능성은 없는가 하는 것이다. 이러한 논의는 텍스트라는 관점에서 봤을 때, 소설 양식 간의 차이를 넘어 공통적으로 적용되는 글쓰기 방식을 규명해 볼 수 있다는 점에서 중요하다고 생각한다. 그리고 이를 바탕으로 하여 이러한 현상의 내면에 소설 양식을 막론하고 어떤 주제 하에 서사를 진행하는 문제에 대한 당대의 특수한 시각이 존재하고 있을 가능성은 없는가 하는 데까지도 문제의식을 확장시킬 수 있다.

이렇게 소설의 각 요소별 비중, 경중을 따져 중요한 것과 그렇지 않은 것들을 조직, 배치함으로써 운용의 묘를 살리는 문제, 중심 스토리가 흘러가는 도중에 다른 이야기나 다른 양식의 글들이 불쑥불쑥 끼어드는 문제들은 결국 소설의 구성에 대한 문제로 귀결된다. 이 문제는

우리의 경우 〈절화기담〉, 〈광한루기〉의 평비문(評批文)들 안에 꽤 많이 언급되어 있다.[32]

한문 산문의 경우를 보더라도 17세기 후반 이후 구성의 중요성에 대한 인식이 강해지고, 이에 대한 논의가 늘어나고 점차 구체화되는 양상을 보임을 알 수 있다. 조선시대 산문이론 전개에서 김창협(金昌協, 1651~1708)을 비롯한 그의 문인들이 자구(字句) 장편(章篇) 운용의 기법을 본격적으로 언급하기 시작[33]한다.

17세기 말, 18세기 초 산문이론 관련 자료들에서 산문 창작의 요결로서 자주 등장하는 개념군으로 의(意)·기(氣)·법(法)을 들 수 있다. 이 법(法)의 범주에 해당하는 용어들 중, 이 시기에 나타나는 구성 단계 수사 용어에는 억양(抑揚), 돈좌(頓挫), 조종(操縱), 개합(開闔) 등이 있다. 구성 단계의 수사법[편장법(篇章法)]에는 제재의 선택 및 배치, 핵심 관건의 부각, 단락의 전환 및 조응, 서술 방식의 변화 운용 등을 들 수 있다.[34]

그 중에서도 소설에서 본 이야기를 하기 전에 다른 이야기를 먼저 꺼내거나 이야기를 하는 도중에 다른 이야기를 끼워 넣는 등의 문제와 관련지어 생각할 수 있는 용어는 '개합(開闔)'과 '착종(錯綜)'이다. 즉 개합은 단락의 전환과 조응 문제에, 착종은 서술방식의 변화운용 문제에 해당된다. 이런 개합이니 착종이니 하는 용어들은 모두 당송고문파(唐

32 이에 대한 대표적인 논의는 '정우봉, 「조선 후기 소설론에 있어 구성의 문제」, 『한국고소설사의 시각』(국학자료원, 1996)'을 들 수 있다.

33 이에 대한 구체적인 논의는 '송혁기, 『조선후기 한문산문의 이론과 비평』(월인, 2006)'을 참조.

34 이상의 내용은 송혁기, 위의 책, 204~205면, 224면, 240, 257~258면 등을 참고하여 정리했다.

宋古文派)에서 연원한 것으로 알려져 있다.[35] 당송고문파에서 주창한 수사학은 고전에서 인용된 어휘들을 단순히 문법적으로 결합하는 것이 아니라, 주제와 연관하여 일정한 법칙에 의해서 집적된다는 것을 보여주었다.[36]

19세기 소설인 우화 소설, 판소리계 소설, 한문 장편소설들 속에서 나타나는, 중심 이야기 흐름 속에서 이런저런 다른 이야기들이 얽혀 나타나는 현상은 바꿔 말하면, '정서(正敍)'와 '협서(夾敍)'를 이루어 나타나거나 서사와 의론 혹은 의론적 담화가 교착되면서 나타나는 것이라 할 수 있다. 아울러 이러한 착종은 해당 담화나 의론 자체 내에서 혹은 작품 전체 속에서 조응을 이루는 개합 관계를 이루기도 한다.

이렇게 삽화, 의론이나 의론적 서술, 담화들이 스토리 흐름 속에 자유롭게 교착되는 현상은 소설 구성의 문제, 그 중에서도 개합, 정서·협서를 통한 서사의 착종 문제, 서사와 의론의 착종 문제와 긴밀하게 연관된다고 볼 수 있다.

사실 개합, 정서와 협서, 서사의 착종, 서사와 의론의 착종 등에 대한 문제는 주로 한문 산문이나 한문 소설 이론 측면에서 논의가 되었다. 그런데 이러한 현상은 비단 한문 산문이나 한문 소설에서만이 아니라 국문 장편소설에서도 나타나며, 단편소설 역시 중심 스토리와 여러 삽화들이 얽혀 하나의 작품으로 구성된다는 점을 생각하면 단편소설 역시 이러한 측면에서 논의할 수 있다. 착종의 관점은 구성적 사건을 이루는 담화들과 보충적 사건으로 기능하는 담화들 간의 뒤얽힘 현상뿐

---

35 강명관, 『공안파와 조선후기 한문학』(소명출판, 2007B), 140면.

36 강명관, 『안쪽과 바깥쪽』(소명출판, 2007A), 161면.

만 아니라, 다른 양식의 글들이 담화들 사이에 끼어들어 다른 담화들과 긴밀한 관계를 맺고 그럼으로써 담화 흐름에 미묘한 변화를 일으키는 양상을 분석하는 데 유용하다.

구성적 사건과 보충적 사건에 대해 잠시 설명하고 넘어가자. 스토리 속의 사건들은 상대적인 비중에 따라 구성적 사건('핵(nuclei)', '중핵(kernels)')과 보충적 사건('촉매(catalyzers)', '위성(satellites)')으로 나뉜다. 구성적 사건은 스토리를 스토리 그 자체로 만드는 필수적인 요소로, 스토리 전체를 앞으로 진행시키면서 동시에 다른 사건들을 이끄는 사건을 의미한다. 그리고 보충적 사건은 어떤 방향으로 스토리를 이끌어 가지는 않기 때문에 스토리에 반드시 필요한 것은 아니다.[37]

더 나아가 한 이야기 속의 모든 요소가 의미 작용을 한다 해도 각각의 요소마다 그 정도는 다르다는 것, 즉 한 이야기 속에서 모든 요소가 어느 정도의 필연성을 가진다고 해도 그 필연성이 어떤 요소에서는 팽팽하고 어떤 요소에서는 느슨할 수 있음[38]을 감안한다면, 구성적 사건과 보충적 사건을 나누는 것에 그치지 않고 보충적 사건들의 층위도 나누어 볼 수 있을 것이다.[39] 구성적 사건이든, 보충적 사건이든, 더 하위 층위의 보충적 사건이든, 이들은 모두 직간접적으로 반드시 주제와 관련을 맺는다.

이러한 문제의식 하에 이 책에서는 한문 산문과 한문 소설 분석에 이러한 관점이 활용되는 데 착안하여 이를 우화 소설이나 판소리계

37 H. 포터 애벗, 앞의 책, 55면.

38 란다 사브리, 이충민 옮김, 『담화의 놀이들』(새물결, 2003), 474~475면.

39 이러한 층위들은 국문 장편소설처럼 수많은 보충적 사건들이 복잡하게 얽혀 있는 소설 유형을 분석할 때 특히 유용하리라 생각된다.

소설에서도 활용하여 이러한 착종 현상이 나타나는 양상을 다루어 보기로 한다. 그리고 이를 바탕으로 하여 당대 사람들에게 소설 속 서사 흐름에 대한 공통적인 인식이 깔려 있었던 것은 아닌지 추정을 해 보기로 한다. 이를 통해 텍스트라는 관점에서 봤을 때, 소설 양식 간의 차이를 넘어 공통적으로 적용되는 글쓰기 방식을 규명할 수 있는 기반도 마련할 수 있으리라 기대한다.

이상 소설 속 지식·전고 활용 양상과 글쓰기 방식에 대한 논의에서는 대상 작품들을 동일한 하나의 텍스트로 놓고 진행하며, 작품 속에서 구성되는 서사담화들을 대상으로 한다는 전제가 공통으로 깔려 있다. 그런데 구체적인 방법에서는 약간 차이가 있다.

소설 속 지식·전고 활용 양상에 대한 논의에서는 작품 속에서 구성되는 서사담화들의 문면에 드러나는 공통적인 지식·전고 활용 방식을 추출하는 데 중점을 둔다. 그리고 글쓰기 방식에 대한 논의에서는 작품 속 화소나 서사담화들 간의 관계, 서사담화를 구성하는 이질적인 양식의 글들 간의 관계를 분석하고 이를 통해 드러나는 면면들을 드러내는 데 주안점을 둔다. 이 두 논의는 구체적인 방법론상 차이가 존재하기는 하지만 우화 소설과 한문 장편소설이라는, 창작 기반과 향유 기반이 전혀 다른 두 소설 유형 간에도 공통 지점이 존재함을 보이는 데 초점을 맞추었다는 점에서 연계가 된다. 이러한 방법론상의 차이를 둔 것은, 지식·전고 활용 양상 논의에서는 그 공통적인 활용 방식을, 글쓰기 방식에 대한 논의에서는 화소 내지 서사담화 간의 관계, 서사담화를 구성하는 이질적인 양식의 글들 간의 관계를 드러내 보이는 것이 가장 효율적이라 판단하였기 때문이다.

(3) 작품 구조와 논리

우화 소설과 판소리계 소설에 나타나는 지식·전고들, 글쓰기 방식이 상층 소설의 지식·전고들, 글쓰기 방식에서 가져온 것이라는 점은 조선 후기 유교 문화가 아래로 확산해 가는 과정에 있었다는 것을 보여주는 하나의 징표로 볼 수 있다. 그리고 이는 유교 문화의 확산에 따른 하층민의 성리학적 이념 전유와도 일정 부분 연관이 있다고 생각한다.

그렇지만 이를 두고 곧장 하층민의 성리학적 이념 전유 문제와 연결지어 다룰 수는 없다. 이 두 현상 모두 성리학적 사회 내에서 일어나는 문화 현상이며, 둘 사이에는 성리학에 기반한 문화의 확산이라는 측면에서 볼 때 밀접한 관련이 있음이 틀림없다. 하지만 하나는 글쓰기 차원에 속하고, 하나는 규범 차원에 속하는 것이기에 둘을 함께 다루기에는 층위가 서로 다르다. 그래서 이 둘을 직접적으로 연관 지어 다루기 어렵다. 게다가 이것만으로는 하층민들의 성리학적 이념 전유를 설명하기에는 매우 부족하다는 문제도 존재한다.

이러한 문제를 해결하기 위해서는 문학적 측면에서 소설 작품 속에서 성리학적 규범 내지 이념 문제가 내재되어 있거나 전제로 깔려 있음을 밝히는 작업이 뒷받침되어야 한다. 이를 가시적으로 보이기 위해서는 문학 작품들 속에서 성리학적 규범 내지 이념 문제를 구체적인 서사담화로 구성해 내고 있는 부분들, 이러한 문제가 내재되어 작동하고 있다고 판단되는 면면들을 찾아 분석하고 그것이 갖는 의미를 논의하는 것이 마땅하다.

그런데 오륜 시조나 오륜 가사를 위시한 교훈시가 작품이 아닌 이상, 성리학적 이념, 규범에 대한 논의를 할 것 같으면 차라리 교훈서나 가훈서를 분석하는 것이 훨씬 효율적일 정도로, 성리학적 이념, 규범이 직접적으로 작품 문면에 드러나거나 형상화된 경우를 찾기란 매우 어렵다. 설령 그것이 나타난다고 하더라도 작품의 한 부분에 특정 문제에 대한 담화가 구성되는 과정에서 언급되는 경우가 많다.

이는 성리학적 이념, 규범과 관련된 문제가 작품 문면을 통해 뚜렷하게 드러나는 것이 아니라, 작품 전체에 걸쳐 내재가 되어 있거나 전제로 깔려 있음을 의미하는 것이기도 하다. 여기서 내재되어 있거나 전제로 깔려 있다는 것은 이것이 하나의 작품 구성 원리로 내재되어 있음을 의미한다. 그렇기에 개별적인 작품들을 대상으로 인물이나 구조, 주제를 분석하는 방식으로는 그 면모를 뚜렷하게 밝혀내기가 어렵다.

그렇다고 해서 방법이 전혀 없는 것은 아니다. 흔히 고전소설이 갖는 가장 큰 특징으로 '천편일률'을 꼽는다. 이는 고전소설에서 작품의 전체적인 구조와 구성, 인물 형상화 방식, 주제의 구현 등에서 정형화된 패턴이 반복되어 왔음을 의미한다. 우리에게 너무나도 당연하게 생각되는 선-악 대립 구도와 이에 기반한 인물 형상화 원리, 작품 결구 과정에서 항상 구현되는 복선화음(福善禍淫)의 원리, 그리고 그 안에 내재되어 작동하는 포섭과 배제의 논리 등이 가장 뚜렷한 면모라 할 수 있다. 이는 17세기 중후반 〈사씨남정기(謝氏南征記)〉, 〈창선감의록(彰善感義錄)〉 등의 작품에서 이러한 구도와 논리가 성립된 뒤, 조선 후기 소설에서 가장 기본을 이루는 구도와 논리가 된다.

19세기 상·하층 소설의 접점 문제를 다룸에 구조적 측면에서 선-악 대립 구도와 이에 기반한 인물 형상화 방식, 작품을 통해 구현되는 복선화음의 원리, 그리고 거기에 내재된 포섭과 배제의 논리 등을 주목해야 하는 이유는 다음 두 가지 이유 때문이다.

첫째, 이는 국문 장편소설에서 그 원리가 정립된 뒤 영웅 소설에서도 그대로 활용되면서 고전소설 내에서 하나의 공식처럼 자리 잡는다. 그리고 이는 이후 한문 장편소설, 우화 소설, 판소리, 판소리계 소설, 19세기 일부 교훈 가사 등에서도 공통적으로 발견된다. 이는 소설 구조 설정 측면에서 다른 소설 유형들도 이와 직간접적으로 연관을 맺는 것은 물론, 이러한 원리가 다른 양식에까지도 확대되어 간다는 점을 의미하는 것으로, 조선 후기 문학사 측면에서 매우 중요하게 다루어야 할 문제이다.

한문 장편소설, 판소리, 판소리계 소설, 교훈 가사 등이 소설 구조 설정 측면에서 직간접적으로 관련을 맺는다는 것은 이러한 원리가 이 양식과 유형에도 모두 동일한 양상으로 나타나는 것은 아니라는 것이다. 이 책에서 다루는 한문 장편소설, 우화 소설, 판소리계 소설, 교훈 가사를 보더라도 이 세 가지 원리를 모두 활용하고 있는 경우도 있고, 어느 한 가지 원리 혹은 두 가지 원리를 활용하는 양상을 보이기도 한다. 또 세 가지 원리를 모두 활용하고 있는 경우라도 구체적인 활용 방식이 약간 차이를 보이기도 하고, 정도가 약하게 나타나기도 하며, 간접적인 관련성만 보여주기도 한다. 즉 양식과 유형별로 약간씩 차이를 보이는 것이다.

이 책에서는 이러한 점에 유의하면서 국문 장편소설과 영웅 소설에서 전형적으로 나타나는 소설의 구조 설정 측면에서 나타나는 세 가지 특성이 상·하층 소설과 여타 양식에서 어떻게 공통적인 면모를 드러내고 있는가 하는 문제를 다룬다. 아울러 이들 사이에는 구체적인 활용 방식과 활용 정도에서도 차이가 분명히 존재하므로, 양식과 유형별로 나타나는 차이점도 함께 짚어가는 방식으로 논의를 해 나간다.

둘째, 이 책에서 국문 장편소설과 영웅 소설에서 전형적으로 나타나는 선-악 대립 구도, 복선화음 구현, 포섭과 배제의 논리 등의 문제를 한문 장편소설, 우화 소설, 판소리, 판소리계 소설, 교훈 가사 등에까지 확대하여 작용하고 논의하려는 궁극적인 의도는 이러한 소설 유형과 양식에 내재되거나 전제로 깔려 있는 이러한 원리들이 결국 고전소설에서 교훈성이 매우 중요한 측면으로 다루어지게 만든 주 요인임을 밝히는 데 있다.

다양한 화소들을 이리저리 얽어서 하나의 흥미로운 작품을 창작하는 과정 속에는, 그리고 이를 독자들이 흥미를 느끼며 읽는 과정 속에는, 현대인들이 그러리라는 기대와는 달리 항상 성리학적 이념, 규범의 문제가 그 안에 내재되어 있거나 전제로 깔려 있다는 점이다. 고전소설이 갖고 있는 교훈성의 측면이 작품 속 어디에 기반하고 있는가를 보려는 것이다.

이러한 논의를 통해 비단 19세기뿐만 아니라, 17세기 중후반부터 고전소설에 등장하는 이러한 원리들이 성리학적 이념, 규범을 확산시키려는 의도를 제대로 이루어지도록 하는 역할을 함으로써 더욱 적극적으로 활용되어 갔음을 밝히려 한다.

2) 유교 문화의 확산과 19세기 소설

우화 소설, 판소리계 소설, 한문 장편소설의 향유층의 차이가 존재함을 전제로 하였을 때, 특히 하층 소설에서 지식·전고가 대규모로 등장하는 현상과 상하층의 지식·전고가 서로 뒤섞이기도 하는 현상을 어떤 관점에서 바라보고 해석할 것인가.

하층 소설에서 이렇게 이런저런 지식·전고들이 쏟아져 나오는 현상은 조선시대 문학사 전체를 놓고 보더라도 처음부터 이러했던 것은 아님이 분명하다. 앞에서 이야기했듯이, 이런 현상이 하층 소설 유형 중 판소리계 소설과 우화 소설에서만 나타난다는 점을 감안하면, 18세기 중후반 이후에 나타난 현상이 아닐까 생각된다.

그럼에도 이런 현상이 자연스럽지는 않다. 하층에서 기본적으로 상층에서 향유하는 지식·전고들을 향유하게 된 이유가 무엇인지, 그 계기가 무엇인지 해명할 필요가 있다. 이 책에서는 이러한 현상이 하층민이 성리학의 이념을 '전유(專有, appropriation)'[40]함으로써 가능했다는 관점에서 이 문제를 풀어본다. 이 문제는 조선시대 전 시대를 걸쳐 나타난 성리학적 이념과 규범의 확산과 매우 밀접한 관련이 있다.

구체적으로 말하면, 우화 소설과 판소리계 소설에 나타나는 지식·전고의 향유 현상은 하층의 지배적 이념 전유를 통해 상층의 문화, 관습, 지식 등도 일정 부분 수용하여 자기화 함으로써, 그리고 이를 다시 활용하는 과정에서 나타난 현상으로 보는 것이다. 여기서 자기화한다는 것은 본문에서 좀 더 구체적으로 다루겠지만, 원래 자신이 향유하지 않았던 문화, 관습, 지식 등을 여러 경로를 통해 자기 몸에 익숙해지도록 습관화가 되었거나 습관화되는 과정에 있는 모든 경우를 포함한다. 이를 밝히기 위해 이 책에서는 다음과 같은 순서로 논의를 진행해 나간다.

(1) 세속화된 교화 논리

성리학적 이념과 규범이 아래로 확산되는 데는 교화의 주체였던 사

---

40 '전유(專有, appropriation)'는 문학 비평 용어이다. 이에 대해서는 4장 2절에서 다시 언급한다.

대부들의 역할이 매우 컸다. 이들은 지속적인 교화 작업을 통해서 사대부 자제, 여성, 일반 백성 순으로 이들을 성리학적 규범을 준수하는 인간으로 만들어 나갔다. 여기에는 『소학』을 위시하여 사대부들이 지었던 교훈시가류, 행실도, 가훈서, 계녀서 등이 큰 역할을 했음은 물론이다.

그런데 이것만 가지고는 성리학적 이념과 교화가 손쉽게 아래로 확산되기에는 한계가 있다. 성리학적 이념은 어디까지나 지배층의 이념이었으며, 피지배층은 그들 나름대로 사상과 신앙을 가진 채 살고 있었기 때문이다. 이런 상황에서 도덕적인 당위적 언명만으로는 성리학적 이념과 규범을 일반 백성들에게 설득력 있게 다가가는 데 한계가 있을 수밖에 없었다.

그래서 사대부들은 자신들의 성리학적 이념과 민간에서 통용되는 사상, 신앙과 교묘하게 결합을 시켜 이를 일반 백성들을 교화하는 논리로 활용하였다. 이렇게 성리학적 이념이 민간에서 통용되는 사상, 신앙과 결합된 논리는 일반 백성들을 좀 더 효과적으로 교화시키는 데 성공을 거두었다. 그리고 이러한 양상은 문학 작품이나 교훈서 등에서 어렵지 않게 찾아볼 수 있다.

이 책에서는 성리학적 이념과 규범을 확산시키기 위한 방안으로, 인간과 금수의 변별 논리, 복선화음의 논리, 선악 구도의 재편과 정착, 포섭과 배제의 논리라는 네 가지 논리가 활용되었음을 논의한다. 먼저 인간과 금수의 변별 논리는 노비를 대상으로 한 가훈문을 대상으로 하여 교화 대상인 노비에게 성리학적 규범 준수의 당위성을 효(孝)와 충(忠)으로 치환하여 말하고 있음을 밝히고, 이 이면에는 인간이라면 당연히 이를 지켜야 한다는 논리가 작동하고 있음을 보인다.

이어 복선화음의 논리에 대해서는 복선화음의 논리가 원래는 성리학의 기본 전제와 맞지 않음을 설명하고, 이로 인해 생긴 피교화자와의 거리 문제를 민간에서 통용되던 복선화음의 논리를 끌어 옴으로써 해결하였음을 보인다. 그리고 이러한 복선화음의 논리는 소설 주제를 구현하는 중요한 원리이자 독법이었음을 밝힌다.

선악 구도의 재편 문제는 17세기 후반부터 소설 속에서 선인과 악인의 대립 구도가 굳어져 간다는 점에 주목하여 이러한 구도가 단순히 독자들의 흥미를 제고하기 위해서만이 아니라, 교훈성을 부각시키기 위해서 앞의 두 논리를 선-악 대립 구도로 재편시킨 결과물임을 논의한다. 그리고 이러한 구도가 작품의 구성이나 서술자의 시각, 서술 등을 통해 공식화되다시피 함으로써 독자에게도 이것이 하나의 당연한 전제로 작용하기에 이르렀음을 논의한다.

마지막 포섭과 배제의 논리는 선-악 대립 구도와 깊은 관련이 있다. 성리학적 규범을 잘 지켜서 마을의 안정에 이바지하고, 마을 사람들에게 우러름을 받는 인물들은 작품의 서술자가 그를 추앙함으로써 적극적으로 포섭하려고 하는 반면, 그 반대의 경우에는 서술자가 앞장서서 그를 몰아내고 그의 파멸을 극단화해서 보여줌으로써 적극적으로 배제하려는 태도를 보이는 것이다. 이러한 논리를 통해 독자들로 하여금 자신의 행실을 돌아보고, 경계하도록 하는 효과를 가짐을 살핀다.

(2) 유교의 세속화

성리학적 이념과 규범의 확산은 결국 강제적이든, 자발적이든 간에 이를 수용하는 하층민들의 의지가 있어야 가능하다. 이 문제를 이 책에서는 하층민의 성리학적 이념 전유라는 관점에서 접근한다. 이를 위해

하층민의 성리학적 이념 전유가 무엇을 의미하는지 먼저 설명하는 것이 필요하다.

그런데 여기서 무엇보다도 문제가 되는 부분은 '이념 전유'라는 말이 내포하는 것이 무엇인지 분명하지 않다는 점이다. 또 이념과 지식, 규범 사이의 층차를 고려해야 하지 않는가 하는 의문도 제기될 것이다.[41] 이에 이 책에서 사용하는 '이념'이라는 용어의 의미를 짚어둘 필요가 있다.

하층민의 성리학적 이념 전유 문제는 규범의 학습, 습관화, 실천과 준수, 상층에 대한 비판[42]의 과정을 모두 포괄한다. 특히 마지막 단계에 이르렀을 때, 이것은 경우에 따라서 다소 이념적이면서 정치적인 성격까지도 띨 수 있다. 이 책에서 굳이 하층민의 이념 전유 차원에서 접근하는 것은 이 책에서 기존의 상층민들의 아래로 교화 일변도로 파악하던 것을 지양하고 상층민들의 규범, 더 나아가 지식, 이념도 하층민들이 적극적으로 받아들이는 측면이 있었음을 강조하려는 의도에서이다.

이러한 점을 고려할 때, 이 책에서 이념은 규범적 차원에서 이념의 차원까지 이르는 넓은 범주를 포괄하는 의미를 가지며, 하층을 겨냥하

41 전자에 대해서는 여기서 간단하게 설명을 해 놓고, 구체적인 논의는 4장에서 하겠다. 그리고 후자에 대해서는 여기서 따로 설명하지 않고 4장에서 서술하겠다.

42 이것을 기존의 민중들의 반봉건 사상, 신분 사회에 대한 비판과 해체 의지 등과 연결 지으면 곤란하다. 이 책의 전체적인 시각은 16세기부터 '교화'라는 작업을 통해 서서히 확산해 가는 성리학적 규범, 이념이 19세기에 이르면 하층민들에게까지 어느 정도 자리 잡아 가는 상황에 이르는 것으로 본다. 따라서 여기서 상층들에 대한 비판이라는 것은 기본적으로 성리학적 사회 테두리 내에서 굳이 지킬 필요가 없는 하층민들 자신들도 성리학적 규범을 잘 준수하는데, 타의 모범이 되어야 할 상층민들이 이를 지키지 못해서야 되겠는가 하는 차원의 문제 제기를 의미한다.

여 사용하는 만큼, 성리학적 지식, 철학적인 담론 등은 포함되지 않는다. 다시 말해 이념은 정치적 이념, 신념보다는 규범에 좀 더 가깝다. 그렇지만 이 규범을 바탕으로 삼아서 그 자체를 이념화할 수 있는 가능성이 존재하기에 규범이라는 말 대신, 이념이라는 용어를 사용하는 것이다.

이 논의는 다음 사항들을 밝히는 데 중점을 두고 이루어질 것이다. 먼저 하층민의 성리학적 이념 전유 문제는 성리학적 규범의 습득과 철저한 준수와 깊은 연관을 지니며, 이를 통해 규범 준수에 그치지 않고 상층을 비판할 수 있는 이념으로까지 발전할 수 있는 가능성을 그 자체 내에 내재하고 있음을 알 수 있다. 다음 성리학적 이념 전유를 통한 성리학적 규범의 자기화 과정은 결국 도덕적 윤리를 일상적인 생활 속에서 무의도적으로 행할 수 있도록 체화하는 것과 결코 다르지 않다. 마지막으로, 중하층에서 주로 향유한 것으로 간주되는 소설 유형에서 상층 지식·전고들이 대거 활용되는 양상은 이러한 성리학적 규범의 자기화 과정을 통해 부수적으로 따라오는 것이다.

이러한 논의들을 바탕으로 하여 이러한 하층민의 성리학적 이념 전유 결과, 도달할 수 있는 지점이 어디일지를 논의한다. 여기에는 크게 두 측면이 존재한다. 하나는 기존에 이데올로기화로 개념화 되었던 지점과 비슷한 지점으로, 이 책에서는 이데올로기화로서 전유 단계로 지칭한다. 간단히 말해, 이 단계는 성리학적 규범을 하층민들 스스로 준수해야 하는 것으로 인식하고, 이를 잘 지키고 있는 경우에 해당한다. 성리학적 규범의 자기화가 어느 정도 이루어진 상태인 것이다. 다만 기존 이데올로기화라는 용어가 피지배층에 대한 지배층의 '강제적' 교화 측면만을 강조하였다면, 이 책에서는 피지배층이 감발을 받아 자발적으로 교화되는 측면도 중요하게 보는 것이다. 그리고 이러한 구체적인 사례를 『이향견문록(里鄕見聞錄)』 소재 이야기들을 중심으로 확인해 보겠다.

그리고 다른 하나는 성리학적 규범을 잘 준수하는 상태를 바탕으로 이를 다시 상층에 대한 비판이나 문제 제기 수준까지 나아가는 상태로, 이 책에서는 '재전유(再專有, re-appropriation)' 가능성으로서 전유 단계로 지칭한다. 이 단계는 피지배층이 지배층의 이념을 전유한 상태를 넘어서서 이를 다시 전유할 가능성을 내포하고 있다고 할 수 있다. 여기에는 지배층에 대한 단순한 비난 내지 비판에서부터 좀 더 적극적인 문제 제기, 더 나아가서는 다소 정치적인 색채를 띠는 조직적인 움직임까지 포함된다. 이러한 현상이 가능하다고 보는 관점은 무엇인지, 그럴 때 이러한 현상이 지니는 의미는 무엇인지 하는 문제들을 다루어 본다. 이상의 논의들을 통해, 하층민의 이념 전유의 의미와 그 결과 나타날 수 있는 현상들의 면면에 대한 이해가 가능하리라 생각한다.

(3) 유교 사회와 소설 속 지식·전고의 기능

소설 속에서 지식·전고들이 대규모로 등장하는 양상을 살피는 작업과는 별도로 다음과 같은 질문을 제기해 볼 수 있다. 소설 속에 등장하는 지식·전고들을 어떤 관점에서 바라보아야 하는가? 이는 소설 속에 등장하는 지식·전고들의 성격을 규명하기 위해 반드시 제기되어야 하는 질문이기도 하다. 이를 해결하는 과정에서 대략 다음과 같은 질문들을 제기해 봄직하다.

우선 그 지식·전고들의 성격은 무엇이며, 이들이 소설 속에서 향유되는 것이 어떤 의미를 지니는가? 한문 장편소설, 우화 소설, 판소리계 소설, 국문 장편소설 등의 향유층은 차이가 있다. 소설에 따라 나열되고 서술되는 지식·전고들의 층차(層差)도 분명히 존재한다. 소설에 따라서 고차원적이고 관념적인 지식들을 구사하기도 하고, 일상생활에서 잘 사용하지 않는 잡박(雜駁)한 지식들을 구사하기도 한다. 그런가 하면, 출처가 어디인지도 불분명하고 신뢰성에도 의문이 가는, 민간에서 떠도는 잡다한 지식들을 구사하기도 한다. 이러한 지식들을 향유하는 양상은 소설의 유형에 따라 대체로 명확하게 구분이 되는 편이다. 앞의 두 경우는 한문 장편소설에서, 마지막의 경우는 우화 소설이나 판소리계 소설에서 볼 수 있는 현상이다.

하지만 이러한 지식·전고들이 소설 속에서 향유되는 지식·전고들의 총체라고 생각해서는 안 된다. 이는 각 소설 유형의 향유층의 기호(嗜好)에 따라 특수화된 것이기도 하지만 해당 소설 유형도 이러한 지식·전고들로만 채워지는 일은 결코 없기 때문이다. 즉 이러한 특수한 지식·전고들 외에도 소설 작품을 구성하고 있는 또 다른 지식·전고들이 분명히 존재함을 잊어서는 안 된다.

소설 작자가 어떤 특수한 전적(典籍)을 기반으로 하여 전고나 지식을 활용하고 이를 통해 한 편의 소설을 창작하는 경우[43]가 아니라면, 소설 속에서 활용되는 지식이나 전고의 범위는 소설 유형을 막론하고 비슷하다. 사서삼경(四書三經)을 중심으로 한 유가(儒家) 경전류와 『도덕경(道德經)』, 『장자(莊子)』와 같은 도가(道家) 경전류, 『사기(史記)』, 『십팔사략(十八史略)』, 『한서(漢書)』, 『후한서(後漢書)』 등의 역사서류 등을 바탕으

43 예컨대, 황중윤(黃中允, 1577~1648)의 소설 〈옥황기(玉皇紀)〉의 경우, 소설 속에서 구성하는 대부분의 전고들을 『태평광기(太平廣記)』에서 따왔다.

로 한 지식·전고들을 공통적으로 사용하는 것이다.[44] 소설에서 향유되고 있는 지식·전고들 중 상당수가 겹치는 것은 바로 이 때문이다. 그리고 한문 장편소설과 우화 소설의 향유계층을 고려할 때 상하층 간의 지식들이 일정정도 뒤섞이는 현상도 여기에 기반한 것이라 할 수 있다.

앞서 언급한 또 다른 지식·전고들은 바로 이를 두고 말한 것이다. 이렇게 볼 때, 소설을 구성하고 있는 수많은 지식·전고들은 소설 유형을 막론하고 공통적으로 활용되는 지식·전고들을 기반으로 하여 그 위에 대단히 고차원적이고 관념적인 지식, 잡박한 지식, 민간에서 떠도는 잡다한 지식들을 가미함으로써 이루어진 것들이라 하겠다.

그렇다면 이렇게 소설 유형을 막론하고 공통적으로 활용되는 지식·전고들을 어떤 관점에서 바라볼 것인가? 이에 대해 답하기 위해서는 먼저 다음 작업들이 이루어져야 한다. 우선 소설에 따라 나열되고 서술되는 지식·전고의 층차가 분명히 존재함에도 불구하고 공통적으로 기반하고 있는 지식·전고들의 범주가 대략 어떻게 되는지를 살펴야 한다. 특히 이 책의 문제의식을 감안할 때, 우화 소설과 판소리계 소설 속에서 활용되는 지식·전고들과 한문 장편소설 속에서 활용되는 지식·전고들의 공통 범주를 대강이나마 설정해 보는 작업이 필요하다. 그리고 이렇게 설정된 범주에 있는 지식·전고들에 대한 성격을 규정하고, 조선 사회에서 지식·전고들이 궁극적으로 기능했던 면이 무엇인지에 대해서도 따져 보아야 한다.

---

44 김문희는 장편 가문소설에 등장하는 전고들의 원천이 무엇인지 살피고, 등장하는 전고들을 유형별로 나누어 고찰하였다. 그런데 전고의 원천과 전고 내용은 비단 장편 가문소설에 그치지 않고 사실상 모든 소설 유형에서 활용되는 것이라고 해도 무방하다(김문희, 「장편가문소설의 전고(典故)와 독서 역학적 연구」, 『한국고전연구』 21(한국고전연구학회, 2010. 6), 205~210면).

따라서 이 책에서는 먼저 우화 소설과 판소리계 소설, 한문 장편소설에서 공통적으로 활용되는 지식·전고들이 구성하는 범주를 정리해 본다. 이어 이 지식·전고들은 결국 거자오광(葛兆光)이 말한 '보편적인 지식과 사상 및 신앙으로서의 지식'의 일부를 이룸을 보인다. 그리고 논의 과정 속에서 '보편적인 지식과 사상 및 신앙으로서의 지식'은 다양하고 가장 보편적인 경로를 거쳐 전파되며, 궁극적으로 '의거(依據)'를 생성하고 유지하는 기반으로 작용한다는 점을 밝힌다.

본문에서 자세히 다루겠지만, 그가 말한 '보편적인 지식과 사상 및 신앙으로서의 지식'은 그 범주가 넓은 편이다. 우화 소설과 판소리계 소설, 한문 장편소설에서 공통적으로 활용되는 지식·전고들이 곧 '보편적인 지식과 사상 및 신앙으로서의 지식'에 해당한다고 해서 이것이 '보편적인 지식과 사상 및 신앙으로서의 지식'의 전부임을 의미하는 것이 결코 아님을 미리 밝혀둔다.

이 책에서는 19세기 문학의 한 특징으로도 간주되는, 상하층 문학의 교유 현상의 전반을 다 다루지는 못한다. 그렇지만 이상의 논의들을 통해 상하층 문학의 교유 양상은 기본적으로 성리학적 이념, 규범, 문화의 확산을 통해 가능했으며, 여기에는 하층민의 이념 전유 과정이 뒷받침이 되었음을 밝혀 낼 수 있으리라 기대한다. 아울러 논의 과정에서 조선에서는 성리학적 이데올로기를 민간으로 확산시키고 보편화시키는 역할을 '성리학' 스스로 하였음도 드러나리라 기대한다.

이 책에서 대상으로 삼은 작품들에 대해 설명을 하겠다. 이 책에서는 하층 소설들 중에서 지식·전고 활용 양상이 다양한 양상으로 두드러지게 나타나는 작품들을 주 논의 대상 작품으로 선정하여 논의를 진행한다. 그래서 우화 소설 중 〈두껍전〉, 〈장끼전〉, 〈서동지전〉, 〈서대주전〉

과 판소리, 판소리계 소설 중 〈흥부가/전〉, 〈심청가/전〉을 주 대상 작품으로 선정하여 논의를 진행한다.

그리고 이 작품들에서 나타나는 지식·전고 활용 양상과 글쓰기 방식이 상층에서 끌어 온 것임을 밝히기 위해 한문 장편소설과 비교 작업도 진행하기 위해 〈옥루몽〉과 〈삼한습유〉 두 작품 역시 대상 작품으로 선정하고, 필요한 경우에 한해 〈옥선몽〉도 활용한다. 특히 논의 구도상 구조 설정과 논리에 대한 논의 과정에서 19세기 교훈 가사인 〈용부가〉, 〈우부가〉가 상당히 많은 참고가 되므로, 이 작품들도 논의 대상으로 활용하기로 한다.

마지막으로, 매우 제한적으로 활용하겠지만 비교 작업을 통해 논지를 분명하게 하기 위해 〈광한루기〉나 〈서ᄃᆡ쥐〉, 〈옥선몽〉 등도 간혹 활용할 것이다.

주 대상 작품들의 서지사항을 아래에 대략 제시한다. 논의 과정에서 필요한 경우에 활용된 작품들의 서지사항은 그곳에서 따로 언급한다.

1 우화 소설

(1) 두껍전

정해본(丁亥本) 〈두껍전〉. 국문필사본. 1887년 필사, 1821~1887년 창작 추정. (김동욱 편, 『나손본 필사본 고소설자료총서 8』(보경문화사, 1991), 영인; 윤해옥, 『조선시대 우언우화 소설연구』(박이정, 1997), 활자화).[45]

45 이 이본의 필사와 창작 시기 추정에 대해서는 '정출헌, 『조선 후기 우화 소설 연구』(고려대학교 민족문화연구원, 1999), 70~71면'을 참조.

(2) 장끼전

경성서적업조합본 〈장끼전〉. 국한문혼용 활자본. 1925년 간행. (인천대학교 민족문화연구소 편, 『구활자본 고소설전집 12』(인천대학교 민족문화연구소, 1983), 영인; 유영대·신해진 역주, 『조선후기 우화소설선』(태학사, 1998), 활자화).

(3) 서동지전(鼠同知傳)

영창서관본 〈셔동지젼(鼠同知傳)〉. 국한문혼용 활자본. 1918. 9. 29. 발행. (동국대학교 한국학연구소 편, 『구활자본 고소설전집 3』(아세아문화사, 1976), 영인; 신해진 편역, 『서류 송사형 우화 소설』(보고사, 2008), 활자화).

(4) 서대주전(鼠大州傳)

소장처 미상 〈서대주전(鼠大州傳)〉. 한문활자본. (『문장(文章)』 2권 4호(1940. 4) 활자화; 신해진 편역, 『서류 송사형 우화 소설』(보고사, 2008), 활자화, 번역).

2 한문 장편소설

(1) 옥루몽(玉樓夢)[남영로(南永魯, 1810~1858) 작]

보급서관본(普及書舘本), 금광서림본(金光書林本), 박문서관본(博文書舘本) 『원문언토(原本諺吐) 옥루몽(玉樓夢)』. 한문활자 현토본. 전 3권. 대정(大正) 13년(1924년) 12월 16일 초판 발행. (장효현·윤재민·최용철·지연숙·이기대, 『교감본 한국한문소설 영웅 소설 2』(고려대 민족문화연구원, 보고사, 2007), 교감, 활자화. 남영로(南永魯), 김풍기 역, 『완역 옥루몽 1~5』(그린비, 2006), 번역).[46]

---

46 이 책에서 대본으로 삼은 것은 보급서관본(普及書舘本)이다. 그런데 김풍기가 번역한 대본은 1962년에 발행된 세창서관본(世昌書館本)이다. 두 이본 사이에 두드러진 차이

(2) 삼한습유(三韓拾遺)[김소행(金紹行, 1765~1859) 작]

서울대본 『삼한습유(三韓拾遺)』. 한문필사본. (김기동 편, 『필사본 고전소설전집 1』(아세아문화사, 1980), 영인; 장효현·윤재민·최용철·지연숙·이기대, 『교감본 한국한문소설 영웅 소설 1』(고려대 민족문화연구원, 보고사, 2007), 교감, 활자화; 김소행(金紹行), 조혜란 역주, 『삼한습유』(고려대학교 민족문화연구원, 2005), 활자화, 번역).[47]

③ 판소리, 판소리계 소설

(1) 흥부가/전

신재효(申在孝, 1812~1884)본(성두본(星斗本)) 〈박흥보가(朴興甫歌)〉. 국한문필사본. (김태준 역주, 『한국고전문학전집 14: 흥부전/변광쇠가』(고려대민족문화연구소, 1995), 활자화, 역주).

(2) 심청가/전

완판 71장본(다가서포본(多佳書舖本)) 〈심청전〉. 국문활자본. (정하영 역주, 『한국고전문학전집 13: 심청전』(고려대민족문화연구소, 1995), 활자화, 역주).

④ 교훈 가사

(1) 용부가(庸婦歌)

〈용부편〉. 일사본(一簑本) 『초당문답(草堂問答)』 소재. 규장각 소장. (정재호 역주, 『(주해) 초당문답가(草堂問答歌)』(박이정, 1996), 활자화, 역주).

는 없다고는 하지만 그래도 세부적인 면에서는 차이가 있다. 그래서 번역을 인용할 때 김풍기의 책을 참고하되 차이가 있는 부분은 수정하여 인용한다.

47 이 책에서 〈삼한습유〉 작품 번역은 조혜란이 역주한 책에서 인용하되, 필요한 경우 약간 수정하였다.

(2) 우부가(愚夫歌)

〈우부편〉. 일사본(一簑本) 『초당문답(草堂問答)』 소재. 규장각 소장. (정재호 역주, 『(주해) 초당문답가(草堂問答歌)』(박이정, 1996), 활자화, 역주).

이상에서 서술한 논의 구도와 방향을 바탕으로 이 책의 논의 진행 순서를 간략하게 정리하면 다음과 같다. 먼저 2장에서는 이 책 전체를 관통하고 있는, 조선 후기를 바라보는 시각에 대한 문제, 대상 작품을 바라보는 문제를 논의한다. 3장에서는 우화 소설과 한문 장편소설을 대상으로 하여 각 작품들 속에서 서사담화를 구성하는 부분들을 중심으로 두 소설 유형 간에 공통적으로 나타나는 지식·전고 활용 양상을 살펴본다. 아울러 착종의 관점에서 서사와 서사의 착종 현상, 서사와 의론 혹은 의론적 담화의 착종 현상을 분석하고, 이를 바탕으로 우화 소설, 판소리계 소설, 한문 장편소설 간에 서사에 대한 공통적인 인식이 깔려 있었을 가능성을 제기해 본다. 마지막으로 국문 장편소설과 영웅 소설에서 전형적으로 나타나는 선-악 대립 구도와 이에 기반한 인물 형상화 방식, 복선화음의 구현, 포섭과 배제의 논리 등이 한문 장편소설, 우화 소설, 판소리, 판소리계 소설, 19세기 교훈 가사 등 여타 양식과 유형에서도 나타남을 보임으로써 이것이 교훈성 제고와 밀접한 연관이 있음을 밝히기 위한 기초 작업으로 삼는다. 4장에서는 성리학적 이념과 규범을 민간에 확산시키기 위해 동원된 논리들을 살펴보고 문학 작품 속에서 이 논리가 그대로 내재되어 있거나 전제로 깔려 있음을 밝힌다. 이러한 지속적인 교화의 결과, 하층민들은 성리학적 이념을 전유하게 되는데, 이것의 구체적인 의미와 그 결과로 나타날 수 있는 두 지점을 살핀다. 논의 과정에서 소설 속에서 성리학적 규범이 구체적인 서사담화로 구성되는 양상에 대한 논의도 곁들인다. 이어 이 책 맨 처음에 제기했던 문제로 돌아가 우화 소설과 판소리계 소설, 한문 장편소설에서 공통적으로 활용되는 지식·전고들의 범주를 대략 설정하고 이것이 '의거'를 생성하고 유지하는 기반이 되는 '보편적인 지식과 사상 및 신앙으로서의 지식'의 일부가 됨을 밝힌다. 그리고 이러한 지식·전고들과 글쓰기 방식이 성리학적 이념 전유에 따른 부수적 결과물임을 서술할 것이다. 마지막 5장에서는 지금까지 논의한 내용을 정리하고 남은 과제를 서술한다.

2장
조선 후기와 대상 작품에 대한 접근

1. 조선 후기를 보는 시각

1) 성리학적 이념의 해체와 내재적 발전론

그동안 19세기에 접근하는 키워드는 바로 '근대'였다. 근대로 진입하기 위한 준비가 제대로 되어 있었느냐는 것이 핵심이다. 그러다 보니 근대를 자주적으로 성취하지 못했고, 18세기에 이룬 문화적 성과들을 제대로 계승, 발전시키지 못했다는 점 때문에 19세기는 늘 부정적인 평가를 받았다. 이는 한 연구자의 지적처럼, 19세기를 전근대를 전혀 탈피하지 못하고 정체되어 있던 시기로 본 단절론(斷絕論)－이식론(移植論)의 관점이나 '쇠망'의 시기로 본 민족주의나 마찬가지였다.[1]

물론 이런 식의 평가에 대해 비판적으로 접근하면서 19세기의 문화적 현상을 나름대로 특징지으려는 시도가 전혀 없었던 것은 아니다.

---

1 임형택, 「19세기 문학사가 제기한 문제점들」, 『국어국문학』 149(국어국문학회, 2008. 9), 6면.

예컨대, 임형택은 19세기 문화적 현상으로 통속적 경사와 민중적 표현 형태의 대두 두 가지를 들었다.[2] 이어 그는 19세기만의 특징으로, '취(趣)'의 발전과 문학 예술의 대중화 경향 두 가지를 들었다. 그리고 이 '취'의 발전은 창작의 미학적 심화와 소시민적 취미로의 경도라는 상반된 방향으로 흘러갔다고 하였다. 그는 이 점은 19세기 문화 자체 내에 20세기로 와서 19세기 문화유산이 창조적 계기로 작동하기도, 퇴영적 잔재로 작용하기도 하는 식으로 상이하게 작동할 소지가 내장되어 있었음을 의미한다고 하였다.[3] 결국 19세기 문화의 큰 특징은 '취'의 발전을 통한 창작의 미학적 심화와 소시민적 취미로의 경도, 통속적 성향의 심화, 문학 예술의 대중화 경향 세 가지로 정리된다. 이 논의는 19세기를 특징짓는 큰 밑그림을 그려내었다는 점에서 의미가 있다.

이처럼 19세기에 대한 이런저런 평가를 내리기에 앞서서 과연 19세기의 특징 그 자체에 대해 얼마나 진지한 고찰이 이루어졌는가 하는 점을 돌이켜 보고 19세기 자체의 특징을 파악해 볼 필요가 있다. 다만 18세기와 20세기 문화 현상에 비추어서 19세기가 응당 이랬어야 했지 않았겠느냐는 식의 가정 내지는 기대를 갖고 접근하는 태도는 경계할 필요가 있다.

그런데 19세기를 바라보는 시각은 비단 18세기와 20세기에 대한 관점 문제에 그치지 않고, 조선시대 특히 조선 후기를 바라보는 시각 문제로까지 확장될 수 있다. 이 문제에 대해 언급하기 전에 19세기 문화 현상을 평가하는 데 항상 따라붙던 또 한 가지 문제를 먼저 살펴보도록

---

2 임형택, 「18~19세기 예술사의 성격」, 『한국학연구』 7(고려대학교 한국학연구소, 1995. 12); _____, 「문화현상으로 본 19세기」, 『역사비평』 37(역사비평사, 1996. 11).

3 임형택(2008), 앞의 논문.

하자.

대략 1980년대 중반에서 1990년대 중반까지 조선 후기 문학을 이해하고 평가하는 데 성리학적 이념, 이데올로기에 대한 작자의 의식 여하에 따라 보수적 성향의 혹은 진보적 성향의 작자, 작품으로 평가하는 흐름이 존재했다. 이런 식의 이분법적 시각은 연구자들 사이에 작자의 신분과 이념적 지향이 반드시 일치하지 않으며, 심지어 한 인물에게서도 반드시 한 가지 이념적 지향이 나타나는 것은 아니라는 인식이 확산되면서 '어느 정도'는 극복이 되었다. 그리고 이러한 시각은 성리학적 이념을 고수하면 무조건 보수적이고, 이에 대해 비판적이면 무조건 진보적인 시각을 갖고 있다고 간주하는 것 자체가 타당하지 않다는 점에서 반드시 극복되어야 하는 것이기도 했다. 이렇게 어떤 작자나 작품에 대한 평가를 내릴 때, 단순한 이분법적 도식으로 결론 내리는 경향은 사라졌지만, 이러한 시각은 다음 세 가지 면에서 완전히 극복되었다고 보기는 힘들다. 먼저 두 가지 문제만 짚어 보자.

하나는 작품, 작자에 대한 세밀한 연구가 진행되면서 이러한 시각이 연구 과정 속에서 의식적으로든 무의식적으로든 가치 척도 내지는 전제로 작용하고 있다는 점이다. 특히 이러한 경향은 작품 속의 등장인물을 분석하거나 인물, 사건을 바라보는 작자(서술자)의 시각을 분석할 때 두드러지게 나타나는 것 같다. 예컨대, 성리학적 이념을 강고하게 지키고 이를 다른 인물에게도 요구하는 양상을 보이는 인물에 대해서는 보수적이고 성리학적 이데올로기를 강고하게 지킨다고 평가한다든지 성리학적 이념으로 인해 질곡을 겪고 있는 인물, 성리학적 이념에 구애되지 않는 취향이나 성격을 지닌 인물에 대해서는 작자의 문제의식을 드러내기 위해 설정한 인물이라거나 성리학적 이념에서 벗어난 인물이라는 식의 평가를 내리는 것을 종종 볼 수 있다. 이러한 평가를 분명하게 내리지 않더라도 연구자가 작품 분석 과정에서 그러한 시각을 견지하고 있음을 암암리에 내비치는 경우도 많다.[4] 이는 좀 있다 다룰 세 번째 문제와도 긴밀하게 연관된다.

둘째, 더 중요한 점은 이러한 시각은 조선 후기에 대한 어떤 일정한 시각을 전제로 한 상태에서 나온 것이라는 점이다. 그리고 이 전제가 –역사나 철학 등 다른 분야에서는 어느 정도 위력을 상실한 것으로 보임에도– 고전문학 연구에서는 여전히 힘을 발휘하고 있는 것 같다.

바로 임병양란 이후 조선 사회는 지속적으로 주자학으로 대표되는 성리학적 이념이 사회의 구심점으로 작용하지 못하고 서서히 와해되어 가고 있었으며, 그래서 조선 후기는 성리학적 이데올로기가 차츰 해체되어 가면서 –그것이 비록 실패하기는 했지만– 근대를 맞이하기 위한 준비를 나름 하기 시작하였다는 점에서 근대로 넘어가기 위한 '전환기'로서 성격을 지닌다고 보는 것이 이 전제의 주요 골자다.

결국 이러한 시각이 지닌 중요한 문제점은, 그것이 옳으냐 그르냐, 실상에 얼마나 가까우냐 아니냐 하는 문제는 일단 차치해 두더라도[5] 조선 후기를 바라보는 중요한 하나의 전제로 자리매김하는 데만 그치지 않고 조선 후기에 여러 현상들을 평가하는 가치 척도로 작동하고

---

4 뒤에서 언급하겠지만, 시가나 소설 작품에 등장하는 서술자의 시각에 대해 연구자 스스로 그 서술자의 신뢰성과는 별도로, 매우 비판적이고 부정적인 시각을 갖고 있다는 점 또한 이러한 시각을 평가 척도로 내재하고 있기에 나오는 현상이다. 이를 객관적인 연구 시각을 확보하기 위해서 취하는 방안이라고는 하지만 순수한 객관성이란 존재하지 않는다는 점을 감안하면 이런 방식으로 객관적인 연구 시각을 확보하는 것은 애당초 불가능한 일이다.

5 물론 이런 말을 했다고 해서 필자가 이러한 관점에 동의하고 있다는 의미는 아니다. 뒤에서 본격적으로 이야기하겠지만, 필자는 이와는 대조적인 시각을 갖고 있다.

있다는 데 있는 것이다. 하나의 시각이 전제로 활용되는 것을 넘어서 가치판단의 척도로 기능할 경우 당대의 실상을 왜곡된 눈으로 바라볼 여지가 커지며, 이로 인해 부당한 평가를 내릴 위험도 커진다. 그래서 하나의 시각을 당대를 바라보는 전제로 활용할 수는 있지만, 이것이 가치 평가의 척도로까지 활용하는 것을 끊임없이 경계할 필요가 있다. '가치'를 내재하는 것과 가치 판단의 척도로 활용하는 것은 분명히 다른 것이다.

특히 19세기에는 중세적 이념과 질서라는 시각 하에서, 그리고 이를 가치 척도로 활용하는 관점을 가지고는 결코 해명이 되지 않는 양상들이 꽤 많이 발견된다. 예컨대, 〈절화기담(折花奇談)〉, 〈포의교집(布衣交集)〉의 경우 성리학적 이념이 해체 되어가는 과정에서 도시의 발달로 인한 도시적 분위기 속에서 배태된, 근대적인 의미의 사랑이라 할 수 있을 만한 양상이 나타났다는 식의 의미 부여에서 더 진전된 논의를 펼치기가 쉽지 않다.

이런 논의가 전혀 의미 없다는 것이 아니다. 다만 이러한 논의는 이러한 사랑의 양상이 마치 중세에는 불가능했고, 존재하지 않았으리라는 전제를 암묵적으로 깔고 있다는 점이 문제이다. 이러한 사랑의 양상이 시기상으로 봤을 때 주목받고 새로운 의미를 갖게 되었다고 본다면 모르겠지만, 근대적 사랑이라고 의미 지을 새로운 양상이 이 시기에 비로소 나타났다고 보는 것은 지나친 의미부여가 아닐까? 또 설령 이러한 사랑의 양상이 시기상으로 봤을 때 주목받고 새로운 의미를 갖게 되었다고 해서 그것이 꼭 근대적인 사랑이라는 관점에서 의미를 갖는다는 보장이 있는가? 근대적 사랑이라 할 만한 사랑의 양상이 나타났다고 해서 그 동일한 현상만을 가지고 곧장 동일한 의미부여를 하는 것은 고유의 역사적 문맥을 고려하지 않았다는 점에서 그리 타당한 해석으로 보이지도 않는다.

〈변강쇠가〉와 〈장끼전〉, 〈노처녀가(2)〉와 〈덴동어미화전가〉 같은 작품들 역시 곤혹스럽기는 마찬가지이다. 단순히 중세 해체기에 하층민들의 고난과 괴로움을 극단적인 양상으로 형상화했다고 보기에는 그 의미가 선명하게 다가오지 않는다. 또한 민중들 스스로 이러한 문제들을 자각하기는 하였지만, 아직 이를 스스로 극복할 수 있을 정도로 성장하지는 못했음을 반영하는 것이라 보기에도 좀 더 따져봐야 할 면들이 많다. 다시 말해 이 작품의 의미 규정을 한 마디로 하기가 매우 껄끄럽다고 할 수 있다.

최근 연구에서 이 작품들에 형상화된 조선 후기 하층민들이 스스로 기존 이데올로기에 대한 문제 제기를 하면서 해결책을 모색하면서도 애초부터 길이 막혀 있었기에 그러지 못하였고, 그들 스스로도 이를 극복하거나 전망을 제시하지 못한 채 방향을 잃고 방황하고 있음을 예리하게 짚어내었다.[6]

이 양상을 어떻게 해석하고 의미를 부여할 것인가? 이 문제는 성리학적 이념이 해체되고 균열된다는 관점이나 성리학적 이념이 질곡으로 강고하게 작용하고 있다는 관점으로는 결코 해결되지가 않는다. 이러한 관점 하에서는 이들이 주체가 되었다는 점에 대해 어떻게 의미를 부여할 것인지, 정작 이들이 길을 나섰으면서도 길을 찾을 수가 없었던 것은 어떤 의미를 가지며, 그럴 수밖에 없었던 이유는 무엇인지 등등에 대해서는 설명이 궁색해질 수밖에 없다.

6 정환국(2009), 앞의 논문.

무엇보다도 이 논의가 지닌 가장 큰 의미는 19세기 문화 현상을 파악하기 위해서는 성리학적 이념의 해체, 근대적 전환기라는 일률적이고 단선적인 시각만으로는 19세기 문화 현상을 포착하기가 결코 쉽지 않으며, 의미 규명을 하기도 어렵다는 점을 다시 한 번 잘 보여주었다는 점이라 생각된다.

> 1 지금 우리에게 19세기는 전근대와 근대의 점이지대로, 또 긍정과 부정의 시선이 엇갈리는 시기로 남아 좀처럼 그 총체적 진실에 대한 접근을 허락하지 않고 있다. 그런 만큼 19세기에 대한 접근은 단선적, 일률적 시선으로 접근할 수 없는, 이른바 '복수(複數)의 시선'이 요청된다.[7]

> 2 세기로서의 19세기는 이른바 전근대와 근대가 혼효되거나 구분되는, 무엇보다 전통시대가 해체되는 세계사적 전변기로, 가장 예민한 시기 중에 하나였음에도 불구하고 그 세기적 특징이나 성격이 쉽게 잡히지 않는다. 오죽하면 20세기의 지성 하이데거는 19세기를 지금까지의 모든 세기 중 가장 모호한 세기로 규정하기에 이르렀을까. 반면 그 전후 시기인 18세기와 20세기는 비교적 선명한 선이 보인다. 특히 동아시아에서 19세기는 마치 거대한 블랙홀로 빠져 들어 가버린 느낌이 들 만큼 서양에 휩쓸려버린 터라 그 선을 잘 잡아내기가 더욱 어렵다. 그냥 수십 가닥의 실선을 늘어뜨린 정도라고 할까. 이런 이유 때문에 이 복잡하고 미묘한 세기는 은근 슬쩍 '근대'로 덮고 넘어가버리는 경향마저 있다. 특히 19세기 문학은 이런 현상을 접목시키기에 애매한 지점이 많다. 우리의 경우 그 현상은 더 심해 이른바 시대와 사유를

7 정환국(2009), 앞의 논문, 257면.

연결시키지 못하는 예가 비일비재하다.[8]

결국 성리학적 이념의 해체, 근대적 전환기라는 잣대로는 19세기의 문화적 현상들의 다채로운 양상들을 포착하여 의미화하는 것이 어려우며, 이러한 문화적 현상들을 굳이 이념과 연관 짓지 않고 다양한 시선으로 바라보고 해석해야만 의미 부여가 가능하다. 그리고 중세적 이념의 해체 과정으로서 조선 후기를 바라보는 시각을 전제로 하면서 동시에 이를 결론 내지는 가치 판단의 척도로 삼아서는 특히 19세기의 다양한 현상들을 단편적으로 설명할 수밖에 없다.

지금까지 중세적 이념의 해체 과정으로서 조선 후기를 바라보는 시각이 지니고 있다고 판단되는 세 가지 문제점들 중 두 가지를 함께 살펴보았다. 이는 이러한 시각으로 조선 후기를 바라보고 해석하기에는 문제가 있다는 점을 의미하기도 한다.

조선 후기 사회가 성리학적 이념이 점차 와해되어 가는 시기이면서 근대로 전환하기 위한 준비가 이루어지던 시기라는 관점은 경제사 방면의 자본주의 맹아론에 기반을 둔[9] 내재적 발전론에 바탕을 두고 세워진 것이다. 1990년대 중반 이후 이 내재적 발전론에 대한 비판이 본격

8 정환국, 「'초옥(楚玉)'과 '옹녀': 19세기 비극적 자아의 초상」, 『한국문학연구』 33(동국대학교 한국문학연구소, 2007. 12), 216~217면.

9 엄밀히 말하면 이 말은 정확하지 않다. 내재적 발전론은 농업생산력 발전과 이를 바탕으로 한 '소유론' 그리고 지주전호제의 성립과 발전이라는 문제의식, 자본주의맹아론과 경영형부농론, 자본주의근대화론과 식민지수탈론이라는 세 가지 발전의 논리와 '두 가지 길 이론', 실학론, 농민전쟁외피론이라는 세 가지 내재의 논리를 바탕으로 세워진 것이기 때문이다. 다만 간결하게 표현하기 위해 우리에게 익숙한 대표적인 논리 하나만 든 것이다. 내재적 발전론의 발전 논의와 내재 논의에 대해서는 '윤해동, 「숨은 신'을 비판할 수 있는가?: 김용섭의 내재적 발전론」, 『한국사학사학보』 14(한국사학사학회, 2006)'을 참조.

적으로 이루어지기 시작한 이래, 이를 대체할 새로운 시각을 세우려는 움직임이 활발해졌다. 그리고 그 과정에서 민족주의 진영과 식민지 근대화론 진영 간의 뜨거운 논쟁이 벌어지기도 했고, 이 논쟁은 현재진행형이기도 하다.[10]

자본주의 맹아론을 비롯한 여기에 기반한 '내재적 발전론'이 지닌 문제점에 대해서는 그간 수많은 논의들을 통해 여러 번 지적되었으므로, 이 자리에서 그 논의 양상들을 구체적으로 다시 지적하는 것은 의미가 없다. 간략하게만 정리하면 이렇다. 먼저 내재적 발전론은 식민

---

10 내재적 발전론에 대한 비판은 다시 식민지 근대화론과 맞물리면서 격렬한 논쟁이 벌어지기도 했다. 이 논쟁과 관련된 논의들 중 근현대사와 문학 분야에서 비교적 최근의 논의들만 연도순으로 제시하면 다음과 같다.
조석곤, 「식민지 근대화론과 내재적 발전론 재검토」, 『동향과 전망』 38(한국사회과학연구소, 1998. 7); 정출헌, 「고전문학에서의 근대성 논의, 그 반성의 자리와 갱신의 계기」, 『국제어문』 35(국제어문학회, 2005. 12); 이정철, 「내재적 발전론 비판의 역사인식」, 『내일을 여는 역사』 22(내일을 여는 역사, 2005. 12); 윤해동(2006), 앞의 논문; 조석곤, 「식민지 근대화론 연구 성과의 비판적 수용을 위한 제언」, 『역사비평』 75(역사비평사, 2006. 5); 이승렬, 「'식민지 근대론'과 민족주의」, 『역사비평』 80(역사비평사, 2007. 8); 박찬승, 「한국학 연구 패러다임을 둘러싼 논의」, 『한국학논집』 35(계명대학교 한국학연구원, 2007. 12); 이헌창, 「한국사 파악에서 내재적 발전론의 문제점」, 『한국사 시민강좌』 40(일조각, 2007); ______, 「조선 후기 자본주의맹아론(資本主義萌芽論)과 그 대안(代案)」, 『한국사학사학보』 17(한국사학사학회, 2008. 6); 박 섭, 「근대 경제에 대한 한국인의 적응」, 『역사학보』 202(역사학회, 2009. 6); 김용흠, 「역사와 학문에 '건너뛰기'란 없다」, 『내일을 여는 역사』 36(내일을 여는 역사, 2009. 9); 김흥규, 「한국 근대문학 연구와 식민주의: 김철·황종연의 담론들에 관한 비판적 검토」, 『창작과 비평』 147(창작과 비평사, 2010. 3); 도면회, 「'건너뛰기'가 아니라 '다시보기' 이다: 김용흠 교수의 서평에 대한 반론」, 『내일을 여는 역사』 38(내일을 여는 역사, 2010. 3); 이헌창, 「조선시대를 바라보는 제3의 시각」, 『한국사연구』 148(한국사연구회, 2010. 3); 강상규, 「근대지식체계와 조선사 이미지」, 『동양정치사상사』 9-2(한국동양정치사상사학회, 2010. 9); 김정인, 「내재적 발전론과 민족주의」, 『역사와 현실』 77(한국역사연구회, 2010. 9); 윤해동, 「에피고넨의 시대, "내재적 발전론"을 다시 묻는다」, 『민족문화논총』 47(영남대학교 민족문화연구소, 2010. 9); 이영호, 「'내재적 발전론' 역사인식의 궤적과 전망」, 『한국사연구』 152(한국사연구회, 2011. 3).

사학과 아시아에 대한 서구의 편견에 단호하게 반대하면서도 근대를 지선(至善)의 경지로 상정해 놓고, 특히 서구의 근대 모델을 전범으로 삼아 국가 발전의 과정을 오로지 이를 달성하기 위한 목적론으로 만들어 버렸다. 그럼으로써 실증을 매우 중시하는 방법론을 택했으면서도 정작 실상과는 멀어지는 담론으로 구성되었다. 더 나아가 극단적인 일국사적(一國史的) 전개를 중심으로 하는 통일 민족주의적 측면을 강조한다.[11] 특히 앞의 두 문제는 고전문학 연구와 관련되는 문제이기도 하다. 이러한 문제점과 이 이론의 기저에 깔린 사고에 대해서는 다음 인용문이 압축해서 잘 보여준다.

> 20세기 한국의 민족주의사학이나 내재적 발전론, 민중사학의 입장이 식민사학이나 '서구의 아시아에 대한 문명적 편견(orientalism)'에 대해서는 강렬한 거부감을 표명하면서도 조선의 정치를 단선적인 관점에서 '후진적'이라고 본다는 점에서는 거의 그대로 닮아 있다는 점이다. 이것은 무엇보다도 고대 – 중세 – 근대라는 '직선'적 시간관, '세계사의 법칙으로서의 진보'에 대한 믿음을 공유하는 근대인의 지식체계와 깊이 관련되는 문제라고 해야 할 것이다.
>
> 더욱이 이러한 사고의 근저에는 … 과학적 방법론의 통합성, 그리고 사실과 가치는 뚜렷이 구별되며, 사실은 이론에서 중립적이라고 간주된다는 전제에 입각한 실증주의에 대한 믿음이 굳게 자리 잡고 있다.[12]

---

11 특히 이 내용들에 대한 자세한 논의는 위에 제시한 윤해동의 두 논문을 참조.

12 강상규(2010), 앞의 논문, 19~20면. '실증주의'의 성격에 대한 지적은 '강상규(2010), 같은 논문, 8면'을 참조. 아울러 서구의 근대사상이 진보에 대한 보편화된 믿음을 바탕으로, 동아시아의 역사에 대한 이미지, 특히 조선에 대한 이미지를 어떻게 구축하였고, 일본이 자신들의 근대적 정체성을 창출해 나가기 위해 이러한 이미지를 어떻게 이용하

이러한 큰 문제점들 외에 문학 분야에서 볼 때, 문제점은 더 있다. 조선 후기에 대한 기존의 시각에 기반한 문학 연구상의 문제점들 중 세 번째 문제가 여기에 해당한다.

조선 사회는 성리학적 이념을 가장 중시하고 이를 전 계층으로 확산시키고, 강고하게 유지하려 했다는 점에서 '이념적'인 사회였다. 그렇다고 해서 그 사회가 온통 이념으로만 똘똘 뭉쳐 있는 사회였으며, 사회의 모든 현상들 하나하나가 이 이념과 결부되어 있었다고 간주하는 것은 상식적으로 볼 때 지나친 편견일 수 있다. 그럼에도 불구하고, 당시의 모든 현상을 이와 결부지어 이해하고 평가하거나 이것과의 강고한 연관성을 가지고 사회의 발전상을 판단하고 있다고 생각되는 논의들이 여전히 적지 않다. 필자는 이러한 문제가 생긴 근본적인 원인은 이념과 현실을 대립적으로만 보려는 태도, 당대 현실에 대한 성리학적 이념의 이율배반적인 적용에 있지 않나 생각한다. 여기에는 성리학적 이념에 대한 편견도 한 역할을 했음은 물론이다.

먼저 현대 연구자의 시각으로 봤을 때, 성리학적 이념 하에서는 결코 나올 수가 없었으리라 생각되는 현상들, 혹은 성리학적 이념과는 다소 배치되는 듯한 현상들이 작품 문면에 등장하면, 중세적 이념인 성리학적 이념의 강고한 틀을 깨고 나온 새로운 시대적 조류의 싹으로 평가한다. 여기에는 성리학적 이념은 특히 조선 후기에 이르러 당대 조선을 실제로 다스리던 사대부 관료집단이나 지식인 계층에게 관념으로나 강고하게 유지되고 있을 뿐이었지 실제 현실에서는 성리학적 이념들이 곳곳에서 중세적 모순을 드러내며, 제대로 힘을 발휘하지 못하는

였는지에 대해서는 이 논문을 참조.

상황이었다는 인식이 바탕에 깔려 있다.

반대로, 성리학적 이념이 구현된 여러 가지 제도, 관습 속에서 고통을 받고 있다고 생각되는 인물들을 진지하게 형상화하거나 그러한 사건이 집중적으로 조명되었을 경우, 성리학적 이념의 강고한 틀이 현실 생활 깊숙이 파고들어 당대인들을 옥죄고 있었으며, 작자는 그러한 문제의식을 작품으로 드러내며 중세적 이념의 모순과 불합리성을 폭로하였다고 평가한다. 여기에는 성리학적 이념을 구현하는 여러 가지 제도들과 관습들은 조선인들의 삶, 특히 여성과 하층민의 삶을 질곡으로 몰아넣었으며, 이를 극복하기 위해서는 성리학적 이념이 해체되지 않고서는 불가능했다는 인식이 바탕에 깔려 있다.

한쪽은 성리학적 이념이 더 이상의 힘을 발휘하지 못하고 해체되어 간다는 점을 강조하고자 한 것이고, 다른 쪽은 성리학적 이념이 현실 속에서 당대인들을 질곡으로 몰아넣을 정도로 강고했으며, 이에 대한 반발로 지속적인 문제 제기가 이루어지고 있었다는 점을 강조하려는 것이다.

둘 중 어느 것이 맞느냐는 것은 여기서 중요한 문제가 아니다. 중요한 것은 이 두 관점이 각기 조선 후기의 특정 국면들에만 주목하여 이를 강조하려다 보니 성리학적 이념 문제를 다소 이율배반적으로 적용하고 있다는 점이다. 즉 근대라는 새로운 시기로 나아가기 위한 전환점이라는 의미를 부여하기 위해 성리학적 이념이 해체 국면의 길로 접어들었음을 부각시키고, 중세 사회에서 성리학적 이념으로 인해 당대인들의 질곡과 고통을 받고 있었음을 강조하기 위해 성리학적 이념이 강고하게 유지되고 있었음을 부각시키는 것이다.

여기서 두 관점은 논리적으로 충돌한다. 동시대에 성리학적 이념이 강고하게 유지되면서도 해체되어 가고 있다는 논리적 모순이 발생하는 것이다. 하지만 기묘하게도 이 두 시각은 실제로, 그리고 지금까지 전혀 모순을 일으키지 않아 왔던 것처럼 보인다. 왜냐하면, 이 두 관점은 기본적으로 조선 후기 사회는 성리학적 이념이 점차 와해되어가는 시기였다는 동일한 관점을 전제로 하여 나온 것이기 때문이다. 그래서 이 관점들은 논리적 모순이 표면화되지 않은 채, 성리학적 이데올로기가 서서히 와해되는 흐름 속에서 해체되는 국면과 이에 맞서 강고하게 유지하려는 국면이 공존했다는 논리로 통합된다. 결국 이 두 관점은 서로 다른 쪽에서 같은 곳을 향해 걸어온 셈이다.

앞서도 언급했지만, 이 두 관점을 포괄하고 있는 시각은 자본주의 맹아론에 기반한 '내재적 발전론'에 바탕을 둔 것이다. 그런데 이미 숱하게 지적되었듯이, 내재적 발전론 또한 한 시대를 바라보는 하나의 가설인 만큼, 시대를 초월하여 통용될 수 있는 이론이 아니며, 이 시각만이 당대 실상을 정확히 반영한다는 보장도 없다.

역사란 세계를 해석하는 여러 담론 가운데 하나일 뿐이며, 하나의 담론으로서 역사는 담론화(discoursing)하는 대상, 즉 과거와는 다른 범주에 속한다. 담론화한다는 것은 1차 자료인 관찰대상을 나름대로 읽고 이야기하는 방식을 창작해 내는 데 필요한 독자적인 분석적·방법론적 도구를 제조해 내는 것을 말한다.[13]

역사를 과거를 있는 그대로 밝혀내는 것이 아니라, 과거를 해석하는 하나의 담론이라는 관점에서는 어떤 하나의 관점만이 진실이 될 수 없으며, 시대를 초월하여 적용되는 시각이란 존재할 수가 없다. 그리

13 키스 젠킨스, 최용찬 옮김, 『누구를 위한 역사인가』(혜안, 1999), 40, 48~49면.

고 그 담론을 통해서 실상을 그대로 밝혀낼 수 있다고 확신하는 것 또한 불가능하다. 이는 과거가 갖는 속성에서 기인한다.

과거는 하나의 기록이 아니라 그 자체가 여러 가지 사건과 상황들이 뒤얽힌 어떤 것이다. 그리고 과거는 항상 이미 창작된 하나의 이야기로서 등장하며, 더 나아가 이 이야기는 벌써 '실제'의 한 구성요소처럼 자리한다. 이로 인해 어떤 기록도 과거에 일어난 사실을 그대로 재현해 내는 것이 불가능하다. 그리고 실제 세계 또는 과거에 정말로 부합하는지를 점검하는 것 또한 거의 불가능하다.[14]

이런 시각에서 볼 때, 그리고 내재적 발전론이 식민사학을 극복하기 위한 나름의 목적을 갖고 도입되었다는 점을 감안하면, 한국의 시대적 요청에 의해 하나의 중요한 역사 담론으로 기능했다고 봐야지 이를 반드시 전제해야 할 하나의 틀로 생각하거나 이 이론만이 조선 후기의 실상을 제대로 파악하는 데 유용하다고 보아서는 곤란하다.[15] 한국학 연구에서 그동안 강력한 힘을 발휘해 왔던 내재적 발전론에 대해 근래 근본적인 비판이 끊임없이 제기되고 있고, 대안이 모색되고 있는 것은 바로 역사를 바라보는 담론이 바뀌어 감을 의미한다. 그리고 이는 당대에 구성되는 담론을 통해 역사적 실체와 실상에 접근한다는 의미도 된다.

그런 점에서 실증주의를 표방했던 내재적 발전론 또한 조선 후기 실상을 그대로 반영한 것이라기보다는 특수한 시각과 가치를 내재한 하나의 역사적 담론이다. 그리고 현재는 이 이론은 역사적 담론으로서

14 키스 젠킨스, 위의 책, 49, 54~55면.

15 특히 내재적 발전론을 민족주의와 연관 지어 비판한 논의로는 '강명관, 『국문학과 민족 그리고 근대』(소명출판, 2007D)'를 참조.

역할을 충실히 수행하고 이에 대한 대항 담론에 자리를 넘겨 줄 시기이기도 하다. 그런 만큼 문학 연구에서도 상식처럼 되풀이되는, 내재적 발전론을 기반으로 하는 조선 후기에 대한 시각 역시 이제는 지양해야 할 때가 되지 않았는가 생각한다.

2) 유교 문화의 점진적 확산

당대의 모든 담론은 어떤 특정한 이론을 기반으로 하여 형성된다. 그런데 모든 이론에는 설명될 사실들을 선택하는 데서부터 특정 방법론을 활용하고 이를 분석하고 처방하는 데까지 분석과정 전체에 내재되어 있는 가치가 이미 함유되어 있다.[16] 결국 담론은 어느 시대를 접근하든 실상 그 자체에 접근하는 것이 아니라, 어느 시대를 바라보고 해석하기 위한 시각과 그 시각에 내재된 가치를 드러내는 것에 다름 아니다.

이 점은 철저히 중립적인 입장에 서서 당대를 바라보거나 작품에 접근하는 것은 애당초 불가능함을 의미하는 것이기도 하다. 중립적인 입장은 겉으로 보기에는 아무런 편견 없이 객관적으로 선택하고 판단할 수 있는 자리이며, 어떤 이해관계도 얽매이지 않은 자리인 듯하다. 그러나 앞서 언급한 이론과 담론이 갖는 속성을 감안하면, 중립적인 입장 자체 내에도 가치 판단이 존재하고 있음을 알 수 있다. 곧 중립적

---

16 강상규(2010), 앞의 논문, 20면. 그런 점에서 로버트 콕스의 다음 언급도 염두에 둘 만하다.
"이론은 항상 누군가를 위한 것이며, 어떠한 목적을 위한 것이다. …… 시간적 공간적 관점에서 분리된 이론 그 자체라는 것은 존재하지 않는다. 어떤 이론이 이런 식으로 표현될 때, 그것을 이데올로기로서 고찰하고 그 숨겨진 견해를 들는 것이 중요하다"(강상규, 같은 논문, 같은 곳에서 재인용).

인 입장이라는 것은 애당초 존재하지 않는다.[17]

결국 아무리 객관적인 태도와 시각을 가지고 대상에 접근하려고 노력해도 그 노력 자체에 이미 일정한 입장이 개재되어 있기에 각기 다른 입장과 시각이 존재할 뿐, 객관적인 태도와 시각이란 애당초 존재하지 않는다. 그래서 형식주의의 측면에서 작품과 여러 문학 양식에 접근하는 것도 포함하여 어느 시대를 연구하든 그 시대를 바라보는 시각을 전제로 깔지 않고, 일정한 가치를 내재하지 않고 연구를 진행하는 것은 불가능하다. 이 책의 논의 역시 조선 후기에 대한 나름의 시각 하에서 이루어진다. 이제 이 책에서 전제하고 있는 조선 후기에 대한 시각을 설명하겠다.

흔히 조선 초기부터 한국 사회가 성리학적(유교적) 사회로 전환되고, 성리학적 이념이 쉽게 사회 전반에 자리 잡았다고 생각하기 쉽다. 하지만 실제로 조선 사회가 성립된 후 성리학적 이념, 규범이 영향을 끼쳐 본격적인 성리학적 사회로서 틀을 완성할 때까지는 상당한 진통을 겪어야만 했으며, 매우 오랜 시간을 거쳐서 서서히 구현되었다는 점을 잊지 말아야 한다.[18]

---

17 그래서 키스 젠킨스는 "중립적 입장 자체를 이미 누군가가 차지한 또 하나의 입장이라고 이해해야 하는 것이다"라고 말한다(키스 젠킨스, 앞의 책, 187면).

18 이러한 지적은 마르티나 도이힐러의 다음 언급이 가장 압축적으로 보여준다 하겠다. "종래의 연구는 한결같이 조선 초기부터 한국사회가 유교적 사회로 바뀌었다고 너무 쉽게 단정해왔습니다. 조선 초기의 위정자들이 법적 장치를 통해 만들어 유교적 규범과 가치를 조선 사회에 도입한 것은 사실이지만 이러한 규범과 가치가 일상의 삶 속으로 흡수되기까지는 적어도 200년이라는 오랜 기간이 필요했습니다. 유교화 과정은 서울에서 시작하여 매우 느린 속도로 지방으로 퍼져 나갔던 것입니다"(마르티나 도이힐러, 「유교사상과 조선사회: 도전과 적응의 양상」, 『국학연구』 14(한국국학진흥원, 2009. 6), 71면).

이 점은 비단 이 시기만 그러했던 것이 아니라, 조선 초기도 마찬가지였다. 새로 건국된 조선 왕조가 고려적인 요소를 걷어 내고 조선의 정체성이 확립되어 가는 데도 상당한 시간이 필요했다.[19] 예컨대, 부모쌍계적인 한국의 고유한 사회 족(族) 집단이 부계적 구조가 중심을 이루는 종족(宗族, lineage) 집단으로 전환되기까지 기존 문화에 익숙해 있던 구성원들의 반발을 불러 왔으며, 기존 문화의 관습 또한 쉽게 없어지지 않았다.[20] 조선 초기의 가족, 친족 제도에는 고대 이래의 전통적 요소, 양계제(兩系制)의 요소가 강하게 남아 있었[21]던 것이다. 이는 가족 및 친족제도로 반영되는 문중의 범위와 성격 역시 조선 전기와 후기가 매우 다름[22]을 의미하는 것이기도 하였다. 조선 사회에 성리학적 이념이 뿌리를 내리고, 이를 구현하기 위한 사회적 제도가 완전히 틀을 갖춘 것은 17세기였다.

17세기를 성리학적 이념이 구현된 사회로서 체제가 '완성'되었다는

---

19 이 점은 매우 단순해 보이는 '호칭' 문제에서도 결코 예외가 아니었다. 이는 호칭마저도 단순한 지시(指示)가 아니라 이데올로기, 가치를 전제하고 있음을 의미한다고 하겠다. 이에 대한 논의는 '김백철, 「조선의 유교적 이상국가 만들기: 서주와 요순의 재인식 과정」, 『국학연구』 17(한국국학진흥원, 2010. 12)'을 참조. 아울러 '이종서, 『고려·조선의 친족용어와 혈연의식: 친족관계의 정형과 변동』(신구문화사, 2009)'도 참조.

20 도이힐러는 한국 사회가 유교적 사회로 전환되면서 기존 부모쌍계적 한국 고유 이데올로기의 저항이 결코 만만치 않았다는 점을 주목하고, '문중'이라는 집단은 "전통과 유교적 의례규범을 조화시키기 위해 조선 사회가 만들어낸 독특한 타협의 산물"로 간주한다. 그리고 "사당에서 조상을 모시는 집안과 문중이 결합한 조선시대의 종족제도는 조선시대 초기의 의례를 중시하는 사람들이 유교적 사회 교훈을 토착적 사회 질서에 적용시키기 위해 만들어냈던 또 하나의 역사적 타협"이었다고 말한다(마르티나 도이힐러, 앞의 논문, 73면).

21 김필동, 「한국 전통 사회의 공동체와 개인」, 『사회와 이론』 1(한국이론사회학회, 2002), 26면.

22 이해준, 「조선후기 '문중화' 경향과 친족조직의 변질」, 『역사와 현실』 48(한국역사연구회, 2003. 6), 173면.

점에서는 연구자들 간에 이견은 없다. 그리고 그러한 이념과 사회가 안정적으로 틀을 갖추게 된 중요한 요인으로 임병양란을 겪으면서 "조선 지식인 사회에 팽배했던 이념적 패닉 상황"에 빠졌던 것을 꼽는 것도 공통적이다. 명(明)에 대한 '재조지은(再造之恩)'에 의거한 존명의리(尊明義理) 사상[23]이 자리를 잡고 예학(禮學)이 전성기를 이룬 것도 이와 깊은 관련이 있다.[24]

그 이후 시기를 바라보는 데서부터 시각차가 생긴다.[25] 조선 후기 이후 성리학적 이념이 서서히 해체되어갔다는 시각은 조선 사회가 17세기에 완성된 체제를 성립시킨 뒤, 서서히 해체되어 나간다고 보는 것이다. 이는 이후에 이루어지는 성리학적 이념과 사회적 제도의 구축 과정을 국가적 사회적 재건 측면에만 초점을 맞추어 접근함으로써 그 과정을 통해 이미 통제력을 잃어버린 성리학적 이념을 재구축하기 위한 노력을 한 것으로 파악했기 때문이다.

그런데 조선 사회가 성리학적 이념을 구축하고, 이를 구현하기 위한

---

23 명(明)에 대한 '재조지은(再造之恩)'에 의거한 존명의리(尊明義理) 사상이 조선에 쉽게 뿌리 내릴 수 있었던 요인과 그 사회적 파장에 대해서, 그리고 이것이 조선이 성리학적 이념이 구현된 국가로 강고하게 유지될 수 있었던 중요한 요인이었다는 데 대해서, 특히 이러한 존명의리 의식이 손쉽게 자리를 잡을 수 있었던 것은 이미 중종대에 그러한 분위기가 형성되어 있었기 때문에 가능했다는 데 대해서는 '계승범, 『조선시대 해외파병과 한중관계: 조선지배층의 중국 인식』(푸른역사, 2009)'을 참조. 아울러 '한명기, 『임진왜란과 한중관계』(역사비평사, 1999)'과 '한명기, 『정묘·병자호란과 동아시아』(푸른역사, 2009)'도 참조.

24 계승범, 「한국의 유교화와 17세기: 도이힐러의 『한국 사회의 유교적 변환』과 그 해석」, 『한국사학사학보』 20(한국사학사학회, 2009. 12), 196면.

25 조선 중기에 대한 한국 학계의 시각과 외국 학계 시각 사이의 차이에 대해서는 '김성우, 「조선후기 신분제: 해체국면 혹은 변화과정?」, 『역사와 현실』 48(한국역사연구회, 2003)'을 참조.

사회 제도를 구축한 것은 17세기이지만, 엄밀히 말해 그런 사회로 완성된 것은 결코 아니었다. 틀을 완성한 것은 17세기이지만, 이를 사회 전반으로 확산시키고, 뿌리내리는 것은 이 시기부터 본격적으로 진행되었던 것이다.

따라서 조선 사회는 후대로 내려올수록 성리학적 이념이 효용성을 잃고 점차 해체해 간 것이 아니라, 반대로 성리학적 이념이 전국적으로, 전 계층으로 확산되고, 이를 구현하기 위한 제도가 본격적으로 운영되고 관습화되어 가는 과정이었다고 보는 것이 실상에 좀 더 가깝다고 생각한다. 조선 후기 사회가 "유교화(Confucianization)"[26] 되는 과정에 있는 사회로 보는 것이다. 그리고 이러한 유교화가 완전히 사회적 관습으로 뿌리를 내린 것은 19세기 중반에서 20세기 초가 아닐까 생각한다. 17세기를 지나면서 양반사회에 틀을 잡은 적장자 중심의 가부장적 가족구조와 그에 따른 사회적 인식들이 18세기 후반에서 19세기에 걸쳐, 심지어 20세기에도 전 사회에 퍼져 나가는 것이다.[27]

최근 역사학계 논의를 보면, 이렇게 조선 후기 전 시기를 거쳐 성리학적 이념과 제도, 관습이 전국적으로, 전 계층으로 확산되어 가는 과정에 있었다는 시각을 뒷받침 해 줄 수 있는 논의들이 결코 적지 않다. 그 논의 성과들을 간략히 정리해 보자.[28]

---

26 마르티나 도이힐러(2009), 앞의 논문, 66면. 아울러 한국사회의 유교화 과정을 세밀하게 고찰한 연구는 '마르티나 도이힐러, 이훈상 옮김, 『한국사회의 유교적 변환』(아카넷, 2003)'을 참조.

27 계승범(2009), 앞의 논문, 186~187면.

28 성리학적 제도와 관습의 형성, 정착에 대한 상세한 논의들은 다음을 참조.
권내현, 「향약, 지배와 통제의 도구」, 『내일을 여는 역사』 11(내일을 여는 역사, 2003. 2); ______, 「조선후기 동성촌락 구성원의 통혼 양상: 단성현 신등면 안동 권씨 사례」, 『한국사연구』 132(한국사연구회, 2006. 3); ______, 「조선후기 입양의 시점과 범위에 가장 큰 면모는 양계적(兩系的) 친족체계(親族體系)가 부계적(父系的) 친족체계로 재편되면서 문중이 형성되고 장자 우대나 남녀 차등 분배와 같이 재산 분배 양상의 변화가 나타나고, 입양이 점차 확산[29]되어 갔다는 점이다. 그리고 이는 다시 문중화 현상을 낳고 18세기 후반 이후 활발한 문중 활동이 일어나는 양상으로 나아갔다. 문중 활동은 명문 양반으로서의 격(格)을 높이는 중요한 요건이 되면서, 지역 사회에서 이 종족 집단이 누리는 명망적(名望的) 지배의 근거를 제공하였다.[30] 이러한 성리학적 제도의 확산 과정에서 향약(鄕約)과 동계(洞契), 동약(洞約) 등도 큰 역할을 했으며, 오가작통제(五家作統制) 또한 기본적으로 군

대한 분석」, 『대동문화연구』 62(성균관대학교 대동문화연구원, 2008); ______, 「조선 후기 입양의 확산 추이와 수용 양상」, 『역사와 현실』 73(한국역사연구회, 2009. 9); ______, 「조선후기 평민 동성촌락의 성장」, 『민족문화연구』 52(고려대학교 민족문화연구원, 2010. 6); 김필동(2002), 앞의 논문; 김현수, 「17세기 향촌교화론과 향례(鄕禮) 인식: 이유태(李惟泰), 윤휴(尹鑴), 박세채(朴世采)를 중심으로」, 『동양고전연구』 39(동양고전학회, 2010. 6); 문숙자, 『조선시대 재산상속과 가족』(경인문화사, 2004); 이명희, 「조선후기 공동체 윤리규범의 특성에 관한 연구: 『승총명록(勝聰明錄)』과 〈남평문씨고문서(南平文氏古文書)〉를 중심으로」(한국정신문화연구원 한국학대학원 교육·윤리전공 박사학위논문, 2000); ______, 「조선후기 향촌의 지역공동체 문화와 자치적 전통에 관한 연구」, 『한국사상과 문화』 16(한국사상문화학회, 2002); 이해준(2003), 앞의 논문; 이훈상, 「조선후기 경상도 감명(監營)의 영방(營房)과 안동의 향리사회: 안동 향리사회의 영방주도권 유지 전략과 향리 가계들의 상호 견제 기제」, 『대동문화연구』 55(성균관대학교 대동문화연구원, 2006); 이훈상·윤성진, 「조선후기 향리의 사회 이동과 동질성: 소규모 행정 구역 곤양의 광주(廣州) 최씨(崔氏) 향리가문과 이들의 문서 전승에 대한 사례 연구」, 『고문서연구』 33(한국고문서학회, 2008).

29 조선 후기 양반가에서 가계 단절을 막기 위해 가계별로 입양을 하던 시점과 범위에 대해서, 또한 그 과정이 결코 순조롭지 않았다는 점에 대해서는 '권내현(2008), 앞의 논문'을 참조.

30 그래서 조선 후기 문중화 경향은 지역적으로는 군현단위의 사회적 기반 위에서, 친족조직으로는 입향조(入鄕祖)[중시조(中始祖), 파조(派祖)]를 정점으로 하여 자신들의 족적인 지위확보를 위하여 벌어지는 활동이라는 특징을 보인다(이해준(2003), 앞의 논문, 179면).

현제-면리제-오가통제로 이어지는 국가의 공적 체계의 확립이면서 향촌지역을 안정시키고 풍속을 교화시키는 데 목적이 있었다.

아울러 문중의 형성 과정에서 두드러진 공동 선조의 후손들이 같은 지역(촌락)에 대대로 모여 삶으로써 종족 마을(동성촌락)을 형성해 나간다. 이 동성촌락은 17세기 이후 활발히 형성되기 시작하여 18, 19세기에는 보편적인 마을의 형태로 발달하였고, 20세기 초 일본 총독부 조사에 의하면 우리나라 마을의 반수 이상이 동성촌락이었다고 할 정도가 되었다. 동성촌락의 형성에 따라 통혼권도 집중되는 양상을 보이[31]는 것 역시 큰 특징이다. 아울러 이렇게 결혼, 상속의 관행이 바뀌어 나가는 현상과 맞물려 입양도 확산되어 나갔다. 양반들은 가계의 단절을 막기 위해 입양 주체의 확보와 입양 대상의 확대 등 입양을 위해 적극적으로 노력해야만 했다.

이러한 변화는 비단 사족층에만 국한된 것은 아니었다. 18세기 후반부터 중서민 층에서도 같은 현상이 나타나기 시작한다. 먼저 18세기 후반부터 향리를 비롯한 중간 신분층 일각에서도 사회의 문중화 양상이 나타나는 것을 볼 수 있다. 그리고 19세기에 들어서면 민촌에서도 동성촌락화 현상이 나타나기 시작하고, 20세기에 들어오면 일부 상민층에게까지 확산이 되었다. 이에 따라 입후봉사례(立后奉祀例)가 양반 가문뿐만 아니라 일반 서민들에게도 일반화되어 갔으며, 입양에 대한 관심 또한 높아져 갔다.[32]

---

31 "조선시대 상당수의 동성촌락은 17세기 이후에야 형성되었는데 이는 통혼권의 집중에 일정한 영향을 주었다. 특정 지역에 특정 인물을 현조로 하는 성관이 집단으로 거주하고 이들 구성원을 배우자로 선호하는 경향이 확산되어야만 통혼권이 집중될 수 있는 것이다"(권내현(2006), 앞의 논문, 114면).

32 양반층에서 입양이 보편화되어 감에 따라 "하층민들도 경제력 성장과 의식의 변화를

또한 18세기 중후반 이후 중서층 혹은 서얼층에서 유학(幼學) 직역(職役)을 보유하는 경우가 많아진다. 직역상으로 보면 이들이 양반 신분으로 상승한 것으로 보이지만, 최근 연구들에 의하면 실상은 자신의 신분은 그대로 유지된 채 양반들의 문화와 생활양식을 자신들도 모방하고 향유하기 시작했다고 보는 것이 더 옳다.[33]

이상에서 서술한 양상에 대해 한 연구자는 19세기 후반~20세기 초반은 중서층 혹은 서얼층의 사회적 성장이 두드러진 시기인 동시에 양반층의 종족 활동이 절정을 향해 치닫는, 양면성을 띤 시기였다고 말하기도 했다.[34]

그렇다고 이러한 경향이 19세기에 강하게 나타났던 것은 물론 아니었다. 중서계층이나 서얼 계층이 양반 신분을 획득하기까지는 지난한 과정을 거쳐야만 했으며, 대단히 오랜 시간이 걸려서야 가능한 일이기도 했다.[35] 하지만 이렇게 숫자가 제한적이고 시간이 매우 오래 걸렸다

바탕으로 가계 계승에 일정한 관심을 드러냈다. 하지만 중서층의 입양을 통한 가계 계승마저도 일부에서는 안정적으로 지속되지 못하였다는 사실에서 알 수 있듯이 하층민의 계후 입양 확산에는 많은 시간이 필요하였다"(권내현(2009), 위의 논문, 226면).

33 이는 단순히 '유학(幼學)' 직역을 보유하고 있다고 해서 무조건 양반이 되는 것도 아니었고, 양반으로 대우받는 것은 더더욱 아니었다. 중서층에서 양반들의 생활 양식을 모방하고 향유함으로써 자신들과 거리를 좁히려 할수록 양반들은 더 더욱 세세한 조건을 내세워서 그들과 구별을 짓고자 했고 지었기 때문이다. 이는 신분제가 사실상 사라진 20세기 초에도 마찬가지였다. 이에 대해서는, '김성우, 「18~19세기 '지배양반' 되기의 다양한 조건들」, 『대동문화연구』 49(성균관대학교 대동문화연구원, 2005)'을 참조.

34 김성우(2003), 앞의 논문, 24면.

35 예컨대, 한 연구자는 18, 19세기 조선 사회는 종손과 문장을 정점으로 한 반촌(班村), 그리고 그러한 반촌이 다수의 민촌을 지배하는 형태의 '신분적 계서제(階序制, hierarchy)가 작동하는 사회였다고 하면서, 부족(附族)·중로(中路)로 불린 중서층과 양반 서얼 가운데 일부가 19세기 후반 이후 점차 사회적 지위를 상승시켜 나가는 가운데 지배양반들과 교유를 시작하고 19세기 최말 20세기 초반에 이르러 마침내 양반사회로의 진입에 성공하게 되지만, 그 수는 여전히 제한적이고 그 시기는 19세기 말에

고 해서 이러한 현상이 갖는 사회, 문화적 의미가 축소되는 것은 아니다. 중서층과 양반 서얼들은 직역의 꾸준한 상승을 통해 사회적 지위나 처우를 개선시키려는 시도를 했으며, 양반층에서 보편화된 가족 문화를 부분적으로 수용하고 있었다. 이러한 노력은 적어도 18세기 후반부터 시도되어 19세기에는 일정한 성과를 거두었으며, 근대 사회로 접어들면서 더욱 확산될 가능성을 열어 놓았다.[36]

그렇게 볼 때, 한 연구자의 지적처럼, 양반열이 강했다는 것은 신분제가 점차로 해체되어 갔음을 반영하는 것이 아니라, 그만큼 양반을 지향하는 사람들이 많은 사회이며, 신분적 차별이 매우 심한 사회였음을 의미하는 것이기도 했다.[37] 성리학적 이념과 이를 뒷받침하는 제도, 관습은 와해되는 것이 아니라 더욱 강고해지는 양상을 보였던 것이다.

이상에서 서술한 제도, 관습의 변화는 성리학적 규범의 확산 문제와도 긴밀한 관련된다. 조선 사회에 성리학적인 사회 제도나 관습들이 정착되기 위해서는 이것이 제대로 운용될 수 있게 하는 세부적인 규정들이 잘 정비가 되어 있어야만 했다.

성리학적 규범, 더 범위를 좁혀 오륜(五倫)에 대한 인식만 보더라도 이것이 사람이 살아가는 데 가장 기본적인 규범으로 사람이라면 응당 지켜야 하며, 모든 사람들이 지키도록 철저히 교화해야 한다는 인식

집중되었다고 한다. 계서제란 두터운 하층부를 구성하는 생산자층과 상층부를 형성하는 소수의 특권층으로 이루어진 피라미드형 사회구조를 일컫는다. 브로델은 이러한 사회구조가 어느 시대든, 어느 세계에서든 존재한다고 한다. 중국의 경우 지배층은 '향신층(鄕紳層)', 학위 소지자로만 국한할 경우 '신사층(紳士層)'이라 불렸다. 이에 대한 상세한 논의는 '김성우(2003), 위의 논문'을 참조.

36 권내현(2009), 앞의 논문, 228~229면.

37 김성우(2003), 위의 논문, 27면.

전환이 본격적으로 이루어졌다.[38] 이러한 인식 전환 아래 사대부들은 시조나 가사, 교화서들을 활용하여 사족층 자제들을 위시하여 사족층 여성, 향촌의 일반 백성들에게까지 교화[39]를 확장해 나가게 된다. 그들은 『주자가례(朱子家禮)』와 『소학(小學)』 연구를 바탕으로 주자가례를 실제 의례로서 생활화하고자 가정과 향촌 사회에서 직접 교화를 행하고 실천을 요구해 나갔다. 그리고 좀 더 효율적이고 철저한 교화를 위해 가례서(家禮書)와 가훈서(家訓書)를 편찬하였다.[40]

가례서는 16~17세기에 집중적으로 편찬되었다. 16세기 중반에 생활규범서인 제례서(祭禮書)가 등장하였으며, 16세기 후반에는 상제례서(喪祭禮書), 17세기에는 사례서(四禮書)로 발전해 나갔다. 또 오륜과 경신(敬信)을 바탕으로 소학서는 일동일정(一動一靜)을 규율하며 유교의 규범을 생활 깊숙이 내면화시켰다. 가례서와 소학은 각각 『주자가례』와 『소학』의 내용을 조선에 토착화하는 데 초점을 맞춘 것이다.

---

38 이에 대해서는 다음 두 논의를 참조. 하윤섭, 「선초(鮮初) 오륜가(五倫歌)의 고전적 원천과 그 의미: 경기체가 오륜가와 시조 오륜가를 중심으로」, 『어문논집』 60(민족어문학회, 2009); ______, 「16세기의 법적 질서와 오륜가의 발생: 15세기와의 대비적 지점을 중심으로」, 『우리어문연구』 37(우리어문학회, 2010).

39 이 책에서 '교화'는 대략 다음 의미를 함의하는 용어로 활용한다. 곧 조선 사회는 물리력을 동원하기보다는 교화를 통해 지배이념을 내면화시키고자 하였다. 교화는 교화자가 일방적으로 도덕규범을 전파한다고 해서 되는 것이 아니었다. 교화자 스스로 솔선수범함으로써 피교화자가 감발 받아 자발적으로 행동을 변화해 나가기를 기대하는 방식으로 진행되었다. 교화는 이처럼 교화자와 피교화자 간의 자발적인 동의 창출 과정이었다. 아울러 교화를 시행하는 자의 솔선수범과 높은 도덕성을 요구하였다는 사실은 조선 교화의 중요한 특징이다. 이에 대해서는 '김언순, 「18세기 종법사회 형성과 사대부의 가정교화: 가훈서를 중심으로」, 『사회와 역사』 83(한국사회사학회, 2009. 9), 120면'을 참조. 한편 지배층 스스로 높은 도덕성으로 무장한 것은 그들 스스로 다른 계층들과 '구별짓기'로서 의미를 지니기도 한다. 이에 대해서는 '김영민, 「정치사상 텍스트로서 춘향전」, 『한국정치학회보』 41-4(한국정치학회, 2007)'을 참조.

40 가례서와 가훈서에 대한 논의는 '김언순(2009), 위의 논문, 126~151면'을 참조.

한편 가훈서는 대부분 『주자가례』, 『소학』, 『격몽요결(擊蒙要訣)』을 근간으로 하여 작성되었으며, 가례서와 소학서의 내용을 바탕으로 하면서 좀 더 직접적인 실천과제에 초점을 맞추었다. 가훈서 편찬은 16세기부터 점차 증가해 17~18세기에 급격히 팽창하다가, 19세기 이후 다소 줄어드는 경향을 보인다. 그렇지만 20세기까지도 편찬이 계속 이루어진다. 특히 17~18세기에 가훈서 편찬이 집중된 양상은 가정교화를 통해 조선 사회의 유교화가 집중적으로 진행되었음을 보여주는 징표로 볼 수 있다.

17세기 가훈서에서는 종법질서에 대해 이해를 시키고 이를 정착시키기 위해 기존 상제례 풍속을 변화시키는 데 초점을 맞추었다. 그래서 상제례 관련 내용이 압도적으로 많다. 또한 삼강오륜에 근거한 일상윤리도 구체화되는 양상도 보인다.

18세기에 간행된 가훈서에서는 상제례에 대한 비중이 점차 줄어들며 대신 일상 윤리와 규범에 초점을 맞추는 경향이 나타난다. 그리고 가훈서의 대상도 아들, 딸, 양자, 서자, 며느리, 측실, 조카며느리, 총부, 어린이, 노비 등으로 다양해지고 분화되는 양상을 보인다. 특히 이 시기에 노비를 직접적인 교화 대상으로 삼은 점[41], 여성들을 대상으로 한 여훈서(女訓書)가 지어지기 시작한다는 점이 주목된다.[42] 이는 이

---

41 예컨대, 18세기에 나온 박윤원(朴胤源, 1734~1799)의 「가훈(家訓)」 중 '계노비문(戒奴婢文)' 항과 19세기 후반에 나온 성근묵(成近默, 1784~1852)의 「가훈(家訓)」 중 '비복지직(婢僕之職)' 항을 들 수 있다. 노비의 경우, 그들에게 삼강오륜의 도를 일깨우고, 상전에 대한 충성을 인간다움과 효의 실천 차원으로 승화시켜 그들의 자발적인 복종을 끌어내려고 하였다.

42 여성 교화에 초점을 맞추어 여성 교화의 구체적인 내용과 여훈서에 대한 연구는 '김언순, 「조선 여성의 유교적 여성상 내면화 연구: 여훈서(女訓書)와 규방가사(閨房歌詞)를 중심으로」, 『페미니즘연구』 8-1(한국여성연구소, 2008)'을 참조.

시기 교화 작업이 대상의 분화를 통해 종법 질서에 따른 관계 윤리를 내면화시키는 데 초점을 두었음을 보여준다. 그리고 대상에 따라 실천 윤리가 구체화 되었고, 사대부 가정의 교화가 내부적으로 다양한 층위를 형성하였음을 의미한다.

한편 성리학적 이념과 규범을 하층에까지 확산시키고 정착하게 하려는 노력은 교육 측면에서도 지속적으로 이루어졌다. 17세기부터 동성촌락에서는 그들의 혈연과 경제력을 바탕으로 문중서당(門中書堂)을 설립하는 일이 많아졌고, 18세기 후반에 들어서는 좀 더 조직적이고 광범위하게 이루어졌다. 문중서당에서 구현하려 한 교육 원리는 주자가 엮은 『소학』에 입각한 교육으로, 본격적으로 유학을 공부하기 이전에 바른 몸가짐과 마음 자세를 갖추는 것이었다. 이를 통해 일상생활에서 도덕에 맞는 행동을 하는 가풍을 확립하고 전승하고자 하였다.[43]

더 나아가 중인층을 비롯한 그 아래 계층에까지 교육 기회가 점차 확대되어 가는 추세에 맞춰 18세기 말, 19세기 초에 오면 지식층에서 사(士)가 지향하는 도리를 궁행하고 기개를 함양하는 것을 사대부에 국한되지 않고 전 계층 사람들이 공통적으로 갖춰야 할 덕목으로 생각하고, 모든 백성들에 대한 '소학' 단계의 보통교육을 주장하기 시작한다. 그리고 19세기 중반에 오면 '소학' 단계의 교육을 백성들에 대한 보편교육으로서 완결을 가져야 한다고 인식하기에 이른다. 농(農)·공(工)·상(商)을 막론하고 유교적 덕목을 몸에 익힌 동몽(童蒙)을 기르고자 한 것이다.[44] 이러한 문제의식에 따라 18세기 말 19세기 초 중반까지

43 이욱, 「18세기 가학 전승과 문중서당」, 『국학연구』 18(한국국학진흥원, 2011. 6).

44 예컨대, 이항로(李恒老, 1792~1868)의 「여박성약(與朴聖若)」에서 이러한 문제에 대한 당시 유자들의 관심과 의식을 엿볼 수 있다.

걸쳐 보통교육을 위한 다양한 동몽서들이 편찬되고, 19세기 중반에는 이를 보완한 새로운 동몽서들이 간행되었다.[45]

지금까지 살핀 것처럼, 조선 후기 사회는 근대에 가까워질수록 성리학적 이념이 힘을 잃고 와해되는 것이 아니라 반대로 전국적으로, 전 계층으로 확산되어 가는 양상을 보인다. 다시 말해 성리학적 이념이 전면적으로 확산되는 과정으로서 조선 후기를 바라보아야 한다는 것이

이항로(李恒老), 「여박성약(與朴聖若) 시채(時采)○경술시월십팔일(庚戌十月十八日)」, 『화서집(華西集)』 권4, 서(書). "竊觀那邊衆丱年未就傅者, 皆能通史學, 凡於地部人係官銜物名之屬, 雖小註細釋, 莫不強記, 問輒口應, 此非滄海之產箇箇是珠, 冀北之出色色是龍, 可以見掌是敎者, 秉心塞淵, 唇焦口破, 孳孳不倦, 變化粧點, 出許多村秀也, 心固勞矣, 功亦博矣. 雖然據子游所以譏子夏門人者而評之, 則莫或史學傷早而聖學失晩也歟, 可謂失先後緩急之序矣. 老兄亦以蛙聒雀躍鴉塗鴻弓, 無所不至爲患也. 細究其所以致此之由, 則學之者固未免鬩黨之習, 敎之者亦難辭浙東之譏也. 童蒙訓學, 卽三代所謂閭師塾師之職者, 實主風化之本而所繫不細. 今例皆曰鄕里孩童, 難以孔孟程朱擬之於人人, 則無寧以曾先之江少微爲宗師, 而得之之捷而成之之易也, 滔滔成風. 此言似矣, 愚則以爲大錯. 孔孟程朱, 固非人人之所可跂也, 班馬曾江, 亦豈人人之所可必乎, 不及等耳. 與其學史而全無所覺, 曷若學聖而猶知所向乎. 史學熱閙, 經學平淡, 雖使老師宿儒爲之, 爲此則有益, 爲彼則有損, 況乎童牛未及牴觸, 穉駒未及覂駕之前, 豈可不擇先入之言初發之軔乎. 且八歲上塾之蒙, 未必人人皆成功就業, 獲升國學, 論才授職, 則其勢不得不受田治農, 迨此父兄哺育之日聰明純一之時, 所聞所學者, 實爲終身基本田地, 則此日尤不可漫浪也, 此事尤不可駁雜也. 而問其所聞, 則秦始皇築長城, 楚霸王戰鉅鹿而已, 問其所學, 則曾先之纂史略, 潘陽節著史論而已, 若此類果可以開發良知, 隄防放心乎, 果可以養成坯璞, 化導風俗乎. 竊念古之閭塾敎人次第, 不問其賢愚貴賤, 不論其有無成就, 自能食能言, 只管敎之以聖人言動, 習之以聖人禮法而已. 是以賢者早立根基, 達而仁民, 愚者幼服擩染, 伏而忠上. 上下交資, 無背馳之患, 賢愚合心, 成大同之業. 其故何也. 自幼至老, 無貴無賤, 一於聖人之道, 無他岐之惑也. 且彼雖無成, 吾所以待之者, 不可預必其無成, 而姑爲此有害無益之擧也, 故今爲衆丱計, 莫如改授童蒙須知, 擊蒙要訣, 家禮, 孝經等書, 俟其文理稍進, 一遵紫陽遺矩, 從小學立課, 次第讀經讀史. 如此則學之者耳濡目染, 漸知向方, 敎之者朝說暮答, 愈益分明, 此亦斅學相長之道也. 未知老兄以爲如何."

45 구희진, 「19세기 중반 유자(儒者)들의 보통교육론(普通敎育論)과 동몽서(童蒙書) 편찬」, 『역사교육』 92(역사교육연구회, 2004), 159면.

다. 이러한 시각을 바탕으로 문학 작품에 접근할 때, 그동안 당연하게 간주되었던 부분들을 다시 해석하고, 보이지 않았던 지점들, 좀 더 구체적인 논의가 어려웠던 부분들을 해명하는 길이 열리리라 믿는다.[46]

이 책은 이러한 시각을 기본적인 전제로 하여 논의를 진행한다. 그리고 논의 과정 전체를 통해서 이러한 전제가 문학의 해석에서도 유효함을 보일 것이다. 다만 앞서 말한 것처럼, 문학을 해석할 때 이러한 시각은 하나의 전제로만 활용할 것이며, 당대를 평가하는 가치 평가의 척도로 활용되는 것을 경계하면서 논의를 진행해 나갈 것이다.

2. 작품 분석의 전제

1) 텍스트인 작품

이 책에서 주 대상으로 삼은 작품은 우화 소설과 판소리계 소설이며, 비교 대상으로 삼은 작품은 한문 장편소설이다. 이 책에서는 작품에 대한 분석을 진행하는 과정에서 이 두 유형을 직접 비교하는 방법론을 활용할 것이다. 이 방법론은 고전소설 연구 관행에 비추어 볼 때 상당히 낯설고 의아한 방식이라 할 수 있다. 창작층의 격차가 큰 것은 물론

46 물론 이러한 시각을 견지한다고 해서 앞서 살핀 〈변강쇠가〉, 〈장끼전〉, 〈노처녀가2〉, 〈덴동어미화전가〉와 같은 작품들에 대한 해명이 손쉬워진다는 것은 아니다. 이러한 시각 하에서도 이 작품들에 대한 해명은 여전히 안개에 자욱하게 가린 것처럼 녹록치 않을 것이다. 이는 이미 지적한 것처럼, 기본적으로 이 작품들이 이념 부분을 문제 삼고 있지만, 그렇다고 이념과 연관 지어서 접근할 수 있는 것이 아니기 때문이다. 다시 말해 성리학적 이념만으로는 포괄되지 않는 무언가 중요한 문제가 있다는 것이다. 그렇다고 해서 이를 성리학적 이념의 강고한 틀을 비집고 나온 것이라는 관점에서는 더 이상 해명할 수 있는 것이 아무것도 없다는 점 또한 다시 강조해 둔다.

이거니와 창작 방식에서도 차이를 보이고, 그런 만큼 각 유형별 특성이 매우 뚜렷하기 때문이다.

우선 창작 방식의 문제부터 살펴보자. 한문 장편소설은 애초부터 근기 사족에 의한[47], 개인의 창작성이 두드러진 유형이기에 별도로 논할 것은 없다. 문제는 우화 소설과 판소리계 소설이다. 이 유형들은 한문 장편소설과 달리 집단 창작, 집단 전승물로서 성격이 두드러진다고 간주된다. 전체 스토리 결구나 사건 결구는 물론 특정 장면, 화소의 구성 배치도 집단 전승 과정에서 이루어진 것으로 보는 것이다.

판소리계 소설은 판소리로 전승되던 것이 창본이나 독서물로 전환된 것 중 독서물로 전환된 부류들을 묶어서 부른다. 우화 소설 중 특히 〈두껍전〉, 〈장끼전〉 등과 같은 작품들은 판소리적 요소가 강하게 남아 있는 것으로 간주된다. 우화 소설과 판소리계 소설 유형을 두고 집단 창작, 집단 전승의 성격이 강하다고 하는 것은 이를 두고 하는 것이다. 그렇다면 이 유형들에는 개인의 창작성이 개입될 여지가 전혀 없는 것일까?

판소리가 소설과 같은 독서물로 전환된다는 것은 판소리 자체에서 보이는 사설 고착화 양상과는 별개로, 그동안 전승 과정 속에서 유동적인 모습을 보였던 화소들이 정착되는 것을 의미한다. 이때 어떤 화소를 어디에다 배치할 것인가 하는 문제는 독서물로 전환시키는 작자의 의지에 달린 문제로 바뀐다. 따라서 개인적인 창작물로서의 성격이 판소리에 비해 상대적으로 커지는 것이다.

예컨대, 한문본 〈서대주전〉, 국문본 〈셔듸쥐〉, 국문본 〈서동지전〉

47 이에 대해서는 '이기대, 앞의 책'을 참조.

에서 공통적으로 보이는 화소는 바로 서대주(鼠大州) 집 안팎에 대한 상세한 묘사이다. 이 작품들은 각기 선후관계를 정확하게 파악하기는 어렵지만, 주요 화소들을 모방하되 서로 다른 부분에 이를 배치함으로써 차별화를 꾀하는 방식으로 작품을 구성했음을 잘 보여준다. 이렇게 독서물로 전환된 작품들은 이를 구성하는 전체적인 줄거리, 주요 대목, 화소들 자체는 집단 창작의 측면이 강하지만 이를 독서물로서 일정하게 고착화시키는 것은 결국 특정 작자에게 달려 있는 것임을 알 수 있다.

이처럼 우화 소설과 판소리계 소설에 집단 창작의 요소뿐만 아니라, 개인 창작의 요소도 분명히 강하게 내재되어 있음을 감안하여 이들을 일정하게 정착된 독서물이라는 관점에서 접근할 수 있다면, 한문 장편소설과 직접적인 비교도 가능하다고 생각된다.

다음 우화 소설과 판소리계 소설의 각 양식별 특성을 고려하는 문제를 살펴보자. 우화 소설, 판소리계 소설, 한문 장편소설 등은 모두 나름의 글쓰기 방식과 주제 구현 방식이 존재한다. 그리고 이를 위해 운용되는 양식상의 특징이 분명히 존재한다. 그래서 이 유형들에 접근할 때 이러한 특성을 고려해야 한다는 것은 상식 중의 상식이다.

여기서 문제를 제기하고 싶은 점은, 이러한 양식상의 특성에 지나치게 얽매임으로써 다른 관점에서 접근할 수 있는 길을 애초부터 차단해 버리는 결과를 낳고 있는 것은 아닌가 하는 점이다. 이들의 양식적 특성이 뚜렷하고, 이들 간의 차이가 분명하다는 점 때문에 이들을 한 자리에 놓고서 비교하는 것은 가능하지도, 타당하지도 않다는 생각이 과연 늘 타당한 것인가 의문이 드는 것이다.

그렇다면 이렇게 양식상의 차이가 분명한 소설 유형끼리 비교 작업을 시도해 봄으로써 얻을 수 있는 이점은 무엇인가? 우선 우화 소설, 판소리계 소설, 한문 장편소설 사이에 혹시 공통적인 글쓰기 방식이 존재할 가능성은 없는지 따져 볼 수 있다. 이는 이 책의 일차적인 관심사이기도 하다. 그리고 이를 바탕으로 좀 더 시각을 넓혀 다음 문제에 접근해 볼 수도 있다.

우화 소설과 판소리계 소설은 모두 서사 진행 과정에서 중심 서사, 그릇 사설, 사벽도 사설과 같은 상세 묘사, 노래들이 결합되어 한 작품을 이룬다. 한문 장편소설은 중심 서사에 이런저런 부차적인 에피소드나 한 주제에 대한 의론 등이 결합되어 한 작품으로 구성된다. 이러한 현상들에 주목하여 서사의 매끄러운 흐름이라는 관점에서 봤을 때, 이 유형들이 서사로 진행시켜 나가는 방식측면에서 어떤 공통적인 면모는 없는가 하는 점을 따져 볼 수도 있다.

마지막으로, 이러한 논의 결과를 바탕으로 좀 더 시각을 일반화시킨다면 다음 문제에도 접근해 볼 수 있을 것이다. 궁극적으로 봤을 때, 최소한 18세기 후반에서 19세기에 이르는 시기에 산출된 소설 속에는 서사 진행이라는 측면에서 어떤 공통된 인식이 바탕에 깔려 있을 가능성은 없는가 하는 문제이다. 이러한 현상은 물론 한문 장편소설 작자층과 우화 소설, 판소리계 소설 작자층의 문화에 각각 기반을 두고 있기에 우연히 공통적으로 보이는 현상일 수도 있겠지만, 그 저변에 깔려 있으리라 생각되는 공통적인 인식상의 문제가 존재할 가능성 또한 전혀 없지는 않으리라 생각한다.

결국 텍스트 내에서 서사의 매끄러운 흐름이라는 관점에서 다룰 수 있는 여러 가지 공통적인 특성 추출, 이를 바탕으로 소설 양식 간의 차이를 넘어 공통적으로 적용되는 글쓰기 방식에 대한 규명, 궁극적으로 소설 양식을 막론하고 어떤 주제 하에 서사를 진행하는 문제에 대한 당대의 특수한 시각이 존재하고 있을 가능성에 대한 타진 등의 문제들은 하나의 '텍스트'로 놓고서 접근해야만 논의가 가능하다.

따라서 이 책에서는 이 소설 유형들에 속하는 여러 작품들을 모두 동등한 하나의 '텍스트'로 간주하고 접근하는 방식을 취할 것이다. 여기서 텍스트로 본다는 것은, 작품의 줄거리 흐름, 주요 화소들의 배치 등이 작자 개인의 의식에 의해 일정하게 고착되어 필사된 상태의 덩어리로 간주한다는 것이다.

2) 믿을 만한 서술자(내포저자)

대부분의 소설, 특히 고전소설 속에는 사건을 이끌어가는 서술자가 존재한다.[48] 그는 작품 속에서 전체적인 스토리 흐름에 관여하고 이를 통제한다. 그리고 스토리 자체를 주도적으로 끌고 나간다. 뿐만 아니라, 사건의 경과, 등장인물의 면모에 대해서 적극적으로 평가하려 들기도 한다. 그는 나름의 일정한 시각을 견지한 채, 은밀히 혹은 드러내놓고 작품 속에서 진행되는 모든 일에 참견한다. 이때 서술자가 작중인물에 대해 평하는 직접적인 언술로부터, 작중 인물의 대화와 행동을 통해 보여주는 간접적인 방식에 이르기까지 인물에 대해 가지는 태도[49]를 서술자의 시각이라고 한다.

작품을 읽는 독자들은 작품의 스토리를 이끌고 통제하는 서술자의

---

48 포터 애벗에 따르면, 서사가 언어적 표현의 양식이며, 서사는 사건을 언어로 재진술(recouting) 또는 전달(telling)하는 것을 포함한다는 견해를 가진 학자들은 '서술자'를 반드시 필요로 한다고 주장한다고 한다(H. 포터 애벗, 앞의 책, 39면).

49 장시광, 『조선시대 대하소설의 여성반동인물』(한국학술정보, 2006), 38면.

시각에 영향을 받을 수밖에 없다. 이때 이 서술자들이 얼마나 믿을 만한 존재이냐 하는 것이 중요한데, 동서양 문학을 막론하고 이 서술자들의 형편없는 신뢰성이 문제가 되는 것 같다.

서술자가 존재하는 서사에서, 서사 해석에서 불일치가 발생할 경우, 서술자의 신뢰성(reliability)이 논란의 초점이 되는 것은 피할 수 없다.[50] 이는 서술자가 반드시 진실만을, 그리고 어떤 문제를 있는 그대로 독자에게 전하는 일이 매우 드물다는 데에서 기인한다. 서술자는 작자의 특정 의도에 따라, 혹은 작자와는 무관하게 자신의 특정 의도에 따라 사실을 과장, 축소, 왜곡하는 일을 서슴지 않음으로써 '신뢰할 수 없는 서술자(unreliable narrators)'[51]가 되고 만다. 게다가 이들은 다시 사실에 대해서는 신뢰할 수 있지만 당사자가 내린 해석은 믿을 수 없는 '비협조적 서술자(discordant narrators)'[52]가 되기도 하고, 그가 말한 사실조차도 신뢰할 수 없는 서술자가 되기도 한다.[53]

고전소설에서도 서술자의 시각이 문제가 되기는 매한가지이다. 그래서 서술자의 시각을 처음부터 부정하거나 무시하고서 연구자가 갖고 있는 시각을 가지고 작품에 접근하는 경우가 많다. 한 연구자의 다음 언술은 이러한 문제를 압축적으로 잘 보여준다. 이는 단지 이 연구자에만 해당하는 문제가 결코 아님은 물론이다.

---

50 서술자의 신뢰성과 관련하여 "독자에게 사실을 정확하게 전달해주는 서술자의 존재를 어느 정도까지 신뢰할 수 있을까? 우리가 사실을 확인할 수 있다고 해도, 그/그녀가 해석을 제공할 때 어느 정도까지 서술자의 의견을 존중할 수 있을까?"라는 질문을 늘 제기할 수밖에 없는 것이다.

51 이는 웨인 부스(Wayne Booth)의 용어이다.

52 이는 도릿 콘(Dorrit Cohn)의 용어이다.

53 이상 서술자의 신뢰성에 대한 설명은 'H. 포터 애벗, 앞의 책, 150~153면'을 참조.

> ① 인물을 중심으로 한 텍스트 분석에서 서술자의 몫은 대단히 중요하다. 서술자는 직접적인 언급을 통해, 또는 묘사나 행동을 통해서, 때로는 여성반동인물에 대한 주동인물의 시선을 통해서 여성반동인물에 대한 주동인물의 시선을 통해서 여성반동인물에 대한 자신의 시각을 독자에게 전달한다. 그런데 서술자는 이처럼 자신의 시각을 전달하면서 유교 이념에 입각한 권선징악의 표피를 인물에 덧씌운다. 그래서 자칫하면 여성반동인물을 '악인'으로 치부하여 연구의 객관성을 상실하는 결과를 가져오기도 한다.[54]

> ② 여성반동인물을 중심으로 한 인물 간의 '관계'나 여성반동인물에 대한 서술자의 시선은 모두 텍스트 내적인 요소들이라 할 수 있다. 그런데 서술자는 여성반동인물과 관련하여 이러한 텍스트 내적인 요소를 바탕으로 하되 특히 몇 가지 두드러진 방식을 이용해 자신의 의식을 표출하고 있다. 인물의 묘사를 통해 드러내기도 하고 인물이 최후를 맞는 방식을 통해 드러내기도 하며, 인물이 반동행위를 하게 되는 심리를 통해 드러내기도 한다. 서술자는 이를 통해 표면적으로 주동인물로 표상화 된 유교 이념의 우위를 독자에게 확인시키고 있다.[55]

위 인용문에서는 서술자가 여러 가지 방법을 동원하여 유교이념에 입각한 권선징악의 표피를 인물들에게 덧씌워 놓고, 이를 통해 주동인물을 그려냄으로써 주동인물에 덧씌워진 유교 이념의 우위를 독자에게 확인시킨다고 주장한다. 특히 서술자는 반동인물 내지 부정적 인물들을 애초부터 '악인'으로 간주하고 철저히 배제시킴으로써 독자가 서술자의 시각을 준신(遵信)할 경우, 그들이 처한 상황, 그들이 그렇게

54 장시광, 앞의 책, 45면.
55 장시광, 위의 책, 46면.

행동할 수밖에 없었던 요인 등을 파악할 수 있는 시각을 갖지 못하게 된다는 것이다. 고전소설에서 서술자의 신뢰성이 의심받는 이유도 바로 여기에 있다.

서술자가 일으키는 문제는 이뿐만이 아니다. 우화 소설에서 등장인물들은 서로가 자신의 정당성을 내세우기 위해 '거짓말'을 한다. 그런데 그들이 거짓말을 하고 있다는 점을 그들 스스로도 알고 있을 뿐만 아니라, 읽는 독자들도 이 점을 금방 알아챌 수 있다. 그런데도 서술자 자신은 아무것도 모르는 것처럼 그들이 주고받는 이야기들이 사실이고 진실인 양 바라보고 전달한다. 그러다 보니 서술자의 시선을 따라서 작품을 해석했을 경우 순진하게 해석했다고 비난 받기도 한다.

그런데 독자 입장에서는, 그가 서술자의 시각에 동의하든 안 하든 서술자의 시각에 영향을 받기 마련이다. 서술자가 스토리의 흐름을 제어하고 있는 상황이라면 서술자가 제시하는 길을 따라 작품을 읽어갈 수밖에 없다. 서술자의 시각을 따라가며 읽는다고 해서 무조건 서술자의 시각에 동의한다는 것으로 생각해서는 안 된다. 그의 시각에 동의하느냐 안 하느냐 하는 문제는 또 다른 차원의 문제이다. 서술자의 시각을 애초부터 부정하거나 무시할 경우 이를 대체할 다른 시각이 있어야만 그 시각에 따라 작품을 읽어갈 수 있다.

이렇게 서술자의 신뢰성 문제로 인해 대개 연구자들은 연구의 객관성을 확보하고 유지하기 위하여 서술자의 시각을 따르지 않고 작품에 접근한다. 이때 연구자 스스로 갖고 있는, 현대인으로서의 시각이 작품 해석에 영향을 끼친다. 그럼으로써 의도치 않게 연구의 객관성을 상실하는 결과를 초래하기도 한다.

우선 현대인들이 당연하다고 생각하는 사고방식들을 당대 사람들도 응당 인식하고 있었으리라는 가정 하에 작품 분석을 하는 것이다. 예컨대, 현대인들에게 모든 인간은 애초부터 동일한 욕망을 갖고 태어났다는 것은 상식이다. 그런데 이를 전근대 사회에도 그대로 적용하여, 작품 속 등장인물이 이러한 욕망 추구에 대한 문제 제기를 했을 경우, 이를 당대 사회에 대한 반기 내지 비판 의식을 가졌다고 해석한다든지, 욕망을 충족하지 못하는 데 대해 당대의 질곡이나 억압을 표현한 것으로 본다든지, 당대 제도에 순응하여 살아가는 인물을 당대 이데올로기에 순응한 결과로 단정짓는다든지 하는 것이 과연 전근대에 대한 정당한 평가가 될 수 있는지 다시 생각해 볼 필요가 있다. 욕망으로서 나타나는 '현상'은 동일할지 모르지만, 거기에 내재되어 있는 사회적 코드는 전혀 다를 수 있음을 놓칠 수 있다는 것이다.

특히 '욕망'과 관련해서 이 문제는 매우 의아하게 느껴질지도 모른다. 그런데 국가에 따라, 민족에 따라 각기 나름대로 형성되어 온 문화 관습에 따라 같은 현상을 두고서도 서로 전혀 다른 시각을 내보이고 생각을 할 수 있다는 점, 따라서 어떤 현상에 대해 항상 상대편의 생각이 우리와 같으리라고 단정해서는 안 된다는 점이 말 그대로 상식이 된 것은 구조주의 시기를 거치면서 비로소 가능했다는 점[56]을 잊어서는 안 된다. 또한 같은 나라에 사는 사람이라고 해도 지역과 세대가 바뀌면 동일한 현상에 대해 생각하고 행동하는 방식이 달라진다는 것이 상식으로 자리 잡을 수 있었던 것도 또한 구조주의의 성과라는 점을 잊어서는 안 된다.[57]

---

56 이에 대한 구체적인 논의는 '우치다 타츠루(內田樹), 『푸코, 바르트, 레비스트로스, 라캉 쉽게 읽기: 교양인을 위한 구조주의 강의』(갈라파고스, 2010), 25~35면'을 참조.

57 우치다 타츠루, 위의 책, 20면.

그렇게 볼 때, 현대인에게 당연하게 생각되는 일들 –심지어는 누구나 다 본연적으로 가지고 있다고 여기는 것조차도–이 당대인들은 전혀 그렇지 않게 받아들였을지도 모른다는 점을 진지하게 고려해야 하지 않을까? 또 어쩌면 사람이라면 누구나 가질 수 있는 '욕망'으로 볼 수 있는 기반 자체가 형성되어 있지 않을 가능성도 배제할 수 없음을 염두에 두어야 하지 않을까?

한 가지 문제를 더 들어보자. 잘 아는 것처럼, 〈사씨남정기〉, 『초당문답가』 소재 〈용부가〉·〈우부가〉, 〈흥부가/전〉의 서술자들은 교채란, 게으르고 규범을 어기는 인물들, 놀부를 '악인'의 시각에서 바라본다. 하지만 현대인들이 보기에는 의아스러운 점이 있다. 현대인이 생각하는 악인의 이미지와 일단 거리가 멀기도 하거니와[58], 현대인의 시각에서 봤을 때, 이들을 악인이라고 규정하는 데 대해 동의할 수 없는 부분이 많기 때문이다. 그래서 서술자의 시각을 애초부터 부정하거나 무시하고서 작품에 접근하는 경우가 많다.

그런데 서술자의 시각을 부정하거나 무시하고서 작품에 접근할 경우, 그 빈자리는 현대인의 시각으로 채워질 수밖에 없다. 이때 다른 민족·시대·과거에 대한 빈약한 지식으로 인해 특정한 환경과 계급, 교회, 시대정신, 풍토에서 나온 도덕적 가치 판단을 보편적인 것으로 일반화하는 무모함을 초래할 수 있음[59]을 고려한다 하더라도 현대인의

58 "악은 일반적으로 인격화되어– 예컨대 아이들을 겁줄 때 등장하곤 하는 험상궂은 악한의 형상이나 조직 범죄와 연결된 통제불능의 음모를 꾸며 법치국가의 기초를 파괴하는 마피아 단원의 모습으로– 우리의 머릿속에 떠오른다. 아들 내외의 결혼 생활을 파경에 이르게 하는 잔인한 성격의 못된 시어머니가 캐리커처로 그려지기도 한다" (안네마리 피퍼, 이재황 역, 『선과 악: 그 하나의 뿌리를 찾아서』(이끌리오, 2002), 22~23면).

시각을 투사하는 데서 빚어지는 등장인물들에 대한 잘못된 평가, 작품의 오독 위험은 피할 수가 없다.

예컨대, 〈옹부가〉·〈우부가〉, 〈흥부가〉의 게으르고 규범을 어기는 인물들, 놀부의 행위에 대해 독자들의 흥미를 불러일으키기 위해 서술자가 과장되게 서술했다고 간주하고, 이를 해학성 내지 풍자의 차원에서만 접근한다. 그리고 서술자가 성리학적 이데올로기의 우위를 보여주기 위해 이러한 시각을 견지하고 있음을 지적하는 데 그침으로써 다음과 같은 더 중요한 문제들을 놓칠 수도 있다.

서술자들이 이들을 악인으로 몰고 가는 이유는 무엇인가, 서술자가 왜 그런 시각을 유지하고 관철하려 드는가 하는 문제를 따져 볼 수 있다. 이와 관련하여 악인이라는 개념 자체에도 현대와는 다른 차원의 의미가 정립되어 있을 가능성은 없는가 하는 점도 생각해 볼 수 있다.[60]

아울러 어떤 인물을 악인으로 규정했을 경우 무엇이 그를 악인으로 만들었는가, 등장인물들의 행위를 '악행'으로 간주하는 이유는 무엇인가 하는 문제도 따져 볼 수 있다. 규범을 어기는 문제적 인물들은 그 행위 자체가 공동체 삶을 영위하는 구성원들에게 심각한 위협이 될 수도 있는 문제이다. 그렇기에 그들의 행위를 실제로 '악행'으로 인식할 가능성을 전혀 배제할 수 없다.

더 나아가 서술자가 문제적 인물들이 저지르는 실제 악행에다 실제 현실에서는 벌어지기 어려운 악행들까지 과장하여 덧붙이는 문제에

59 고병권, 『니체, 천 개의 눈 천 개의 길』(소명출판, 2001(1쇄), 2009(9쇄)), 72면.

60 선과 악의 개념 또한 하나의 역사적인 개념임을 주장한 대표적인 사람은 바로 니체이다. 이에 대한 논의는 '우치다 타츠루, 앞의 책, 50~60면'과 '고병권, 위의 책, 60~91면'을 참조.

대해서도 단지 해학성 강화 차원이 아니라, 이러한 행위들이 사회에서 배제될 수도 있을 정도의 강력한 악행임을 강조하고 경고하려는 차원이 아닌지도 생각해 볼 수 있다.

한편 우화 소설에서 등장인물들이 서로 자신의 정당성을 내세우기 위해 거짓말을 하는 경우에도 서술자의 시각처럼 전혀 모르는 척 따라가며 읽을 경우, 등장인물들이 자신들의 거짓말을 어떻게 사실이고 진실인 척 포장을 하고 있는가, 어떤 지식이나 전고들을 어떻게 활용하여 합리화하는가 하는 점 등을 파악하기가 수월하다. 아울러 그 이면에 숨겨진 속임수를 밝혀낼 수도 있다. 처음부터 이들의 언행을 거짓으로 치부해 버릴 경우, 이러한 문제들에 접근할 가능성을 애당초 차단하는 결과를 낳을 수 있다.[61]

이상에서 서술한 문제의식 하에 이 책에서는 서술자의 시각에 대한 동의 여부와 관계없이, 서술자가 안내하는 길을 좇아서 작품에 접근해 가기로 한다. 이는 작자의 '의도를 헤아리며 읽기'와도 통한다고 할 수 있다.[62] 이러한 읽기는 독자/청중들은 서사가 어떤 방식으로, 어떤 과정을 거쳐 구축되었는지에 관해 알고자 할 때 서사 속에서 일종의 감수성을 지닌 한 사람의 실체를 찾아내려고 노력하며, 이러한 실체를 찾아내어 그에 대한 인식을 바탕으로 자신의 해석을 펼쳐 나간다는

61 그래서 서사를 정확히 해석하기 위해서는 서술자가 넓은 스펙트럼에 걸쳐 있는 신뢰성의 수준에서 어느 정도의 위치를 차지하고 있는지 알아차리는 명석한 감각을 갖고 있어야 하며, 소설이 내포하는 의미를 정확하게 평가하려면, 독자들이 서술자의 감성을 넘어서야 할 필요가 있다고 주장하기도 한다(H. 포터 애벗, 앞의 책, 150~151면, 166면).

62 '의도를 헤아리며 읽기'에 대한 구체적인 논의는, 'H. 포터 애벗, 위의 책, 198~201면'을 참조.

점에 근거한 것이다.[63] 여기서 한 사람의 실체란 바로 '내포저자'를 가리킨다.

내포저자라는 개념은 앞서 언급한 서술자의 형편없이 낮은 신뢰성이라는 장벽과 저자와 서술자의 동일성 여부로 인한 혼돈을 피하기 위해 고안된 개념이라 할 수 있다. 이 내포저자는 작품을 이끌어가는 서술자와 대개 동일한 것처럼 보이지만, 반드시 서술자와 일치하는 것은 아니다. 또한 내포저자는 실제 작자와도 약간 구별된다.

내포저자는 서사 속에서 찾아낸 하나의 실체, 고유한 감수성의 소유자로, 독자들이 서사의 의도된 의미와 효과를 추론하기 위해 점진적으로 구성하게 되는 감수성과 도덕적 지성이다. 독자들은 이 내포저자의 특성에 의거하여 작품의 의미와 효과를 추론해 가면서 작품을 읽어나간다. 작품의 의미에 대해서 의견이 부딪힐 경우, 독자는 텍스트로부터 추론한 내포저자의 존재에 근거하여 입장을 취할 수밖에 없다.[64]

이 책에서는 작자의 의도를 헤아리며 읽는 방식을 통해 작품 속 등장인물들이 자신의 감정이나 의견을 내세우기 위해 어떤 방법을 활용하는지 구체적으로 살피고, 서술자의 시각에 내재되어 있는 의미를 찾아본다. 그럼으로써 서술자가 그런 시각을 취하고 있는 이유는 무엇이며, 그러한 시각 속에 은폐하고 있는 측면과 진실을 드러내고 있는 측면은 무엇인가 하는 문제들을 따져볼 수 있을 것이다.

이 책에서 활용되는 서술자라는 용어는 내포저자와 같은 의미를 지

---

63 H. 포터 애벗, 위의 책, 165면.

64 그래서 내포저자 문제는 '저자의 의도(authorial intention)'에 관심을 기울이는 한, 해석에서 핵심적인 개념에 해당한다고 할 수 있다(H. 포터 애벗, 위의 책, 165, 166, 167면, 446면 용어해설).

닌다. 현대소설의 경우, 실제 작자가 지닌 가치관과는 전혀 다른 가치관을 내포저자 내지는 서술자를 통해서 작품에 투영하는 일이 자주 있고, 독자 또한 서술자의 언술과는 별도로 전혀 별개의 내포저자를 상정할 수 있는 일이 종종 있어서 서술자와 내포저자를 구별해서 작품을 분석하는 것이 효과적인 경우가 많다.

뒤에서 상세하게 논의하겠지만, 고전소설의 경우에는 대개 이념성 내지 교훈성을 바탕에 깔고 있는 것이 보통이므로, 실제 작자가 지닌 가치관과 서술자가 지닌 가치관이 다를 가능성은 낮다. 그리고 독자들이 헤아리는 내포저자 역시 작품 속에서 이야기를 이끌어 가는 서술자와 다르게 여겼다고 볼 여지 역시 별로 없다. 그래서 고전소설에서는 내포저자와 서술자가 동일하다고 간주하고 작품을 분석하더라도 그리 큰 문제가 발생하지 않으리라 생각된다. 다만 여기서 내포저자와 서술자를 동일시하면서도 내포저자에 대해 굳이 언급한 이유는 내포저자 개념에서는 서술자가 지닌 낮은 신뢰성 문제에 부딪히지 않을 수 있기 때문이다. 이 책에서 서술자를 내포저자 개념과 동일한 의미로 사용하려는 이유도 바로 이 때문이다.

3) 완벽한 독자

소설이 읽히는 작품이 되기 위해서는 독자라는 존재와 작자, 독자를 둘러싸고 있는 문화적 관습을 반드시 고려해야 한다는 점은 이젠 상식적인 이야기다. 갖가지 담론과 약호 체계로 이루어진 문화적 관습에 근거하여 소설 창작과 수용이 이루어진다.[65] 독자는 문화적 관습을 토

65 "창작은 문화적 관습이 조성한 의미를 본문에 투입하며, 수용은 문화적 관습을 참조하

대로 문면에 명시되지 않은 행간 의미들을 채우면서 읽기를 진행한다.[66] 독자는 발 딛고 서 있는 문화적 관습에 의존하여 소설을 분석하기도 하고, 종합하기도 하면서 소설 작품을 이해하는 것이다.

이 문화적 관습에는 문화적 학습을 통해 형성된 선입견은 물론, 장르 인식, 작품에 대한 일정한 기대와 예측까지 포함된다.[67] 작품 속에서 구사되는 다양한 지식·전고들도 문화적 관습과 긴밀한 연관이 있다. 고전소설에서는 작품 속에 등장하는 지식이나 전고들을 전혀 알지도, 이해하지도 못할 경우 겨우 줄거리 파악 정도나 가능할 뿐 그 이상의 이해와 감상은 기대하기 어렵다. 작품을 읽어 나가면서 소설 속에 등장하는 지식·전고들을 어느 정도 이해할 수 있어야 작품 속에서 흘러가는 스토리를 염두에 두면서 동시에 작품 속 문맥에 따라 사건들을 나름대로 재구성하고 재배열할 수 있다.[68]

여 본문으로부터 의미를 해석하는 것이다"(강헌국, 앞의 책, 27면).

66 강헌국, 위의 책, 22면.

67 이에 대한 좀 더 구체적인 설명과 이를 바탕으로 「무정」을 분석한 논의로, '강헌국, 위의 책, 19~38면'을 볼 것. 베르나르 발레트 역시 소설이란 무엇인가 하는 문제는 결국 독자들은 무엇을 어떤 것에 의거하여 소설로 인식하고 인정하는가 하는 문제로 귀결된다고 하면서 "처음부터 어떤 장르인지를 인식하게 해주는 지배적인 요소로 바로 언어 수행(performance)과 서술적 언표(énoncés narratifs)를 생각할 수 있"(23면)으며, "소설 작품을 결정짓는 것으로 보이는 것은 바로 수용의 조건들"로, 이른바 야우스의 "장르적 기대 지평선(horizon d'attente générique)"(38면)이라고 하였다.

68 강헌국은 이를 '관계짓기'라는 용어로 개념화 하였다. 그에 따르면, '스토리' / '플롯, 담론(담화, 서사담화)'이라는 개념은 바로 이를 분석하기 위해 나온 것이다.
"독자는 소설을 대할 때 우선 이야기에 대한 관심으로부터 사건을 재구성하는 관계짓기를 시도한다. 이야기는 시간의 흐름에 따른 사건들의 순차적 배열이다. 그에 비해 본문은 이야기와 달리 나름의 방식으로 사건들을 배열한다. 본문은 모종의 언술 형태에 의해 그 의미 작용을 가능케 하는 질서를 마련하기 때문에 사건의 배열이 시간의 순차적 흐름을 무시하기 마련이다. 따라서 이야기를 주된 관심의 대상으로 하는 소설 읽기는 우선 본문을 부분으로 분절하고 그 관계에 따라 다시 결속함으로써 이야기를 한편 소설 속에서 지식·전고들을 향유한다고 했을 때, 그 말은 구체적으로 무엇을 의미하는가? 이 의문은 지식·전고를 향유하는 주체가 누구냐에 따라 의미가 조금씩 달라진다는 것을 염두에 둔 것이다. 그 양상은 다음 세 가지 정도로 볼 수 있을 것 같다.

첫째, 소설 작품 속 등장인물들이 자신들의 언술을 통해서 지식·전고를 향유하는 것이다. 이는 소설 속 등장인물들이 활용하는 지식·전고들 자체가 사회 전반에 걸쳐 일반적인 상식으로 통용되고 있을 가능성을 바탕에 깔고 있는 것이기도 하다. 작품 속 등장인물의 지식·전고 향유는 결국 이를 창작하는 작자는 물론이고, 이를 읽는 독자들 역시 어느 정도 지식·전고 이해력을 갖추고 있음을 전제로 한다는 점에서 작자층, 독자층 한쪽에만 초점을 맞추어 논의를 진행하는 위험을 피할 수 있다는 장점이 있다. 그러나 다양한 독자층의 층위를 놓칠 위험이 존재한다.

둘째, 작자가 작품 창작 과정에서 이런 저런 지식·전고들을 현란하게 구사하여 작품을 구성하는 것이다. 이는 소설 창작에 임하는 작자층이 지닌 지식의 정도와 활용 방식에 초점을 맞춘 것으로, 이때 독자들이 이에 버금가는 지식을 갖추고 있느냐의 문제는 부차적인 것이 된다. 그리고 작자가 작품 창작 과정에서 지식·전고들을 어떻게 활용하는가 하는 문제에 초점을 맞추기 때문에, 이를 읽는 독자들이 이러한 지식·전고들을 어느 선까지 이해하고 감상할 것인가 하는 문제를 등한시할 수 있다.

셋째, 소설 작품을 읽는 행위를 통해 독자들이 그 지식·전고들을

구성하는 분석적 행위를 수행하게 된다"(강헌국, 위의 책, 39면).

향유하는 것이다. 이는 작자층은 물론 독자층 역시 작자층에 못지않은 지식을 갖고 있다는 전제가 깔린다. 이 경우, 작자층과 독자층이 지극히 제한되어서 사실상 동일 계층 내에서 향유된 전기 소설, 한문 장편 소설 등과 같은 유형에서는 논의가 타당성을 얻을 수 있지만, 향유층의 폭이 넓거나 불명확한 경우에는 독자층의 다양한 층위를 고려하지 못할 위험이 있다.

이 책에서는 '소설 속 등장인물들이 지식·전고들을 어떻게 활용해 나가는가'에 초점을 맞추어서 소설 속 지식·전고 향유 양상을 논의해 나가기로 한다. 이러한 방법은 등장인물들이 갖고 있는 감정, 생각 등을 지식이나 전고들을 활용하여 어떻게 전달하는가에 초점을 맞춘 것이다.

그렇다고 해서 이 방법이 단지 등장인물들이 지식·전고를 향유한다는 차원에서 논의가 머물지는 않는다. 독자들이 이미 이야기된 스토리를 따라가면서 읽는다는 점을 상기하면, 등장인물들이 어떤 지식·전고를 어떻게 활용하여 자신의 생각과 감정을 상대방에게 전달하는가 하는 문제는 독자들이 등장인물들의 행위, 대화를 어떤 과정을 거쳐 이해하고 받아들이는가 하는 문제와 직결되기 때문이다.

독자는 소설 속 서술자가 하는 진술, 등장인물들의 언술에 대해서 동의하든 그렇지 않든 간에, 일단 그들의 언술을 따라가면서[69] 작품 속 사건들을 이해하고 판단한다. 그들은 소설 속 등장인물들이 구사하는 지식·전고들을 얼마나 타당하게, 합리적으로, 혹은 그럴 듯하게 끌

69 따라간다는 의미는 뒤쫓아 가며 읽는다는 것을 의미하지, '동의한다'는 것을 뜻하지는 않는다.

어와서 활용하느냐에 따라 그들의 언술에 동의를 하기도 하고, 억지를 부린다고 간주하기도 하고, 그럴 듯하게 전고를 써 먹는다고 생각하기도 한다. 그런 의미에서 소설 속 등장인물들 -그들이 선하건 악하건 간에, 주동인물이건 반동인물이건 간에-이 제각기 적절한 지식·전고들을 끌어와서 상대방에게 자신의 의견을 표출하고 감정을 표현하는 것은 곧 독자들에게 그러한 행위를 하는 것이나 마찬가지라고 할 수 있다. 결국 소설 속 등장인물들이 지식·전고들을 어떻게 활용해 나가는가에 초점을 맞추어 진행함으로써 독자들이 등장인물들이 내세우는 지식·전고들을 어떻게 해석하고 이해하는가 하는 문제에 접근할 수 있는 것이다.

그런데 이 방법은 논의의 편의상, 등장인물들이 서사담화 속에서 구사하는 모든 지식·전고들을 대상으로 이를 등장인물들이 어떻게 활용하고, 독자들이 어떻게 이해하는가를 다루게 된다. 구체적으로 어떤 특정한 부류의 지식·전고들을 따져가며 읽을지, 건너뛸지 상정하는 것이 불가능하기 때문이다. 그래서 작품 속에 등장하는 모든 지식·전고들을 세세히 이해할 수 있으며, 하나하나 음미하며 감상할 의향을 갖고 있는 독자를 상정하여 논의를 진행할 수밖에 없다. 이 방법 역시 다양한 독자 층위를 고려할 수 없는 것도 여기서 연유한다.

낭독이든 묵독이든 간에, 소설을 읽는 독자 층위는 대략 다음 네 층위 정도로 나뉠 것이다.

> 1 한문 소설을 꼼꼼히 따져 읽어 나가듯, 모든 지식·전고들을 하나하나 음미해 가면서 읽어가는 독자층을 상정할 수 있다. 그들은 스토리 흐름 속에서 구성되는 이야기 자체뿐만 아니라, 소설 속에서 재구

성되고 재배치되는 지식들의 양상, 전고를 활용하는 방식 등을 눈여겨 보면서 운용의 미를 느낀다.

2 어느 정도 수준의 지식·전고를 알고 있는 독자층을 들 수 있다. 그들은 소설 속 지식·전고들을 모두 이해하지는 못한다. 그리고 그러한 지식·전고들을 하나하나 따져가며 읽지도 않는다. 하지만 대략적인 줄거리와 함께 어떤 지식·전고들이 활용되고 있는지 이해하고 그 의미를 파악할 수는 있다.

3 지식·전고들에 대해서 거의 아는 바가 없지만, 그나마 귀동냥을 통해 몇 가지 주워들은 것은 있는 독자층을 들 수 있다. 그들은 줄거리 중심으로 작품을 읽고 이해한다. 그 과정에서 등장하는 가끔 들어 본 전고들에 흥미를 느낀다.

4 지식·전고들에 대해서 아는 바가 거의 없는 독자층을 들 수 있다. 그들은 소설 속에 나오는 지식·전고들을 아예 알지도, 이해하지도 못한다. 따라서 스토리 흐름에 따라 겨우 소설의 줄거리만 대략적으로 파악하는 데 그친다.

우화 소설, 판소리계 소설에서 지식·전고가 활용되는 정도(밀도)를 고려할 때, 우화 소설과 판소리계 소설을 읽고 어느 정도 이해하기 위해서는 최소한 3번 수준은 되어야 가능할 것이라고 생각한다. 아울러 1번과 같은 수준의 독자들은 우화 소설, 판소리계 소설을 전혀 읽지 않았으리라고 단정할 수도 없다. 현재 우화 소설, 판소리계 소설의 독자층이 명확하게 밝혀지지 않은 이상, 1~3을 모두 염두에 두고서 논의를 진행하는 것이 바람직하다.

사실 이 책의 문제의식 차원에서 볼 때는 [3]번 수준의 독자층을 염두에 두고 논의를 진행하는 것이 바람직하며, 실상에 맞는 결론을 끌어낼 수 있다. 하지만 이 [3]번 층위의 독자들이 알고 이해했을 법한 지식·전고들이 어디까지일지 한계를 확정짓는 것은 사실상 불가능하다. 그리고 그 한계를 확정짓는 것이 별 의미가 없다. 아무리 기초적인 전고나 지식들이라도 어디서 들어서 그것을 아는 경우도 있고, 아예 들어본 적이 없어서 모를 가능성도 얼마든지 존재하기 때문이다. 그저 이들은 작품을 읽어 가면서 아주 띄엄띄엄 전고를 이해하는 정도로 상정을 해 두는 수밖에 없다.

따라서 이 책에서는 논의의 한계상, 일단 [1]번 층위의 독자처럼, 모든 지식·전고들을 이해하고 분석하고 감상할 수 있는 독자를 가정하여 논의를 진행한다. 다만 논의의 구도 속에는 [3]번 독자 층위가 중심이었으며 여기에 [2]번 독자 층위도 포함되었으리라 상정을 하고 논의를 진행함을 염두에 두기 바란다. 이러한 논의 방법이 하층민들이 우화소설, 판소리계 소설 작품 속에 나오는 지식·전고들을 빠짐없이 모두 다 알고 있고, 이해할 수 있었음을 의미하는 것도 아니며, 그렇다고 주장할 의도도 없다.

3장

19세기 상·하층 소설의 접점

1. 지식·전고 활용

작자가 작품을 창작하는 과정에서 지식·전고를 작품 속 서술과 결합시키는 방식들 중에 가장 많이 활용되는 것은 바로 전고를 끼워 넣는 것이다. 전고를 원래 의미대로 활용하든, 뒤집어서 활용하든, 맥락과 아무 상관없이 가져오든 작자가 그 부분에서 구현하려고 구상해 놓은 의미에 맞춰서 전고를 끼워 넣는 것이다.

이는 작품 창작 과정에서 서술이나 형상화를 통해 일정한 의미를 구현해 놓은 상태에서 전고를 끌어다 붙이는 것이다. 이때 전고는 그 전고가 원래 지니고 있던 의미가 무엇이냐에 상관없이 해당 부분에서 구현된 의미를 뒷받침해 주고 강조하는 역할을 하게 된다. 그래서 해당 부분에서 전고들을 삭제해 버리더라도 의미 전달에 별다른 지장을 주지 않는다.

이러한 전고 끼워 넣기 방식은 일반적인 글쓰기 방식에서 전고를 활용하는 가장 일반적인 방식이기도 하다. 그런데 글쓰기에서 전고 활용을 끼워 넣기 방식으로만 구사하는 것은 아니다. 약간 특수한 경우일 수도 있지만, 먼저 전고를 가져온 뒤 이를 바탕으로 새로운 의미를 창출하는 경우도 있다. 즉 전고 끼워 넣기 방식과는 반대로, 먼저 전고를 가져와서는 이 전고의 맥락을 그대로 유지하거나 응용하여 새로운 내용을 입힘으로써 전혀 다른 문맥을 창출하는 것이다. 예컨대, 〈천군본기(天君本紀)〉에서 '방당부(方塘賦)', 단전(丹田)을 구획하고 지은 글, 영대(靈臺)를 짓고 지은 상량문(上梁文), 편(褊)과 기(忮)를 물리치고서 지은 극복송(克復頌) 등 특별한 목적을 갖고 지은 글에서는 이런저런 구절들을 여기저기서 끌어와 조합하여 새로운 맥락을 만들어 내는 모습을 보인다.

여러 전적에 있는 이런저런 구절들을 따와서 조합하여 새로운 맥락을 만들어 내거나 흔히 본래의 맥락에서 벗어나지 않게 사용을 하는 것으로 보이면서도 의미를 약간 바꾸거나 아예 본래 맥락과는 상관없이 따와서는 자신의 글의 맥락에 맞추는 것을 더 주도면밀하게 해나가는 것이다. 이 작품은 주로 사서삼경에서 구절들을 따오고는 있지만, 사서삼경의 구절들과 관련 전고들을 꿰뚫고 있지 않으면 이해하기가 결코 쉽지 않다.

우화 소설이나 판소리계 소설, 한문 장편소설에서 전고를 활용하는 방식은 일반적인 글쓰기에서 흔히 볼 수 있는 전고 끼워 넣기 방식을 구사한다. 이 점에 유의하면서 소설 속에서 전고를 활용하는 방식들 중 다른 소설 유형들 간에 공통적으로 발견되는 양상에 초점을 맞추어서 논의를 진행하기로 한다.

1) 적확(的確)한 인용

먼저 전고를 적확(的確)하게 끌어 와서 자신의 생각을 뒷받침하는 경우를 살펴보자. 여기서 적확하게 끌어 온다는 것은 원래 전고가 갖고 있는 의미와 전고 내 상황을 모두 그대로 유지한 채 끌어오는 것을 말한다. 아울러 자신의 생각을 드러내는 데 가장 적합하다고 판단되는 전고를 그 의미를 그대로 살린 상태에서 가져오는 경우도 포함된다.

전고가 갖고 있는 원래 의미를 그대로 살린 채로 끼워 넣을 경우, 독자는 전고와 해당 부분 사이의 의미 파악이 별로 어렵지 않다. 전고가 지닌 원래 맥락을 알고 있다면, 이를 바탕으로 해당 부분에서 구현된 의미가 무엇인지 더 분명하게 파악할 수 있고, 반대로 해당 부분에서 구현된 의미가 무엇인지 파악하는 과정에서 그곳에 인용된 전고가 지닌 맥락이 무엇인지도 짐작이 가능하다.

〈흥부가〉에서 평소 흥부를 미워하던 놀부는 집안 세간을 모두 자신이 장만하였다고 하면서 흥부에게 처자를 데리고 멀리 떠날 것을 명한다. 이에 흥부는 형제간의 우애를 생각해서라도 다시 생각해 달라고 간청한다. 이때 흥부는 장공예(張公藝)의 고사를 끌어오고, 형제 사이를 할미새와 아가위 꽃에 비유하며 놀부를 설득한다.[1] 흥부가 끌어 온 전고들은 모두 형제와 관련하여 활용되는 것들로 흥부는 형제간에는 깊은 우애가 전제되어야 함을 강조하기 위해 이 전고들을 활용하고 있다.

1 "비난이다. 비난이다. 兄님 前에 비난이다. 兄弟는 一身이라, 한 조각을 버히오면 둘 다 病身 될 거시니, 外禦其侮 어이ᄒᆞ리. 동ᄉᆡᆼ 身勢 姑舍ᄒᆞ고, 졀믄 안ᄒᆡ 어린 子息 뉘 집에 가 依託ᄒᆞ야 무엇 먹여 살리릿가. 張公藝는 엇던 ᄉᆞᄅᆞᆷ 九世同居 ᄒᆞ얏난듸 아우 한아 잇난 것을 나가라 ᄒᆞᄂᆞ닛가. 鶺鴒은 김ᄉᆡᆼ이나 급난지의急難之誼 알아잇고, 常棣는 ᄭᅩᆺ이로ᄃᆡ 湛樂之情 품어스니 兄님 엇디 모르시오. 五倫之誼 ᄉᆡᆼ각ᄒᆞ야 十分 通燭하옵소셔." 신재효본 〈박흥보가〉.

장공예는 9대가 함께 동거하여 북제(北齊), 수(隋), 당(唐) 등 세 왕조에서 그 집에 정표(旌表)를 내렸던 인물로, 당(唐) 고종(高宗)이 친족 간에 화목하게 지낼 수 있는 비결을 묻자, 참을 인(忍) 자 100여 자를 써서 올렸다고 전해지는 인물로, 이 내용은 『당서(唐書)』에 실려 있고, 『소학』에도 실려 있다.

다음 척령(鶺鴒)과 상체(常棣)는 모두 『시경』 소아(小雅) 녹명지십(鹿鳴之什) 「상체(常棣)」의 내용에 의거한 것이다. 「상체」 첫 장에서 아가위 꽃이 울긋불긋하게 피어나 어우러져 있는 모습을 두고, 사람에게도 형제만한 이가 없다고 하였다.[2] 이 시는 형제를 노래한 것으로, 이후 상체라는 말은 형제를 비유하는 말로 활용된다. 척령 역시 마찬가지이다. 이 시 3장에서 할미새가 들판에서 호들갑 떨 듯 걸어 다니는 것에 착안하여 긴급한 어려움을 당했을 때 이를 구원해줄 이는 형제뿐임을 말하였다.[3] 할미새는 날 때에는 울고, 걸을 때에는 몸을 흔들어 급난(急難)의 뜻이 있다.[4] 할미새의 이러한 모습에 착안하여 긴급한 어려움이 있을 때, 구원해 줄 수 있는 이는 오직 형제밖에 없음을 말한 것이다.

이렇게 흥부는 놀부에게 형제간의 우애가 무엇보다도 중요함을 강조하기 위해 형제간의 우애를 강조하는 뜻으로 활용되는 전고들을 정확하게 끌어 와서 활용하고 있는 것이다.

다음 〈서동지전〉에서 다람쥐[達岩智]가 서동지[鼠大智]에게서 양식을 얻어온 지 일 년이 지난 후, 얻어 온 양식은 다 떨어지고 수확한 양식도

2 『시경(詩經)』 소아(小雅) 녹명지십(鹿鳴之什) 「상체(常棣)」. "常棣之華, 鄂不韡韡. 凡今之人, 莫如兄弟."

3 『시경』 같은 곳, 같은 시. "脊令在原, 兄弟急難. 每有良朋, 況也永歎."

4 『시경』 같은 곳, 같은 시. 주자(朱子) 주. "脊令, 飛則鳴, 行則搖, 有急難之意."

거의 없어 위급한 상황이 되자 다람쥐는 조상께 차례를 지낼 수도 없음을 탄식한다. 다람쥐가 다시 서동지에게 양식을 빌려 오려는 뜻을 눈치챈 아내 계집다람쥐는 처음에 갔던 것도 장부의 도리가 아닌데, 구차히 살기를 도모하여 염치를 돌아보지 않아서는 안 된다고 한다. 다람쥐는 형세를 보아가며 주선하고 오겠노라고 하며 길을 떠난다. 하지만 서동지에게 거절을 당하자 다람쥐는 집으로 돌아 와 분함을 참지 못하고 송사(訟事)를 일으켜 수치를 갚겠노라고 한다. 그러자 계집다람쥐가 그를 크게 꾸짖으며 그의 잘못된 점을 낱낱이 지적한다.

우선 계집다람쥐는 천하 만물은 신의(信義)를 으뜸으로 삼는다고 전제하면서 서동지는 항렬(行列)이기는 하지만 일면(一面) 교분(交分)이 있을 뿐인데도 양식을 보태어 주었음을 상기시킨다. 그러면서 서동지의 행위를 선비가 찾아왔다는 전갈이 오면 밥을 먹다가도 음식을 뱉어내고 뛰어 나가고, 머리를 감다가도 머리를 움켜쥐고 달려 나갔다는 주공(周公)의 고사에 비긴다. 일면 교분이 있는 것에 불과함에도 불구하고 빈객을 대접하는 도리를 다했다는 것이다. 그럼에도 불구하고 남편은 이를 치하하기는커녕 도리어 송사를 일으키려 하니 이런 적반하장(賊反荷杖)이 어디 있느냐고 따진다.[5] 이어 계집다람쥐는 송사에 대한 아무런

5 "낭군(郎君)에 말이 그르도다! 텬하(天下) 만물(萬物)이 셰상(世上)에 나ᄆᆡ 신의(信義)로써 읏듬을 삼ᄂᆞ니 셔동쥐(鼠同知)ᄂᆞᆫ 본ᄅᆡ(本來) 우리로 더부러 비록 ᄒᆡᆼ열(行列)이나 남과 다르미 업고 허물며 ᄂᆡ외(內外)를 상통(相通)ᄒᆞᆷ이 업스되 다만 일면 교분(一面交分)을 ᄉᆡᆼ각(生覺)ᄒᆞ고 다소간(多少間) 양미(糧米)를 쾌(快)히 허급(許給)ᄒᆞ여 청(請)ᄒᆞᄂᆞᆫ 바를 죠ᄎᆞ스니, 셔동쥐(鼠同知)가 낭군(郎君) ᄃᆡ졉(待接)ᄒᆞᆷ이 옛날 쥬공(周公)이 일반(一飯)의 삼토포(三吐哺)ᄒᆞ고 일목(一沐)의 삼악발(三握髮)의 지나거ᄂᆞᆯ, 한 번도 치하(致賀)ᄒᆞᆷ이 업다가 하면목(何面目)으로 ᄯᅩ 구활(求活)ᄒᆞᆷ을 청(請)ᄒᆞᆷᄋᆡ 허락(許諾)지 아니엿다고 도로혀 노(怒)험도 오히려 무신무의(無信無義)여ᄂᆞᆯ, 항차(況且) 포학(暴虐)에 마음을 발(發)ᄒᆞ야 은혜(恩惠) 갑ᄒᆞᆯ ᄉᆡᆼ각(生覺)은 아니ᄒᆞ고 도로혀 관졍(官

명분이 없다고 하면서 은혜를 갚을 것을 생각하고 남의 흠을 들추어내는 데 마음을 쓰지 말라고 타이르며 서동지가 후일 반드시 도와주는 때가 있을 것이라고 말한다.[6]

이때 계집다람쥐는 〈서상기(西廂記)〉를 비롯하여 여러 전적에 실려 있는 "은혜를 알면 은혜를 갚아야 한다(知恩報恩)"는 어구와 『노자(老子)』의 "그칠 것을 알면 위태롭지 않다(知止不殆)"는 어구를 조합하여 끌어온다. 이는 다람쥐가 불청객으로서 처음 서동지에게 가서 양식을 얻어온 것은 양식을 꾸러 가는 것 자체가 염치없는 일임에도 불구하고 서동지가 굶주림을 긍휼히 여겨서 양식을 준 것이니 자신들에게 은혜를 내려준 것이며, 이를 감사하게 생각해야 함을 지적한 것이다. 그리고 두 번째로 양식을 얻으러 갔다가 거절당했다 하여 분을 참지 못하는 것은 이미 지나친 일이니 자중할 줄 알아야 함도 지적한 것이다. 이어 계집다람쥐는 『소학』과 『논어(論語)』에 나오는 '성났을 때는 사태가 어려워질 것을 생각한다(忿思難)'는 말을 인용하면서 다람쥐에게 마음을 가라앉히고 상황을 잘 헤아리라고 당부한다. 이렇게 계집다람쥐는 남편에게 자중하고 상황판단을 제대로 해야 함을 말하기 위해서 현재

庭)에 송ᄉᆞ(訟事)를 일으고ᄌᆞ ᄒᆞ니, 이ᄂᆞᆫ 일은바 젹반하장(賊反荷杖)이오 은반위슈(恩反爲讐)라." 영창서관본 〈서동지전〉.

6 "낭군(郎君)이 만일(萬一) 송ᄉᆞ(訟事)코져 ᄒᆞᆯ진ᄃᆡ 셔동지(鼠同知)에 벌장(罰狀)을 무엇으로 말ᄒᆞ고져 ᄒᆞᄂᆞ뇨? 고언(古言)의 일넛스되 '지은(知恩)이면 보은이오 지지(知止)면 불태(不殆)라.' 하니, 원(願)컨ᄃᆡ 랑군(郎君)은 고셔(古書)를 박남(博覽)ᄒᆞᆷ이 잇슬진ᄃᆡ 소학(小學)을 익히 알지라. 구사(九思) 즁(中)의 분사란(忿思難)을 엇지 아지 못ᄒᆞᄂᆞ뇨? 다시 ᄉᆡᆼ각(生覺)ᄒᆞ고 깁히 헤아여 갑기를 힘쓰고 험언(險言)에 마음을 버릴지라. 셔동쥐(鼠同知)ᄂᆞᆫ 본ᄃᆡ 관후장ᄌᆞ(寬厚長者)라, 반다시 후일(後日)에 랑군(郎君)을 위(爲)ᄒᆞ야 사례(謝禮)ᄒᆞᆯ 날이 잇스리니 비록 쳔(賤)ᄒᆞᆫ 녀ᄌᆞ(女子)의 말이나 깁히 찰납(察納)ᄒᆞ여 후회막급(後悔莫及)치 안토록 ᄒᆞ옵소셔." 영창서관본 〈서동지전〉.

상황을 잘 드러내 보여주는 구절들을 끌어 와 뒷받침한다.

계집다람쥐의 말을 들은 다람쥐는 벌컥 화를 내며 계집다람쥐를 몰아세운다. 그는 『맹자(孟子)』의 "사람들의 문제는 다른 사람의 스승 노릇하기를 좋아하는 데 있다(人之患在好爲人師)"는 구절을 끌어 오며 그의 충언을 그저 자신을 가르치려 드는 것으로 치부해 버린다. 그러고는 부창부수(夫唱婦隨)와 여필종부(女必從夫)는 부부의 정의(情義)임에도 자신의 편을 들어주지 않고 서동지의 편을 든 것은 남편을 배반할 마음이 있기 때문에 그런 것이라고 다그친다.[7]

여기서 다람쥐가 내세우는 논리는 타당한 점을 찾아보기가 어렵다. 앞서 계집다람쥐가 이런 저런 전고들을 끌어오며 남편에게 한 지적들은 일의 형세상 지극히 타당한 지적이었고, 일의 실상을 정확하게 꿰뚫어 본 것이다. 그럼에도 다람쥐는 이를 자신을 가르치려 드는 것이라 치부해 버린다.

게다가 그가 내세운 부부간의 정의도 여기서는 그의 말을 전혀 뒷받침해 주지 못한다. 아내로서, 여자로서 남편의 말을 따르는 것이 부부간의 합당한 정의임은 분명하지만 이는 어디까지나 남편의 언행과 뜻이 사리에 합당한 경우에 한한 것이지 맹목적으로 따라야 한다는 것은 결코 아니다. 다람쥐는 이를 맹목적으로 적용함으로써 도리어 계집다

7 "이 갓흔 쳔(賤)ᄒᆞᆫ 계집이 호위인사(好爲人師)로 나를 가르치고ᄌᆞ ᄒᆞᄂᆞᆫ다? 계집이 되야 장부(丈夫) 견욕(見辱)ᄒᆞᆷ을 분(忿)히 여기미 올커늘 도로혀 셔ᄃᆡ쥐(鼠大智)를 '관후장자(寬厚長者)라.' 일컷고 날더러 '포학(暴虐)ᄒᆞ다.' ᄭᅮ지즈니, 이ᄂᆞᆫ ᄂᆡ 형셰(形勢) 곤궁(困窮)ᄒᆞᆷ을 보고 ᄇᆡ반(背叛)ᄒᆞᆯ 마음을 두어 셔ᄃᆡ쥐(鼠大智)를 엇고져 ᄒᆞᆷ이라. ᄌᆞ고(自古)로 부챵부슈(夫唱婦隨)는 남녀(男女)의 졍(情)이오 녀필종부(女必從夫)ᄂᆞᆫ 부부(夫婦)에 의(義)어ᄂᆞᆯ, 부귀(富貴)를 ᄯᅡ라 이심을(二心乙) 둘진ᄃᆡ 쌜리 가고 지완(遲緩)치 말나." 영창서관본 〈서동지전〉.

람쥐를 부귀에 따라 다른 마음을 품는 아녀자로 몰고 간 것이다. 이런 말을 듣고 계집다람쥐가 가만히 있을 리가 없다.

계집다람쥐는 다람쥐와 부부의 연을 맺은 것은 부귀를 뜬구름처럼 생각하고, 빈천함을 낙으로 삼아서 상강(湘江)의 이비(二妃)를 본받고 여상(呂尙)의 마씨(馬氏)를 꾸짖고자 함이었다고 말한다.[8] 즉 그는 이비(二妃)를 본받겠다는 말을 통해 부부의 연을 맺어 온갖 생사고락을 함께 하면서 끝까지 남편과 함께 살기를 바라는 자신의 뜻을 드러낸다. 그리고 강태공(姜太公)의 곤궁함을 견디지 못하고 다른 데로 시집 가 버린 전 부인 마씨를 꾸짖는다는 말을 통해 자신은 부귀에 따라 남편을 배반하려는 마음을 결코 품어본 적이 없음도 드러낸다. 이는 자신의 평소 뜻을 드러낸 것이면서 동시에 앞서 다람쥐가 자신을 부귀에 따라 다른 마음을 품는 아녀자로 몰아세운 데 대한 반발이다.

이어 계집다람쥐는 "구차하고 천할 적에 함께 고생한 아내는 내칠 수 없으며, 가난할 때 사귄 사람은 잊어서는 안 된다(糟糠之妻不下堂, 貧賤之交不可忘)"는 후한(後漢) 송홍(宋弘)의 말을 인용한다. 이를 통해 그는 지금 가난함으로 인한 괴로움은 생각하지 않고 자신을 모욕하는 남편에 대한 원망스러운 감정을 토로한다. 아울러 그는 이런 자신의 뜻을 인정받기는커녕 도리어 치욕스러운 말을 들은 것에 대한 분통을 영천수(潁川水)가 멀어 귀를 씻을 수 없음을 한탄하는 것으로 드러낸다.

---

8 "그ᄃᆡ로 더부러 이셩지친(二姓之親)을 ᄆᆡ져 유ᄌᆞᆼ녀(有子生女)ᄒᆞ야 남취녀가(男娶女嫁)ᄒᆞ야 고초를(苦楚乙) 감심(甘心)ᄒᆞ고 그ᄃᆡ를 좃ᄂᆞᆫ 바ᄂᆞᆫ 부귀를(富貴乙) 부운(浮雲)갓치 알고 빈천을(貧賤乙) 락(樂)으로 알아 상강(江)의 이비(二妃)을(乙) 효칙(效則)ᄒᆞ고 여상(呂尙)에 마씨를(馬氏乙) ᄭᅮ짖ᄂᆞᆫ ᄇᆡ어ᄂᆞᆯ, 더러온 말로써 나를 타욕(唾辱)ᄒᆞ니, 이ᄂᆞᆫ 일시(一時) 됴셕(朝夕)을 앗겨 쳐ᄌᆞ를(妻子乙) ᄂᆡ치고져 ᄒᆞᆷ이라." 영창서관본 〈서동지전〉.

그러고는 수양산에 들어가 고사리를 캐어 먹다 굶어 죽은 백이(伯夷), 숙제(叔齊)를 좇겠다며 집을 떠나 버린다.[9] 신하로서 임금을 배신하는 것은 신하의 도리가 아니라는 명분을 끝까지 지키기 위해 수양산에서 굶어 죽은 백이, 숙제를 좇겠다는 것은 자신이 부부지연을 맺으면서 가졌던 뜻을 끝까지 훼손하지 않고 끝까지 지킴으로써 자신의 고결한 뜻을 훼손시키지 않으려는 의지를 드러낸 것이라 할 수 있다.

이렇게 계집다람쥐는 전고의 맥락을 그대로 유지하면서 동시에 이를 자신의 상황에 적절하게 인용해 옴으로써 다람쥐의 발언을 효과적으로 반박할 수 있었고, 아울러 자신의 뜻도 효과적으로 드러낼 수 있었다.

이렇게 전고를 적확하게 끌어와 활용하는 예는 또 있다. 〈서동지전〉에서 당(唐) 태종(太宗)이 서동지를 가선대부(嘉善大夫) 행동지(行同知) 통정대부(通政大夫) 겸(兼) 옹주첨사(雍州僉使)에 제수한다는 교지(敎旨)를 받자 장자 쥐를 비롯한 여러 쥐들이 잔치를 벌이기를 청한다. 하지만 서동지는 재물을 낭비할 수 없다고 하며 듣지 않는다. 이에 서동지 처 고산(高山) 서씨(鼠氏)가 잔치를 벌이는 것이 합당하다며 이런저런 전고들을 끌어오며 남편을 설득한다. 그러자 서동지는 아내가 자신의 마음을 깨우쳤다고 기뻐하며 잔치를 벌일 것을 허락한다.

고산 서씨는 잔치를 벌이는 것이 합당하다는 이유로 두 가지를 든다.

9 "고인(古人)이 일너스되, '조강지쳐(糟糠之妻)ᄂᆞᆫ 불하당(不下堂)이오 빈쳔지교(貧賤之交)ᄂᆞᆫ 불가망(不可忘)이라.' ᄒᆞ엿ᄂᆞ니, 오날날 빈천(貧賤)의 고락(苦樂)은 ᄉᆡᆼ각(生覺)지 아니ᄒᆞ고 나를 이갓치 슈욕(受辱)ᄒᆞ니, 두 귀를(乙) 씻고져 ᄒᆞ나 영쳔슈(潁川水)가 머러 한(恨)이로다. 오날날 슈양산(首陽山)을(乙) ᄎᆞ져가셔 ᄇᆡᆨ이슉졔(伯夷叔齊) ᄎᆡ미(采薇)타가 아ᄉᆞ(餓死)ᄒᆞᆫ 일을 죠치리니, 그ᄃᆡᄂᆞᆫ 홀노 자위지(自爲之)ᄒᆞ라." 영창서관본 〈서동지전〉.

우선 그는 때가 되어 이르는 즐거움을 즐기지 않으면 도리어 근심이 닥칠 수 있다고 한다. 그는 자신의 말을 뒷받침하기 위해 괴철(蒯徹)이 한신(韓信)에게 했던 말의 일부인 "때가 되었는데도 행하지 않으면, 도리어 재앙을 입는다(時至不行, 反受其殃)"는 구절을 함께 언급한다. 이어 그는 재물을 아껴서 후손들이 풍족하게 쓸 수 있게 하는 것은 부모의 떳떳한 마음이지만, 이미 천자께서 하사한 재물이 자손들이 넉넉히 먹고도 남을 만큼 이미 풍족한데도 잔치에 소용되는 약간의 재물을 아까워한다면 이는 수전노와 다를 바가 없다[10]고 하면서 잔치를 여는 것이 합당하다고 한다.

이때도 그는 자신의 말을 합당하게 하기 위해 두 가지 전고를 끌어온다. 하나는 한(漢) 위현(韋賢)의 "자손에게 광주리 가득 황금을 남겨 주기보다는 경서 한 권을 제대로 가르치는 것이 나으며, 천금의 재물을 남겨주기보다는 재주 한 가지를 가르치는 것이 낫다(遺子黃金萬籯, 不如一經, 遺子千金, 不如教子一藝)"는 말을 약간 변형하여 끌어온다. 이와 함

---

10 "슈젼로(守錢虜)라 ᄌᆡ물(財物)을 앗기여 후세(後世) ᄌᆞ손(子孫)을 염려(念慮)ᄒᆞ심은 부모(父母)되는 마음에 쎳쎳한 일이나, 성인(聖人)이 이르시되 '일쳔(一千) 일앙 젼답(田畓)을 자손(子孫)에게 젼ᄒᆞ미 한 젼조(才操) 가르침만 못ᄒᆞ고 슈만금(數萬金) ᄌᆡ물(財物)을 ᄌᆞ손(子孫)에게 젼(傳)ᄒᆞᆷ이 ᄎᆡᆨ(册) 일권(一卷) 젼ᄒᆞᆷ만 못하다' ᄒᆞ엿고, 한(漢)나라 ᄃᆡ부(大夫) 소관(疏廣)은 텬자(天子)와 ᄐᆡ자(太子)가 쥬신 ᄌᆡ물(財物) 슈ᄇᆡᆨ만 금(數百萬金)을 가지고 고향(故鄕)에 도라가 종족향당(宗族鄕黨)과 고구빈ᄀᆡᆨ(故舊賓客)을 난호아 쥬어 갈오ᄃᆡ, '텬자(天子)의 쥬신 금(金)으로 엇지 ᄌᆞ손(子孫)을 ᄉᆡᆼ각(生覺) 안이이요만은 이것을 ᄌᆞ손(子孫)에게 젼(傳)ᄒᆞ는 것은 다만 게으르물 가르치미라.' ᄒᆞ고 황ᄇᆡᆨ금(黃白金)을 다 흣헛스니, 이제 낭군(郎君)은 여년(餘年)이 비됴즉셕(非朝則夕)이라. 텬져(天子)쎄셔 쥬신 률목(栗木)이 사만여(四萬餘) 쥬(株)이니 그만ᄒᆞ여도 자손(子孫)의 산업(産業)이 ᄇᆡᆨ 세(百歲)의 능족(能足)ᄒᆞ거든, 엇지 소소ᄌᆡ물(小小財物)을 앗겨 일문 친쳑(一門親戚)에 한 번 질기물 폐(廢)ᄒᆞ리오? 원(願)컨ᄃᆡ 낭군은 쾌(快)히 허락(許諾)ᄒᆞ야 ᄌᆞ손(子孫)의 청구(請求)ᄒᆞ는 말을 조츠쇼셔." 영창서관본 〈서동지전〉.

께 자손에게 재물을 남겨주는 것은 그들에게 게으름을 가르칠 뿐이라고 생각하여 천자와 태자에게 받은 재물을 고향에 돌아와 잔치를 베푸는 데 쓰고 주위 사람들에게 다 나누어 주었다는 한(漢) 소광(疏廣)의 고사도 끌어 온다.

결국 고산 서씨는 자신이 하고자 하는 말과 정확하게 맥락을 함께하는 두 가지 전고를 적절하게 활용함으로써 남편에게 이미 자손들이 넉넉하게 쓰고도 남을 정도로 재물이 충분한데도 이를 아끼는 것은 수전노 같은 일일 뿐만 아니라, 자손들의 교육을 위해서도 좋지 않으니 잔치를 열어서 재산을 쓰는 것이 좋겠다는 뜻을 전하고, 여러 쥐들이 아무리 청해도 꿈쩍도 하지 않던 서대쥐의 마음을 단박에 바꾸는 데 성공한다.

〈장끼전〉에서 까투리는 콩을 먹으려 드는 장끼에게 간밤에 꾼 꿈을 이야기하며 조심할 것을 당부하지만 장끼는 이를 조목조목 반박하며 전혀 말을 듣지 않는다. 그래서 까투리는 '예의염치' 문제를 들고 나온다. 까투리는 군자의 행동을 본받아 예의염치를 알아 행실을 신중히 해야 한다고 장끼를 타이르지만, 장끼는 어차피 예의범절을 모르니 염치를 알 리가 있냐며 그저 먹을 것이 제일이라 대꾸한다. 이때 까투리와 장끼가 활용하는 전고나 고사들도 각자 생각을 뒷받침하는 기능을 하는데, 까투리와 장끼 간에 전고 활용 방식에서 차이를 보인다.

까투리는 자신의 생각을 내세우기 위해 적절하다고 생각하는 전고를 끌어오면서 그 전고가 지닌 원래 의미를 그대로 유지한 상태로 활용한다. 그래서 이 전고 활용을 통해 생겨나는 의미망은 내세우는 의견을 탄탄하게 뒷받침해 준다.

우선 까투리는 "물가에서 우는 기러기가 날 때 반드시 갈대를 무는 것은 장부의 근신(謹愼)이라(鴻鳴水國, 飛必含蘆, 丈夫之謹愼)"와 "천 길 높이를 나는 봉황이 굶주려도 곡식을 먹지 않는 것은 군자(君子)의 염치라(鳳飛千仞, 飢不啄粟, 君子之廉恥)"는 두 구절을 인용하면서 말문을 연다. 모름지기 대장부라면 행실을 삼가야 하고, 군자라면 예의염치를 알아야 한다는 말을 전제로 깔고서 까투리는 장끼에게 군자의 본을 받아 염치를 알라고 타이르는 것이다.[11]

이때 까투리는 실제 역사 인물들의 고사를 들며 이를 뒷받침하는데, 해당 전고의 원래 맥락을 그대로 유지한 상태로 끌어온다. 즉 백이, 숙제의 충렬은 그들이 굶주려도 주속(周粟)을 먹지 않게 하였고, 장량(張良)의 지혜는 벼슬을 사양하고 곡식을 끊음으로써 한(漢) 고조(高祖)의 숙청을 피할 수 있었다는 것이다. 이에 의거하여 까투리는 장끼에게 근신을 위해 콩을 먹지 말라고 한다.[12]

또 까투리는 염치를 알라는 자신의 말을 장끼가 들은 척도 하지 않자 이번에는 장끼의 고집불통을 탓하며 고집불통으로 망한 사례들을 든다. 까투리는 부소(扶蘇)의 간언(諫言)을 무시한 진(秦) 시황(始皇)이 결국 진(秦)을 멸망케 했고, 초(楚) 패왕(霸王)이 범증(范增)의 말을 듣지 않았다가 결국 강동(江東)에서 자살했으며, 굴원(屈原)의 간언을 듣지 않았다가 초(楚) 회왕(懷王)이 진(秦) 무관(武關)에 갇혀 죽었음을 지적한다.

---

11 "홍명수국(鴻鳴水國)의 비필함로(飛必含蘆)난 장부지근신(丈夫之謹愼)이요, 봉비천인(鳳飛千仞)의 긔불탁속(飢不啄粟)은 군자지염치(君子之廉恥)로다. 자내 비록 미물(微物)이나 군자(君子)의 본(本)을 바다 염치(廉恥)를 알 거시오 닷소를 락을 삼소." 경성서적업조합본 〈장끼전〉.

12 "빅이숙제(伯夷叔齊) 츙열염치(忠烈廉恥) 주속(周粟)을 아니 먹고, 장자방(張子房)의 지혜염치(知慧廉恥) 사병벽곡(辭病辟穀) 하엿스니, 자내도 이런 거슬 본(本)을 바다 근신(謹愼)을 하랴 하면 부듸 그 콩 먹지 마소." 영창서관본 〈서동지전〉.

그러면서 장끼에게 고집을 과하게 부리다 몸을 그르칠 수 있다고 경고한다.[13] 이렇게 까투리가 끌어 온 전고들은 모두 간언을 듣지 않고 자기 고집대로 하다가 비명횡사한 인물들의 사례로, 작품의 해당 부분에서도 그 맥락이 그대로 유지된 상태로 활용된다.

한편 염치를 알아야 한다는 문제를 놓고 서로 논박하는 이 장면은, 비록 전반부에 한정되지만 〈서동지전〉에서도 유사하게 발견된다. 그리고 활용되는 전고들도 유사한 양상을 보여주는데, 장끼와 다람쥐의 경우는 약간 차이를 보인다. 이 작품에서 서대쥐[鼠大智]가 잔치를 열었다는 소실을 듣고는 다람쥐[達岩智]는 자신과 일면(一面) 교분(交分)이 있다고 하며 가서 양식을 얻어오겠다고 한다. 그러자 아내인 계집다람쥐는 초대 받지 않은 잔치에 가는 것은 예가 아니라고 하고 염치를 알아야 한다고 하면서 양식 얻으러 가는 것을 반대한다. 이때 계집다람쥐가 인용하는 전고는 〈장끼전〉에서 까투리가 장끼에게 염치를 알아야 한다고 하면서 끌어 온 전고와 유사하다.[14]

이에 다람쥐는 자신과 같은 필부(匹夫)에게 염치가 무슨 소용이냐며

---

13 "고셔(古書)를 보량이면 고집불통(固執不通) 과(過)하다가 패가망신(敗家亡身) 몃몃. 쳔고(千古) 진시황(秦始皇)에 몹슬 고집(固執) 부소(扶蘇)의 말 듯지 안코 민심소동(民心騷動) 사십 년(四十年)의 이셰(二世)에 쌔의 실국(失國)하고, 초패왕(楚霸王)의 어린 고집(固執) 범증(范增)의 말 듯지 안타 팔쳔(八千) 졔자(弟子) 다 쥭이고, 무면도강동(無面渡江東)하야 자문이사(自刎而死)하야 잇고, 굴삼녀(屈三閭)의 오른 말도 고집불통(固執不通)하다가 진문관에 구지 갓차 가련공산(可憐空山) 삼혼(三魂)되여 강상(江上)의 우난 새 어복즁혼(魚腹忠魂) 붓그럽다. 자네 고집(固執) 과(過)하다가 오신명(誤身命) 하오리다." 영창서관본 〈서동지전〉.

14 "불가ᄒᆞ다. 비록 일면(一面) 교분(交分)이 잇스나 불쳥ᄀᆡᆨ(不請客)이 ᄌᆞᄅᆡ(自來)로 청(請)치 안는 ᄌᆞᆫ치(盞彩)에 감이라. 봉비텬인(鳳飛千仞)에 긔불탁속(飢不啄粟)은 장부(丈夫)의 엄치(廉恥)오 사불관면(辭不觀面)은 군ᄌᆞ(君子)에 례졀(禮節)이라 ᄒᆞ얏나니 영사(寧死)언졍 엇지 긔갈(飢渴)로써 렴치(廉耻)를 불고(不顧)ᄒᆞ리오." 영창서관본 〈서동지전〉.

양식을 얻으러 길을 나선다. 이때 다람쥐가 끌고 오는 전고 역시 〈장끼전〉에서 장끼가 염치가 무슨 소용이냐고 하면서 끌어 온 전고들 중 일부가 같다. 즉 다람쥐는 유수(劉秀)가 무루정(蕪蔞亭)에서 콩죽을 구하여 먹고 호타하(滹沱河)에서 보리밥을 먹으며 온갖 고생을 다 겪었지만 결국 천자의 자리에 올랐다는 고사를 가져 온다.[15]

다만 장끼의 경우와 비교해 볼 때, 다람쥐는 자신이 전고를 어떤 맥락에서 인용해 오는지를 좀 더 분명하게 드러내는 것으로 보인다. 〈장끼전〉에서 장끼는 단순히 자신의 상황을 그들에게 끼워 맞추기 위해 전고를 활용하지만 〈서동지전〉에서 다람쥐는 유수의 고사를 후한(後漢) 광무제(光武帝)와 한신처럼 후에 존귀하게 된 인물들도 곤궁할 때는 염치를 뒤로한 채 허기를 면하기에 바빴다는 문맥으로 인용해 온다. 그리하여 하물며 자신과 같은 소인이야 염치가 뭐 대수이겠느냐는 자신의 생각을 뒷받침하는 데 활용하는 것이다.

한신이 표모(漂母)에게 밥을 얻어먹은 고사와 후한 광무제 유수가 호타하에서 밥을 얻어먹은 고사는 〈흥부가〉에서도 등장한다. 〈흥부가〉에서는 박에서 나온, 쌀이 가득 담긴 궤와 돈이 가득 담긴 궤로 인해 밥을 배불리 먹은 뒤에 다음 박을 타는 장면에서 톱질하는 선소리를 내는 가운데 등장한다. 서술자는 흥부가 워낙 굶주리며 살다 뜻밖에 밥을 실컷 먹게 되자 밥에 아주 골몰하여 선소리를 밥으로 메긴다고 한다.[16] 흥부는 만고에 영웅들도 밥이 없으면 살 수 없다고 하면서 오자

---

15 "그대의 말이 비록 올흐나, 녯날 한(漢) 광무(光武)는 무루뎡(蕪蔞亭)의 두쥭(豆粥)을 구(求)ᄒᆞ며 호타하(滹沱河)의 ᄆᆡᆨ반(麥飯)을 취(取)ᄒᆞ엿스되 필경(必竟)은 만승텬ᄌᆞ(萬乘天子)를 일웟거늘, 날 갓흔 필부(匹夫)야 엇지 소소(小小) 렴치(廉恥)를 구ᄋᆡ(拘碍)ᄒᆞ리오." 영창서관본 〈서동지전〉.

16 "장 굼든 홍보 身勢 뜻 밧게 밥 보더니 아죠 밥에 汨沒ᄒᆞ야 톱질 셜쇼릐를 밥으로

서(伍子胥)와 한신, 진(晉) 문공(文公), 광무제 등을 예로 끌어 온다.[17] 그는 이들이 전쟁 속에서 밥도 제대로 먹지 못하며 고난을 겪었던 것에 주목하고 특히 그들이 굶주렸다는 데 초점을 맞추어서 끌어 온 것이다. 이를 통해 사람은 누구나 밥이 없으면 살 수 없으며, 아무 일도 할 수 없음을 적절하게 드러내었다.

〈두껍전〉에서 두꺼비와 여우가 말싸움을 벌이는 부분에서 여우의 천하 구경과 하늘 구경에 대한 이야기에 대해 두꺼비는 '근본 출처 제시' 전략을 일관되게 구사한다. 천하 구경 이야기에서 나온 인물, 지명에 대한 전고, 하늘 구경 이야기에서 나온 인물에 대한 전고들을 정확한 의미를 살린 상태에서 활용하는 것이다.

예를 들어, 천하 구경 중 채석강에 대해서는 이태백(李太白)이 채석강에서 배를 띄워 놓고 노닐다 흥취을 이기지 못하고 물속으로 들어가고, 혼백은 신선이 되었다는 전설을 끌어 온다. 또 적벽강(赤壁江)에 대해서는 이곳이 위(魏), 촉(蜀), 오(吳) 삼국의 전장이었던 데 대한 소회를 소동파(蘇東坡)의 입을 빌어 서술하면서 〈적벽부(赤壁賦)〉의 한 구절을 인용해 온다.[18] 또 동강(桐江)의 칠리탄(七里灘)에 대해서는 동한(東漢)의 엄자

먹이것다." 신재효본 〈박흥보가〉.

17 "'만고(萬古)에 영웅(英雄)덜도 밥 업스면 살 슈 잇나. 오자서(伍子胥)도 도망(逃亡)ᄒᆞᆯ 제 오시(吳市)에 걸식(乞食)ᄒᆞ고, 한신(韓信)이 궁곤(窮困)ᄒᆞᆯ 제 표모(漂母)에게 기식(寄食)이라.' '어기어라 톱질이아' '진문공(晉文公) 전간득식(田間得食), 한광무(漢光武) 호타맥반(麥飯), 중(重)ᄒᆞᆫ 것이 밥 ᄲᆞᆫ이라.' '어기어라 톱질이아.'" 신재효본 〈박흥보가〉.

18 "ᄎᆡ셕강(采石江)은 당국(唐國) 한임학사(翰林學士) 이ᄐᆡᄇᆡᆨ(李太白)이 쳔자(天子)의 금ᄑᆡ(金字牌)를 바다 가지고 쥬류쳔하(周流天下) ᄒᆞ야 명승지지(名勝之地)를 두루 귀경ᄒᆞᆯᄉᆡ ᄎᆡ셕강(采石江)의 이르러 기러기 쇼ᄅᆡ 놉피 나고, 바람은 쇼슬(蕭瑟)ᄒᆞ고 달빗슨 명낭(明朗)ᄒᆞᆫᄃᆡ ᄐᆡ백(太白)이 일ᄀᆡ(日箇) 셔동(書童)으로 더부러 일엽쇼션(一葉小船)을 타고 ᄒᆞᆯ이져어 야심(夜深)토록 노다가 ᄉᆞᆯ이 ᄃᆡ취(大醉)ᄒᆞ야 흥(興)을 이긔지 못

릉(嚴子陵)이 간의대부(諫議大夫)를 마다하고 부춘산(富春山)에 은거했던 일을, 오류촌(五柳村)에 대해서는 〈귀거래사(歸去來辭)〉를 지은 도연명(陶淵明)에 대한 전고를 각각 끌어온다.[19]

한편 전고를 적확하게 끌어 오면서 동시에 여기다가 본래 전고의 의미망을 벗어나지 않는 범위 내에서 상상력을 덧붙여서 이야기를 만들어 내기도 한다. 이러한 양상은 〈두껍전〉에서 가장 두드러지게 나타난다.

여우는 구경한 하늘과 연관된 인물에 대해 이야기를 하는데, 전고와 관련된 인물의 현재 모습에 대해서도 이야기한다. 예를 들어, 여우는 요지연(瑤池宴)에 대해 말하면서 서왕모(西王母)가 지금도 주(周) 목왕(穆王)을 그리워하면서 슬픈 노래를 부르고 있다고 한다.[20] 이를 사실로

ᄒᆞ야 물 쇽의 빗친 달을 붓들야고 불 쇽의 ᄉᆡᆨ지니 혼ᄇᆡᆨ(魂魄)이 상쳔(上天)할제 큰 고ᄅᆡ를 타고 우화등션(羽化登仙) ᄒᆞ예시며, 젹벽강(赤壁江)은 숑궁(宋宮) 문장(文章) 쇼자쳠(蘇子瞻)이 임술연(壬戌年) 츄(秋) 칠월(七月) 긔망야(旣望夜)의 ᄇᆡ를 타고 논일ᄉᆡ 슐을 부어 강산(江山) 씨여 가로ᄃᆡ 이러ᄒᆞᆫ 조흔 강산(江山)이 삼국(三國) 젼장(戰場)이 되여 ᄆᆡᆼ덕(孟德)의 ᄇᆡᆨ만병(百萬兵)의 화염(火焰) 즁의 다 죽은 주유(周瑜)의 연화계(連環計)의 졔갈양(諸葛亮)의 동남풍(東南風)의 져렷틋 ᄑᆡ(敗)를 본이 다방나룻 쉿시리고 화룡도(華容道)로 다라ᄂᆞᆫ이 이 쳔슈(天壽) 어이할고 잔 잡고 노ᄅᆡ하여 가로ᄃᆡ 달은 발고 별은 드물고 오작(烏雀)이 남으로 날어가이 슬푸다 죠ᄆᆡᆼ덕(曹孟德)은 쥬유(周瑜)의겨 속은 ᄇᆡ 안인가." 정해본 〈두껍전〉.

19 "동강(桐江)의 칠이탄(七里灘)은 등한(東漢) 시절(時節)의 엄자릉(嚴子陵)이란 사람이 이한광무(後漢光武)의 고인(故人)으로 벼슬의 마음업셔 간의ᄃᆡ부(諫議大夫) 마다ᄒᆞ고 부츈산(富春山)의 드러가셔 낙씨ᄊᆡᆨ 두러며고 셰월(歲月)을 보ᄂᆡ신이 션ᄉᆡᆼ(先生)의 풍도(風度)은 만고(萬古)의 표연(飄然)ᄒᆞ야 후셰(後世)예 유젼(遺傳)ᄒᆞ고, 시상(柴桑)의 오루촌(五柳村)은 진쳐자(晉處士) 도연명(陶淵明)이 진셰(塵世)의 염(念)이 읍셔 ᄑᆡᆼ탁영(彭澤令) 마다ᄒᆞ고 시상(柴桑)으로 다라와셔 문 압희 버들 심고 남산(南山)의 쇼나무와 동이(東籬)의 국하(菊花) 심어시이 그 안이 한가(閑暇)헌가. 북창청풍(北窓清風)의 놉히 누어 무현금(無絃琴) ᄒᆞᆫ 곡죠(曲調)를 쇼리 읍시 타올 젹의 ᄇᆡᆨ학(白鶴)이 츔을 추이 후셰(後世)가 층송(稱誦)ᄒᆞᄃᆡ 정절션ᄉᆡᆼ(靖節先生)이라 일으ᄂᆞᆫ이라." 정해본 〈두껍전〉.

믿을 사람은 아무도 없다. 이 세상에 없는 서왕모가 무슨 수로 노래를 부르겠는가? 그렇다고 여우의 이 천연덕스러운 이야기를 거짓으로 치부해 버리기도 어렵다. 왜냐하면, 서왕모와 주 목왕 사이에 있었다는 일을 바탕으로 구성된 전고를 떠올리며, 서왕모의 현재 모습을 상상해 본다면 충분히 그럴듯하기 때문이다. 그래서 이런 식으로 구성하는 여우의 이야기는 관련 전고와 상상력이 어우러지면서 진실성을 담보한 허구가 된다.[21]

〈서대주전〉은 〈서동지전〉, 〈장끼전〉, 〈두껍전〉 등에 비해 전고 활용이 대단히 적은 작품에 속한다. 역사적 전고를 활용하는 예는 찾기가 매우 어려우며, 대신 서대주 집 기둥에 새겨진 한시구들을 기존 한시

---

20 "그 월궁(月宮)알 지나 ᄎᆞᄎᆞ(次次)로 귀경ᄒᆞ고 열셧ᄌᆡ 하날의 올나가니 한 곳의 구슬노 못셜 파고 ᄇᆡᆨ옥(白玉)으로 집을 지엿시며, 운모병풍(雲霧屛風)의 가리여시이 이ᄂᆞᆫ 요지연(瑤池宴)의 셔황모(西王母) 잇ᄂᆞᆫ 곳지라. 벽도(碧桃) 나무 구름 속의 소사시이 쳥죠(靑鳥)ᄂᆞᆫ 쌍쌍(雙雙)이 나라 드어 춘광(春光)을 희롱(戱弄)ᄒᆞ고 쇼옥(小玉) 쌍경(雙成)은 셔왕모(西王母)의 신여(侍女)라. 쥬렴(珠簾)을 의지(依支)ᄒᆞ여 조흘거날 벽도(碧桃)을 울러러 본이 삼천년(三千年) 년ᄭᅩᆺ시 피여 삼쳔 열ᄆᆡ ᄆᆡ쳐 난만(爛漫)이 익어거날 마암의 져 반도(蟠桃) 하나을 먹으면 장ᄉᆡᆼ불사(長生不死) 할 거시니 칩ᄶᅥ셔 ᄶᅡ 먹으리 ᄒᆞ다가 다시 ᄉᆡᆼ각헌즉 이젼(以前)의 동방셕(東方朔)은 천상(天上) 신션(神仙)으로셔 반도(蟠桃) 하나 도적(盜賊)ᄒᆞ야 먹고 인간(人間)의 귀양 왓쓰니 ᄂᆡ 만일(萬一) 도적(盜賊)ᄒᆞ야 먹고 인간의 귀양 왓쓰니 ᄂᆡ 만일 도적ᄒᆞ야 먹다가 들키면 죽기 쉬울지라. 감히 삼천년(三千年)을 엇지 ᄇᆞ라리요 ᄒᆞ고 ᄇᆡᆨ옥계(白玉堦)로 올나가 가만이 문틈으로 엿본이 셔황모(西王母) 용관(花容冠)을 쓰고 나삼(羅衫)을 입고 셔안(書案)을 의지(依支)ᄒᆞ야 옥안(玉顔) 슈ᄉᆡᆨ(愁色)을 ᄭᅴ고 학션(鶴扇)을 들고 노ᄅᆡ ᄒᆞᆫ 곡죠(曲調)를 부르니 ᄒᆞ엿시되 ᄇᆡᆨ운(白雲)이 하날의 잇쓰니 인간(人間)이 아득다. 일장션인(一場仙人)이 약슈(弱水)의 막혀신니 엇지타, 우리 낭군(郞君) 쥬무왕(周穆王)언 ᄒᆞᆫ 번 가고 시 올 쥴 모로ᄂᆞᆫ고 탄식(歎息)ᄒᆞᄂᆞᆫ 소ᄅᆡ을 드르이 심ᄉᆡ(心思) 쳐량(凄凉)ᄒᆞᆫ지라." 정해본 〈두껍전〉.

21 이상의 전고들을 활용하여 〈두껍전〉에서 어떠한 담화층위를 만들어 가는가 하는 문제에 대해서는 '장예준, 「19세기 소설의 '지식' 구성의 한 양상과 '지식'의 성격: 두껍전에 나타난 '지식' 향유 양상을 중심으로」, 『한국어문학연구』 55(한국어문학연구학회, 2010. 8)'을 참조.

구절을 가져 와 조합하여 활용하는 양상을 보이는 것이 특징이다. 그러나 그 수 역시 많지는 않다.

〈서대주전〉에서는 역사적 전고를 적확하게 끌어 와 활용하는 경우를 하나 들 수 있다. 다람쥐가 창고에 쌓아 놓은 양식과 기물들을 모두 도둑맞자 곧장 서대주 무리의 짓으로 간주하고 관가에 고소장을 올리려고 한다. 이에 늙은다람쥐가 나서서 그 도적이 누구인지 확실하게 파악하고 나서 고소장을 올려야 한다고 주장한다.[22] 이때 그는 『한서(漢書)』 고제기(高帝紀) 상(上)에 나오는 어구에 의거하여 주장을 편다.

『한서』에 실린 말은 천명을 따르지 않는 자는 망하기 마련이고, 군사를 내어 전쟁을 일으키고자 할 때는 반드시 이를 뒷받침할 수 있는 명분이 있어야 하며, 전쟁 중에 적을 굴복시키기 위해서는 적이 바로 역적이 됨을 분명한 근거를 들어 밝힐 수 있어야 비로소 가능함을 말한 것이다.[23] 이는 전쟁을 일으켜서 적을 완전히 굴복시키기 위한 방안으로 나온 것으로, 낙양현(洛陽縣) 신성(新城)에 이른 한왕(漢王) 유방(劉邦)의 일행을 막고서 삼노(三老) 동탁(董卓)이 한 말이라고 한다.

그런데 늙은다람쥐는 현재 그들이 처한 상황에 맞추기 위해 전쟁에서 상대하는 적을 도적으로 상대만 바꾼 채 상대를 굴복시키기 위해서는 그에 합당한 명분과 근거가 있어야 한다는 의미 맥락을 그대로 가져온다. 이는 등장인물들 자신이 처한 상황에 맞게 상황 맥락을 살짝 바꾼 것만 제외하면, 이 전고가 갖고 있는 의미망을 그대로 살린 상태에

22 "座中一老鼠遽言曰, '主翁之言, 實爲果然, 古語云, '明其爲賊, 賊乃可服.' 大抵, 提盜之法, 從前捕之, 後不提之, 未見其賊, 而先此告狀, 恐不合於事理. 俄們中伶俐解明者, 往其巢穴, 探聽其虛實, 然後告狀, 尙未晩也.'" 소장처 미상 〈서대주전〉.

23 『한서(漢書)』 고제기(高帝紀) 상(上). "順德者昌, 逆德者亡. 兵出無名, 事固不成. 明其爲賊, 賊乃可服."

서 정확하게 끌어 왔다고 할 수 있다.

〈심청가/전〉에서도 전고가 꽤 많이 활용된다. 그런데 전고 활용의 대부분이 패러디 차원에서 활용되는 양상을 보인다. 곧 역사적 사실이나 역사적 인물과 관련된 전고들, 유명한 시인들의 한시 구들을 패러디 차원에서 활용하는 것이다. 이러한 모습이 가장 잘 드러나는 부분은 심청이 공양미 삼백 석에 뱃사람들에게 팔려 인당수를 향해 배를 타고 가는 노정기(路程記) 부분이다. 배를 타고 가면서 지나치는 지역들에 얽힌 역사적 사실, 인물에 대한 전고 등을 끌어 오고 있으며, 인당수를 향해 가는 심청 자신의 소회를 여러 시인들의 한시 구들을 가져다 활용하며 드러낸다. 그래서 이 책의 의도에 부합하는 전고들은 별로 없는 편이다. 다만 전고의 맥락을 그대로 유지한 상태로 적확하게 활용하는 경우가 두어 군데 보인다.

먼저 한 군데는 심청이 심봉사에게 자신이 밥을 빌어다 봉양하겠다고 하는 부분이다. 심청은 자신이 밥을 빌어 아버지를 봉양하려는 뜻을 밝히지만, 심봉사는 마음이 편치 않다며 사양한다. 그러자 심청은 자로(子路)와 제영(緹縈)의 고사를 끌어다 활용하며 아버지를 설득한다.[24]

자로는 흉년으로 양식이 떨어지자 백 리 밖에 나가 몸소 쌀을 져다가 부모를 공양했고, 제영은 죄를 지어 감옥에 갇힌 아버지 제(齊) 태창령(太倉令) 순우공(淳于公)을 대신하여 몸을 팔아 아버지를 구했다. 모두 자식이 직접 나서서 부모에게 닥친 위기를 구한 효성을 나타내는 전고들이다. 심청은 이 전고들을 맥락을 그대로 유지한 채 정확하게 끌어

24 "자로난 현인으로 빅이에 부미ᄒᆞ고, 졔형은 어린 여자로되 낙양 옥중의 갓친 아비 제몸을 파라 속죄ᄒᆞ니, 그런 일 ᄉᆡᆼ각ᄒᆞ면 ᄉᆞ름이 고금이 다르릿가? 고집지 말으소셔." 완판 71장본 〈심청전〉.

와 자신의 현재 상황이 그들과 결코 다르지 않음을 밝힌다. 그럼으로써 아버지에게서 허락을 받을 수 있었다.

다른 한 부분은 심청이 공양미 삼백 석을 얻는 조건으로 뱃사람들에게 팔려가던 날, 그제야 사실을 들은 심봉사가 어린 딸 대신 차라리 자신이 가겠노라며 울부짖는 부분이다. 여기서 심봉사는 은(殷)나라 탕왕(湯王)이 칠년대한(七年大旱)을 겪을 적에 상림(桑林)에서 자신이 기우제의 희생이 되어 하늘에 비를 내려주기를 간절히 빌었던 전고를 끌어온다.

탕 임금의 이 전고는 백성들을 대신해서 자신이 희생하려 했던 임금의 모습을 통해 무고한 백성을 대신하려는 인자한 마음과 그렇게 해서라도 비가 내리게 하려는 간절하고 절박한 마음을 칭송하는 데 초점이 맞추어져 있다. 심봉사는 이 전고의 맥락을 그대로 살린 채, 딸이 희생당해야만 하는 긴박한 상황을 자신이 대신하겠다는 뜻을 드러냄으로써 사지(死地)로 딸을 차마 보내지 못하는 아버지의 간절한 마음을 드러내는 데 성공한다.

이번에는 전고를 적확하게 활용하는 예들을 한문 장편소설에서 찾아보자. 〈옥루몽〉에서 벼슬을 하지 않고 산골에서 은거하고 있는 처사(處士) 양현(楊賢)은 아들 양창곡(楊昌曲)과 함께 옥련봉(玉蓮峯) 아래에서 낚시질을 하다가 아들의 기상을 시험해 보기 위해 두보(杜甫)가 완화계(浣花溪)에서 낚시할 적에 아들 종문(宗文)이 낚싯바늘을 만들었던 고사를 이야기한다. 그는 이것이 시인 문사(文士)의 산중생활 맛이라 하면서 아들에게 그 고사를 따라 자신의 흥취를 돋울 수 있겠느냐고 묻는다.[25]

---

25 "一日은 處士ㅣ 釣於峯下홀ᄉᆡ 昌曲이 隨其父親而玩景터니 處士ㅣ 顧而問曰, '唐之

양현의 말대로 두보의 이 고사는 산중에 은거하여 지내며 느낄 수 있는 맛을 잘 드러낸다. 산중에 은거하고 있다는 점, 아들과 함께 낚시질을 하고 있는 현재 상황 등 양현이 처한 상황은 고사에 나타난 두보의 상황과 똑같다. 그래서 양현은 자신의 상황을 가장 잘 드러내 주고 있는 두보의 고사를 끌어 온 것이다. 이때 이 고사에 나타난 의미 맥락까지 그대로 가져온 것은 물론이다.

한편 철목동(鐵木洞)을 지키고 있는 나탁(那咤)을 깨뜨릴 계책에 궁해지자 강남홍(江南紅)은 양창곡에게 웃으며 제안을 한다. 위(衛) 오기(吳起)와 당(唐) 장순(張巡)처럼 자신과 만왕(蠻王)의 머리를 바꾸는 것이 어떻겠냐는 것이다. 너무 놀라 아무 말 못하는 양창곡에게 강남홍은 한술 더 떠 당(唐) 홍선(紅線)처럼 철목동에 들어가 나탁의 금합을 훔쳐 오겠노라고 말한다. 강남홍의 의도는 자신이 철목동에 직접 들어가 만왕 나탁의 금합을 훔쳐옴으로써 진영을 소란스럽게 하고 만약 여의치 못할 경우 죽음을 각오하고 싸워서 나탁의 머리를 가져오겠다는 것이다.[26]

여기서 강남홍이 든 전고들은 작품 속 강남홍과 양창곡이 처한 상황, 내용과 매우 유사하다. 상대방을 깨뜨릴 계책이 전혀 없는 어려운 상황이라는 점이 그렇고, 자신을 볼모로 해서 이를 타개하라고 하는 강남홍

杜工部ᄂᆞᆫ 浣花溪에 釣魚ᄒᆞᆯᄉᆡ 稚子宗文이 效乃翁ᄒᆞ야 敲針作鉤ᄒᆞᆷ으로 其詩에 曰 '稚子敲針作釣鉤라.' ᄒᆞ야 傳來至今ᄒᆞ니 此亦詩人文士의 山居風味라. 汝能效宗文之敲針ᄒᆞ야 以助乃父之興致耶아?'" 보급서관본 〈옥루몽〉 2회.

26 "元帥ㅣ 問計ᄒᆞᆫᄃᆡ 紅娘이 笑曰, '昔日에 魏之吳起ᄂᆞᆫ 殺妻而求爲將ᄒᆞ고 唐之張巡은 殺愛妾而餉軍ᄒᆞ니 相公은 以賤妾으로 換蠻王之頭ㅣ 如何잇고?' 元帥ㅣ 愕然不笑ᄒᆞ고 熟視紅娘이어ᄂᆞᆯ 紅娘이 復笑曰, '妾이 連日商量ᄒᆞ되 更無破鐵木洞之策ᄒᆞ니 今夜三更에 變身懷劍ᄒᆞ고 入鐵木洞而如此如此ᄒᆞ야 盜哪吒前金盒ᄒᆞ야 以爲唐之紅線이오 事不如意則取哪吒之頭ᄒᆞ야 難爲荊卿之生還일가 ᄒᆞ니 此ᄂᆞᆫ 以賤妾으로 換蠻王之頭니이다.'" 보급서관본 〈옥루몽〉 18회.

의 제안도 그러하다. 오기는 제(齊)나라 여자였던 자신의 아내를 죽임으로써 장군이 될 수 있었고, 장순은 자신의 애첩을 죽여서 군사들을 먹여 살렸다. 강남홍은 바로 전고의 중심인물이 가장 아끼는 사람을 희생시키고 어려움을 극복한 데 주목하고 그 중심인물에 양창곡을, 희생이 되는 대상에 자신을 대응시킨 것이다.

홍선의 예도 마찬가지이다. 홍선이 직접 적진인 전승사(田承嗣)의 침실에 침입하여 금합을 가져옴으로써 상대 진영을 혼란스럽게 했던 사실에 주목하여 강남홍 자신을 홍선에 대응시켜서 해결책을 제시한 것이다. 강남홍이 양창곡에게 제안을 하면서 소설 속 상황과 의미에 딱 맞아떨어지는 전고를 끌어 와 활용함으로써 자신이 의도를 매우 분명하게 드러내는 데 성공을 한다. 강남홍이 나중에 농담이라고 하기는 했지만, 양창곡이 그 말의 의도를 눈치 채고 불같이 화를 낸 것은 어쩌면 당연한 일이다.[27]

한편 아들 양장성(楊長星)이 남만(南蠻)과 싸우고 개선하여 돌아왔다는 소식을 들은 강남홍은 기쁨을 이기지 못하고 조급해하며 신발을 끌며 문에 기대어 기다린다. 그는 양창곡에게 예전에 자신이 양창곡과 함께 싸워 이겼을 적에는 기쁜 줄 모르겠더니 아들 양장성의 승리는 사안(謝安)이 신발굽 빠진 것도 모르던 일과 같다며 웃음짓는다.[28]

---

27 "元帥聽罷에 怒曰, '殺妻求將은 吳起之殘忍薄行이오 殺妾犒軍은 張巡之孤城計窮也라. 我ㅣ 今率百萬大兵ᄒᆞ야 不服一個蠻王ᄒᆞ고 豈區區效吳起·張巡之事리오? 此ᄂᆞᆫ 娘이 若非激我則必嘲我也로다.'" 보급서관본 〈옥루몽〉 18회.

28 "此時鸞城이 聞元帥凱旋ᄒᆞ고 喜不自勝ᄒᆞ야 曳繡履ᄒᆞ고 倚門而待ᄒᆞ야 氣色이 着急이어ᄂᆞᆯ 燕王이 笑曰, '娘의 今日之喜ㅣ 與前日吾之勝戰으로 何如오?' 鸞城이 笑而對曰, '相公之立功은 卽賤妾之立功이라 反不覺其喜러니 今日之事ᄂᆞᆫ 尤爲神異ᄒᆞ야 如謝安의 不覺屐齒之缺이로소이다.' 燕王이 大笑러라." 보급서관본 〈옥루몽〉 59회.

사안의 고사는, 동진(東晉) 재상 사안이 조카 현(玄)이 승전하여 돌아오자 신발굽이 빠진 것도 모르고 달려 나갈 정도로 매우 기뻐했다는 것으로 승전하고 살아서 돌아온 데 대해 지극히 기뻐한 것을 의미한다. 이 전고와 개선하여 돌아오는 양장성을 기다리는 강남홍의 모습이 여러 모로 유사하다. 신발을 제대로 신지 못할 정도로 아들(조카)을 만날 생각에 마음이 설레다 못해 조급해 하기까지 하는 모습도 유사하고, 아들이 승전하고 살아 돌아오는 데 대해 너무나 기뻐하는 모습도 닮았다. 전고의 상황, 의미와 작품 속 상황, 의미가 정확하게 맞아떨어짐으로써 이 전고를 아는 사람이라면 강남홍이 얼마나 기쁜 상태인지 더 절절히 느낄 수 있게 하였다.

2) 차별화된 초점

여기서는 전고가 지니는 의미망 내에서 초점을 약간 달리해서 전고를 끌어와 자신의 생각을 뒷받침하는 근거로 활용하는 경우들을 살펴본다. 이는 전고 안에서 원래 의미를 해치지 않는 한도 내에서 약간 다르게도 생각할 수 있는 측면에 초점을 맞추는 것이다. 그렇기 때문에 전고를 무작정 끌어와서 자신의 상황에 끼워 맞추는 것과는 차이가 있다.

〈서동지전〉에서 서동지에게 양식을 얻으러 간 다람쥐는 잔치가 다 끝날 때까지 자리에서 꼼짝 않고 있다가 서동지에게 끼니를 굶으며 곤궁함에 처해 있는 상황을 구구절절 털어 놓는다. 그러면서 자신에게 양식을 조금이라도 꾸어 준다면 이는 한 되 물로 말라가는 수레바퀴 자국에서 말라 죽기 일보 직전인 물고기를 살려주는 것과 같으며, 한

병의 밥으로 여상(呂尙)의 주림을 면하게 해 주는 것과 같이 큰 은혜를 베푸는 것이라고 애걸한다.[29] 먼저 그가 인용한 『장자』의 '학철부어(涸轍鮒魚)' 고사는 말라죽어 가는 붕어의 절박함을 보여줌과 동시에 적은 양의 물이라도 한 생명에게는 크나 큰 은혜가 될 수 있음을 말한 것으로, 다람쥐의 절박한 상황을 드러내는 데 일조한다.[30] 그리고 이 고사는 예를 들어, 신재효본 〈박흥보가〉에서 흥부가 놀부에게 가서 양식을 달라고 애걸하는 부분에서도 "악철(涸轍)에 일두수(一斗水)"라는 표현을 통해 동일한 맥락에서 활용되고 있음을 알 수 있다.

이와 함께 끌어온 여상의 전고는 강태공이 주(周) 무왕(武王)을 보좌하여 주(紂)를 정벌할 적에 백성들이 대그릇에 담은 밥과 호리병에 넣은 음료수를 가지고 나와서 환대했다는 이야기이다. 『맹자』에서는 이 고사에 대해서 "도탄 속에서 백성들을 구원하여 잔학한 자만을 죽였기 때문"[31]이라고 함으로써 백성들이 무왕을 환영하고 그에게 귀의하려는 뜻으로 밥과 음료를 담아 환대한 이유는 그가 강태공과 함께 주를 정벌하여 도탄에 빠진 백성들을 구제하고, 잔학한 자들만 죽였기 때문임을 드러내는 데 초점을 맞추었다.

그런데 다람쥐는 무왕과 강태공이 도탄에 빠진 백성들을 구제하였다는 맥락에서 이 전고를 활용하지 않고 오랜 전쟁으로 피로한 무왕과

---

29 "빌건딕 딕인 영감(大人令監)은 자비심(慈悲心)을 드리오ᄉ 빅ᄌ(柏子)·황률(黃栗) 슈삼 두(數三斗)를 쾌(快)히 허락(許諾)ᄒ야 딕급(貸給)ᄒ시면, 이ᄂ 한 되 물노 후철(涸轍)에 마른 고기를 살리며 병의 밥을 ᄂ여 여상(呂尙)의 쥬림을 먹이심이니…(후략)" 영창서관본 〈서동지전〉.

30 다만 다람쥐는 이 고사가 지닌 원래 문맥을 그대로 유지한 채 끌어온 것이 아니라, 표면적인 의미만을 취해서 가져온 것으로 보인다. 이에 대해서는 4장에서 언급한다.

31 『맹자(孟子)』 등문공(滕文公) 하(下). "其君子實玄黃于篚以迎其君子, 其小人簞食壺漿以迎其小人, 救民於水火之中, 取其殘而已矣."

강태공에게 백성들이 음식을 드려서 허기를 채우게 했다는 데 초점을 맞추어서 활용한다. 그럼에도 이 전고 활용이 자신의 상황에 억지로 끼워 맞추고 있다는 느낌을 주지도 않고 어색하지도 않다. 그 이유는 원래 이 전고가 활용되는 차원이 아닌 다른 맥락에 초점을 맞추어서 활용하였음에도 그 전고 이야기의 맥락 안에서 충분히 그럴 수 있는 상황, 즉 오랜 전쟁으로 무왕과 강태공은 피로하고 허기가 졌을 것임을 가정하고 활용하였기 때문이다. 게다가 이러한 가정이 곤궁함에 처해 절박한 상황인 다람쥐 자신의 상황과 묘하게 맞아 떨어졌기 때문이기도 하다. 그럼으로써 이 전고는 앞의 『장자』 고사와 함께 허기라도 면할 수 있게 해달라는 다람쥐의 애원에 설득력을 더하는 기능을 충분히 수행할 수 있었다.

또 서동지에게서 얻어 온 양식이 다 떨어지고 다시 끼니를 잇기 어렵게 되자 다람쥐는 아내의 만류에도 불구하고 서동지에게 다시 양식을 얻으러 간다. 하지만 서동지는 가문 내 먹여 살려야 할 식솔들이 많음을 들며 정중히 그의 청을 거절한다. 그러자 다람쥐는 얼굴에 노기를 띠며 화를 내며 몸을 떨치고 일어난다. 그는 가난 때문에 무시를 당하는 자신의 처지를 한탄한다. 그러고는 부귀와 빈천은 영원한 것이 아니라 돌고 돌기 마련임을 다람쥐에게 설파하면서 자신이 귀해지고 그렇지 못함은 미리 의론할 것이 아니라고 말한다. 마지막으로 가난하다는 이유로 무시를 당하는 세태를 분히 여기며 다람쥐 집을 떠난다.[32]

32 "분지(憤哉)며 통지(痛哉)라! '빈즈소인(貧者小人)이오 빈무셩명(貧無姓名)이라.'드니 나를 두고 일음이라. '집이 가난(家難)ᄒᆞ면 군ᄌᆞ(君子)도 욕(辱)을 밧고 몸이 곤궁(困窮)ᄒᆞ면 남에 쳔ᄃᆡ(賤待)를 밧으며, 귀(貴)ᄒᆞ여야 집안 ㄱ도 보고 공경(恭敬)ᄒᆞᆫ다.' ᄒᆞ나 시호시호(時乎時乎)여! 부ᄌᆡᄅᆡ(不再來)라. 부귀(富貴)도 ᄆᆡ양(每樣)이 아니라. 오호(嗚呼)라! 한(漢)나라 양긔(梁冀)ᄂᆞᆫ 일문 ᄂᆡ(一門內)에 뎨후(諸侯)가 칠 인(七人)

사실 작품 속에서 다람쥐와 서동지가 주고받는 대화 내용에 비추어 볼 때, 다람쥐가 서동지에게 분노를 표한 것은 적절한 처사라고 보기 어렵다. 아내인 계집다람쥐의 염려처럼 교분이 없던 다람쥐에게 양식을 꾸러 가는 것 자체가 염치가 없는 일일 뿐더러, 그런 다람쥐에게 한 번 양식을 내어 준 서동지로서는 굳이 또 양식을 주어야 할 이유는 없다. 그렇기에 다람쥐가 그에게 두 번째로 양식을 얻으러 갔을 때 이를 거절한 것은 어쩌면 당연한 일이다. 게다가 서동지가 나름 적절한 이유를 들면서 거절했다는 점을 상기한다면, 다람쥐에 대한 서동지의 처신은 문제될 것이 없다. 자신이 원하는 바를 이루지 못한 다람쥐가 일방적으로 화를 내는 상황에 불과한 것이다.

여기서 주의를 기울일 점은, 작품 속에서 서동지에 대한 다람쥐의 처신이 전혀 합리적이지는 않지만, 그는 자신의 생각을 뒷받침하기 위해 전고들을 그 전고의 의미망 내에서 초점을 살짝 달리하여 활용한다는 점이다.

먼저 가난하면 남에게 굽실거려야 할 일이 많아져 절로 소인이 될 수밖에 없고, 가난하면 세상에 알려질 이름조차 없다는 속담과 가난하

이오 황후(皇後)ᄂᆞᆫ 삼 인(三人)이오 귀인(貴人)은 륙 인(六人)이오 ᄃᆡ장(大將)은 이 인(二人)이오 공쥬(公主)ᄂᆞᆫ 삼 인(三人)이오 삼공륙경(三公六敬)은 오십칠 인(五十七人)으로 부귀 영춍(富貴榮寵)이 여ᄎᆞ(如此)ᄒᆞ되 일죠일셕(一朝一夕)의 쳐ᄌᆞ형뎨(妻子兄弟)와 노비계견(奴婢鷄犬)이 일제(一齊) ᄉᆞ망(死亡)ᄒᆞ엿ᄂᆞ니, 부귀(富貴)ᄂᆞᆫ ᄯᅳᆫ이 잇셔 ᄆᆡ양(每樣) ᄎᆞ고 잇슬 것 아니오, 빈쳔(貧賤)은 씨가 잇셔 ᄆᆡ양(每樣) 빈쳔(貧賤)만 나흘 ᄇᆡ 아니며, 옛날 북ᄒᆡ상(北海上)에 십구 년(十九年) 고ᄉᆡᆼ(苦生)ᄒᆞ든 소무(蘇武)도 도라올 ᄯᆡ 잇셧스니, ᄂᆡ 비록 빈쳔(貧賤)ᄒᆞ나 귀불귀(貴不貴)를 엇지 의론(議論)ᄒᆞ리오? 속담(俗談)에 일넛스되, '가빈당보셰긔의(家貧當報世皆疑)요 부쥬심산유원친(富住深山有怨[遠]親)이라.' 가(可)히 분(忿)ᄒᆞ고 가(可)히 통셕(痛惜)ᄒᆞ도다." 영창서관본 〈서동지전〉.

고 곤궁하면 지체 높은 사람이라도 남에게 욕을 먹고 천대를 받으며, 반대로 부귀하면 집안의 미물조차도 사람들이 함부로 대하지 못한다는 속담, '집이 가난하면 응당 갚는다고 해도 세상 사람들은 의심을 하고, 부유한 사람은 깊은 산에 머물러도 먼 데서 벗이 찾아온다'는 속담들은 부귀빈천에 따라 사람을 대하는 태도가 전혀 달라지는 세태와 그로 인해 받는 설움을 드러내기에 적절하다. 이 세 가지 속담에서는 달리 초점을 바꿔서 바라볼 여지가 없다. 이어서 끌어오는 양기에 대한 고사가 주목할 만하다.

다람쥐는 한(漢)나라 양기(梁冀)의 고사를 들면서 부귀빈천이 결코 고정되어 있는 것이 아님을 역설한다. 양기는 자신의 두 누이동생을 후한(後漢) 순제(順帝)와 환제(桓帝)의 황후로 들이면서 가문이 번성하여 제후 7명과 황후 3명, 귀인 6명, 장군 2명을 배출할 정도로 권세가 대단했다. 하지만 그의 전횡을 못마땅하게 여긴 환제(桓帝)가 그의 일가친척들을 모두 죽이고, 재산을 모두 몰수함으로써 완전히 몰락하고 말았다. 그의 집안이 한순간에 몰락하게 된 것은 바로 그의 전횡 때문이었다. 그런 점에서 이 고사는 사실 부귀하다고 해서 권세를 마음대로 부릴 경우 돌이킬 수 없는 화가 미침을 경계하는 이야기로 보는 것이 정확하다.

그런데 다람쥐는 이 고사에서 양기가 전횡을 부리다가 패망한 것에 초점을 두지 않고, 양기가 어마어마한 부귀를 누리다가도 한순간에 몰락하는 모습을 보여준 데 초점을 맞추었다. 그럼으로써 부귀와 빈천은 영원한 것이 아니라는 자신의 생각을 뒷받침하는 전고로 끌어 온 것이다. 다람쥐는 앞의 강태공의 고사와 마찬가지로 양기 고사가 지닌 원래의 문맥을 그대로 가져오지는 않았지만, 양기 고사 내에서 파악이 가능한 맥락 안에서 초점을 약간 달리하여 끌어옴으로써 자신의 생각을 적절하게 뒷받침하는 데 활용할 수 있었다.

이러한 면모는 〈장끼전〉에서도 볼 수 있다. 갈까마귀는 장끼의 상(喪)에 조문 왔던 차에 까투리에게 청혼을 했다가 거절당한다. 이에 자존심이 상한 갈까마귀는 크게 화를 낸다. 그는 "아들 일곱이 있으나 어머니 마음을 위로하지 못하네(有子七人, 莫違[慰][33]母心)"라는 『시경』 패풍(邶風) 「개풍(凱風)」의 마지막 시구를 들이대며 반격에 나선다. 그는 이 시구에 대해 "일곱 아들 두고 개가하여 갈 적에 탄식한 말"이라고 하면서 이렇게 사람도 수절하지 못하는데, 하물며 미물인 까투리가 수절하는 것은 당치도 않은 일이라고 반박한다.[34]

「개풍」의 전반적인 내용 설명은 「개풍」 초장에 대한 주자(朱子) 주(註)[35], 삼장에 대한 주자 주[36], 작품 서두에 붙은 모시(毛詩) 서(序)[37]에

33 갈까마귀의 말을 고려해 볼 때, 소설 원문의 '위(違)'는 '위(慰)'의 오기로 보인다.

34 "네 말이 가소(可笑)로다. 『시젼(詩傳)』 〈기풍쟝(凱風章)〉의 이르기를, '유자칠인(有子七人)호딕, 막위모심(莫違母心)이라' 하엿스니, 사람도 일곱 아들 두고 기가(改嫁)ᄒᆞ야 갈졔 탄식(嘆息)ᄒᆞᆫ 말이라 하니 하물며 너 갓튼 미물(微物)이 수졀(守節)이 당(當)하고, 자고(自古)로 까토리 렬녀(烈女) 정문(旌門) 못 보앗네." 영창서관본 〈서동지전〉.

35 "위(衛)나라에 음란한 풍속이 유행하여 비록 일곱 아들을 둔 어머니도 오히려 그 집안을 편안히 여기지 못하였다. 그러므로 그 아들들이 이 시를 지어 개풍(凱風)으로 어머니를 비유하고, 극심(棘心)으로 아들이 어릴 때를 비유한 것이다(衛之淫風流行, 雖有七子之母, 猶不能安其室. 故其子作此詩, 以風比母, 棘心比子之幼時)."

36 "음란한 풍속이 유행하여 어머니가 스스로 정조를 지키지 못하는데도 여러 아들들이 자책하기를, 어머니를 잘 섬기지 못하여 어머니께서 노고(勞苦)하게 한다고만 말하였다. 이는 완곡한 말로 은미하게 간하여 어버이의 악(惡)을 드러내지 않았으니, 효(孝)라고 이를 만하다. 하장(下章)도 이와 같다(母以淫風流行, 不能自守, 而諸子自責, 但以不能事母, 使母勞苦爲詞. 婉詞幾諫, 不顯其親之惡, 可謂孝矣. 下章放此)."

37 "개풍(凱風)은 효자를 찬미한 것이다. 위(衛)나라에 음란한 풍속이 유행하여 비록 일곱 아들을 둔 어머니도 오히려 그 집안을 편안히 여기지 못하였다. 그러므로 일곱 아들들이 효도를 극진히 하여 어머니의 마음을 위로한 것을 아름답게 여겨 그 시를 완성한 것이다(凱風, 美孝子也. 衛之淫風流行, 雖有七子之母, 猶不能安其室. 故美七子能盡其孝道, 以慰其母心而成其志爾)."

나타난다. 이에 따르면, 위(衛)나라에 음란한 풍속이 유행하여 일곱 아들을 둔 어머니조차도 정조를 지키지 못하는 상황이었다. 하지만 일곱 아들들은 오히려 자신들이 효도를 다하지 못하였기 때문이라고 자책함으로써 어머니의 허물을 드러내지 않고, 은미하게 간(諫)하였다. 이들이 효성을 다하여 어머니의 마음을 위로하였음을 아름답게 여겨 이 시를 지은 것이다. 시의 내용은 아들의 효성에 초점이 맞추어져 있는 것이다.[38]

그런데 갈까마귀는 시에서 말하려는 의미인 일곱 아들들의 효성에 초점을 맞추는 대신, 어머니가 일곱 아들을 두고도 개가를 하는 상황 자체에만 초점을 맞추어서 이 시구를 끌어온다. 그럼으로써 사람도 수절하기 어려움을 뒷받침하는 근거로 활용한다. 그리고 사람도 수절을 못하는데 하물며 미물인 까투리야 수절이 가당키나 하냐는 반박을 할 수 있었다. 결국 갈까마귀는 이 시구를 본 내용을 유지시킨 채 끌어오지 않고, 시의 전반적인 상황에 유의하면서 자신이 하려는 주장을 잘 뒷받침할 수 있는 맥락으로 바꿔서 활용하는 데 성공하였다.

한편 한문 장편소설에서는 전고가 지니는 의미망 내에서 초점을 달리 하여 끌어 오는 것보다는 의미나 상황 어느 한 쪽에 초점을 맞추어서 전고를 끌어 오는 경우가 더 많아 보인다.

먼저 전고가 지니는 의미에 초점을 맞추어 이를 그대로 살린 상태에

38 전체적인 내용을 고려할 때, 효자를 기렸다기 보다는 "효자들이 어머님의 은혜를 생각하며 읊은 시로 봄이 옳다"고 보기도 한다. 어떻게 보든 일곱 아들들의 효성에 일차적으로 초점이 맞추어져 있는 것은 분명하다(김학주, 『(새로 옮긴) 시경』(명문당, 2010), 159면). 정출헌은 '아들 일곱 명이 어머니를 위로하여 개가의 뜻을 끊게 한 것'으로 보았다(정출헌, 앞의 책, 275면). 이 시를 어떻게 해석하든 간에 중요한 점은, 갈까마귀가 자신의 뜻을 전하기 위해 이 시를 인용해 오면서 의미를 바꿔 버리고 있다는 점이다.

서 가져와 활용하는 경우를 살펴보자. 〈옥루몽〉에서 소주자사(蘇州刺史)가 벌인 압강정(壓江亭) 연회에서 강남홍은 소주자사가 자신을 핍박할 낌새를 알아차리고 잔치 도중에 도망친다. 다음날 새벽녘 그는 항주(杭州)로 돌아가는 항주자사(杭州刺史) 윤형문(尹衡文)을 뵙고 사죄를 한다. 윤형문이 아무 이유 없이 도망간 이유를 묻자 강남홍은 주(周)나라 강태공이 80년 동안 낚시질을 하다가 주(周) 문왕에게 몸을 허락한 것과 은(殷)나라 부열(傅說)이 곤궁하게 살다가 탕왕(湯王)에게 몸을 허락한 것을 든다. 그러고는 자신 역시 비록 천한 기녀이지만 지기(知己)를 만나지 못하면 복종하지 않는 마음을 지닌 것은 똑같다고 말한다.[39]

이렇게 강남홍은 자신을 알아주는 사람에게만 몸을 허락하겠다는 뜻을 강태공과 부열을 예로 들어서 밝힌다. 그는 자신의 뜻과 가장 잘 부합하는 전고를 가져와 자신의 뜻을 밝힌 것이다. 주공, 부열, 강남홍은 각자 신분도 다르고 처한 상황도 다르지만, 자신을 알아주는 사람을 만나기 전까지 몸을 허락하지 않았다는 공통점이 있다. 강남홍은 이 점에 초점을 맞추어 이 전고를 끌어 온 것이다.

다음 전전어사(殿前御史) 동홍(董紅)이 천자의 총애를 받아 교만방자하게 굴자 조정의 신하들이 큰 병폐로 생각하고 있었다. 어느 날 천자가 편전(便殿)에서 양장성을 불러보고는 그의 무예가 궁금하다며 격구

39 "此時紅娘이 起身無路ᄒᆞ야 方在店中이라가 歡喜而出ᄒᆞ야 車前問候ᄒᆞ니 尹刺史ㅣ 見其服色ᄒᆞ고 依俙驚異而問曰, '汝ᄂᆞᆫ 何如人고?' 紅이 對曰, '妾은 杭州妓女江南紅이로소이다.' 刺史ㅣ 驚曰, '汝ㅣ 罷宴之前에 無端變服而逃走ᄂᆞᆫ 何也오?' 紅이 謝曰, '妾은 聞周之呂尙은 釣渭八十年ᄒᆞ고 殷之傅說은 築牆岩下ᄒᆞ야 踪跡이 困窮이ᄂᆞ 不事凡主ᄒᆞ고 待殷宗·周文而許身ᄒᆞ니 不遇知己則不服之心은 貴賤男女ㅣ 一般이라. 妾이 雖有娼妓之賤名이ᄂᆞ 自守之心은 無異於古人어어ᄂᆞᆯ 今蘇州相公이 無端賤待ᄒᆞ고 逼迫其心ᄒᆞ시니 妾之逃走ᄂᆞᆫ 觀其機也어니와 不告之罪ᄂᆞᆫ 萬死無惜이로소이다.'" 보급서관본 〈옥루몽〉 3회.

를 해 보라고 한다. 양장성이 사양하자 천자는 동홍과 함께 시합을 하며 시범을 보인다. 그런데 동홍이 솜씨를 부려 천자를 누르고 승전고를 울리자 양장성은 마음속으로 불같이 화를 내며 주허후(朱虛侯) 유장(劉章)의 주령(酒令)을 본받겠노라고 마음을 먹는다.[40]

주허후 유장의 고사는, 유장이 천자를 모시고 잔치를 하면서 군법의 예에 따라 술을 돌렸는데, 그 중 어떤 사람이 주정을 하자 가차 없이 목을 베었다는 것으로, 군율을 행하는 데는 결코 예외가 없음을 잘 보여준다. 실제로 양장성은 천자에게 자신이 동홍과 군령에 따라 격구 시합을 할 것을 아뢴다. 그러고는 격구 시합을 벌여 동홍이 패배를 하자 망설임 없이 그의 목을 베어버린다.[41] 양장성은 유장의 고사에서 군율을 행하는 데 어떠한 예외도 있을 수 없다는 의미를 취해 와서 이를 행동으로 옮긴 것이다. 양장성의 이 전고 활용은 전고의 속 상황, 작품 속 상황과는 별도로 그 의미만 정확하게 취해 와서 활용한 것이라 하겠다.

한편 〈삼한습유〉에서 향랑(香娘)의 혼인식 날 중국 역대 여인들 중에 현명하고 덕 있는 여인들이 하객으로 모인다. 한(漢)나라의 후비(妃后)

---

40 "上이 擧雙棒ᄒᆞ시고 東馳西突ᄒᆞ야 與董紅으로 相受彩毬而紛紛ᄒᆞ니 如碧海雙龍之爭珠ᄒᆞ야 半日驅馳에 不分勝負러니 董紅이 忽然出一手段ᄒᆞ야 聳身而猛擊雙棒ᄒᆞ니 彩毬ㅣ 飛騰半空이라. 上이 縱馬欲受라가 彩毬ㅣ 落地ᄒᆞ니 紅이 鳴擊毬之鼓ᄒᆞ고 奏勝戰曲이어ᄂᆞᆯ 上이 强笑而復不悅ᄒᆞ시니 楊尙書ㅣ 憤恨ᄒᆞ야 心中自思호ᄃᆡ '董紅之無禮如彼ᄒᆞ니 論其罪則甚於曹孟德之打圍라. 吾ㅣ 平生에 恨關雲長之不斬孟德이러니 乘今日之機ᄒᆞ야 效朱虛侯劉章之酒令ᄒᆞ리라.'ᄒᆞ고 奏於上曰, '臣雖無才ᄂᆞ 敵董御史ᄒᆞ야 助今日之樂이어니와 臣은 蠻種이라 欲用軍令ᄒᆞ오니 負者ᄂᆞᆫ 施以軍律이 似好로소이다.'" 보급서관본 〈옥루몽〉 59회.

41 "紅이 茫然自失ᄒᆞ야 執轡而立이러니 彩毬ㅣ 落於紅之馬頭호ᄃᆡ 紅이 手脚이 慌忙ᄒᆞ야 不能受之라. 尙書ㅣ 大笑ᄒᆞ고 擧手中之劍曰, '軍中에 無戲言이라.'ᄒᆞ더니 董紅之頭ㅣ 落在地上ᄒᆞ니 左右ㅣ 相顧失色이라." 보급서관본 〈옥루몽〉 59회.

와 여러 부인들 가운데 오직 효평황후(孝平皇后)만이 오지 않았다. 이에 반첩여(班婕妤)와 경강(敬姜)이 왕태후(王太后)의 말씀을 받들고 맞이하려 한다. 하지만 효평황후는 자신의 아비가 한을 배신하고 한나라가 망할 징조를 보고도 발걸음을 돌리지 않아 천하의 웃음거리가 되었다며 자신은 갈 수 없다고 말한다.[42]

효평황후는 왕망(王莽)의 딸 왕씨(王氏)이다. 그의 이 말은 왕망이 한을 배신하고 찬탈하여 신(新)을 세운 것, 망해가는 한나라를 보며 이러지도 저러지도 못한 채 결국엔 황실에서 불에 타 죽은 것을 두고 한 말이다. 한나라를 멸망시킨 책임에서 결코 자유롭지 못하기에 한나라 조상들을 뵐 면목이 없다고 한 것이다.[43]

이에 첩여는 공자(孔子)가 중궁(仲弓)을 두고 한 말과 증자가 한 말을 끌어와 그를 설득한다. 공자가 중궁을 두고 한 말은 『논어』 옹야편(雍也篇)에 나오는 "얼룩소의 새끼가 붉고 또 뿔이 곧으니, 사람들이 비록 그것이 얼룩소의 새끼라 하여 산천에 지내는 제사에 재물로 쓰지 않으려 해도 산천이 이를 내버려 두겠는가"[44]를 가리키며, 증자의 말은, 『맹자』에서 맹자가 부동심(不動心)에 대해 이야기를 하던 중에 증자의 말이라며 인용해 온 "스스로 돌아보아 자신이 옳다면 나를 적대시하는 자가 1000만 명이라 해도 나는 가서 대적할 수 있다"[45]를 가리킨다. 전자는 아버지의 악함이 자식의 선함을 결코 가릴 수 없음을 말한 것이고, 후

42 "吾父身移漢祚亡不旋踵, 爲天下笑, 稠人廣坐中, 吾恐往而受辱也." 서울대본 〈삼한습유〉.

43 "我無面目見漢家祖先, 且逮火而死, 吾形非昔, 何以見人?" 서울대본 〈삼한습유〉.

44 『논어』 옹야편(雍也篇). "犁牛之子, 騂且角, 雖欲勿用, 山川其捨諸?"

45 『맹자』 공손추(公孫丑) 상(上). "自反而縮, 雖千萬人, 吾往矣."

자는 자신이 떳떳하다면 비록 수많은 사람들이 자신을 적대시하더라도 가서 대적할 수 있음을 말한 것이다.

이 두 전고는 모두 효평황후가 비록 한나라를 멸망시킨 왕망의 딸이지만, 이는 왕망의 죄이니 이를 자식인 딸에게까지 책임을 지울 수는 없음을, 그렇기에 효평황후는 혼인식의 하객 자리에 떳떳하게 참석할 수 있는 몸임을 설득하기 위해 인용된 것이다. 반첩여는 두 전고가 갖고 있는 의미를 그대로 살려서 끌어와 효평황후를 설득하는 데 활용한 것이다. 계속 망설이던 효평황후는 공보부인(公父夫人)도 허락하였다는 말을 듣고서야 비로소 기뻐하며 혼인식 자리에 참석을 한다.

이어서 상황의 유사함에 초점을 맞추어서 전고를 끌어 와 활용하는 경우를 살펴보자. 〈옥루몽〉에서 강주(江州)로 유배 간 양창곡은 심양정(潯陽亭) 근처에서 벽성선(碧城仙)을 만나 회포를 나누며 가까워진다. 어느 날 벽성선은 자신이 꾼 꿈을 통해 양창곡이 곧 사면되어 돌아가리라는 것을 알고는 이를 축하한다. 양창곡은 벽성선에게 평생토록 함께할 것을 다짐한다. 그러면서 자신은 가섭(迦葉)처럼 지켜야 할 계율이 있는 사람도 아니고, 벽성선은 보살(菩薩)의 후신(後身)이 아니니 아름다운 밤을 헛되이 보낼 수 없다며 함께 잠자리에 들 것을 은근히 권한다. 그러자 벽성선은 부끄러워하면서 자신이 그동안 정절을 지켜온 뜻을 말한다. 그는 효성으로 이름난 증자조차도 어머니가 베 짜던 북을 던지는 일을 당했고, 충성스러운 악양자(樂羊子)조차도 중산(中山) 지역에서 비방에 시달렸다고 말한다. 그러데 자신처럼 비천한 처지에 있는 사람이 근거 없는 비방을 당할 경우 내세울 정절마저 없다면 무엇으로 자신을 변호할 수 있겠느냐고 말한다.[46]

증자의 어머니가 베틀 북을 던진 사연은, 증자 어머니가 아들이 살인을 했다는 말을 두 번 들었을 때까지는 우리 아들이 그럴 리가 없다면서 꿈쩍도 하지 않았지만, 세 번째 같은 말을 듣자마자 베틀 북을 던지고 뛰어 나갔다는 고사를 말한다. 근거 없는 비방이 여러 번 들리면 그것이 정말로 근거 없는 것이라 하더라도 마침내 진실로 믿게 된다는 의미를 담고 있다. 악양자의 경우도 마찬가지다. 악양자가 중산을 정벌하던 위(魏) 문후(文侯)의 장수로 있을 적에 중산군(中山君)이 악양자의 아들을 죽여 국으로 끓여 보낸다. 악양자는 아무렇지도 않게 그 국을 먹음으로써 자신의 충성을 보였음에도 중산 지역에서는 그를 비방하는 글이 빗발쳤다고 한다.

벽성선은 증자와 악양자 고사를 들면서 효성과 충성으로 이름 난 사람도 근거 없는 비방에 시달릴 경우 자신의 몸과 이름을 보중하기가 결코 쉽지 않음을 밝힌다. 그가 이것을 언급한 것은 이들과는 대조적인 위치에 서 있는 자신의 상황을 드러내기 위함이었다. 즉 자신처럼 비천한 사람이 같은 상황에 처할 경우 자신의 몸을 보중하기는 거의 불가능하기 때문에 굳건히 정절을 지켜올 수밖에 없었다는 것이다. 이렇게 벽성선은 근거 없는 비방에 무사할 수 없는 자신의 현실을 드러내기 위해 이와는 대조적인 위치에 있는 사람들조차도 근거 없는 비방에 결코 무사할 수 없음을 든다. 그럼으로써 전고의 의미 맥락을 잘 살림

---

46 "翰林이 酒至半酣에 執仙娘之手而笑曰, '吾無迦葉之戒律ᄒᆞ고 娘非菩薩之後身이라. 相逢數朔에 淡然而散은 非人之常情이니 今日之佳約을 不可虛送이리라.' 仙娘이 羞愧ᄒᆞ야 桃花兩頰에 紅暈이 滿起曰, '妾이 曾聞之ᄒᆞ니 以曾子之孝로도 不免曾母之投杼ᄒᆞ고 以樂羊之忠으로도 中山之謗書滿篋이어든 況妾遊風流場ᄒᆞ야 踪跡之卑賤者ㅣ리오? 若他日君子門下에 中山之謗이 忽至ᄒᆞ고 曾母之杼를 易投則妾之身勢ᄂᆞᆫ 進退無路ㅣ라. 故로 十年青樓에 苟守一點紅血은 望君子之堅孚요 非高唐雲雨之無情이로소이다.'" 보급서관본 〈옥루몽〉 8회.

과 동시에 대조적인 상황을 부각시키는 데 성공한다.

한편 〈삼한습유〉에서 향랑은 후토부인(后土夫人)과 천제께 다시 인간 세상으로 내려가 결혼하게 해 달라고 청한다. 후토부인은 먼저 시부(十府)의 여러 왕과 삼원(三元), 원로들을 청하여 거취의 합당함을 묻는다. 이때 무염귀왕(無厭鬼王)은 후토부인은 향랑을 자식처럼 아끼면서 굳이 멀리 인간 세상으로 시집보내려고 하느냐고 반문한다. 그러고는 순우곤이 제(齊)나라 여자에게 데릴사위로 와서 결혼한 것처럼, 효렴(孝廉)을 천상으로 불러들여 결혼하게 할 것을 제안한다.[47]

무염귀왕이 순우곤 고사를 끌어 온 것은, 향랑이 번거롭게 인간 세상에 내려가 혼인할 것이 아니라, 순우곤이 제나라 여자에게 데릴사위로 와서 혼인한 것처럼 효렴을 천상계로 불러들여 데릴사위로 맞이하는 것이 좋겠다는 것을 말하기 위함이었다. 효렴을 데릴사위로 맞이하자는 것 자체는 순우곤이 데릴사위로 간 것과 유사한 상황이다. 무염귀왕이 순우곤 고사를 끌어 온 것도 바로 여기에 착안한 것이다. 하지만 그의 제안을 따를 경우, 아무 죄 없는 효렴의 목숨을 빼앗아서 천상으로 데려와야 한다는 문제가 있다. 향랑이 심히 괴로워하며 결단코 반대한 것[48]은 바로 이 때문이다.

47 "時無厭鬼王從衆而起, 口中流涎而言曰, '夫人視香娘如子, 豈可使遠嫁於在世男人乎? 莫若使之親迎于此, 因作贅婿, 如淳于髡之於齊女, 則好矣.'" 서울대본 〈삼한습유〉.

48 "女聞是言, 心肝欲碎, 慘然疾聲曰, '好生惡死, 人之情也. 妾生而抱寃, 故必欲結緣於人世. 安肯殺之而成親乎? 且鬼夫鬼妻, 將焉用之?'" 서울대본 〈삼한습유〉.

3) 대립된 시각과 해석

이번에는 동일한 사물이나 상황을 두고 전혀 다른 해석을 함으로써 자신의 생각을 정당화하는 경우를 살펴보자. 여기에는 동일한 인물에 대한 행적을 두고 서로 다른 측면에서 접근하여 자신의 생각을 정당화하는 근거로 활용하는 경우도 포함된다.

〈장끼전〉에서 장끼와 까투리가 콩을 놓고 벌이는 다툼은 콩이 놓여 있는 상황을 놓고 언쟁을 벌이는 데서 시작된다. 이 다툼은 간밤에 까투리가 꾼 꿈에 대한 논쟁으로 이어진다. 이 논쟁은 까투리의 꿈 해몽에 대해 장끼가 반박하는 방식으로 구성된다. 이 언쟁의 특징은 같은 대상이나 상황에 대해서 전혀 다른 해석을 내림으로써 자신의 생각을 정당화하는 데 있다.

장끼가 콩을 발견하고 먹으려 하자 까투리는 눈 위에 사람의 흔적이 있고, 입으로 불고 비로 쓴 자취가 있으니 콩을 먹어서는 안 된다고 한다.[49] 그러자 장끼는 시기상 동지섣달이고 눈이 첩첩히 쌓여 있으니 사람의 자취가 있을 리가 없다며 콩을 먹어도 된다고 반박한다.[50] 까투리는 땅에 놓여 있는 콩 주위의 상황에 주목하여 장끼에게 경고를 하고, 장끼는 주위 풍경에 주목하여 까투리의 말을 반박한다. 둘은 주위 상황에 의거하여 자신의 생각을 내세우고 있기에 나름 일리가 있다. 그러자 까투리는 간밤에 자신이 꾼 꿈에 대한 해몽을 통해 장끼에게

---

49 "아즉 그 콩 먹지 마소. 설상(雪上)의 유인적(有人迹)ᄒᆞ니 수상ᄒᆞᆫ 자최로다. 다시금 살펴보니 입으로 훌훌 불고 비로 싹싹 쓴 자최 심이 고이하ᄆᆡ 제발 덕분 그 콩 먹지 마소." 경성서적업조합본 〈장끼전〉.

50 "네 말이 미련하다. 잇때를 의론컨ᄃᆡ 동지(冬至) 섯달(臘月) 설한(雪寒)이라. 첩첩(疊疊)이 싸인 눈이 곳곳지 덥혀시니, 천산(千山)의 조비절(鳥飛絕)하고 만경(萬逕)의 인족(人足) 진(盡)이라, 사ᄅᆞᆷ의 자최 잇슬소냐?" 경성서적업조합본 〈장끼전〉.

콩을 먹을 경우 불행이 닥칠 수 있음을 경고한다.

까투리의 꿈에 대한 본격적인 논쟁을 벌이기에 앞서 까투리는 자신이 매우 불길한 꿈을 꾸었으니 조심해야 한다고 말한다. 그러자 장끼는 자신이 간밤에 꾼 꿈을 이야기하면서 콩을 먹어도 된다고 말한다. 장끼는 황학(黃鶴)을 타고 올라가 옥황상제(玉皇上帝)께 문안을 올리니 옥황상제가 자신을 산림처사(山林處士)에 제수하고 콩 한 섬을 상급(賞給)했다고 자랑한다.[51] 사실 이 꿈은 누가 보더라도 장끼가 죽을 것임을 암시하는 흉몽이다. 그럼에도 장끼는 "굶주린 자는 달게 먹고, 목마른 자는 편안히 마신다(飢者甘食, 渴者易飮)"는 어구를 끌어오면서 이를 정당화한다. 이에 까투리는 자신이 꾼 꿈을 하나씩 이야기하면서 장끼에게 위험을 경고한다.

간밤에 까투리가 꾼 꿈에 대한 언쟁은 꿈속에서 문제가 되는 사물에 대한 해석에 초점이 맞추어져 있다. 즉 장끼는 문제가 되는 사물을 이와 형상이 유사한 다른 사물로 대체함으로써 까투리와 전혀 다른 해석을 내리기도 하고, 혹은 다른 유사한 상황에 연결시켜 해석함으로써 까투리의 말에 반박한다. 이때 까투리와 장끼는 간혹 적절한 전고들을 끌어옴으로써 자신들의 생각을 정당화하는 모습도 보여준다.

먼저 까투리는 꿈에서 북망산(北邙山) 음지에 비 내리고, 마른하늘에 뜬 쌍무지개가 갑자기 칼로 변하여 장끼 머리를 내리쳤다고 하면서 장끼가 죽을 흉몽이라고 걱정한다.[52] 까투리의 말을 들은 장끼는 도리

51 "내 거야(去夜)의 일몽(一夢)을 어드니 황학(黃鶴)을 빗기 타고 하날의 올나가 옥황(玉皇)긔 문안(問安)하니 나를 산림쳐사(山林處士) 봉(封)하시고, 만셕고(萬石庫)의 콩 흔 셤을 상금(賞給)ᄒᆞ셧시니, 오날이 콩 ᄒᆞ나 그 아니 반가올가? 고셔(古書)의 일느기를, '긔자감식(飢者甘食)이오 갈자이음(渴者易飮)이라' 하엿스니 쥬린 양을 치여 보자." 경성서적업조합본 〈장끼전〉.

어 알성과(謁聖科)에 장원급제하여 장안(長安) 거리를 왕래할 길몽이라며 과거나 힘써 봐야겠다고 받아친다.[53]

둘은 마른하늘에 뜬 쌍무지개가 머리에 꽂힌 형상을 두고 서로 다른 해석을 내린다. 까투리는 쌍무지개가 칼로 변하여 머리를 벰으로써 장끼의 죽음을 암시하는 것으로 보고, 장끼는 쌍무지개가 머리에 꽂힌 형상과 어사화(御史花) 두 가지를 머리에 꽂은 형상과 유사함에 근거하여 과거 합격의 길몽으로 해석한다. 장끼는 머리에 기다란 가지 같은 것이 두 가닥 꽂혀 있는 형상의 유사함에 의거하여 다른 해석을 내림으로써 까투리의 꿈 해몽을 반박한다.

그러자 까투리는 꿈에서 장끼가 천 근이나 나가는 무쇠 가마를 머리에 쓴 채 깊은 물에 빠지더라고 하면서 장끼가 죽을 흉몽이라고 염려한다.[54] 이에 장끼는 명(明)나라가 중흥할 때 자신이 대장이 되어 머리에 투구를 쓰고 중원을 평정하여 승전대장이 되는 꿈이라며 기뻐한다.[55] 여기서도 둘은 머리 위에 무쇠 가마를 쓴 형상을 두고 전혀 다른 해석을 내린다. 까투리는 머리에 감당할 수 없는 가마를 쓴 채 물에 빠졌고,

---

52 "어제 밤 이경초(二更初)의 첫잠 드러 ᄭᅮᆷ을 ᄭᅮ니 북망산(北邙山) 음지작의 구진 비 훗ᄲᅮ리며, 청텬(青天)의 쌍무지개 홀지의 칼이 되어 자내 머리 ᄯᅦᆼ겅 베여 내리치니, 자네 죽을 흉몽(凶夢)이라. 제발 그 콩 먹지 마소." 경성서적업조합본 〈장끼전〉.

53 "그 ᄭᅮᆷ 염녀 마라. 춘당대(春堂臺) 알셩과(謁聖科)의 문관(文官) 장원(壯元) 참례하여 어사화(御賜花) 두 가지를 머리 우의 숙여 ᄭᅩᆺ고 장안(長安) 대도상(大道上)의 왕내(往來)할 ᄭᅮᆷ이로다. 과거(科擧)나 심써 보세." 경성서적업조합본 〈장끼전〉.

54 "삼경야(三更夜)의 ᄭᅮᆷ을 ᄭᅮ니 천근(千斤) 드리 무쇠 가마 자네 머리 흠벅 쓰고 만경창파(萬頃滄波) 깁흔 물의 아조 풍덩 ᄲᅡ젓거날, 나 혼자 그 물가에셔 ᄃᆡ셩통곡(大聲痛哭)하여 보니 자네 쥭을 흉몽(凶夢)이라. 부ᄃᆡ 그 콩 먹지 마라." 경성서적업조합본 〈장끼전〉.

55 "그 ᄭᅮᆷ은 더욱 좃타. ᄃᆡ명(大明)이 즁흥(中興)할제, 구완병(救援兵) 청(請)ᄒᆞ거든 이내 몸이 ᄃᆡ장(大將)되여 머리 우의 투구 쓰고 압록강(鴨綠江) 건너가셔 즁원(中原)을 평정(平定)하고 승젼ᄃᆡ장(勝戰大將) 되올 ᄭᅮᆷ이로다." 경성서적업조합본 〈장끼전〉.

그 무게 때문에 물에서 빠져 나올 수가 없으므로 결국 죽을 수밖에 없으리라는 결론을 내린다. 하지만 장끼는 머리에 가마를 쓴 것을 두고 머리에 투구를 쓴 것과 동일시함으로써 승전대장이 될 길몽으로 결론짓는다. 장끼는 머리에 무언가 무거운 것을 쓴 형상의 유사함에 착안하여 이렇게 해석한 것이다.

그러자 까투리는 두 가지 흉몽을 말하며 장끼에게 다시 위험을 경고한다. 까투리는 잔치 자리에서 차일(遮日)을 받친 장대가 부러져 차일이 장끼와 까투리의 머리를 덮쳤으니 이는 답답한 일이 생길 징조라고 말한다.[56] 이어 삼태성(三台星)과 태을성(太乙星)이 떠 있을 때 그 중 별 하나가 떨어져 장끼 앞에 보였다고 하면서 이는 틀림없이 장끼가 죽을 흉몽이라고 말한다.[57] 이에 대해 장끼는 차일이 장끼와 까투리의 머리를 덮은 것은 잔디밭에 요를 깔고 이불 덮어 둘이 이리저리 뒹굴 꿈이라며 좋아한다.[58] 그리고 별이 떨어진 것에 대해서는 까투리 몸에 태기가 있어 귀한 자식을 낳을 꿈이라며 좋아한다.[59]

---

56 "사경(四更)의 숨을 수니 노인당상(老人堂上)하고 소년(少年)이 잔치할제 스물 두 폭 구름 차일(遮日) 밧쳣든 셔발 쟝대 우직끈 뚝딱 부러지며 우리 둘의 머리에 아조 흠벅 덥혀 뵈이니, 답답한 일 볼 숨이요." 경성서적업조합본 〈장끼전〉.

57 "오경초(五更初)의 숨을 수니 락락장송(落落長松) 만졍(滿庭)한듸 삼틔성(三台星) 태을셩(太乙星)이 은하슈(銀河水)를 둘넛난듸, 그 즁(中)의 일졈셩(一点星)이 뚝써러져 자내 압헤 내려져 뵈니 자네 장셩(長星)이 그리 된 듯, 삼국(三國)적 제갈 무후(諸葛武侯) 오장원(五丈原)의 운명(殞命)할 제 쟝셩(長星)이 써러졋다 하더이다." 경성서적업조합본 〈장끼전〉.

58 "그 숨 염녀 마라. 차일(日) 덥혀 보인 것은 일모청산(日暮靑山) 오날밤의 화초병풍(花草屛風) 잔듸 장판의 등걸노 벼개 삼고 측입흐로 요(褥)를 짤고 갈입으로 이불 삼아 너와 나와 축켜 덥고 이리져리 궁글 숨이요." 경성서적업조합본 〈장끼전〉.

59 "별 써러져 보인 거슨 넷날 헌원씨(軒轅氏) 듸부인(大夫人)이 북두칠셩(北斗七星) 경긔(精氣) 타셔 제일(第一) 생남(生男)하얏 잇고, 견우(牽牛) 직녀셩(織女星)은 칠월칠셕(七月七夕) 상봉(相逢)이라. 네 몸의 태긔(胎氣) 잇셔 귀자(貴子) 나을 숨이로다."

앞의 것은 차일이 장끼와 까투리의 머리를 덮친 것에 대한 해석을 다르게 함으로써 서로 다른 결론에 이른 것이다. 까투리는 차일이 둘의 머리를 덮쳤다는 것은 벗어날 수 없는 답답한 상황이 둘에게 닥칠 징조를 보인 것으로 간주한다. 좀 더 정확히 말하자면, "장끼가 죽어 고기 굽는 석쇠 위에 놓이게 될 운명을 암시"[60]한 것이다. 하지만 장끼는 자신과 까투리의 몸을 넓적한 천이 뒤덮은 형상의 유사함에 착안하여 전혀 다른 결론을 내린다.

별이 떨어지는 꿈에 대한 해석에서도 별이 떨어지는 현상이 어떤 징조를 의미하는지에 대해 서로 다른 시각을 보임으로써 다른 결론을 내린다. 특히 여기서 이들은 각자 자신의 해석을 뒷받침할 만한 전고들을 끌어와서 자신의 주장을 정당화하는 모습을 보여준다. 까투리는 제갈공명(諸葛孔明)이 오장원(五丈原)에서 죽을 때 장성(長星: 將星)이 떨어졌다는 고사에 의거하여 장끼가 죽을 꿈이라 해석한다. 이에 반해 장끼는 헌원씨(軒轅氏) 대부인(大夫人)이 북두칠성의 정기를 타서 아들을 낳았다는 고사에 의거하여 까투리가 귀한 자식을 낳을 꿈이라고 해석한다. 여기에다 장끼는 칠월칠석에 견우와 직녀성이 상봉한다는 이야기도 근거로 든다.

이제 까투리는 마지막으로 자신이 사냥개 공격에 깜짝 놀라 삼밭으로 달아나니 삼대가 자신의 온 몸에 휘감겨 있더라고 말하며 이는 상복을 입을 불길한 꿈이라고 말한다.[61] 역시 장끼가 죽을 것임을 암시한

경성서적업조합본 〈장끼전〉.

60 정출헌은 서울대본 〈화충선생전〉에 의거하여 이렇게 설명하였다(정출헌, 앞의 책, 241면).

61 "계명시(鷄鳴時)의 꿈을 꾸니 색져고리 색치마를 이내 놈의 단장(端粧)하고 청산록수(靑山綠水) 노니다가 난딕 업난 청삽사리 입살을 앙물고 와락 뛰여 달녀드러 발톱으로

것이다. 이에 대해 장끼는 까투리가 끈으로 몸이 묶인 채 조리돌리고, 곤장으로 매 맞는 꿈이라 하면서 이는 까투리가 바람을 피우다 벌을 받을 징조라며 버럭 화를 낸다.[62]

둘의 해석 차이는 다른 꿈들과 마찬가지로, 삼대가 까투리의 온 몸을 휘감은 상황에 대해 서로 다른 시각을 가진 데서 기인한다. 까투리의 온 몸을 삼대가 휘감은 형상에 대해 까투리는 겉에 상복을 입은 형상과 유사하다고 생각하여 자신이 과부가 될 꿈으로 결론을 내린 데 반해, 장끼는 삼대와 끈의 유사함에 주목하여 까투리가 다른 새들과 바람을 피우다 잡혀서 벌을 받는 꿈으로 결론을 내린 것이다. 장끼의 이 해몽은 당대인의 오랜 관습에서 나온 것이기에 나름 합리성을 띤다.[63]

이렇게 장끼는 까투리가 꾼 꿈속에서 문제가 되는 사물과 형상이 비슷한 사물을 끌어오거나 꿈속 상황과 유사한 상황을 들며 까투리의 꿈을 전혀 다르게 해석한다. 아울러 나름 근거로 작용할 수 있는 전고를 활용함으로써 장끼는 자신의 주장을 정당화한다. 이런 장끼의 주장은 나름 일리가 있기에 까투리가 쉽게 재반박하지 못한다.

이번에는 한문 장편소설에서 비슷한 예를 찾아보자. 〈옥루몽〉에서

허위치니, 경황실색(驚惶失色) 갈 딕 업셔 삼밧흐로 다라날제, 잔 삼딕 쓰러지고 굴근 삼딕 춤을 추며, 자른 허리 가는 몸의 휘휘친친 감겨 뵈니, 이내 몸 과부(寡婦)되여 상복(喪服) 입을 숨이오니 졔발 덕분(德分) 먹지 마소. 부딕 그 콩 먹지 마소." 경성서적업조합본 〈장끼전〉.

62 "화용월태(花容月態) 져 간나위년 기둥셔방 마다하고 타인(他人) 남즈(男子) 질기다가 참바 울바 쥬황사로 뒤죽지 결박(結縛)하야 이 거리 져 거리 종로(鍾路) 네 거리로 북치며 조리 돌니고 삼모장과 치도곤으로 란장(亂杖) 마질 숨이로다. 그런 숨 말 다시 마라. 압정씽이 썩거 놀나." 경성서적업조합본 〈장끼전〉.

63 정출헌은 장끼의 이 해몽만큼은 삼밭에서 남녀가 사랑을 나누곤 했던 당대의 관습에 의거한 합리적인 해석으로 간주한다(정출헌, 앞의 책, 242~243면).

강남홍은 압강정 연회에서 양창곡에게 평생을 의탁해야겠다고 생각한다. 그리고 양창곡의 뜻을 시험해 보고자 남장을 하고는 자신의 집 주변 객관에 머물고 있는 양창곡을 찾아간다. 강남홍은 양창곡에게 항주 기생집이 천하에 이름이 났으니 한번 가보는 게 어떻겠느냐고 떠 본다. 양창곡은 선비의 몸으로 기생집에서 노니는 것은 체모에 손상되는 일이라며 거절한다. 그러자 강남홍은 한(漢) 소무(蘇武)와 사마상여(司馬相如)를 예로 들면서 색계(色界) 상에 정인군자(正人君子)가 있을 수 없다고 말한다. 이에 양창곡은 사마상여의 흠결만을 본받으려 하는 것은 올바른 태도가 아님을 지적한다.[64]

여기서 눈여겨 볼 점은, 두 사람이 각자 자신의 의견에 합당함을 부여하기 위해 사마상여를 예로 들고 있으면서도 서로 다른 측면에 초점을 맞추고 있다는 점이다. 강남홍은 사마상여는 문장이 뛰어났지만 탁문군(卓文君)을 사모하여 '봉황곡(鳳凰曲)'을 연주하여 그를 유혹했다는 점에 초점을 맞추었다. 이를 바탕으로 남자가 여색을 멀리하기가 어려움을 드러냈다. 강남홍의 전고 활용은 사마상여라고 하면 탁문군이 연

---

64 "紅娘이 暗思ᄒᆞ되 '公子之文章은 不須更試어니와 更試心ᄒᆞ리라.'ᄒᆞ고 傾其餘酒而勸於公子曰, '如此月下에 不醉而何오? 吾聞杭州之青樓物色이 著名於天下ᄒᆞ니 今夜我等이 帶月色而暫訪이 若何오?' 公子ㅣ 沉吟良久에 曰, '以士子로 遊於青樓ㅣ 不可ᄒᆞ고 且兄與我ㅣ 同是秀才라 往於熱鬧之處라가 爲他人所覺則恐有毁損일까 ᄒᆞ노라.' 秀才ㅣ 笑曰, '兄言이 太過로다. 古語에 云 '論人於酒色之外라.' ᄒᆞ니 漢之蘇子卿은 有雪窖啖氈之忠烈이로되 近胡姬ᄒᆞ야 生通國ᄒᆞ고 司馬長卿은 文章이 絕世ᄂᆞ 慕卓文君ᄒᆞ야 奏鳳凰曲ᄒᆞ니 由此觀之則色界上에 豈有正人君子리오?' 公子ㅣ 曰, '不然ᄒᆞ다. 司馬相如ᄂᆞᆫ 誘出文君ᄒᆞ야 被犢鼻褌ᄒᆞ고 賣酒路傍ᄒᆞ니 其酒色之放蕩을 使凡夫로 效則이면 得罪名教ᄒᆞ야 爲千秋棄人일까 ᄒᆞ노라. 惟長卿之文章이 當世獨步요 忠足以諷諫人君ᄒᆞ야 教化遺風이 如蜀中之雷ᄒᆞ고 風彩氣像이 輝煌後世ᄒᆞ야 以風流酒色之小過로 不能遮其名ᄒᆞᄂᆞ 此亦足爲遠城之瑕어든 今兄我之文學이 不能當古人이오 名望이 又不及이어ᄂᆞᆯ 今不言古人之德業ᄒᆞ고 但欲效其過ᄒᆞ니 豈不誤哉아?" 보급서관본 〈옥루몽〉 4회.

상될 정도로 익숙한 부분에 초점을 맞춘 것이라 그의 논리에 수긍하기가 쉽다.

그런데 양창곡은 사마상여의 다른 측면을 지적하며 반론을 편다. 그가 제시하는 논리는 두 가지다. 하나는 사마상여의 방탕한 주색은 그의 흠결이 분명하지만 그의 문장과 충성과 교화를 행한 행적, 풍채와 기상 또한 대단하였다는 점이다. 다른 하나는 사마상여보다 명망과 덕이 부족한 자신들은 응당 사마상여의 덕과 업적을 본받는 데 마음을 쏟아야지 굳이 그의 흠결을 흠모하는 것은 바람직하지 않다는 것이다. 결국 강남홍은 사마상여의 주색에, 양창곡은 사마상여의 덕과 업적에 초점을 맞추어 각자 자신들의 생각을 드러낸 것이라 하겠다.

한편 강남홍과 한판 싸움을 벌인 일지련(一枝蓮)은 명(明)나라에 귀의할 뜻을 굳힌다. 그리고 강남홍과 검술을 벌이다 사로잡히고 두 사람은 벗으로 정의를 맺기로 한다. 양창곡과 강남홍의 덕에 감동한 축융왕(祝融王)은 항복을 하고 딸과 함께 명의 군중에 머문다. 이때 강남홍의 본색을 더 알아보고 싶었던 일지련이 조용히 강남홍에게 묻는다. 자신은 항복한 사람으로서 휘하에 모시는 것이 당연하지만 아녀자의 몸이라 본국으로 돌아가야 행동거지에 안심이 될 것이라 말한다. 그러자 강남홍은 목란(木蘭)을 예로 들면서 군중에 머무는 것이 아녀자의 행동거지에 구애될 것이 없다고 말한다. 이에 일지련은 군중에 함께 처하는 것은 남녀가 자리를 같이 하면 안 된다는 규범에 위배되며, 그런 점에서 볼 때, 목란은 규방의 예의범절의 단정한 행실에는 부족함이 있다고 생각한다고 말한다.[65]

---

65 "一枝蓮이 進前告曰, '妾이 蒙將軍生活之德ᄒᆞ야 侍於麾下ᄒᆞ야 欲盡犬馬之誠이러니

사실 일지련의 말은 전장에서 강남홍의 정체를 분명히 알아내고자 하는 의도에서 던진 것이다. 그래서 여자인 자신은 행동거지상 전장에 있기가 매우 불편하다는 말로 강남홍을 떠 본 것이다. 여기서 두 사람은 모두 목란을 언급하지만 바라보는 초점은 서로 다르다. 강남홍은 목란에 대한 익숙한 행적, 즉 아버지를 대신하여 남장하여 종군했던 일에 초점을 맞추어서 이야기를 했다면, 일지련은 그 행적 자체보다는 그러한 행적으로 인해 본래 아녀자로서 도리를 다하지 못했다는 문제를 파고든 것이다. 아버지를 위해 종군했던 행적을 두고 이야기를 하되 한 사람은 미담으로 전해지는 그 행적 자체에, 다른 한 사람은 그 행적의 이면에 감추어진 측면을 파고듦으로써 각자 서로의 생각을 적절히 드러낼 수 있었다.

4) 임기응변식 끼워 맞춤

이번에는 등장인물들이 자신의 생각을 합리화하기 위해 전고의 원래 맥락을 뒤집어 정반대 측면에 초점을 맞추어서 이를 끌어 오거나 표면적인 의미만 취해 와서 자신의 상황에 끼워 맞추는 경우를 살펴보겠다. 이때 끌어온 전고의 의미망이 등장인물이 내세우는 의견과 맥락이 잘 맞을 경우 전고 운용의 묘미를 배가시키는 효과를 가져 오지만,

---

更思之則踪跡이 異於男子ᄒᆞ고 軍中之女子ᄂᆞᆫ 自古所忌라 妾父ㅣ 已在軍中ᄒᆞ니 妾은 當還本國ᄒᆞ야 庶免行止之䠡䠊일ᄭᅡ ᄒᆞᄂᆞ이다.' 紅司馬ㅣ 笑曰, '娘言이 過矣로다. 昔者에 木蘭은 代其爺爺而從軍萬里호ᄃᆡ 曾無批評者어ᄂᆞᆯ 娘이 奚獨拘碍於此리오?' 蓮娘이 流秋波ᄒᆞ야 見紅娘而笑曰, '妾이 生長於蠻夷之方ᄒᆞ야 雖不講論禮法이나 男女不同席은 聖人之明敎라. 若處於軍中則豈無與男子로 比肩同席이리잇고? 故로 妾은 以爲木蘭이 忠孝ᄂᆞᆫ 雖極이나 似不足於閨範內則端正之行이라 ᄒᆞ노이다.'" 보급서관본 〈옥루몽〉 17회.

그렇지 못할 경우에는 도리어 억지를 부린다는 인상만 줄 위험이 있다.

전고가 원래 지니고 있는 의미를 뒤집어서 끌어 온 경우에는 일단 원래 전고가 어떤 맥락에서 쓰이는 것인지 알지 못한다면, 이 전고가 왜 여기서 이렇게 쓰이고 있는지 알기가 어렵다. 해당 부분에서 구현된 의미가 무엇인지 우선 파악한 다음, 그 의미를 바탕으로 해서 그곳에 인용된 전고와 비교를 해 보게 되는데, 여기서 인용된 전고가 원래 어떤 의미로 활용되는지 알아야만 작자가 이를 어떻게 뒤집어서 끌어왔는지 파악할 수가 있다.

또 전고의 본래 맥락과 아무 관계없이 끌어 오거나 전고의 본래 의미와 달리 해당 상황에 맞게 억지로 끼워 맞추는 경우에는 전고가 지닌 원래 의미를 알고 있다면, 그 전고를 아무 상관없이 끌어와서 억지로 끼워 맞췄음을 알아차림으로써 읽는 흥미를 더할 수도 있다. 그렇지만 원래 전고가 지닌 원래 의미를 모르더라도 해당 부분의 의미를 파악하는 데는 별 지장이 없다.

〈서동지전〉에서 다람쥐는 서동지에게 양식을 꾸어 달라는 부탁을 했다가 거절당하자 크게 화를 내고는 가 버린다. 이에 서동지는 웃으면서 '배은망덕(背恩忘德)이요 은반위수(恩反爲讎)라'는 옛말이 맞다고 하면서 그래도 자신은 그를 저버리지 않고 훗날 그를 도와주겠노라고 말한다.[66] 실제로 작품 말미에서 서동지는 자신을 고발한 다람쥐를 도리어 방송(放送)해 달라고 백호산군에게 청하고 이어 다람쥐에게 전량(錢兩) 수십 량을 주며 그의 함원(含怨)을 풀어준다.

66 "옛말이 올토다! '빅은망덕(背恩忘德)이오 은반위슈(恩反爲讎)라.' 흠은 어ᄎᆞ(於此) 가위(可謂)로다. 연(然)이나 녕피부아(寧彼負我)언정 아불부피(我不負彼)ᄒᆞ리니, 후일(後日) 다시 져에 함원(含怨)을 풀어 쥬리라." 영창서관본 〈서동지전〉.

서동지는 다람쥐를 저버리지 않겠노라고 하면서 "영피부아(寧彼負我) 언정 아불부피(我不負彼)라"라고 말한다. 그가 끌어온 구절은 『삼국지(三國志)』「위서(魏書)·무제기(武帝紀)」주(注)에 나온다. 이에 따르면, 조조(曹操)가 여백사(呂伯奢)의 아들들을 죽이고는 '내가 남을 저버릴지언정 남이 나를 저버리게 하지는 않겠다(寧我負人, 毋人負我)'고 했다 한다.[67] 즉 서동지는 조조가 한 말을 그 맥락과는 상관없이 인용하면서 동시에 구절을 뒤집어 끌어 온 것이다. 그럼으로써 이 구절은 서동지가 처한 상황과 이와 대비되는 서동지의 넓은 마음을 적절하게 드러내는 데 기여한다.

다람쥐가 원망하는 감정을 품은 채 크게 화를 내며 떠난 행위는 서동지에게는 자신은 다람쥐에게 은혜를 베풀었지만 그 마음을 인정받기는커녕 저버림을 당한 것이나 마찬가지라는 의미를 지닌다. '남이 나를 저버릴지언정'이라는 말은 자신이 그런 상황에 처해 있음을 간접적으로 보여준다. 동시에 그럼에도 자신은 결코 섭섭해 하거나 상대를 원망하거나 하지 않겠다는 마음을 갖고 있음을 잘 드러내 준다. 그리고 이 말은 '나는 남을 저버리지 않겠다'는 말과 연결됨으로써 지금 당장 자신의 진심을 알아주지 않는다고 해서 그를 결코 원망하지 않고, 후일에 자신이 다시 도와주겠다는 뜻을 드러내는 데 성공한다.

〈장끼전〉에서 까투리가 자신의 꿈을 이야기 하면서 장끼에게 위험을 경고했지만 듣지 않자 다시 예의염치를 알아야 한다고 장끼를 타이

67 『삼국지(三國志)』「위서(魏書)·무제기(武帝紀)」주(注). "魏日, '太祖以卓終必覆敗, 遂不就拜, 逃歸鄕里. 從數騎過故人成皐呂伯奢; 伯奢不在, 其子與賓客共劫太祖, 取馬及物, 太祖手刃擊殺數人.' 世語日, '太祖過伯奢, 伯奢出行, 五子皆在, 備賓主禮. 太祖自以背卓命, 疑其圖己, 手劍夜殺八人而去.' 孫盛雜記日, '太祖聞其食器聲, 以爲圖己, 遂夜殺之. 既而悽愴日, '寧我負人, 毋人負我!' 遂行.'"

른다. 하지만 장끼는 여전히 들은 척도 하지 않는데, 이때 그는 전고가 지닌 원래 의미를 뒤집어서 활용한다.

장끼는 자신은 어차피 예절이라는 것을 모르니 염치가 무슨 소용이 있느냐고 하면서 역사적 전고가 원래 쓰이는 맥락을 뒤집어서 끌어온다. 안회(顔回)는 도학(道學)으로 이름이 높았지만 요절하였고, 백이, 숙제는 충절로도 결국 수양산에서 굶어 죽는 것을 면치 못했으며, 부귀를 마다하고 곡식을 끊은 장량도 결국 죽을 수밖에 없었다는 것이다.[68] 이 역사적 전고들은 원래 안회의 도학, 백이, 숙제의 충정을 기리는 맥락으로 사용되고, 부귀를 사양한 채 유유자적한 장량의 풍모를 칭송하는 맥락으로 사용되는 게 보통이다. 그런데 장끼는 이를 뒤집어서 그들이 맞이한 부정적인 결과에만 초점을 맞추어 전고들을 활용한 것이다.

다음 전고들을 원래 의미와 맥락을 그대로 유지한 채로 가져오면서 자신을 전고 속 인물들이 처한 상황과 동급에 놓고서 자신의 생각이 정당하다고 주장하는 경우도 있다. 이때 자신이 현재 처한 상황이 전고 속 인물들의 상황과 유사한 데가 있거나 유사해질 가능성이 있다면 그 전고들이 자신의 생각을 뒷받침하는 데 성공한다. 하지만 그렇지 못할 경우에는 역시 억지를 부린다는 인상만 주게 된다. 〈장끼전〉을 예로 들어 보자.

장끼는 염치를 알아야 한다는 까투리의 말에 염치는 부질없고, 그저

---

68 "네 말이 무식(無識)하다. 리 례졀(禮節)을 모르거든 염치(廉恥)를 내 알소냐? 안자(顔子)님 도학(道學) 염치(廉恥)로도 삼십(三十)밧게 더 못 살고, 백이숙제(伯夷叔齊) 충졀염치(忠節廉恥)로도 수양산(首陽山)의 굴머 쥭어 잇고, 장양(張良)의 사병벽곡(辭病辟穀)으로도 젹송자(赤松子)를 짜라 갓스니, 염치(廉恥)도 부지럽고 먹난 거시 웃듬이라." 경성서적업조합본 〈장끼전〉.

먹는 것이 제일이라고 말하면서 콩을 먹으려는 뜻을 결코 꺾지 않는다. 그러면서 장끼는 호타하에서 유수가 보리밥을 얻어먹고 나중에 천자가 된 것처럼, 한신이 표모의 식은 밥을 얻어먹고 나중에 한(漢)나라 대장이 된 것처럼, 자신도 이 콩을 먹고 크게 될지 누가 아냐고 반문한다.[69]

장끼는 역사적 전고들을 원래 의미와 맥락을 그대로 유지한 채로 가져와 활용하고는 있다. 하지만 그가 끌어 온 전고의 인물들이 처한 상황과 장끼가 처한 상황이 전혀 맞지 않다는 데 문제가 있다. 즉 장끼는 지금 역사적 인물들처럼 곤궁함에 처해 있는 것도 아니며, 보리밥과 식은 밥이 그들을 나중에 존귀하게 해 주는 계기가 된 것처럼, 콩이 장끼를 그렇게 만들어 주리라는 보장도 전혀 없다. 그저 '음식을 먹는다'는 공통점만 있을 뿐이다. 장끼는 단지 콩을 먹고 싶은 욕심에 이들을 끌어다 자신의 상황을 동일시함으로써 억지를 부린 것이다.

전고의 맥락과 자신의 상황을 전혀 고려하지 않고 무작정 끌고 옴으로써 말장난에 머무는 경우도 있다. 까투리는 염치를 알라는 자신의 말을 장끼가 듣지 않자 이번에는 그의 고집불통을 탓하며 고집불통으로 망한 사례들을 든다. 이에 장끼는 설마 콩 때문에 죽기야 하겠느냐며 끝까지 고집을 피운다.

그는 콩 태 자[太]가 들어 있는 사람과 사물들을 이리저리 끌어와 근거로 삼으며 자신의 생각을 합리화한다. 태고(太古)적 천황씨(天皇氏)는 1만 8천 세까지 살았으며, 태호(太昊) 복희씨(伏羲氏)는 풍모가 후대까지 전해지고 있다고 한다. 그리고 한(漢) 태조(太祖)와 당(唐) 태종(太

69 "호타하(滹沱河) 보리밥을 문숙(文叔)이 달게 먹고 즁흥텬자(中興天子)되여 잇고, 표모(漂母)의 식은 밥을 한신(韓信)이 달게 먹고 한국대장(漢國大將) 되엿스니, 나도 이 콩 먹고 크게 될 줄 뉘 알소냐?" 경성서적업조합본 〈장끼전〉.

宗)은 창업지주가 되었으며, 강태공은 궁벽하게 80년을 산 뒤에 영달하여 80년을 더 살았다고 말한다. 또 이태백은 상천(上天)하여 신선이 되었으며, 북방의 태을성(太乙星)은 별 중에 으뜸이라고 말한다.[70] 장끼가 이를 통해서 말하려는 것은 콩 태 자[太]가 들어 있는 사람과 사물들은 모두 다 오래 살고 귀하게 되었다는 것이다. 그러면서 자신도 이 콩을 먹고 강태공처럼 오래 살고 이태백처럼 상천하여 태을선관(太乙仙官)이 되겠노라고 말한다.[71]

문제는 장끼가 '태' 자가 들어간 경우를 막무가내로 끌어 와 말장난으로 만들어 버렸다는 데 있다. 시기를 가리키는 단어에 의거하여 끌어 오기도 하고, 제왕의 시호(諡號)에 의거하여 끌어 오기도 하고, 인물의 자(字)나 호(號)에 의거해서 끌어 오기도 한다. 또 '태' 자가 들어 있는 사물에 의거해서 끌어 오기도 하여 일관성이라고는 찾을 수가 없다. 모두 존귀한 인물, 사물이라는 점 말고는 아무 공통점이 없는 것이다. 게다가 이 인물들과 사물들이 처한 상황과 장끼의 상황 간에는 어떠한 연관성도 없다. 결국 장끼의 이 말은 말장난에 불과하고, 콩을 먹기 위해 스스로 억지 부리고 있음을 스스로 드러내는 꼴이 되고 만다.

---

70 "콩 먹고 다 죽을가. 고셔(古書)를 볼작시면 콩태짜 든 이마다 오래 살고 귀이 되니라. 태고(太古)적 천황씨(天皇氏)난 일만 팔천세(一萬八千歲)를 사라 잇고, 태호(太昊) 복희씨(伏羲氏)난 풍셩(風姓)이 상승(相承)하야 십오딕(十五代)를 젼(傳)해 잇고, 한태조(漢太祖) 당태종(唐太宗)은 풍즈셰계(風塵世界) 창업지주(創業之主) 되여스니, 오곡(五穀) 백곡(百穀) 잡곡(雜穀) 즁(中)의 콩태짜가 졔일(第一)이라. 궁팔십(窮八十) 강틱공(姜太公)은 달팔십(達八十) 사라 잇고, 시즁텬자(詩中天子) 리태백(李太白)은 긔경상텬(騎鯨上天)하야 잇고, 북방(北方)의 태을셩(太乙星)은 별즁의 웃듬이라." 경성서적업조합본 〈장끼전〉.

71 "나도 이 콩 달게 먹고 태공(太公)갓치 오래 살고, 태백(太白)갓치 샹텬(上天)하야 태을선관(太乙仙官) 되오리라." 경성서적업조합본 〈장끼전〉.

〈장끼전〉의 이 경우와 유사하면서도 약간 차이를 보이는 모습을 〈흥부가〉에서 찾을 수 있다. 〈흥부가〉에서 강남 갔던 제비가 놀부 집으로 다시 찾아와서 박씨 하나를 떨어뜨리고 가자 놀부는 기뻐서 어쩔 줄을 모른다. 이에 놀부 식구들이 박씨에 갚을 보[報] 자, 원수 구[仇] 자, 바람 풍[風] 자가 쓰여 있다고 하며 버려야 한다고 한다.[72] 그런데 놀부는 필시 부유하게 할 박씨라고 우긴다.

이때 놀부가 끌어오는 것들은 모두 같은 글자나 발음이 비슷한 글자가 들어 있는 데만 초점을 맞추어 무작정 끌어와 끼워 맞춘다. 먼저 원수 구[仇] 자에 대해서는 '군자호구(君子好逑)'라는 말의 짝 구[逑] 자와 통용된다고 하면서 어떤 미인이 나와 자신의 짝을 갚아줄 것이라고 한다.[73] 더 나아가 식구들이 그럼 바람 풍[風] 자는 어떻게 된 것이냐고 하자 결국 이 박씨가 자신들을 풍족하게 해 주리라고 강변하면서 자신들이 처해 있는 상황과 관계없이, 단지 '풍' 자가 들어 있는 전고들을 모조리 끌어 온다.[74] 차이가 있다면, 〈장끼전〉의 장끼와는 달리, 나름

---

72 "놀甫 家屬 박씨 보고, '아겨 이것 ᄂᆡ바리쇼. 가풀 報 字 원슈 仇 字 바람 風 字 씨여시니 원슈 가풀 바람이니 그ᄃᆡ 그것 씨것난가.'" 신재효본 〈박흥보가〉.

73 "자네가 엇디 알아. 원슈 仇라 ᄒᆞ난 글字 君子好逑란 ᄶᅡᆨ 구字와 通用ᄒᆞ니 엇더ᄒᆞᆫ 美人으로 ᄂᆡ 짝 갑ᄂᆞᆫ 말이로쇠." 신재효본 〈박흥보가〉.

74 "'萬一 그러 ᄒᆞ거드면 바람 風 字 원 일인가.' '바람 風 字 더 조체. 太昊 伏義氏 風姓으로 王ᄒᆞ시고, 舜 임군의 五絃琴 南風詩 노ᄅᆡᄒᆞ고 文王 武王 壯ᄒᆞᆫ 德化 天無烈風 ᄒᆞ얏시며, 周公은 聖人이라, 豳風詩 지으시고, 漢太祖 濉水風, 光武皇帝 昆陽風, 臥龍先生 赤壁風, 大風 三助漢 壯ᄒᆞ다 ᄒᆞ려니와, 伯夷叔弟 孤節風, 嚴子陵의 先生風, 陶靖節의 北窓風 萬古에 말거시니, 그 아니 죠을손가. 우리도 이 박 숨어 習習東風 立苗ᄒᆞ야 四月南風 漸漸 ᄌᆞ라, 雨順風調 好時節에 ᄭᅩᆺ이 픠고 박이 열어, 八月高風 ᄯᅳ셔 켜면 寶物이 풍풍 나와 집안이 풍덩풍덩, 近來 風俗 조은 豪奢 甲紗 風遮 금ᄑᆡ 風잠 鶴膝風眼 ᄲᅧ 고이고, 銀鞍白馬度春風 風乎舞雲 ᄒᆞ야 보고, 雲淡風輕近午天에 訪花隨柳ᄒᆞ여 보고, 風流郎 조은 八字 밤낫 風樂으로 지ᄂᆡᆯ 적에 너 귀에 風경 단 집 房안에 屛風치고 風爐에 茶罐 언ᄌᆞ고, 風席 업난 자네 ᄇᆡ를 仙風道骨 ᄂᆡ가 타고 風便數聲

대로 문맥을 갖고 끌어온다는 점이다.

우선 복희씨, 순 임금, 문·무왕의 경우, 복희씨는 풍성(風姓)으로 왕이 되었고, 순 임금과 주공은 각각 남풍시(南風詩)와 빈풍시(豳風詩)를 노래하였으며, 문·무왕은 태평성대를 구가하였다는 점에 의거하여 전고를 끌어 온다. 인물에 따라 의거한 바는 조금씩 다르지만, 모두 태평한 시대를 만들어 역사에 길이 남은 임금이라는 공통점이 존재한다. 다음 한 태조와 후한 광무제, 제갈량의 경우, 그들이 전쟁에서 크게 승리를 거둔 수수(濉水), 곤양(昆陽), 적벽(赤壁)에다 풍(風) 자를 덧붙인 형태로 끌어온다. 적벽은 제갈량이 조조와 싸울 적에 바람의 도움으로 승리를 거둔 곳이다. 수수는 유방이 항우(項羽)와 싸우다 큰 바람으로 인해 대패한 곳이다. 곤양은 유수가 왕망의 백만 대군을 격파한 곳이다. 아울러 백이와 숙제, 엄광, 도연명의 경우, 그들의 풍모에 초점을 맞추어 끌어온다. 이들은 모두 그들이 세운 업적, 풍모 등에 의거하여 전고를 끌어 온 것이기 때문에 억지스럽게 느껴지지는 않는다.

문제는 이들이 자신들이 처한 상황과는 아무런 관계가 없음에도 불구하고, 이들을 자신들이 처한 상황에 무조건 끼워 맞추면서 현재 자신들이 처한 상황을 대단히 낙관적으로 보고 있다는 점이다. 4월의 바람을 맞아 박이 무럭무럭 커서 8월에 가을바람이 불 적에 따서 켜면 보물이 쏟아질 것이라는 것이다. 놀부는 이때 박에서 쏟아질 보물들도 풍 자 돌림으로 끌어온다. 그 과정에서 이백(李白)의 「소년행(少年行)」이나 하지장(賀知章)의 「채련곡(採蓮曲)」 등의 시구 중 '풍' 자가 들어 있는 시

砧을 풍풍 찌어시면 鏡水無風也自波가 잘금잘금 날 거시니, 그만ᄒᆞ면 풍족ᄒᆞ제 잔말 말고 숨어 보ᄉᆡ.'" 신재효본 〈박흥보가〉.

구를 끌어 오기도 한다. 그러면서 그는 이러한 보물들을 펼쳐 놓고 풍악을 울려대면 풍족하다고 할 만하다고 강변한다.

이상에서 본 것처럼, 놀부가 풍 자 돌림에 맞추어 끌어 온 전고들은 나름 역사적 사실에 의거하여 끌어 오면서도 이를 자신의 상황에 무리하게 끌어다 끼워 맞춘 면이 있다. 그렇지만 자신의 상황에 무리하게 끼워 맞추며 강변하는 놀부의 모습과 풍 자 돌림으로 전고와 사물들을 끌어와 사설이 엮이는 양상이 한데 어우러짐으로써 놀부에 대한 해학성을 높이는 데 기여했다고 할 수 있다.

이렇게 전고의 표면적인 의미만 취해서 가져오거나 작품 속 상황에 맞게 끼워 맞추는 경우는 한문 장편소설에서도 볼 수 있다. 먼저 표면적인 의미만 취해 온 경우를 살펴보자.

〈삼한습유〉에서 향랑이 죽었다는 소식을 들은 효렴은 깊이 슬퍼하며 제문을 지어 올린다. 이에 감동 받은 향랑의 혼령이 그날 밤 효렴의 방에 나타난다. 향랑은 자신을 소개하고는 효렴을 사모한 지 오래되었지만, 기박(奇薄)한 화로 인해 세상을 떠날 수밖에 없었음을 말한다. 그리고 그는 자신이 비록 저승의 사람이지만 효렴과 남은 인연을 다시 맺고자 하는 뜻을 전한다.[75] 이때 그는 자신이 효렴과 남은 인연을 맺고 싶은 생각을 해 왔지만, 여자의 몸으로 먼저 나설 수 없었다고 하면서

---

75 "妾乃義烈女, 某鄕某氏也. 夙仰聲華, 雖男女異路, 而心常耿耿, 不幸遭罹奇禍, 經閱厄運, 未得奉巾櫛於君. 妾贄幣於狂夫, 憂虞相接, 怨怒交深. 伉儷義重, 不可自絕, 身勢如寄, 疇能自固? 及其人事, 睽離良貝, 還家終養父母, 往依親戚, 旋罹强暴, 決意捐生, 餘義所在, 救夫獄中. 今則大絕已全, 業寃已消, 言念君子, 心焉如燬, 往而復來者, 心也, 死而不亡者, 心也. 然而婦人之道, 可後而不可先也. 詩不云乎, '籜兮籜兮, 風其吹汝, 叔兮伯兮, 唱予和汝.' 雖一念之如結, 自不敢於容悅, 幸蒙君子同此心懷, 操文親祭, 使枯朽之餘, 復瞻天日, 霈澤旁流, 餘光返照. 由是, 感激, 卜夜來謝, 願以幽陰之質, 重結未了之緣." 서울대본 〈삼한습유〉.

『시경』 정풍(鄭風) 〈탁혜(蘀兮)〉의 첫 장 "마른 나무 잎새야 마른 나무 잎새야 바람이 너를 떨어뜨리리라 여러 남자들이여 그대들이 노래하면 내가 화답하리라(蘀兮蘀兮, 風其吹汝, 叔兮伯兮, 唱予和汝)"는 부분을 끌어온다.

주석에 따르면, 이 노래는 음탕한 여자가 이성을 그리워하여 '남자들이 어찌하여 자신을 불러주지 않는가, 내 너에게 화답하리라'고 부른 노래라 한다. 즉 남자들이 자신을 불러주기만을 기다리는 여인의 모습을 그린 것이다. 그래서 향랑이 효렴에게 남은 인연을 맺기를 청하면서 이 노래를 끌어 온 것은 작품 속에서 형상화되는 향랑의 인물됨을 비추어 볼 때 전혀 맞지 않아 보인다. 그런데 향랑이 "여인네는 뒤를 따르는 법이지 앞서 행동을 하면 안 되는 법이지요"라 말하고 또 효렴이 제문을 지어 준 덕분에 비로소 자신의 마음을 드러내 보일 수 있었다고 말한 것으로 보아 향랑은 이 노래에서 단지 남자가 먼저 불러주어야 여자가 화답할 수 있다는 표면적인 의미만 취해 왔음을 알 수 있다.[76]

이번에는 전고를 무작정 끌어 와 상황에 끼워 맞추는 예를 두 가지 정도 살펴보자. 〈옥루몽〉에서 장풍(張風)이 양기성(楊機星)에게 빙빙(氷氷)을 소개하려 한다는 것을 눈치 챈 설중매(雪中梅)는 양기성에게 그를 한 번 골려주자고 한다. 빙빙 역시 장풍이 양기성을 소개해주려고 하고 있음을 눈치 챈 상태이다. 그럼에도 빙빙은 장풍을 놀려주려 전혀 모르는 척 행동한다. 낙성식을 하는 날 양기성이 올 것이라는 말에 빙빙은

76 서신혜는 작자가 이 시의 내용 자체에 주목하고 남녀 간 '자극→반응'의 선후 문제에 초점을 맞추어 이 시를 끌어 오는 한편, 여자인 향랑이 먼저 인연을 잇자고 제안하는 데 대한 약간의 '겸연쩍어' 하는 향랑의 심리도 담아내었다고 했는데 옳은 지적이다(서신혜, 『김소행의 글쓰기 방식과 삼한습유』(박이정, 2004), 105~106면).

발끈 성을 내며 오늘 밤에 조용히 모시고 오라고 한다. 장풍의 말을 들은 양기성은 집에 들렀다가 설중매와 함께 빙빙의 집으로 간다.

잠시 후, 양기성 집에 갔던 장풍이 설중매도 함께 와 있음을 보고 당황하자 설중매는 장풍에게 빙빙이 청루 중수 건으로 오천 금을 하사한 분을 보고 싶어 하여 이미 방에 모셨다고 하면서 이 말이 양기성 귀에 들어가지 않게 해 달라고 말한다. 장풍은 그 분의 마음을 떠 본 뒤에 소개하겠노라고 하며 큰소리를 친다. 그런데 방 안에 있던 그 부자 남자는 다름 아닌 양기성이었다. 장풍이 당황하여 허둥거리자 설중매와 빙빙 두 낭자가 박장대소를 하고 미남을 소개해 준다더니 왜 안 해주느냐, 강남의 부자를 소개해 준다더니 왜 안 해주느냐며 장풍을 놀린다. 당황한 장풍은 "미남이 바로 강남의 부자요, 강남의 부자가 바로 미남이오. 장자가 나비가 되고 나비가 장자가 되는 것과 같은 이치지요. 이 상공이 바로 미남이기도 하고 강남의 부자이기도 합니다. 이 장풍이는 평생토록 남을 속인 적이 없습니다"[77]라며 얼버무린다.

설중매와 빙빙이 자신을 속이는 줄 전혀 모른 채, 그저 실수 없이 강남의 부자를 소개해 주겠다던 장풍으로서는 무안하기 그지없는 상황이다. 게다가 예상치 못한 상황에 장풍은 너무나도 당황한 상태라 어떤 임기응변도 생각할 수 없었다. 빙빙에게 양기성을 소개해 주려는 순수한 의도에서 한 행동이므로 장풍 스스로 말한 것처럼 남을 속인 것도 아니다. 그래서 『장자』의 '호접몽(胡蝶夢)' 고사를 끌어와서 급히 자신을 합리화한 것이다.

---

77 "風이 笑曰, '美男子ㄴ 卽江南富豪요 江南富豪ㄴ 卽美男子라. 莊周ㅣ 爲蝴蝶ᄒᆞ고 蝴蝶이 爲莊周ᄒᆞ니 此相公이 卽爲美男子요 或爲江南富豪ㅣ니 張風이 平生無詐言이로라.'" 보급서관본 〈옥루몽〉 62회.

장풍이 끌어 온 이 고사는 작품의 문면이나 인물의 상황과는 아무런 연관관계가 없다. 설중매와 빙빙의 속임수에 넘어간 자신을 변호하고 자신이 이야기한 두 사람이 동일 인물임이었다고 변명하느라 급하게 끌어 온 것이다. 본래 전고의 의미나 상황과 전혀 상관없이 두 속성을 가진 사물이 사실은 하나의 사물이라는 표면적인 유사성에만 초점을 맞춰 전고를 활용함으로써 당황하여 어쩔 줄 몰라 하는 장풍의 모습을 그려내는 데 성공하였다.

〈삼한습유〉에서 마왕(魔王) 진영과 천제(天帝) 진영이 싸움을 벌이던 초기에 이천왕(李天王)과 마왕이 싸움을 벌이다 이천왕이 칼을 하늘로 날리는 술법으로 마왕의 머리를 벤다. 그러자 마왕은 몸을 날려 자신의 머리를 손으로 받들고는 자신의 목에다 편안하게 붙인다.[78] 이 광경을 본 마모(魔母)는 불같이 화를 낸다. 그는 여래(如來)가 관 안에서 발을 들어 보인 것과 달마(達摩)가 장례 후 신발 한 짝을 남기고 간 고사를 들면서 성인의 몸은 다른 사람이 아무리 해를 끼치더라도 결코 끊어지지 않는 법이라고 말한다. 그러고는 이천왕에게 남편을 죽이려 든 원수라며 싸움을 건다.[79]

여래의 고사는 여래가 열반에 든 뒤에 가섭존자가 뒤늦게 와서 통곡하자 관 속에서 가만히 다리를 내보였다는 이야기로, 여래가 가섭존자

---

78 "明日, 兩家布陣, 李天王出馬高呌曰, '請與老魔王, 話舊.' 魔王應聲出馬曰, '來此何幹? 汝甚事.' 李天王曰, '汝抗距天兵, 數窘吾兒, 吾不忍殺汝, 要爾罷兵.' 言未已, 忽然, 一道虹光, 魔王頭盖落地. 李天王曾與九天玄女遊, 學得擲劒飛天之術. 至是, 身與劒化, 飛而斬之也. 魔王跳身下馬, 慌忙捧頭而走, 李天王愕然. 魔王雙手擎頭, 安於項上, 回身笑謂曰, '爾名爲天將, 而行此盜賊之事, 不義甚矣. 今日幾敗, 乃公.' 王駭然曰, '爾以何術?' 曰, '爾能斷吾頭, 吾不能續吾頭乎?'" 서울대본 〈삼한습유〉.

79 "魔母大怒曰, '如來示趺於槨裡, 達摩還履於葬後, 聖人之身, 有如割水吹光. 賴吾夫神聖, 令他夫, 獨不寡我乎? 是吾殺夫之讐也, 如何不報?'" 서울대본 〈삼한습유〉.

에게 마음을 전하였다는 삼처전심(三處傳心)의 하나이다. 그리고 달마의 고사는 양(梁) 무제(武帝)를 질타하다 죽임을 당한 달마가 관 속에 신발 한 짝을 남긴 채 사라졌다는 이야기이다. 두 고사 모두 성인의 신이함과 신성함을 드러내 보인 것이라 하겠다.

마모는 이 고사를 끌어와 남편인 마왕을 여래와 달마에 비기면서 성인과 같이 신성한 분이라 말한다. 그런데 마왕이 성인처럼 신성하다는 것은 아내인 마모가 보기에 그럴 뿐이지 다른 사람들은 동의할 수 없다는 것이 문제이다. 성인으로서 신성함을 갖추지도 못하였고, 덕이 있는 것도 아니다. 행실이 본받을 만하지도 않다. 끊어진 머리나 돌려 이을 수 있는 재주가 있는 정도일 뿐이다. 마모는 남편 마왕의 위상을 높이기 위해 전혀 공통적인 맥락을 찾을 수가 없는 여래와 달마의 고사를 무작정 끌어 와 합리화하고 있는 것이다.

2. 서사 운용

1) 장황한 도입부

'개합(開闔)(개벽(開闢))'은 문세(文勢)의 고저(高低)나 문의(文意)의 분합(分合)이 매우 변화 있게 펼쳐지면서도 법도(法度)가 어지럽지 않음을 뜻한다. 설리문(說理文)이나 서사문(敍事文)에 한정지었을 때, 먼저 정제(正題: 본 이야기)와 무관한 듯한 다른 말을 한 뒤에 정제에 관해 말하는 기법으로, 먼저 다른 말을 하는 것을 '개(開)', 정제를 말하는 것을 '합(闔)'이라 한다.[80]

소설에서 이 개합(開闔) 양상이 가장 뚜렷하게 드러나는 부분은 바로 소설의 도입부가 아닐까 생각한다. 도입부의 특성상 다른 이야기로 시작할 수밖에 없다는 것을 감안한다면, 소설의 도입부는 일종의 개(開)가 확장된 형태로 볼 수 있다.

사실 고전소설은 상대적으로 이러한 도입부 속성에서 자유로워 보인다. 예컨대, 국문 장편소설, 영웅 소설 등에서는 작품이 시작되자마자 "○○년 ○○ 지역에 아무개가"라는 식으로 작품의 배경과 주인공을 소개함으로써 본격적인 이야기로 곧장 들어간다. 그래서 다른 이야기가 끼어들 여지가 별로 없으며, 도입부 이야기가 엉뚱한 이야기가 될까 하는 염려를 할 필요도 없다.

19세기 소설 중 〈삼한습유〉, 〈옥선몽〉, 〈광한루기〉, 〈서동지전〉 등 몇 작품들에서 보이는 도입부 서술 방식은 상당히 다르다. 본격적인 작품을 서술하기 전에 작품의 배경이 되는 나라에 대한 역사를 서술해 나가기도 하고, 지명에 대한 서술을 장황하게 늘어놓기도 하는 것이다. 비슷한 시기에 향유되었던 국문 장편소설, 영웅 소설 등과 비교하더라도 이러한 서술 방식이 상당히 예외적임에 틀림없다.[81] 하지만 같은 시기 작품들에서 비슷한 도입부 서술 방식을 활용하는 양상을 보이는 것으로 보아 이러한 서술 방식이 어느 정도 유행한 것으로 보인다.

이러한 서술 방식은 김성탄(金聖嘆)의 소설론을 어느 정도 의식을 한

80 강명관, 『농암잡지 평석』(소명출판, 2007C), 125~126면. 한편 17세기 산문이론의 형성과 전개에 대한 명청(明淸) 산문이론의 영향 관계에 대한 구체적인 논의는 '강명관(2007A), 앞의 책; 강명관(2007B), 앞의 책'을 참조.

81 다만, 판소리계 소설의 경우는 판소리와 일정한 연관성을 지닌 상태에서 산출된 것임을 감안하면, 판소리계 소설에서 가끔 보이는 독특한 도입부 역시 판소리와 관련지어 접근하는 것이 타당하다. 그래서 판소리계 도입부와 일부 우화 소설의 도입부를 직접 비교하는 것은 다소 무리가 따른다.

데서 나온 것 같다. 간접적인 정황을 〈광한루기〉 첫 번째 서문에서 엿볼 수 있다. 여기서 평비자는 화폭에 금강산을 그리는 법에 비유하여 소설의 구성을 논한다. 소설의 주인공들을 등장시키기 전에 소설의 주 배경을 충실하게 그려내야 한다는 것이 골자다.[82] 소설 창작 시 배경을 충실하게 그려야 한다는 언급은 〈광한루기〉에 유일하게 보인다. 〈광한루기〉에 나타난 평비 의식이 김성탄의 소설론에 의존하고 있음을 감안한다면, 그리고 그의 소설론이 모종강의 소설론과 함께 상당히 큰 영향을 준 점을 감안한다면, 이러한 도입부 서술 방식이 유행한 데는 그의 소설론이 어느 정도 작용했을 것으로 보인다.

보통 한문 산문에서 개와 합은 한 단락 내에서 완결되는 경우가 많다. 소설의 경우는 주인공과 배경을 본격적으로 설명하기 바로 전까지 해당하는 부분을 한 덩어리 보고 개합 양상을 살피거나 작품의 배경이 되는 나라에 대한 역사 서술 혹은 지명에 대한 서술이 이어지는 "○○년 ○○ 지역에 아무개가"로 시작하는 배경, 인물에 대한 서술 부분까지를 한 덩어리로 보고 개합 양상을 살필 수 있다. 그럼으로써 도입부의 양상을 효과적으로 살필 수 있다.

여기서 관건은 이 부분에서 개와 합이 제대로 이루어지면서 이어지는 본격적인 이야기와 자연스럽게 연결될 수 있도록 고리를 잘 만드는 데 성공하느냐에 있다. 이것이 잘 이루어질 경우 소설의 확장된 도입부로서 역할을 하는 데 성공하지만 그렇지 못할 경우 도입부 자체가 여담[83]으로 남게 된다. 이 책에서 대상으로 한 작품들 중에 이러한 예로

82 이에 대한 자세한 논의는 '정우봉(1996), 앞의 논문, 123~126면'을 참조.

83 여담(餘談, digression)은 글자 그대로, 본래 다루고 있던 주제를 잠시 접어두고 다른 이야기를 하는 행위를 가리키는 말이다. 서구 문학에서 여담에 대한 최근 연구 성과로

들 수 있는 것은 바로 〈서동지전〉이다. 그리고 이 책에서 대상으로 삼지 않은 작품들 중에서 논의에 참고할 만한 작품으로 〈광한루기〉[84]와 〈옥선몽〉이 있다. 여기서는 이 세 작품을 함께 다루면서 논의를 진행해 나가기로 하자.

먼저 다른 이야기로 이야기를 시작했어도 본격적인 이야기와 매끄럽게 연결됨으로써 개와 합이 순조롭게 이루어진 예로, 〈광한루기〉를 들 수 있다.

는 란다 사브리의 연구를 들 수 있는데, 그가 규정하고 있는 여담의 정의는 대략 다음과 같다. 아울러 여담에 대한 그의 상세한 논의는 '란다 사브리(2003), 앞의 책'을 참조. "여담(餘談, digression)이란 텍스트 안의 잉여 부분, 일탈적이고 과도하고 이질적인 부분들을 잡다하게 통칭하는 말이다. 여담은 **특정 유형의 담화로 규정되지 않고** 온갖 형태(삽화, 겹이야기, 묘사, 다양한 종류의 삽입 텍스트들, 길게 늘어진 인물의 연설과 토론, 작가의 재담과 개인적 성찰, 텍스트 속의 메타적 논평과 수신자 지향적인 발화 등)를 띠고 나타난다. 어떤 유형의 담화이건 간에 **중심 주제나 스토리 라인으로부터 이탈하고 텍스트의 동질성과 결합력을 약화시키는 부분들**은 모두 여담의 범주에 포함된다. 그러니까 여담이라는 개념 속에는 이미 주변부/부수적인 지위가 새겨져 있으며, 그 바탕에는 '중심, 주변'의 이분법이 강력하게 작동하고 있는 셈이다"(진하기 표시는 인용자). 참고로, 여담과 관련된 현대문학과 고전문학의 연구 성과를 연도순으로 제시하면 다음과 같다.

박 진, 「여담의 글쓰기」, 『문예중앙』 109(랜덤하우스 중앙, 2005. 봄); 송기섭, 「여담의 구실과 서사전략」, 『한국문학이론과 비평』 29(9권 4호)(한국문학이론과 비평학회, 2005. 12); 한길연, 「완월회맹연의 서사문법과 독서역학」, 『한국문화』 36(서울대학교 규장각 한국학연구원, 2005. 12); 고영진, 「병리학적 환상과 글쓰기 방법으로서의 여담: 허윤석의 『구관조』를 중심으로」, 『한국문학이론과 비평』 34(11권 1호)(한국문학이론과 비평학회, 2007. 3); 임영석, 「한국 현대소설의 서사담론 연구: 서정인·오정희 소설을 중심으로」(고려대 국어국문학과 박사학위논문, 2009. 8); 서종택, 「딴전의 시학: 최창학의 「창(槍)」의 서사담론」, 『한국학연구』 31(고려대학교 한국학연구소, 2009. 11); 박형서, 「김승옥 소설 플롯의 구조와 의미」(고려대학교 응용어문정보학 협동과정 박사학위논문, 2009. 12).

84 〈광한루기〉 대본은 한문 필사본인 숭실대본으로 하였다. 이 이본은 '성현경·조융희·허용호, 『광한루기 역주 연구』(박이정, 1997)'에 영인, 역주되어 있다.

1 완산은 옛 도읍이다. 산수가 아름답고 훌륭한 인물이 많아 호남에서 제일이다. 그리고 넘쳐흐르는 기운이 남쪽으로 대방(帶方)에 흘러드는데, 대방도 삼국시대에는 국도(國都)였으며, 고려가 통일한 뒤에는 남원부(南原府)로 개칭되었다. 지리산 산록이 그 동쪽을 에워싸고, 교룡산성이 그 북쪽을 둘렀으며, 서쪽으로 순창과 함양의 길과 통하고, 남쪽으로는 구례와 곡성 같은 좋은 땅과 연결되어 있다. 모든 기술자들이 모여들고, 온갖 재화가 모이며, 물이 맑고 땅이 비옥하며, 사람이 많고 물자가 풍부하니, 확실히 영호남 사이에서 제일가는 도회지이다 좋을씨고, 남원이여. 부절(符節)을 차고 부임해 오는 사람은 반드시 조정의 명관이었고, 사방의 풍류 있는 선비들이 빈객이 되었다. 그러므로 버드나무 누대(樓臺)와 꽃동산에 시와 술이 항상 있었으며, 화려한 교방(敎坊)에서는 노래와 춤이 끊이지 않았다 좋을씨고, 남원이여. 이에 남원의 명성이 수도에까지 떨쳐, 서울의 훌륭한 문인이라면 모두 한번쯤 보기를 원했다 옛말에 "안을 알고 싶으면 먼저 그 바깥을 살펴보고, 사람을 알려면 먼저 그가 사는 곳을 살펴보라"고 했는데, 남원의 풍수가 이와 같으니 어찌 아름다운 사람을 탄생시키지 않을 수 있겠는가? 이것이 바로 수산(水山)이 말하는 '동해를 그린다'는 것이다.

2 공민왕 때에 문신 이홍(李弘)이 운관정(雲觀正)을 지내다가 남원부를 맡았는데, 청렴하게 다스리고 송사(訟事)에 간략하게 하여 아전들은 조심하고 백성들은 좋아했다 한(漢)나라의 순량 자사(循良刺史)로다. 샘과 바위에 흥을 붙이고 소나무와 계수나무를 통해 많은 정취를 느끼게 되니 당(唐)나라의 풍류 태수(風流太守)로다, 구양수(歐陽修)가 저정(滁亭)에서 사람들과 함께 즐기고, 백거이(白居易)가 항주(杭州)와 소주(蘇州)에서 취하여 흥얼거리는 것과 흡사했다 진정 장자(長者)의 기상이니, 천하에 훌륭한 자식을 낳는 것이 당연하다.[85] 협비(夾批) 부분은 고딕체, 단락 구분과 번

85 "1 完山故都也. 山水之佳麗, 人物之繁華, 爲湖南第一, 而磅礴餘氣, 南注帶方, 帶方亦三分時國都, 高麗一統後, 改稱南原府. 地異之麓, 環其東, 蛟龍之城, 擁其北, 西

호는 필자. 숭실대본 〈광한루기〉, 1회.

서술자는 본격적인 이야기를 하기에 앞서 남원의 역사, 지리에 대해 서술하면서 사람과 물자가 풍부하고 서울에까지 이름이 알려진 풍류 넘치는 고장임을 강조한다. 이렇게 서술자는 주인공이 본격적으로 등장하기에 앞서 소설의 주요 배경인 남원에 대한 이모저모를 상세하게 서술하는 과정에서 남원이 풍류가 넘치는 고장임을 부각시킨다. 그럼으로써 '재자가인(才子佳人)'으로 표상되는 빼어난 기상을 지닌 주인공이 나올 수밖에 없는 요소를 태생적으로 갖추고 있음을 보인 것이다. 이 부분은 도입부 전체에서 개에 해당한다.

이어 서술자는 여느 고전소설에서와 다름없이 시간적 배경과 등장인물에 대해 서술한다. 먼저 그는 주인공 이도린(李桃隣)의 아버지 이홍(李弘)에 대한 서술을 하는데, 선관(善官)과 풍류 남자로서 이미지를 부각시킨다. 이 서술은 앞서 남원이 풍류가 넘치는 고장임을 보인 서술들과 어우러지면서 도입부의 서술에 합리성을 강화시켜준다. 도입부 서술에 합리성을 강화시켜 주었다는 것은 앞서 남원에 대한 지명 서술을 통해 개하였던 것이 바로 이 부분에서 적절히 합을 이루었음을 의미한다.

通淳昌潭陽之路, 南綰求禮谷城之利, 諸工之所湊, 百貨之所聚, 水洌而土肥, 人衆而物豊, 宛然嶺湖之間, 一都會也好個南原, 佩符而來莅者, 必是朝廷名官, 而又有四方風流之士, 爲之賓客, 故柳臺花園詩樽, 長在錦肆, 繡坊歌舞不撤好個南原, 於是南原之名, 擅於國中, 而京華韻士, 皆願一見矣古語有之, 欲知其內, 先觀其外, 欲知其人, 先觀其居, 南原之風水如此, 其不鍾得一個佳人, 此水山所謂盡東海也. [2] ◑恭愍時, 文臣李弘, 自雲觀正, 出知是府, 政淸而訟簡, 吏憚而民懷漢之循良刺史, 泉石寓興, 松桂多趣唐之風流太守, 正是永叔同樂於滁亭, 白傅醉吟於杭湖眞個長者風度, 宜生天下佳兒." 협비(夾批) 부분은 작은 고딕체, 번호는 필자. 숭실대본 〈광한루기〉, 1회.

결국 작품이 도입부에 나오는 남원에 대한 서술 부분은 고전소설에서 흔히 볼 수 있는 도입부 서술에 비한다면 상대적으로 여담성이 강해진 상태로 간주할 수 있다. 하지만 남원의 풍광과 등장인물의 풍모가 잘 어우러짐으로써 지명에 대한 긴 서술이 단순한 지명 설명으로 머물지 않고, 남원이 이 작품의 주요 배경이 된 데 대한 합리성을 부여해 주었다. 개합이 순조롭게 이루어지면서 작품의 본격적인 도입부와 잘 연결되었고, 동시에 배경에 대한 근거를 제공하는 중요한 기능을 담당한 것이다. 평비자가 협비에서 수산(水山)의 '동해를 그린다(盡東海也)'는 말을 인용하며, 배경 서술이 잘 되었다고 추켜세운 것도 바로 이런 이유 때문이다.

다음에는 이러한 개합이 순조롭게 이루어지지 않은 경우를 알아보자. 〈서동지전〉과 〈옥선몽〉을 들 수 있는데, 먼저 〈서동지전〉을 살펴본다.

> ① 오호(嗚呼)라! 건곤(乾坤)이 혼합(混合)ᄒᆞ고 텬지(天地) ᄀᆡ벽(開闢)ᄒᆞ는 법(法)은 열두 회가 잇스니, 갈은 ᄌᆞ츅인묘진ᄉᆞ오미신유슐ᄒᆡ(子丑寅卯辰巳午未辛酉戌亥) 십이 회(回)로되, 일 회(回) ᄉᆡᆨᄂᆞᆫ 일만 팔ᄇᆡᆨ 년(一萬八百年)이라. ᄃᆡ개(大蓋) 건곤(乾坤)이 혼합(混合)ᄒᆞ고 텬디(天地) 만물(萬物)이 형용(形容)을 아지 못허다가 자회(子回)에 비로소 하날이 ᄉᆡᆼ(生)기고, 하날이 ᄉᆡᆼ긴 지 일만 팔ᄇᆡᆨ 년(一萬八百年) 후(後)에야 츅회(丑回)에 비로쇼 ᄯᅡ이 ᄉᆡᆼ기고, ᄯᅡ이 ᄉᆡᆼ긴 지 일만 팔ᄇᆡᆨ 년(一萬八百年) 후(後)에야 인회(寅回)에 비로소 사람(人)과 만물(萬物)이 ᄉᆡᆼ(生)ᄒᆞ며, 묘진사오미신유(卯辰巳午未辛酉) 일곱 회(七回)를 무사(無事)이 지ᄂᆡ다가 슐회(戌回)에 이르러 만물(萬物)이 도로 슬허지고 ᄒᆡ회(亥回)에 텬지(天地) 문허져 형용(形容)을 아지 못하다가, 자츅인(子丑

> 寅) 삼회(三回)가 도라오며 텬디(天地) 다시 ᄀᆡ벽(開闢)ᄒᆞ고 만물(萬物)이 ᄉᆡᆼ(生)ᄒᆞᄂᆞ니, 이러홈으로 넷적에 인황시(人皇氏) 구형뎨(九兄弟)가 디방(地方)을 각긔(各其) 아홉에 난올ᄉᆡ, 긔쥬(冀州)·연쥬(兗州)·청쥬(青州)·셔쥬(徐州)·량쥬(凉州)·형주(荊州)·예주(豫州)·익쥬(益州)·옹쥬(雍州)ᄅᆞᆯ 구쥬(九州)에 분(分)ᄒᆞ여 각칭(各稱) 인군(人君)이라 ᄒᆞ엿더라.
>
> [2] 옹쥭(雍州) ᄯᅡ에 한 산이 잇스니 일홈은 구궁산(九宮山)이라. 기(其) 산 가온ᄃᆡ 한 깁흔 토굴(土窟)이 잇고 그 토굴(土窟) 안에 한 즘ᄉᆡᆼ이 잇스되 셩(姓)은 셔(鼠)요, 일홈은 쥐요, 별호(別號)는 ᄃᆡ쥐(大智)라. 금슈(禽獸) 즁(中)의 웃듬으로 셰상(世上)에 나매 ᄉᆡᆼᄋᆡ(生涯) 업는 고로 인간(人間) ᄉᆞ람 감츄는 음식(飮食)을 도젹(盜賊)ᄒᆞ여 먹기로 ᄉᆡᆼ업(生業) ᄒᆞ더니, ᄐᆡ호(太昊) 복희씨(伏羲氏) 시절(時節)에 인간(人間)에셔 남자(男子)와 녀자(女子)로 ᄒᆞ야곰 비로쇼 남가녀혼(男嫁女婚)을 일우게 ᄒᆞᆯ 졔, 비단(緋緞)이 업ᄂᆞᆫ 고로 산(山)즘ᄉᆡᆼ을 잡아 가쥭을 벗계셔 신물(新物)을 삼는 법(法)을 마련(磨鍊)ᄒᆞᆫ지라. 단락 구분과 번호는 필자. 영창서관본 〈서동지전〉.

〈서동지전〉의 도입부는 크게 두 부분으로 이루어진다. 하나는 천지개벽이후 중국이 9개의 주로 나누어지는 과정을 서술한 부분[86]이고, 나머지 하나는 주인공 서동지 가계의 내력을 서술한 부분이다. 개합의

86 천지개벽은 열두 회(會)의 순환에 따라 이루어지며 1회(會)는 10,800년이라는 점, 자회(子會)에 이르러 하늘이 생겨났고, 축회(丑會)에 땅이 생겨났으며, 인회(寅會)에 비로소 사람과 만물이 생겨났다는 점, 자회(子會)에 천지가 열리고 해회(亥會)에 천지가 무너져 암흑세계로 돌아간다는 점 등은 송(宋) 소옹(邵雍)의 『황극경세서(皇極經世書)』에 나오는 내용으로, 『논어』의 주자 주에도 내용 일부가 실려 있다. 그리고 인황씨(人皇氏)가 지방을 9개의 주(州)로 나누었다는 이야기는 『십팔사략(十八史略)』이나 『서경』 상서(商書)에서 찾아볼 수 있다.

관점에서는 두 부분 중 첫 번째 부분에서 개합이 이루어지는 양상과 두 부분이 하나의 도입부로 기능하면서 개합이 이루어지는 양상 두 측면에서 논의할 수 있다. 두 번째 부분의 경우, 작품의 배경과 주인공 소개라는 '본 이야기'[87]로 곧장 시작하기 때문에 개합의 관점에서 설명하는 것은 적절하지 않다.

첫 번째 부분에서는 먼저 열두 회(會)의 순환에 따라 천지개벽이 반복됨을 설명하며, 자회(子會)부터 다시 천지가 열려 만물이 생겨났다고 한다. 그래서 인황씨(人皇氏)가 중국 지역을 9개의 주로 나뉘어졌다고 말한다. 이 부분은 자회 때 천지가 처음으로 열려 만물이 생겨났다는 점, 그래서 중국 지역이 9개의 주로 나누어졌다는 점을 말하려는 데 있다. 이 말을 하기 위해 열두 회의 순환에 따라 천지개벽이 반복됨을 장황하게 서술한 것이다. 곧 천지개벽의 반복은 개에 해당되고, 이어지는 나머지 내용은 합에 해당하는 것이다.

개합의 관점에서 봤을 때, 이 부분은 개합이 순조롭게 잘 이루어졌다고 볼 수 있다. 열두 회를 연결 고리로 삼아 천지개벽에 대한 이야기부터 자회부터 천지가 열리고 만물이 생겨나 중국이 9개의 주로 나뉘는 데 이르렀다는 내용까지 이어지고 있는 것이다. 자회를 들먹이며 굳이 천지개벽의 반복을 이야기한 이유가 바로 중국이 9개의 주로 나누어지기까지 이르는 과정이 바로 자회로부터 시작되었음을 넌지시 드러내기 위해서였던 것이다. 물론 만물이 생겨난다는 서술에서 뜬금없이 인

87 여기서 '본 이야기'라는 것은 작품 속에서 이야기가 본격적으로 펼쳐지기 시작하는 부분을 가리키는 것이 아니다. 앞서 언급한 '정제'에 해당하는 지점, 즉 해당 부분에서 말하려는 핵심 내용이 나타나는 지점을 가리키는 것이다. 한 편의 글로 치자면, 각 단락별로 핵심 내용이 놓이는 지점을 가리킨다.

황씨 이야기로 넘어가 버린다는 문제가 있기는 하지만 말이다.

다음 두 부분이 소설의 도입부를 이룬다는 점을 감안하여 이들을 한 덩어리로 놓고 봤을 때, 천지개벽에 대한 이야기부터 중국이 9개의 주로 나뉘었다는 서술부분까지가 '본 이야기'를 하기 위해 다른 이야기를 꺼낸 개에 해당한다. 그리고 작품의 배경과 주인공, 주인공의 내력이 서술되는 부분은 합에 해당한다. 그런데 이 두 부분 간의 개합이 제대로 이루어지지 않는다는 데서 문제가 발생한다.

우선 천지개벽 이후 중국이 9개의 주로 나누어지는 과정에 대한 서술이 작품 속에서 어떤 기능을 하는지 애매해진다. 눈치가 있는 독자라면, 서술자가 천지개벽에 대한 서술을 늘어놓은 이유를 금방 알아차릴 것이다. 이 작품이 '쥐'를 주인공으로 하는 이야기이며, 쥐의 열두 갑자에 해당되는 것이 자(子)이니 이를 교묘하게 연결 지은 것이다. 게다가 열두 갑자 중 자(子)가 가장 먼저 옴을 상기하면, 서술자는 이와 관련된 이야기를 서술함으로써 쥐의 내력이 그만큼 오래되었다는 것을 드러내 보이는 효과를 노렸다고 할 수 있다. 쥐를 주인공으로 하고 있기에 그와 연관이 있는 자(子)라는 갑자를 끌어 와 이 둘의 연관성을 강조함으로써 특별한 효과를 창출하고자 한 것이다.

하지만 이러한 전략은 몇 가지 측면에서 실패할 수밖에 없다. 우선 쥐의 내력이 오래되었음을 독자들이 느끼게 하는 효과는 굳이 이 부분이 없더라도 뒷부분의 서술만으로 충분히 발휘된다. 왜냐하면 서술자는 작품의 배경과 주인공을 소개한 뒤, 이들의 내력을 설명하는데, "금수 중에 으뜸으로 세상에 났"다고 말하고 있을 뿐만 아니라, 내력 설명을 통해 태호 복희씨 시절 이전부터 이들이 살아왔음을 드러내고 있기 때문이다.

다음 자(子)라는 갑자가 쥐를 상징한다는 것은 인간의 관념에서 나온 것이기에 결코 '쥐'라는 사물을 직접적으로 가리키지는 않는다. 그래서 독자들은 이 천지개벽에 대한 서술 부분을 읽으면서 주인공이 쥐이기 때문에 작자가 쥐를 상징하는 자(子)라는 갑자를 끌어 왔다는 것을 인지하고 흥미를 보일 수는 있겠지만, 이를 통해서 쥐의 내력이 대단히 오래되었다는 것을 작자가 은근슬쩍 드러내려고 했다는 사실까지 간파할 가능성은 높지 않다. 오히려 『황극경세서(皇極經世書)』의 내용을 아는 독자라면 이 책의 일부 내용이 소설 작품 속에 끼어든 모습을 보면서 작품의 내용과 이 책의 내용을 교묘하게 연결시킨 것 자체에 흥미를 느낄 가능성이 더 크다.

개합이 제대로 이루어지지 않게 하는 또 한 가지 문제는 바로 중국이 9개의 주로 나누어졌다는 서술에 있다. 이 부분은 도입부를 이루는 두 부분 중 첫 번째 부분만 놓고 봤을 때는 합으로 기능했다. 하지만 두 부분을 합쳐 놓고 보면, 도리어 천지개벽에 대한 서술과 쥐의 내력에 대한 서술 사이에 끼어들었다는 인상만 주고, 급기야 천지개벽에 대한 서술과 쥐의 내력에 대한 서술 사이의 연관성이 거의 없다고 봐도 무방할 정도로 두 부분의 연결고리가 매우 약해졌다. 작품의 도입부분은 천지개벽 – 중국 구주의 형성 – 쥐의 내력으로 이어지지만, 이 세 부분의 연결고리 역할을 하는 것은 지명 옹주(雍州) 하나밖에 없다. 게다가 천지개벽 서술과 구주에 대한 서술 사이는 단지 "이러홈으로"라는 서술만으로 연결되고 있어 그 연결조차 흐릿하다. 그러다 보니 세 서술 간의 긴밀성이 떨어질 수밖에 없다.

결국 이 작품의 작자는 당대 소설 작품의 도입부 서술 방식을 일정하게 모방하여 도입부를 구성하였고, 그럼으로써 작품 속에서 독특한 효과가 발휘되기를 기대했다. 그래서 작품 배경과 주인공 내력을 서술하기 위해 천지개벽에 대한 이야기를 꺼냈지만, 이 이야기가 작품 배경과 주인공의 내력과 무슨 관계가 있는 것인지 도리어 애매해지고 말았다. '본 이야기'를 뒷받침하기 위해 꺼낸 다른 이야기가 그 기능을 제대로 하지 못하고 엉뚱한 이야기로 남은 것이다. 이 부분은 개로서의 기능을 수행하는 데 실패하였고, 그럼으로써 개합이 제대로 이루어지지 않은 것이다.

〈옥선몽〉[88] 역시 마찬가지다.

> [1] 서해 연안에 소중화(小中華)가 있으니 무궁화무궁화다를 나라꽃으로 하고 넙치비목어(比目魚)이다를 그 나라의 물고기로 하고, 석목성(析木星)기성(箕星)과 미성(尾星)의 궤도에 있다을 분야(分野)로 한다. 동으로는 대영(大瀛)에 이르고, 남으로는 탐라(耽羅)에 이르며제주이다, 서로는 패강(浿江)에 이르고압록강이다, 북으로는 서수라(西脩羅)에 이르러 둘레가 수천 리가 되는데, 이곳을 구획지어 나라로 삼았다. 나라 안에는 유명한 산이 있는데, '금강(金剛)산강원도에 있다', '마니(摩尼)산강화에 있다', '한라(漢拏)산제주에 있다'으로 중국에서 소위 '삼신산(三神山)'이라 이르는 것이다. 세상이 아직 열리지 않던 시절부터 신이(神異)한 일들이 자못 많았다. 환웅(桓雄)께서 단(檀)에 강림하시자 환인(桓因)제석(帝釋)이다께서 태어나셨고단군(檀君)이 태어난 곳이다, 신령스런 까치가 함에 따라오니 자충(慈充)무(巫)이니, 신라(新羅) 남해왕(南解王)을 이른다이 석(錫)씨 성이 되었다석탈해(昔解脫)가 태어난 곳이다. 승려 만석(滿石)은 앉은 채로 화(化)하여 부처가 되었고, 여인 녹죽(綠竹)은 록녀(鹿女)로 환생(幻生)

88 〈옥선몽(玉仙夢)〉의 대본은 '서강대본 『옥선몽(玉仙夢)』. 한문필사본. 상하 2책'으로 하였다. 이것은 '장효현·윤재민·최용철·지연숙·이기대, 『교감본 한국한문소설 영웅소설 1』(고려대 민족문화연구원, 보고사, 2007)'에 교감, 활자화되었다.

하였다. 장미가 향기 나는 장막 안에서 천거되기를 원한 이야기는 사실인가, 아닌가설총(薛聰)의 말이다? 김유신(金庾信)이 비결(秘訣)을 받았다는 석굴이야기는 사람의 일인가, 귀신의 일인가신라(新羅) 때 일이다? 황생(黃生)은 꿈에서 개벽(開闢)의 주인공이 되었고지봉유설(芝峰類說)에 나온다, 어리석은 승려는 꿈에서 돌구멍 속의 나라에 들어갔다기야쇄록(箕野瑣錄)에 나온다. 이것들은 황당한 이야기라, 일을 꾸며내기 좋아하는 사람들의 입에서 이어져 내려온 것이니 물론 준신(準信)할 것은 못 된다. 이들은 대개 산천의 황당하고 신령스럽고 괴이한 정기를 받았다. 그래서 괴상하고 놀랄 만한 부류로, 종종 바둑알이 놓이듯 탄생하는 것이다. 푸른 지형의 주맥(主脉)은 '백두산(白頭山)'인데, 얼기설기 얽힌 푸른 줄기가 흩어져 천 가지 만 가지 산형(山形)을 이루었다. 그래서 우뚝하여 개주(介冑)의 형상을 한 것은 장수가 나는 지형이요, 서로 곱게 대하여 관면(冠冕)의 형상을 한 것은 재상이 나는 지형이다. 그리고 청남(淸南)으로 뻗은 한 줄기는 동으로 돌고 남으로 달려 수천여 리를 뻗어 우뚝히 일어나 지리산(智異山)이 되었다. 그 서쪽은 호남(湖南) 지역으로, 바다를 따라 구획되어 명산대천(名山大川)의 한계가 없으며, 지세(地勢)는 산은 높고 물은 달려 세상을 등진 채 달려 나가는 상(象)이다. 또 대인군자(大人君子)로서 형범(型範)을 세워 깨우침을 줄 만한 자가 없어 풍속이 사납고 섬세하고 인색하며 땅에 정착하여 산업을 안정시키려는 뜻이 없어 남을 속이고 떠돌아다니는 습속이 여전히 굳게 존재한다.

[2] 경태(景泰) 말년 만경현(萬頃縣)에 쇄락한 집 하나가 있었는데, 성(姓)은 허(許)요, 이름은 건(僆)이며, 거통(巨通)은 자(字)이다. 기개가 우뚝하고 (소소한 것에) 얽매이지 않고, 뜻이 원대하고 이상이 높아 일찍이 스스로 이렇게 말하곤 했다.

"대장부가 바다 모퉁이 편방(偏邦)에 태어나 가슴속에 그득히 쌓인 기운을 펼 수 없으니 참으로 가련하다고 할 만하구나. 내 후생에 광활

한 중화(中華)에 태어나 서른여섯 개의 명승지를 두루 돌아다니고, 천자가 계신 조정에 서서 천자를 우러러보고, 대부(大夫) 공경(公卿)의 반열에 출입하면서 허다한 즐거움과 괴로움을 실컷 맛본다면, 그 이후엔 유감이 없겠도다."[89] 단락 구분과 번호 부여는 필자. 서강대본 〈옥선몽〉.

서술자는 작품을 시작하면서 우리나라의 지형, 역사 등에 대해 장황하게 서술한다. 우선 무궁화, 넙치 등 우리나라를 상징하는 사물을 들고, 영역에 드는 별자리로 석목(析木)을 든다.[90] 이어 서술자는 우리나라의 지리적 영역을 서술하면서 금강산, 마니산, 한라산 등 명산이 있다고 한다. 그리고 그는 『삼국사기(三國史記)』, 『지봉유설(芝峰類說)』,

---

89 "1 左海之壖, 有小中華焉, 槿無窮花其花, 鰈比目魚其魚, 析木箕尾之躔其分也. 東至于大瀛, 南至于耽羅濟州, 西至于浿江鴨綠江, 北至于西脩羅, 環數千里, 而區以爲國焉. 域中有名之山, 曰金剛也江原道, 曰摩尼也江華, 曰漢挐也濟州, 中國所謂三神山者也. 盖自艸昧之始, 頗多靈異之事, 神熊降檀, 而桓因帝釋也誕化檀君所生. 靈鵲隨櫝, 而慈充巫也, 新羅南解王之稱錫姓昔解脫所生. 滿石僧也, 而坐化爲佛. 綠竹女也, 而幻生於鹿女. 薔薇之願薦香帷, 是耶非耶薛聰之言? 金庾信之受訣石窟, 人也鬼也新羅時? 黃生夢爲開闢之主出芝峰類說, 愚僧幻入石竇之國出箕野瑣錄. 這箇荒唐說話, 班班在好事者之口, 而姑未可準信也. 盖其山川毓其譎慌靈怪之精, 故可怪可愕之類, 往往鍾出棊置焉. 青埜之主脉, 曰白頭山也, 蟠鬱葱翠, 散爲千兒萬孫, 而峻拔如介冑之形者, 出將之地, 拱揖如冠冕之形者, 出相之地也. 而淸南一脉, 東迤南走, 數千餘里, 崛起爲智異山. 其西卽湖南地也, 沿海爲區, 無名山大川之限, 而地勢山飛水走, 有與世背馳之象, 又無大人君子立型範以提警, 故其俗忮纖嗇, 無着土安業之意, 有荒誕浮浪之習俗, 尙固其然也.
2 景泰末, 萬頃縣, 有一破落戶, 姓許名僊, 巨通其字也. 磊落不羈, 志大嘐嘐, 嘗自言曰, '大丈夫生於海隅偏邦, 不能伸肺腑間磈礧之氣, 良可慨憐. 若使吾後身, 生於中華廣宕之地, 遍踏三十六名區, 立於天子之朝, 激昂萬乘之主, 出入九棘之班, 飫喫許多苦樂, 然後死無所憾矣.'" 단락 구분과 번호 부여는 필자. 서강대본 〈옥선몽〉.

90 석목(析木)은 12성차(星次) 중 하나로, 십이지(十二支)의 인(寅)에 해당하여 동방인 우리나라와 요동 일대를 비춰 준다고 여겨져서 우리나라를 지칭하는 말로 쓰인다. 넙치 역시 예부터 가자미가 많이 잡혔다 하여 우리나라를 지칭하는 말이 되었다.

『기야쇄록(箕野瑣錄)』 등과 같은 역사서, 백과전서, 잡록류에 등장하는 신이한 이야기들 몇 가지를 소개한다. 여기까지는 우리나라의 지리와 내력에 대해 간략하게 소개한 것으로 볼 수 있다.

이후 서술자는 범위를 좁혀 우리나라의 산천지형에 대해 서술한다. 주맥(主脈)인 백두산에서부터 여러 갈래의 산줄기들이 뻗어 나와 지금과 같은 형세가 이루어졌다는 것이다. 그래서 지형에 따라 어느 지역은 장수가 많이 나기도 하고, 재상이 많이 나기도 한다고 한다. 그러고서 서술자는 다시 범위를 좁혀서 지리상과 그 주변 지역에 대해 서술한다. 그는 특히 지리산 서쪽의 지형과 풍속에 대해서 집중적으로 서술한다.

이 지점에서 주목해 둘 것은 호남지역의 풍속에 대한 서술자의 시선이 결코 호의적이지 않다는 점이다. 그는 그 지역에 대인군자(大人君子)가 없어 풍속이 인색하고 사나우며, 정착하려는 뜻이 없이 이리저리 떠돌아다니고 남을 속이는 습속이 강고하게 남아 있다고 말한다. 이러한 서술은 지금까지 우리나라의 지형, 역사에 대해 비교적 긍정적인 시선을 가지고 서술하던 것과는 사뭇 다르다.

사실 [1]만 읽어서는 본격적으로 무슨 이야기를 펼쳐 나가려고 하는 것인지 예상하기가 어렵다. 다만 우리나라의 지리, 역사 등에 대해 장황하게 서술하는 것을 보면서 우리나라를 배경으로 한 어떤 이야기를 하려는 의도가 있으리라는 짐작만 할 수 있을 뿐이다. 그리고 지리산과 호남지역에 대한 상세한 서술을 읽으면서도 지리산과 그 주변 지역이 작품 속에서 어떤 역할을 할 것인지 궁금증만 증폭시킬 뿐이다. 비록 그렇긴 하지만 다음에 이어지는 본격적인 이야기를 하기 위한 바탕을 마련해 놓았다는 점에서 개가 적절히 이루어졌다고 할 만하다.

[2]에서 비로소 서술자는 이 작품의 배경이 되는 지역과 주인공을

언급한다. 전라도 지역에 속한 만경현(萬頃縣)에 사는 허거통(許巨通)이 그 주인공이다. 본격적인 이야기가 시작되어서야 이 작품의 주인공이 살고 있고, 중요한 사건이 벌어질 장소가 '지리산'이겠다고 예상하게 만드는 것이다. 하지만 이어지는 서술에서 이러한 예상도 빗나가 버린다. 서술자의 말에 의하면, 주인공 허거통은 평소 바다 모퉁이 구석진 나라에 태어난 것을 안타까움을 표하면서 중화(中華)에 태어나서 생사고락을 지극히 맛보고 싶다는 뜻을 드러냈다고 한다. 어느 날 그는 지리산(智異山) 청학동(靑鶴洞)의 한 암자에서 쉬던 중 금강불 앞에 놓인 향 사르는 탁자 곁에서 깜박 잠이 든다. 그리고 그의 혼령은 중국으로 날아가는데[91], 여기서부터 본격적인 이야기가 펼쳐지기 시작한다. 즉 〈옥선몽〉은 허거통이 꿈속에서 겪는 온갖 부귀영화가 중심을 이루는 것이다.

이 작품의 중심 배경은 결국 조선의 지리산이 아닌 중국이라 하겠는데, 그렇게 됨으로써 작품 속에서 지리산이 하는 역할이 매우 애매해져 버린다. 호남 지역의 풍속이 좋지 않다는 서술자의 서술은 우리나라에 태어난 것을 아쉬워하며 중국에 다시 태어나서 뜻을 펼치고 부귀영화를 누리려는 허거통의 뜻에 타당성을 부여해 주는 역할을 한다. 호남지역의 풍속이 좋지 않아 뜻을 펼치기에는 매우 부족하다는 것이다. 서술자가 호남지역의 풍속에 대한 좋지 않은 시각을 견지하면서도 굳이 이를 상세히 설명한 의도가 여기에 있다.

---

91 "一日, 以黃冠草屩, 上智異山靑鶴洞, 得一菴子憩焉, 正是四月和暢時分也. 烟景惱神, 暖花纈眼, 凭睡於金剛佛前香卓之下, 精神忽若烟浮, 飛入中國山川, 渀無所適, 已而墜於錢塘天目山下, 靈鷄村錢姓循華之家. 是時, 大明永樂皇帝卽位十年, 壬辰八月初一日也." 서강대본 〈옥선몽〉.

그래서 그가 올라 간 지리산은 허거통이 중국에서 활약하기 위한 몽중세계로 들어가는 계기를 만들어 주는 공간으로 작용한다. 그럼에도 이 지리산은 이후 사건 전개에 두드러진 역할을 하지 못한다. 이는 작품 말미를 보아도 마찬가지다. 허거통이 깨어났을 때 지리산 청학동 금강불 앞의 향 사르는 탁자 곁에서 졸고 있던 예전 허거통의 모습 그대로임을 보고는 100년의 부귀영화가 일장춘몽임을 깨닫고 출가한다.[92]

결국 지리산은 본격적인 사건이 펼쳐지는 계기를 만드는 명목상의 장소에 불과하다. 〈구운몽〉이나 〈옥루몽〉의 몽중세계로 가기 전과 갔다 온 후의 공간과 비교해 보더라도 이 지리산이 유의미한 공간으로 설정되었다고 보기 어렵다. 서술자가 나름 비중 들여 지리산을 서술한 이유를 찾기가 어렵게 되어 버린 것이다. 그럼으로써 그 전에 서술자가 했던 우리나라 지역, 역사 등에 대한 장황한 서술들 역시 그 기능이 무엇인지, 서술자가 장황하게 이를 서술한 이유가 무엇인지도 애매해지고 말았다.

그 결과, 이 작품의 도입부 전반부는 적절히 바로 뒤에 이어지는 본격적인 도입부와 연결이 제대로 되지 못하고 합을 이루지 못함으로써 도입부 전반부가 엉뚱한 이야기로 남고 마는 결과를 초래하였다. 이는 어디까지나 전반부 서술이 지나치게 장황하였던 데서 기인한 문제라

---

92 "須臾, 洞天乍低, 雲霧窈冥, 精神厭厭如井中之星, 搖搖如風外之烟, 若存若無, 忽地從半空中, 一聲響亮, 因遽遽而悟, 一身宛在金剛佛前香卓之下, 黃冠草屩, 散在其傍, 依舊一破落戶許巨通也. 觀其地, 則乃智異山青鶴洞. 向來四十年, 分明事業, 都歸於一場幻境, 與邯鄲呂翁之枕, 槐安淳棼之夢, 一般虛謊事也. 不知巨通之夢爲夢玉耶, 夢玉之夢爲巨通耶? 百年榮辱, 無非一場春夢也! 世間營營於富貴利達者, 盍觀於此? 巨通因感慨悲愴, 悟道出家, 不知所終云." 서강대본 〈옥선몽〉.

하겠다.

2) 갈마드는 서사들

사실 소설에서 개합 관계는 비단 도입부에만 국한되어 활용되는 것은 아니다. 스토리가 한창 전개되는 과정 속에서 개합은 가까이서 이루어지기도 하고, 멀리 조응을 하며 이루어지기도 한다. 또 다른 양식의 글들과 결합되면서 개합 관계를 이루기도 한다. 이는 '착종(錯綜)'의 문제와도 연관이 되므로 이를 살펴보면서 다시 논의하기로 하자.

'착종'은 '착락(錯落)'이라고도 하는데, 정제되어 단조로울 수 있는 형식에 변화를 주는 수사법으로 편장법(篇章法), 구법(句法) 등 다양한 층위에서 활용된다.[93] 예상되는 언어의 배열 순서를 작자의 특수한 의도 아래 뒤섞거나 뒤바꾸는 것, 통사구조에서 어휘의 통사적 순서를 바꾸기도 하고 문장의 위치를 바꾸기도 하는 것, 서사에서 시간의 흐름에 따라 사건을 기술하지 않고, 시간의 순서를 뒤바꾸기도 하는 것[94]을 이른다.[95] 그럼으로써 단조로운 서술을 피하여 독자의 주의를 환기하고, 또는 작자의 주제를 보다 간결하게 부각시킨다.[96] 김창협의 비평을 예로 들어보자.

김창협이 산문 분석 과정에서 '착종' 혹은 '착락'이라는 용어를 사용한 용례는 크게 세 가지이다. 먼저 중심 제재를 중심으로 단락을 배치

93 송혁기, 앞의 책, 252면.

94 강명관(2007C), 앞의 책, 45면; 강명관(2007A), 앞의 책, 170면.

95 이와 반대되는 말은 '직서(直敍)'이다. 직서는 사건의 순서에 따라 서술하는 것으로, 매우 평범한 서술 기법에 해당한다(강명관(2007C), 위의 책, 477면).

96 강명관(2007C), 위의 책, 241면.

하는 것처럼 서술 순서에 변화를 줌으로써 단락 구성의 묘미를 이루는 방식이다. 그는 구양수(歐陽脩)의 「태위문정왕공신도비명(太尉文正王公神道碑銘)」 비평에서 구양수가 지적한, 재상으로서의 업적을 부각시키기 위해 시간 순서에 따라 서술하지 않고 주제별로 묶어 재배치하여 실증한 점을 두고 '착종변화'의 서사법이 잘 구사되었다고 하였다.[97] 둘째, 단락 접속에 변화를 주는 방식이다. 그는 한유(韓愈)의 「장중승전후서(張中丞傳後敍)」 비평에서 한유가 이 글에서 이질적인 단락을 삽입함과 동시에 별도의 직접적인 명시 없이 화자를 전환시키는 방식의 구성을 한 점을 두고 단조로운 단락 연결에 변화를 가하고, 간결한 문체로 사정을 곡진하게 서술해 내는 '간묘(簡妙)'를 이루었다고 하였다.[98] 마지막은 서사와 의론의 서술방식을 번갈아 구사하는 방식이다.[99] 이러한 착종(착란)의 기법은 비단 한문 산문을 창작할 때뿐만 아니라, 소설 창작에서도 매우 중요하게 간주되었다. 소설에서 이 착종 기법과 관련되어 언급되는 경우를 대충 들면 다음과 같다.

먼저 짧은 글과 달리, 긴 글은 중심 이야기만 계속해서 이어 나가다 보면 글이 늘어지고 번잡해지게 된다. 그래서 중간 중간에 다른 이야기를 끼워 넣어서 변화를 주는 것이다.[100] 이 기법은 김성탄이 말한 '횡운단산(橫雲斷山)'법과도 상통한다. 이것은 한 사건의 묘사를 지나치게 길게 지속시키면, 단조롭고 불필요한 단락이 끼어들기도 쉽기 때문에 대

---

97 이 글과 김창협의 비평에 대한 분석은 '송혁기, 앞의 책, 246~252면'을 참조.

98 이 글과 김창협의 비평에 대한 분석은 '송혁기, 위의 책, 252~256면'을 참조.

99 이 점은 뒤에서 서술한다.

100 "蓋文之短者, 不連敍則不貫串; 文之長者, 連敍則懼其累墜: 故必敍別事以間之, 而後文勢乃錯綜盡變." 모종강(毛宗崗) 평점본(評點本) 『삼국지연의(三國志演義)』, 「독삼국지법(讀三國志法)」.

사건의 전개에 간격을 두어 다른 삽화를 끼워 넣는 방식이다.[101]

한창 중요하게 벌어지는 사건을 묘사하다 말고 이와는 관계없는 전혀 다른 이야기를 끼워 넣어서 착종의 효과를 두드러지게 하는 방식 역시 '횡운단산'법을 약간 변형한 것이라 할 수 있다. 『삼국지연의(三國志演義)』에서 관우(關羽)가 장군을 벤 이야기와 원소(袁紹)가 병사를 일으키는 이야기 사이에 갑작스레 마씨(馬氏)의 가희(歌姬)와 정가(鄭家)의 시비 이야기를 끼워 넣는 것[102]이 전형적인 예이다.

또 어떤 한 가지 이야기가 한참 앞서 나왔던 다른 이야기와 미묘하게 조응을 이루게 하는 것, 비슷한 이야기를 여러 회를 건너뛰어 앞뒤로 배치함으로써 두 이야기가 묘하게 조응하게 하는 것도 착종의 방법으로 많이 활용된다. 예를 들어, 『삼국지연의』 첫 권에서 유현덕(柳玄德)의 생평을 서술하면서 정현(鄭玄)을 스승으로 삼았다는 서술을 한 뒤, 수십 회(回)가 지나고서 유현덕이 원소를 구해준 이유가 바로 정현이 그에게 소개해 주었기 때문임을 비로소 서술[103]하는 것을 들 수 있다. 그리고 정현과 노식(盧植)이 모두 현덕의 스승이었는데도 노식에 대한 서술은 앞에서 상세하게 다루고 정현에 대해서는 한참 뒤에 와서야 비로소 서술함으로써 조응을 하게 하는 것[104]도 마찬가지이다.

등장인물의 비중에 따라 등장인물의 공통적인 면모들조차도 서술되

---

101 민혜란, 「김성탄(金聖嘆)의 소설기법론(小說技法論)에 대하여」, 『중국학연구』 7(중국학연구회, 1992. 10), 14면.

102 "況又于關公斬將之後·袁紹興兵之前, 忽然夾敍馬氏歌姬·鄭家詩婢一段風流文字, 眞如霹靂火中, 偶雜一片淸冷雲也." 모종강 평점본 『삼국지연의』, 22회 평비문.

103 "玄德之求袁紹也, 以鄭玄爲之介紹, 而首卷敍術玄德生平, 早有"師事鄭玄"一語, 遙遙伏綫." 모종강 평점본 『삼국지연의』, 22회 평비문.

104 "且鄭玄盧植, 俱爲玄德所師, 而盧植詳見前文, 鄭玄直至此處方才出現. 一先一後, 參差錯落, 極敍事筆法之妙." 모종강 평점본 『삼국지연의』, 22회 평비문.

는 범위, 서술되는 방식에 차이를 둔다든지, 서술을 상세하게 하기도 하고 과감하게 생략해 버리기도 함으로써 착종의 묘미를 거두는 경우도 있다. 『삼국지연의』에서 방통(龐統)과 공명(孔明), 서서(徐庶)에 대한 묘사에서 이들의 공통적인 면모가 분명히 있음에도 불구하고, 이들의 내력을 말하는 인물의 비중에도 차이를 두고, 그 내력을 서술하는 비중에도 차이를 둠[105]으로써 인물들의 비중 차이를 분명하게 보여주고 착종의 효과를 높이기도 한다. 또 특정 회에서도 인물들 간의 비중 차를 명확하게 두어 주인공인 공명에 대한 서술은 상세하게 하고, 상대적으로 비중이 떨어지는 '빈(賓)'에 해당하는 단복(單福)과 방통에 대한 서술들은 요점만 간략하게 서술하고 과감하게 생략[106]해 버리는 것 역시 마찬가지이다.

이렇게 중국 소설의 경우, 중심 스토리와 삽화들이 맺는 관계나 삽화의 운용 등에 대해 '정서(正敍)'와 '협서(夾敍)'의 관점에서 언급이 많이 되었다.[107] 김성탄의 「독제오재자서법(讀第五才子書法)」에 의하면, 원래

---

105 "龐統有叔, 孔明亦有叔. 徐庶有弟, 孔明亦有弟. 龐統之叔與水鏡爲友, 孔明之叔與劉表爲友. 徐庶則母在而弟亡, 孔明則弟在而父亡. 龐統來曆, 在牧童口中敍出, 徐庶來曆, 在程昱口中敍出; 孔明來曆, 在徐庶口中敍出. 敍龐統止及其叔, 敍徐庶止及其母與弟, 敍孔明則不但及其弟與叔, 并及其父與祖. 或先或後, 或略或詳, 參差錯落, 眞敍事妙品." 모종강 평점본『삼국지연의』, 36회 평비문.

106 "此卷以孔明爲主, 而單福其賓也, 即龐統亦其賓也. 水鏡雙薦伏龍·鳳雛, 而單福專薦伏龍, 帶言鳳雛. 于孔明則詳之, 于龐統則略之, 是文有賓主之別焉. 蓋主爲重, 則賓爲輕. 故玄德既知單福之即是元直, 并不提起水鏡庄上先曾聽得; 既知鳳雛即是龐統, 并不提起牧童口中先曾說出. 此非玄德于此有所不暇言, 而實作者于此亦有所不暇記. 總之, 注意在正筆, 而旁筆皆在所省耳." 모종강 평점본『삼국지연의』, 36회 평비문.

107 사실 중국에서 소설의 구성, 인물 형상화 등의 소설 창작 문제, 그리고 소설을 어떻게 읽는 것이 바람직한가 하는 문제는 명말(明末) 청초(清初) 소설 평점가(評點家)들의 활동 속에서 본격적인 관심이 일어났다고 할 수 있다. 명청 대 평점소설의 양상과

협서(夾敍)는 하나의 서술 기법으로, 급박한 상황에서 두 사람이 대화를 할 때 한 사람의 이야기가 끝나기도 전에 다른 사람의 이야기를 끼워 넣는 방법을 일컫지만,[108] 중심 스토리와 삽화들이 맺는 관계나 삽화의 운용 등에 대해 언급할 때, 더 많이 활용된다. 이때 협서는 이야기가 진행되는 도중에 불쑥 끼어드는 쓸데없는 이야기가 아니라, 그것이 중간에 끼어듦으로써 서사 진행이 밋밋하게 흘러가는 것을 방지하고 긴장감을 유지하며 흘러갈 수 있게 해 주는 역할을 한다는 점에 초점이 맞추어져 있다. 앞서 든 중국소설의 예 중, '횡운단산'법의 변용이라고 지적한 두 가지 예가 바로 정서와 협서의 교착을 통해 서사 흐름에 미묘한 변화를 준 경우에 해당한다.

〈삼한습유〉에서 향랑의 혼인식 하객으로 중국의 역대 여인들이 등장하는 장면은 정서와 협서 관점에서 흥미로운 부분이다. 이 부분은 정서만이 이어질 때 어떤 위험이 발생할 수 있는지, 협서가 왜 여기에 끼어들어야 하는지를 전형적으로 잘 보여주는 예라 할 수 있다.

향랑의 혼인일이 다가오자 상제는 예절에 잘 맞게 일을 치를 수 있는 방도를 묻는다, 그러자 전 한림학사 장경신(長庚臣) 백(白)과 집극중랑(執戟中郎) 세성신(歲星臣) 삭(朔)이 의견을 낸다. 그들은 향랑의 혼인은 하늘이 사람을 낸 이래로 가장 성대한 모임이니 뭇 영령들과 성인들을 모두 초대하여 그 위의를 찬란하게 드러내야 한다고 말한다.[109] 이에

평점가들의 활동, 성과 등에 대한 주목할 만한 연구 성과로 '데이비드 롤스톤, 조관희 옮김, 『중국 고대소설과 소설 평점: 행간 읽기와 쓰기』(소명출판, 2009)'이 대표적이다.

108 민혜란, 앞의 논문, 5면.

109 "乃召問東皇太一曰, '香娘之事, 朕方主之, 夫家之事, 今聞羅王主之, 何以則天上人間, 不僭不愆, 可以合禮耶? 退以奏.' 於是, 前翰林學士長庚臣白, 執戟中郎歲星臣

상원부인(上元夫人)이 향랑을 호위하여 보내고, 후토부인, 남악부인(南岳夫人), 상강부인(湘君夫人), 정강(貞姜) 등 여러 부인들이 다른 여러 부인들, 여인들과 함께 먼저 입장하여 자리를 잡고 앉는다. 그리고 공보부인은 "어진 황후, 지혜로운 왕비, 행실이 맑은 여자, 몸가짐이 바르고 아름다운 여자들"만을 허락한다.[110] 이때 우미인(虞美人)이 주나라와 한나라 사이에 자리를 마련하게 하자 이를 불편하게 여긴 조대가(曺大家)와 언쟁이 붙는다. 그리고 이는 다시 반고(班固)의 누이인 조대가와 사마천(司馬遷)의 딸인 윤부인(尹夫人) 간의 언쟁으로 번진다. 우미인의 자리가 정해져 그가 자리를 잡고 앉자 본격적으로 여인 하객들의 입장이 시작된다.

서술자는 "여러 나라의 현명하고 지혜롭고 말 잘하고 똑똑하고 어질고 밝고 곧고 미덥고 의롭고 매서운 결의가 있고 맑고 착하고 자애롭고

朔, 獻議曰, '臣窃觀天人相與之際, 甚可畏也. 何謂天變化? 交易, 是也. 何謂人好惡? 喜怒, 是也. 天人相須一體相感, 故, 陰符經曰, '天人合發, 萬化定基.' 今香娘之婚, 自生民以來, 未有盛於斯會者也. 宜旁招百靈, 廣延千聖, 攝其威儀, 光耀天下, 以爲古今流傳之盛, 擧事宜允合. 伏惟上裁.' 帝允許." 서울대본 〈삼한습유〉.

110 "上元夫人率仙官數人, 衛送香娘前行, 皆乘長雲紫河車, 載馳載驅, 隱隱訇訇, 婥約仙娥, 來侍左右, 仙樂嗎啾, 天花亂落, 無數觀者, 頂禮不已, 皆曰, '未曾有也.' 冉冉而下, 經中堂而憩焉, 后土夫人率彩鸞·雲英·蘭香·巫山神女·洛浦仙女, 赴宴, 親自主辨. 其餘則木蘭·秦羅·蘇若蘭·酒家胡·空谷佳人·中山孺子妾·綠珠·碧玉·毛嬙·驪姬·漏月李夫人·趙飛燕·張麗華, 從者各數十人. 南岳夫人率卓文君·西施·王明妃·喬公二女, 來會, 從者各十餘人. 月宮姮娥與弄玉, 往請觀音于南, 觀音辭以衣白. 湘君夫人同周室三母, 邑姜宣后·明德馬皇后·長孫皇后, 別設一榻臨觀焉. 楚昭夫人貞姜, 自漸臺而至, 與宓妃·炎帝女·糜夫人·孫夫人·杞梁妻·秋潔婦·蘭芝·鄴城河伯婦, 數十人侍坐於前. 有女師三人中坐, 一則魯之母師, 九子寡母, 一則公父夫人, 一則漢之曺大, 孟光·夏后令女, 從母師侍坐. 須臾, 帝王后妃, 諸候嬪嬙, 皆至, 公父夫人恐其亂, 而無別也, 以魯義姑, 曾却三軍, 憑婕好身自當熊, 謂其義勇, 使之執旗揚言曰, '以淫穢彰者, 不許入!' 去者, 過半. 於是, 賢后哲妃, 淑女貞媛, 各自接次而至." 서울대본 〈삼한습유〉.

은혜롭고 아름다운 사람들이 모두 왔다"[111]고 하면서 각 나라별로 지혜와 덕이 있는 여인들을 열 명 내외씩 들고 있어 입장하는 여인들만 거론하는 데도 상당한 분량을 차지한다.[112] 게다가 앞서 향랑을 호위하며 내려갈 적에 함께 온 여러 부인들과 여인들이 거명되는 부분까지 합칠 경우, 사실상 서술자가 여인들을 거명하는 데 완전히 정신을 팔아버렸다고 볼 수밖에 없을 정도로 장황해져서 서사 진행이 완전히 끊어질 위기에 처한다. 그나마 각 나라에서 온 여인들이 하나하나 거명되기 전에 우미인과 조대가, 윤부인 간에 언쟁이 붙는 장면이 끼어 있어서 서사 진행이 완전히 끊어지는 사태는 면한다. 하지만 각 나라별로 거명되는 여인들의 숫자가 많다보니 서사의 늘어짐은 결코 피할 수가 없다.

이 부분만 놓고 보면, 하객으로 입장하는 여인들에 대한 기나긴 서술

---

111 "須臾, 列國夫人之賢智辯慧, 仁明貞信, 義烈淑善, 慈惠婉好者畢至." 서울대본 〈삼한습유〉.

112 "於楚則莊王樊姬·武王夫人鄧曼·成王夫人鄭瞀·平王夫人伯嬴·子發母·孫叔敖母·江乙母·白公妻貞姬·於陵子終妻·老萊子妻·接輿妻·楚野辯妻. 於齊則桓公夫人衛姬·靈公夫人仲子·孝公夫人孟姬·威王夫人虞姬娟之·襄王夫人君王后·田稷子母·莊姜及保母·義繼母·王孫氏母·管妾債·齊相御妻·傷槐衍女·聶政娣·東孫夫人徐吾·無鹽·宿瘤·孤逐女, 皆以形陋不肯來. 於魯則○○母·公乘姒·漆室女·陶門女嬰·黔婁先生妻·柳下妻. 於晋則文公夫人齊姜·趙衰妻趙姬·大夫伯宗妻·羊舌子妻·范獻子妻·繁人女·弓工妻. 於衛則衛姑定姜·衛靈夫人·衛宣夫人·衛宗二順. 於魏則芒慈母·曲沃夫人如耳母·節乳母. 於梁·於趙·於曺·於宋則節姑姊·高行寡·簡子夫人女涓·趙括母·佛肸母·蓋將丘子妻·僖負羈妻·鮑蘇妻女宗. 於周則周南夫人妻·召南申女·京師節女·大夫忠妾·周郊夫人. 於漢則陳嬰·王陵·張陽·嚴延年母·王章妻女·東海孝婦·樂羊子妻·太倉令緹縈. 他女秦穆夫人·許穆夫人·密康公母·黎莊夫人·息君夫人·代王婦人·陶荅子妻·陳孝婦·蔡人之妻·珠厓二義女·郃陽季兒, 各以齒德, 分行以坐. 其餘則庚宗婦人·蔡文姬·衛子夫侯夫人·楊太眞·秦虢夫人·侯王妃嬪數千人. 公孫大娘, 又率梨園子弟八千人而至, 至如東都妙姬, 南國麗姬, 鄭衛妖艶, 燕趙佳冶, 漢上遊女, 溱洧戱伴, 齊姜宋子, 上宮桑中, 蠔首蛾眉, 蕙心紈質, 莫不登阡越隧, 搖風曳烟, 傳相告引, 如蟄蟲之振以至." 서울대본 〈삼한습유〉.

이 정서에 해당한다. 그리고 우미인과 반고의 누이인 조대가 사이의 논쟁과 조대가와 사마천의 딸인 윤부인 간의 언쟁은 이 여인들에 대한 서술이 이루어지는 중간에 나온다는 점에서 협서에 해당한다.

만약 우미인과 조대가, 조대가와 윤부인 간의 논쟁이 서술 사이에 끼어 있지 않았더라면 여인에 대한 서술 부분이 지나치게 늘어진 나머지 서사의 긴장도를 급격히 떨어뜨리고 더 나아가서는 거대한 여담 덩어리가 되어 버렸을 것이다. 협서에 해당하는 이 이야기가 끼어듦으로써 이 부분이 늘어지고 번잡해져 느슨해져 버리는 결과를 방지한 것이다. 긴 글은 중심 스토리만 계속해서 이어 나가다 보면 글이 늘어지고 번잡해지게 되므로, 중간 중간에 다른 이야기를 끼워 넣어서 변화를 주어야 한다는 『삼국지연의』「독삼국지법」의 언급은 여기에도 해당된다 하겠다.

한편 장편소설은 중심 스토리가 진행되는 과정에서 수많은 삽화들이 끼어들고 이들이 중심 스토리와 다층적으로 결합되면서 하나의 작품을 구성한다. 이때 중심 스토리는 구성적 사건으로, 삽화들은 보충적 사건 혹은 보충적 사건의 보충적 사건 기능을 담당하면서 스토리 흐름 속에서 긴밀하게 관계를 맺음으로써 작자가 작품을 통해 구현하고자 하는 것을 다채롭고 생동감 있게 보여주는 데 기여한다.

중국 소설에서 많이 활용되는 정서, 협서라는 용어가 장편소설의 창작과 독해를 논의하기 위해 고안되었다는 점을 감안하면, 이 용어를 우리 한문 장편소설은 물론, 국문 장편소설에도 적용할 수 있다. 중심 스토리와 삽화들이 맺는 관계나 수많은 삽화들의 운용 등에 대한 문제를 정서와 협서의 관점에서 논의할 수 있는 것이다. 이때 중심 스토리는 정서에, 거기에 끼어드는 여러 층위의 삽화들은 협서에 해당한다.

더 나아가 단편소설도 중심 스토리로만 일관되게 흘러가는 일은 없다는 점을 감안하면, 정서와 협서 개념을 단편 분량의 소설에서도 활용할 수 있을 것이다. 이를 감안하면서 정서와 협서 관점에서 중심 스토리와 삽화들이 맺는 관계나 삽화 운용과 관련된 몇 가지 예를 논의해 보기로 하자.

먼저 구성적 사건과 구성적 사건을 이어주는 매개 역할을 하는 삽화들은 두 개의 정서 사이에 끼어 있는 일종의 협서로 볼 수 있다. 이러한 협서의 형태는 소설 유형을 막론하고 가장 흔히 찾아볼 수 있는 형태이다. 한문 소설과 국문 소설에서 예를 하나씩 들어 보자.

〈옥루몽〉에서 남만(南蠻)이 초(楚)나라를 침범했다는 소식이 날아오자 조정에서는 대책을 논의한다. 이때 강남홍이 상소를 올려 아들 양장성을 천거함으로써 양장성이 출전하게 된다. 평소 아들 양장성의 기상이 날카로움을 잘 알고 있던 강남홍은 군령을 지나치게 강하게 집행하여 사람을 많이 죽일까 염려한다.[113] 마침 양장성이 어머니께 가르침을 청하자 강남홍은 그를 데리고 후원으로 나간다. 강남홍은 후원에서 자신의 검술을 아들에게 보여준다. 특히 강남홍은 후원을 날아다니는 자고새를 향하여 검술을 부린다. 강남홍의 검술에 두려움에 떨며 어찌할 바를 모르던 자고새가 양창곡의 품으로 날아든다.[114] 강남홍은 두려움

113 "此日鸞城이 挑燈而坐ᄒᆞ야 看兵書ㅣ러니 燕王이 來見而笑曰, '娘이 輕薦幼兒ᄒᆞ고 敎何妙計乎아?' 鸞城曰, '兒子之將略은 妾之不能當이라 雖無可憂ㅣᄂᆞ 但少年銳氣로 軍令이 太剛ᄒᆞ야 恐其有殺戮之弊ㅣ로소이다.'" 보급서관본 〈옥루몽〉 58회.

114 "忽然空中에 一個芙蓉劍이 飛擊樹枝ᄒᆞ야 有鏘然之聲ᄒᆞ면서 枝上一雙鷓鴣ㅣ 驚動ᄒᆞ야 翩翩東飛ᄒᆞ니 芙蓉劍이 又飛於空中而遮東ᄒᆞ고 鷓鴣又西飛ᄒᆞ니 芙蓉劍이 又遮西ㅣ라. 鷓鴣ㅣ 且驚且鳴ᄒᆞ야 東西南北에 莫知所向이러니 不意에 芙蓉劍이 遍滿空中ᄒᆞ야 上下四方에 閃忽紛紛ᄒᆞ니 鷓鴣ㅣ 愈益窮迫ᄒᆞ야 哀鳴而飛入燕王之前이어ᄂᆞᆯ 燕王이 笑而擧袖ᄒᆞ야 掩護鷓鴣러니 俄而오 鸞城이 自空中而下ᄒᆞ야 笑曰, '因

에 어쩔 줄을 몰라 하는 자고새의 모습을 양장성에게 보여준 뒤 자신의 검술에 대해 이야기를 하면서 좋은 계책으로 공격하고 은혜와 위엄으로 항복을 받을 것과 살육을 일삼지 말 것을 당부한다.[115]

자고새를 향한 강남홍의 검술과 양장성에 대한 강남홍의 당부로 구성된 이 삽화를 읽는 독자들은 자고새의 모습을 통해 강남홍이 양장성에게 말하려는 것이 무엇인지를 알아차렸을 것이다. 그리고 그 뒤에 이어지는 강남홍의 당부는 이를 좀 더 분명하게 확인시켜 주는 역할을 한다. 강남홍은 자고새에게 벌인 검술을 통해 미물인 자고새조차도 죽기를 싫어하고 살고자 하는 마음이 강하다, 미물이라도 무고한 생명을 막다른 골목으로 몰고 가거나 함부로 죽이려 해서는 안 된다, 그러니 사람도 무고하게 막다른 골목으로 몰아가서는 안 되며, 함부로 죽여서는 더욱 안 된다는 가르침을 전한 것이다.

결국 이 삽화는 강남홍이 양장성을 후원으로 데리고 나가서 검술을 보여주었다는 작은 삽화에 불과하며, 일종의 협서에 해당한다. 그렇지만 이 삽화는 남만의 침입을 방어하기 위해 강남홍이 아들 양장성을 천거하는 장면이 나온 뒤에 나온 것으로 전장에 나선 양장성의 군담을 형상화하기 위한 중요한 매개 고리 역할을 하고 있음을 알 수 있다. 즉 양장성이 출전하여 백성들을 살육하지 않고 큰 공을 세운다는 구성

南方之敵ᄒᆞ야 驚我園中之鷓鴣로다.'" 보급서관본 〈옥루몽〉 58회.

115 "鸞城曰, '吾用劒之法은 鳳凰啄實法이라 雖過百萬大軍이라도 斬首無漏ᄒᆞ니 此ᄂᆞᆫ 初用之法이오 再用之劒은 蜘蛛縛蝶法이니 雖有昇天入地之勇이라도 難逃此劒이라. 然이나 吾ㅣ 平生에 未嘗恃劒術而犯危ᄒᆞ고 無妄殺人命은 相公之所知라. 凡爲將에 殺戮이 若多則其子孫이 不能繁盛ᄒᆞ고 日後에 必非命橫死ᄒᆞ나니 汝ᄂᆞᆫ 對敵兵ᄒᆞ야 銘心吾言ᄒᆞ고 攻以良策ᄒᆞ야 以恩威로 受降ᄒᆞ야 以顯汝名於天下어다. 今武藝兵法이 無過於汝者ᄒᆞ나 若恃勇猛而入危地ᄒᆞ며 務强猛而事殺戮則非但兵家之忌라 又非臣子忠孝之心이니라.'" 보급서관본 〈옥루몽〉 58회.

적 사건을 구성하기 위한 계기를 마련해 주는 보충적 사건의 기능을 충실히 하고 있는 것이다.

한편 서사 전개를 잠시 멈추고 행해지는 상세한 묘사, 더 나아가서는 의론과 같은 것들은 중심스토리와의 연관성에 따라 정서가 되기도 하고 협서가 되기도 한다. 상세한 묘사가 펼쳐지고 의론이 길게 이어지면 서사는 일시적으로 정지 상태에 놓일 수밖에 없다. 진행되던 서사를 잠시 중단시킨다는 점에서는 협서의 범주에 든다고 볼 여지가 있는 것도 사실이다. 하지만 본격적인 사건 형상화에 앞서 그 사건이 일어날 장소를 상세하게 묘사한다든지 관련 인물을 세밀하게 묘사한다든지 하는 경우는 모두 중심 스토리의 흐름에서 행해지는 것이므로 정서에 속한다. 의론 역시 앞뒤 중심 스토리와 긴밀한 연관을 맺으면서 이루어진다면 이는 정서에 속하는 것으로 보아야 한다.

협서의 범주에 넣을 수 있는 경우는, 사건의 형성화가 아닌 상세한 묘사나 의론들은 중심 스토리의 흐름을 다소 벗어나서 진행되는 경우로 한정되며, 상대적으로 여담적 성격이 강하다는 특성을 지닌다고 할 수 있다. 여기서는 묘사의 경우를 〈서대주전〉과 〈서동지전〉을 대상으로 하여 살펴보자. 이 책에서 대상 작품으로 선정하지는 않았지만 이 두 작품과 함께 다루는 데 좋은 참고가 되는 작품으로 〈서듸쥐〉[116]가 있다.

116 〈서듸쥐〉의 서지 사항은 다음과 같다.
단국대 소장본 〈서듸쥐〉 권지단. 국문필사 13장본. 1913년 필사. 단국대학교 도서관 소장 『〈니어사〉 외』에 합철(신해진 편역, 『서류 송사형 우화 소설』, 보고사, 2008, 활자화). 이 작품은 신해진 편역 책에는 〈서듸쥐 권지단〉으로 명명되어 있다. 일반적으로 연구자들이 고전소설 작품을 명명할 때, 권수에 대한 정보는 포함하지 않음을 감안하면, 〈서듸쥐 권지단〉보다는 〈서듸쥐〉라고 부르는 것이 타당하다고 생각한다. 여기에서는 〈서듸쥐〉로 명명하기로 한다.

그래서 이 부분에서는 이 세 작품을 함께 놓고 논의하기로 하겠다.

이 세 작품에서 공통적으로 보이는 화소는 바로 서대주 집 안팎에 대한 상세한 서술이다. 〈서대주전〉과 〈서ᄃᆡ쥐〉에서는 서대주를 잡아오라는 고을 원의 명을 받고 사령이 서대주 소굴에 들이닥치는 부분에, 〈서동지전〉에서는 황제가 서동지에게 벼슬을 내린 것을 축하하는 잔치 자리에 등장한다.

먼저 〈서동지전〉에서 서술자는 잔치에 참여한 여러 쥐들의 시선을 통해[117] 집 안팎 경물에 대한 묘사를 해 나간다. 그러다 서술자는 만수제(萬壽齊)에서 잔치가 벌어지고 있음을 밝히면서 잔치 자리에 앉아 있는 서동지의 모습을 묘사[118]함으로써 자연스럽게 하던 이야기로 복귀한다. 그런 만큼 이 부분은 세심하게 읽지 않으면, 어느 지점에서 본래 스토리로 복귀하는지 알아차리기가 어렵다.

이렇게 이 부분에서 경물 묘사가 꽤 장황하게 펼쳐짐에도 불구하고, 이 서술이 잔치가 벌어지는 장면 형상화의 일환으로 이루어진다는 점, 그리고 자연스럽게 하던 이야기로 돌아와 계속 이야기를 진행해 나간다는 점 때문에 서동지가 일가친척들을 모두 모이도록 하는 장면과 본격적인 잔치가 벌어지는 장면 사이에 끼어든 서술로 생각되지 않는 것이다. 그래서 이 부분은 정서에 해당한다.

---

117 "잔ᄎᆡ날을 당(當)ᄒᆞᄆᆡ 모든 쥐드리 연셕(宴席)에 참여(參與)홀ᄉᆡ 눈을 드러 살펴보니." 영창서관본 〈서동지전〉.

118 "만수졔(萬壽齊) 너른 집은 셔ᄃᆡ쥐(鼠大智) ᄃᆡ연(大宴)을 ᄇᆡ셜(排設)ᄒᆞ고 늘근 쥐로 더부러 동락(同樂)홀ᄉᆡ, 머리에 화향쳥사건(花香靑紗巾)을 쓰고 몸에 운무학모의(雲霧鶴氅衣)를 입고, 허리에는 셔쵹오화ᄯᅴ(西蜀烏火帶)를 ᄯᅴ고 발에는 무릉ᄇᆡᆨ화말(武陵白花襪)를 신엇스며, 치아(齒牙)에 누른 금(金)은 ᄒᆡ빗치 조여(照耀)ᄒᆞ고 손에는 오ᄉᆡᆨ비렴(五色飛簾)션을 드럿스니, 몸은 비록 젹으나 위풍(威風)이 늠늠(凜凜)ᄒᆞ고 풍ᄎᆡ 찬란(風彩燦爛)ᄒᆞᆫ지라." 영창서관본 〈서동지전〉.

다음 〈서대주전〉의 서술자는 장황한 묘사 때문에 본래 이야기 흐름을 벗어나는 사태가 벌어지지 않도록 하기 위해 이러한 광경들을 사령이 구경하고 있는 것임을 계속 환기시킨다. 그럼으로써 이 부분이 스토리에서 벗어난 것이 아니라, 본래 이야기를 계속 해 나가던 과정에서 이루어진 것으로 보이게끔 한다. 그 결과, 서술자의 의도대로 서대주를 잡으러 들이닥친 사령이 서대주 집안 곳곳을 살펴보는 것을 서술한 것임이 명확하게 드러난다.

이러한 서술자의 노력으로 인해, 경물 묘사가 길고 자세하게 이루어짐에도 불구하고 불쑥 끼어든 서술이라는 인상을 주지 않는다. 하지만 이 부분은 사건 전개상 대단히 급박한 상황임에도 불구하고 사건 진행을 한동안 정지시킨 채 서술을 상세히 한다는 점에서 결국에는 중요한 사건이 벌어지는 중간에 불쑥 끼어든 협서가 된다.

〈서ᄃᆡ쥐〉는 경물 묘사 말미에 하던 이야기를 계속 진행해 간다는 표지를 뚜렷하게 보여주면서 하던 이야기를 계속해 나간다. 그렇지만 술 이름을 나열하다 이 술을 부어 권한다는 식으로 넘어가고 있기 때문에 연결이 자연스럽게 든다는 느낌을 준다.[119] 이러한 자연스러운 연결에도 불구하고 이 부분이 중간에 갑자기 끼어들어 장황하게 펼쳐진다는 인상을 강하게 준다.

---

119 차려 나온 음식들을 나열하고, 마지막으로 술 이름을 나열하다가 이 술들을 산호배 유리잔에 가득 부어 권주가를 부르며 권한다고 서술함으로써 본래 스토리로 자연스럽게 돌아오는 것이다.
"쳥화쥬 니화쥬(梨花酒)며 이젹션의 포도쥬(葡萄酒)며 도연명(陶淵明)의 국화쥬(菊花酒)며, 안ᄀᆡ싱의 ᄌᆞ화쥬(紫霞酒)며 두초당의 쥭엽쥬며, ᄉᆞᆫ즁쳐ᄉᆞ(山中處士) 송엽쥬(松葉酒)며 향긔 조흔 쳔은쥬을 그 즁의 골나ᄂᆡ여 ᄉᆞᆫ호ᄃᆡ 유리ᄌᆞᆫ(琉璃盞)의 가득가득 부어노코 일ᄇᆡ일ᄇᆡ(一杯一杯) 권헐 젹의, 녹의호상 일미인이 단슌호치(丹脣皓齒) 반ᄀᆡ(半開)허고 쳔운일곡 권쥬가(勸酒歌)을 불을 젹의." 단국대본 〈서ᄃᆡ쥐〉.

이는 서술자 스스로 마치 한 동안 자신은 다른 이야기를 하겠다고 작정한 듯한 모습을 보이는 데서 기인한다. 서술자는 판소리와 판소리계 소설의 장면화 기법에서 흔히 활용되는 어구들[120]을 통해 이러한 경물들에 대해 서술하겠다는 것을 서술자 스스로 드러낸다. 그럼으로써 스스로 이 부분의 여담적 성격을 강화시킨다.

먼저 이러한 구절들은 서술자가 한동안 다른 이야기를 하겠노라고 노골적으로 공언하는 표지(標識)로 기능한다. 이러한 서술자의 태도는 결국 경물 대상이 많든 적든, 묘사를 간략하게 하든 장황하게 하든 간에 독자들에게 이제부터 본래 스토리를 벗어나 다른 이야기를 하리라는 인식을 분명하게 심어준다.

다음 이러한 구절들을 연결 고리로 삼아 경물들을 서술하는 방식을 씀으로써 각 경물들에 대한 서술들은 각 경물들 간의 인과성도, 나름의 서사적인 흐름도 없이 배치된다. 판소리에서는 매우 효과적인 이 방식이 이 작품에서는 오히려 노골적으로 다른 이야기에 빠지는 결과를 초래한 것이다. 결국 이 작품에서 이 경물 묘사 부분은 다른 작품들과 달리 이야기를 하던 중간에 불쑥 끼어든 협서로 볼 수 있으며, 보충적 사건으로도 기능하지 않는 여담으로 기능한다고 할 수 있다.[121]

한편 〈흥부가〉에서 흥부가 쌀과 돈이 가득 든 궤가 나온 박을 탄 뒤, 다음 박을 타자 온갖 종류의 비단, 보패, 이불, 세간, 기물들이 쏟아

---

120 서술자는 이 부분에서 "무슨 화초 되어든고?", "각식 짐싱 노일 젹의 무순 김싱 논일던고?", "왼갓 음식 다마스듸 무엇무엇 다머든고?", "집치레 볼작시면", "셔듸쥐 기집을 볼작시면"과 같은 구절들을 통해 다음에 나열할 경물이 무엇인지 알 수 있게 한다.

121 이 부분이 협서가 되는 또 한 가지 이유는, 〈서대주전〉처럼 사건 전개상 대단히 급박한 상황임에도 불구하고 서술자가 일시적으로 이를 정지시킨 채 이 서술을 한다는 점이다. 이에 대해서는 〈서대주전〉 부분에서 설명하였으므로 여기서는 생략한다.

져 나온다. 서술자는 이들을 장황하게 나열하는데, 나열을 하는 동안 서사 진행이 중단된다는 점에서는 〈서동지전〉, 〈서대주전〉, 〈서딕쥐〉의 경우와 동일하다. 그럼에도 〈흥부가〉에서 이 부분은 여담이 되지도 않고, 오히려 협서가 아닌 정서로 기능한다.

그 이유는 흥부가 박을 타고 거기서 나온 인물들 혹은 사물들에 대한 이야기를 하는 과정에서 나온 것이기 때문이다. 특히 이 부분은 다른 박 타는 부분과 달리, 사물들의 나열이 길게 이어지고는 있지만, 이러한 물건들이 박 속에서 나왔다는 것을 확인시켜 줌과 동시에 흥부가 큰 부자가 되었음을 암시하는 역할을 하고 있기 때문에 정서로 기능한다고 볼 수 있다.

아울러 작품 전체를 봤을 때, 〈흥부가〉에서 흥부가 박 타는 장면, 놀부가 박 타는 장면의 비중이 다소 지나치다 싶을 정도로 많은 것은 사실이다. 그러나 이 장면들은 품성이 선하여 선한 일을 했던 흥부가 결국 복을 받고, 반대로, 품성이 악하여 악행을 일삼고 아우의 어려움을 저버린 놀부가 결국 그에 상응한 대가를 받는다는 복선화음의 논리 구현을 직접적으로 보여준다는 점에서 구성적 사건이라 할 수 있다. 그런 점에서 그 구성적 사건의 일부를 이루는 다소 지루한 품목 나열 서술 또한 앞서 언급한 기능을 수행하게 됨으로써 정서로 자리 잡는 것이다.

마지막으로, 중심 스토리가 흘러가는 도중에 관련 인물에 대한 에피소드를 끼워 넣거나 역사적 인물의 행적상 예상되는 논쟁이 될 만한 문제를 설정하여 형상화하는 것 역시 일종의 협서라 할 수 있다. 이때 해당 담화 부분이나 거기서 구성되고 있는 담론이 일정한 결론을 맺지 못한 채 종료되고 다른 이야기로 넘어가 버릴 경우, 그 부분은 여담이 되어 버린다. 〈삼한습유〉의 자공과 장자 사이에 벌어진 논쟁, 삼시(三尸)의 참소에 대한 사마천의 변론이 벌어진 뒤 나온 사마천과 관련된 에피소드가 여기에 속한다.

향랑이 하늘로 올라간 뒤, 향랑은 후토부인과 천제께 다시 인간 세상에 환생하여 결혼하고 싶다는 뜻을 피력한다. 이에 후토부인은 향랑을 환생시킬 때 원래의 몸으로 환생시키는 것이 예에 맞는지 여부를 여러 신들에게 물어보기로 한다. 하지만 서로 의견만 분분할 뿐 결론에 이르지 못한다. 이때 남화노선(南華老仙: 莊子)의 제안에 따라 자공(子貢)이 공자에게 가서 뜻을 아뢰자 공자는 예에 합당한 일이라 답한다. 이로써 향랑의 혼인은 성사되는 쪽으로 결론이 내려진다.

문제가 명쾌하게 해결되자 천제는 장자를 크게 칭찬하면서 평소 궁금했던 듯 성인을 버리고 지혜를 제거하라는 건 잘못된 말이 아니냐는 질문을 덧붙인다. 천제와 장자가 서로 웃으면서 문답을 주고받는 것으로 보아 천제의 질문은 이에 대해서 심각하게 의문을 가졌다기보다는 장자의 생각을 간단하게 들어 보려는 의도에서 나온 것으로 보인다. 그렇지만 이 한 마디는 새로운 논쟁의 불씨가 되고 만다. 그리고 장자의 대답에 자공이 끼어듦으로써 둘 사이의 논쟁으로 번지고 만다.

천제의 물음에 대해 장자는 천하가 혼탁하여 도에 대해 이야기한들 이를 제대로 알아들을 수 있는 사람이 없다고 답한다.[122] 그러자 자공은 인의를 여관처럼 여기고, 탕왕·무왕은 법으로 삼기에 부족하다고 여기는 것에 대해 질문을 한다.[123] 이에 대한 장자의 대답이 자공을 궁지

---

122 "老聃, 古之博大眞人也, 見衰世之不可已也. 有爲而發, 而臣亦激而言之, 以天下不足與莊語, 故也, 世人不識本意, 遂以爲口實." 서울대본 〈삼한습유〉.

123 "是之謂, '駟不及舌.' 先生常以仁義爲蘧廬, 而以湯武不足法 是信情乎?" 서울대본

로 몰아넣는다.

우선 장자는 도덕은 천지로도 말하기에 부족하고, 천지는 성인으로도 말하기에 부족하고, 성인은 인의(仁義)로도 말하기에 부족하고, 인의는 탕무(湯武)로도 말하기에 부족하니, 도의 본연의 모습을 헤아리는 데 한참 거리가 있다고 이야기한다. 그래서 장자는 공자의 언행을 기록하여 후인들이 성인의 모습을 잘 형용했다고 하는 『논어』 향당(鄕黨)편조차도 제자들이 볼 수 있었던 것만 들어있는 것에 불과하니 이를 바탕으로 성인의 참모습을 보고 예에 대해 논구하려 하는 것은 어리석은 일이라 꼬집는다. 결국 유가·묵가·선가·불가는 다 같이 도를 잃어버리게 되었고, 그런 까닭으로 같지 않고, 그래서 결국 각기 다른 도가 있게 되었다고 주장한다.[124]

장자의 말은 이렇게 요약할 수 있다. 우선 도덕이 워낙 심오하고 은미한 것이라 천지의 도를 가지고 온갖 설명을 다 한다고 해도 그 본질을 꿰뚫기가 어렵고, 그 도덕에 대해 온전하게 설명하는 것은 불가능하다. 아무리 본질을 꿰뚫은 설명이라 하더라도 이는 진정한 도덕의 실체 중 일부분만 설명한 것에 불과하다는 것이다. 그런데 하물며, 성인, 인의, 탕무를 가지고 도를 이야기하거나 경전을 통해 성인의 모습과 예를 탐구하려 하니 진정한 도의 실체, 성인의 모습, 예의 실체에서

〈삼한습유〉.

124 "夫道德不足而爲天地, 天地不足而爲聖人, 聖人不足而爲仁義, 仁義不足而爲湯武, 其離於道也, 遠矣. 其在方册者, 所謂, '敎也, 非道也.' 昔, 孔子以六尺之杖, 定天下之禮, 安往而無有禮耶? 子之記鄕黨篇也, 能盡其禮容之萬一乎? 特擧其門人之可見者耳. 不知者, 以爲善形容聖人, 便欲以此求觀聖人, 何以異於求禮於杖, 而欲爲孔子也? 夫道可道, 非道也, 纔有名稱, 便不是道, 故, 儒墨仙釋, 同歸於失, 失之, 故不同, 不同, 故人各有道." 서울대본 〈삼한습유〉.

더욱 멀어질 수밖에 없는 것은 당연한 것이다. 이런 관점에서 보면, 진정한 도를 탐구하고 이해하려 애쓰는 유가·묵가·선가·불가 모두 부분적으로만 이해한 도를 가지고 진정한 도라고 주장하는 데 불과한 것이다.

이상 장자의 언설은 작자가 『장자』의 "백가의 학자들이 앞으로 나아갈 뿐 근본으로 돌아올 줄 모른다. 그러므로 결코 도와 하나가 될 수 없다. 후세의 학자들은 불행히도 천지의 순일(純一)함이나 고인의 대체(大體)를 보지 못하며, 도술은 이제 천하의 학자들에 의하여 분열되려 한다"[125]라는 말을 염두에 둔 것으로 보인다. 여기서 '분열'은 궁극적인 '도'로부터 벗어나는 것이 아니라 각기 도의 일부분만을 얻는 것을 의미한다. 결국 이 말의 핵심은 시간이 흘러감에 따라 지식은 계속 풍부해지고 사상은 부단히 복잡해지는데, 이에 따라 이러한 지식과 사상의 배경과 의거(依據)[126]는 점차 사라져 간다는 점을 지적하려는 데 있다.[127] 그래서 더 이상 이 배경과 의거에 대한 탐구는 불가능하며, 부분적으로만 도를 이해할 수밖에 없게 된 것이다. 장자는 이를 전제로 깔아 놓고서 본격적으로 탕무에 대해서 문제를 제기한다.

> "무릇 홀로 보고 홀로 안 연후에야 이에 하늘과 하나가 되는 경지가 됩니다. 오로지 하늘과 땅의 도로써 탕왕·무왕의 일을 보면 '다스림은

---

125 『장자』 잡편(雜篇), 「천하(天下)」. "百家往而不反, 必不合矣! 後世之學者, 不幸不見天地之純, 古人之大體, 道術將爲天下裂."

126 이 의거에 대해서는 4장 4절에서 다룬다.

127 거자오광(葛兆光), 이등연·심규호·양충렬 옮김, 『중국사상사 도론: 사상사의 서술 방법』(일빛, 2007), 83면; 거자오광(葛兆光), 이연승 옮김, 『사상사를 어떻게 쓸 것인가』(영남대학교출판부, 2008), 114면.

있으나 교화는 아직 없었다'라고 하겠습니다. 옛날에 무왕이 주(紂)왕을 무너뜨릴 때에 탕왕에게서 명을 받고, 인(仁)에서 도움을 구하고 의(義)에서 권력을 빌려 남아 있는 적을 제거하여 천하를 집으로 삼고 성인과 현인을 신하로 삼았습니다. 그럼에도 불구하고 사사로운 마음으로 공공의 일을 해롭게 한 것이 또한 많았습니다. 그러므로 탕이 오히려 덕이 미치지 못하는 것을 부끄러워하였으나, 무왕은 조금도 그런 기색이 없었습니다. 그래서 의로운 선비들은 그를 그르다고 여기고 그 조정을 밟지 않았습니다. 무릇 이들은 한 조정의 재앙을 참지 못하여 만대(萬代)의 근심을 하찮게 여겼으니, 성인들도 지나치면서 이에 대해 묻지 않은 적이 없었습니다. 공자는 주(周)나라 사람입니다. 의(義)는 실로 친한 이를 삼가는 것인데도 공자는 오히려 '무(武)왕의 음악은 아름다움을 다했으나 선함은 다하지 못했다'고 말했으니 어찌 무왕의 공은 크게 여기면서도, 그 덕에 대해서는 유감스러워 한 것이 아니겠습니까? 덕이 요순에 미치지 못하면 비록 마음과 힘을 다해서 한다 하더라도, 하루라도 쉴 틈이 없이 계속해야 할 것입니다. 지금 그대는 하늘 높은 것과 땅이 낮은 것도 모르시는군요. 좌중을 한 번 둘러보십시오. 비록 그대의 스승을 모셔다 앉혀도 탕무에 대해서 변설하기는 어려울 것입니다."[128] 서울대본 〈삼한습유〉.

탕왕과 무왕은 유가에서 성인의 지위에 올라 있는 인물이다. 하지만 그들이 신하로서 임금을 토벌하여 나라를 멸망시킨 점은 유가의 입장

---

128 "夫有獨見獨知, 而後乃入於寥天一. 以天地之道, 觀湯武之事, 其曰, '治則有之, 化則未也.' 昔, 武王之伐紂也, 受辭於湯, 求助於仁, 借權於義, 以除殘賊. 遂家天下, 而臣聖賢, 私心之害公也, 亦多矣. 故, 湯猶有慙德, 而武不少概見. 於是, 義士非之, 不踐其廷, 夫不忍一朝之禍, 而驚萬世之患, 聖人未嘗過而問焉. 孔子周人也, 義固諱親而猶曰, '武盡美矣, 未盡善也.' 豈不大其功, 而憾其德乎? 蓋德不至於堯舜, 則雖盡心力而爲之, 亦惟日不暇給. 今子不知天之高, 地之下者也. 試觀席上, 雖使子之師在坐, 難以口舌爭也." 서울대본 〈삼한습유〉.

에서는 늘 곤혹스러운 문제였다. 오죽하면, 맹자가 이들이 정벌한 대상은 임금이 아니라 한 명의 필부(匹夫)에 불과하다고 애써 변호를 하였겠는가. 장자는 바로 유가의 이 곤혹스러운 지점을 물고 늘어진다. 게다가 경전의 내용에 의하면, 무왕과 달리, 탕왕은 포악한 왕을 정벌했다는 정당성이 있음에도 불구하고, 신하로서 임금을 정벌했다는 점 때문에 늘 부끄러운 마음이 있었다. 성인으로 추앙받는 공자 역시, 무왕의 덕에 대해 유감스러워 했다.

장자는 말문을 꺼내면서 내세웠던 전제에 의거하여 요순이 성인이라고 해도 도를 완벽히 구현하기가 어려운데, 그보다 못한 탕무는 마음과 힘을 다해서 하더라도 그리고 하루도 쉴 틈이 없이 계속하더라도 더욱 어렵지 않겠느냐고 반문한다. 장자는 바로 유가에서 도에서 한참 거리가 멀다고 할 수 있는 탕무를 성인으로 추앙하고, 애써 변론하는 것에 대해 문제를 제기한 것이다.

사실 이 부분에서 장자의 이러한 언술은 작자가 『장자』의 "탕왕은 자기 주군을 내쫓았고, 무왕은 주왕을 살해하였다. 이로부터 강자가 약자를 능멸하고 다수가 소수를 폭압했다. (그러니) 탕무 이래로는 모두 세상을 어지럽히는 무리이다"[129]는 서술에 의거한 것이다. 탕무는 전혀 그런 의도가 없었음에도 불구하고, 세상은 강자가 약자를 업신여기고 다수가 소수를 짓밟아도 아무 문제가 되지 않는 방향으로 흘러가고, 서로 나라를 훔치고 신하가 임금을 시해하는 일마저도 심심치 않게 벌어지기에 이른다. 그래서 마치 탕무가 그런 빌미를 제공한 것처럼

129 『장자』 잡편 「도척(盜跖)」. "湯放其主, 武王弑主. 自是以後, 以强陵弱, 以衆暴寡. 湯武以來, 皆亂人之徒也."

여겨지기까지 한다. 장자는 『장자』에서 이 문제를 다소 과격하게 지적한 것이다. "주나라가 쇠퇴할 때 천하가 분열되어 인의를 낭탁(囊橐)으로 삼고 탕무를 효시(嚆矢)로 삼아 나라를 훔치고 임금의 자리를 빼앗는 자가 천하에 가득 차서 막을 수 없었다. 그 때문에 이처럼 떳떳치 못하고 밑도 끝도 없는 말을 하여 그 불평한 기운을 쏟은 것이니, 이것이 바로 장자의 본의(本意)인 것이다"[130]는 신흠(申欽, 1566~1628)의 말은 이를 잘 짚어내고 있다.

물론 작품에서는 이 문제를 정면으로 다루고 있다고 보기는 어렵다. 대신 탕무의 덕(德)이 성인으로 추앙받기에는 부족함을 지적하는 데 초점이 맞추어져 있다. 장자는 탕무의 덕이 부족함을 지적함으로써 탕무가 임금을 정벌했다는 껄끄러운 사실을 정면으로 문제삼지 않으면서도 유가에서 그들을 성인으로 추앙하는 것에 대해 강력하게 이의를 제기하는 효과를 거둔 것이다.

작품 속에서 장자가 탕무의 덕이 부족함, 특히 무왕의 덕이 부족함을 지적하는 문제는 사실 작자가 처음 제기한 것은 아닌 것으로 보인다. 안연(顔淵)의 기상에 대해 논하면서 주자의 말을 끌어 와 탕무의 덕이 안연보다 못한 듯하다는 기록[131]이 있는 것을 보면, 탕무의 덕이 성인으로서 다소 부족한 것이 아니냐는 논의가 전혀 없었던 것은 아닌 것으로

---

130 신흠(申欽), 「서제물론후(書齊物論後)」, 『상촌집(象村集)』 권37, 제발(題跋). "當周之衰, 天下分裂, 以仁義爲囊橐, 以湯武爲嚆矢, 竊國簒君者, 塞海內而不可圉也. 故爲是不經無端倪之辭, 以洩其不平之氣, 此莊叟之本意也."

131 예컨대, 이익(李瀷)의 『성호사설(星湖僿說)』에 들어 있는 두 편의 글을 들 수 있다. 안연의 덕이 탕무보다 나음에 대해서는 '이익(李瀷), 「우탕무(禹湯武)」, 『성호사설(星湖僿說)』 권23, 경사문(經史門)'을 참조. 그리고 '안연이 탕무보다 훌륭하다'는 주자의 언급에 대해서는 '이익, 「안자성인(顔子聖人)」, 『성호사설』 권7, 인사문(人事門)'을 참조.

보인다. 곧 탕무의 덕이 부족하다는 장자의 지적이 전혀 허황된 것은 아닌 것이다.

이렇게 장자가 조목조목 따지며 공격하자, 자공은 아무 말도 하지 못한 채, 근심스런 표정만 지으며 어쩔 줄 몰라 한다. 이에 천제는 그만 두라고 하면서 곧장 관리들을 파견함으로써 더 이상 논쟁이 확대되는 것을 막고 논쟁을 강제로 종결시켜 버린다.[132] 장자와 자공 간의 논쟁은 일정한 결론에 이르는 것은 고사하고 장자의 의견에 대한 동의 혹은 반론조차 펴지지 못한 상태로 막을 내린 것이다.

결국 이 논쟁은 제삼자에 의해 강제로 종결된 채, 다음 장면인 향랑의 환생에 대한 이야기로 넘어가 버림으로써 향랑의 혼인에 대한 의논이 마무리 될 즈음에 불쑥 끼어든 협서가 되었다. 그리고 이 부분은 중심 스토리와 아무 연관도 갖지 못함으로써 여담으로 남게 되었다. 물론 서술자와 달리, 작자는 장자의 입을 빌어서 문제 제기를 함으로써 독자가 이 문제에 대해서 한 번쯤은 진지하게 생각해 볼 기회를 가져볼 것을 은연중에 권하고 있는 것은 틀림없다. 하지만 텍스트 문면으로 보든 작품의 흐름상에서 보든 이는 어디까지나 부수적인 효과이다.

한편 향랑의 혼인 날짜가 보름 앞으로 다가왔을 때, 삼시가 문서를 끌어안고 올라와서 향랑의 행실이 바르지 못함을 고한다.[133] 삼시가 고

---

132 "子貢慼慼然, 立不安, 帝曰, '姑捨是.' 分送各官, 急急如律令." 서울대본 〈삼한습유〉.

133 "至夜半, 有三尸抱籍而上, 告于帝曰: '上天之載, 無聲無臭. 願帝毋以香娘心術不正, 行僻而堅, 言僞而辯, 夫夜奔於士, 自行媒妁, 淫也, 因名冒齒, 堅要換身, 詐也. 有一於此, 難免君子之誅, 且旣蒙曠絶之恩, 獨處人鬼之變, 訖可休矣. 乃汲汲然, 恐天下之議已也, 朝東暮西, 多誘婦女, 欲以廣樹黨援, 便作烈女之常典, 天下皆目之, 以怪鬼狂女, 而獨陛下不知耳. 是以見折於洛東, 再辱於浙江, 三摧於瀨水, 特以帝所憐愛, 莫敢顯言, 臣窃耻之.'" 서울대본 〈삼한습유〉.

한 내용은 무고(誣告)로 치부할 수만은 없는 면이 있긴[134] 하지만 향랑의 혼인과 환생을 지지해 준 천제의 뜻을 정면으로 거스른 것이기에 천제는 몹시 화를 낸다. 이에 사마천은 여러 근거를 제시하며 향랑이 상황에 따라 정도(正道)와 권도(權道)를 잘 행하였다고 변호한다.[135] 유교에서 요구하는 덕목들을 어기지 않은 만큼, 아무 문제될 것이 없다는 논리다. 사마천의 변호로 상황은 잘 마무리되고, 천제는 매우 흡족해 한다.

하나의 에피소드에 불과할 정도의 분량이기는 하지만 삼시가 주장한 내용은 향랑을 혼인시키고, 환생시켜 주려는 천제의 정당성에 타격을 가할 수도 있었다. 사마천은 삼시의 주장에 대해 정면으로 반박하는 것을 피하는 대신, 유교의 덕목에 비추어 볼 때, 향랑의 행위가 아무 문제가 없음을 변호해 줌으로써 결국 일이 천제가 뜻하는 대로 진행될 수 있게 되었다.

이 부분 자체는 향랑의 혼인 준비를 거의 다 마친 상태에서 나온 돌발 사태를 이야기로 꾸민 것으로, 일종의 협서이면서 곁가지 이야기로 볼 수 있다. 논의가 결론에 도달한 만큼, 이 이야기는 여기서 끝을 맺게 될 것임은 의심할 여지가 없다. 그런데 이야기는 또 다른 방향으로 흘러간다.

---

134 보는 관점에 따라, 밤중에 남자에게 달려가서 스스로 혼인 약속을 맺은 것은 충분히 음란한 행위이고, 구태여 몸을 바꾸고자 한 것은 허황된 일이며, 부녀자들을 설득한 것은 자신의 뜻을 합리화하고 관철하기 위해 그들을 유혹한 것이기에 정의녀, 조야, 정의녀 사씨에게 버림을 받은 것이라고 볼 수 있기 때문이다.

135 "香娘事親孝, 與士信, 雖古之淑女, 不能過也. 夫守經事, 而不知其宜, 處變事, 而不知其權, 春秋譏之. 香娘之守經處變, 可謂盡其權宜矣. 夫頑姑嚚, 至於棄絕, 而終無怨言, 忠也, 歸於父母, 而不以前事形於色作於意, 終喪三年, 孝也, 殺身, 義也, 救夫, 節也, 必待吊祭而後往見, 禮也, 不嫌自媒, 信, 不亂其身而卜緣他世, 貞, 推己及人, 欲其同樂, 仁." 서울대본 〈삼한습유〉.

마음이 흡족해진 천제는 사마천을 칭찬하며 그의 재주를 안타까워하는 말을 던진다. 궁형(宮刑)을 당한 것은 불운이지만, 분발하여 길이 남을 저작을 남겼으니 다행이 아니겠느냐는 것이다.[136] 이에 사마천은 피차 부부간에 남편 아내 구실을 할 수 없으니 있으나 마나 한 존재인데다 평생토록 홀아비 과부처럼 후사를 잇지 못하는 처지임을 밝히며, 이름은 있지만 이에 상응하는 실체가 없어 객이나 마찬가지인 현재 신세가 몹시 슬프다고 말한다.[137] 사마천의 대답을 들은 천제와 시신(侍臣)들은 모두 배꼽을 잡고 웃고 만다.

"천제와 시신들이 모두 배를 잡고 웃고 만다"는 서술을 통해 이 이야기가 여기서 일단락되리라 생각할 수 있지만, 바로 뒤에 이어지는 내용을 읽지 않는 이상, 확신할 수는 없다.[138] 바로 이어서 천제는 화제를 바꾸어 향랑이 죽은 지 3년이 지났으니 그의 나이를 얼마로 해야 (의에) 합당한지 묻는다.[139] 천제의 이 말을 통해서 독자는 비로소 앞의 사마천 이야기가 완전히 끝났음을 깨닫는다.

삼시의 무고와 사마천의 변호 다음에 이어지는 이 이야기 역시 향랑의 혼인과 관련된 여러 사건들 사이에 끼어있다는 점에서 협서라 볼 수 있다. 다만 이 이야기는 사마천에 대한 작자의 소회를 마침 사마천

---

136 "有臣如此, 漢帝可謂失刑矣, 然不遭蠶室之禍, 未必能發憤於文, 而本詩書續春秋, 自成一家之言, 光耀宇宙, 與天地同其悠久, 於爾亦云幸矣." 서울대본 〈삼한습유〉.

137 "以此易彼, 臣不願矣. 然書成之後, 臣亦無恨, 惟是入門左顧, 綦巾如舊, 有妻而無妻, 有夫而無夫, 夫婦有別, 相對如賓, 沒身鰥寡, 不可復續, 名存實無, 至今客宿, 臣竊悲之." 서울대본 〈삼한습유〉.

138 이 점은 비단 이 부분에만 해당되는 것은 아니다. 우리는 다음 이야기가 서술되는 장면을 읽고서야 비로소 이전 이야기가 끝났음을 확실하게 알 수 있기 때문이다.

139 "香娘之不換小字, 其父母之過也. 然, 換與不換, 無害於義, 今已經三年矣, 年歲將若之何而正之?" 서울대본 〈삼한습유〉.

이 등장한 이야기를 엮는 김에 여기에다 슬며시 끼워 넣은 것으로 작품 속에서 어떤 기능을 하고 있는 것으로 보이지 않으며, 그런 점에서 여담이라고 할 수 있다.

삼시의 무고와 사마천의 변호, 사마천과 관련된 에피소드 두 부분으로 이 장면은 향랑의 혼인과 관련된 사건들 사이에 끼어 있다는 점에서 협서라 할 수 있다. 그러나 작품 내에서 두 부분의 역할은 이처럼 차이를 보임을 알 수 있다.

지금까지 살핀 것처럼, 협서는 중심 스토리가 흘러가는 도중에 끼어든 이야기들이지만, 중심 스토리와 관련을 통해 보충적 사건으로 기능하거나 여담이 되는 것이다. 그리고 중심 스토리 흐름에 묘한 변화와 여운을 주며, 간혹 중심 스토리 내에서는 하지 못하는 작자의 생각을 은근슬쩍 끼워 넣음으로써 읽는 재미를 돋우기도 함을 알 수 있다.

3) 끼어드는 의론(議論)들

이번에는 서사와 의론(議論)의 착종 문제를 다루어 보자. 사실 소설에 의론이 등장하는 경우는 많지 않기 때문에 서사와 의론의 착종 문제를 소설에서 논의하는 것은 생경한 감이 있다. 하지만 한문 장편소설을 중심으로 작품 속에 의론이 의론 자체로, 의론적 대화로 적지 않게 등장한다. 특히 어떤 주제에 대해 심화된 내용을 주고받는 의론적 대화는 작가가 자신이 말하고자 하는 바를 독자들에게 직접적으로 전달하고 동시에 작품의 자연스러운 진행도 함께 꾀할 수 있다는 장점이 있기에 고전소설에서 작가가 자신의 사상이나 견해를 전달하기 위한 매우 적합한 방법이 될 수 있다.[140] 그래서 고전소설 내에서도 서사와 의론이 서로 교차되고 짜이는 양상을 눈여겨 볼 필요가 있다.

조선시대 한문 비평에서는 역시 17세기 후반부터 서사와 의론이 적절하게 교차되면서 착종을 일으키는 효과에 대한 관심이 본격적으로 일어난다. 이에 대한 구체적인 언급을 한 사람 역시 김창협이다. 그는 구양수의 「현산정기(峴山亭記)」 비평에서 구양수가 서사와 의론의 착종을 통해 이 글의 핵심인 '명(名)'에 대한 작자의 인식을 드러내면서 동시에 양호와 두예의 사적을 서술하면서 양호와 두예, 더 나아가 사중휘(史中輝)가 '명'을 남기고 싶어 하는 데 대한 비판적 시각을 은밀하게 드러내었다는 점을 지적[141]해 낸다. 이는 이 글이 양호(羊祜), 두예(杜預)의 사적과 사중휘의 중건 과정 등에 대한 서사를 서술해 나가는 과정에서 중간 중간 의론을 섞어 넣음으로써 독특한 효과를 드러내고 글의 주제를 암시하고 있음을 뜻한다.[142]

이렇게 서사와 의론의 착종은 서사 사이에 의론이 삽입됨으로써 서사와 서사가 단절되었다가 새로운 의미로 환기되며 다시 이어지기도 하고, 의론 사이에 서사가 삽입됨으로써 의론이 설득력 있게 뒷받침되면서 앞뒤로 조응하기도 하는 등의 효과를 낳는다. 서사와 의론이 서로 얽히면서 서사의 생동성과 의론의 타당성을 함께 높이는 것이다.[143]

한문 산문에서는 대체로 서사와 의론의 신속한 교착을 통해 이러한

---

140 조혜란, 『19세기 서얼 지식인의 대안적 글쓰기: 삼한습유』(소명출판, 2011), 219, 220면.

141 현산정(峴山亭)은 구양수의 친구 사중휘가 양호를 기리는 마음으로 지은 것이다. 이 글과 김창협의 비평에 대한 분석은 '송혁기, 앞의 책, 256~257면, 262~268면'을 참조.

142 송혁기, 위의 책, 266면. 한편 안석경(安錫儆)도 『삽교예학록(霅橋藝學錄)』에서 이에 대해 언급한 바 있다. 이에 대한 구체적인 논의는 '정우봉, 「삽교예학록(霅橋藝學錄)의 산문수사학 연구」, 『한국한문학연구』 32(한국한문학회, 2003), 70~72면'을 참조.

143 송혁기, 앞의 책, 257면.

효과를 노리는 것으로 보인다. 작게는 어구나 구절 단위로 교착되고, 단위가 커지더라도 단락 단위로 교착을 이룸으로써 서사와 의론이 더 탄탄하게 결합함으로써 착종의 효과를 더욱 두드러지게 하는 것이다. 이 점은 소설에서 보이는 서사와 의론의 교착 양상과 차이를 보이는 점이라 생각된다.

소설은 화소 내지 삽화 단위로 교착이 일어나기 때문에 화소 내지 삽화에 담긴 이야기의 의미를 이해하면서 동시에 앞뒤 이야기 흐름에도 주의를 기울여야 서사와 의론이 교착하면서 서로 의미상 어떤 영향을 주고받는지를 간취할 수 있다. 특히 소설에서는 여러 화소, 삽화들이 이어지는 가운데 의론이 거기에 끼어드는 형태로 의론이 등장하기 때문에 서사와 의론의 교착 효과가 곧장 나타나는 경우도 있지만, 사건이 한참 진행된 후 조응을 이룸으로써 효과를 거두는 경우도 있다. 소설에서 서사와 의론이 교착되어 나타날 때, 서사와 의론이 서로 어떤 영향 관계에 놓이는지 살펴보자.

〈삼한습유〉에서 향랑이 다른 곳에 시집을 가서 고생을 하고 결국 못에 빠져 자살했다는 소식을 들은 효렴은 향랑이 죽은 못가에 가서 조문을 하고 제문을 올린다. 이에 감응한 향랑은 밤에 시녀들을 대동하여 효렴의 집 방안에 나타난다. 그러고는 전생에 못 다한 인연을 잇고 싶다는 뜻을 드러낸다.

이어서 향랑과 효렴은 귀신에 대한 이야기, 윤회왕복에 대한 이야기, 향랑이 신(神)이 된 연유와 방법에 대한 이야기, 천문에 대한 이야기들을 주고받는다. 여러 주제에 대한 이야기들이 이어짐으로써 이 향랑과 효렴 간의 대화 부분은 꽤 많은 분량을 이룬다. 그리고 향랑과 효렴이 대화를 주고받는 동안 그 어떠한 여타 사건도 일어나지 않기 때문에 스토리 진행이 일시적으로 정지한 상태이다.

이 부분은 두 가지 공통점이 있다. 하나는 이야기가 동일한 방식으로 구성된다는 것이고, 다른 하나는 효렴이 평소에 궁금해 했던 것들을 해결해 주는 기능을 한다는 점이다. 효렴이 평소에 궁금해 했던 문제들을 향랑에게 질문하고 향랑은 이에 대해서 구체적으로 답을 해주는 방식이 되풀이되는 것이다. 예를 들어, 향랑의 답을 통해 귀신은 존재하지 않는다는 것을 깨달은 효렴이 다시 황석공(黃石公)을 예로 들면서 그럼에도 세간에서 귀신이 있다고 하는 이유가 무엇인지 묻자 향랑은 『사기』 고조(高祖) 본기(本紀)의 내용에 의거하여[144] 모두 장량이 스스로 꾸민 일에 불과함을 밝힌다.

이러한 공통점에도 불구하고, 이 부분이 온전히 한 덩어리로 결합되어 있지는 않다. 스토리의 흐름상, 그리고 구성상 이 부분은 둘로 나누어진다. 우선 귀신과 윤회왕복에 대한 이야기, 향랑이 신이 된 연유와 방법에 대한 이야기가 한 부분을 이루고, 천문에 대한 이야기가 한 부분을 이룬다. 이 두 부분은 동일한 방식으로 이야기가 구성되고 있고, 둘 다 효렴의 궁금증을 풀어준다는 공통점이 있지만, 성격은 서로 다르다.

효렴과 향랑의 문답은 "오늘 여기에 온 것이 어떤 몸이냐"[145]는 효렴의 물음에서 시작된다. 지금 효렴은 이미 죽은 것이 분명한 향랑이 마치 살아 있는 사람처럼 자신의 눈앞에 나타나 있다는 사실이 여전히 믿기지 않은 상태이다. 게다가 저승 사람인 향랑이 자신에게 생전에

144 서신혜, 『김소행의 글쓰기 방식과 삼한습유』(박이정, 2004), 52면.

145 "孝廉問曰, '今之來此, 敢問何身也.'" 서울대본 〈삼한습유〉.

이루지 못한 인연을 다시 잇고 싶다고까지 하니 효렴으로서는 도대체 어떤 방법과 어떤 과정을 통해 그것이 가능한지, 설령 가능하다고 해도 저승과 이승 간의 간격을 생각해 볼 때 그 인연이 지속될 수나 있을지 의구심을 지울 수가 없는 상황이다. 그런 점에서 효렴은 인연을 다시 잇고 싶다는 향랑의 말에 기뻐하면서도 "그러나 저승과 이승은 그 지향이 달라 일에도 절차가 많을 것입니다. 달이 해를 이길 수 없고 음이 양을 이길 수 없듯 낭자의 정령도 인간 세상에 오래 있을 수는 없을 것입니다. 그러니 하룻밤 인연이 이별의 생각만 더할까 걱정스럽군요"[146]라고 말하며 의구심을 떨쳐 버리지 못한 것이다. 효렴의 이 질문은 이러한 의문을 풀고자 하는 의도에서 나온 것으로 의론 전개상 개에 해당한다. 그리고 귀신과 윤회왕복에 대한 이야기, 향랑이 신이 된 연유와 방법에 대한 이야기는 효렴이 지닌 의구심을 풀어내는 과정에 해당하는 것으로, 의론 전개상 합에 해당한다.

이렇게 〈삼한습유〉에서 향랑과 효렴 간의 귀신에 대한 의론은 효렴과 생전에 이루지 못한 인연을 잇고자 찾아온 향랑이 저승 사람으로서 인연을 맺는 것이 가능한지 의아해 하는 효렴의 의구심을 풀어주는 역할을 한다. 서사와 의론의 교착이라는 관점에서 봤을 때, 이 의론을 펼치는 과정에서 향랑이 인연을 잇고자 노력한 과정을 함께 서술함으로써 효렴을 안심시키면서 동시에 죽어서도 효렴과 인연을 맺고자 하는 자신의 뜻과 행위에 정당성을 부여한다. 그런 점에서 볼 때, 효렴의 질문을 통해 이루어진 개가 향랑의 답을 통해 적절하게 합을 이루었다

146 "然而幽明異趣, 事故多端. 月勝不日, 陰不勝陽, 娘子精靈非能久於人世者也. 一夜之緣, 恐添離別之思." 서울대본 〈삼한습유〉.

고 할 수 있다.

뿐만 아니라, 이 부분은 이후 향랑의 환생과 성장이라는 기이한 서사를 합리화한다. 무엇보다도 이 의론은 이후 천신만고 끝에 이루어지는 향랑과 효렴의 혼인과 그 이후의 두 사람의 삶의 모습과 멀리 조응을 이루면서 이에 대한 정당성을 획득하게 해준다는 점에서 중요하다. 이런 관점에서 보자면, 효렴과 향랑 간의 귀신에 대한 문답 자체는 작품 전체에서 개가 되고, 향랑과 효렴의 혼인과 그 이후의 삶은 합이 된다.

그런데 천문에 대한 문답 부분은 이와 성격이 다르다. 이 부분은 명(明)나라 육심(陸深)의 『옥당만필(玉堂漫筆)』 권 하의 구칙(九則)을 그대로 옮긴 것이다. 9칙은 다시 14개의 작은 단락으로 나누어져 있는데, 이 중 12번째와 13번째 작은 단락만 제외하고 나머지 12개 단락은 모두 그대로 가져왔다.[147] 곧 일식과 같이 특정 별이 태양을 침범해서 생기는 현상, 무리[훈(暈)]와 같이 태양 주위에 특정한 기운이 얽히면서 나타나는 현상에 대한 설명을 제외하고는, 해와 달의 운행, 별자리, 별의 운행 등에 대한 설명들을 모두 끌어 왔다고 할 수 있다.

그런데 이 부분에서 다루고 있는 해와 달, 별자리의 운행에 대한 의론은 사실 천문론에서 가장 기본적인 내용에 해당되는 것이어서 당대에 혹은 이전 시기에 논의되던 천문론에 대한 자신의 생각을 드러낸 것으로 보이지는 않는다.[148] 하늘은 왼쪽으로 돌고, 해와 달을 비롯한 칠정(七政)은 오른쪽으로 돈다는 이른바 '우선설(右旋說)'을 바탕으로 기

147 서신혜, 앞의 책, 203~204면.

148 조혜란도 이 천지도수(天地度數)의 내용이 당시의 선진적인 학문 경향을 반영하고 있지 않음을 지적하였다(조혜란, 앞의 책, 166~167면).

초적인 천문론을 서술해 놓은 것으로 보인다.[149]

조선시대에는 주자가 '좌선설(左旋說)'을 정통적인 천문론으로 규정한 이래로, '하늘은 왼쪽으로 돌고, 해와 달을 비롯한 칠정도 왼쪽으로 돈다'는 좌선설을 바탕으로 천문을 설명하고 연구하는 것을 당연하게 여겼다. 그렇다고 해서 좌선설에 대한 우선설의 비판이 전혀 없었던 것은 아니다. 다만 선행 연구에서 지적하는 것처럼, 좌선설과 우선설 모두 '하늘은 움직이고 땅은 정지해 있다(天動地靜)'는 구조론을 기본 전제로 깔고 있기 때문에 근본적인 차이가 있다고 보기는 어렵다.[150]

게다가 〈삼한습유〉에 나와 있는 우선설을 바탕으로 한 천문 설명이 매우 기본적인 설명을 나열해 놓은 것임을 감안한다면, 이 부분을 두고 당대 천문론의 흐름에 비추어 볼 때 어떤 특별한 의미가 있다고 평가를 내리기는 어렵다. 효렴의 여러 언급[151]을 통해 볼 때, 이 부분은 우주론에 대해 아는 것이 없는 효렴에게 향랑이 우주론 중에서 가장 기초적인 이론을 진술한 것으로 보는 것이 타당해 보인다.

스토리 흐름상 이 부분은 효렴의 의구심이 풀린 상태에서 자신이 평소 궁금했던 것을 질문하고 풀어나가는 과정 이상의 의미를 지니지

---

149 동양의 천문학 범주와 고려 조선시대의 천문관(天文觀)에 대한 개략적인 설명은 예컨대, '김일권, 「동양 천문의 범주와 그 세계관적인 역할: 고려와 조선의 하늘 이해를 덧붙여」, 『정신문화연구』 94(제27권 제1호)(한국정신문화연구원, 2004, 봄)'을 참조. 그리고 조선시대 천례운행론(天禮運行論)의 흐름 속에서 벌어진 '좌선설'과 '우선설' 논쟁에 대한 설명은 다음 논문과 저서를 참조. 구만옥, 「조선후기 천체운행론(天體運行論)의 변화」, 『역사와 실학』 17·18(역사실학회, 2000. 1); 구만옥, 『조선후기 과학사상사 연구 1: 주자학(朱子學)적 우주론(宇宙論)의 변동』(혜안, 2004).

150 구만옥, 위의 논문, 367면.

151 "而其於天地文理算數卜筮凡係術數, 未嘗開卷反究, 蓋其薄而不爲也."와 "然而日月之度天地之大行也, 知之可以無大過, 故近有垂年讀易之願, 幸遇先覺, 敢不求敎?" 등의 언급을 들 수 있다.

않는다. 더군다나 이 부분은 효렴과 향랑 간의 문답이 사실상 끝나고 향랑이 일어서려는 순간, 효렴이 향랑을 붙잡고 물어봄으로써 이루어진 것[152]이라는 점에서 스토리 흐름상 필연적으로 있어야만 하는 것도 아니며,[153] 중심 스토리와 어떤 직간접적인 연관성을 지니고 있다고 보기도 어렵다.

이 두 가지 상황에 의거하여 이 부분을 개합의 관점에서 보자면, 의론 전체 안에서 효렴의 의구심 표출을 통해 이루어진 개가 향랑의 귀신론을 통해 해소됨으로써 합을 이루었다. 여기에 이어지는 이 천문론은 개합이 이미 이루어진 상태에서 덧붙은 것이므로, 의론 전체에서 어떤 합의 기능을 하고 있다고 보기 힘들다. 게다가 작품 전체에서 이 부분이 갖는 기능과 의미가 무엇인지 애매하다는 점[154]까지 고려한다면, 이

152 "言罷欲起, 孝廉跪請曰, '余有所疑, 願從神決, 幸勿憚繁曲賜勤誨.'" 서울대본 〈삼한습유〉.

153 조혜란 역시 천문에 대한 의론 부분이 작품 전개상 필수적인 요소가 아님을 지적하였다. "그러나 천지도수가 삽입된 것은 향랑이 초경험적인 존재가 되어 효렴 앞에 나타난 것을 빌미로 하여 당대의 학문 경향에 맞추어 작가가 자신이 평소 잘 알고 있던 천지도수의 내용을 과시하고자 하는 의도가 컸을 것이라고 추측된다. 왜냐하면 심성론이나 귀신론은 작품 전개상 필수적인 요소인데 비해 천지도수에 대한 내용은 빠져도 작품에 별 지장을 초래하지는 않기 때문이다. 그러므로 김소행은 별로 논쟁적인 태도 없이 숙지하고 있던 혼천설을 전개하는 것이다"(조혜란, 앞의 책, 167면).

154 천문에 대한 의론 부분이 자신이 평소 잘 알고 있던 천문론 내용을 과시하기 위해 넣었으리라는 조혜란의 주장에는 동의하지 않는다. 독자들이 소설 속에서 이러한 내용들을 이렇게 별 무리 없이 활용해 내는 것에 흥미를 보이게 하는 차원이라면 모를까, 당시 지식인들에게 보편적으로 잘 알려져 있는 기본적인 내용들을 굳이 과시해서 무엇 하겠는가? 그런 점에서 "향랑이 우주에 대해 통달한 신인(神人)임을 부각시킴과 동시에 자연과학에 대한 작가 자신의 박식도 드러나는 계기를 얻게 되었다"(조혜란, 같은 책, 169면)는 서술 역시 동의하기 어렵다. 필자가 이 부분을 여담으로 보는 또 다른 이유는 바로 작품 전체에서 이 부분이 갖는 기능과 의미가 무엇인지 애매하기 때문이다.

천문론은 전체 의론 중에서 여담으로 기능한다고 할 수 있다.[155]

한편 〈삼한습유〉에서 남녀 간의 즐거움에 대한 의론은 마군(魔軍)과 천신(天神)들 간의 전쟁이 막바지로 치닫는 무렵에 일어난다. 이때 천신의 군사들은 마모의 홍금상(紅錦裳) 술법에 빠져 헤어 나오지 못한다. 이를 구원할 수 있는 이는 오직 석가여래(釋迦如來)뿐이어서 항왕이 그에게 도움을 요청하러 간다. 이에 석가여래는 관음보살(觀音菩薩)을 지목하지만 관음보살은 이를 거절한다. 석가여래가 그 이유를 이해하지 못하자 대화는 뜻밖에도 남녀 사이의 즐거움에 대한 관음보살의 강설로 이어진다. 그의 기나긴 강설이 끝날 때까지 서사는 사실상 정지 상태에 놓인다.

소설 속에서 의론에 몰입한다는 것은 어떤 특정한 주제에 대한 상세한 고찰이 이루어지는 것을 뜻한다. 어떤 주제에 대한 상세한 고찰이 이루어지는 의론은 앞뒤 서사와 긴밀한 관련을 맺는 데 실패할 경우 작품 속에서 여담이 될 가능성이 높아진다.[156] 이 의론은 남녀 간의 정기(精氣)의 결합이 남녀 간의 지극한 즐거움이 되는 이유를 밝히는 부분과 홍금상에 갇혀 있는 사람들의 상황을 짐작하는 부분 둘로 나눌 수 있다. 그 중 후반부는 본래 이야기와 슬쩍 접목시키면서 의론을 계속 진행해 나가기 때문에 이 의론 전체는 길이가 매우 긺에도 불구하고 본래 스토리의 흐름과 완전히 끊어지지 않는다. 전반부는 후반부를 말

155 물론 천문론 자체만 놓고 보면 개합이 이루어진다고 볼 수 있다. 자리에서 일어나려는 향랑을 붙들면서 효렴이 천문론에 대해 질문한 것이 개라고 한다면, 이에 대한 향랑의 답은 합이기 때문이다.

156 서양문학에서 이를 단적으로 보여주는 작품으로 『레미제라블』을 들 수 있다. 이에 대한 자세한 논의는 '란다 사브리, 앞의 책, 254~259면'을 참조. 아울러 여담의 관점에서 고찰에 대해 논의한 것으로는 '란다 사브리, 같은 책, 487~489면'을 참조.

하기 위한 전제로 기능하는 셈이다.

결국 이 의론 전체는 남녀의 지극한 즐거움에 대해 고찰하되 단지 고찰 자체로만 끝나지 않는다. 앞선 서사에서 형상화되었던 병사들이 홍금상 술법에 빠져 허우적대는 상황을 구제하기가 결코 쉽지 않음을 이 의론은 논리적으로 뒷받침해 준다. 뿐만 아니라, 애초부터 관음보살과 석가여래 두 사람 중 누가 갈 것이냐를 놓고 의논할 때, 관음보살이 가지 않겠다는 뜻을 밝혔다. 관음보살의 입을 통해 서술된 이 의론은 그 이유, 벗은 남자의 몸을 보고 싶지 않다는 것을 역시 논리적으로 뒷받침하는 의론으로 기능하고 있는 것이다. 이렇게 이 의론은 앞선 서사와는 긴밀하게 연결이 되면서 논리적인 뒷받침을 해준다는 점에서 중요하다.

그런데 이 의론을 뒤에 이어지는 서사와 결부지어서 볼 경우, 완전히 매듭을 짓지 못했다는 느낌을 준다. 그 이유는 의론이 종결된 뒤, 원래 문제가 되었던 관음보살과 석가여래 중 누가 갈 것이냐 하는 데 대한 결론으로 곧장 이어지지 않고 또 다른 이야기가 끼어들고 있기 때문이다. 이 의론이 끝나자마자 여러 많은 제자들이 남녀 간의 즐거운 길을 두고 괴로운 길을 걷고 있음을 깨달았다고 하면서 평신도(平信徒)가 될지언정 사문(沙門)은 되지 않겠다며 떠나 버리는 소동이 일어난다.[157]

157 "是言已, 優婆塞·優婆夷·比丘尼·比丘隸一切衆陀羅尼, 皆垂頭胡泣, 合手白佛言, '世尊, 我等深是罪人. 我等皆是善男子善女人, 男樂而男, 樂女而女, 爲於佛前, 咸起信心, 擁護道場, 受持一生, 誦經念佛, 不知三十三天何時可到, 而極樂世界現在何處? 縱是身躋天堂, 優登佛座, 只是涅槃茶毗, 孤眠孀宿, 檀郎謝女而止耳. 今蒙菩薩指敎, 我等於心有戚戚焉. 人亦有言, '始迷不知, 今乃大覺, 羞前之爲.' 人間苦海, 眞是樂岸, 衆生慾界, 眞是佛世. 我等皆有好田地, 而皆作廣芮閑田, 蕪穢不治, 收花結實, 歷惻無因, 誰能居無陰陽一片地, 以求其所以淸淨寂滅者乎? 諺曰, '寧爲鷄口, 無爲牛後.' 我等寧爲檀越莖溝, 誓不做棄門面皮. 我等皆願往生閻浮, 與衆檀越同

이어 항왕은 석가여래와 아난존자(阿難尊者)의 예를 들며 남녀의 일은 사람의 욕심이 주관한다고 할 만하다고 하고는 이를 벗어나기 위해서는 죽고 썩어서 천리(天理)가 사물도 없고 나도 없는, 무생(無生)의 경지에 이르러야 비로소 가능한 것이 아니겠냐고 말한다. 항왕은 이를 바탕으로 태어남이 없으면 사람이 없고 사람이 없다면 욕망도 없으며, 욕망이 없다면 도도 없으니 결국 부처님의 도는 없다고 할 만하다고 하면서 그 도가 과연 누구를 위한 것이냐고 반문한다.[158] 항왕은 앞에서 관음보살의 의론과 제자들이 떠나는 소동을 물끄러미 보고 있다가 문제 제기 차원에서 이야기한 것이다.

의론이 끝을 맺으면서 홍금상 수법으로 인한 한바탕 소란은 일단 해결 기미를 보이며 어느 정도 합을 이룬 것으로 보인다. 하지만 완전

歸.' 一聲阿彌陀佛, 去者過半. 如來撫然日, '地獄之設, 正爲如此輩人.'" 서울대본 〈삼한습유〉.

158 "項王欲言不言者再, 回身向前而謝日, '夫婦之愚, 可以能知焉, 夫婦之不肖, 可以能行焉. 而自古, 相悅之辭, 亦多矣, 未有言之若此孔甘也. 乃知禪家頓悟, 元來如此. 吾非至於佛之門, 殆矣, 吾將見笑於大方之家. 夫道生於慾, 慾生於人, 人生於男女, 旣日, '男女, 則人慾主之.' 合內外之道也. 可離, 非道也. 故, 男女之際, 朘作心淫. 佛之性, 亦人之心也, 故, 如來情緣, 未斷於五百恸夫婦, 尊者身心, 俱陷於倡淫女穢亂. 諸佛於此, 欲罷而不能, 欲袪而未得, 削髮被緇, 絕世遯俗, 至於百億, 化身而無可奈何. 不得已, 外形骸離色相, 戮人紀滅天理, 直到無物無我, 而后僅乃得免. 故, 佛之所貴道, 在於無生, 無生則無慾矣. 於是, 知道之必不行也, 作爲天堂地獄之說, 惑愚民而驅之, 欲使拘其法而不能入. 以此言之, 佛無道焉. 其日, '不生不滅'者, 以其不生, 故, 不滅也. 其日, '天上天下, 惟我獨尊'者, 以其超出慾界而言也. 故, 八萬經文, 只是空無, 而生養道絕. 本無其生, 焉有其人, 本無其人, 焉有其慾, 本無其慾, 焉有其道? 彼一切有生之男女, 口中念佛, 而心頭發火, 雖欲撲滅, 寃賊尙存, 有可功德. 菩薩斯惻今日, 故, 發大慈大悲心, 發諸佛所未發, 創出一部身心圖經, 納約自牖, 諄諄善誘, 一變而至於人. 由是而之焉之謂道. 菩薩作人之功, 不在吾儒之下, 然, 爲衆人地則可, 其所自爲, 則吾不知也.' 菩薩肅然起敬, 溫然下色, 含笑凝睇而不答." 서울대본 〈삼한습유〉.

한 합에 이루지는 못하였는데, 그 이유는 이 의론에 의거하여 석가여래가 가기로 결정이 내려진 것은 아직 아니기 때문이다. 여기에다 곧 이은 소동과 항왕의 물음은 부처의 도에 대해 문제를 제기함으로써 새롭게 개한 양상이 되었다. 그런데 정작 이 문제에 대해서 관음보살이 아무런 대답을 하지 않고 석가여래가 가기로 결정이 난다. 홍금상 수법으로 인해 일어난 소란을 해결하기 위한 최소한의 방안이 비로소 나왔다는 점에서 합을 이루었지만, 또 다른 문제인 부처의 도에 대한 문제제기에 대해서는 어떠한 결론도 내리지 않음으로써 합을 유보해 버렸다. 의론에 이어서 나온 이야기가 매끄럽게 느껴지지 않고 다소 돌출된 듯한 느낌을 주는 것은 바로 이 때문이다.

한편 원래 의론이니 착종이니 하는 용어는 한문으로 글을 짓는 데 요구되는 수사 기법을 논의할 때 활용되는 것들로, 한문 산문에서 시작되어서 소설에까지 적용된 용어이다. 특히 소설의 경우에도 한문 소설에만 국한되어 논의되는 것이 일반적이다. 그런데 한문 산문이나 소설에서 지칭되는 의론의 범주를 좀 넓게 잡을 경우, 서사와 의론의 교착 문제는 비단 한문 장편소설에서뿐만 아니라 국문 소설, 단편소설 등에서도 활용이 가능하다. 예컨대, 송사(訟事)소설에서 관에 송사를 청하는 소장(訴狀), 관장의 심문에 대한 소지(訴志), 관장의 판결문 등은 각기 여러 가지 방법을 동원하여 자신의 생각을 합당하기 드러낸다는 점에서 주어진 문제에 대한 의론의 형식을 띤 담화, 즉 의론적 담화가 된다고 할 수 있다. 이런 관점에서 본다면, 소장이나 소지, 판결문의 앞뒤로 연결되는 서사와의 관계를 살펴봄으로써 서사와 의론이 착종됨으로써 의미상 어떤 효과를 발휘하는지 논의가 가능하다. 여기서는 〈서대주전〉을 대상으로 구체적으로 논의하되, 〈서동지전〉도 간단히 살피기로 한다.

〈서대주전〉에서 다람쥐의 소송으로 고을 원 앞에 잡혀 온 서대주는 자신이 무고를 당했음을 주장한다. 그런데 이를 주장하기 위해 서대주는 온갖 사연을 구구절절 늘어놓는다. 우선 서대주는 고을 원이 자신을 대하는 태도가 억울하고 원통하기 짝이 없다고 항변한다.[159] 자신이 나름 공훈이 있는 가문의 후예라는 게 이유다. 그는 자신의 28대조가 나라에 큰 공훈을 세운 이래, 26, 27대조에는 대대로 부유하고 자손이 번성하기에 이르렀음을 서술한다. 이어 자신의 대에 가운이 심히 불행하여 다섯 아들과 딸들이 모두 비명횡사한데다 아내마저도 온갖 병으로 누워 일어나지 못하는 상황에 처했음을 낱낱이 고한다. 여기서 다섯 아들과 두 딸이 어떤 과정을 거쳐서 죽었는지를, 자기 아내가 무슨 병에 걸려 있는지를 하나하나 열거한다.[160]

---

159 "主汙, 何爲蔑視之甚耶? 曾無雅分, 而初以奸惡, 再爲竊盜, 主倅對客之道, 切爲慨然也. 小鼠今則雖甚曖昧, 而橫罹於罪囚, 故姑忍其忽, 而常時若聞如此之言, 則十寸雖爲一寸, 不忍其忿也. 雖然, 小鼠亦是功勳之後裔也," 소장처 미상 〈서대주전〉.

160 "小鼠二十八代鼠鼫, 戰國之時, 率族類數百萬, 夜往敵陣中, 矢羽除削, 弓絃斷割, 本國大捷, 故朝廷聞之, 奏達天子, 天子嘉其忠意, 而卽除隴西伯, 各道府縣有穀之處, 百石中一石式, 除給以爲聊生之澤. 二十七代鼠鼤, 才氣出類, 有名於當世, 二十六代鼠䶆, 鼠鼵, 鼠鼴, 鼠鼭, 鼠鼫, 鼠鼮, 鼠鼯, 鼠鼪, 鼠鼸, 鼠鼷, 鼠鼳, 鼠鼬, 鼠鼹, 鼠鼶, 鼠鼰, 鼠鼱, 鼠鼲, 鼠鼸, 鼠鼵, 鼠鼥, 鼠鼤, 鼠鼩, 鼠鼺, 鼠鼭, 鼠鼦, 代代富饒, 子孫繁盛矣. 至於小鼠, 時運不幸, 命途多升, 五子二女, 長子鼠肆, 耽於酒色, 橫行於靑欄酒肆, 無所不知矣, 相思洞林君之家, 釀大瓮溺死. 第二子鼠鼩, 荒淫傲遊, 放蕩橫馳矣, 馬廛橋牛親知家, 尨狗囓死. 第三子鼠鼷, 例米受來事, 往于惠聽庫中, 而誤入鑿中而壓死. 第四子鼠䶐, 九里箇藥契奉事家, 求藥而去, 背籠網懸死. 第五子鼠鼶, 有運粮事, 出往龍山萬里峴, 而草家急火中燼死. 一女鼠尉, 淫亂太甚, 狂奔東西矣, 花開洞雄寡婦家, 畜猫咬死. 二女鼠䶃, 性情淳厚, 行正慨潔, 而不出於闔門之外矣, 昨年春三月好時節, 楊柳靑靑, 雜花滿園, 不勝春興, 吟詩徘徊玩賞之間, 忽然狂鳶攫取而去, 至今不知存亡矣. 小鼠之糟糠之妻鼬召史, 一縷殘喘, 至今猶存, 而遽遻無前慘慽之後, 心火爲祟, 百病交集, 因成痼疾, 肖瘡·荷瘡·餓鬼瘡·連珠瘡·

이렇게 사연을 잔뜩 늘어놓은 서대주는 자신이 이런 상황에 처했으니 어느 겨를에 물건을 훔칠 수가 있으며, 극심한 흉년에 어떻게 양식을 쌓아놓을 수 있었겠냐며 자신의 억울함을 호소한다.[161] 이제 서대주는 이를 바탕으로 삼아 다람쥐의 평소 행실을 들먹이며 자신을 무고한 것이 분명하다고 역공을 한다.[162]

자신의 억울함을 호소하는 진술로 인해 서대주 공술의 앞뒤 부분이 교묘하게 연결된다. 곧 서대주의 전체 공술은 자신이 처한 불행한 상황을 구체적으로 진술하고, 이로 인해 물건을 훔칠 겨를조차 없는 자신의 심정을 호소하고는 상대의 평소 행실이 매우 무례하고 사악함을 폭로함으로써, 상대의 이러한 행실로 봤을 때 자신을 무고한 것이 분명하다고 역공을 펴는 구조로 짜이는 것이다. 결국 자신의 가문 성쇠에 대한 진술은 현재 서대주가 한스러움이 가슴에 쌓여 남의 물건을 탐낼 기력조차 없음을 정당화하는 근거 역할을 하게 된다. 독자는 공술 후반부를

大風瘡·唐瘡·雜瘡, 頭風·腰痛·脚痛·腹胸痛·齒痛·耳痛·冷痛·頭痛, 淋疾·瘧疾·眼疾·耶疾·狂疾·痔疾·疑疾, 心病·骨病·滯症·風症, 五腹中風, 咳嗽喘滿, 千殺·萬殺·急殺·路中急殺, 感氣輪感, 霍亂泄瀉, 眩惶之症, 猝然奄忽, 孤露殘喘, 子女無依, 自古無前之變怪慘慟." 소장처 미상 〈서대주전〉.

161 "以此身世, 寧欲溘然, 而不自得世. 積年奔惶, 萬念都灰, 奚暇他之物件, 偷去之事乎? 彼漢之呈訴, 豈不瞞先者耶? 況且近年以來, 凶荒太甚, 生活無路之時, 渠何以精栗收置之道乎? 尤極孟浪之說也." 소장처 미상 〈서대주전〉.

162 "小鼠本以代代富饒, 如此歉荒之時, 不貸一合於他類, 而何可偷窃於乞漢之栗乎? 此漢之常時所行, 小鼠一一告達矣. 每當春夏之時, 廣求於善穡之類, 晝夜秋收之後, 其中跛蹇暗啄耳聾無目無用之老婆, 留置室中, 其外則推背驅逐, 而又當春夏, 則如是. 又如每年冬節之時, 其流里丐之狀, 使傍觀者不忍見, 不忍聞之行事, 故有所切齒矣. 適値出獵之時, 逢着於小兎山左龍岡山麓, 而不問其寒暄, 以其無行之事切責矣. 從此以後, 不知自過, 恒懷慍怒之心, 萬萬不當之說, 搆捏小鼠, 而非理奸訟之計, 豈有世間天地, 如許孟浪無據之漢乎? 小鼠雖甚殘劣, 亦是世代功勳之後裔, 如此無倫不肖之類, 呶呶下訟, 貽辱於先勳, 喧撓於官庭, 欲死無地, 生不如死. 伏乞明鑑之下, 察其情, 而雪其寃焉." 소장처 미상 〈서대주전〉.

읽고 나서야 비로소 이 부분이 단순히 판관의 감정에 호소하기 위해 그저 구구절절 늘어놓기만 한 것이 아니라, 자신은 떳떳하다는 것을 주장하기 위한 논리적 포석임을 비로소 깨닫게 된다.

그런데 소설 속에 등장하는 고소장이나 소지, 판결문 등에도 소설의 줄거리 흐름 못지않은 관심을 가진 독자라면, 서사 중간에 기나긴 고소장, 판결문, 소지 등이 끼어드는 것이 전혀 문제가 되지 않는다. 공안(公案)소설에 삽입된 고소장이나 판결문을 엉성하고 조잡한 '전근대적' 서사구조의 산물이자 서사 외적인 잉여적 요소로 보는 시각은 공안소설과 법률문화의 관계, 텍스트의 역사적 맥락을 전혀 고려하지 않은 결과라는 선행 연구의 지적, 공안소설이 팔린 중요한 요인 중 하나는 그 안에 삽입된 고소장과 판결문, 그것이 전달하는 이해하기 쉬운 법률상식 때문이었을 수도 있다는 점[163]을 감안한다면, 일반 소설 속에 소지나 고소장, 판결문, 혹은 이를 흉내 낸 여러 글 등에 대해서도 특별히 관심과 흥미를 갖고 읽었을 가능성도 크다.

이때는 실제 관아에서 소지나 고소장은 실제 사건을 얼마나 정확하게 잘 서술하였는가가 중요한 것이 아니라, 어떻게 하면 판관의 눈에 들도록 사건을 극적으로 재구성하고, 자신의 관점을 얼마나 효과적으로 판관에게 호소할 수 있느냐가 중요하기 때문[164]에 독자들 또한 그런

---

163 박소현, 「중국과 조선의 법률문화와 범죄소설의 계보학」, 『비교문학』 53(한국비교문학회, 2011. 2), 60~61면.

164 "판관은 재판을 하기 전, 그의 관아에 제출한 고소장부터 읽게 된다. 앞에서 말한 것처럼 한 판관이 정해진 기간 내에 처리해야 할 소송이 넘쳐났기 때문에 고소장을 제출한 모든 사건이 판관의 법정에서 판결을 받을 수 있는 것도 아니었다. 따라서 판관은 과연 어떤 사건을 법정에서 심리할지 선택적으로 읽어야 했고, 소송당사자들은 까다로운 독자인 판관의 주의를 끌기 위해 신중하게 고소장을 작성할 수밖에 없었다. 즉 그들은 판관과 소송인으로 법정에서 만나기 이전에 작자와 독자로서 문서를

점에 초점을 맞추어서 고소장과 소지를 읽어가게 된다. 판결문도 마찬가지로 관장이 그 사건에 대해서 합리적인 판단을 내리고, 동시에 인간적인 정리까지 감안[165]해서 공정하고 타당한 판결을 내려 주리라는 기대를 갖고 읽어나가게 된다.[166]

따라서 독자는 서대주 공술의 전반부 역시 쓸데없는 이야기를 하는 것이 아니라, 자신의 무고함을 드러내기 위한 전제 작업으로 자신의 인생 역정과 고난을 극적으로 드러내기 위한 하소연으로 간주할 가능성이 크다. 더 나아가 독자는 온갖 고난을 겪으며 지금까지 살아온 서대주의 모습에 동정과 측은함을 느끼며 판관 역시 이러한 점을 당연히

통해 접촉하는 것이다. 고소장의 '스토리텔링'이 중요한 이유는 바로 이 때문이다. 판관의 선택을 받기 위해서는 사건을 그럴듯하게 재구성하는 것, 즉 실제로 무슨 사건이 벌어졌는지 사실대로 이야기하는 것이 중요한 것이 아니라 동일한 사건이라도 어떻게 이야기하는가가 더 중요한 것이다. 원고와 피고는 사건의 진실을 완전히 정반대의 관점에서 재구성하고 파악할 수 있는 당사자들이다. 판관이 사건의 진실을 파악하기에 앞서, 이미 절대적 진실이란 존재하지 않는다. 이런 점에서 볼 때 마치 허구적 스토리텔링이 그렇듯이 법률적 스토리텔링의 초점도 진실 그 자체에 있는 것이 아니라 진실의 재현에 있다고 할 수 있다"(박소현, 위의 논문, 59면). 아울러 법정에서 서사가 단순히 사건의 재현의 역할을 하는 것이 아니라, 피고와 원고 각자의 관점을 정당화하고 관철하기 위해 사건을 효과적으로 재구성하고 전달하는 데 매우 큰 역할을 한다는 점에 대해서는 'H. 포터 애벗, 앞의 책, 333~363면'을 참조.

165 법을 통한 물리적인 통치보다는 교화를 통해 잘못된 것을 바로잡고 풍속을 변화시키는 통치를 중요하게 생각했던 중국과 우리나라에서는 법률에 의거하여 합리적으로 판단을 내릴 뿐만 아니라, 인간의 정리도 최대한 감안하여 판결하는 것이 일반적이었다. 이에 대해서는 '박소현, 앞의 논문'을 참조. 아울러 법을 통한 통치보다 교화와 수양을 통한 개인 도덕의 함양을 통해 사회 도덕이 구현된다고 보는 것은 성리학의 기본적인 입각점이기도 했다. 이에 대해서는 '김영민, 「성리학의 형이상학: 개별 자아의 세계 전유」, 『철학과 현실』 58(철학문화연구소, 2003, 10)'을 참조.

166 실제로, 〈작여오상송문(鵲與烏相訟文)〉·〈오대변송문(烏對卞訟文)〉, 〈와사옥안(蛙蛇獄案)〉, 〈서옥기(鼠獄記)〉 등은 이러한 점들을 주의 깊게 읽는 데 초점이 맞추어진 작품들이라 해도 과언이 아니다.

감안해 주리라는 기대를 품고 공술을 계속 읽어나갈지도 모른다.

이런 관점에서 볼 때, 서대주의 공술은 독자와 판관의 감성에 호소하여 결국 자신이 무고함을 주장하는 것이 결코 허무맹랑한 것이 아님을 느끼도록 나름대로 치밀하게 구성된 것이라 할 수 있겠다. 그리고 이 소지는 서대주가 무고를 당했음을 인정받고 석방 조치를 받게 되는 결과를 가져온다는 점에서 이어지는 서사와 긴밀한 관련을 맺으면서 그 서사가 일어나는 데 대한 타당성을 부여해 주고 있음을 알 수 있다. 서대주의 공술이 일종의 개라고 한다면, 이어지는 서대주의 석방 조치는 합인 것이다.

〈서동지전〉에서도 이와 동일한 면모가 발견된다. 양식을 얻으러 갔다가 거절당한 다람쥐의 고소로 서동지는 백호산군에게 잡혀간다. 그는 여기서 이러한 송사가 벌어지게 된 원인이 단순히 다람쥐의 성품이 악해서가 아니라, 관장인 백호산군의 덕이 부족하여 교화가 이루어지지 못한 데 있음을 역설한다. 이 서동지의 공술은 사실상 관장의 위의를 범한 것으로, 자칫 죽음을 당할 수도 있는 문제였다. 백호산군이 어이없어 하며 크게 화를 낸 것도 이 때문이다. 그렇지만 백호산군은 관장인 자신의 덕이 부족했음을 인정하고 서동지를 방송한다. 이 역시 서동지의 공술 부분은 일종의 개에 해당하고, 이어지는 서동지의 석방 부분은 합이 되는 것이다.

4) 관대한 서사 인식

지금까지 한문 비평에서 산문 운용의 기법으로 간주되는 개합과 착종의 관점을 한문 장편소설뿐만 아니라 국·한문 단편소설에까지 확대하여 적용했을 때, 논의할 수 있는 여러 양상들을 살펴보았다. 그 양상을 간단히 정리하면 다음과 같다.

한문 산문에서 서사와 의론을 착종시킴으로써 서사의 생동감을 높이고 의론의 타당성이 상승한다고 인식한 것처럼, 소설 창작과 독법에서도 중심 스토리와 여러 삽화들의 결합 관계를 정서와 협서 관계 측면에서 볼 때, 협서가 서사의 변화, 굴곡을 가져오는 효과 등이 소설 창작과 독법에서 중요한 지점임을 인식하였다. 실제 소설 창작 측면에서도 한문 장편소설에서 서사와 의론을 착종시켜 가까이서 개합 관계로 맺어지거나 멀리서 조응을 이루게 함으로써 서사전개에 타당성을 높였다. 그리고 국문 장편소설의 특성을 고려할 때 이 유형에서도 이러한 면모를 중요하게 간주되었고, 실제로도 이러한 면모가 잘 구현된다고 보는 것이 타당하다.

소설 작품의 구성 원리를 감안할 때, 이러한 점은 비단 한문 장편소설뿐만 아니라, 국·한문 단편소설에서 발견되는 면모이기도 했다. 예컨대, 우화 소설에서 의론적 성격을 지닌 글을 중간에 끼움으로써 등장인물의 언행에 타당성을 부여하고, 서사 전개에도 합리성을 부여하였다. 그리고 서사 흐름과 다소 관계없는 묘사적 서술을 길게 이음으로써 여담적 성격을 강화시키면서 서사가 굴곡지어 흘러가는 것을 노리기도 했다.

결국 이러한 양상들의 이면에는 서사의 흐름에 대한 당대의 공통적인 인식이 일정정도 깔려 있었던 것은 아닐까 하는 생각이 든다. 즉 서사를 중심에 놓고 봤을 때, 서로 이질적인 양식이 끼어들어 독특한 효과를 발휘하면서 서사 전개의 합리성을 지나치게 해치지 않는다면 얼마든지 용인이 되었기에, 아니 좀 더 적극적으로 해석하자면 적극

권장되었기에 가능했던 것은 아닐까 한다.

이 말이 당대 사람들이 서사 흐름에 대해서 별다른 인식을 하지 않았다거나 서사가 흘러가는 과정에서 어떠한 양식이든 마구 끼어들어도 좋다는 인식을 갖고 있었다는 것을 의미하는 것은 결코 아니다. 예를 들어, 야담은 "일정한 서사구조"[167] 속에서 처음부터 끝까지 중심 스토리를 일관되게 이어나가는 데 집중하며, 단편소설은 중심 스토리와 삽화들이 얽히면서도 역시 중심 스토리를 일관되게 이어가려는 모습을 보여준다. 이는 이른바 '서사의 일관성', 중심 스토리를 구성하는 서사가 일관되게 흘러가는 것이 바람직하다는 인식이 바탕에 깔려 있기에 가능한 것이다.

서사가 흘러가는 과정에서 이질적인 양식이 끼어드는 것에 대해 관대한 인식을 보이는 것이 소설이 창작되기 시작한 때부터 있었을지, 후대에 다양한 서사 양식을 접하면서 이러한 인식이 생겼을지는 현재로서는 단정하기 어렵다. 초기 전기 소설과 한문 장편소설은 모두 이질적인 양식이 자유롭게 끼어드는 소설 유형이지만 이 유형의 소설 작품을 읽었던 사람들에게 공통된 서사 인식이 깔려 있었다고 단언할 수는 없기 때문이다.

19세기에만 한정지어 조심스럽게 추정해 본다면, 서사의 일관성을 유지하여 중심 스토리를 구성하는 서사가 일관되게 흘러가는 것을 바

---

167 이강옥은 야담은 일정한 서사 구조로 구성되는 것이 야담을 야담으로서 만들어 주는 근본적인 원리라고 본다. 그는 경화세족의 박학을 추구, 교술적 지식 지향, 저술에 몰입하는 양상은 한편으로는 18, 19세기 야담이 번창하는 핵심동력이 되기도 하였지만, 일정한 서사 구조로 구성되는 야담의 구조와 의미를 깨뜨려 가는 힘으로 작용하기도 했다고 본다(이강옥, 「야담의 전개와 경화세족」, 『국문학연구』 21(국문학회, 2010. 5), 29~35면).

람직하다고 보는 인식을 기본으로 하면서 서사적 일관성을 지나치게 해치지 않는 범위 내에서 이질적인 양식이 서사 흐름 속에서 자유롭게 끼어드는 것도 좋다는 인식도 갖고 있었던 것으로 보인다. 이는 한 편의 서사를 전개해 나가는 데, 더 나아가 한 편의 글을 쓰는 데 '여담'이 천덕꾸러기 취급을 받았던 서양 고대·중세문학의 전통과는 다른 점이라 생각된다.[168]

한문 장편소설에서 서사와 의론이 착종된다든지 서사 진행을 중지시키고 한동안 의론이나 묘사적 서술만 길게 이어간다든지 하는 것, 우화 소설(특히 송사소설), 판소리계 소설에서 공소장, 소지, 판결문 등이 자유롭게 끼어든다든지 서사 진행을 멈추고 특정 사물이나 인물에 대한 묘사에 몰입한다든지 하는 것들은 모두 이러한 인식이 공통적으로 바탕에 깔려 있었기에 가능했던 것이 아닐까 한다.[169]

다만 이러한 공통적인 인식과는 별도로 이러한 양상이 나오게 된

---

168 서양문학의 전통에서 여담을 둘러싸고 벌어진 여러 논의들과 논쟁들, 여담의 지위가 어떻게 변화해 가는가에 대한 전반적인 논의는, '란다 사브리, 앞의 책, 33~150면'을 참조.

169 사실 서사 흐름에 대한 관대한 인식이 존재했으리라는 것 자체는 이런 저런 작품론이나 유형 연구들을 통해서도 어느 정도 짐작이 가능한 것이기는 하다. 하지만 필자가 보기에 이 점 역시 서양 문학 전통에 비추어 볼 때, 매우 뚜렷한 변별점이라 생각되기에 이러한 결론 자체도 안이한 면이 있기는 하지만 나름 의미가 있다고 생각한다. 필자가 생각하기에 여기서 더 나아간 논의를 진행하기 위해서는 해결해야 할 문제가 매우 많다. 우선 동시대의 다른 유형 작품들뿐만 아니라, 전기 소설과 같이 보다 앞 시대 작품들과의 비교 작업도 이루어져야 한다. 그리고 이들 간에 동일한 현상이 나타난다고 하더라도 섣불리 전 시대를 걸쳐 그러했으리라고 볼 수도 없다. 특히 전기 소설의 경우, 그 유형의 성립 기반을 고려할 때 전기 소설이 전성기를 이루던 시기와 이 시기 사이에 서사 인식상의 큰 차이가 존재할 가능성도 배제할 수 없다. 이러한 점들을 밝혀내기 위해서는 이 문제에 대한 장기간의 작업이 필요하지 않을까 생각한다. 그런 점에서 필자가 내린 이 결론은 지극히 제한적인 것이며, 다음 작업을 위한 작업적 가설 정도로 봐 주었으면 한다.

기반에는 차이가 있다고 보는 것이 타당하다. 즉 한문 장편소설의 경우는 경화세족의 문화적 취향이[170], 우화 소설과 판소리계 소설은 판소리의 양식적 특성이 큰 영향을 끼쳤음이 분명해 보이기 때문이다. 여기서는 그 문화적인 기반 차이에도 불구하고 이러한 양상을 보여주게 된 공통적인 인식이 있었던 것은 아닌가 하는 점을 강조하고 싶은 것이다.

3. 구조와 논리

1) 선-악 대립 구도

선-악 대립 구도가 성립하기 위해서는 선인과 악인이 등장하여 이들 간의 대화, 행위 등을 통해 지속적으로 갈등을 일으키고 대립이 첨예하게 이루어져야 한다. 그러기 위해서는 필연적으로 장기간에 걸친 갈등 양상이 구현될 수밖에 없다. 이는 달리 말하면, 이 과정에서 선한 인물이나 악한 인물이나 모두 그들 나름대로의 인생 역정이 굴곡지어 나타나게 됨을 의미하는 것이기도 하다. 이러한 양상을 가장 두드러지게 보여주는 소설 유형은 바로 국문 장편소설과 영웅 소설이다.

한문 장편소설의 경우, 선-악 대립 구도가 작품 전체에 걸쳐서 나타나지는 않는다. 작품의 일부분에서 선한 인물과 악한 인물 간의 갈등이 비교적 장기간에 걸쳐 일어나거나 작품의 어느 특정 부분, 부분 별로 갈등이 집약적으로 드러나는 양상을 보인다.

---

170 "더 근본적으로는 지식과 박학에 의해 교술이 극단적으로 확장되면서 서사가 그 구조적 경계를 잃게 되는 단계가 경화세족의 문화적 자세와 관련된다는 점"이다(이강옥(2010), 앞의 논문, 37면).

한문 장편소설에서 이러한 특성을 보이는 이유는 영웅 소설과 비교해 보면 알 수 있다. 영웅 소설은 선한 주인공이 악한 인물 간의 장기간에 걸쳐 반복되고 지속되는 갈등을 그려낸 뒤, 악한 인물이 강력한 징치를 당함으로써 복선화음을 뚜렷하게 구현하는 데에만 초점을 맞춘다. 그래서 악한 인물이 강력한 징치를 당하는 장면에서 작품이 종결되는 것이 일반적이다.

그런데 한문 소설은 이러한 점에도 상당한 관심을 가지지만, 선한 주인공이 그러한 갈등을 모두 다 이겨내고 마침내 보상을 받아 온갖 부귀영화를 누리며 가족, 친척들과 화목하게 지내는 데에도 초점을 맞추어 이 모습을 상당한 분량을 할애하여 그려내는 양상을 보여준다. 예를 들어, 〈옥루몽〉의 후반부를 구성하는 거의 모든 이야기가 바로 이러한 점에 초점이 맞추어져 있음을 알 수 있다. 그래서 장기간에 걸쳐 첨예한 갈등이 지속됨에도 불구하고, 작품 전체를 놓고 보면 작품의 일부에서 갈등이 벌어지는 것으로 비치는 것이다.

우선 〈삼한습유〉의 예에서 볼 수 있듯 단편적이지만 한두 가지 구성적 사건을 통해 이들의 갈등·대립을 집약해서 보여주는 경우, 이들의 갈등은 심각하지만 지속적으로 이어지지는 않는다. 그리고 주인공 향랑을 제외하면, 선인에 대한 보상과 악인에 대한 징치가 비교적 짧은 시간 내에 이루어짐으로써 갈등이 마무리되는 양상을 보여준다.

〈삼한습유〉에서 작품의 특정 부분에서 갈등이 집약적으로 나타나는 양상은 크게 세 군데를 들 수 있다. 이는 모두 현숙한 여인이 부덕한 남자에게 시집을 가게 되었거나 감으로써 겪게 되는 갈등과 그로 인해 여인이 죽음에까지 이르는 상황을 그린다는 공통점이 있다. 아울러 이 갈등들은 모두 '예(禮)-비례(非禮)'의 문제의식 선상에서 형상화되고 있

다는 공통점도 지닌다.[171]

주인공 향랑은 어머니의 뜻에 따라, 부자이지만 행실이 바르지 못한 서쪽 남자에게 시집을 간다. 그의 시어머니는 옷차림과 혼수가 그들 수준에 맞지 않는다며 며느리로 대접해 주지 않고, 남편 역시 집의 부유함을 믿고 그를 가난하다고 업신여기고 무례하게 대한다. 향랑은 며느리로서 도리를 다 하였지만, 시어머니와 남편의 구박은 날로 심해져 가고, 급기야 향랑은 집에서 쫓겨나기에 이른다. 향랑과 남편의 갈등은 작품 초반부에서 집약적으로 다루어지기에 장기간에 걸쳐 지속되고 반복된다고 보기는 어렵다.

하지만 향랑이 시집에서 쫓겨나 집으로 돌아오고, 부모가 세상을 떠난 뒤 또 다른 사건으로 인해 죽게 만드는 계기가 된다는 점에서 갈등의 강도는 매우 강하다. 그리고 남편과의 갈등 관계는 남편이 사형을 당할 위기에 처했을 때, 선녀가 된 향랑이 내려와 그를 구제해 줌으로써 완전히 해소된다.

향랑은 부모가 세상을 떠나자 삼년상을 위해 외종조 숙모댁에 가서 의탁한다. 그런데 같은 군에 사는 조씨(趙氏)네 집 아들이 향랑 본인의 의사를 무시한 채 숙부를 협박하며 혼인할 것을 강요하자, 향랑은 사태가 피할 수 없음을 느끼고 혼인을 하기로 결정한다. 그리고 이는 향랑이 죽음을 맞이하는 계기로 작용한다.

이 부분은 조씨네 집 아들과 향랑 사이의 갈등이 지속되지는 않는다.

171 〈삼한습유〉에서 일어나는 모든 갈등들이 바로 예(禮)에 합당한가 아닌가 하는 문제에 초점이 맞추어져 있음을 논의한 연구로 '김정녀, 「삼한습유(三韓拾遺)에 나타난 예(禮)에 관한 논쟁과 그 의미」, 『국어국문학』 137(국어국문학회, 2004. 9)'을 들 수 있다.

혼인과 관련된 갈등이 크게 한 번 일어나고 난 뒤, 향랑이 죽으리라 마음먹는 과정, 물에 뛰어 들어 죽음을 맞이하기까지 과정이 길게 그려진다. 그러나 이 갈등은 향랑이 죽게 만드는 결정적 계기로 작용한다는 점에서 단 한 번이지만 매우 집약적이고 강도 높은 갈등이라 할 수 있다. 향랑이 죽은 뒤 폐백을 갖추고 온 조씨네 집 아들이 갑작스레 피를 낭자하게 쏟으며 죽은 것 역시 그 갈등의 강도를 보여주는 역할을 한다고 할 수 있다. 그리고 갈등이 단 한 번 강도 높게 일어난 만큼, 그 갈등도 금방 해소된다. 향랑이 물에 빠져 죽고, 그를 데리러 온 조씨네 집 아들 역시 죽음을 당함으로써 갈등이 해소되는 것이다.

세 번째 갈등은 향랑의 외종조 숙모댁이 있는 군에 사는 아름답고 성품도 정숙한 여인에게서 일어난다. 그의 어머니는 달성(達城) 선비의 노비였다. 이 사건은 향랑이 시집에서 쫓겨나던 때 일어난 일이니, 향랑이 죽음을 맞이하기 전에 일어난 사건이다.

마을의 부잣집 아들이 그를 강제로 아내를 삼고자 그에게 예를 차려 올 것을 요구하고 그 집에서도 들어 주었다. 그런데 마침 달성 선비가 그의 자색을 보고는 강제로 취하려 한다. 그래서 주인을 배반한 죄를 들며, 혼인하기로 되어 있던 부잣집과 여인의 부모를 협박하여 마침내 그를 데리고 간다. 마침내 달성 선비를 따라가던 이 여인은 낙동강에 투신하여 죽음을 맞이하고, 조정에서는 정의녀(貞義女)라는 호칭을 내린다.

달성 선비와 이 여인 간의 갈등 추이는 향랑과 조씨네 집 아들 간의 갈등과 유사하게 흘러간다. 우선 그들 간의 갈등 역시 장기간에 걸쳐 지속되는 갈등이 아니라, 혼인과 관련하여 단 한 번 일어나는 갈등이다. 이 부분에서도 갈등 자체보다도 낙동강을 건너는 배에 오른 여인이 죽음을 다짐하며 보인 행동, 노래와 함께 타고 있던 어느 선비가 그 행동과 노래에 담겨 있는 의미를 풀어내는 과정, 마침내 여인이 물에 몸을 던짐으로써 벌어지는 소동이 길게 그려진다.

하지만 달성 선비와 여인 간의 갈등으로 인해 이 여인이 낙동강에 투신하여 죽음을 맞이한다는 점에서 갈등의 강도는 매우 높다. 그를 전송차 따라 나온 이웃 할머니가 그가 죽은 뒤 그와 관련된 사연을 배에 탄 사람들에게 들려줌으로써 사람들이 원통해 하며 달성 선비에게 보복을 가하는 것 역시 그 갈등이 매우 강렬함을 뒷받침해 주며, 이로써 갈등이 해소된다.

한편 〈옥루몽〉에서는 주된 갈등들이 장기간에 걸쳐 지속적으로 반복되어 나타남으로써 선한 인물과 악한 인물 사이에 대립이 매우 첨예하게 이루어진다. 그리고 장편소설의 구성에서 흔히 볼 수 있듯이 이 갈등들이 서로 얽힌 채로 작품의 부분, 부분에서 그려지며 지속되는 양상을 보인다.

이때 선한 인물과 악한 인물은 작품에서 결구되는 사건마다 부딪히며, 그 과정에서 악한 인물들은 선한 인물을 곤경에 빠뜨리고 제거하기 위해 수단과 방법을 가리지 않는다. 이러한 갈등은 악한 인물이 강한 징치를 받아 죽음을 맞이하거나 자신의 잘못을 깊이 뉘우치고 새 사람이 됨으로써 해소된다.

이 작품에서 주된 갈등이라 할 수 있는 부분은 크게 네 부분이다. 우선 명(明)나라에 반기를 들고 반란을 일으킨 남만의 왕 나탁과의 갈등과 양창곡과 천자가 황궁을 비운 틈을 타 침략해 온 북방 흉노(匈奴)의 우두머리인 야율선우(耶律單于)와의 갈등은 주로 군담을 통해서 드러난다. 이 두 갈등에 대해서는 다른 차원의 논의가 필요하므로, 이 책에서는 다루지 않는다.

나머지 두 갈등은 참지정사(參知政事) 노균(盧均)과의 갈등으로, 조정과 국가의 차원에서 이루어지는 갈등과 양창곡의 둘째 부인으로 들어온 황소저(黃小姐) 일가와의 갈등으로, 가정의 차원에서 일어나는 갈등이다. 먼저 노균과의 갈등은 어린 나이에 과거 답안지에 강직한 말을 쏟아내고 장원 급제하여 임금에게 직언을 서슴지 않는 양창곡의 모습을 매우 못마땅해 한 노균이 양창곡을 음해함으로써 벌어진다. 노균은 양창곡이 임금으로부터 신임을 받는 것을 꺼려 조정에서 온갖 술수를 써서 양창곡의 입지를 약화시키고 제거하려 한다. 그와 양창곡은 조정의 주요 사안마다 서로 부딪히며 갈등을 벌인다. 또 자신의 모함으로 양창곡이 귀양 간 틈을 타 동홍과 청운도사(靑雲道士)를 끌어들여 천자를 미혹시킨다. 마침내 잠시 미혹함에 빠졌던 천자가 벽성선의 직언으로 자신의 부덕함을 깨닫고 총명을 되찾아 가는 것을 눈치 챈 노균은 결국 나라를 배반하고 흉노에 투항한다.

이렇게 양창곡과 노균 간의 갈등은 조정의 주요 사안과 국가 차원의 문제를 통해 지속적으로 발생하며, 노균의 술수로 인해 미혹해진 천자가 양창곡을 귀양 보내고 그리고 노균이 사람을 보내 귀양길에 오른 양창곡을 제거하려 하는 시도를 하는 과정을 통해 절정을 이룬다. 그들의 갈등은 총명을 되찾은 천자가 탁당(濁黨)의 무리들을 모두 제거하고서야, 그리고 흉노에 투항한 노균이 뇌천풍(雷天風)이 휘두른 도끼에 맞아 죽음을 당하고서야 해소된다.

다음 황소저와의 갈등은 양창곡의 둘째 부인으로 들어 온 황소저가 첩으로 들어 온 벽성선의 자태와 행실을 시기함으로써 발생한다. 벽성선의 자태와 행실을 끝없이 시기하며 윤부인(尹夫人)에게 밀려 둘째 부인으로 들어간 것에 대해 분해하고 한스러워 하던 어머니 위부인(衛夫人)과 함께 그를 음해하고 제거하려는 계책들을 세우고 실행한다. 시비 춘월(春月)과 모의하여 집안에서 도적 사건을 꾸민다든지, 벽성선이 자신에게 독약을 먹인 것처럼 위장한다든지, 벽성선에게 독약을 먹인다든지, 자객을 고용하여 그를 죽이려고 한다든지 하는 등 이런 저런 일을 벌임으로써 벽성선을 제거하려 하고 양창곡 집안을 어지럽힌다.

황소저와의 갈등 역시 집 안팎에서 장기간에 걸쳐 지속적으로 반복되며, 이로 인해 벽성선은 집을 떠나 이곳저곳을 떠돌아다니며 온갖 고난을 겪는다. 이 갈등은 황소저가 벽성선을 죽이기 위해 고용했던 자객을 통해 황소저 일가의 악행이 밝혀지고, 마침내 집에서 쫓겨나 추자동(楸子洞)에 은거하던 도중에 죄를 뉘우치고 부덕을 갖춘 여인으로 변함으로써 비로소 해소된다. 이때 어머니 위부인 역시 정숙한 부인으로 변모하게 된다.

판소리나 판소리계 소설의 경우, 국문 장편소설, 영웅 소설만큼 선인과 악인의 대결 구도가 첨예하게 형상화되지는 않는다. 그렇지만 비교적 긴 시간에 걸쳐 그들 간의 갈등이 진행된다. 이러한 면모는 판소리에서 선-악 대립 구도를 중요하게 여기지 않아서가 아니라, 사건을 결구하고 인물을 형상화하는 특성에서 기인한 것으로 보인다.

우선 판소리, 판소리계 소설에서 등장인물의 선악 문제는 다른 소설 유형과 마찬가지로 그들의 대화, 행위 등을 통해, 그리고 그들 사이에서 벌어지는 갈등을 통해서 드러난다. 차이가 있다면, 국문 장편소설, 영웅 소설처럼 장기간에 걸쳐 직접적으로 부딪히는 양상이 두드러지게 나타나지는 않는다는 점이다. 대신 선인이 악인이 벌인 행위로 인해 온갖 고난을 겪는 양상을 보이는 데 집중함으로써 선-악 대립을 간접적으로 보여준다.

〈흥부가/전〉를 먼저 살펴보자. 이 작품에서 선인인 흥부와 악인인 놀부가 직접적으로 부딪히는 장면은 두 군데를 들 수 있다. 하나는 놀부가 흥부를 집에서 쫓아내는 장면이고, 다른 하나는 집에서 쫓겨난 흥부가 가족들의 기근을 보다 못한 나머지, 놀부 집에 양식을 얻으러 갔다가 매만 맞고 돌아오는 장면이다. 이 두 장면 중 작품 전체의 방향을 결정짓는 큰 갈등은 전자이고, 후자는 이로 인해 파생된 또 다른 갈등이다. 그런 점에서 작품이 시작되자마자 일어나는 갈등인 전자가 이 작품 전체의 주축을 이루는 중요한 갈등이며, 사실상 유일한 갈등이라 할 수 있다.

이후 흥부가 제비로부터 보은의 박씨를 얻어 부자가 되기 이전까지 스토리 흐름은 흥부 가족이 극심한 기근을 겪으며 고통을 당하는 모습, 가난을 면해 보기 위해 온갖 일을 다 해보지만 가난을 면치 못하는 상황을 그려내는 데 집중한다.

선한 주인공이 악한 인물의 모함을 받아 집에서 쫓겨나거나 집을 떠나 온갖 고난을 겪는 장면 자체는 국문 장편소설과 영웅 소설에서 매우 흔하게 볼 수 있다. 그리고 작품 속에서 직접적으로 표명되지는 않아도 독자들은 이것이 악한 인물로 인해 초래된 것임을 인지한 상태로 읽기 마련이다. 이 점은 판소리나 판소리계 소설에서도 동일하게 적용된다.

그런데 판소리나 판소리계 소설에서 선-악의 대립과 갈등이 국문 장편소설이나 영웅 소설처럼 첨예하게 이루어진다고 느껴지지 않는 것은 국문 장편소설이나 영웅 소설에 비해 선한 주인공의 고난을 가중시키는 악인의 행위나 그들 간의 갈등이 적게 나타나는 데서 기인한 것으로 보인다.

〈흥부가/전〉의 경우에도 작품 전체를 관통하는 갈등이 한 번 나타나기만 할 뿐, 그 이후 흥부가 겪는 고난의 강도를 증가시키는 놀부의 행위나 두드러진 갈등은 별로 나타나지 않는다. 이러한 역할을 하는 장면으로 양식을 얻으러 온 흥부를 놀부가 매를 때려 쫓아내는 장면이 유일하다. 그런 만큼 이 작품에서 선-악 대립 구도 자체가 치열하게 전개된다고 보기는 어렵다.

그렇다고 해서 판소리나 판소리계 소설에서 선-악 대립 구도가 잘 성립되지 않는다고 볼 수는 없다. 이를 드러내는 주된 방식이 국문 장편소설이나 영웅 소설과 약간 다를 뿐이다. 국문 장편소설과 영웅 소설의 경우, 일차적으로 서술자의 입을 통해 이루어지는 인물 형상과 품성을 통해 등장인물의 선악 면모가 드러난다. 그리고 선한 주인공과 악한 인물 간의 갈등이 여러 번 반복되고, 이로 인해 선한 주인공이 겪는 고초의 강도가 더욱 커지고, 악한 인물의 악행 정도도 갈수록 강해지는 양상을 그려냄으로써 선-악 대립 구도를 더욱 첨예하게 드러낸다. 국문 장편소설과 영웅 소설에서는 이 두 번째 방식을 더욱 적극적으로 활용하는 양상을 보인다.

반대로, 판소리나 판소리계 소설에서는 첫 번째 방식을 통해 등장인물의 선악을 드러내는 데 초점을 맞추는 것으로 보인다. 인물이 새로 등장할 때, 그의 평소 행실들을 서술자의 입을 통해 나열함으로써 그가 선한 인물인지 악한 인물인지 명확하게 규정을 지어놓은 뒤 사건을 진행시키는 방식을 활용하는 것이다. 그래서 그 이후 그들 간의 갈등이 첨예하게 드러나지 않더라도, 선한 주인공이 겪는 고초의 강도가 더 강해지지 않더라도, 악한 인물이 벌이는 악행의 수위가 더욱 높아

지지 않더라도 선-악 대립 구도가 자연스럽게 설정되도록 만드는 것이다.

여기서 주목할 점은 선인과 악인을 형상화하는 방식이다. 그리고 놓치지 말아야 할 점은, 뒤에서 다룰 우화 소설이나 19세기 일부 교훈가사의 경우도 마찬가지이지만, 판소리와 판소리계 소설에서 선인과 악인을 형상화하는 방식은 기존 국문 장편소설이나 영웅 소설에서 곧잘 활용되던 방식을 그대로 가져와 더욱 확대시킨다는 것이다.[172]

물론 등장인물들 간의 직접적인 갈등이 발생할 때 나오는 그들의 대화나 행위를 제외하고서도 등장인물의 대화나 행위를 통해 선-악의 대립을 드러내는 경우가 전혀 없는 것은 아니다. 예를 들어, 〈흥부가〉에서 다리가 부러진 제비를 치료해 주는 장면을 견주어보면 놀부와 흥부의 인간성의 차이가 확연하게 드러난다. 흥부는 새끼 제비의 연약한 다리가 행여 상할까 칠산 조기 껍질과 당사(唐絲) 등 얇디얇은 물건으로 다리를 감아준다.[173] 이에 반해 놀부는 대민어(大民魚) 껍질로 세 겹을 싸고, 당팔사(唐八絲) 주머니 끈으로 단단히 동여맨다. 그것으로도 모자랐던지 놀부는 포대기로 두세 겹을 감아 제비집에 넣어 준다.[174] 독자들은 이러한 그들의 행위를 머릿속으로 겨주어 봄으로써 선인으로서 흥부의 면모와 악인으로서 놀부의 면모를 다시 한 번 확인할 수 있다. 다만 작품 속에서 이러한 방식이 그다지 자주 활용되지 않을 뿐

172 이 점은 뒤에서 상세하게 논의한다.

173 "七山 죡어 겁즐 벅겨 두 다리 돌돌 말고, 五色唐絲 찬찬 감어 졔 집에 너엇더니." 신재효본 〈박흥보가〉.

174 "져 몹신 놀甫놈이 졔비 다리 감으랼 졔, 흥보보단 더 ᄒᆞ기로 大民魚 겁질 벅겨 세 겹을 거듭 싸고, 唐絲실은 가느다고 唐八絲 쥬먼이 끈 단단이 동이 後에 졔집에 도로 넛코, 幸여나 觸風ᄒᆞᆯ가 셥 두텁고 큰 두데를 셔너 겹 둘너더니." 신재효본 〈박흥보가〉.

이다.

〈심청가/전〉의 경우에는 뺑덕어미의 형상이 점차 악인으로 면모가 뚜렷해지는 방향으로 바뀌어 감에도 불구하고, 선-악 대립 구도가 뚜렷하게 형성되지 않는다. 놀부의 경우와 마찬가지로, 뺑덕어미가 향촌사회에 해를 끼치는 악덕 인물로 형상화되기 시작한 것은 신재효본부터이다.[175] 놀부와 뺑덕어미의 행실은 강산제를 바탕으로 만들어졌다는 완판본(특히 후기) 계열에서 대폭 확장되며, 악인의 면모도 확연하게 드러난다.[176] 뺑덕어미 대목 중 뺑덕어미 행실 부분만 놓고 보았을 때, 성장기 〈심청가〉[177]에서는 뺑덕어미가 그저 먹성 좋은 여인네로 그려지다[178] 신재효본[179]에 오면 뺑덕어미 개인의 인격적인 결함들이 제를 올릴 때의 불경한 행위[180]와 결합됨으로써 가족과 사회의 구성원으로

---

175 유영대, 「심청전의 여성 형상: 곽씨부인과 뺑덕어미를 중심으로」, 『한국고전여성문학연구』 1(한국고전여성문학회, 2000); 이지영, 「흥부전의 '놀부심술사설' 연구: 무가계 사설의 하나로서」, 『고소설연구』 7(한국고소설학회, 1999).

176 이대중, 「뺑덕어미 삽화의 더늠화 양상과 의미」, 『판소리연구』 17(판소리학회, 2004), 275면. 〈심청가〉와 〈심청전〉의 뺑덕어미의 형상화가 변화해 가는 양상에 대해서는 이 논문을 참조.

177 유영대의 논의에 따르면, 〈심청가〉의 변모 양상을 제대로 살피기 위해서는 '형성기(18세기 초) 심청가', '성장기(18세기에서 19세기 전반) 심청가', '변모기(19세기 중반에서 현재까지)'로 구획지어 살펴 볼 수 있다고 한다. 그리고 '곽씨부인' 대목과 '뺑덕어미' 대목은 〈심청전〉 및 〈심청가〉의 전승의 맥락에서 보면 '성장기 심청가' 이후의 양상이라고 한다(유영대, 앞의 논문, 103, 104면).

178 예컨대, 성장기 〈심청가〉 이본에 속하는 박순호본에는 "수지비 번북과 씬술단술 날마중 일숨은이 오십셕 쌀을 일연 지닉의 다 먹고 근근이 보셩튼니" 정도로 그려졌다고 한다(유영대, 위의 논문, 115면).

179 "인물은 글어ᄒᆞ고 힝실노 볼쏙시면 **밤이면 마을 돌기 나지면 즘자기와 양식 쥬고 썩 ᄉᆞ먹기 의복 젼당 슐 먹기와 졔메를 올일야도 담비썩난 쎌 슈 업고 몸 볼 젹의 ᄎᆞ썬 셔답 죠왕 압페 쓸너 노키 밥 푸다가 이 즙기와 머슴 즙고 어린양 ᄒᆞ기 졀문 즁놈 보면 웃기 코 큰 총각 슐 ᄉᆞ쥬기** 인물 힝실 이러ᄒᆞ니 눈 잇난 ᄉᆞ람이야 뉘가 도라 보것난냐." 진한 글씨는 필자. 신재효본 〈심청가〉.

살아가기 위해서 해서는 안 되는 일들을 저지르는 인물로 전락하고 만다.[181]

그런데도 〈심청가/전〉에서 선-악 대립 구도가 뚜렷하게 형성되지 못한 것은 몇 가지 요인에서 기인한 것 같다. 먼저 뺑덕어미의 행실이 본격적으로 악하게 그려지기 시작했지만, 아직 작품 내에서 그의 성격과 역할이 완전하게 정립되지 못한 상태로 정형화된 데서 기인한 것으로 보인다.[182] 그리고 그의 역할 또한 작품 전체를 관통하는 대립, 갈등 관계를 형성하는 것이 아닌데다 그를 제외하면 악인형(惡人形) 인물이라 할 만한 인물이 등장하지 않는다는 점도 큰 요인이라 생각된다.

아울러 신재효본 이후 작품 속에서 뺑덕어미가 갖는 성격, 역할과 관련 없이 그의 악한 행실이 부각되기 시작하면서 그가 악하게 형상화되어 감을 고려하면, 여기에는 교화의 의도가 일정 정도 담겨 있었다고 생각되지만[183], 판소리에서는 이를 빠른 장단에 얹어서 부름으로써 그

---

180 "졔메를 올일야도 담비ᄶᅧ난 쎌 슈 업고 몸 볼 젹의 ᄎᆞ쎤 셔답 죠왕 압페 ᄉᆞᆯ너 노키" 신재효본 〈심청가〉.

181 이러한 변모 양상과 함께 뺑덕어미와 심봉사가 결합하는 과정에도 변화가 생기고 있음은 흥미롭다. 비교적 초기본이라 생각되는 이본들에는 단순히 건너 마을·이웃 마을·근촌 등의 상부한 여인네 정도로만 서술되어 있고, 그 분량이나 역할도 미미하다고 한다. 그리고 심봉사와의 결합과정은 동네 주민들의 '강권'에 의해 이루어지며, 행실에 대한 언급은 나오지 않는다. 그러다 동네 뺑덕어미로 바뀌면서 자원해서 오는 것으로 변모한다. 후대로 내려올수록 뺑덕어미는 심봉사의 재물을 탐하여 계획적으로 심봉사에게 접근하고, 그를 유혹하는 것으로 변모한다. 뺑덕어미의 신분과 심봉사와 결합 과정의 변모 양상에 대해서는 '이대중, 앞의 논문, 269~272면'을 참조.

182 이대중은 성장기 〈심청가〉 이본들에서 뺑덕어미를 악인으로 만들 준비를 하고 있다는 점, 신재효본과 완판본부터 악인으로 등장하고 있다는 점에 주목하였다. 그리고 성장기 〈심청가〉가 신재효본이나 완판본보다 선행한다고 확정할 수는 없지만, 이 대목만 놓고 봤을 때 이미 뺑덕어미의 행실사설이 정착단계에 이른 것으로 추정하였다(이대중, 위의 논문, 276~277면). 이런 점에서 볼 때, 뺑덕어미의 행실이 악한 쪽으로 형상화되어감과 동시에 정착 과정도 거친 것이 아닐까 하는 추정이 가능하다.

의 악행이 부각되지 못하고 흥미 차원으로 수용되었던 게 아닌가 싶다. 이는 뺑덕어미의 악한 행실들이 옳지 못한 행위임을 독자들도 이미 인식하고 있었던 상황을 고려할 때 가능성이 높다.

우화 소설의 경우, 등장인물의 장기간에 걸친 굴곡진 인생 역정을 보여주고, 그럼으로써 작품 속에서 다루고자 하는 문제를 드러내는 데 관심이 있어 보이지 않는다. 오히려 특정한 한 가지 문제 혹은 이와 관련된 몇 가지 문제를 한두 가지 사건을 통해 집약적으로 보여주는 데 관심을 쏟는 소설 유형이라 할 수 있다. 그래서 긴 시간 동안 지속되는 사건이 형상화되지는 않으며, 그 갈등이 반복해서 지속적으로 이루어지지도 않는다.

더 중요한 것은 이를 인물의 형상화 혹은 인물의 인생 역정을 통해 드러내는 것이 아니라 그 문제와 연관 있는 사건의 추이와 해결 양상을 통해 드러낸다는 차이점이 있다. 즉 사건의 진행 추이에 관심을 갖는 소설 유형이라 할 수 있다. 그래서 애초부터 등장인물의 선악 여부가 문제가 되지 않는 경우도 있고, 아예 인물의 선악이 문제가 되지 않는 문제를 다룸으로써 등장인물의 선악 여부에 대한 관심을 드러내지 않기도 한다.

또 작품 속 서술자는 등장인물의 선악 여부가 중요하다고 생각하고 있기는 하지만 이것 자체보다는 사건의 진행 추이 자체를 그려냄으로써 문제의식을 드러내는 데 더 초점을 맞추기도 한다. 이때에는 등장인물들의 선악 여부와 이들 간의 대립이 매우 애매하고 흐릿하게 나타나

183 작품 서두의 곽씨 부인의 형상 역시 신재효본에 오면서 지극히 현숙한 부인으로 형상화되고, 뺑덕어미는 이와 대척적인 위치에 있다는 점을 생각해 본다면, 〈흥부가〉와 마찬가지로 일정한 교화 의도가 내재되어 있다고 할 수 있다.

게 된다.

그런데 문제는 우화 소설이 선-악 대립 구도로 설명이 잘 되지 않는다고 해서 선-악 대립 구도와 무관하다고 생각해서는 안 된다는 점이다. 선-악 대립 구도가 아예 나타나지 않는 경우에는 애초부터 문제가 되지 않는다. 문제는 선-악 대립 구도가 애매하고 흐릿하게 나타나는 경우이다.

앞서 언급한 것처럼, 우화 소설은 특정한 문제나 이와 연관된 몇 가지 문제를 한두 가지 사건을 통해 드러내고 그 사건의 추이 자체에 주목함으로써 주제를 구현하는 소설 유형이다. 그럼에도 작품을 살펴보면, 작품 부분, 부분에서 등장인물들의 품성을 거론함으로써 마치 이 문제가 선한 품성을 지닌 인물과 악한 품성을 지닌 인물 간의 대립에서 기인한 것처럼 보이게 하려는 시도가 이루어지고 있음을 알 수 있다. 여기서도 문제의 원인을 등장인물의 품성에 전가하려는 시도가 이루어지는 것이다.

〈서동지전〉을 예로 들어 보자. 이 작품에서 본격적인 갈등이 일어나게 되는 사건이 발생한 계기는 바로 다람쥐가 극심한 가난에 시달리고 있었다는 점이다. 그런 그가 일면식에 불과한 서동지에게 양식을 얻으러 감으로써 갈등이 시작된다. 그리고 그가 서동지에게 두 번째로 양식을 얻으러 갔다가 거절을 당하면서 갈등이 불거진다.

그런데 서술자는 가난에 시달리고 있는 다람쥐를 소개하면서 성품이 간악하고 불인하다고 말한다. 게다가 마음이 게으르고 몸을 아껴서 끼니도 잇지 못할 정도로 가난하게 산다고 지적한다.[184] 여기서 몸을 아낀

184 "이쩍 구궁(九宮)산 봉으로 ᄒᆞ도산(河圖山) 낙셔동(洛書洞)에 한 즘싱이 잇스되 일홈

다는 것은 육체적으로 힘써 노동하는 것을 싫어한다는 의미이겠다.

중요한 점은 서술자가 그가 가난한 이유를 게으르고 노동하기 싫어한 데서 초래한 것으로 원인을 돌려버리고 있다는 점이다. 게다가 서술자는 그의 성품이 간악하고 불인함을 지적함으로써 그가 겪는 가난을 품성의 탓으로 돌리기까지 한다.

뒤에서 다시 다루겠지만, 여기서 서술자가 문제를 삼는 것은 다람쥐를 둘러싸고 있는 당대 사회 환경의 문제가 아닌, 그의 게으름이라는 점을 주목할 필요가 있다. 이는 작품 전체에 걸쳐 서술자가 문제를 바라보는 시각이 타당하냐의 여부와는 별도로 그가 가난한 자신의 집안을 일으켜 보기 위해 어떠한 노력도 하지 않는, 즉 치산(治産)에 게으른 인물임을 드러내는 데 초점을 맞춘 것이다. 여기에다 간악하고 불인하다는 평까지 곁들여지면서 그는 원래부터 치산을 할 만한 품행을 갖지 못했다는 점을 부각시킨 것이다. 이는 다른 작품들에서도 동일하게 나타나는 양상으로 일단 눈여겨 보아둘 필요가 있다.

다루는 문제를 등장인물의 품성에서 기인한 것으로 돌리는 양상은 작품 결말부에서도 나타난다. 다람쥐의 무고로 백호산군에게 잡혀온 서동지는 다람쥐의 무도함을 지적하며 문제의 소재를 정확하게 밝히는 대신, 오히려 백호산군의 덕을 문제삼으며 송사가 일어날 정도로 교화가 이루어지지 못하는 상황을 비판한다. 할 말이 없어진 백호산군은 서동지의 결백을 인정하며 그를 방송(放送)하고 다람쥐는 정배를 보내려 한다.

은 달암(達岩)쥐라. 본대 셩품이 간악(姦惡)ᄒᆞ고 위인(人)이 불인(不仁)ᄒᆞᆯ 뿐 외(外)라 마음이 계르고 몸을 심히 앗기는지라. 고로 가세(家勢) 빈ᄒᆞᆫ(貧寒)ᄒᆞ야 일일직식(一日再食)은 일으도 말고 삼순구식(三旬九食)이 어려온지라." 영창서관본 〈서동지전〉.

이에 서동지는 다시 백호산군에게 다람쥐가 간교한 술수로 관장을 속이고 송사를 일으킨 죄는 크지만, 그가 이러한 죄를 짓게 된 것은 극심한 가난을 견디지 못한 데서 기인한 것이라 말한다. 그리고 그런 그를 정배를 보내는 것은 죽은 자를 다시 매질하는 것처럼 차마 할 수 없는 일이니 선처를 베풀어 그를 방송하여 줄 것을 청한다.[185] 그러자 이에 감동한 백호산군은 다람쥐를 방송하도록 명한다. 이때 백호산군은 서동지의 선함을 크게 칭찬하며, 다람쥐를 방송 조치하는 것은 오로지 서동지의 선한 말 때문이라고 말한다.[186] 더 나아가 서동지는 방송 조치를 받은 다람쥐와 작별하면서 그에게 남아 있는 돈을 주면서 끼니를 잇는 데 보태라고까지 한다. 이러한 결말을 통해 서동지의 장자(長者)로서의 풍모를 크게 부각시킨다.

그런데 이러한 처리 방식이 작품의 본래 문제의식을 흐리는 결과를

---

185 "달암ᄌᆔ(達岩智)에 죄상(罪狀)을 의논(議論)ᄒᆞ올진ᄃᆡ 간교(奸狡)ᄒᆞ온 말노써 ᄉᆡᆼ심(生心)코 기군망상(欺君罔上)ᄒᆞ온 일은 만ᄉᆞ무셕(萬死無惜)이오 쥭어도 죄(罪)가 남께스나, 헤아리건ᄃᆡ 달암ᄌᆔ(達岩智)ᄂᆞᆫ 일ᄀᆡ(一箇) 젹은 즘ᄉᆡᆼ으로 긔갈(飢渴)이 몸에 이르고 빈곤(貧困)이 쳐ᄌᆞ(妻子)에 밋치ᄆᆡ, ᄉᆞᆯ고져 ᄒᆞ오나 ᄉᆞᆯ기를 구치 못ᄒᆞ고 쥭고져 ᄒᆞ나 ᄯᅩᄒᆞᆫ 구(求)ᄒᆞ기 어려오ᄆᆡ 파부증(破釜甑) 소려사(燒廬舍)ᄒᆞ든 항우(項羽)의 군사(軍士)라, 다만 쥭기를 달게 역이고 ᄉᆞᆯ기를 원(願)치 안는 고로 방ᄌᆞ(放恣)이 산군께 위엄(威嚴)을 범(犯)ᄒᆞ오나 도로혀 ᄉᆡᆼ각(生覺)ᄒᆞ올진ᄃᆡ 가련(可憐)ᄒᆞᆫ 바어ᄂᆞᆯ, 달암ᄌᆔ(達岩智)로 ᄒᆞ야곰 즁형(重刑)으로 다ᄉᆞ닐진ᄃᆡ 이는 죽은 ᄌᆞ를 다시 치미오 오히려 로승발검(怒蠅拔劒)이오니, 복망(伏望) 산군(山君)은 뢰정(雷霆)에 위엄(威嚴)을 거두ᄉᆞ 달암ᄌᆔ로 ᄒᆞ여곰 쇠잔(衰殘)ᄒᆞᆫ 명(命)을 용ᄃᆡ(容貸)ᄒᆞ고 하ᄐᆡᆨ(河澤)의 덕(德)을 ᄭᅵ치ᄉᆞ 일톄(一體) 방송(放送)ᄒᆞ시면 호텬지덕(呼天之德)을 지하(地下)에 도라간들 언감망치(焉敢忘置)ᄒᆞ올잇가? 찰지찰지(察之察之)ᄒᆞ심을 바라고 바라난이다." 영창서관본 〈서동지전〉.

186 "긔특(奇特)ᄒᆞ도다! 이 말이여. 달암ᄌᆔ에 악(惡)ᄒᆞᆷ으로 셔ᄃᆡᄌᆔ(鼠大智)의 션(善)을 누르고져 ᄒᆞ니 진소위(眞所謂) 반듸불노 ᄒᆞ야곰 월광(月光)을 가리고져 ᄒᆞ미라. 셔ᄃᆡᄌᆔ(鼠大智)에 션언(善言)으로 죠ᄎᆞ 달ᄋᆞᆷᄌᆔ(達岩智)를 방송(放送)ᄒᆞ나니, 도라가 셔ᄃᆡᄌᆔ(鼠大智)의 선심(善心)을 본(本)바드라!" 영창서관본 〈서동지전〉.

초래하는 것 같지는 않다. 왜냐하면, 스토리가 흘러가는 과정에서 서동지를 장자의 풍모를 가진 자로 형상화하고는 있지만, 그가 관가에서 나온 사령에게 뇌물을 주고 술대접을 하면서 자신에게 유리한 결과가 나오게 부탁하는 뜻을 은근히 드러내고, 그의 무고함이 드러나 풀려났을 때에도 관리들에게 재물을 흩어주는 모습을 형상화함으로써 작품에서 다루고자 하는 문제를 명확히 보여주고 있기 때문이다.

이렇게 이 작품의 경우, 서술자가 작품에서 다루고자 하는 문제를 등장인물들의 품성 문제로 돌려 그들이 지닌 품성으로 인해 문제가 발생하는 것처럼 형상화하고, 또 그 품성으로 인해 갈등이 원만하게 해결되는 것처럼 처리했다. 그렇지만 한편으로는 작품에서 다루고자 하는 본래 문제에 대해서도 명확하게 드러냄으로써 문제의 원인을 드러내고자 하였다. 이 작품은 작자가 드러내고자 하는 문제의식을 사건의 진행 추이에 초점을 맞추어 형상화하면서도 인물 형상화에서는 국문 장편소설이나 영웅 소설에서 흔히 볼 수 있는 방식을 그대로 활용하는 양상을 동시에 보여준다 하겠다.

〈용부가〉, 〈우부가〉, 〈복선화음가(福善禍淫歌)〉처럼 19세기 일부 교훈 가사의 경우, 언뜻 보면 선-악 대립 구도 측면에서 논의하는 것이 불합리하게 보일지도 모른다. 일단 〈용부가〉, 〈우부가〉에서는 선인이 아예 등장하지 않고, 서술자의 눈을 통해 악인으로 규정된 게으르고 비도덕적인 인물만이 등장하기에 애초부터 선-악 대립 구도와는 거리가 먼 것처럼 보인다. 또 〈복선화음가〉의 경우 부덕(婦德)을 갖추고 치산에 힘쓴 이씨(李氏) 부인과 게으르고 소비지향적인 뺑덕어미가 등장하기는 하는데, 이들은 서술자에 의해 선인과 악인으로 규정되었을 뿐, 이들이 서로 갈등을 일으키거나 대립을 하지 않는다. 그래서 이 역시 선-악 대립 구도가 설정되기 어려워 보인다.

하지만 이 작품들에서 인물들을 형상화하는 방식을 염두에 둘 경우, 기존 소설 유형들에서 흔히 볼 수 있는 선-악 대립 구도와 전혀 관계가 없다고 볼 수는 없다. 인물 형상화 방식 측면에서만 보더라도 기존 소설 유형에서 활용되는 방식을 그대로 따오고 있다. 뿐만 아니라, 서술자는 그들을 형상화하는 과정에서 그들의 선행과 악행을 최대한 부각시켜 어떻게든 둘을 견주어 보이려고 한다. 선한 인물이 등장하지 않는 경우 역시 선한 인물이 등장하지 않을 뿐이지 이러한 의도를 갖고 있지 않은 것은 아니다.

이는 이러한 작품들은 직접적으로 선-악 대립 구도를 형성하고 있는 것은 아니지만, 선-악 대립 구도 측면과 맥이 닿아 있음을 의미한다. 기존 소설 유형에서 흔히 보이는 선-악 대립 구도를 그대로 모방해 오는 대신, 그 틀은 유지한 채 인물의 형상화 과정에서 선한 인물과 악한 인물로서의 면모를 부각시키고 다시 이를 견줌으로써 주제를 구현하는 방식을 활용하는 것이다. 그런 점에서 이 교훈 가사들의 경우에는 선-악 대립 구도라기보다는 선-악의 대비로 보는 것이 더 정확하다.

한편 고전소설에서 선한 인물과 악한 인물의 대립 구도는 흔히 선한 품성을 지닌 인물과 악한 품성을 지닌 인물 간의 갈등을 통해 작품 문면에 드러난다. 곧 등장인물이 지닌 품성으로 인한 대립으로 표면화되는 것이다. 초기 연구에서 소설에 나타난 선-악 대립 구도를 두고 품성의 차원에서 접근한 것도 이 때문이다.

그런데 소설 속 등장인물에 대한 서술자의 시선이 매우 편파적이고, 그에 따라 신뢰성이 낮다는 문제가 중요하게 고려되면서 선인-악인으로 표면화되어 있는 대립 구도에는 선한 인물에게 성리학적 이념을 덧씌움으로써 단순히 선한 인물이 승리하는 것이 아니라, 선한 인물의 승리를 통해서 성리학적 이념의 우위를 강조하려는 의도가 내재되어 있음이 지적되었다. 그 결과, 당대의 현실적인 모순이나 문제를 객관적인 시선으로 바라보지도 못했고, 정당하게 문제를 제기하기는커녕 문제를 은폐하고 호도하려 했다는 주장까지 제기되기도 했다.

작품의 서술자가 등장인물에 대해서 이러한 시각을 견지한 데에는 특별한 이유가 있으며, 이는 매우 중요하게 다루어져야 한다고 생각된다. 이에 대해서는 뒤에서 상세히 다루기로 하고, 여기서는 서술자가 등장인물 간의 대립을 품성의 문제로 접근하는 양상에 주목해 보자.

이 문제 역시 중요한 이유는 이러한 방식 자체가 상당히 보편적인 면모를 띠고 있다고 판단되기 때문이다. 작품 속 서술자는 작품 속에서 다루고자 하는 문제에 철저하게 초점을 맞추어서 인물들 간의 갈등을, 그로 인해 벌어지는 사건들을 형상화하지 않는다. 오히려 그는 마치 등장인물들의 품성이 그러해서 그러한 갈등이 일어나고, 그러한 사건들이 발생하는 것처럼 보이도록 처리한다. 그럼으로써 문제의 원인을 등장인물의 품성에 전가해 버린다.

기존 연구에서 이로 인해 문제의 본질을 호도했다거나 일방적으로 성리학적 이념의 우위를 보여준다는 지적도 바로 이런 점에 주목한 것이라 할 수 있다. 그런데 필자가 보기에 이러한 양상에 대해 이러한 지적을 하는 것만으로는 설명이 충분하지 않아 보인다. 이러한 양상은 다음 두 가지 측면에서 더 중요하게 다루어져야 한다고 생각한다.

우선 4장에서 본격적으로 다시 논의하겠지만, 서술자의 이러한 편파적인 시각과 태도에는 소설의 교훈성을 강화하고, 성리학적 이념과 규범을 확산시키려는 의도가 바탕에 깔려 있다. 성리학적 규범을 준수하는 인물을 선인으로, 그렇지 못한 인물을 악인으로 형상화하여 이들을 대립시키는 방식은 바로 이를 위해 마련된 것이다. 그리고 이는 고전소설이 기본적으로 선-악 대립 구도를 지니게 된 일차적이면서 가장 중요한 요인이라 생각된다. 더 나아가 이는 고전소설의 주제 구현을 위한 기본 전제라고 보아도 무방하다.

다만 이것이 모든 소설에서 그러하며 모든 소설 유형에서 동일한 양상으로 나타난다는 것을 의미하지는 않는다. 앞서 살핀 것처럼, 우화 소설은 이러한 대립 구도로 잘 설명되지 않는다. 판소리계 소설은 이러한 대립 구도가 나타나기는 하지만 국문 장편소설과 영웅 소설처럼 첨예한 대립 구도가 설정되지는 않는다. 한문 장편소설 역시 국문 장편소설과 영웅 소설처럼 장기간에 걸친 첨예한 대립 구도가 설정되기는 하지만 작품 전체를 관통하는 것은 아니다. 19세기 일부 교훈 가사의 경우에는 이러한 대립 구도와 맥이 닿아 있기는 하지만 대립이라기보다는 대비의 차원에서 접근하는 방식이 활용된다.

중요한 점은 비단 한문 장편소설뿐만 아니라, 우화 소설, 판소리계 소설, 심지어는 19세기 창작된 교훈 가사까지도 기존 국문 장편소설과 영웅 소설에서 선-악 대립 구도를 좀 더 뚜렷하게 드러내기 위해 인물 형상화 측면에서 활용되던 방식을 그대로 따라한다는 점이다.

작품 속 등장인물들이 성리학적 이념과 규범을 실천할 만한 심성을 갖고 있으며, 이에 부합하는 행동을 하느냐 여부에 따라 서술자가 선한 인물, 악한 인물로 나누어 선인에 대해서는 찬사를, 악한 인물에 대해서는 과도한 악담을 늘어놓는 방식을 통해, 그리고 선한 인물과 악한 인물의 행위를 과장되게 그림으로써 선-악 대립 구도를 뚜렷하게 드러낸다. 뿐만 아니라, 이러한 대립 구도가 설정되고 등장인물 간에 갈등이 일어나게 된 원인, 작품에서 다루려는 문제가 발생한 원인을 품성의 문제로 전가하여 접근하는 방식까지도 그대로 활용한다. 우화 소설의 경우는 앞에서 이미 살폈으므로, 여기에서는 판소리, 판소리계 소설과 19세기 일부 교훈 가사를 대상으로 논의해 보기로 하자.

19세기 중반 이후 변모기 〈심청가〉에 오면 심봉사의 처가 곽씨(郭氏) 부인으로 바뀌면서 훨씬 구체적으로 실감나게, 그리고 장황하게 부연된다. 또 곽씨 부인이 하는 일의 종류를 매우 장황하게 늘어놓는다. 게다가 곽씨 부인이 현철하여 임사(任似)의 덕과 장강(莊姜)의 색(色)에다, 『예기(禮記)』나 『시경』 등을 읽어 교양과 덕성을 갖춘 여자라는 작품 외적 서술자의 목소리가 강하게 나타나게 된다.

예컨대, 신재효본 〈심청가〉에서 곽씨 부인 대목은 두 대목으로 구성되는데, 전반부에서는 곽씨 부인의 덕과 교양을 설명함으로써 여군자의 모습으로 형상화하였고, 후반부에서는 곽씨 부인이 품 파는 모습을 형상화함으로써 알뜰한 살림꾼으로 묘사하였다.[187] 곽씨 부인의 이러한 면모와 서술자의 평가는 '강력한 사회적·문화적 속박 속에서 이를 묵묵히 따르고 규범을 내실화하고 마침내 성취를 일구어낸 현명한 어머니가 됨으로써 그 자체로 매우 강력한 교화의 화신이 된다'[188]는 〈복선화음가〉의 이씨 부인의 모습과 조금도 다르지 않다.

곽씨 부인과 이씨 부인에 대한 서술, 그리고 누대 잠영지족으로 형상

---

187 이는 심봉사의 신분이 경판본 〈심청전〉의 명문거족으로 공명에 뜻을 두지 않은 명유(名儒)를 거쳐 신재효본에 이르면 누대 잠영지족으로 바뀌는 것과 궤를 같이한다. 이상의 내용은, '유영대, 앞의 논문, 105~106면, 111~112면'을 참조.

188 길진숙, 「여성으로서 말하기, 그 안과 밖: 복선화음가의 여성화자를 중심으로」, 박노준 편, 『고전시가 엮어 읽기(하)』(태학사, 2003), 352면.

화된 심봉사에 대한 서술은 어디선가 본 것처럼 매우 낯익다. 이런 식의 서술은 예컨대, 영웅 소설에서 주인공의 내력을 소개할 때면 어김없이 나오는, 가계, 높은 덕망, 평생토록 쌓은 공업, 이로 인한 조정과 백성들의 선망 등을 서술자가 나서서 줄줄이 읊어대던 방식과 전혀 다르지 않다.

반대로 소설을 위시한 일부 교훈 가사나 판소리에서 악행을 저지르는 인물들에 대해서는 서술자가 그들의 과거 행적이나 악행을 이해할 수 있는 단서 등은 생략해 버린 채, 오로지 그들의 품성이 악하고, 악행을 저지르는 것이 당연하다는 전제 하에 그들의 악행만을 부각시킨다. 서술자는 이 악인 내지 악인형 인물들에 대해 그들의 뜻과 의지와는 전혀 무관하게 그들의 심사가 고약하여 교화 자체가 애당초 불가능함을 독자들에게 강조한다. 원래부터 심사가 악하고 나쁜 위인이며, 그래서 이들은 애당초 교화가 불가능하다는 전제를 깔아 놓고 시작하는 것이다. 이를 통해 서술자는 그를 강력하게 타자화시키고, 이들과의 거리두기에 성공한다.

영웅 소설에서 악인이 처음 등장할 때 이미 그의 심사가 흉악하다느니, 간악하기가 이루 말할 수 없다느니 하는 서술자의 논평이 항상 따라붙는 것을 볼 수 있다. 혹 그가 높은 벼슬을 하고 있다고 하더라도 그들의 가계나 출신은 거의 언급되지 않고, 높은 벼슬을 하고 있다는 정도만 서술될 뿐이다.[189]

국문 장편소설도 마찬가지이다. 악인형 인물들의 극단적인 악행을

189 예컨대, 〈조웅전(趙雄傳)〉의 경우, 악인인 이두병(李斗炳)에 대해 일품(一品) 벼슬에 올라서 권세가 드높아 조정 신하들이 두려워하는 것으로 서술할 뿐이다.

서사화하고 있는 작품인 〈현몽쌍룡기(現夢雙龍記)〉의 경우에도 외양을 시각화하기 어려울 정도로 그들의 외양에 대해 별다른 묘사를 하지 않는다. 그리고 애초부터 부정적인 인물이었거나 그들의 과거에 대해서는 아무 언급 없이 악행에 가담하는 것으로 그려진다. 여기서도 그들이 애초부터 악한 인물이었으며 개과천선과 같은 성격 변화는 결코 일어나지 않으며[190], 그렇게 간주되고 있다는 점이 매우 중요하다.[191]

〈우부가〉, 〈용부가〉, 〈복선화음가〉 그리고 〈흥부가〉에서도 악인형 인물들에 대해 형상화할 때, 그들의 과거 행적이나 악행을 이해할 수 있는 단서 등은 생략해 버린 채, 악행만을 진술하는 방식을 취한다. 그리고 이를 그들이 타고난 품성이 그런 것처럼 보임으로써 그들이 저지르는 악행이 오로지 그들이 지닌 품성에서 기인한 것으로 전가해 버린다. 이러한 방식을 통해 이들을 바라보는 텍스트 내의 시선도, 이들에 대해 이야기를 하는 서술자의 시선도 부정적임을 나타내며[192], 그들에 대한 거리두기를 통해 극도의 부정적, 비판적 시선을 드러낸다.[193]

---

190 조혜란, 「악행(惡行)의 서사화 방식과 진지성의 문제: 현몽쌍룡기를 중심으로」, 『한국고전연구』 23(한국고전연구학회, 2011. 6), 366~367면.

191 그런 점에서 이들이 평면적 인물에 속한다는 조혜란의 지적은 개과천선이 불가능하고 성격 변화가 없다는 점 자체만 지적하는 의미로 그칠 수 있다. 사실 중요한 것은, 그들이 개과천선이 불가능한 인물로 형상화되고 있다는 점, 그들을 바라보는 서술자의 시선이 이를 강하게 견지하고 있다는 점, 아울러 이들의 악행을 벌이는 과정이 매우 소상하게 서술되고 형상화된다는 점이다.

192 길진숙(2009), 「빼덕어미와 괴똥어미의 일탈과 그 성격: 용부가·복선화음가·심청가의 일탈형 여성인물에 대한 고찰」, 『한국고전연구』 19(한국고전연구학회, 2009, 6), 107면. 원래는 여성인물에 국한된 언급이었지만, 필자가 보기에 여성인물에만 국한된 것이 아닌 것으로 생각되어 '여성'이라는 단어를 빼고 인용하였다.

193 길진숙(2009), 위의 논문, 105~106면.

예를 들어, 〈용부가〉의 서술자는 뺑덕어미가 저지르는 악행들을 나열하기에 앞서 '본 데 없이 자라나서 그러한가'라고 말한다. 즉 사람으로서 살기 위해 필요한 덕목들을 보고 들은 적도 없고, 배운 적도 없다는 말이다. 여기서는 뺑덕어미가 스스로 그 배움을 거부했는지, 어떤 사정이 있어 배울 수 없었는지 여부는 전혀 알 수 없다. 서술자는 이유야 어찌 됐든 배우지 못한 그는 원래 나쁜 인간이며, 그렇기에 악행만을 저지르는 인물이라는 것을 말하려는 것이다. 〈복선화음가〉의 괴똥어미의 출신 역시 전혀 언급되지 않는다.[194] 〈우부가〉의 세 주인공 말똥이, 꾕생원, 꼼생원에 대해서도 서술자는 남촌(南村) 활량 말똥이, 져건너 생원(生員), 산 넘어 껑싱원이라고만 할 뿐이다.[195]

〈용부가〉에 나타난 저 부인의 모습은 시집살이와는 담을 쌓은 모습이다. 왜 시집살이를 거부하는지에 대해서는 전혀 언급되지 않은 채, 게으름, 방탕함, 음란함마저 가미된다. 〈용부가〉의 뺑덕어미도 집안 살림을 등한시 하고 재산을 다 탕진하는데다 남에게까지 피해를 입히

---

194 이를 이들이 '본 데 없고, 배운 것 없는 막무가내의 인물이므로 가문이나 이력을 들춰 볼 필요도 없'기 때문이며, 인물의 과거를 제거해 버린 것은 '그들이 원래부터 그런 인간이었다는 표지'로 보기도 한다(길진숙(2009), 앞의 논문, 90~91면). 아울러 〈복선화음가〉에서 여성화자가 계보를 전제로 하는 양반식 화법을 쓰지 않았다는 것은 암암리에 괴똥어미를 이미 사회적인 타자로 배제하는 의식을 전제로 했다는 것을 의미하는 것으로 보기도 한다(길진숙(2003), 앞의 논문, 박노준 편, 앞의 책, 353~354면).

195 일사본 〈우부편〉. 정재호 주해, 『초당문답가』(박이정, 1996), 159, 167, 171면. 그리고 고려대 도서관 소장 『오륜가』에는 부자, 군신, 장유, 부부, 붕우의 조목을 제시하면서 각각에 대해 '엇던 놈', '져 쇼인', '어떤 계집' 등 이를 실천하지 않는 인물들의 형상, 가정 내외에서 일어날 수 있는 모든 행위에 대한 제약이 장황하게 제시되고 있다고 한다(권순회, 「『초당문답가』의 이본양상과 주제적 의미」, 고려대학교 고전문학·한문학연구회 편, 『19세기 시가문학의 탐구』(집문당, 1995), 351면; 박연호, 「19세기 오륜가사 연구」, 고려대학교 고전문학·한문학연구회 편, 앞의 책(집문당, 1995), 393면).

는 악덕 여인의 모습만이 부각된다. 〈복선화음가〉의 괴똥어미 역시 집안을 돌보지 않고, 마음 내키는 대로 행동하며, 부자 집에 갓 시집을 오자마자 벌이는 좋지 못한 행실이 전면에 부각된다. 〈우부가〉의 세 남성 인물도 마찬가지다. 서술자는 이들이 벌이는 행각이 자신들의 주제도 몰라서 그런 것으로 간주한다. 〈흥부가/전〉에 보이는 놀부의 악행 또한 마찬가지이다.[196] 여기에는 개인적 심술에 불과한 것에서부터 마을 공동체 안정에 심각하게 위협을 가하는 것들까지 다양한 편폭으로 뒤섞여 있다. 이를 내용별로 분류를 해보면, 타인에게 피해를 입히거나 마을 공동체에 피해를 입히는 행위가 거의 대부분을 차지한다.

이러한 모습이 가장 극단적으로 나타나는 경우는 신재효본 〈박흥보가〉라 생각된다. 비교 대상으로 가장 많이 거론되는 경판본 〈흥부전〉과 신재효본 〈박흥보가〉를 비교해 보자.

> [1] 화셜. 경상 젼나 냥도 지경의셔 ᄉᆞ는 ᄉᆞ름이 이스니, 놀부는 형이오 흥부는 아이라. 놀부 심ᄉᆡ 무거ᄒᆞ여 부모 ᄉᆡᆼ젼 분ᄌᆡ 젼답을 홀노 ᄎᆞ지ᄒᆞ고, 흥부 갓튼 어진 동ᄉᆡᆼ을 구박ᄒᆞ여 건넌산 언덕 밋히 ᄂᆡ쪄리고 나가며 조롱ᄒᆞ고 드러가며 비양ᄒᆞ니 엇지 아니 무지ᄒᆞ리. 경판 25장본 〈흥부전〉.

> [2] 我東方이 君子之國이오, 禮義之邦이라. 十室之邑에도 忠臣이 잇고, 七歲之兒도 孝悌를 일ᄉᆞᆷ으니, 무슨 不良한 ᄉᆞ름이 잇시리오마ᄂᆞᆫ, **堯임군 當年에도 盜跖이가 잇서스며, 舜임군 世上에도 四凶이 잇셔시니, 아ᄆᆡ도 一種 勵氣ᄂᆞᆫ 엇디ᄒᆞᆯ 數가 잇거ᄂᆞ냐.**

196 〈흥부전〉의 이본별로 등장하는 놀부심술을 내용별로 분류하고 분석한 논의는 '유광수, 『흥보전연구』(계명문화사, 1993)'과 '이지영, 앞의 논문, 292~298면'을 참조.

> 忠淸 全羅 慶尙 三道 월품에 사는 朴哥 두 ᄉᆞ룸이 잇셔스니, 老乙甫는 兄이오, 興甫는 아우인ᄃᆡ, 同父同母所産이되, 性情 아조 달나, 風馬牛之不相及이라. ᄉᆞ룸마다 五臟六腑로ᄃᆡ 놀보는 五臟七腑인 것이 心事腑 한나이 왼便 ᄀᆞ비 밋ᄐᆡ 兵符줌치 츤 듯ᄒᆞ야 밧긔셔 보와도 알기 쉽게 달여잇셔 心事가 無論四節ᄒᆞ고 一望無際 나오ᄂᆞᆫᄃᆡ 쏙 이러케 나오것다. …(놀부 심술)… 제 엄이 붓틀놈이, **三綱을 아느냐, 五倫을 아느냐. 굿기가 돌덩이오, 慾心이 쏙제비라. 네모난 소룻으로 이마를 부비어도, 진물 한 点 아니나고, ᄃᆡ경의 불집게로 불알을 꽉 집어도, 눈도 아니 깜작인다**. 진한 글씨는 필자. 신재효본 〈박흥보가〉.

경판본에서 서술자는 놀부를 소개하면서 그의 심사가 터무니없이 흉악하다고 못을 박는다. '터무니없이'라는 말 속에는 그가 흉악하게 된 어떤 요인도 찾기 어려우며 그의 심술이 남들이 도저히 감당할 수 없을 정도임이 암시되어 있다. 이는 고전소설에서 악인을 규정하는 관습적 기법을 그대로 활용함으로써 그가 교화가 불가능한 인물이라는 것을 상기시킨다.

신재효본에서 놀부를 설명하는 대목은 경판본과 비교해 봤을 때, 크게 다르지는 않다. 위에 인용된 부분 다음에 놀부의 심술이 나열되고, 놀부가 나름의 이유를 들어가며 흥부를 내쫓는다는 점이 다르다. 눈에 띄는 차이는 바로 '오장칠부(五臟七腑)' 이야기가 들어갔다는 점이다. 남들은 내장이 오장육부(五臟六腑)인 데 반해, 놀부는 왼편 갈비 밑에 심술보가 하나 더 붙어서 놀부의 심술보가 터무니없이 심하다는, 해학적인 설명이다. 여기다 심술보가 병부주머니 찬 듯 밖으로 나와 있어 사람들이 알기 쉽다고 하여 놀부의 인상을 추하게 만들고 해학성을 높였다.[197] 이 오장칠부 이야기는 모든 창본에 빠지지 않고 나오는 것[198]으로 보아 신재효본의 영향을 받은 것으로 보인다.

더 중요한 점은 신재효본에서 서술자가 놀부에 대한 소개에 앞서 한 마디를 첨가했으며, 이것이 놀부에 대한 서술자의 태도를 단적으로 드러낸다는 것이다. 서술자는 우리나라는 작은 열읍에도 충신이 있고, 일곱 살 먹은 어린 아이도 효제를 알 만큼 군자답고 예의가 바른 나라이니 불량한 사람이 나올 리가 없다고 말한다. 나쁜 짓을 하는 사람이 없을 정도로 교화가 잘 이루어졌다는 뜻이겠다. 그런데 이어서 서술자는 요임금과 순 임금 같은 성왕(聖王) 시절에도 도척과 사악(四惡)이 존재했다고 하면서 한 가지 나쁜 기운은 어찌할 수 없다고 말한다. 이를 두고 '어느 시대에나 불량한 사람은 있을 수 있다며 놀부류 인물의 존재 가능성을 인정하'[199]는 것으로 보기도 한다. 과연 그러한가?

---

197 추한 형상은 반드시 '과장'을 동반하게 되는데, 이 과장된 형상은 실재가 아닌 하나의 표상을 이루게 된다. 그리고 형태의 추함은 우리의 시각, 그리고 질서와 균형을 좇는 미적 감각에 거슬리며, 우리가 추함을 감지하는 대상의 실재와 관계없이 혐오감을 야기한다. 레싱은 추한 외모에 대해 사람들이 갖는 혐오감에 대해 "추한 형태에 대한 감정은 모방을 통해서도 쾌감과 혼합될 수 없기 때문에 심정이 거부감을 가지고 그 표상으로부터 도망치려고 하지 않을 상태는 생각할 수 없다"라고 설명한다. 그러면서도 추함이 시인에게 유용해지는 경우 중 하나는 우스꽝스러움을 불러일으키기 때문이라고 하였다(고트홀트 에프라임 레싱, 윤도중 옮김, 『라오콘: 미술과 문학의 경계에 관하여』(나남, 2008), 205면, 209면). 예를 들어, 신체 부위 일부가 과장되어서 크게 형상화되거나 각 신체 부위들이 모두 과장되어서 형상화될 경우, 수용자 머릿속에 자리 잡고 있을, 완전히 잘 조화된 인체의 형상과 대비를 이루면서 우스꽝스럽다는 느낌을 창출한다. 그리고 이 우스꽝스러움은 이 부분의 내용을 '해학적'으로 받아들이게 된다. 한편 카를 로젠크란츠는 추를 미의 부정적 개념으로, 그래서 미학에 내포된 계기로 인식하고 미가 추를 통해서 코믹으로 넘어간다는 점을 지적한다. 저자가 지칭하는 '코믹'과 우리의 '판소리'의 거리감을 고려해야 하겠지만, 추가 '우스꽝스러움'을 유발하여 '코믹'이라는 양식의 특성, '판소리'의 해학적인 특성을 끌어낸다는 점에서는 공통적이라고 생각된다(카를 로젠크란츠, 조경식 옮김, 『추의 미학』(나남, 2008), 21면).

198 이지영, 앞의 논문, 287면.

서술자가 '아마도 한 가지 나쁜 기운은 어찌 할 수가 있겠는가'라는 말을 '굳이' 덧붙이고 있음에 유의하자. 사실 이 말이 없다면, 요순 시절에도 악인이 존재했던 것처럼, 교화가 잘 된 우리나라에도 놀부 같은 악한 인물이 나올 수 있다는 의미 정도로 충분히 받아들일 수 있었을 것이다. 하지만 서술자가 진짜 의도는 '나쁜 기운은 어찌할 수 없다'는 것을 강조하려는 데 있다. 즉 아무리 교화를 열심히 해도 바꿀 수 없는 부류가 바로 악한 기운을 타고난 사람이라는 것이다.

이는 뒤에 이어지는 놀부의 오장칠부 이야기와 연결이 되면서 놀부라는 인물은 악한 기운을 타고 나서 그 누구도 교화시킬 수 없는, 본래 악한 인물일 뿐이라는 점을 독자에게 단단히 각인시킨다. 요순 같은 임금이 나와도 교화를 시킬 수가 없는 악한 인물이라는 것, 이것만큼 작품 속 악인형 인물을 확실하게 낙인찍는 방법이 무엇이겠는가?

다른 작품들이 본 데 없이 자라나서 악하다, 본성이 악하다는 등의 말로, 악인형 인물들이 교화가 불가능한 인물들임을 알려 주었다면, 신재효본 〈박흥보가〉에서는 더욱 확실한 논리를 가지고 놀부를 교화 불가자로 낙인찍은 것이다. 서술자는 그래도 불안했던지 여기에다 한 술 더 떠 놀부 심술을 실컷 늘어놓은 뒤에 얼마나 악한 기운으로 단단히 굳은 인간이던지 '네모난 소롯으로 이마를 비벼도 잔물 한 점 나지 않고, 대장장이 불집게로 불알을 꽉 집어도 눈도 아니 깜짝이는 사람'이라고까지 한다.

이처럼 신재효본 〈박흥보가〉에서는 놀부에 대한 소개에 앞서 요순

---

199 정충권, 「경판 흥부전과 신재효 박타령의 비교 고찰」, 『판소리연구』 12(판소리학회, 2001. 10), 189면. '정충권, 『흥부전연구』(월인, 2003)'에 재수록.

시절에도 악은 존재했듯이, 악한 기운을 타고 난 사람은 어찌할 도리가 없다는 내용을 첨가하고 (무리를 하면서까지) 놀부의 심술을 극대화하면서 향촌 사회에 피해를 주는 일탈행위들을 (대거) 집어넣었다.[200] 이러한 식의 설정은 대체로 창본에서 그대로 수용이 되는 양상을 보인다. 이에 반해 소설본에서는 경판본이나 초기 이본처럼 놀부의 성정이 흉악하여 이유 없이 흥부를 내쫓았다는 정도로만 제시되는 경우가 많다.[201]

이렇게 초기 이본에서 보이는 놀부에 대한 소개 방식과 신재효본에 와서 첨가된 놀부 소개 방식이 공존하고 있었음을 알 수 있는데, 이를 작품 전체 분석을 통해 소설과 창본이 서로 독자적으로 전승해 온 것으

---

200 신재효본에서 변화된 놀부에 대한 연구자들의 시각은 서인석의 다음 서술로 요약이 가능하다. "신재효본을 통해 놀부는 신분이 양반으로 나오면서 사회적 상승을 하고 있다. 그러면서 강인함과 구두쇠적인 면이 좀 더 부각되고, 악인으로서의 현실적 논리까지 마련하고 있어 향촌사회에 좀 더 밀착된 인물로 되었다. 그리고 작품의 논리적 정합성을 강화하는 과정에서 다소 허황되었던 놀부를 좀 더 현실적이고 자기 논리를 갖춘 구두쇠형 인물로 바꾸고 있다. 그 결과 당연히 놀부의 악인적 면모도 희석되었다"(서인석, 「조선 후기 향촌 사회의 악인 형상: 놀부와 옹고집의 경우」, 『국문학연구』 3(국문학회, 1999. 8), 174면). 이러한 놀부의 심술을 두고 "그런 행동들은 놀부의 천성에서 오는 것일 뿐, 자기 이익을 위하여 남을 해치고 자신의 영달을 얻고자 그런 것은 아니다"라는 언급이나 "막연한 악이라기보다는 웃음을 자아내기 위한 장난 같은 행동"으로 보는 데서도 단적으로 드러난다(김광순, 「흥부전의 주인공에 관한 인성분석」, 인권환 편, 『흥부전연구』(집문당, 1991), 389면). 이러한 시각은 놀부의 심술이 풍속적, 수사적 차원의 악행임을 전제로 하고 있다. 그러나 놀부의 행위가 현실적인 논리를 바탕으로 하여 이루어지는 것으로 바뀐 점, 돈에 대한 가치를 제대로 인식하고 있다는 점, 집에서 쫓겨난 흥부의 행위가 현실 상황과 맞지 않다는 점이 곧 놀부의 악인적 면모가 약화되었다는 것을 의미하는지 납득하기 힘들다. 더구나 작품 속에서 놀부에 대한 서술자의 시선이 '줄곧' 부정적이라는 점을 감안할 때 더욱 그렇다.

201 단, 놀부의 심술 서술은 창본의 경우처럼 소설본에서도 다양해지는 양상을 보이며, 놀부를 두고 오장칠부라고 말하는 것은 창본, 소설본에 고루 수용된 것으로 보인다. 그리고 이본에 따라서는 사악에 대한 언급도 있기는 하지만 신재효본과 후대 창본과는 서술이 다르다.

로 보기도 한다.[202] 소설본은 그의 심술을 첨가함으로써 그가 악한 사람임을 강조했다면, 창본은 여기에 덧붙여 그가 구제불능임을 강조하였다고 할 수 있다.

이러한 양상이 국문 장편소설, 영웅 소설, 한문 장편소설, 우화 소설, 판소리, 판소리계 소설, 19세기 일부 교훈 가사 등에서 공통적으로 나타난다는 것은 결국 19세기에 오면 문학 양식이 어떠하든 간에 선한 주인공과 악한 인물을 서술하는 패턴은 전형화되어 있음을 보여준다. 패턴이 전형화되었다는 것은 독자 입장에서도 너무나 익숙해서 당연히 그래야 하는 것이라고 여기게 하는 데까지 나아갔음을 뜻하는 것이기도 하다. 그리고 선인과 악인 간의 갈등이 벌어지게 된 요인을 등장인물들의 품성 문제로 전가하고 접근하는 방식 역시 독자들에게 당연하게 받아들여질 정도로 익숙해진 상황임을 보여주는 것이다.

그런데 이러한 패턴이 전형화되었다는 것 자체도 중요하지만 이러한 패턴이 전형화되어 가는 과정 속에서 그 서술에 내재되어 있는 교화 요소도 함께 전형화된다는 점, 그리고 그것이 독자에게 반복해서 제시, 수용된다는 점 역시 중요한데, 이에 대해서는 4장에서 논의하기로 한다.

2) 복선화음(福善禍淫)의 구현

국문 장편소설과 영웅 소설에서는 일반적으로 장기간에 걸쳐 선인과 악인이 지속적으로 갈등을 일으키고 첨예하게 대립하는 양상을 보

---

202 이지영, 앞의 논문; 정충권, 「흥보가(전)의 전승양상 연구」, 『판소리연구』 13(판소리학회, 2002A. 4).

여준다. 그런 만큼 선인에 대한 보상과 악인에 대한 징치 역시 매우 두드러지게 이루어진다. 특히 악인에 대한 징치의 강도는 후대로 갈수록 더욱 강해지는 양상을 보이기도 한다. 이는 바꿔 말하면, 작품의 결구를 통해 복선화음의 논리가 뚜렷하게 드러나는 것이라고도 할 수 있다.

한문 장편소설에서 작품의 어느 특정 부분에서 갈등이 집약적으로 이루어지는 경우, 그 갈등이 지속되는 시간이 짧은 만큼 악인에 대한 징치 또한 즉각적으로 혹은 빠른 시간 내에 이루어진다. 선인의 경우에도 주인공에 대한 보상 자체는 상당히 지체되는 모습을 보이지만, 결국에는 반드시 그 보상이 이루어지며, 다른 선한 인물들의 경우에는 비교적 빠른 시간 내에 보상이 이루어진다.

〈삼한습유〉에서 단시간에 걸쳐 갈등이 집약적으로 나타나는 경우, 악인에 대한 징치는 즉각적이거나 빠른 시간 내에 이루어진다. 예를 들어, 삼년상을 위해 외종조 숙모댁에 의탁해 있던 향랑에게 늑혼을 요구하여 그가 죽음을 맞이하는 결정적인 계기를 제공한 조씨네 집 아들은 향랑이 목숨을 끊은 것을 알지 못한 채 그를 데리러 왔다가 갑자기 머리가 갈라지고 눈, 코, 입에서 피를 낭자하게 쏟으며 죽는다. 조씨네 집 아들의 죽음은 주인공 향랑을 죽게 만든 장본인으로서 내려진 강력한 징치이면서 향랑이 죽은 뒤 얼마 지나지 않아 일어났다는 점에서 즉각적인 징치라고 할 수 있다.

달성 선비의 늑혼을 피해 낙동강에 투신하여 목숨을 끊은 여인의 경우도 이와 유사하다. 그가 낙동강에 몸을 던진 뒤, 그를 전송하러 따라 나왔던 이웃 할머니에 의해 늑혼 사연이 낙동강을 함께 건너던 사람들에게 알려진다. 그러자 사람들은 달성 선비의 불의에 모두 분을 내고 꾸짖고 욕하며 달성 선비를 폭행한다.

서술자는 달성 선비에 대해 사람들이 그 자리에서 죽었다고 하기도 하고, 집으로 떠메고 갔는데 죽고 또한 자식도 없었다고 하더라는 식으로 처리해 버린다. 이 역시 여인이 불의로 인해 목숨을 버리게 만든 장본인으로서 징치가 강력하고 즉각적으로 이루어진 것이다. 특히 서술자는 자식도 없었다고 하더라는 식으로 처리하는 데서 악행을 저지른 달성 선비에 대해 복선화음이 작용했음을 은연중에 드러낸다.

이 작품에서는 선인에 대한 보상 역시 악인에 대한 징치보다는 늦게 이루어지지만, 비교적 빨리 이루어진다. 다만 주인공 향랑의 경우에는 다시 여러 사건을 겪고서야 향랑 본인이 원했던 보상을 얻을 수가 있게 된다.

달성 선비로 인해 죽음을 당한 여인에 대해 조정에서는 정의녀(貞義女)라는 호칭을 내린다. 그리고 그 이후 비슷한 늑혼 사건으로 인해 목숨을 끊은 향랑과 함께 사람들에게 일선군(一善郡)의 두 열녀라 칭해진다. 이는 비록 불의에 의해 억울하게 죽은 인물에 대해 현실적인 보상이 이루어진 것은 아니지만, 죽은 사람의 열을 표창하고 기림으로써 보상이 이루어졌다고 하겠다.

주인공 향랑의 경우, 물에 뛰어 들어 목숨을 끊은 뒤 하늘에서 그의 의열(義烈)함을 가상히 여겨 후토부인의 시비가 됨으로써 일정한 보상을 받게 된다. 그렇지만 향랑이 진실로 원했던 것은 다시 인간 세상에 내려가 효렴과 인연을 맺는 것이었기에 이것이 실질적인 보상으로서 기능을 하지는 못한다. 다만 후토부인의 시비가 되어 후토부인을 모시며 자신이 바라는 것을 이루도록 간청하고 후토부인 또한 그의 청을 들어줌을 감안하면, 이는 향랑의 소망을 이루게 해 주는 중요한 계기가 된다는 점에서 큰 의미가 있다. 아울러 이와는 별도로 향랑의 소망이 현실에서 이루어지기까지는 상당한 우여곡절을 거치고서야 비로소 이루어진다는 점에서 주인공 향랑에 대한 보상은 상당히 지체된다고 볼 수 있다.

〈삼한습유〉에서 향랑과 효렴의 혼인식을 앞두고 이를 시기한 마왕이 천신과 5, 6일 간에 걸친 전쟁을 벌임으로써 일어나는 갈등은 약간 특이한 면모를 보인다. 선의 영역인 천신 진영과 악의 영역인 마왕 진영 간의 전쟁이기에 선-악 대립 구도가 뚜렷하게 설정될 뿐만 아니라, 전쟁을 통해 갈등이 치열하게 전개된다. 그럼에도 불구하고, 마왕에 대한 징치가 전혀 일어나지 않으며, 이로 인해 복선화음이 구현되지도 않는다. 그래서 당연히 포섭과 배제의 논리도 작동하지 않는다.

평소 혼인을 그르치는 것을 더욱 좋아하던 마왕이 천신인 향랑이 혼인을 한다는 소식을 듣고는 혼인을 그르치려 한다. 그러다 이것이 여의치 않을 듯하자 천신 진영에서 향랑을 빼앗아 옴으로써 혼사를 망칠 계획을 세우고는 천신과 전쟁을 벌이는 것이다. 전쟁을 벌이는 주체가 마왕과 천신인 만큼, 싸움은 어느 한 쪽의 일방적인 방향으로 흘러가지 않는다. 초반에는 천신에게 불리한 쪽으로 전개가 되기는 하지만 천신을 도우려는 인물들이 속속 가세하면서 전세는 마왕의 의도와 달리 시종일관 팽팽한 균형을 이루면서 승부가 나지 않는다. 그러다 마모가 펼쳐 놓은 홍금상(紅錦裳) 술수에 혈기 왕성한 젊은 군사들이 대규모로 갇히면서 전세는 천신에게 불리해진다. 항왕이 급히 석가여래에게 도움을 요청하러 가고 이를 응낙한 석가여래가 홍금상을 녹여 없앰으로써 전세는 급속히 천신 쪽으로 기울어진다. 계책이 궁해진 마왕은 천신 진영을 지휘하던 항왕에게 화친을 요청한다. 그리고 항왕은 일정한 조건 하에 화친을 맺는다.

사실 마왕과 천신 간의 전쟁은 향랑의 혼인을 방해하고자 한 마왕의 의도가 아니었으면 일어나지 않았을 것이다. 그리고 천상에서 허락하고 계획한 혼인을 망치려 했다는 점, 천상의 여러 신들을 비롯하여 혼인식에 참여한 여러 하객들을 불안과 공포로 몰아넣었다는 점, 그럼으로써 천상에서 주관하는 향랑과 효렴의 혼인을 며칠 더 지연시켰다는 점 등을 고려하면 마왕은 응당 그 죄에 따라서 강력한 징치가 이루어져야 한다. 항왕 역시 그 죄가 대단히 극악하여 천지에 용납되지 못할 정도이고, 귀신도 함께 죽일 정도[203]라고 말하는 것을 보면 마왕이 죽음을 당하는 것은 전혀 이상한 일이 아니다.

그런데 항왕은 한 구석에 잠자코 엎드려서 사람과 신이 섞이지 않도록 하면 나머지는 마음대로 해도 좋다고 하며 마왕과 화친을 맺는다.[204] 그러자 마왕은 매우 기뻐하면서 인간 세상에서 장난을 치지 않겠노라고 말하면서 대신 매번 왕조에 혁명이 일어날 때 천지의 불운을 틈타 자기 마음대로 하는 것을 허락해 달라고 한다. 그리고 항왕은 이를 허락한다.[205]

이렇게 이 갈등이 특이한 것은 전쟁을 통해 갈등이 치열하게 전개되기는 하지만 악인에 대한 징치라는 일반적인 공식을 따르지 않는다는 점인데 그 이유는 다름 아닌 마왕이라는 존재가 갖는 특이성 때문이다.

서술자의 말에 의하면, 마왕은 천제와 같은 때에 태어나서 날마다

---

203 "爾罪大惡極, 天地之所不容, 鬼神之所同誅." 서울대본 〈삼한습유〉.

204 "爾罪大惡極, 天地之所不容, 鬼神之所同誅, 賴伯王之神武, 不殺, 即得從汝志, 汝其斂伏一隅, 令毋民神雜糅. 不然, 我將盡殲醜類, 使片甲不還." 서울대본 〈삼한습유〉.

205 "魔王大喜, 因請再不敢作戲人世, 每一朝革命之時, 乘天地之否運, 一行胸臆, 項王許之." 서울대본 〈삼한습유〉.

천제와 힘을 다투었다고 한다. 그는 공공(共工)이 천제와 싸우다가 부주산(不周山)을 들이받아서 하늘 기둥을 부러뜨림으로써 '누천(漏天)'이 생기게 된 고사를 끌어 와서 마왕의 위세가 천제와 막상막하임을 드러낸다.[206] 문제는 마왕 무리가 천제의 권위에 도전하는 악행을 저지름에도 불구하고 아무런 조치도 취하지 않는다는 것이다. 서술자의 말에 의하면, 천제는 그냥 내버려 두고 불문에 부쳤으며, 그 행동거지를 듣고도 상관하지 않았기에 마왕은 위 아래로 마음대로 행동하면서 교만하게 굴었다고 한다. 그리고 하늘과 땅의 신들 역시 각자 스스로를 단속할 뿐이었다고 한다.[207] 이는 마왕이라는 존재가 비록 악행만을 일삼는 악인의 영역에 속하지만 그 역시 신이며, 그 위세가 천제도 어찌할 수 없는 상황임을 명확히 보여준다.

결국 천신과 마왕 간에 향랑의 혼인을 두고 여러 날 동안 전쟁을 벌이며 치열한 갈등을 전개했지만, 정작 마왕이 조용히 있겠다는 조건 하에 화친을 할 수밖에 없었던 것은 마왕이 천신에 버금가는 위세를 갖고 있어 항왕이 어떻게 할 수 없는 처지였던 데서 기인한 것임을 알 수 있다. 그래서 서로의 영역을 침범하지 않는 것을 약속하는 정도에서 갈등을 수습할 수밖에 없었던 것이다.

한문 장편소설에서 장기간에 걸쳐 갈등이 반복하여 일어남으로써 갈등이 첨예하게 형상화되는 경우에는 국문 장편소설이나 영웅 소설

206 "先是, 魔王與天帝, 並時而生, 日與天帝尋兵, 九黎·三苗·共工·驩兜·飛廉·惡來·窮奇·檮杌, 名之曰, '助魔王', 共工與天帝戰, 怒觸不周, 折天柱, 於是, 天傾東南. 帝急命女媧, 鍊五彩石以補, 每天雨流注成溜穿石, 四時不斷, 故南人名之曰, '漏天'." 서울대본 〈삼한습유〉.

207 "帝, 於是, 置而不問, 聽其行止, 不相關統, 以故魔王得以橫行上下, 縱恣驕傲, 天神地祇, 各自斂束而已." 서울대본 〈삼한습유〉.

과 마찬가지로 선한 인물에 대한 보상과 악한 인물에 대한 징치가 강력하게 이루어지며, 이를 통해 복선화음을 구현해 낸다. 그리고 갈등이 모두 해소되고 악한 인물이 모두 제거된 후에는 선한 인물들이 가족, 친척들과 함께 온갖 부귀영화를 누리며 화목하게 살면서 천수(天壽)를 누리는 모습을 그려내는 쪽으로 작품의 초점이 옮겨 간다.

〈옥루몽〉에서는 오랑캐와의 갈등을 제외한다면, 양창곡과 노균 간의 갈등을 통해 조정과 국가 차원에서 일어나는 갈등을, 양창곡과 황소저 일가의 갈등을 통해 가정을 중심으로 일어나는 갈등을 그려낸다. 두 갈등의 중심에 각각 노균과 황소저, 위부인이 자리한다.

두 갈등은 노균이 죽음을 당하고, 황소저, 위부인이 개과천선하여 바른 사람이 되어서야 마무리 된다. 우선 노균이 그토록 끊임없이 양창곡을 음해하고 제거하려고 했던 것은 양창곡의 세력이 강성해지면 자신의 생존이 위태로우리라는 것을 알았기 때문이다. 곧 형세상 양창곡과 노균 둘 중 한 사람만이 살아남을 수 있었던 것이다.

그런데 노균은 간교한 술수와 그럴 듯한 말로 천자를 미혹에 빠뜨리고 충신인 양창곡으로 하여금 온갖 고난을 겪게 하였다. 게다가 흉노의 침입을 방조하다시피 함으로써 국가를 패망 직전의 상황으로까지 몰고 갔다. 급기야 그는 형세가 자신에게 불리하게 돌아감을 눈치채고는 흉노에게 투항하고 만다.

천자를 미혹하게 하고, 국가를 멸망 위기에 몰아넣은 것으로도 결코 죽음을 면치 못할 것인데, 흉노에게 투항을 하여 도리어 명을 상대로 전투를 벌이는 것은 두말할 나위가 없는 일이었다. 이 점은 양창곡이 노균과 대적하였을 때, 노균에게 열다섯 가지 죄상을 나열하며 꾸짖던 부분에서도 나타난다.[208]

마침내 노균은 자신이 권세를 잡고 있을 적에 황권을 전횡하여 돈황성(燉煌城) 뇌옥(牢獄)에 가두었던 전 상장군(上將軍) 뇌천풍이 휘두른 도끼에 몸이 두 동강이 나고 만다. 결국 노균은 양창곡의 수죄(數罪)를 통해 그간의 죄상이 낱낱이 밝혀지고, 뇌천풍의 도끼에 맞아서 죽음을 당하는 강력한 징치를 받은 셈이다. 그리고 노균의 죽음을 통해 복선화음 중 화음이 구현될 수 있었다고 할 수 있다.

황소저와 위부인의 경우, 그들이 고용했던 자객이 임금에게 나타나 벽성선의 결백을 밝힘으로써 그간의 죄상이 낱낱이 밝혀진다. 이에 계책을 주도했던 춘월은 십자 거리에서 참수를 당하고, 황소저는 양창곡 집안에서 쫓겨남과 동시에 위부인과 함께 위부인의 묘소가 있는 추자동에 갇히는 신세가 된다. 이는 〈사씨남정기〉의 교씨에 비하면 강도가 높지 않지만, 그들이 자신들의 잘못을 뉘우치지 않는 이상 영원히 가정과 사회에서 격리가 되는 것을 의미하는 것이기에 그들은 상당히 강력한 징치를 받았다고 할 만하다.

그들은 추자동에 갇혀 지내다 각기 한바탕 꿈을 꾸게 된다. 그들이 꾼 꿈의 핵심은 바로 여자들에게 '투기(妬忌)'라는 것이 얼마나 큰 죄악인가를 깨닫게 하는 데 있다. 그들은 꿈에서 깨어난 뒤 그동안 자신들이 저지른 일들이 얼마나 부덕(婦德)에 어긋나는 일이었는지를 깨닫고 정숙한 성품의 소유자로 바뀌고서야 비로소 가정으로 복귀할 수 있었다.

황소저와 위부인이 비록 강력한 징치를 받기는 하였지만 자신들의 잘못을 깊게 뉘우침으로써 가정에 복귀하게 되는 것은 한편으로는, 그들이 저지른 악행에 대해 추자동 감금이라는 징치를 통해 복선화음

208 양창곡이 노균에게 지적한 열다섯 가지 죄상에 대해서는 4장에서 다룬다.

중 화음을 구현하였으며, 잘못의 뉘우침 여부에 따라 이것이 다시 복선으로 바뀔 여지가 있음을 보여준 것이라 할 수 있다.

이렇게 처리된 것은 그들이 주인공 양창곡의 집안과 정실부인으로서 혼인 관계를 맺고 있었다는 점이 크게 작용한 것으로 보인다. 대신 그들이 악행을 저지르도록 실질적인 계책을 꾸미고 실행했던 춘월에 대해 십자거리에서 참수하는 형벌을 내리는 방식으로 복선화음을 뚜렷하게 드러내었다 하겠다.

판소리, 판소리계 소설에서는 선한 인물과 악한 인물 간의 반복적인 갈등을 통해서보다는 그들의 형상화와 그들 간에 일어나는 한두 번의 갈등, 그로 인해 선한 인물이 겪는 고난의 형상화를 통해 선-악 대립 구도가 설정된다. 그런 점에서 국문 장편소설, 영웅 소설과 차이를 보인다. 그렇지만 선-악 대립 구도 내에서 선한 인물이 보상을 받고, 악한 인물이 징치를 당하거나 파멸을 하는 점은 국문 장편소설, 영웅 소설과 결코 다르지 않다. 이는 선-악 대립 구도를 설정한 상태에서 복선화음으로 작품을 결구함을 뜻한다.

다만 작품 내에서 주제 구현 방향에 따라 복선화음 중 복선만 제대로 이루어지고, 화음은 적정한 선에서 그치는 양상을 보이기도 한다. 이 경우, 악한 인물에 대한 징치나 그의 파멸에 무관심해서가 아니라, 적정한 선에서 징치를 마무리함으로써 다른 메시지를 전하기 위한 의도가 내재되어 있을 가능성이 있다. 또 선-악 대립 구도가 뚜렷하게 설정되지 않은 탓에 악인에 대한 징치가 이루어지더라도 작품 전체의 주제 구현에 별다른 영향을 미치지 못하는 경우도 있다.

〈흥부가/전〉에서는 흥부가 보상을 받고, 놀부가 파멸을 하는 과정을 그들이 각자 박을 타는 과정을 통해 보여준다. 놀부의 경우, 박을 타는 과정 속에서 빠른 속도로 몰락해 간다. 이본에 따라서는 모든 재산을 다 잃어 버렸을 즈음, 마지막으로 켠 박에서 장비가 나와 그를 징치하기도 하고 용서를 하기도 하면서 작품이 마무리된다.

사실 〈흥부가/전〉에서 흥부가 박 타는 장면, 놀부가 박 타는 장면은 다소 지나치다 싶을 정도로 많은 양을 차지한다. 그런데 이 장면들은 품성이 선한 흥부가 결국 복을 받고, 반대로 품성이 악한 놀부가 결국 그에 상응한 대가를 받는다는 복선화음의 논리 구현을 직접적으로 보여준다는 점에서 중요한 역할을 한다. 곧 〈흥부가〉에서 복선화음의 구현은 단지 장비(張飛)의 놀부에 대한 징치를 통해서만 구현될 뿐만 아니라, 흥부와 놀부 두 사람이 각자 박을 타는 과정에서 얻는 복과 피해, 그로 인해 부자가 되고 패망해 가는 전 과정을 통해서도 이루어지는 것이다. 특히 장비가 놀부를 징치하는 장면이 없는 이본의 경우에는 복선화음이 구현되는 유일한 부분이라는 점에서도 중요하다.

흥부와 놀부가 각자 박을 타는 과정 속에서 부자가 되고, 몰락하는 것에 대해서는 작품의 문면에 매우 명백하게 드러나 있으므로 따로 설명할 필요가 없다. 문제는 놀부가 마지막으로 켠 박에서 나온 장비가 어떤 역할을 하느냐에 따라 주제 구현이 약간 다르다는 점을 짚어 둘 필요는 있어 보인다. 여기서는 장비가 놀부를 징치하지 않고 용서하고 사라지는 것으로 결말을 맺는 경우만 살펴보기로 하자.

상식적으로 어떤 사람을 악하게 그릴수록 독자는 작품 결말에서 그를 강도 높게 징치하기를 기대한다. 그런데 〈흥부가〉 창본에서는 이러한 기대가 깨어진다. 신재효본에서 장비가 놀부에게 개과천선할 것을 요구하고는 사라지는 것[209]으로 처리된 후, 장비가 놀부를 죽이려 한다는 소문을 듣고 흥부가 달려와서 장비에게 살려달라고 애걸하자 장비가 놀부를 개과천선시키고 사라지는 경우[210]가 더 강세를 이룬다. 후대 창본에서는 모두 놀부가 개과천선하여 흥부랑 우애 있게 지내는 것으로 고정되어 전승되는 것이다.[211] 이렇게 〈흥부가/전〉의 경우, 악인의 징치 여부가 소설본과 창본 사이에 명확한 구분이 있으며, 대체로 일탈 행위가 두드러지게 그려진 소설본에서 그에 상응하는 징치가 이루어짐을 알 수 있다.

이렇게 신재효본 〈박흥보가〉 이후 판소리 〈흥부가〉에서 '구제불능'의 악인으로 낙인찍어 가면서까지 놀부에 대한 부정적 시각을 강하게 드러냈다. 그런데도 놀부가 개과천선을 하고 흥부와 우애 있게 지내는 결말로 바뀐 것은 무엇 때문인가?

한 연구자는 악인 놀부가 장자로서 가난한 동생을 돌보아야 할 의무

---

209 박동진, 박녹주, 박송희 창본에서 이런 양상을 보이며, 김진영 46장본도 이러한 모습을 보인다.

210 정광수, 이선유, 김연수, 박봉술 창본 등에서 이런 모습을 보인다. 박헌봉의 『창악대강』에 실린 〈흥보가〉에 의하면 송만갑도 이렇게 끝을 맺은 것으로 되어 있다. 정충권에 의하면, 현전 창본에서는 한 걸음 더 나아가 흥보를 놀보 쪽으로 오게 하여 장비에게 사정을 하게 하고 이를 들은 장비가 물러나는 것으로 설정되는 경우가 많다고 하는데, 이러한 결말이 〈흥부가〉의 가장 후대적 면모인 것으로 보인다(정충권(2002A), 앞의 논문, 358~359면).

211 반면, 소설본에서는 놀부에 대한 육체적인 징치가 주류를 이룬다. 즉 놀부에 대한 육체적인 징치와 함께 박을 타서 베어 먹고는 '당동' 소리만 낼 줄 아는 사람이 되거나 똥물을 뒤집어쓰고 유리걸식, 혹은 흥부를 찾아가는 양상을 보인다. 단, 김진영 46장본만 창본처럼 장비가 놀부를 개과천선시키는 것으로 되어 있다. 그래서 〈흥보가〉의 후대 구비 전승은 오히려 고급스런 성향을 띠어 간(특히 놀부 박사설의 위축) 반면, 기록 전승의 경우에는 경판본에서 보이던 거칠긴 하지만 애초의 민중적이고 세속적인 〈흥보가〉의 면모가 그대로 이어지는, 전도된 현상을 발견하게 된다고 보기도 한다(정충권(2002A), 위의 논문, 369~370면; ______, 「연경도서관본 흥보전 연구」, 『국어국문학』 130(국어국문학회, 2002B. 5), 201~203면. 두 논문 모두 '정충권(2003), 앞의 책'에 재수록).

를 저버린 데 대한 징치에 초점을 맞춘 것이 아니라, 마침내 자신의 잘못을 깊이 반성하고 동생 흥부와 우애 있게 지내게 된다는 점에 초점을 맞춘 데 기인한 것이라고 한다. 그에 따르면, 당시 판소리를 연행하고 기획하는 주체는 향리들이었으며, 판소리의 변화는 양반 사대부들보다는 이들의 적극적인 개입으로 인해 이루어진 것인 바, 향리 집단은 판소리 연행을 조직화하는 과정을 통하여 먼저 지배계층의 가치에 기초한 사회규범들과 여기에 맞지 않는 규범들이 존재하는 현실을 극적으로 드러내었다. 그리고 이를 통해 조화되기는 어렵지만 공존할 수밖에 없는 양자를 중재시켜야 하는 층위를 만들려 하였으며, 이러한 기획은 자신들을 악의적으로 응시하는 주위세계에 대하여 자신들의 입장을 설득하는 작업, 즉 '중재문화'의 창출로 볼 수 있다는 것이다.[212]

〈흥부가〉를 통해 요순 시절의 도척과 사악에 비길 만큼 악랄하기 그지없는 놀부도 개과천선을 해서 새 사람이 되었는데, 그보다 나은 품성을 가진 사람들이 동생을 제대로 돌봐야 하는 의무를 저버려서야 되겠느냐는 메시지를 강하게 드러냈다는 의미이겠다.

또한 이는 장자 상속 문제만 국한해서 볼 때, 〈흥부가〉에서 놀부에 대한 징치가 수용자들에게 환영을 받은 것도 장자 우선 상속이 이미 관행으로 자리 잡았으며, 장자로서 동생들을 돌보아야 할 의무가 있음을 모두 인지하고 있었음을 반증한다고도 볼 수 있다. 그래서 장자 우대 상속이 보편화되는 과정 속에서 장자로서 동생을 잘 돌봐야 할 의무가 있음을 인식하고 있었던 19세기의 독자들에게도 큰 공감을 얻었을

---

212 이훈상, 「조선후기 사회규범들간의 갈등과 향리사회의 문화적 대응: 판소리 흥보전과 중재문화의 발전」, 『판소리연구』 16(판소리학회, 2003).

가능성이 높다. 특히 논자의 말처럼, 당대 평민들 사이에서 존재했던, 장자 우선 상속과 균등 상속이 갈등을 일으키던 상황에 있었음을 감안하면 이는 단순한 공존을 넘어 다소 강제적인 조화를 요구하는 더 강력한 메시지로 작용했을 것으로 보인다.[213]

〈심청가/전〉의 경우, 후대로 갈수록 뺑덕어미의 악행이 두드러지는 방향으로 바뀌어 가기는 하지만 그의 성격과 역할이 제대로 설정되지 못함으로써, 그리고 그를 제외하면 악인이라 할 만한 인물이 등장하지 않는다는 점 때문에 선-악 대립 구도가 뚜렷하게 형성되지 못한다. 그래서 비록 완판본 계열 중 후기 이본들에는 뺑덕어미가 능지처참을 당하거나 정배를 당하는 것으로 그려지며 심지어는 육시(戮屍)를 당하는 경우도 있을 정도로, 소설본 계열에서는 뺑덕어미에 대한 강력한 징치가 행해지기는 하지만 다른 소설 유형이나 〈흥부가/전〉처럼 작품 전체의 주제 구현에 영향을 끼칠 정도의 힘을 발휘하지는 못한다.[214]

그렇다고 해서 〈심청가/전〉에서 복선화음의 구현이 전혀 이루어지지 않는 것은 물론 아니다. 예컨대, 심청을 낳은 지 이레 만에 세상을 뜬 곽씨 부인은 그가 행차할 때 서해 용왕이 겁을 낼 정도로 위의가 있는 광한전(廣寒殿) 옥진부인(玉珍夫人)이 되었으며[215], 인당수에 빠졌

213 이런 각도에서 볼 때, 당대 평민들 사이에서 존재했던, 장자 우선 상속과 균등 상속이 갈등을 일으키던 상황을 내보이면서 공존할 수밖에 없는 양자의 입장을 중재해 보려는 '중재문화'의 산물로 본 이 논의는 조금 더 적극적으로 해석될 필요가 있어 보인다(이훈상(2003), 위의 논문).

214 뒤에서 다루겠지만, 그럼에도 뺑덕어미의 징치는 행실이 악한데다 심봉사가 가난하게 되는, 그리고 낙양으로 가는 길에 곤란을 겪게 하는 결정적인 계기를 제공한 인물에 대한 징치이며, 강력한 배제의 논리가 작동하고 있다는 점에서 교화 의도를 일정 정도 담고 있다고 할 수 있다.

215 "일일은 광한젼 옥진부인이 오신다 ᄒᆞ니, 수궁이 뒤눕난 듯, 용왕이 겁을 ᄂᆡ여 사방이

던 심청은 다시 살아나서 송(宋) 천자의 황후가 되었을 뿐만 아니라, 더 나아가 아버지 심봉사의 눈이 뜨이고 부원군에 봉해지는 경사를 맞는다.

이는 심봉사는 양반의 후예로 사람들이 모두 군자라고 부를 만큼 행실이 청렴하고 지조가 곧았으며[216], 부인 곽씨는 임사 같은 덕행과 장강 같은 아름다움과 목란(木蘭) 같은 절개를 가져 가난한 집안을 일으키기 위해 온갖 궂은 일을 마다하지 않고 묵묵히 해 냈던 데 대한 보상 차원에서 이루어진 것이다. 심청 또한 어렸을 때부터 얼굴이 아름답고 행동이 민첩하며, 효행이 뛰어나고 소견이 탁월하고 인자하여 아버지의 조석 공양과 어머니의 제사를 법도대로 할 줄 알 정도로 덕이 있었으며[217], 무엇보다도 공양미 삼백 석을 위해 아버지를 대신하여 인당수에 몸을 던졌던 데 대한 보상인 것이다.

우화 소설의 경우, 선-악 대립 구도가 아예 나타나지 않는 경우, 복선화음 구현 역시 문면으로 드러나지 않는다. 심지어 복선화음의 구현에는 관심이 없는 것처럼 보이기까지 한다. 이는 실제로 복선화음의 구현에 무관심해서라기보다는 다른 문제에 초점을 맞추고 있는 데서

분주ᄒᆞ니 원ᄅᆡ 이 부인은 심봉사의 쳐 곽씨부인이 죽어 광ᄒᆞᆫ젼 옥진부인이 되얏더니, 그 ᄯᆞᆯ 심소졔가 수궁의 왓단 말을 듯고 상졔게 수유ᄒᆞ고 모녀 상면ᄒᆞ랴ᄒᆞ고 오난 길리라." 완판 71장본 〈심청전〉.

216 "송나라 말년의 황주 도화동의 ᄒᆞᆫ 사ᄅᆞᆷ이 잇스되, 셩은 심이요, 명은 학규라. 누셰잠영지족으로 문명이 자자터니, 가운이 영쳬ᄒᆞ야 이십 안 안밍ᄒᆞ니 낙슈쳥운의 벼살이 ᄭᅳᆫ어지고 금장지수의 공명이 무어스니, 향곡의 곤ᄒᆞᆫ 신셰 원근 친척업고 겸ᄒᆞ여 안밍ᄒᆞ니 뉘라셔 졉ᄃᆡᄒᆞ랴마는, 양반으 후여로 ᄒᆡᆼ실이 쳥염ᄒᆞ고 지조가 강ᄀᆡᄒᆞ니 사ᄅᆞᆷ마닥 군자라 층ᄒᆞ더라." 완판 71장본 〈심청전〉.

217 "무정셰월약유파라, 언의더시 육칠 셰라. 얼골리 국ᄉᆡᆨ이요 인사가 민쳡ᄒᆞ고, 효ᄒᆡᆼ이 출쳔ᄒᆞ고 소견이 탁월ᄒᆞ고 인자ᄒᆞ미 기린이라. 부친의 조셕 공양과 모친의 졔사를 의법으로 할 졸을 아니, 뉘 안이 층찬ᄒᆞ리요." 완판 71장본 〈심청전〉.

기인한 것이라 할 수 있다.

그럼에도 불구하고 작품 속에서 복선화음의 구현을 어떻게든 해 내려는 모습을 보이는 경우도 있다. 선-악 대립 구도가 뚜렷하게 설정될 경우에는 당연히 복선화음의 구현도 명백하게 드러나지만, 그렇지 않을 경우에는 복선화음을 뚜렷하게 구현할 방도를 찾기 어렵기 때문에 이를 구현하는 것이 쉽지 않다. 그런데도 간혹 복선화음의 논리를 강하게 밀어 붙이는 경우도 있다. 〈서대주전〉에서 이러한 양상이 단적으로 나타난다.

작품의 서술자는 스토리가 진행되는 과정에서는 등장인물들을 품성의 차원에서 접근하여 형상화하지 않으며, 작자가 드러내려는 문제들이 발생한 원인을 등장인물의 품성에서 기인한 것처럼 보이게 하려고 하지도 않는다.

서술자는 서대주가 무리를 풀어 다람쥐가 쌓아 놓은 곡식들을 모두 도적질해 오고, 서대주 무리의 소행임을 안 다람쥐가 관가에 소송을 하며, 서대주를 잡으러 온 사령에게 온갖 술과 음식, 재물을 내어 놓으며 회유하고, 심문을 위해 감옥에 갇혀 있을 때에도 관리들에게 재물을 나누어 주어 서대주의 식구들이 감옥에서 그를 보살필 수 있도록 하고, 그럴 듯해 보이는 공술로 오히려 다람쥐가 엄한 형벌을 받는 데까지 서대주와 다람쥐 간의 소송에 얽힌 일련의 사건들을 차분하게 그려 나간다. 이를 통해 관가의 부패, 부호와 관가의 결탁 양상에 대한 문제의식을 드러낸다. 여기까지만 보면, 이 작품은 등장인물의 품성을 통해 그들을 형상화하는 것과 선-악 대립 구도 설정에 관심을 갖지 않은 것처럼 보인다.

문제는 작품이 결말을 맺은 뒤에 이어지는 후일담이다. 이 후일담은 사건이 종결되고 난 뒤, 서대주 자손과 다람쥐 자손들이 어떻게 살아가고 사람들에게 어떤 대접을 받고 있는가에 대한 내용을 다룬다. 서대주의 자손들이 크게 번성하여 도적질을 하며 사니 모든 사람들이 그들을 볼 때마다 죽이는데, 이는 과거 서대주의 간교한 행위에 대한 응보라 한다. 그리고 다람쥐의 자손들이 나무 열매만 먹고 화곡(禾穀)은 축내지 않아 사람들이 예뻐하니 이는 원통함을 겪고도 변명조차 하지 않고 돌아간 다람쥐의 음덕에 대한 보답이라 한다.[218]

이는 바로 선조의 선한 행위가 자손 대에 가서 반드시 복으로 나타나고, 선조의 악한 행위가 자손 대에 가서 반드시 악으로 나타난다는 복선화음의 논리를 그대로 구현한 것이다. 서술자의 이러한 시각은 "덕을 따르는 자는 창성하고, 덕을 저버리는 자는 망한다는 것은 실로 거짓말이 아니다"는 말을 통해 더욱 직접적으로 표명된다.

이렇게 이 작품은 선-악 대립 구도를 설정하지 않고 사건의 진행 추이 자체를 그려냄으로써 작품에서 다루고자 하는 문제의식을 드러낸 뒤, 등장인물들의 후손들이 살아가는 모습과 사람들이 대하는 모습을 후일담으로 엮음으로써 마침내 복선화음을 구현한다. 이런 방식을 활용하면서까지 복선화음을 구현하는 형태로 작품을 맺는다는 것은 그만큼 작품의 결구를 통하여 복선화음을 구현하는 것이 당연하고 관습적인 것으로 인식되었음을 보여주는 것으로 해석할 수 있다.

우화 소설에서 선-악 대립 구도가 애매하고 흐릿하게 드러나는 경

---

218 "後娶數百, 子孫蘩盛, 州郡縣邑閭巷鄕谷, 無有不生, 而竊盜生涯. 世上兒童小輩婦孺輿儓之卒, 逢着則殺之, 無乃鼠大州之傷人害物之心報應歟! 鼯南州, 本以良順拙直之類, 雖甚至寃, 一不辨言而歸, 子孫蘩盛於長城花垣, 食其木實, 而無害於禾穀, 人或見之則慈, 而無相害之意, 實是光陰之報應歟! 以此觀之, 順德者昌, 逆德者亡, 實非虛語也." 소장처 미상, 〈서대주전〉.

우, 복선화음이 직접적으로 드러나기보다는 '권선징악(勸善懲惡)'이라는 좀 더 표면적인 의미로 구현되는 경우가 많다. 여기서 문제를 삼고 있는 부면이 무엇이건 간에, 그리고 여러 가지 문제를 다루고 있는 경우에도 이러한 '권선징악'의 논리는 작동하는 것으로 보인다.

앞서 다룬 〈서동지전〉의 경우, 스토리가 진행되는 과정에서 등장인물의 품성을 부각시키고, 사건의 결구 역시 그들의 품성에 따라 흘러가는 것처럼 보이게 만듦으로써 작품을 통해 드러내고자 하는 문제가 마치 등장인물의 품성에서 기인한 것처럼 처리함으로써 문제의 본질을 인물의 품성 탓으로 돌리려는 모습을 보인다.

하지만 또 한편으로는 장자의 풍모를 지닌 것으로 형상화된 서동지가 관가와 결탁하는 모습을 그려냄으로써 문제의식이 퇴색되는 것을 방지하기도 한다. 곧 작품의 서술자는 서동지에 대해 중층적인 시각을 견지하고 있는데, 이로 인해 등장인물이 지닌 품성이 종종 부각됨에도 불구하고 선-악 대립 구도가 흐릿해진다.

이렇게 선-악 대립 구도가 흐릿해지긴 하지만 이 작품에서 사건의 결구가 등장인물의 품성에 영향을 받아 처리가 되는 것처럼 그려냄으로써 권선징악의 논리를 간접적으로 드러낸다. 특히 서동지의 호의로 방송 조치를 받은 다람쥐가 자신의 잘못을 뉘우치고 부끄러워하는 장면[219], 그리고 마지막에 그 후 서동지와 다람쥐가 좋은 관계를 맺었지만, 다람쥐는 늘 이때 일을 생각하며 그를 피한다는 후일담[220]은 권선징

219 "달암쥐(達岩智) 비록 포악(暴惡)훈 마음이나 회과자칙(過自責)ᄒᆞ며 셔ᄃᆡ쥐(鼠大智)의 후의(厚意)를 감격(感激)ᄒᆞ야 송사(訟事)홈을 심(甚)히 뉘웃치며 붓그러옴을 먹음고 마지 못ᄒᆞ야 셔ᄃᆡ지(鼠大智)로 더부러 노즁(路中)에셔 셔로 작별(作別)ᄒᆞᆯ시." 영창서관본 〈서동지전〉.

220 "이후(後)로부터 셔대쥐(鼠大智)와 달암쥐(達岩智)끼리 셔로 조흐믈 ᄆᆡ져 닷토지 안

악 논리를 뚜렷하게 드러냄으로써 작품 전체를 통해 유지해 왔던 문제의식을 다소 희석시키는 결과마저 초래하고 만다.

3) 포섭과 배제의 논리 작동

국문 장편소설과 영웅 소설에서 장기간에 걸쳐 선인과 악인이 지속적으로 갈등을 일으킴으로써 첨예하게 대립하고, 이에 따라 선인에 대한 보상과 악인에 대한 징치가 매우 두드러지게 이루어진다는 것은 복선화음의 논리가 작품의 결구를 통해 드러나는 한편, 포섭과 배제의 논리가 강력하게 작동하고 있다고 할 수 있다. 선인에 대한 성대한 보상은 그들을 적극적으로 포섭하려는 의도를, 악인에 대한 강력한 징치는 그들을 적극적으로 배제하려는 의도를 깔고 있는 것이다.

이는 한문 장편소설의 경우에서도 다르지 않다. 작품의 일부분에서 선인과 악인 간의 갈등이 비교적 장기간에 걸쳐 일어나는 경우든, 작품의 어느 특정 부분, 부분 별로 갈등이 집약적으로 드러나는 경우든 간에 특히 악인에 대한 징치는 반드시 이루어진다. 악인에 대한 징치는 결국 그를 적극적으로 배제하려는 의도를 가장 뚜렷하게 드러내는 수단인 것이다.

〈삼한습유〉에서는 단시간에 걸쳐 갈등이 집약적으로 나타나는 경우, 그 갈등으로 인해 억울하게 죽은 주인공을 비롯한 현숙한 여인들의 덕과 희생을 좀 더 두드러지게 보이기 위해 악인들에 대해 하늘이 벌을 내린 것처럼 즉각적이고 강력한 징치가 이루어진다. 그럼으로써 그에

이ᄒᆞ나 달암쥐(達岩智)는 ᄒᆞᆼ상(恒常) 졔 일을 ᄉᆡᆼ각(生覺)ᄒᆞ고 지금(卽今)이라도 달암쥐(達岩智) 셔대쥐(鼠大智)를 맛나면 서로 피(避)ᄒᆞ나니라." 영창서관본 〈서동지전〉.

대한 강력한 배제의 의도가 약화되지는 않는다.

예를 들어, 향랑이 목숨을 끊는 결정적인 계기를 제공한 조씨네 집 아들의 갑작스러운 죽음, 늑혼으로 인해 낙동강에 투신하게 한 달성 선비에 대한 사람들의 보복 등은 불의한 행위를 함으로써 상대를 억울한 죽음으로까지 몰아간 데 대한 즉각적이고도 강력한 징치이다. 즉각적이고 강력한 징치가 이루어진다는 것은 그의 악행이 그만큼 크다는 것을 보여주는 것이기도 하지만 어떤 식으로든 사회에서 즉각, 강하게 배제하려는 의도를 드러낸 것이라 할 수 있다.

앞선 논의에서 다루지 않고 넘어온 사람이 하나 있다. 바로 향랑의 전 남편이다. 그는 향랑을 시집에서 쫓겨나게 하고 부모가 세상을 떠난 뒤 또 다른 사건으로 인해 죽게 하는 계기를 만든 인물이다. 그런데도 그에 대한 징치가 곧바로 이루어지지 않는다. 게다가 그가 사형을 당할 위기에 처했을 때, 향랑이 하늘에서 내려와 그를 구원해 주기까지 한다. 그렇다면 그는 징치를 당하지 않는 것으로 보아야 할 것인가?

작품을 살펴보면, 그에 대한 징치가 달성 선비나 조씨네 집 아들처럼 신체적인 징치가 아닌 다른 차원에서 이루어짐을 분명하게 확인할 수 있다. 비록 그것이 향랑과의 관계에 대한 직접적인 징치의 형태를 띠고 나타나는 것은 아니지만, 복선화음의 원리에 따라 결국에는 그의 악행에 대한 벌을 받는 것으로 처리하고 있는 것이다.

향랑의 전 남편 가족과 친척들은 자신들의 부유함만 믿고 여전히 가난하고 약한 사람들을 업신여기고 함부로 대한다. 게다가 어진 며느리를 구박해 죽게 만든 것을 비롯한 여러 악행의 책임이 그들에게 돌아가자 주(州)나 마을 사람들은 그들을 상종해 주지 않는다. 그러다 향랑의 전 남편이 어머니가 첩의 종을 죽인 사건에 연루되자 평소 그를 미워하던 태수가 그를 감옥에 가두어 온갖 고초를 겪게 하고 사형을 당할 위기에까지 이르게 한다. 그리고 사형을 당하는 날 하늘에서 향랑이 내려와 그를 구원해준다. 그 후 그와 어머니는 부끄러워하며 마을 사람들을 전혀 만나지도 않고 베를 짜며 살다 모두 그 자리에서 죽는다.

여기서 눈여겨 볼 점은 그들의 악행이 점차 마을에 알려지면서 마을 사람들이 그들과 상종하기를 꺼렸고, 주(州)와 마을의 공식적인 모임에 끼워주지 않았다는 점이다. 그리고 사형을 면하고 돌아온 뒤, 마을 사람들과 절연한 채 문을 닫아걸고 살다가 그대로 죽음을 맞이했다는 점이다. 이는 결국 그들의 악행이 마을에 알려지면서 그들이 철저히 마을과 주(州)에서 배제되고 고립되었음을 의미한다.

흔히 고전소설의 배경이 명(明)이나 송(宋)으로 설정되지만, 세부 현실은 모두 조선의 문제를 반영함을 고려한다면, 배경이 신라로 설정되어있는 이 작품 역시 실제로는 조선의 현실을 반영한다고 볼 수 있다. 그래서 향랑 전 남편의 말로는 조선시대 당시 악행으로 인하여 마을 공동체로부터 외면을 당하게 된 사람들의 모습을 반영한 것으로 보는 것이 옳다. 뒤에서 다시 다루겠지만, 종족을 중심으로, 그리고 마을 공동체를 중심으로 하여 생활이 유지되던 당시 상황을 고려할 때, 마을 공동체에서 배제를 당한다는 것은 사실상 생존의 길이 막혀 버릴 수도 있는 매우 강력한 징치이다.

이런 점을 고려할 때, 조씨네 집 아들이나 달성 선비가 즉각적으로 육체적인 징치를 당하였다면, 향랑 전 남편은 장시간 지속되는, 그리고 매우 현실적인 징치를 받은 것이나 다름없다. 그리고 이러한 현실적인 징치를 통해 다른 두 인물의 경우보다 훨씬 더 강력한 배제의 논리를 적용하고 있음도 확인할 수 있다.

〈옥루몽〉 역시 마찬가지이다. 노균이 양창곡에게 수죄를 당하고 뇌천풍에게 죽음을 당한 것, 황소저와 위부인을 추자동에 가둠으로써 그들이 그곳에서 고초를 겪게 한 것, 황소저와 위부인이 악행을 저지르는 데 실질적인 주도자 역할을 했던 춘월을 십자거리에서 참수한 것은 모두 그동안 그들이 저지른 악행에 대한 강력한 징치로서 이루어진 것이다.

이러한 징치를 통해 이러한 악행을 저지른 자는 가정과 사회, 국가에서 결코 용납 받을 수 없다는 배제 논리를 강하게 드러내었다. 다만, 황소저와 위부인이 지난날의 잘못을 뉘우치고 정숙한 성품을 갖게 되고, 가정에 복귀함으로써 자신들의 잘못을 진심으로 뉘우치고 바른 사람이 되는 경우에는 다시 그들을 포섭할 여지가 있음도 동시에 보여주었다고 할 수 있다.

앞서 〈삼한습유〉에서 마왕과 천신이 전쟁을 통해 벌이는 갈등 구조는 마왕이라는 존재의 특수성 때문에 악인에 대한 징치라는 일반적인 공식을 따르지 않는다고 하였다. 악인에 대한 징치가 일어나지 않는 것이다. 이는 결국 그에 대한 적극적인 배제 논리 역시 강하게 작동하지 못함을 의미하는 것으로, 마왕이라는 존재의 특수성에 기인한 것이라 볼 수 있다.

작품 속에서 천신도 어찌할 수 없는 것으로 형상화된 마왕에 대해 일개 서술자가 이러한 논리를 적용하는 데 무리가 따를 수밖에 없다. 마왕이 그간의 온갖 악행에 대한 징치로 죽음을 당하지 않기는커녕, 그가 소란을 피우지 않겠다는 약속을 받아내는 선에서 갈등이 어설프게 봉합될 수밖에 없었던 것이다.

우화 소설의 경우, 등장인물에 대한 포섭과 배제의 논리가 나타나지 않는 것으로 보인다. 이는 작품에서 한 가지 문제 혹은 그와 연관된 몇 가지 문제들을 다루되 사건의 진행 추이 자체에 관심을 쏟음으로써 선-악 대립 구도 설정이나 등장인물을 품성의 차원에서 접근하여 형상화하는 데는 그다지 관심을 갖지 않는 데서 기인한다.

이로 인해 작품의 결구에서 구현되기 마련인 복선화음도 구현되지 않고 단순히 권선징악의 차원에서 그치는 양상을 보이게 된다. 그리고 복선화음이 명확하게 구현되지 않는다는 것은 이에 내재된 포섭과 배제의 논리 역시 작동할 수 없음을 의미한다. 우화 소설에서 포섭과 배제의 논리가 나타나지 않는 것은 바로 이 때문이다.

다만 〈서대주전〉의 경우, 작품이 종결된 뒤에 이어지는 후일담을 통해 복선화음이 구현된다. 서대주 자손이 사람들에게 미움을 받아 끊임없이 죽임을 당하고, 다람쥐 자손이 사람들에게 예쁨을 받는다는 서술은 서대주와 다람쥐의 행실에 대한 복선화음의 구현을 보여줌과 동시에 서대주에 대한 배제와 다람쥐에 대한 포섭의 논리를 간접적으로 드러낸다고 할 수 있다.

선-악 대립 구도가 판소리, 판소리계 소설에서는 국문 장편소설, 영웅 소설과 약간 다른 방식으로 설정되지만, 작품 전체를 통해 복선화음이 구현되는 것은 이들과 결코 다르지 않다. 복선화음이 제대로 구현된다는 것은 작품 내에서 등장인물에 대한 포섭과 배제의 논리가 강하게 작동하고 있음을 의미한다.

판소리, 판소리계 소설에서는 선한 인물에 대한 포섭, 악한 인물에 대한 배제의 논리가 뚜렷하게 드러나며, 이 점은 국문 장편소설과 영웅 소설과 결코 다르지 않다. 작품이나 이본에 따라서는 이들보다 더 강력하게 이 논리가 작용하는 것으로 보이기도 한다. 작품의 주제 구현 방향에 따라 악한 인물에 대한 징치가 적정한 선에서 그치는 경우도 있다. 하지만 이는 어디까지나 주제 구현을 위한 것이지, 악한 인물에 대한 배제 의식이 없거나 덜 한 것은 결코 아니다. 이 경우에도 포섭과 배제의 논리는 강하게 작동한다.

〈흥부가/전〉에서 포섭과 배제의 논리가 드러나는 부분은 크게 두 부분이다. 하나는 작품 도입부에서 흥부와 놀부의 평소 행실을 나열하는 부분이고, 다른 하나는 작품 속에서 상당히 많은 비중으로 다루어지는 흥부, 놀부의 박타는 부분이다.

그런데 흥부와 놀부에 대한 평가는 사실상 작품 도입부에서 서술자의 입을 통해 나열되는 그들의 행실들을 통해 이미 결론이 내려진 상태이다. 이후 작품 전개는 서술자가 이미 결론을 내려놓은 평가에 의거하여 진행된다는 점에서 그들에 대한 포섭과 배제의 논리도 여기서 이미 마련되어 있다고 보는 것이 옳다.

이후 작품이 종결되는 결말부까지 이르는 과정은 그러한 논리를 본격적으로 드러냄과 동시에 그것이 옳음을 다시 확인시켜주는 과정이라고 해도 과언이 아니다. 그래서 흥부와 놀부가 각기 박을 타서 부자가 되고, 파멸을 하는 부분은 서술자에 의해 선한 인물로 평가받은 흥부는 향촌 공동체에 포섭되어 보상을 받는 것을, 악한 인물로 평가받은 놀부는 파멸하여 결국에는 향촌 공동체에서 발붙이지 못하는 상황에까지 이르게 됨을 보임으로써 흥부와 같은 인물에 대한 포섭, 놀부와 같은 인물에 대한 배제 의도를 뚜렷하게 드러내는 것이다.

특히 소설본에서 이본에 따라, 장비에게 온갖 육체적인 징치를 당한다든지, 박을 타서 베어 먹고는 '당동' 소리만 낼 줄 아는 사람이 된다든지, 똥물을 뒤집어쓴 채 유리걸식하거나 흥부를 찾아가는 장면들이 나타나는 것은 놀부가 마침내 향촌 공동체로부터 배제되기에 이르렀음을 명백히 보여주는 것이다.

이런 점에서 본다면, 작품 도입부의 흥부, 놀부의 평소 행실들에 대한 상당히 과장된 서술들이 결코 무심히 보아 넘길 수 없는 사안임을 알 수 있다. 〈흥부가/전〉이 풍자와 해학의 성격이 강함을 고려하더라도, 그리고 이 부분이 빠른 템포로 경쾌하게 불리는 부분임을 감안하면 해학과 골계적인 효과를 발휘하는 데 성공했으리라는 점을 감안하더라도 이 부분을 그저 해학과 골계의 차원에서만 접근할 수 없는 문제가 있다는 것이다.

그 이유는 무엇보다도 특히 놀부의 악행이 단순히 그의 심술과 인격적인 결함을 과장하여 나열된 것이 결코 아니라는 데 있다. 이 양상이 가장 극단적으로 나타나 있는 신재효본 〈박흥보가〉를 보면, 여기에는 개인 성격에서 기인한 심술에서부터 마을에 심각한 위협이 되는 것들까지 다양하게 뒤섞여 있다. 그 중에서도 타인에게, 마을에 해를 입히는 경우가 대부분이다.

예를 들어, 남의 노적에 불 지르고, 가뭄 농사 물꼬 빼기나 열리는 호박 덩굴 끊고, 패는 곡식 모가지 뽑기, 좋은 망건 편자 끊기, 곡식밭에 우마 몰기, 지관 보면 패철 뺏고, 의원 보면 침 도적질하기 등은 타인의 생계를 심각하게 침해하는 행위로 법적으로 문제가 될 여지마저 있다.

또 길 가는 과객 양반 재울 듯이 붙들어다 해가 지면 내쫓는다든지, 먼 길손의 노비를 도적한다든지, 일 년 품팔이 사는 사람에게 외상으로 사경(私耕)을 주어 농사짓게 해 놓고는 추수하면 옷을 벗겨 내쫓는다든지 하는 행위들은 접빈객의 의무에 소홀하고, 당시 부민(富民)으로서 재화 재분배 의무를 저버린 행위로 마을 공동체의 풍습을 해치는 일에 속한다. 게다가 주급군(走急軍)을 잡고 실랑이질을 하거나, 관차사(官差使)의 전령(傳令)을 도적하고, 진영 장병의 막대를 뺏는 일들은 국가의 공식적인 사무를 방해했다는 점에서 처벌을 받을 수도 있다.

가장 심각한 것은 본명방(本命方)에 벌목을 하고, 잠사각(蠶絲角)에 집을 지으며, 오귀방(五鬼方)에 이사를 권하고, 삼재(三災)든 데 혼인하며, 동내(洞內) 주산(主山) 팔아먹고 남의 선산에 묘지를 쓰며, 이장할 때 뼈를 감추는 등 당대인들에게 문화적 금기 사항으로 간주되던 일들을 거리낌 없이 함으로써 당대 마을 공동체의 풍습을 심각하게 해치고 있다는 점이다. 이러한 행위들은 마을 공동체 구성원들의 안녕을 해치는 것으로 그들에게 배제를 당할 수 있을 정도에 해당되는 심각한 사안이다.

이런 점에서 볼 때, 놀부를 소개하면서 나열된 그의 악행들은 이것이 과장되게 형상화된 측면은 있지만, 그렇다고 하여 이를 단순히 그의 품성이 악함을 드러내거나 심술궂음을 드러냄으로써 해학성과 골계미를 제고하는 데에만 힘썼다고 볼 수는 없다. 그의 악행은 그의 품성이 어떠한가를 논하기에 앞서 그가 몸담고 있는 마을 공동체의 안녕을 심각하게 해친다는 점에서 결코 좌시할 수 없는 것들이다.

결국 서술자가 놀부의 악행들을 나열한 것은 독자나 청자들에게 이러한 악행들은 마을 공동체의 평안을 훼손하는 것들로, 마을에서 쫓겨날 수도 있는 사안임을 강조하기 위해서, 그리고 실제로 이러한 악행들을 저질렀을 경우 언제든지 마을 공동체에서 배제를 당할 수 있음을 경고하려는 의도가 내재되어 있는 것이다.

그럼에도 독자나 청자가 이 부분을 해학과 골계로 받아들일 수 있었던 것은 이 부분이 빠른 템포로 불림으로써 해학과 골계미를 잘 살리기도 하였지만, 이러한 행위들이야말로 사람이라면 결코 해서는 안 되는 것들이라는 인식이 독자와 청자들에게도 바탕에 깔려 있었기 때문에 가능했음을 놓쳐서는 안 된다.

〈심청가/전〉에서는 선-악 대립 구도가 뚜렷하게 형성되지 않을 뿐만 아니라, 점차 악인으로 형상되어가는 뺑덕어미 역시 작품 전체에 영향을 끼칠 정도의 성격과 역할을 지니지 못한다. 그래서 그런지 맹인잔치를 통해 심청과 심봉사가 감격적인 해후를 한 뒤 붙잡혀 온 뺑덕어미, 그리고 황봉사에 대한 징치는 매우 간략하게 처리된다.

그렇지만 완판본 후기 이본들에서는 뺑덕어미가 능지처참 당하거나[221] 정배를 당하며 간혹 육시를 당하는 경우도 있을 정도로, 소설본 계열에서는 그에 대한 강력한 징치가 행해진다. 그에 대한 징치가 간략하면서도 강도 높게 이루어지고 있다는 것은 그를 향해 배제의 논리가 강력하게 작동되고 있음을 보여준다.

앞서도 언급했듯 뺑덕어미의 평소 행실이 악하게 묘사되어 있기는

---

221 "무창ᄐᆡ수를 불너 예주자사로 이천ᄒᆞ시고 자사의게 분부ᄒᆞ야 황봉사와 쎙덕어미를 직각 착ᄃᆡᄒᆞ라 분부 지엄ᄒᆞ시니, 예주지사 삼ᄇᆡᆨ육 관의 ᄒᆡᆼ관ᄒᆞ야 황봉사와 쎙덕어미를 잡어 올여거늘, 부원군 천청누의 좌기ᄒᆞ시고 황봉사와 쎙덕어미를 잡아드리여 분부ᄒᆞ사, '네 이 무상ᄒᆞᆫ 연아, 산첩첩 야심ᄒᆞᆫᄃᆡ 천지 분별치 못ᄒᆞ난 ᄆᆡᆼ인 두고 황봉사를 어더 가는 게 무신 ᄯᅳ신야?' 직시 문초ᄒᆞ니, '역촌의셔 여막질ᄒᆞ는 경연이라 ᄒᆞ난 ᄉᆞᄅᆞᆷ의 게집의게 초인ᄒᆞ미로소이다.' 부원군이 더옥 ᄃᆡ로ᄒᆞ여 ᄡᅵᆼ덕어미를 능지쳐ᄎᆞᆷ ᄒᆞ신 후의 황봉사를 불너 일은 말삼이, '네 무상ᄒᆞᆫ 놈아, 너도 ᄆᆡᆼ인이지야. 남의 안ᄒᆡ 유인ᄒᆞ여 가니 너는 조커니와 일은 사ᄅᆞᆷ은 안이 불상ᄒᆞᆫ야? 속설의 탐화광졉이라 ᄒᆞ기로 그러ᄒᆞᆯᄀᆞ. 소당은 죽일 일리로되 특별이 졍ᄇᆡᄒᆞ니 원망치 말나. 후일 증십ᄒᆞ이후 셰상 ᄉᆞᄅᆞᆷ이 이갓치 불의지ᄉᆞ를 본밧게 ᄒᆞ지 못ᄒᆞ난 일이라.'" 완판 71장본 〈심청전〉.

하지만 작품 전체에 걸쳐 그의 악행이 두드러진다든지 스토리 흐름에 큰 변화를 주지는 않는다. 작품 속에서 뺑덕어미가 잘못한 것이 있다면, 마을 사람들의 도움으로 늘려 놓은 심봉사의 돈과 곡식을 모두 탕진해 버린 것, 맹인잔치 참석차 낙양으로 가던 중 황봉사에게 도망쳐 심봉사가 곤란을 겪게 한 것 정도이다.

흔히 국문 장편소설이나 영웅 소설에서 작품 전체에 걸쳐, 그리고 장기간에 걸쳐 선한 주인공과 극한 대립을 이루며 악행을 저질러온 악한 인물에 대한 징치는 그가 작품 속에서 차지하는 비중, 악행의 강도, 지속성 등을 감안할 때 당연한 귀결이라 볼 수도 있다. 이 점을 감안할 때, 〈심청전〉 소설본 계열에서 일어나는 뺑덕어미에 대한 강력한 징치는 과도한 처사로 비추어질 여지가 크다. 그런데도 이렇게 그에 대한 강력한 징치가 이루어진다는 것은 그가 저지른 일들이 모두 강력한 징치를 당할 정도의, 마을 공동체에서 적극적으로 배제되어야 할 정도의 심각한 잘못임을 보여주는 것이다.

뺑덕어미가 징치를 당한 것은 모두 아내와 자식을 잃은데다 신체적 장애마저 갖고 있는 심봉사에게 접근하여 그를 내조하기는커녕 세간을 거덜냄으로써 심봉사를 가난의 구렁텅이에 빠지게 했다는 점에서 기인한다. 다시 말해 그를 징치한 것은 마을 사람들이 애써서 모아 준 재산과 곡식을 탕진한데다 가난한 집안을 일으켜 보고자 하는 어떠한 노력도 기울이지 않았다는 점에 초점이 맞추어져 있다. 이는 그가 치산을 이루지 못했을 뿐만 아니라 치산에 힘쓸 만한 품행과 덕을 갖추지 못한 데 대한 징치인 것이다.

여기서 당시 여성들에게 치산의 의무가 전가되던 사정에 대해 설명을 하는 것이 좋겠다. 18세기에 이르면, 사대부들이 펼치는 교화의 대상에 여성이 본격적으로 포함된다.[222] 이 시기에 집중적으로 편찬된 여훈서에서는 가정생활을 유지하기 위한 노동과 치산 능력이 강조된다. 즉 현실적으로 한 가정이 유지되는 데 필요한 의식생활과 가정 경영의 대부분을 여성의 몫으로 간주하였고, 이를 여성이 실천해야 할 예[부례(婦禮)]의 이름으로 요구한 것이다.[223]

여기서 주목할 점은 두 가지이다. 하나는 재산을 관리하고 늘리는 치산을 여성 고유의 일로 규정하기도 하였다는 점이고, 또 하나는 어려운 조건 속에서도 항변하지 않고 묵묵히 치산에 힘쓴, 그래서 한 가문을 건사해 낸 인물의 품행과 덕을 중요하게 여겼다는 점이다.

치산의 책무는 원래 사대부 남성들이 담당해야 했던 것으로, 18세기 이후에는 이것이 사대부 여성들에게 사실상 전가되었다. 여성의 치산 능력이 강조된 것은 18세기 조선의 정치 경제 현실을 반영한 것으로서, 권력에서 소외되거나 경제적 기반이 없는 빈곤한 사대부 양반층의 증가가 한 요인으로 작용한 것으로 보기도 한다.[224]

그런데 사대부 여성들에게 치산의 책무를 전가시키면서 이러한 책무를 묵묵히 감당해 낸 여인의 예를 교훈 가사나 판소리를 통해 끊임없이 자세하게, 그리고 반복적으로 서술하고 칭송한다. 이는 독자에게 이러한 책무가 결코 전가된 것이 아닌, 당연한 도리로 받아들이게 하는 기제로 작용한다. 이러한 사정을 먼저 〈흥부가/전〉에서 엿볼 수 있다.

〈흥부가/전〉에서 형 놀부에게 양식을 꾸러 갔다가 매만 맞고 온 흥부를 보고는 흥부 아내는 가난한 현재 상황을 모두 자신이 부덕한 탓으

222 김언순(2008), 앞의 논문.

223 김언순(2009), 앞의 논문, 149면.

224 김언순(2009), 위의 논문, 149, 150면.

로 돌린다.[225] 그는 가장은 처복이 없어 자신 때문에 굶고, 자식들 역시 자신 때문에 굶주리는 정경을 차마 못 보겠다고 하면서 사람으로서 자식들을 굶길 수밖에 없는 자신을 한탄한다. 그러고는 각결(郤缺)의 아내처럼 밭을 맬까, 양홍(梁鴻)의 아내처럼 물을 길을까, 직녀성(織女星)에 빌어서 바느질품을 팔까, 탁문군(卓文君)처럼 술을 팔아 볼까 하고 말한다.[226] 이에 흥부는 깜짝 놀라며 자신이 품을 팔겠다고 하면서 아내에게는 그저 집에서 채전(菜田)을 가꾸고 자식들을 길러 내라고 말한다.

흥부 아내가 한 말은, 단지 놀부에게 매만 맞고 돌아 온 흥부가 안타깝고 현재 자신이 처한 상황이 서러워서 내뱉은 말이 아니다. 그의 이 말은 조선 후기 당시 여성들에게도 치산의 문제가 큰 과제였음을 단적으로 보여주는 것이라 생각된다. 이런저런 상황으로 인해 가장이 제대로 치산하지 못하는 상황을 타개하기 위해 여성들에게 그 짐이 부과되던 사정을 반영한 것이다. 이 작품에서는 이 문제가 흥부 아내의 설움을 통해 단편적으로 드러나는 데 그치고 있기는 하지만 당대 여성들에게 치산이 하나의 의무로 전가되던 상황을 충분히 읽어낼 수 있다.

이와 관련하여 교훈 가사나 판소리, 판소리계 소설에서 서술자가 문

225 경판 25장 〈흥부전〉에도 "가뫼 되여ᄂᆞ셔 낭군은 못 살리니 녀ᄌᆞ힝실 참혹ᄒᆞ고 유ᄌᆞ유녀 못 출히니 어미 도리 업는지라 이를 엇지 ᄒᆞᆯ고"라고 하는 부분이 있다.

226 "남의 怨望 쓸 ᄃᆡ 업네. 다 모도 ᄂᆡ 罪로쇠. 國難에 思良相 家貧에 思賢妻 ᄂᆡ 혈마음젼ᄒᆞ면 불상ᄒᆞᆫ 우리 家長 못먹이고 못 입필가. 家長은 妻福 업셔 날 ᄶᅡ둘게 굼거니와 쳘 모르는 子息 정경 더구나 못보것네. 짐싱은 微物이나 입으로 밥을 무러 子息을 먹여 주며, 치우면 날ᄀᆡ 버려 子息을 덥난 거슬. 나ᄂᆞᆫ 엇지 ᄉᆞ룸으로 數多ᄒᆞᆫ 子息덜을 굼기고 벅기ᄂᆞᆫ고. 郤缺의 안히갓치 밧치나 ᄆᆡ어 볼가. 梁鴻의 안히갓치 물이나 길어볼가. 織女星에 乞巧ᄒᆞ야 침ᄌᆞ품을 참을 파라볼가. 卓文君의 本을 바다 슐장슈를 하여볼가." 신재효본 〈흥부가〉.

제를 삼는 것은 치산을 잘했는지 여부가 아니라, 치산을 잘 해낼 품행과 덕을 갖추고 있느냐 여부였다. 〈복선화음가〉의 이씨 부인과 〈심청가/전〉의 곽씨 부인은 이러한 품행과 덕을 갖추고 있었기에 어질다고 칭송을 받았던 것이다. 그리고 〈복선화음가〉에서 무분별한 소비로 집안 살림을 파탄 낸 괴똥어미가 처참한 죽음을 당한 것도 온갖 역경 속에서도 묵묵히 치산을 해낼 수 있는 덕과 품성을 갖지 못했기 때문이다.[227] 〈우부가〉의 작자가 온갖 일탈 행위로 집안을 무너뜨린 세 주인공의 비참한 말로를 냉소적으로 그려내는 것도 여성 인물과 정도는 다르지만 같은 맥락에서 이해가 가능하다.

이렇게 볼 때, 〈심청가/전〉에서 뺑덕어미가 징치를 당하고 향촌 공동체에서 완전히 배제된 것은 단지 선한 인물인 심봉사를 곤경에 빠뜨렸기 때문이 아니라, 심청의 어머니 곽씨 부인과는 대조적으로 치산을 해낼 수 있는 품행과 덕을 갖추지 못했으며, 실제로 심봉사를 내조해야 할 의무를 저버린 데서 연유함을 알 수 있다.

19세기 일부 교훈 가사에서도 등장인물에 대한 포섭과 배제의 논리가 강하게 작동된다. 여기서는 인물의 형상화 과정에서 선한 인물의 선한 행위와 악한 인물의 악한 행위를 과장하여 나열하며, 그러한 행위가 그들의 품성에서 기인한 것처럼 형상화한다. 이러한 방식을 통해 선한 인물에 대해서는 독자들이 본받아야 할 인물로 만들어 그를 포섭하려는 의도를 드러낸다. 반대로 악한 인물에 대해서는 독자들이 이들

227 그런 점에서 〈복선화음가〉에서 '치산'하는 여성에 대해 긍정적인 의미를 부여하거나, 이를 긍정했다고 판단하고, 〈용부가〉에서 저 부인과 뺑덕어미가 단순히 소비지향적이고 게을렀기 때문에 비판을 받았다고 보는 것은 작품의 본질을 잘못 짚은 것이다. 여성들이 '치산'을 할 수밖에 없게 된 것, 그리고 이를 기꺼이 감당할 수 있는 덕과 품성을 갖출 것을 요구했다는 점이 중요하게 다루어져야 한다.

의 행위를 결코 본받아서는 안 됨을 강조하면서 그를 배제하려는 의도를 드러낸다. 아울러 악한 인물들을 타자화함으로써 철저히 거리를 두려 한다.

특히 서술자가 악한 인물로 규정한 인물들에 대해서는 그들의 악행을 과장되게 나열하고, 이것이 교화가 불가능한 품성을 지닌 탓으로 돌리는 데 그치지 않고, 그들의 비참한 말로를 매우 냉소적인 시선으로 그려낸다. 예컨대, 〈우부가〉의 개똥이는 부모에게서 물려받은 재산을 탕진하고 비렁뱅이가 되어 떠돌아다니는 비참한 모습을 보여준다. 한술 더 떠 꾕생원에 대해서는 식구들이 뿔뿔이 흩어지고, 친구에게 손가락질 당하고 있다고 하면서 "부지거처(不知去處) 나간 후의 / 소문(所聞)이ᄂ 들어든가"라고 말하고, 꼼생원에 대해서는 "젼녁 먹고 나간 후의 / 논두렁을 버엿는지 / 포청귀신(捕廳鬼神) 되얏는지 / 듯도 보도 못ᄒᆞᆯ너라"[228]라고 말하며 끝을 맺는다.[229] 결국 서술자는 독자에게 그들과 같은 행위를 저지르거나 고치지 않을 경우, 이들과 같은 종말을 맞게 될 것이라고 엄포를 놓는 것이다.

이렇게 교화를 목적으로 한 교훈 가사든, 풍자와 해학에 초점을 맞춘 판소리든, 등장인물의 악행을 과장되게 나열하고 그를 철저히 악인으로 몰아붙이는 서술자의 시각에는 선한 인물, 악한 인물에 대한 철저한 포섭과 배제의 논리가 바탕에 깔려 있다. 이러한 논리 자체는 국문 장

---

228 이상은 '〈우부편〉, 정재호, 앞의 책, 164~167면, 170면, 173면'.

229 〈용부가〉의 경우는 좀 다르다. 즉 저 부인의 경우, 그 말로가 어떠한지 나와 있지 않으며, 뺑덕어미의 경우 집안이 풍비박산 나는 모습만 보여주고 있을 뿐이다. 그렇지만 작품 말미의 "무식한 여자들아 / 저 거동을 자세히 보아 / 그른 줄을 알았거든 / 고칠 개자 힘을 쓰고 / 옳은 줄을 알았거든 / 행하기를 위주하소"라는 서술자의 언급은 이러한 효과를 거두기에 충분하다고 생각된다(정재호, 위의 책, 179면).

편소설과 영웅 소설에서 보이는 등장인물에 대한 시각, 논리와도 맥이 닿아 있다고 할 수 있다.

그렇다면 작품들 속에서 이러한 포섭과 배제의 논리가 강력하게 작동하고, 또 이것이 독자들에게도 수용이 될 수 있었던 이유는 무엇이었는가? 이 문제는 4장에서 구체적으로 논의하기로 한다.

4장
접점 형성의 문화적 기반과 의미

지금까지 논의를 통해 우화 소설과 판소리계 소설, 한문 장편소설 간에 지식·전고를 활용하는 방식과 서사 운용상의 글쓰기 방식, 구조 설정과 논리 측면에서 공통점이 존재함을 알 수 있었다. 이러한 현상들은 상층 소설의 지식·전고 일부를 끌어 오고, 서사 운용상의 글쓰기 방식, 구조 설정과 논리 활용 역시 일정 정도 모방한 결과임도 알 수 있었다.

그렇다면 이러한 현상이 일어나게 된 계기는 무엇인가, 그리고 그런 관점에서 봤을 때, 이러한 지식·전고들의 역할은 과연 무엇인가 하는 점 등이 궁금해질 수밖에 없다. 이 책에서는 이러한 현상이 하층민들이 성리학적 이념을 전유함으로써 따라온 현상으로 보고 있다.

그런데 머리말에서도 밝혔지만, 지식·전고의 활용은 글쓰기 차원에 속하고, 성리학적 이념 전유는 규범적 차원에 가까운 것이기에 이를 곧장 연결 지어 다룰 수는 없다. 무엇보다도 하층민의 이념 전유를 설명하기 위해서는 하층에게까지 성리학적 이념과 규범이 확산되게 된 배경과 양상에 대한 설명, 그리고 이러한 현상이 갖는 의미에 대한 설명이 먼저 뒷받침되어야 한다. 이에 앞서 조선 후기를 바라보는 시각을 논의하는 과정에서 언급했던 사회, 문화적 배경에 대한 연구 성과를 바탕으로 성리학적 이념과 규범의 확산 문제를 다루기로 한다.

여기서 잠깐 이 책에서 성리학이라는 용어를 사용하는 이유를 밝히고 넘어 가도록 하겠다. 뒤에서 다시 다루겠지만, 이 책에서 사용하는 성리학적 이념이라는 말은 성리학적 규범에 가깝다. 그리고 성리학적 이념과 규범이 아래로 확산된다는 것은 결국 유교적 규범과 문화의 확산을 의미한다. 곧 이 책에 성리학, 성리학적 이념과 규범이라는 용어에 어떤 구체적이고 특수한 의미를 담아서 활용하는 것은 아니다.

그렇다면 차라리 유교 문화의 내면화, 유교의 일반화라는 정도의 용어를 쓰는 것이 논의에 무리가 가지 않고, 위험 부담을 줄일 수 있다고 생각할 수 있다. 게다가 성리학이라는 용어 자체가 학문으로서의 의미를 강하게 지닌다는 점을 감안하면, 이 책의 논의가 마치 하층민들조차도 성리학에 관심을 갖고 상당한 수준에 올라 있음을 말하려는 것으로 비춰질 위험마저 있다. 그럼에도 이 책에서 굳이 성리학이라는 용어를 사용하는 것은 다음과 같은 이유 때문이다.

이 책에서 다루는 유교의 내면화, 유교의 세속화 문제는 결국 유교 문화에서 바람직한 것으로 규정된 상세한 행동거지들 하나하나가 민간의 일상생활에까지 침투해 들어가고 그들 사이에서도 이를 잘 지켜야 한다는 인식이 자리 잡아 가는 것을 의미한다. 그리고 좀 더 확대하면 유교적인 관습, 문화까지도 정착해 가는 것을 의미한다.

그런데 사실 유교 문화에 바탕한 상세한 행동거지 하나하나가 중요하게 인식되었고, 이것이 민간에까지 확산되는 현상은 어느 시기에나 있었다. 특히 민간에 확산되는 유교 덕목이라는 것이 예의염치, 검속 등과 같이 마치 인간 사회라면 언제 어디서든 존재한다고 보아도 무리가 없을 법한 것들임을 감안하면 더욱 그러하다.

중국의 경우만 하더라도 은(殷)나라 시대에 성행한 신에 대한 제사 전례로서의 예가 인간관계의 전반을 규율하는 행위로까지 확장되었고, 그 결과 인간의 행동거지에 대한 규율이 구체화되는 전환은 공자 시기에 본격적으로 일어났다.[1] 그리고 인간의 구체적인 행실에 대해 구체적인 규율을 세워 일상생활 속에서 실천하고, 이를 백성들에게 교화시키는 문제에 대한 고민이 계속 이루어져 왔다.

조선 후기에 성리학적 이념과 규범이 확산되어 갔다는 것이 곧 그 이전에는 사람들이 사람이 일상생활 속에서 지켜야 할 구체적인 덕목이나 규범에 관심이 없었다거나 그러한 덕목이 없었다는 것을 의미하는 것은 아니다. 일본의 경우 역시 '통속도덕'이라고 하는 것이 성립되기 이전에 민간에는 일상생활에서 지켜야 할 덕목과 규범이 전혀 없었던 것도 아니다.

중요한 것은 인간이 존재하는 사회라면 언제든 어디든 있으리라고 생각하는 규범들은 겉으로 보기에는 시대와 국가, 민족을 뛰어넘는 보편성을 갖고 있는 것 같지만, 실상은 시대마다, 국가마다, 민족마다 중요하게 여긴 지점, 그것이 왜 중요하게 여겨졌는가 하는 부분들, 그것에 의미를 부여하게 된 담론들이 모두 다르다는 것이다. 예를 들어 일본에서는 18세기 후반 이후 원래 상업에 종사하던 사람들이 일상생

1 이에 대한 상세한 논의는 '김영민, 「미시성의 정치: 논어의 경우」, 『한국정치학회보』 43-1(한국정치학회, 2009. 3)'을 참조.

활 속에서 지켜오던 덕목과 규범들이 농촌 사회로까지 확산되어 가는데, 이를 '통속도덕'이라는 용어로 특수화하여 부르는 것도 바로 이러한 이유 때문이다.

중국의 경우도 마찬가지이다. 송대 성리학과 명대 양명학이 중국 사상사에서 갖는 의미를 고찰한 최근의 연구에 따르면, 성리학이나 양명학이나 유교 문화를 민간에까지 확산시키고 정착시키려고 한 과정이라는 공통점을 지니며, 다만 두 사상 간에 큰 차이가 존재하게 된 것은 각기 해결해야 했던 시대적 과제가 달랐던 데에서 기인한 것이라 한다. 즉 송대 성리학이 수행해야 했던 시대적 과업은 새롭게 성립된 성리학이라는 담론과 이에 기반한 구체적인 덕목과 생활 규범들을 지배층 자신들이 익히고 완성해야 하는 데 있었다면, 이를 본격적으로 민간 일반에까지 뿌리내리도록 하는 일은 양명학이 떠맡았다는 것이다.[2]

이 책에서 유교 문화의 확산, 유교의 일반화 차원의 문제를 굳이 성리학적 이념과 규범의 확산 차원으로 접근하는 것도 바로 이러한 맥락에서이다. 곧 조선 후기 성리학적 이념이 본격적으로 확산되기 이전에도 민간에서는 그들 나름대로의 생활 덕목과 규범이 존재했으며, 유교적 규범이라 부를 만한 것들도 존재했다.

다만 조선의 경우, 이를 차원을 달리해서 담론화하고 이를 민간에까지 확산시키려는 노력이 바로 성리학에 기반한 담론에서 나왔기 때문에 성리학이라는 용어를 수식어로 붙이는 것이다. 간단히 말해, 중국에서 유교적 문화를 민간으로 확산시키는 일을 양명학(陽明學)이 담당

2 이에 대한 상세한 논의는 '미조구찌 유조(溝口雄三)·이토 타카유키(伊東貴之)·무라타 유지로(村田雄二郎), 동국대 동양사연구실 옮김, 『중국의 예치 시스템: 주희에서 등소평까지』(청계, 2001)'을 참조.

했다면, 조선에서는 성리학이 담당했음을 보이려는 것이다.

1. 세속화된 교화 논리

1) 인간과 금수(禽獸)의 변별

사실 사대부들이 사대부 자제와 여성을 비롯하여 일반 백성들을 교화하기 위해 내세웠던 방식은 어디까지나 그들이 지켜야 할 구체적인 성리학적 규범들을 정리하여 당위적인 언설을 통해 주지시키고, 이와 관련된 상벌 규정을 덧붙이는 것이 주를 이루었다. 이를 통해 그들 스스로 교리를 낭독함으로써 이를 습득하고, 반복 학습을 통해 행실을 하나하나 교정해 나가며, 교정된 행실들이 완전히 습관화되도록 하였다. 이는 『소학』에 바탕을 둔 교훈서, 가훈서, 계녀서, 행실도를 비롯하여 교훈시가 유(類)들에 나타난 양상을 통해 확인할 수 있다.

교훈 가사 역시 마찬가지였다. 작품의 서술자는 교화 대상이 지켜야 할 규범들을 제시하면서 이런 것들은 '반드시 해야 한다'거나 '하지 말라'라는 식의 어투로 자신의 말을 반드시 따라야 한다는 의지를 분명하게 내 보인다. 이는 독자들이 이러한 성리학적 규범들을 다른 사람의 문제가 아닌 나의 문제로 받아들임으로써 반성하고 경계하게 하는 효과를 발휘한다. 이러한 효과는 다른 사물에 빗대어 교화를 하거나 전고를 이용하여 교화를 할 때에도 똑같이 발휘된다.

나중에 구체적으로 다루겠지만, 성리학에서 내세우는 '리(理)'는 절대 불변의 원리이며, 이에 기반을 두어 만들어진 하여 성리학적 규범은 하늘이 사람에게 부여한, 당연히 지켜야 할 것에 해당한다. 그래서 원칙적으로는 이를 반드시 준수해야 한다는 당위성을 강조하며 주지시키고, 이와 관련된 상벌 규정을 함께 유념토록 하는 것만으로 충분하지 여기에 보상 개념과 같은 다른 논리들이 끼어들 여지가 없다.

하지만 이렇게 도덕적 당위를 앞세우는 방식만으로는 특히 중하층민들에게 좀 더 설득력 있게 다가가는 데 한계가 있었다. 본래 성리학적 이념이나 규범이 애당초 중하층민들에게는 요구되지도, 해당되지도 않았거니와 민간에서는 그들 나름대로 통용되는 사상이나 신앙이 엄연히 존재했고, 그들은 여기에 의거하여 세상을 이해하고 살아가기 때문이다. 그런 만큼 성리학적 이념과 규범에 대해 당위성을 강조하더라도 그들이 여기에 동감을 표할 가능성은 그다지 높지 않았다.

결국 성리학적 규범을 아래로 확산시키기 위해서는 아무래도 하층민들이 믿고 있었던 신앙이나 사상 속에 녹아 있는 논리를 일정 정도 끌어올 수밖에 없었으리라 짐작할 수 있다. 다시 말해 하층민들이 믿고 있던 신앙이나 사상과 일정 부분 타협할 수밖에 없다는 것이다. 다음 인용문은 그러한 점을 정확하게 지적하고 있다. 이를 통해 적대적 관계를 내장한 어떤 사회가 지배이데올로기를 통해 적대적 관계를 적대적이지 않은 외양으로 재생산할 수 있는 것이다.[3] 그리고 이러한 면모는 비단 이념의 확산 측면에서만 나타나는 것이 아니라는 점 또한 중요하다.

> 지배이데올로기는 저절로 주어지지 않으며 시기마다, 지역마다 그 구체적 형태가 매우 다릅니다. 특히 지배이데올로기는 지배계급의 이

3 백승욱, 『자본주의 역사 강의: 세계체계 분석으로 본 자본주의의 기원과 미래』(그린비, 2009(개정판 3쇄), 2006(초판)), 42면.

> 데올로기가 아니라 **피지배계급의 자생적 이데올로기 일부를 핵심적으로 담고 있**습니다. 그런 점에서 지배이데올로기는 피지배계급의 열망을 담지만 그것을 위험하지 않게 억압하며, 동시에 늘 모순적 균열의 가능성 아래 놓여 있다고 할 수 있습니다.[4] 진한 표시는 필자.

그렇다면 이렇게 성리학적 규범을 아래로 확산시키기 위해 동원된 논리는 무엇이었는가? 사대부들은 인간과 금수의 변별 논리와 복선화음의 논리를 통해 피교화자들에게 성리학적 규범 준수의 당위성을 주장했으며, 이 과정에서 이 논리를 선-악 대립 구도로 재편하고 결합시킴으로써 설득력을 더욱 높였던 것으로 보인다.

이러한 논리들이 19세기에 와서 비로소 교화를 위해 동원된 것은 결코 아니다. 이 논리들은 이미 양반 사대부 자제들을 교화하기 위한 논리로 기능하고 있었으며, 적어도 17세기 후반에는 문학 작품 속에서도 등장한다. 여기서 굳이 이러한 논리들을 지적하여 언급하는 것은 이 시기에 와서 사대부들이 일반 백성의 교화를 위해 이러한 논리들을 활용했다는 것을 말하려는 것이 아니다. 이전 시기부터 사대부들이 교화 과정을 통해 활용해 온 논리들이 이 시기에 오면 하나의 공식화되었다고 해도 무방할 정도로 완전히 정착하여 민간을 교화시키기 위한 논리로 먹혀들고 있었음을 보이기 위해서다.

먼저 인간과 금수의 변별 논리를 통해 성리학적 규범 준수의 당위성을 주장하는 양상을 알아보기로 하자. 이를 위해 앞서 언급했던 성근묵과 박윤원의 가훈문 중 노복들의 몸가짐과 태도를 규정해 놓은 '비복지직(婢僕之職)'[5]과 '계노비문(戒奴婢文)'[6] 조목을 통해 실마리를 풀어본다.

---

4 백승욱, 위의 책, 42~43면.

5 성근묵(成近默), 「가훈(家訓)」, ‘비복지직(婢僕之職)’, 『과재집(果齋集)』 권5, 잡저(雜著). “上之視下, 猶父母之於子女, 則下之視上, 亦猶子女之於父母, 貴賤雖殊, 情義則一. 彼犬馬亦知愛主, 况人乎. 當念念必敬, 事事必勤, 遇難而不避, 見利而不欺. ○婢僕各以長幼爲序, 呼兄呼叔, 宜相勸以善, 相戒以惡, 務相雍睦. 其或相訐相鬪則杖治之, 理曲者杖多. 禁之而一止一不止, 則杖其不止者. ○家風厚則古有鷄狗相孳其雛者, 今各私其子, 而其父母相鬩者可耻也. 人之惡行, 莫甚於淫亂盜賊. 盖男女非其耦而潛通者, 是淫亂也, 無論輕重, 與狗彘何異, 是故古有男女異路之俗, 今宜知此, 絕潛通之念也. 財物非其主而潛取者, 是盜賊也, 無論大小, 與穿窬何異. 是故古有道不拾遺之俗, 今宜耻此而絕潛取之念也, 婢僕耻爲婢僕之賤, 而獨不知狗彘穿窬之爲尤賤乎. 凡兩面二舌, 餙詐造讒, 離間疑亂者, 尤當重治之. 而亦惟在各房之防微杜漸, 盖禁之於已然, 不如禁之於未然也. 其欺罔偷竊, 弄權作弊, 及放蕩不謹, 行淫雜技者, 亦嚴治之. 而爲此先教者, 欲令其一不犯罪也, 其各銘念.”

6 박윤원(朴胤源), 「가훈(家訓)」, ‘계노비문(戒奴婢文)’, 『근재집(近齋集)』 권23, 잡저(雜著). “諺曰, 上典父母, 爲奴婢而不善事其主者, 是爲人子而不善事其父母也, 可不戒哉.

諺曰, 爲人奴僕之事, 奴僕本是服役勞苦者, 旣爲人奴僕而厭憚勞苦, 則不知分者也.

諺曰, 下領不可與上領爭, 上典或有情外責罰, 不可怨怒, 敢生抗犯之心.

人見其勤於事主者, 則必稱曰忠奴, 見其慢於事主者, 則必稱曰頑奴, 忠奴之名好乎, 頑奴之名好乎, 奴輩雖愚, 亦當知之.

上典旣爲父母, 則班下是兄弟也, 必相愛好, 無或猜忌爭鬪.

其主呼之, 應而不卽至, 慢習也, 其主命之, 聞而不卽行, 怠習也, 向隅而誶, 入厨而喧, 亂習也, 傳喝不審而錯, 書札不謹而遺, 妄習也, 欺詐偷竊, 喜言語以離間人者, 惡習也, 凡此諸習, 切宜去之.

其主貧則自飢自寒, 何以使奴僕免於飢寒, 非主之過也, 雖薄料使喚, 不可有怨心, 惟其奴僕也, 故忍飢寒而服役. 如使衣食有餘, 則雖他人, 可以雇使, 何必奴僕乎. 所貴乎奴僕者, 不以其主之貧富而異其心也.

古有其主殉節於兵亂, 而奴從死者, 名曰義僕, 豈不奇哉. 仙源先生之奴從死.

古有寇放火焚民舍, 將及於其主所寓居之舍, 其韋奴登山上望見, 泣而拜天以祝, 尋火滅, 賤奴之誠, 能感上天, 豈不奇哉. 古之人僕, 蓋有如此者, 爲奴而不忠者, 此二僕之罪人也. 中孚齋鄭公瀁, 丙子江都陷敗時事.

忠奴必受其福, 頑奴必受其殃, 曾見人家奴免賤而好活者, 必其忠勤者也, 流離敗亡者, 必其頑悖者也. 其主只有單奴, 奴有過, 欲笞而無執杖者, 借奴於隣, 其間奴跪伏, 不敢動, 以待隣奴之來, 恭受笞罰而退, 奴習當如此.

班下之善者效之, 惡者勿效之.

諺曰, 人奴無十年逃亡, 逃亡終必見捉, 捉則重刑, 且雖或十年逃匿, 終是叛主者, 叛主者, 是背父母者, 其可謂之人乎.”

두 사람의 글을 보면 노복들에게 주인에 대해 충성을 바치고 잘 섬길 것을 강조하기 위해 동일한 논리를 구사하고 있으며, 그 논리의 요체는 오륜(五倫)에 있음을 확인할 수 있다.

먼저 그들이 구사하는 논리 중 가장 중요한 부분은 충(忠)의 당위성을 효(孝)로 치환시켜 관철하려 한다는 점이다. 박윤원은 상전은 부모이니 노비가 주인을 잘 섬기지 못하는 것은 자식이 부모를 잘 섬기지 못하는 것과 같음을 지적한다. 성근묵 역시 상전과 하인의 관계는 부모와 자식 사이의 관계와 같다고 전제하고는 하인이 주인을 섬기지 않는 것은 자식이 부모에게 효를 행하지 않는 것과 같으며, 효를 다하지 못하는 사람은 금수와 다를 바 없음을 강조한다.

이는 사람이라면 누구든지 부모에게 효도를 해야 함을 인식하고 있음에 착안하여 상전과 노복 사이의 관계를 부모와 자식 사이의 관계로 치환함으로써 주인에 대한 충을 강조한 것이다. 다시 말하면, 주인에게 충성을 다하지 않는 것은 부모에게 효를 다하지 못하는 것이나 다름이 없으며, 부모에게 효를 다하지 못하는 사람은 금수나 다를 바 없다는 논리를 바탕으로 깔고 있는 것이다.

다음 그들은 주인과 하인 사이의 수직적 관계뿐만 아니라, 노복들 간의 관계에 대해서도 오륜의 논리를 내세운다. 여기서 그들은 주인과 하인 간의 관계는 부모와 자식 간의 관계와 같다는 논리를 전제로 깔고서 자식에 해당하는 하인들은 서로 형제 관계나 다름이 없으니 서로 장유유서를 잘 지키며 우애 있게 지내야 함을 강조한다.

박윤원은 상전은 부모와 같다는 논리를 바탕으로 양반에 딸린 하인[반하(班下)]들은 형제와 같음을 강조하면서 서로 우애 있게 지내야지 서로 시기하거나 다투는 일이 없어야 한다고 당부한다. 성근묵 역시 노복들 상호 간에도 장유유서를 잘 지켜서 적합한 호칭을 쓰며, 서로 선을 권장하고 악을 경계하여 화목하게 지낼 것을 촉구한다.

이상에서 보듯, 주인과 하인 간의 관계, 하인들 간의 상호 관계를 각각 부모와 자식 간의 관계, 형제 관계로 치환함으로써 충과 우애의 문제를 효와 장유유서의 논리를 가지고 요구하고 있다. 여기에는 효와 장유유서는 사람이라면 응당 해야만 한다는 논리가 바탕에 깔려 있기도 하다. 그럼으로써 하인이 주인에게 충성을 다 하는 행위, 하인들 간에 우애 있게 지내는 행위는 도덕적 강제성을 강하게 띠게 된다. 실제로 이를 실천에 옮기고 안 옮기고를 차치하더라도 만약 주인에게 충을 다하지 않거나 하인들끼리 사이좋게 지내지 않았을 때 변명할 수 있는 여지를 애초부터 차단해 버리는 것이다.

이제 그들은 이 두 가지 논리를 바탕으로 깔아 놓은 다음, 하인들이 가져야 할 태도에 대해서 언급한다. 여기에서도 이를 지키지 않으면 금수와 다를 바 없다는 논리가 전제되어 있으며, 간혹 이를 공공연하게 드러내기도 한다. 그리고 자신들의 요구가 마땅히 따라야 하는 것임을 보이기 위해 이런 저런 논리를 구사하는 양상을 보인다.

예컨대, 박윤원은 주인의 빈부에 따라 따른 마음을 먹어서는 안 됨을 강조한다. 그는 주인이 가난하여 기한(飢寒)을 면치 못할 때에는 하인 역시 기한을 면하지 못하는 것이 당연하며, 주인이 박한 삯으로 자신을 부리더라도 결코 원망하는 마음을 품어서는 안 된다고 말한다. 이러한 말 속에 부모 자식 간의 관계로 치환된 주인 하인 간의 관계 논리가 바탕에 깔려 있음은 물론이다.

그런가 하면 그는 주인에 대한 충성 문제를 복선화음의 논리를 끌어들여 강조하기도 한다. 그는 자신의 견문을 토대로 충성스러운 종은 반드시 복을 받고 완악한 종은 반드시 재앙을 받기 마련이라고 주장한다. 면천(免賤)되어 잘 살고 있는 자들을 보면 반드시 예전에 주인에게 충성을 다하고 부지런한 자였으며, 패망하여 이리저리 유랑하는 자들을 보면, 반드시 완악하고 사나운 자였다는 것이다.

아울러 하인이 도망하는 문제를 부모와 자식 간의 관계를 저버리는 것과 등치를 시킴으로써 경계하기도 한다. 그는 먼저 아무리 오랫동안 도망가 숨어 있더라도 반드시 잡히게 마련이며, 잡힐 경우 형이 더욱 중해짐을 경고한다. 이는 하인으로 하여금 도망갔을 경우 이후에 닥칠 현실적인 우환을 말함으로써 경계한 것이라 할 수 있다. 그런데 현실은 요행히 도망간 상태로 오랫동안 무사히 잘 지내는 경우도 분명히 존재했다. 이는 단순히 만약 잡혔을 경우에 처벌을 받는다고 위협하는 것만으로 방지할 수 없는 문제이기도 하다. 그래서 그는 설령 오랫동안 도망하여 숨어 지낼 수 있다 해도 이는 주인을 배반하는 것이고, 이는 부모를 배반한 것과 같은 것이니 사람으로서 해서는 안 됨을 강조한다. 여기에 다시 주인과 하인의 관계는 부모 자식의 관계임을 내세우며 애초부터 도망가려는 생각을 하지 않아야 할 당위성을 내세운 것이다.

성근묵은 주로 어떠어떠한 행위를 하였을 때 매로 엄중하게 다스릴 것임을 주로 경고하고 있다. 특히 배우자가 아닌 남녀 간에 몰래 통하는 것과 물건의 주인이 아닌데도 그 물건을 몰래 쓰는 것을 각각 음란한 행위[淫亂]와 도적질[盜賊]로 규정하고 이를 경계한다. 여기에는 그가 스스로 밝히듯이 사람이 저지르는 악행 중에 음란한 행위와 도적질이 가장 심하다는 전제가 깔려 있다. 이를 바탕으로 그는 이러한 행위는 개돼지만도 못한 짓이며, 담을 뚫거나 넘어 들어가 물건을 훔쳐오는 것과 다름없는 짓이니 해서는 안 됨을 강조한다. 이어 그는 노비 스스로 노비인 것은 부끄러워하면서 개, 돼지나 도둑놈이 더욱 부끄러워할 일임을 몰라서야 되겠느냐고 말한다.

그의 마지막 말은 하인 스스로를 돌이켜 보며, 최소한 사람이라면 그러한 일을 해서는 안 되는 것임을 깨닫게 하려는 것으로 이 역시 이를 지키지 않으면 결코 사람이라 할 수 없다는 논리를 통해 도덕적 강제성을 부여하고 있음을 알 수 있다.

지금까지 박윤원과 성근묵 두 사람이 남긴 가훈문 중 노복들을 대상으로 한 부분을 대상으로 하여 하인들에게 성리학적 규범을 지키도록 요구하고 관철하기 위해 어떤 논리를 동원하고 있는지 살펴보았다. 먼저 주인과 하인 간의 관계, 하인들 간의 상호 관계를 각각 부모와 자식 간의 관계, 형제 관계로 치환함으로써 충과 우애의 문제를 효와 장유유서라는 오륜에 대응시켜 이를 당연히 지켜야 하는 것으로 내세우고 있음을 확인할 수 있었다. 아울러 이러한 요구가 관철되기 위해 그들은 이 점이 최소한 사람으로서 존재 가치가 있기 위해서는 마땅히 해야만 하는 것임을 강조함으로써 도덕적 강제성을 부여하고, 이를 피해갈 수 있는 여지를 애초부터 차단하고 있음도 확인할 수 있었다.

흔히 조선시대 여성이 유교적 여성상을 내면화하게 되는 사회적 조건 중 하나로 조선이 예치(禮治) 사회였다는 점을 든다.[7] 그런데 이는 비단 여성들만 아니라, 사대부 자신과 자제들에게도 공통적으로 해당하는 문제였고, 후대로 가면서 일반 백성들마저도 여기서 자유로울 수가 없었다.

조선이 예치 사회였다는 점은, 예의 실천이 곧 인간다움의 실현이라

7 김언순(2008), 앞의 논문, 5면.

는 담론을 통해 도덕적으로 지배하는 사회였음을 뜻한다. 다 아는 것처럼, 예는 인간 내면을 도덕적으로 완성하는 것과 차별화된 신분질서를 통해 사회를 유지한다는 두 가지 속성이 맞물려 있다. 이때 예는 인간다움을 실현하는 길인 반면, 비례는 비난의 대상이 될 뿐만 아니라, 심하면 사회에서 추방당하는 사유가 되기도 했다. 따라서 이러한 담론은 도덕적인 완성과 인간다움의 실현을 위해 차별적인 사회질서에 순응하는 것이 도덕적임을 인식하게 함으로써 사회 구성원들이 자발적으로 동의를 하게 하고 이를 통해 효과적인 통치가 가능하였다.[8]

사람들이 성리학적 규범을 잘 준수하도록 하고, 잘 지켜야 하는 것임을 그들에게 인식시키는 데 동원된 논리, 즉 오륜을 비롯한 성리학적 규범들은 사람이라면 당연히 지켜야 하는 것이며, 만약 그렇지 못하면 금수와 다를 바가 전혀 없다는 논리는 바로 이 인간다움의 실현을 속화(俗化)하여 천명한 것이라 할 수 있다. 그리고 이 논리는 문자조차도 제대로 알지 못하는 사람들을 설득시키는 가장 단순한 방법이기도 했다.

결국 성리학적 규범을 잘 지키는 것이 인간으로서 갖추어야 할 가장 기본적인 면모라는 논리는 하층에까지 성리학적 규범이 확산되고 정착되게 하는 중요한 논리 중 하나로 기능하면서 성리학적 규범 준수에 대한 도덕적 강제력을 갖도록 해 주며, 동시에 하층에서 이를 자발적으로 수용하도록 추동하였다고 하겠다. 그리고 뒤에서 살피겠지만, 실제 하층민들 스스로도 이 논리를 통해 도덕적 강제력을 부과하기도 하였음을 알 수 있다.

---

8 김언순(2008), 위의 논문, 6면.

이 논리는 주로 성리학적 규범 준수의 당위성을 설파하는 교훈서와 가훈서 등에서 좀 더 뚜렷하게 드러나며, 문학 작품 속에서는 이것이 하나의 논리로 겉으로 드러나기보다는 등장인물들의 언술과 행동거지 속에 내재된 채 하나의 전제로 기능하는 경향이 강해 보인다.

〈흥부가〉에서 놀부가 흥부에게 처자를 데리고 멀리 떠날 것을 명하자 흥부는 형제간의 우애를 생각해서라도 그 생각을 거둬줄 것을 간청한다. 이때 흥부가 형제간의 우애를 강조하는 고사인 장공예, 할미새, 아가위 꽃에 얽힌 전고를 인용하여 놀부를 설득하고 있음은 앞서 살폈다.

그런데 여기서 다시 주의를 기울일 점은, 흥부가 오륜을 들먹이면서 놀부에게 다시 생각해 달라고 애걸한다는 점이다. 여기에는 형제간에 우애 있게 지내고, 형제가 환난을 당했을 때 서로 구원해 주는 형제간의 의리가 오륜에도 들어갈 만큼 중요한 것인데, 형으로서 그런 기본적인 의리도 지키지 못해서야 되겠느냐는 의미가 담겨 있다. 사람이라면 누구나 오륜은 당연히 지켜야 하는 것인데, 형으로서 이를 거부하는 것은 사람으로서 도리를 저버리는 것임을 지적한 것이다.

흥부의 이러한 말 속에는 이러한 오륜을 못 지키는 이는 사람이 아니라는 전제가 깔려 있는 것이기도 했다. 그런 만큼 놀부가 화가 나서 야단법석을 피우는 것도 어쩌면 당연한 일이다. 놀부는 흥부에게 글공부 많이 해서 유식하다고 비꼬고는 아우를 죽인 당(唐) 태종(太宗)과 조비(曹丕)를 끌어 오며 제왕들도 아우의 재주를 시기해서 그를 죽였는데, 자신 같은 농부야 말할 것이 있겠느냐며 곧장 흥부를 쫓아내 버린다.[9]

이렇게 놀부는 사람이라면 오륜이라는 것을 당연히 지켜야 하고, 그

오륜 중에 형제간의 우애가 있으니, 형제간에 우애 있게 지내고 환난을 서로 구원해 주는 것은 마땅한 일이라는 흥부의 말에 제왕도 지키지 못한 것을 하찮은 자신 같은 사람이야 지킬 리가 있으며, 지킬 필요가 있냐고 하면서 흥부를 쫓아내 버린 것이다. 놀부의 이 행위 역시 오륜은 사람이라면 당연히 지켜야 하며, 형제간의 우애가 매우 중요함을 스스로 인식하고 있었기에 나올 수 있었던 것이다. 그런 점에서 그의 반응은 옳은 것은 아니지만, 충분히 예상할 수 있는 것이기도 하다.

또 사람이라면 응당 성리학적 규범을 잘 지켜야 한다는 논리는 일상 생활에서뿐만 아니라, 문학 작품 속에서도 이를 잘 지키는 사람에게 도덕적 우위성을 부여함으로써 그렇지 못한 사람보다 우위에 설 수 있도록 작용한다.

〈흥부가〉에서 흥부가 부자가 되었다는 소식을 들은 놀부는 흥부집을 찾아간다. 흥부네 가족들이 차례로 인사를 하던 중, 흥부가 켠 박에서 나와 흥부의 첩이 된 양귀비가 나와서 인사를 올리고, 놀부에게 술을 권한다. 술에 취한 놀부는 양귀비 손목을 덥석 잡으면서 양귀비에게 술을 권한다. 그러자 양귀비는 안색 하나 변하지 않은 채, 자신이 물에 빠졌느냐고 되묻는다. 놀부는 깜짝 놀라 그의 손목을 놓으며 『맹자』도 많이 읽었다며 감탄한다.[10]

---

9 "아번임 게슬젹에 나는 ᄉᆡᆼ 일 시기고셔 져근 아ᄃᆞᆯ 사ᄅᆞᆼ옵다 글 工夫 식이더니 네 ᄆᆡ우 有識ᄒᆞ다. 唐 太宗은 聖主로ᄃᆡ 天下를 다토와셔 그 동ᄉᆡᆼ을 죽엿시며, 曹丕ᄂᆞᆫ 英雄이나 才操를 猜忌ᄒᆞ야 그 아우 죽엿이니, 날 갓튼 草野農夫 友愛之情 잇것나냐." 신재효본 〈박흥보가〉.

10 "兄弟 함긔 床을 밧고, 죵년이 엽에 안져 슐를 連히 勸ᄒᆞᄂᆞᆫᄃᆡ 놀보가 조은 슐을 十餘盃 먹어 노니 醉中에 狂心 나셔, 츰다가 못 견듸여 楊貴妃 고은 손목 썩 드립써 쥐이면서, '슐 한 잔 잡슈시오.' 다른 게집 갓거드면 ᄉᆡᆷ을 치며 辱을 하며 오죡ᄒᆞ게 ᄒᆞ것나냐. 顔色이 天然ᄒᆞ야 죠케 對答ᄒᆞ난 말이, '웨, 내가 물에 ᄲᅡ저요.' 놀보놈이 쉼작 놀ᄂᆡ

이 이야기는 부자가 되었다는 소식을 들은 놀부가 흥부의 집을 찾아가 흥부 식구들과 벌이는 여러 일화들 중 하나에 속한다. 이 이야기의 맥락은 『맹자』에서 남녀 간에 물건을 직접 주고받지 않는 것이 예이지만, 형수(兄嫂)가 물에 빠지는 상황같이 긴급한 경우에는 권도(權道)로써 손을 잡을 수 있다고 한 데 의거한 것이다. 평소에는 예에 의거하여 예를 제대로 행하는 것이 원칙이지만, 때로는 정도를 벗어나지 않는 범위 내에서 권도를 행할 수도 있어야 한다는 것이 『맹자』 이 부분의 골자이다. 양귀비는 이 말을 자신이 위급한 상황에 처한 것이 아닌데, 왜 함부로 손을 잡아 예에 어긋난 짓을 하느냐는 항변을 점잖게 한 것이라 할 수 있다.

결국 이 이야기는 술에 취한 놀부가 양귀비에게 예에 어긋난 행위를 저지르고, 양귀비가 이를 아무렇지 않게 받아치는 모습을 보여줌으로써 해학성을 두드러지게 하였다고 할 수 있다. 아울러 이야기의 맥락상 다소 부차적인 것이기는 하지만 이러한 이야기가 구성될 수 있었던 것은 바로 『맹자』에 나오는 이 내용이 사람들에게도 당연한 것으로 인식되고 있었기에 가능했다고 할 수 있다. 놀부의 이 행위가 해학적인 것은 그가 자신의 행동으로 인해 우스꽝스러운 모양새가 되었다는 점에서도 기인한 것이지만, 사람으로서 기본적인 예의도 지키지 못하는 모습을 우스꽝스럽게 그려냄으로써 독자들이 그에 대한 우위성을 확보할 수 있었던 점에서도 기인한 바 크다.

그렇다고 해서 성리학적 규범을 잘 지키는 것이 인간으로서 갖추어야 할 가장 기본적인 면모라는 논리가 문학 작품 속에서 전혀 겉으로

손목을 썩 노으며, '一色샌 아니시라 孟子 만이 일거ᄉᆞ나.'" 신재효본 〈박흥보가〉.

드러나지 않는 것은 아니다. 간혹 성리학적 규범이나 덕목에 대한 자세한 설명, 언급 등을 하는 과정에서 이러한 논리를 드러내는 경우도 있다. 〈삼한습유〉나 〈옥루몽〉, 〈두껍전〉 등에서 이러한 모습을 찾을 수 있다.

〈삼한습유〉에서 향랑의 남편은 그의 어머니가 저지른 살인죄에 연루되어 감옥에 갇힌다. 평소 그를 매우 미워하던 태수(太守)는 그에게 물질적, 심적으로 온갖 고초를 가한다. 결국 그는 사형을 당할 위기에 처하는데, 이때 죽어서 후토부인의 시비가 되어 있던 향랑이 나타나 그를 구원해준다.

향랑은 자신이 여기에 온 뜻을 전 남편에게 말한다. 하나는 전날 배필이었기에 여전히 생각하는 뜻이 있어서이고, 다른 하나는 자신의 행위를 통해 세상 사람들이 부부의 큰 뜻을 알리고자 함이라는 것이다.[11] 곧 향랑과 전 남편 사이에는 부부간의 은혜도 의도 존재하지 못한 채 불행하게 결론을 맺었지만, 세상 사람들에게 부부간의 의가 중한 것임을 일깨우고자 와서 남편을 구원한다는 것이다.

그런데 그 뜻을 깨닫지 못한 전 남편은 그저 죽을 위기에 처한 자신의 목숨을 살려준 것이 고마웠던지 사당을 세워 대대로 제사를 지내며 은혜를 갚겠노라고 말한다.[12] 이 말은 향랑을 크게 노하게 만든다. 향랑이 노하여서 하는 말은 말귀를 알아듣지 못하고 뒤늦게 정을 표하려는 전 남편의 예의 없음에 대한 분노의 표현이기도 하지만 사실은 사람들

---

11 "郎不識妾乎? …(중략)… 所以來救者, 以前日妃匹之故, 尙有繾綣之意, 使天下後世之人, 知夫婦之大義矣. 恩已報矣, 義已窮矣, 善自珍重. 自今以後, 徑千百年, 誓不相見矣." 서울대본 〈삼한습유〉.

12 "今日之恩, 無以自報, 請從今日, 立廟世祀, 以報全活之恩." 서울대본 〈삼한습유〉.

에게 부부간의 의라는 것이 구체적으로 무엇을 의미하며 왜 중요한 것인지를 알려주기 위해 설정된 면도 있어 보인다.

> 사람이 힘들게 되면 선심 쓸 것을 생각합니다. 내 살아서 낭군 때문에 환난을 당한 나머지 허물과 재앙을 조용히 따져 보고 다시는 미혹되지 않으려는데 지금 이 말을 들으니 진실로 도로아미타불이군요.
>
> 하늘이 만물을 내신즉 이는 떳떳한 도를 지키는 것입니다. 형 같고 아우 같지 않은 부부가 어디 있겠습니까? 그러나 낭군께서는 예의를 모르시고 대의를 능멸하고 핍박하고, 친정으로 돌아가게 하여 나로 하여금 죽어 깊은 못에서 원한을 품게 했습니다. 좋은 짝은 배우자라고 하며, 원망스러운 짝은 원수라 하는데, 낭군은 실로 나를 원수같이 여겼으니 원수에게 무슨 제사를 지내겠습니까.
>
> 예쁜 외모로 사람을 섬겼다면 얼굴이 쇠한즉 사랑이 식고, 예로 사람을 감복시켰을 것 같으면 예를 잃으면 몸이 천해지는 것입니다. 지난 일을 보건대, 내 얼굴이 상했습니까, 내가 예도를 잃었습니까? 두 가지 중 하나도 걸리는 것이 없는데 헌신짝같이 버리시니 바다가 마르고 돌이 문드러져도 이 원한은 없어지지 않고, 하늘이 황폐해지고 땅이 쇠해도 이 원한은 깨기 어려울 것입니다.
>
> 중용의 도가 끊겨도 다시 합할 수 있게 하는 것은 의(義)입니다. 살아서 다시 합한다면 앞뒤가 한 몸인 까닭으로 제사도 반드시 함께 해야 할 것입니다. 그러나 능히 다시 합하지 못하고 죽었으니 이는 의가 다하고 인연이 끊긴 것입니다. 부인에게는 손님으로 머물러야 하는 의는 없습니다. 그런 까닭으로 그 부모에게 돌아가면 시집가기 전처럼 한 처자일 뿐입니다. 어찌 살아서 인연이 끊어진 몸으로 하여금 죽은 다음에 제사를 받도록 한단 말입니까? 나는 내 집으로 돌아가 내 땅에 묻혔으니, 만세토록 내 혼백은 여기에 있을 뿐입니다. 빨리 떠나시고 다시 말하지 마십시오. 한때 시부모였던 분들이 당신을 매우 기다리십니다.[13] 서울대본 〈삼한습유〉.

먼저 향랑은 하늘이 만물을 내는 것은 떳떳한 도를 지키는 것이라 전제하며, 전 남편은 예의를 전혀 알지 못한 채 자신을 핍박하여 결국 원한을 품은 채 죽음에 이르도록 했으므로, 그와 자신의 사이는 원수나 다름없음을 지적한다. 그리고 원수에게는 제사를 하는 법도, 제사를 받는 법도 존재하지 않는다고 말한다.

그러고는 자신이 원한을 품게 된 연유를 설명한다. 외모가 쇠하면 애정도 식고, 예를 잃으면 몸이 천해지기 마련임을 들면서 외모도 쇠하지 않고 예도 잃은 적이 없는 자신을 원수처럼 대했으니 이 원한은 영원히 계속될 것이라 말한다. 향랑이 자신이 원한을 품게 된 연유에 대해 이야기하는 것은 단순히 전 남편에게 원한을 쏟아내기 위해서 한 것은 아니다. 바로 부부간의 의가 중한 것임을 말하기 위해서 꺼낸 말이다.

향랑은 중용의 도가 끊어지더라도 의가 있기 때문에 덕택에 다시 합할 수 있으며, 살아생전에 의로써 다시 합해진다면, 한 몸이나 마찬가지이므로 죽어서 제사도 같이 지내고 같이 받는 것이 마땅하다고 한다. 그런데 전 남편과 자신은 살았을 때에는 의가 살아 있다고 말할 수 있지만, 죽기 전에 이를 합하지 못했으므로, 이는 의가 다하고 인연

13 "人勞則思, 思善心生, 以郎爲患難之餘, 黙數愆殃, 更不沈迷, 今聞此言, 眞是還爲阿彌陀佛者也. 夫天生物, 則斯爲秉彛, 誰無夫婦, 如兄如弟, 卽不識禮意, 凌蔑大義, 迫蹙還家, 令我抱寃深淵. 佳耦曰, '配', 怨耦曰, '仇', 郎實讐我, 仇讐何祭? 夫以色事人, 色衰則愛弛, 以禮服人, 禮失則身賤. 試觀前事, 吾色衰乎? 吾禮失乎? 二者無一而如棄弊屣, 海枯石爛, 此怨未泯, 天荒地老, 此恨難破. 夫中道斷絕, 而能復合者, 義也. 生而復合, 則前後一體, 故, 喪祭必同, 及其不能復合而死也, 則義盡緣斷. 婦人無客宿之義, 故, 返其父母, 則依舊一處子耳, 豈可使生絕之身, 受死後之祭乎? 吾歸吾家, 吾葬吾土, 萬歲千秋, 吾魂魄, 猶在此耳. 急去, 無復言之, 昔日, 舅姑望子深矣." 서울대본 〈삼한습유〉.

이 끊긴 것이라는 것이다. 그리고 인연이 끊겼는데 죽은 다음에 제사를 받도록 하는 것은 예가 아님을 지적하고는 사라진다.

향랑의 이 말은 살아 있을 때 자신처럼, 중용의 도가 기울어져서 부부가 갈라서는 일이 있더라도 부부간의 의가 여전히 존재한다면 다시 합칠 수 있는 가능성이 열려 있음을 말한 것이다. 이는 부부간에 갈라서지 않고 예와 정을 다할 수 있게 만드는 기본 전제가 바로 의임을 밝힌 것이다. 향랑이 부인에게는 손님으로 머물러야 할 의는 존재하지 않는다고 말한 것은 살았을 때 의로 맺은 관계가 죽어서도 변치 않는 것이 부부의 의이기 때문에 애초부터 객으로서 위치지울 여지가 없음을 말한 것이다.

결국 향랑의 이 말은 신분을 막론하고 부부간에는 의가 전제되어 살았을 때는 예를 다해 서로를 섬기고 존중하며 지내야 함을 드러낸 것이다. 그리고 그렇기에 죽어서도 그 의가 끊어지지 않아 함께 제사를 받는 사이가 되는 것임을 밝힌 것이다. 이 부분에서는 향랑의 입을 통해 부부간에 지켜야 할 도리가 무엇인지를 밝힌 것은 신분여하를 막론하고 사람이라면 부부 사이에 갖추어야 할 덕목이 무엇인지를 인식하고 실천할 수 있어야 함을 드러낸 것이라 하겠다.

〈옥루몽〉에서 흉노의 우두머리인 야율선우와 전쟁을 벌이던 양창곡은 노균이 와서 싸움을 걸고 있다는 소식을 듣고는 매우 분해 하며 진영으로 나아간다. 그러고는 노균을 향해 그가 저지른 열다섯 가지 죄를 하나하나 열거하며 그를 꾸짖는다. 그 중 노균이 오륜을 저버리고, 국가와 부모를 저버린 행위에 대해서 지적하는 부분만 살펴보기로 한다. 양창곡이 열거한 죄상 중 첫 번째, 두 번째, 세 번째, 다섯 번째가 여기에 해당된다.

먼저 그는 노균이 노기(盧杞)의 후손으로 소인의 집안으로서 군자와 국가에게 외면을 받아 왔던 가풍(家風)을 지적한다. 그럼에도 황제가 관직이 참정에 이르도록 하였으니 마땅히 천자의 은혜에 보답하고 몸을 잘 닦아서 소인으로서의 가풍을 씻어내어야 함에도 도리어 국가를 위기에 몰아넣고 임금을 배반하여 흉노에 투항함으로써 가풍에 더 큰 잘못을 더하였으니 이것이 첫 번째 죄라고 한다.[14]

이는 대대로 소인의 가풍을 지녀 군자와 국가가 외면하는 가문임에도 불구하고 국가의 녹봉을 받아 높은 벼슬을 하였으면, 응당 자신의 심신을 수양함으로써 가풍을 쇄신할 것을 도모해야 하는데, 도리어 국가를 배반함으로써 더욱 가풍을 흐려 놓았음을 지적한 것이다. 곧 사대부로서 국가에 공을 세우고 이를 통해 가풍을 진작시켜야 하는 의무를 저버렸다는 것이다.

이어 양창곡은 사람이 짐승과 다른 점은 바로 오륜이 존재하기 때문이라고 하면서 그 중에서도 군신과 부자가 으뜸이라고 말한다. 그럼에도 노균은 간교한 술수와 그럴 듯한 말로 임금을 농락하고 임금이 고초를 겪도록 내버려 두며, 그것도 모자라 거꾸로 임금을 향해 창을 겨누고 있으니 이는 사람으로서 차마 할 수 없는 일이라고 말한다. 그리고 양창곡은 노균의 부모 무덤이 중국에 있음에도 그가 국가를 버리고 흉노에 투항함으로써 급기야는 돌아가신 선조들이 제사를 받지 못하

---

14 "叛賊盧均아! 汝雖凶肚逆腸으로 面目이 甚厚ㅣ나 天日이 照臨ᄒᆞ시니 汝罪를 汝豈不知乎아? 汝祖盧杞ᄂᆞᆫ 唐之小人이라. 世世子孫이 種落相傳타가 至於汝身ᄒᆞ니 君子之所斥이오 國家之所棄어ᄂᆞᆯ 惟我皇帝陛下ㅣ 以堯舜之聖으로 收拾汝身ᄒᆞ샤 官至叅政ᄒᆞ니 當盡心竭忠ᄒᆞ야 圖報天恩ᄒᆞ고 修勵名節ᄒᆞ야 以雪家風이어ᄂᆞᆯ 汝ㅣ 前旣誤國ᄒᆞ고 今又背君而屈膝於凶奴ᄒᆞ야 添累於旣累之家風ᄒᆞ니 汝罪ㅣ 一也요." 보급서관본, 〈옥루몽〉 36회.

는 지경에 이르게 되었음을 지적한다. 이것이 양창곡이 말한 두 번째와 세 번째 죄이다.[15]

이는 오륜은 사람이라면 응당 지켜야 할 덕목이며, 그 중에서도 중요한 것이 군신과 부자 관계라는 인식을 직접적으로 드러내 보인 것이다. 그리고 노균처럼 임금을 농락하고 국가를 배신하는 것은 군신 관계를 저버리는 행위요, 부모의 국가를 버리고 오랑캐에 투항함으로써 부모를 비롯한 선조의 제사를 끊게 된 것은 부자 관계로 표상되는 효의 의무를 저버리는 행위임을 명확히 보여준 것이다.

다음 양창곡은 소인이 잘 알지 못해서 잘못을 범하였을 때는 용서받을 수 있지만, 알면서도 일부러 죄를 범하는 경우에는 결코 용서받을 수 없다고 전제한다. 그러고는 노균은 성현의 글과 가르침을 익혀서 어떤 사람이 충신인지, 간신인지, 어떻게 하면 나라를 안정시킬 수 있고, 위태롭게 할 수 있는지 잘 알고 있음을 지적한다. 그럼에도 이를 모른 척하고 국가를 망치니 이것이 다섯 번째 죄라고 말한다.[16]

이는 성현의 글과 가르침을 배우고 익혔으면 군자로서 지녀야 할 언행이 무엇인지, 국가에 대한 의무가 무엇인지 잘 알고 있을 것임이

---

15 "天之生人에 與禽獸異者ᄂᆞᆫ 以其有五倫也라. 君臣父子ᄂᆞᆫ 五倫之首어ᄂᆞᆯ 汝以姦言反覆之情態로 籠絡君父ᄒᆞ야 孤棄數千里海上ᄒᆞ고 投降賊陣ᄒᆞ야 倒戈而逼ᄒᆞ니 此豈所忍爲哉아? 汝罪ㅣ 二也요, 汝之父母墳墓ㅣ 在於中國이어ᄂᆞᆯ 汝乃不顧ᄒᆞ고 偷生於胡地ᄒᆞ니 芊芊荒草와 蕭蕭白楊은 樵童牧竪ㅣ 相指而叱辱曰 '此ᄂᆞᆫ 逆臣盧均之先塋이라.' ᄒᆞ고 荷斧而斫木ᄒᆞ며 放牛羊ᄒᆞ야 踏滅墳墓ᄒᆞ리니 寒食淸明에 飢餓之魂이 啾啾而泣ᄒᆞ야 以思子孫而無依托ᄒᆞ야 感愴無已ᄒᆞ리니 汝豈久享胡中富貴乎아? 汝罪ㅣ 三也요." 보급서관본, 〈옥루몽〉 36회.

16 "自古小人之作罪를 不知而誤犯者ᄂᆞᆫ 尙有可容이어니와 知而故犯者ᄂᆞᆫ 不得容貸ㅣ니 汝嘗讀聖人之書ᄒᆞ고 聞聖人之訓ᄒᆞ야 冠儒冠而衣儒衣라 何者爲忠臣이오 何者爲奸臣이며 如此則國安ᄒᆞ고 如彼則國危ᄅᆞᆯ 昭然知之어늘 乃反佯若不知而故爲誤國ᄒᆞ니 汝罪ㅣ 五也요." 보급서관본, 〈옥루몽〉 36회.

분명한데도 이를 외면하고 오히려 국가를 크게 그르쳤음을 지적한 것으로, 사대부로서 성인의 가르침을 받은 자는 자신의 품행을 잘 닦아 타의 모범이 되고 국가를 위해 봉사해야 할 의무가 있음을 보인 것이다.

이렇게 노균의 죄를 하나하나 나열하는 양창곡의 말 속에서 사람으로서 성리학적 규범을 잘 지켜야 한다는 인식, 특히 지배층으로서 가져야 할 덕과 몸가짐을 바르게 하여 타의 모범이 되어야 한다는 인식을 직접적으로 드러내고 있음을 알 수 있다. 이러한 인식을 직접적으로 드러냄으로써 독자들도 이것이 사람이라면 응당 잘 지켜야 하는 것임을 인식하고 이를 실천할 것을 요구한 것이라 할 수 있다.

〈두껍전〉에서 두꺼비가 오륜에 대해 이야기하는 부분 역시 마찬가지이다. 뒤에서 다시 살피겠지만, 두꺼비는 천문법, 지리에 이어 인도(人道), 즉 오륜을 이야기하는데, 관련 전고들을 끌어 오거나 사람들이 지켜야 할 사항들을 간단히 언급하는 선에서 이야기하고 있다. 그런데 그가 이러한 이야기를 하는 바탕에는 오륜이라는 것이 당대 사람들이 가족, 사회 공동체를 유지하기 위한 가장 기본적인 생활규범이며, 사람이라면 응당 지켜야 한다는 전제가 깔려 있다. 이는 이 이야기를 듣는 상대방 역시 이러한 인식을 갖고 있거나 혹 갖고 있지 못할 경우에도 이를 새로 깨닫도록 하는 데 일조하는 것이다.

한편 성리학적 규범을 제대로 지키지 못하면 사람이 아니라는 논리는 신분여하에 관계없이 그들 스스로 이를 잘 지키려고 노력하고, 서로 경계하는 양상을 낳기도 했다. 이러한 양상을 문학 작품 속에서 찾아보기로 하자.

〈장끼전〉과 〈서동지전〉에서 중요하게 다루어지는 문제 중 하나는 '예의염치(禮義廉恥)' 문제라 할 수 있다. 〈장끼전〉에서는 까투리가 지난

밤에 꾼 꿈이 흉하다는 이유를 들며 말림에도 불구하고, 장끼가 콩을 먹으려 하자 들고 나왔고, 〈서동지전〉에서는 다람쥐가 일면식(一面識)에 불과한 서동지에게 양식을 꾸러 가려할 때 아내인 계집다람쥐가 제기한 것이다. 그리고 〈흥부가〉에서도 아주 짧지만 예의염치에 대한 언급이 있다.

예의염치는 '사유(四維)'라 하여 나라의 기강을 세우는 데 반드시 필요한 것으로 간주되었으며, 인재 등용과 관련지어 가장 많이 언급되는 문제이기도 했다. 벼슬하는 문제에 국한했을 때, 자신의 능력과 분수를 잘 알아서 자신이 나아가야 할 자리인지 아닌지 잘 판단하여 처신해야 하고, 그럼으로써 사유가 신장된다고 보았다. 실록이나 다른 기록을 보면, 자신의 능력은 생각하지 않고 어떤 식으로든 벼슬자리를 차지하려는 세태를 꼬집으며 사유가 무너졌음을 한탄하는 글이 결코 적지 않다.[17] 조정에서 대신들이 이러한 기강을 바로 세움으로써 세속의 풍속을 바르게 하는 데 직접적으로 영향을 끼칠 수 있다고 보았다.[18] 그래

---

17 정조(正祖), 『홍재전서(弘齋全書)』 권175, 『일득록(日得錄)』 15. "人臣之所以藉手事君者. 卽四維爲先. 而挽近習俗. 率皆放倒. 去就而動貽羞恥. 貪墨而了無顧忌. 職由於此. 卿等戒之."

18 사헌부(司憲府)의 기능을 바로잡아야 한다고 아뢴 집의(執義) 조윤수(曺允遂)의 다음 언급에서도 이를 간취할 수 있다.
『조선왕조실록(朝鮮王朝實錄)』 정조(正祖) 54권, 24년(1800, 경신(庚申)), 윤(閏) 4월 13일(을축(乙丑)) 3번째 기사. "又啓言, '近來名分之紊而無別, 絶綱之解而不振, 雖出於世道汚下, 俗習渝靡之故, 而苟究其源, 未必不係於臺閣之不職也. 不但爭是非於殿陛之上, 論得失於官師之間, 將以正風礪俗, 使不得賤而防貴, 卑而凌尊, 四維由是而必張, 五品由是而必遜, 其責任之意, 顧何如也? 在昔先正臣趙光祖爲都憲也, 男女分路, 閭井安堵, 至今傳之爲美談, 而今則不然也. 其責不過爲傳啓分臺而已, 顧彼霜臺, 便作無官之公廨, 則反不如該司各曹之鎭日卯酉, 竝與風聞, 擔却一邊. 民庶何所畏哉, 風俗何所糾正? 街路之上, 變怪迭出, 閭里之間, 僭猥成俗, 不知名分之爲何物, 紀綱之爲何事, 此豈不凜然而寒心哉? 請自今爲始, 嚴其掄選, 重其責畀, 使之隨

서 사유를 바로 세워야 하는 문제는 사대부들 스스로도 깊이 인식하고 있었을 뿐만 아니라, 임금도 그 중요성을 강조하곤 했다. 아울러 민간에서 사대부들은 자제들에게 어려서부터 쇄소응대(灑掃應待)와 군신, 부자, 부부, 장유, 붕우 간의 예절을 익혀 성리학적 규범을 준수함과 동시에 국가에서 요구하는 인재가 될 수 있도록 능력을 기르고, 인품을 닦도록 교육하였다.

예의염치를 갖추는 것은 비단 사대부를 비롯한 사대부 집안 자제들에게만 요구되는 것은 아니었다. 다 알다시피, 16세기 중반 이후부터 사대부들은 자신의 집안을 비롯한 마을의 구성원들을 교화시키기 위해 기존 행실도류의 언해 작업을 계속하는 한편, 오륜 시조나 오륜 가사 등을 창작하여 이를 반복적으로 부르게 함으로써 지속적으로 성리학적 규범들을 주지시키고, 실천하여 자기 몸에 익숙해지도록 하였다. 그래서 일찍부터 사람이라면 응당 예의염치를 지킬 줄 알아야 한다는 생각을 심심치 않게 드러내고는 하였다. 그런 생각을 때로는 우언(寓言)을 통해 드러내기도 하였다.

예컨대, 이수광(李睟光)의 「이묘설(二貓說)」[19]에서 작자는 작은 고양이와 큰 고양이의 모습을 주의 깊게 관찰한다. 서 있을 때나 어디를 갈 때나 머무를 때나 늘 큰 고양이의 뒤에 있는 작은 고양이의 모습에서

時赴坐, 凡係風化之所干者, 大則闞(聞)[問]而處之, 小則懲治而礪之, 以爲正名分立紀綱之地.'"

19 이수광(李睟光), 「이묘설(二貓說)」, 『지봉집(芝峯集)』 권21, 잡저(雜著). "家有貓, 善捕鼠, 畜之者數年矣. 後有一小貓, 不知從何所來, 遂留不肯去. 兩貓共處, 小者不敢與大者齒, 行則隨之, 居則後之. 食則小者睢盱旁伺, 俟大者食訖方敢食, 大者亦不敢盡, 必餘其食, 顧而與之, 有若相推讓者然. 夫貓不仁獸也, 以陰賊搏噬爲用, 而所爲能若是, 噫! 世之人, 或不省禮義廉恥爲何物, 遇小利輒爭, 至相賊害者有之, 彼誠貌人而心獸者也. 由此言之, 人或貓也, 貓或人也, 烏可以貌視哉."

그는 '장유유서(長幼有序)'를 떠올린다. 그리고 큰 고양이가 음식을 다 먹을 때까지 기다리는 작은 고양이의 모습과 작은 고양이를 위해 반드시 음식을 남겨서 작은 고양이에게 주는 큰 고양이의 모습에서 그는 '예의염치'를 발견한다. 자신의 분수를 지켜 욕심을 내지 않으며, 상대를 생각하는 자애로움을 두 고양이의 모습에서 엿본 것이다. 작자는 고양이는 본래 불인(不仁)한 짐승임에도 이렇게 예의염치 있게 행동하는데 하물며 사람이 그렇지 못해서야 되겠느냐고 반문한다. 예의염치가 없으면 결코 사람이 아니라는 것이다.

사람이라면 모름지기 예의염치가 있어야 하며, 그렇지 않으면 금수와 다를 바가 없다는 언급에도 사대부들이 교화를 행할 때 활용했던, 성리학적 규범을 잘 지키지 않는 사람은 금수와 다를 바 없다는 논리가 내재되어 있음을 알 수 있다. 더 나아가 이는 예의염치라는 것이 본래 양반들이 지녀야 할 의식이긴 하지만 이것이 일반 백성들에게까지 확산되면서 양반 의식이라기보다는 신분에 관계없이 사람이라면 당연히 지켜야 하는 것으로 간주되고 확대된다는 점도 알 수 있다.

상황이 이렇다 보니, 이미 오래 전에 하층 신분과 거의 다를 바 없을 정도로 몰락 해 버린 양반들조차도 –신분상, 물질상의 몰락을 의식 측면에서 만회하기 위해 더욱 의식적으로 양반 의식을 고수한 경우든 아니든 간에– 예의염치를 지키지 않거나 무시하기가 결코 쉽지 않았다. 예컨대, 〈흥부가〉에서 가난을 견디다 못한 흥부 아내가 가난 타령으로 서럽게 운다. 이때 그는 현재 가난한 상황을 타개할 만한 방도가 전혀 없음을 서러워하면서 이렇게 기한이 심하니, 저절로 염치도 돌아보지 않게 된다고 말한다.[20] 그의 이 말에는 사람이라면 응당 예의염치라는 것을 지킬 수 있어야 한다는 인식이 전제되어 있으며, 이를 알면서도 극도로 심한 가난 때문에 이를 지키지 못하는 데 대한 설움이 이 말을 통해 표출된 것이다.

〈흥부가〉의 경우, 가난으로 인해 사람으로서는 당연히 지켜야 할 예의염치를 지키지 못하는 데 대한 자괴감이 드러나 있다. 이는 예의염치라는 것이 신분에 관계없이 사람이라면 당연히 지켜야 하는 것임이 사람들에게 인식이 되어 있는 상황임을 보여주는 것이라 할 수 있다. 다음 〈서동지전〉과 〈장끼전〉은 여기서 한 걸음 더 나아간다.

영창서관본 〈서동지전〉의 경우, 〈서대주전〉 계열 다른 작품들과 달리 다람쥐가 양반 신분으로 설정되어 있다. 여기서 다람쥐는 비록 양반이지만 이미 오래 전에 빈농(貧農)의 대열로 떨어진 인물로 형상화된다. 그래서 다람쥐 스스로도 양반으로서의 의식을 잃어버리다시피 한 상태다.[21] 비록 그렇지만 위와 같은 이유 때문에 사람으로서 예의염치를 지니고 있는 것이 중요했다. 예의염치에 구애받지 않고 단지 일면식만 있는 서동지에게 양식을 꾸러 가려는 다람쥐에게 아내인 계집 다람쥐가 예의염치를 강조한 것은 이 때문이다.

아울러 〈장끼전〉에서 장끼와 까투리가 하층민으로 형상화되어 있음을 감안할 때, 예의염치가 없으면 사람구실을 제대로 할 수 없다는 생각은 민간 일반에도 어느 정도 자리 잡아 가는 상태인 것으로 보인다. 그리고 작품들 속에서 이 예의염치는 자신에게 맡겨진 직분에 힘써 자신의 분수에 맞게 살아야지 지나치게 자신의 욕심을 부려서 남에게

20 "간안이야 간안이야 萬古에 잇ᄂᆞᆫ 간안, 아무리 헤아려도, ᄂᆡ 웃슈ᄂᆞᆫ 다시 업내. …(중략)… 先山 害로 이러ᄒᆞᆫ가 破墓나 ᄒᆞ자 하되, 宗孫이 말일테오, 鬼神이 져희ᄒᆞᆫ가 점이나 ᄒᆞ자 ᄒᆞᆫ들 쌀 ᄒᆞᆫ 줌이 업셔시니, 卜債를 ᄂᆡᆯ 슈 잇나. 哀苦哀苦 셜운지고. 飢寒이 이러타ᄒᆞ니 不顧廉恥 절노나ᄂᆡ." 신재효본 〈박흥보가〉.

21 이에 대해서는 '정출헌, 앞의 책, 197~199면'을 참조.

해를 끼쳐서는 안 된다는 정도의 의미를 지니는 것으로 보인다. 이 작품에서 까투리가 콩을 먹으려는 장끼에게 예의염치를 알아야 한다고 한 것은 바로 이런 맥락에서 나온 것이라 하겠다.

〈서동지전〉이나 〈장끼전〉 모두 예의염치 문제가 제기된 지점은 가난과 극고의 허기를 면하기 위해 사람으로서 반드시 지켜야 할 예의염치를 의도적으로 무시하려 할 때였다. 그 과정에서 사람으로서 예의염치를 저버려서는 안 된다는 충고가 빠지지 않고 있음을 확인할 수 있다. 이는 예의염치로 표상된 성리학적 규범을 사람이라면 잘 지켜야 한다는 인식이 널리 퍼져 있었으며, 자기 스스로 이를 잘 지키기 위해 끊임없이 반성하고, 상대방 역시 이를 잘 지키도록 늘 경계하던 모습을 짐작하게 한다는 점에서 의미가 있다.

앞서 본 것처럼, 19세기 교훈 가사 〈우부가〉와 〈용부가〉, 판소리 〈흥부가〉와 〈심청가〉 등의 작품에서 선한 인물이든 악한 인물이든 그들의 행실을 구체적으로 세세하게 나열하는 양상을 보인다.[22] 작품의 서술자가 이러한 방식을 활용하는 것은, 비단 악행을 저지르는 등장인물에 대한 풍자를 위해서만은 아니다. 선한 인물이 행한 구체적인 행실들을 알고 이를 본받아 독자들 역시 일상생활에서 실천하려고 노력하도록 하며, 악한 인물이 저지른 구체적인 행실들이 해서는 안 되는 행위들임을 인식하고 자신을 돌아보고 경계하게 함으로써 교화 효과를 높이려는 것이다.

---

22 고은지는 이러한 특성이 비단 『초당문답가』만의 특성이 아니라 19세기 이후 교훈 가사에 나타나는 특징적인 양상이라고 하였다. 그리고 이러한 양상은 이후 계몽가사의 인물형상에도 그대로 이어진다고 하였다(고은지, 「계몽가사의 인물 형상화 방식과 내용구성의 특징: 『초당문답가』와 비교를 중심으로」, 『국제어문』 25(국제어문학회, 2002), 6면).

서술자가 활용하는 이러한 방식 안에도 사람이라면 응당 성리학적 규범을 잘 지켜야 한다는 논리가 전제로 깔려 있다. 선한 인물이 행한 선한 행위들은 사람이라면 당연히 잘 지켜야 하는 행위들이며, 반대로 악한 인물이 저지르는 악한 행위들은 사람이라면 절대로 해서는 안 되는 행위들이라는 전제가 깔려 있는 것이다. 작품의 서술자는 특히 악행을 저지르는 인물들의 행위를 더욱 구체적으로 나열하는데, 이는 일상생활 속에서 규제되는 행위들의 범주가 더 넓어지고 구체화되었음을 의미하는 것이기도 하다.

문학 작품 속에서는 성리학적 규범 준수의 당위성이 작품 속에 구현된 복선화음의 논리와 결합하고 다시 선-악 대립 구도로 재편되면서 더욱 설득력 있게 드러나는 양상을 보인다. 이에 대해서는 복선화음의 논리를 먼저 살핀 다음에 논의를 진행하기로 한다.

2) 복선화음(福善禍淫)의 이치

잘 알다시피, '선(善)한 사람에게 복(福)을 주고 악(惡)한 사람에게 화(禍)를 내린다'는 '복선화음(福善禍淫)'이라는 말은 『서경』 상서(商書) 「탕고(湯誥)」[23]에서 처음 보인다. 그리고 『서경』에는 이와 비슷한 의미를 전하는 기록들이 적지 않다. 『서경』 우서(虞書) 「대우모(大禹謨)」에 나오는 "선(善)을 따르면 길(吉)하고 악(惡)을 따르면 흉(凶)하니, 이는 그림자나 메아리와 같다"[24]는 말이나 태갑(太甲)이 왕위에 오르자 이윤(伊尹)이 그에게 한 말로 전해지는 『서경』 상서(商書) 「이훈(伊訓)」의 "오직 상제

23 『서경』, 상서(商書) 「탕고(湯誥)」. "天道, 福善禍淫."

24 『서경』, 우서(虞書) 「대우모(大禹謨)」. "禹曰, '惠迪吉, 從逆凶, 猶影響."

(上帝)는 영원하지 않으시다. 선(善)을 지으면 온갖 상서로움을 내려 주시고, 선하지 않음을 지으면 온갖 재앙을 내려주신다. 착한 일은 작다고 외면하지 말라. 작은 것이 쌓여 만방(萬邦)의 경사가 된다. 나쁜 일은 작다고 범하지 말라. 종사(宗社)가 무너지는 것은 큰 악에 있지 않다"[25] 등을 예로 들 수 있다.

여기에는 주재자(主宰者)로서 상제(上帝) 혹은 천(天)이 상정되어 있으며, 주재자인 하늘이 인간의 선악에 대응하여 화복으로 보응한다는 관념이 깔려 있다. 이때 주재자인 하늘은 인격적인 주재자로 기능한다. 이러한 관념 속에는 하늘에 의해 이러한 복선화음의 논리가 필연적으로 실현된다는 믿음이 깔려 있다.

하지만 복선화음이 결코 필연적으로 실현되지 않는 것처럼 보이는 현실로 인해 그 믿음은 끊임없이 흔들릴 수밖에 없었다. 예컨대, 공자는 인격적 주재자로서의 천(天)의 존재를 부정하지 않으면서도 천(天)에 의해 '최고선(最高善)'의 실현이 보장된다고 생각하지 않았다.[26] 그리고 송대(宋代) 주자에 이르면, 인격적 주재자로서의 천(天) 관념을 완전히 부정하기에 이른다.[27] 즉 세상에 인격적 주재자가 존재함을 부정하고,

---

25 『서경』, 상서(商書) 「이훈(伊訓)」. "惟上帝不常, 作善, 降之百祥, 作不善, 降之百殃, 爾惟德, 罔小, 萬邦惟慶, 爾惟不德, 罔大, 墜厥宗."

26 이상익, 「유가(儒家)에 있어서 최고선(最高善)의 문제」, 『철학』 73(한국철학회, 2002. 11), 32면. 한편 천(天) 관념의 변화에 따라 복선화음의 원리에 대한 설명도 다른 방식으로 접근할 수밖에 없게 되었는데, 그 변화 양상에 대한 자세한 논의는 이 논문을 참조.

27 인격적 주재자로서의 천(天) 관념이 부정되고, 이치로서의 천(天) 관념이 들어선 것은 사상사에서 획기적인 일로 평가된다. 한(漢)과 당(唐), 송(宋)을 거치면서 서서히 일어나는 천 관념의 변화 양상에 대해서는 다음 두 저서를 참조. 미조구찌 유조(溝口雄三) 외, 앞의 책; 고지마 쓰요시(小島毅), 신현승 옮김, 『송학의 형성과 전개』(논형, 2004B). 아울러 중국 사상사에서 명청 대 주자학과 양명학이 갖는 의의에 대해서는

대신 세상 만물에 빠짐없이 구현된 '원리'인 '리(理)'로 규정한 것이다. 따라서 복선화음의 이치 역시 주재자가 보응하여 내려주는 것이 아니라, 당연한 이치 또는 정상적인 이치[상리(常理)][28]로 설명하게 된다. 그러다 보니 앞서 언급한 『서경』 상서 「탕고」의 구절에 대한 설명도 달라질 수밖에 없다.

> 물었다.
> "천도(天道)는 복선화음(福善禍淫)이라 했는데, 이 이치는 정해진 것인가?"
> 주자가 대답하였다.
> "어찌 정해진 것이 아니겠는가? 스스로 도리(道理)가 마땅히 이와 같은 것이다."
> 물었다.
> "간혹 이렇게 되지 않는 것은 무슨 이유인가?"
> 주자가 대답하였다.
> "복선화음은 상리(常理)요, 이와 같지 않은 것은 그 상리(常理)를 잃은 것이다. 천(天)은 작위(作爲)가 없이도 그렇게 되는 것이니, 천(天)이 어찌 또한 의지(意志)가 있겠는가? 다만 리(理)가 스스로 이와 같은 것이다. 예컨대 겨울에 춥고 여름에 더운 것은 상리(常理)가 마땅히 이와 같은 것이요, 겨울에 덥고 여름에 추운 것은 그 상리(常理)를 잃은 것이다."[29]

다음 저서들을 참조. 미조구찌 유조(溝口雄三) 외, 위의 책; 고지마 쓰요시(小島毅), 신현승 옮김, 『사대부의 시대: 주자학과 양명학 새롭게 읽기』(동아시아, 2004A).

28 이상익, 앞의 논문, 34, 35, 38면.

29 『서전대전(書傳大全)』 권4 17-18항, 주자(朱子) 소주(小註). '이상익, 위의 논문, 35면'에서 재인용.

위 인용문에서 보듯, 애당초 천(天)의 의지적 보응(報應)으로 규정되었던 복선화음이 이제는 당연한 이치이자 원리로 규정된다. 이제 복선화음은 하늘에서 주재하는 누군가가 내려주는 것이 아닌, 이치상 필연적으로 그렇게 되는 이치, 원리로 기능하게 된 것이다. 그리고 간혹 복선화음의 원리가 제대로 구현되지 않는 것은 상리(常理)를 잃은 데 따른 일시적인 현상으로 간주한다. 자연의 부조화나 재난, 인간이 예측할 수 없는 운명 등의 우연과 사람의 잘못으로 복선화음이 실현되지 않는 경우가 있다[30]는 것이다.

하지만 이러한 사고의 전환이 사람들에게 제대로 이해시키는 것은 결코 쉬운 일이 아니었다. 먼저 주재자로서의 천(天)을 이치로서의 천(天)으로 새롭게 개념을 설정해서 설명하는 것 자체에도 적지 않은 진통이 따랐다. 예를 들어, 주재자인 천(天)이 어떻게 원리로서 작용한다는 것인지에 대해서는 설명이 궁색해질 수밖에 없었다. 또 이러한 이치가 왜 필연적으로 실현되지 않는지, 다시 말해 나쁜 일을 한 사람이 복을 받아 잘 살고, 선한 사람이 재앙을 당해 고통 받는 현실이 여전히 존재하는지에 대한 설명 역시 여전히 부족했다. 당대에 실현되지는 않는다고 하더라도 후대에는 반드시 실현될 것이라는 설명으로는 궁색함을 면할 수가 없었다. 다음에 제시하는 인용문들은 이러한 상황을 잘 보여준다.

> 17조목 전반부
> 물었다.

30 이상익, 위의 논문, 35면.

천지의 마음, 천지의 이치에서 이치는 도리이고, 마음은 주재한다는 뜻입니까?

대답하였다.

마음은 진정으로 주재한다는 뜻이다. 그러나 이른바 '주재한다[재(宰)]'고 말하는 것은 곧 이치이기 때문에 마음 밖에 따로 이치가 있거나 이치 밖에 따로 마음이 있는 것은 아니다.[31]

20조목

물었다.

"상제는 백성들에게 올바름을 내렸다", "하늘이 장차 사람에게 큰 임무를 부여할 것이다", "하늘이 백성을 돕기 위하여 임금을 내려 주셨다", "하늘은 만물을 낳으면서 그 재질에 따라서 두텁게 한다", "착한 일을 하면 많은 축복을 내리시고 나쁜 일을 하면 많은 재앙을 내리신다", "하늘이 장차 이 세상에 괴이한 재앙을 내리려고 한다면, 반드시 먼저 괴이한 사람을 보내시어 그것을 예측하게 했다" 무릇 이와 같은 말은 모두 저 위에 있는 푸른 하늘이 정말로 그렇게 주재하기 때문입니까? 아니면 하늘은 마음이 없지만, 단지 그 이치를 추측하여 그렇다는 것입니까?

대답하였다.

(『서경』과 『맹자』 그리고 『중용』의) 그 세 단락은 모두 같은 뜻이다. 그것은 또한 단지 이치가 그렇다는 것이다. 기운의 운행은 한 번 왕성한 뒤에는 다시 한 번 쇠퇴하고, 한 번 쇠퇴한 뒤에는 다시 왕성하다. 그렇게 일정하게 순환하기 때문에 쇠퇴한 뒤에 다시 왕성하지 못한 적이 없다. 그래서 괴이한 재앙을 세상에 내릴 때에는 반드시 괴이한

---

31 여정덕(黎靖德) 편, 허탁·이요성 역주, 『주자어류(朱子語類) 1』(청계, 1998) 권1 이기(理氣) 상(上), 17조목 전반부. "問: '天地之心, 天地之理. 理是道理, 心是主宰底意否?' 曰: '心固是主宰底意, 然所謂主宰者, 即是理也, 不是心外別有個理, 理外別有個心.'"

사람이 태어난다. …(후략)"[32]

21조목
'주재하다[재(帝)]'의 의미는 이치를 위주로 삼는다는 뜻이다. (진순(陳淳))[33]

위에 인용한 내용은 모두 '주재하다[재(宰)]'는 의미를 인격적인 주재자인 하늘을 설정한 상태에서 바라볼 것인지, 아니면 하나의 이치로 간주하여 그것이 운행하는 양상과 결부지어 이해해야 할 것인지에 대한 문제를 다루고 있다. 먼저 천지의 마음과 이치라고 했을 때, 마음과 이치의 의미에 대한 질문에 대해 주자는 마음은 '진정으로 주재한다'는 뜻을 담고 있다고 답한다. 하지만 이 '주재하다'는 말 자체가 누군가가 주관하여 만물을 움직인다는 의미를 갖고 있는 이상, 이런 설명은 천지의 마음이라는 것이 천지의 주재자가 천지의 만물을 대하는 마음으로 이해할 가능성이 크다. 그래서 주자는 '주재한다'는 것은 곧 '이치[리(理)]'라고 못을 박고는, 그렇기 때문에 마음과 이치를 별개의 것으로 이해해서는 안 됨을 분명히 하고 있다. 하지만 여기서 주재한다는 것을 이치로 봐야하는 이유가 무엇인지, 마음이 어째서 이치라는 것과 동일하다고 간주할 수 있을지에 대한 설명은 없다. 이는 '주재하다'를 이치

32 여정덕 편(1998), 위의 책, 권1 이기(理氣) 상(上), 20조목. "問: '上帝降衷於民', '天將降大任於人', '天佑民, 作之君', '天生物, 因其才而篤', '作善, 降百祥; 作不善, 降百殃', '天將降非常之禍於此世, 必預出非常之人以擬之' 凡此等類, 是蒼蒼在上者真有主宰如是邪? 抑天無心, 只是推原其理如此? 曰: 此三段只一意. 這個也只是理如此. 氣運從來一盛了又一衰, 一衰了又一盛, 只管恁地循環去, 無有衰而不盛者. 所以降非常之禍於世, 定是生出非常之人. …(후략)"

33 여정덕 편(1998), 위의 책, 권1 이기(理氣) 상(上), 21조목. "'帝是理爲主.' 淳."

의 문제로 접근함으로써 생긴 문제이다.

다음 하늘이 만물의 재질에 따라 감응한다거나 사람의 행위에 따라 복과 화를 적절히 내린다는 의미를 지닌 『서경』, 『맹자』, 『중용』 등의 구절들을 인용하여 제기한 질문도 같은 문제를 다루고 있다. 복과 화를 내리는 것이 하늘이 실제로 주재해서 그런 것이냐, 아니면 이치를 따져보면 그렇다는 것이냐 하는 것이다. 여기서 마음이 없다는 말은 주재자로서의 하늘을 부정하고 있음을 뜻한다. 이에 대한 주자의 대답 또한 명확하다.

이 서술들은 모두 주재자가 원래 존재하는 것처럼 서술해 놓았지만, 사실은 주재자가 존재하여 그렇게 하는 것이 아니라, 이치를 따져봤을 때 그러하다는 것이다. 그러면서 이러한 감응을 기운의 성쇠와 연관지어 설명한다. 여기에서도 '주재하다'는 것이 왜 이치상의 문제로 접근해야 할 문제인지 명확하게 설명되고 있지는 않다. 급기야 하나의 항목을 따로 설정해서 '주재하다'는 '이치를 위주로 삼는다'라고 정의해 놓기까지 했다.

이렇게 본디 인격적인 주재자를 상정하여 설명했던 것을 이치의 문제로 바꾸어 접근함으로써 기존에 문제가 되지 않았던 것들이 새로이 해결해야 할 문제들로 바뀌고 만다. 우선 이것이 주재자가 존재하는 것이 아니라 이치상 그런 것이라는 설명을 여러 번 해야만 했다. 게다가 주재자를 부정하고 이를 이치로 봐야하는 이유에 대한 설명도 구구절절 해야만 했고, 설명을 하더라도 명확하게 이해되지 않게 되었다. 이러한 설명의 궁색함은 급기야 사람의 선악과는 별개로 사람의 운명이 왜 일정하지 않는가 하는 문제에 대해서도 설명하기가 쉽지 않은 상황에 처하고 만다.

사람의 운명이 일정하지 않은 것은 두 기운이 얽히는 과정에서 자신이 만난 것을 따르기 때문에 사람의 힘으로는 어찌할 수 없는 것이어서 하늘이 명령한 것이라고 말하는 것이 아니냐는 질문에 대해서도 다음과 같이 답한다.

> 단지 거룩한 근원으로부터 흘러나오는 모습이 그와 비슷할 뿐이지, 그렇게 되도록 부여하는 누군가가 정말로 있는 것은 아니다. 어떻게 누군가 위쪽에 있어서 그렇게 부여할 수 있겠는가! 『시경』과 『서경』에서는 마치 누군가가 그렇게 위쪽에 있는 것처럼 말했는데, 예컨대, "상제께서 진노하셨다"고 말하는 것이다. 그러나 이것도 역시 이치가 그러할 뿐이다. 세상에는 이치보다 높은 것이 없기 때문에 상제라고 이름 하였다. "위대한 상제께서 아래에 있는 백성에게 떳떳함을 내리셨다"는 표현 가운데 '내리다'에는 곧 '주재한다'는 뜻이 있다.[34]

겉보기에는 실제 누군가가 하늘에 존재하여 이를 주재하는 것처럼 보이지만, 하늘에 이를 주재하는 자가 존재할 리 만무하다고 하면서 이치상 따져 보았을 때 그렇게 보인다는 것뿐이라고 말한다. 그렇다면 『시경』, 『서경』 등에서 '상제'라는 표현을 쓴 이유는 무엇인가? 이에 대해 주자는 세상에 이치보다 더 높은 것은 없으며, 이를 적절하게 표현하느라 '상제'라는 표현을 썼다는 것이다. 세상에 이치보다 더 높은

---

34 여정덕 편, 허탁·이요성 역주, 『주자어류 2』(청계, 2000(2쇄), 1998(1쇄)) 권4 성리(性理) 일(一) 37조목 전반부. "問: 命之不齊, 恐不是真有爲之賦予如此. 只是二氣錯綜參差, 隨其所值, 因各不齊. 皆非人力所與, 故謂之天所命否? 曰: 只是從大原中流出來, 模樣似恁地, 不是真有爲之賦予者. 那得個人在上面分付這個! 詩書所說, 便似有個人在上恁地, 如'帝乃震怒'之類. 然這個亦只是理如此. 天下莫尊於理, 故以帝名之. '惟皇上帝降衷於下民', 降, 便有主宰意."

것은 없다는 것은 세상의 모든 만물들이 천리라는 원리에 의해 움직이고 구현된다고 보는 주자학의 기본 전제를 그대로 드러낸 것이다. 하지만 여기서도 이치상 그러하다고 할 것 같으면 왜 하필 '상제'라는 표현을 썼는가 하는 의문이 남는다. 게다가 마지막에 상제께서 떳떳함을 내리셨다는 말 중 '내리다'는 말을 왜 굳이 논란을 피할 수 없는 '주재하다'는 말로 설명을 했는가도 문제이다. 이 모든 곤란함은 원래 하늘을 인격적인 주재자로 간주하고 썼던 표현들을 이치의 문제로 바꾸어 접근함으로써 생긴 문제들인 것이다.

이는 비단 중국 학자들만의 문제는 아니었다. 성리학을 매우 중시하여 적극적으로 받아들였던 조선에서도 같은 상황이 벌어졌다. 그리고 그들 역시 인격적인 주재자를 이치의 문제로 바꾸어 접근했을 때 생기는 문제들에 똑같이 부딪혔고, 궁색한 설명을 늘어놓을 수밖에 없었다. 예컨대, 이이(李珥, 1537~1584)는 '천(天)'을 '자연의 존재원리'로 보고 천과 인간 사이의 자연스러운 감응을 통해 복선화음이 실현된다고 보았다. 그는 이러한 이치가 실현되지 않는 것은 '이수지변(理數之變)' 때문에 일시적으로 그러한 것이라 설명하였다. 이황(李滉, 1502~1571)은 동중서(董仲舒)의 천인감응설(天人感應說)에 바탕을 두어 복선화음을 설명하였으며, 이익(李瀷, 1681~1763)은 지금은 상제가 주재하는 시대가 아니기 때문에 복선화음이 제대로 이루어지지 않음을 지적하고, 인간 스스로 복선화음을 실현해야 함을 주장하기도 했다.[35]

때로는 이 문제 자체에 대해 분명하게 언급하지 않고서 논의를 진행

35 이 문제에 대한 이황, 이이, 이익 등의 설명에 대한 좀 더 자세한 논의는 '이상익, 앞의 논문, 38~48면'을 참조.

하는 경우도 있었다. 강재항(姜再恒, 1689~1756)의 「동자문(童子問)」이라는 우언 형식의 글을 예를 들어 살펴보자. 이 글은 동자가 산에서 내려와 설운화상(雪雲和尙)과 불가의 화복 이치에 대한 것 등 불교와 관련하여 궁금한 사항들을 묻자 작자가 대답해 주는 방식으로 진행된다. 이 글은 불교를 비판하면서 성리학의 우위를 주장하는 데 초점을 맞추고 있다. 그래서 주로 성리학의 원리가 정당함을 내세우고, 불교에서 설명하는 원리나 불교를 상징하는 기물들에 대해 비판하는 형식을 띠고 있다. 그 중 화복의 이치에 대한 물음에 대해 작자는 이렇게 답한다.[36]

먼저 복선화음은 천리(天理)가 자연스럽게 응하는 것임을 사람이 선을 행하면 하늘은 온갖 상서로움을 내려주고, 선하지 못한 일을 하면 온갖 재앙을 내려준다는 『서경』과 『주역』의 글을 인용하여 설명한다. 그래서 훌륭한 성인이 반드시 대대로 제(祭)를 받고, 군자가 후에 이름을 남기는 것은 당연한 이치이며, 혹 그렇지 못한 경우는 운수[기수(氣數)]가 같지 못해서 그런 것이지 이치가 본래 그러한 것은 아니라고 한다.

이치가 본래 그러하지 않다는 데 대해 작자는 군자로서 불행을 당한 자에 대해서는 사람들이 애석해하고 애도하기를 오랫동안 그치지 않

36 강재항(姜再恒), 「동자문(童子問)」(부분), 『입재유고(立齋遺稿)』 권8, 잡저(雜著). "童子自山中來, 問雪雲和尙, 說佛家禍福之理, 其說如何? 曰, 福善禍淫, 天理自然之應, 書曰, '作善, 降之百祥, 作不善, 降之百殃', 易曰, '積善之家, 必有餘慶, 積不善之家, 必有餘殃', 其理自是如此. 如曰聖人必百世祀, 君子必有後, 乃其常理, 或有不盡然者, 盖亦氣數之不齊, 而非正理之本然也. 雖然, 君子而不幸者, 人必悼惜之, 愈久而不已, 小人而幸者, 又僇辱之, 亦愈久而不已, 禍福本然之應, 至此而不可誣矣, 無足怪者. 而佛氏者, 因是而爲緣業之說曰, '修某緣則當結某緣, 作某業則當受某業', 支離穿鑿, 不倫不經, 而末則曰, '人雖有彌天罪惡, 只一念彌陀, 便能滅除罪惡, 超度三生', 其悖理傷敎, 又何可勝道哉."

으며, 소인으로서 요행을 입은 자에 대해서는 그를 욕하고 수치스러워 하기를 그치지 않음을 들며 이러한 것을 보면 화복의 본래 이치가 결코 속일 수 없음을 알 수 있다고 한다.

이에 반해 불교의 경우 이러한 화복의 이치를 끌어다 인연과 업보의 설을 만들어 사람들을 미혹되게 한다고 비판한다. 어떤 인연을 잘 닦으면 그 인연을 맺게 되고, 어떤 업을 행하면 응당 그 업을 받게 된다고 말을 하는데 그 이치가 지리(支離)하고 허황되며, 인륜도 없고 조리도 없다고 한다. 게다가 이 설은 결국에는 하늘에 죄악을 오랫동안 짓더라도 미타불(彌陀佛)만 오로지 생각하면 모든 죄악들을 멸하고 삼생의 윤회를 벗어날 수 있다고까지 말하니 이치를 거스르고 교화를 해침에 대해서는 더 말할 것도 못 된다고 비판한다.

그는 서두에서 『서경』과 『주역』의 구절을 끌어 와 복선화음은 필연적인 이치임을 내세운다. 여기서도 복선화음의 주재자가 따로 존재하는 것이 아니라 이치가 그러하다는 것을 전제로 깔고 있음을 알 수 있다. 다만 『서경』과 『주역』의 구절이 인격적인 주재자를 상정한 상태에서 나온 말들이라는 점에 대해서는 언급하지 않으며, 이러한 것이 어떻게 이치의 문제로 접근할 수 있는지에 대해서도 일절 언급을 하지 않는다. 이치가 그러하다는 전제만으로 이 두 문제를 덮고 넘어가고 있는 것이다.

게다가 그런 이치가 반드시 구현되지는 않는 현실에 대해서도 다른 성리학자들과 마찬가지로 개개인이 타고난 운수의 문제로 돌려 버린다. 즉 그가 타고난 운수가 그러한 것이지, 이치가 그렇지 않아서 그런 것은 아니라는 것이다.

현실에서 이러한 이치가 반드시 구현되지는 않는다는 점은, 사람들에게 이 이치를 믿고 선을 행하도록 유도하기 어렵게 만드는 결정적인 딜레마로 작용한다. 그래서 이 문제에 대해서 성리학자들이 나름 답을 내놓기 위해서 고심을 했지만, 지금 당장은 아니지만 나중에라도 반드시 복을 받게 된다는 사후보상의 논리를 내세우는 것 외에는 뾰족한 대안을 내놓지 못했다.

강재항 역시 예외가 아니다. 그도 당대에는 이에 대한 보상을 받지는 못하더라도 후대에는 반드시 보상을 받게 되리라는 사후보상 논리를 내세운다. 그는 당대에 보상을 받는 것보다도 후대에 그에 대한 평가가 대대로 남게 됨을 들며 이런 것을 볼 때, 복선화음의 이치는 결코 속일 수가 없는 것이라 강변한다.

불교에 대해 비판하는 그의 입장은 매우 단순하다. 복선화음이라는 것은 이치상 그러한 것이지 누군가가 실제로 보응하여 주는 것이 아닌데도 불교에서는 인연이니 업이니 하는 개념을 만들어 마치 복선화음이 어떤 행위에 대한 보상으로 일어나는 것인 것처럼 생각하게 만든다는 것이다. 이 점은 보상을 바라고 선한 행위를 하게 되는 부작용이 일어날 것을 염려한 데서 나온 비판이라 할 수 있다. 어떤 보상이 이루어지기를 미리 바란 상태에서 선한 행위를 한다면, 그 선한 행위의 순수성은 이미 잃어버린 것이 되기 때문이다.

이렇게 어떤 보상을 바라고서 선한 행위를 하는 것이 불가하다는 주장은 조선 말기까지도 이어졌다. 예컨대, 최한기(崔漢綺, 1803~1877)는 공과(功過)의 학문이 복선화음의 논리를 내세우면서 성행하는 것에 대해 매우 못마땅해 한다. 선한 일을 한 사람과 악한 일을 한 사람에 대해 평가가 공정하고 명확하게 이루어지는 과정에서 저절로 복선화음의 이치가 드러나게 해야지 근본적인 이치는 도외시한 채 사후응보와 모호한 방술을 가지고 복선화음을 입증하려 해서는 안 된다는 것이다.

> 공과(功過)의 학문이 근래 성행(盛行)하여 복선화음(福善禍淫)으로 어리석은 자를 권징(勸懲)하곤 한다. (그런데) 이것이 도움이 있을 듯하지만 실제로는 해가 된다. 어리석은 자는 부귀를 흠모(欽慕)하고 죄악을 두려워하며 피한다. (여기에는) 저절로 왕정(王政)의 상벌(賞罰)과 운화(運化)의 순역(順逆)이 있으니, 이것을 들어 (사람들을) 이끌면 화복이 분명하게 드러나고 선악에 규준이 있게 된다. 그런데 이 분명한 대도(大道)를 제쳐 놓고는 억지로 외도(外道)의 사후응보와 모호한 방술을 끌어다 공과를 입증(立證)하려고 한다. 이는 허무를 끌어들이면서 실행을 권면하고 망탄(妄誕)을 말하면서 일상생활(의 행동거지)을(를) 징계하는 것이다. 그 본원(本源)이 이미 허무 망탄한 데 빠져서 끝내 일용과 실행이 허무 망탄한 데로 귀결되니, 공과의 의리가 도대체 어디에 있단 말인가. …(후략)[37]

복선화음의 문제를 이치의 문제로 접근하였을 때 생기는 또 다른 문제는 바로 '귀신'의 문제였다. 인격적 주재자로서 하늘을 부정하였을 때, 귀신의 문제는 어떻게 접근할 것이며, 이것의 작용을 어떤 관점에서 보아야 하는가가 문제였다. 더구나 이 귀신의 문제는 『중용』에서도 중요하게 다루고 있기에 무심히 넘어갈 수 있는 사안이 아니었다.

성리학에서 귀신 역시 하늘과 마찬가지로 무엇인가를 주재한다는

37 최한기(崔漢綺), 「공과학(功過學)」, 『인정(人政)』 권12, 교인문(敎人門) 5. "功過之學, 從近熾行, 以福善禍淫, 勸懲愚迷. 雖若有補, 其實有害. 愚迷之人, 歆慕富貴, 畏避罪惡. 自有王政之賞罰, 運化之順逆, 擧此敎導, 禍福昭著, 善惡有準. 捨此光明大道, 强引外道之冥報, 方術之晦昧, 以證功過之意. 是乃引虛無而勸實行, 說妄誕而懲日用. 其所本源, 已陷虛無妄誕, 竟使日用實行, 歸于虛無妄誕, 功過之義安在. …(후략)"

인격적인 측면이 배제되고, 음양의 기운이 굴신(屈伸)하는 원리로 간주되고 있음은 다 아는 사실이다. 그렇다면 그러한 귀신의 작용과 복선화음의 이치를 어떻게 연결 지을 것인가가 문제가 된다. 예컨대, 윤봉구(尹鳳九, 1681~1767)가 쓴 이른바 귀신장(鬼神章)으로 불리는 『중용』 16장에 대한 편지글 중에서 복선화음과 귀신에 대해 언급한 부분 역시 이러한 문제를 주로 다루고 있다.[38]

먼저 그는 『중용』 16장의 종지(宗旨)는 바로 '복선화음'이라고 말한다. 귀신의 음양의 신령함은 곧 천지(天地)의 마음과 같다고 하면서 주렴계(朱濂溪)가 『주역』과 『서경』의 말을 끌어다 '성인은 귀신과 더불어 그 길흉이 합해지니, 마치 선한 도를 따르면 길하고, 도를 거꾸로 좇으

38 윤봉구(尹鳳九), 「한천중용수장급대학명덕강의변(寒泉中庸首章及大學明德講義辨) 임신동(壬申冬)」(부분), 『병계집(屛溪集)』 권35, 잡저(雜著). "(전략)… 寒水先生以福善禍淫四字, 爲鬼神章宗旨者, 固先生平日講席之素嘗言者. 惜乎, 其不肯叩發以畢承敎也! 先生以爲鬼神陰陽之靈, 卽天地之心. 濂溪謂'聖人與鬼神, 合其吉凶, 如惠迪吉從逆凶者', 其吉之凶之, 莫非鬼神之所爲也, 福禍卽吉凶之謂也. 其章次之在前後六章之間者, 旣有前三章修身齊家之事, 極於中庸之道, 則其必後三章之莅至尊而終至於位育之地者, 實鬼神事也, 今以朱子之言揆之, 有聰明睿知能盡其性者, 出於其間, 則天必命之, 以爲億兆之君師, 其天必命之者, 乃鬼神之事. 此必字, 自十七章六必字來矣. 朱子雖不言鬼神字, 而先生之謂福善禍淫者, 其義理則實用朱子之意矣, 天下之道, 莫大於中庸, 而率性則中, 悖性則非中, 而性則原於天理, 故人之受此性而率此性者, 無一毫過不及之差, 中焉止焉, 則天必福之, 而反是則禍之者, 此理之必矣. 摠而言之, 天地之成毁, 日月之代明, 陰陽之往來屈伸, 人物之死生盛衰, 莫非鬼神之不可遺者. 而此書以中庸爲題, 其歸重之意, 實在於盡中庸之道, 則必使之作之君師也, 此聖人之能事, 天地之功用, 不可不言而約其義, 福善禍淫四字盡之矣. 且必以舜爲言者, 舜盡事親之道而至於瞽瞍底豫, 則十四章父母順之之極至也, 舜之所以爲大孝也, 天之必以位祿名壽申之於大舜者, 莫非造化之自然, 所謂造化者, 卽鬼神之爲德也. 由此推之, 雖小小禍福吉凶, 亦無出於此理之外矣. 其以福善禍淫爲此章之大旨者然矣, 豈可謂一端而已耶.
自上命性道, 莫非理也, 而變理謂性, 變性謂道, 各有其義, 而至鬼神之理, 則又謂之誠者, 下章六必字之張本也, 有善則必福之, 有淫則必禍之者, 皆理之必然, 故謂之誠也, 亦不可泛看也."

면 흉하다'고 말한 것과 같다고 한다. 그는 이때 길하게 하고 흉하게 하는 것은 바로 귀신이 하는 일이며, 화복은 길흉을 의미한다고 말한다. 여기서 귀신을 음양의 신령함이라고 한 것으로 보아 음양의 기운이 굴신하는 원리를 귀신으로 보고 있는 것이 분명하다. 아울러 그것이 천지의 마음과 같다고 함으로써 천지의 마음이라는 것 역시 주재자를 상정한 상태에서 말하는 것이 아닌, 이치의 문제에서 접근하고 있음을 분명히 드러낸다.

이어 그는 중용의 도를 극진히 하였을 때 나타나는 공효를 귀신의 작용과 연관 지어 설명한다. 그는 중용의 도를 극진히 해서 지극히 존귀한 자리에 이르고 마침내 화육(化育)의 지경에까지 이르는 것은 곧 귀신의 작용이라고 하였다. 즉 총명하고 슬기롭고 지혜로워 자신의 본성을 극진히 하는 자가 무리 중에서 나오면 하늘은 그에게 반드시 명을 내려서 임금이나 스승이 되게 하는데, 하늘이 그에게 명령을 내리는 것이 바로 귀신의 작용이라는 것이다. 그래서 그는 주자가 비록 '귀신'이라는 말을 쓰지는 않았지만, '복선화음'이라는 것이 바로 귀신의 작용을 통해 나타나는 것이라 정리한다.

이어 그는 자신이 품부 받은 본성을 잘 길러서 한 치의 오차도 없이 중용의 경지에 머무르면 하늘이 반드시 복을 주고, 이에 반대되면 화를 내리는 문제에 대해서도 특정한 주재자에 의해서가 아닌 이치에 의한 것임을 분명히 한다. 그리고 이러한 이치는 해와 달이 뜨고 지고, 음양의 기운이 왕래하는 것처럼 필연적인 것이며, 귀신의 자취가 아님이 없다고 말한다.

그렇다면 이를 처음부터 귀신의 작용이라고 하지 않고 굳이 복선화음이라고 말한 이유는 무엇인가? 그는 이것이 성인의 능사(能事)이며 천지의 공용(功用)이기는 하지만 그 뜻을 요약해서 말하지 않을 수가 없기에 복선화음이라는 네 글자로 다한 것이라고 말한다. 다시 말해 귀신의 작용이라고만 말을 하면 너무나 폭이 넓고 추상적인 설명이 되어 버리기에 사람들이 이해하기 쉽게 간단히 말하자면 복선화음이라고 말할 수밖에 없다는 것이다. 결국 여기서 복선화음이라는 것은 원래 사람이 자신이 타고난 본성을 잘 함양하여 중용의 도를 벗어나지 않았을 때, 하늘로부터 받게 되는 공효들을 단순화한 차원에서 활용되고 있음을 알 수 있다.

지금까지 살핀 것처럼, 본디 인격적인 주재자를 상정하여 인간의 행위에 감응하여 복과 화를 내린다는 복선화음의 논리가 주재자를 상정하지 않고 하나의 이치로 접근함으로써 이제는 복선화음이 필연적으로 실현됨을 보장하기가 매우 어려워졌다. 이치상 필연적으로 그러하다는 것만으로는 사람들을 납득시키기가 쉽지 않게 된 것이다. 그리고 사람들로 하여금 자발적으로 선을 행하도록 유도할 수 있는 계기를 마련하기도 쉽지 않게 되었다. 그래서 결국에는 이러한 복선화음이 늦게라도 반드시, 그리고 저절로 이루어진다는 논리를 내세우게 된다. 한 연구자의 지적처럼, 최고선을 보장하지 않으면 도덕적 행위의 동기화가 어렵고, 보장하면 보상을 바라는 것이 되어 도덕적 행위의 순수성을 해칠 우려가 있다는 문제가 남게 된 것이다.

게다가 보상의 관념을 제시하고는 있지만, 어디까지나 하등(下等)인을 위한 것으로 간주함에 따라 일반 대중들에게 설득력을 갖기가 더욱 어려워졌다. 사실 성리학은 개인 도덕의 고양을 보다 근본적인, 그리고 궁극적으로 보다 효과적인 사회 갱신의 방법으로서 제안한 것으로 개인 도덕의 고양을 통해 사회적 책임을 재천명했다[39]고 할 수 있다.

그렇기에 성리학자들은 선한 행위를 한 데 대해 보상이 주어진다거나 보상을 받기 위해 선한 행위를 한다는 생각에 대해 매우 부정적일 수밖에 없었다.

결국 성리학의 이러한 논리는 교화와 연관해서 크게 두 가지 측면에서 심각한 문제를 안을 수밖에 없게 되었다. 하나는 신의 존재를 부정하면서 복선화음이 언젠가는 실현될 것이라고 주장하는 것은, 그저 막연한 기대에 불과할 뿐, 사람들에게 전혀 확신을 줄 수가 없다는 점이다. 또 하나는 선한 행위에 대해 보상을 바라는 것은 하등인에게나 해당하는 것이고, 군자는 보상을 구하지 않고 선을 행하다 보면 보상이 저절로 실현된다고 내세우는 것 자체가 하등인들은 도덕적 행위의 순수성보다도 상벌에 더 많은 관심을 지니고 있음을 스스로 인정하는 것이 된다는 점이다.[40]

이는 성리학적 이념 확산을 위해서는, 일반 백성들에게 성리학적 규범들을 준수해야 함을 교화하기 위해서는 보상의 논리를 적절하게 활용할 수밖에 없다는 이야기가 된다. 그래서 성리학이 교화 과정에서 복선화음의 논리를 끌어들여 보상의 논리로 활용할 수밖에 없었던 것이다. 성리학적 이념이 민간에 더 자연스럽게 스며들기 위해서 일반 백성들의 사상, 신앙과 어느 정도 타협하는 것은 필연적이고 불가피한 일이었다.

그렇다면 세속에서 흔히 이야기하는 복선화음은 구체적으로 무엇을

39 김영민(2003), 앞의 논문, 187면.

40 이상, 성리학이 지니게 된 두 가지 딜레마와 이것이 '교화'의 측면에서 어떤 난관에 빠졌는가 하는 문제에 대한 논의는 '이상익, 앞의 논문, 48~51면'을 참조하여 정리하였음.

의미하는가? 예컨대, 심대윤(沈大允, 1806~1872)이 구상했던 복선화음의 원리를 들어보면 다음과 같다. 이 원리는 심대윤의 독창적인 구상은 아닌 것으로 간주된다.

> 천지·인물·귀신은 모두 기(氣; 또는 質)로 구성되어 있다. 기는 같은 유형끼리 서로 감응하는 성질을 가지고 있는데, 인간이 몸을 움직이고[用形] 사물을 제어하면[用物] 그 선악·근타(勤惰)에 따라 동류의 천지·귀신의 기가 감응하여 화복을 만들어낸다. 이때 화복은 살아서는 자손을 통하여, 죽어서는 귀신을 통하여 현실화한다. 예를 들어 사람이 삼불후(三不朽), 즉 입덕(立德)·입공(立功)·입언(立言)을 행한다면 살아서는 자손이 번창하여 끊이지 않고, 죽어서는 그 귀신이 오래도록 제사를 흠향하여 멸하지 않는다. 그럼으로써 오래도록 '하늘'과 함께 자손의 화복에 관여한다.[41]

세상의 모든 만물은 음양 두 기운의 움직임으로 인해서 생겨났다가 없어진다고 본 점, 귀신 역시 어떤 실체가 아니라 음양 두 기운의 작용으로 본 점 등은 성리학에서 기본적으로 깔고 있는 전제와 같다. 인간의 행위에 따라 천지의 기운이 감응하여 이에 따라 화복을 만들어낸다고 본 점도 동일하다.

차이를 보이는 부분은 바로 화복이 조상의 귀신을 통해, 그리고 자손을 통해 현실화된다는 점일 것이다. 곧 자신이 선한 일을 행하면, 하늘이 화복을 내리되 조상은 제사를 흠향하여 자신의 가문을 멸하게 하지 않고, 자손은 번창하여 대대로 가문을 이어나가게 함으로써 화복

41 김문용, 「심대윤의 복리사상과 유학의 세속화」, 『시대와 철학』 21-3(한국철학사상연구회, 2010), 10면.

을 구체화시킨다는 것이다. 선행을 행하는 사람 자신에게 당장 복이 내려지지는 않는다고 해도 조상의 보우(保佑) 아래 자손들이 번창함으로써 복을 받을 것이라는 믿음이야말로 민간 사람들이 선한 행위를 하고 악한 행위를 하지 않도록 인도하는 가장 강력한 추동력으로 작용했던 것이다.

이렇게 민간에서 성리학적 규범의 실천과 실천의 당위성이 복선화음의 논리와 결합되어서 일반 백성들에게 통용되고 있었음은 소설의 독자들이 남겨 놓은 기록들뿐만 아니라, 소설에 대해 사대부들이 남긴 기록을 통해서도 쉽게 알 수 있다.

나중에 구체적으로 다루겠지만, 고전소설에서 흔히 볼 수 있는 선-악 대립 구도가 복선화음의 논리와 결합되어 나타나는 양상은 단지 독자들의 흥미를 끌기 위해서만 마련된 장치가 결코 아니다. 여기에는 선-악 대립 구도와 복선화음의 논리를 결합시켜 소설을 구성함으로써 성리학적 규범 준수의 당위성을 독자들에게 고취하려는 의도가 깔려 있다.

더 나아가 독자들이 작품 속 선한 인물을 본받아 성리학적 규범을 잘 지키고, 악한 인물을 경계하여 자신의 몸가짐을 돌아보게 함으로써 자발적으로 성리학적 규범을 준수하도록 만들려는 의도가 내재되어 있는 것이다. 다시 말해, 고전소설에 등장하는 인물을 귀감이나 경계의 대상으로 삼고, 고전소설이 제시하는 윤리적인 주제를 복선화음의 서사 구조를 통해 재확인하며 이에 따라 자신의 삶의 방식을 변화[42]시

42 황혜진, 「독자 비평 자료를 통해 본 고전소설의 효용에 대한 연구」, 『문학교육학』 15(한국문학교육학회, 2004), 427면.

켜 나갈 것을 기대했던 것이다.

비교적 잘 알려진 김이양(金履陽, 1755~1845)의 「언패설(諺稗說)」은 고전소설, 특히 국문 소설 속에 구현된 복선화음의 이치에 대한 독자의 수용 양상을 잘 보여준다.[43]

> 1 대개 그 일은 낭군과 소녀의 일이고, 그 시대는 한, 당, 송, 명이며, 그 뜻은 선한 것을 좋아하고 악한 것을 미워하는 것이다. 어진 남자와 착한 여자는 비록 구렁텅이에 빠지고 험악한 산과 위험한 물에 출몰해도 끝내는 깨끗이 벗어나 빛을 보고 갖은 복을 누리게 되고, 간사한 남자와 투기하는 부인은 음모를 짜고 악행을 꾸미되 교묘하게 모습을 숨겨서 귀신이나 사람의 그림자를 쏜다는 물여우도 헤아리기 어렵지만 끝내는 어긋나고 탄로나서 죽음에 이르게 된다. 이는 천리의 바름이요, 선한 이는 복을 받고 나쁜 이는 화를 당하는 것(福善禍淫)이니 이는 단청의 색과 같이 분명하다.[44]

> 2 바야흐로 효자 숙녀가 어려움을 당하여 정처 없이 떠돌면서 위기를 당해 거의 죽게 될 지경이면 말을 잃고 발을 구르며 놀라 외치며 안타까워하다가, 마침내 악행을 저질러온 자가 형벌을 받고 아름다운 마음을 품은 자가 허물을 벗게 되어 천지가 바로 판별이 되고 화복이 분명히 갈라지면 자기도 모르게 박수를 치며 쾌재를 부르고, 상쾌하게

43 하지만 이러한 측면이 비단 국문 소설에만 적용되는 것이 아니라 국문 소설을 중심으로 해서 나오는 측면이라 해야 좀 더 정확할 것 같다.

44 김이양(金履陽), 「언패설(諺稗說)」, 국립중앙도서관 소장본 『김이양문집(金履陽文集)』 권3. '황혜진, 위의 논문, 420면'에서 재인용. 번역은 일부 수정하여 인용함. "蓋其事則郎君小女, 其世則漢唐宋明, 其義則善善惡惡. 賢人淑女媛雖顚踬坑碏塪, 出沒於刀山劒水之間, 而卒乃洗濯光潔, 身享諸福, 姦人妬婦之陰鋪機毒, 巧匿形影鬼蜮之所難測, 而終底敗露, 身陷大戮. 此天理之正, 而福善禍淫, 賁若丹靑."

> 답답하던 마음이 풀리고 시원한 바람이 들어오는 것만 같다. 이는 참으로 어떠한 마음인가? 떳떳함을 지키고 덕을 좋아하는 양심이라 할 만하다.[45]

먼저 ①은 복선화음의 이치 구현으로 결구되는 소설의 구성에 대해 말한 것이다. 이른 바 재자가인이라고 불리는 남녀가 만나서 사랑을 이루고 한 가정을 이루는 과정에서 간사한 인물들의 모함에 빠져 갖은 고난을 겪고 죽을 고비를 넘기지만, 끝내는 그 선한 뜻을 지킨 데 대한 보상으로 대대로 복록을 누리게 된다. 반대로 간사한 인물들은 처음에는 자신들의 의지와 욕망에 따라 모든 일이 잘 풀려가는 것처럼 보이지만, 결국 그들의 음모가 탄로남으로써 징치와 형벌을 받는 것이다. 이러한 결구를 통해 선한 이는 복을 받고 악한 이는 벌을 받는다는 복선화음의 이치가 뚜렷하게 구현된다는 것이다.

다음 ②는 이러한 복선화음이 구현되는 소설을 독자들이 어떤 방식으로 읽어나갔는지를 보여준다. 독자들은 선한 인물들이 간사한 자들의 모함을 입고 온갖 고난을 겪을 적에는 발을 구르고 소리치면서 안타까움을 감추지 못한다. 그러다가 악인들의 음모가 드러나 악인들이 징치를 받고 선한 인물들이 복록을 누리게 되면, 자신도 모르게 박수를 치고, 쾌재를 부르며 마음 상쾌해 한다는 것이다. 김이양은 바로 이러한 반응은 사람들이 떳떳함을 지키고 덕을 좋아하는 양심을 갖고 있기 때문에 가능한 것이라고 한다.

---

45 김이양, 같은 글, 같은 책. '황혜진, 위의 논문, 434면'에서 재인용. 번역은 일부 수정하여 인용함. "方基孝子淑女, 困殢播越阽濱死也, 則若將失聲敦足, 驚呼而惜之也, 終焉稔惡子伏刑, 懷玉者無玷, 霄壤立判, 禍福分類, 卽自不角鼓掌叫快, 爽然若拓煩襟而懷好風. 是誠何心哉? 亦曰秉彝好德之良心也."

등장인물들이 형상화되는 양상에 따라 감정 변화를 보이는 독자들의 성향을 두고 한 연구자는 인물의 '정'에 공감하며 감흥하는 독법이라 하면서 이를 통해 당대 독자들은 '인정물태(人情物態)' 중 '인정'에 더 치중하여 읽는 경향이 있었다고 주장하였다.[46] 곧 복선화음의 이치가 서사구조를 통해 드러나며 서사에 대한 구조적 체험과 관련 있는 것이라면, 그 구체적인 형상화는 인정을 드러내기 위해 소용된다는 것이다. 그리고 독자는 그 형상화된 모습을 통해 자신이 현실 생활 속에서 느꼈던 감정을 인물을 통해 재확인하거나 극대화함으로써 심리적으로 만족감을 느끼고, 자신을 돌아보는 계기로 삼는다는 것이다.

그에 따르면, 고전소설은 작품 결구를 통해 천도가 선을 권하고 악을 벌하는 구체적인 양상이 제시됨으로써 하늘의 도를 따라 선하게 살 것을 독자에게 종용하였다. 그리고 소설에 구현된 복선화음의 서사 내용은 인간의 길흉화복을 주재하는 하늘을 매개로 독자의 삶에 수용되었다.[47] 이는 소설 속의 선한 인물들을 본받아 자신의 몸을 닦아 성리학적 규범을 준수하려는 마음을 먹고 이를 실천하게 만드는 원동력으로 작용하는 것이다. 어쩌면 이러한 효용이야말로 소설을 읽는 가장 중요한 이유였을 가능성이 높다.[48]

---

46 조선 후기 소설 독자들이 '인정물태' 중 '물태'보다는 '인정'에 더 주안점을 두고 소설을 읽었다는 논의는 '황혜진, 위의 논문, 427~437면'을 참조. 이하 서술은 이 부분을 참조하여 정리하였다.

47 황혜진, 위의 논문, 425, 426면.

48 황혜진 역시 이와 같은 입장을 보였다(황혜진, 위의 논문, 418~419면 아울러 각주 12)). 다만 그는 효용론의 논리가 실제로 고전소설이 효용을 가졌기에 그런 것인지, 아니면 수사적 토포스 활용에 불과한 것인지 확인하기 힘들다는 이유를 들며, 이 입장에 대해 다소 조심스러운 태도를 보이고 있다. 하지만 필자가 보기에 조선시대 소설의 일차적인 효용은 바로 소설 읽기를 통한 심신 교화에 있다고 보며, 이러한 양상은

더 나아가 교훈적 성격이 고전문학 '전반'에서 '보편적으로' 확인된다는 사실[49]에 주목한다면, 고전소설에서 교훈성과 서사적 흥미는 양립 불가능한 것이 아니라, 오히려 교훈성이 전제가 된 상태에서 이런저런 서사적 흥미 제고를 시도했다고 보는 것이 더 정확할지도 모른다.

한편 자신이 소설 속 선한 인물들처럼 선행을 함으로써 당대 혹은 후대에 반드시 복을 받게 되기를 바라는 마음 또한 독자들을 교화시키는 또 다른 추동력으로 작용하였을 것으로 보인다. 이는 곧 자신과 자기의 가문, 나아가 자손이 잘 되기 위해 고전소설을 읽는다는 논리로 나타난다.[50]

즉 독자 스스로 소설 속 선한 인물들을 본받아 살다보면 하늘이 이에 감응하여 복을 내리고, 그 복으로 인해 자신은 영화롭게 살고, 자손도 번창하리라는 것이다. 이는 앞서 세속에서 통용되는 복선화음의 논리 중 자신의 선행으로 인해 조상이 흠향하고 자손이 번창한다고 한 부분과 맥이 닿는다. 성리학자들은 마음에 내켜하지 않았지만, 일반 백성

조선 말기까지도 기본적인 전제로 작용한다고 생각한다. 후기로 갈수록 흥미성에 대한 요구도 커지고, 흥미성을 제고하는 작품들이 등장하기는 하지만 이것이 기존 소설 비평론에서 이야기하는, 효용론에서 심미성으로 무게중심이 옮겨가는 것을 의미한다고 보지 않는다. 이 책의 주제와 직접적인 연관은 없어서 길게 이야기할 여유는 없지만, 필자는 조선 후기 소설에서 교훈성과 흥미성은 대립적인 것이 아니라 항상 같이 어우러져 있는 요소라고 보아야 한다고 생각한다.

49 조현우, 「우언문학에서 '교훈'의 성격과 위상」, 『시학과 언어학』 16(시학과 언어학회, 2009. 2), 276면.

50 황혜진은 이에 대한 구체적인 단계를 다음과 같이 정리하였다.
"독자는 소설을 읽고 선인이 잘 되고, 악인이 재앙을 당하는 것을 보면서 복선화음의 이치를 깨닫는다. 그러고선 소설에 등장하는 인물을 삶의 모범으로 삼아 효칙(效則)하면서 살아간다. 그러면 하늘이 감동하여 복을 내린다. 결국 자신은 천복(天福)으로 인해 영화롭게 되고, 가문이 흥하고, 자손이 번창하는 것이다"(황혜진, 앞의 논문, 423면).

들은 선행을 하면 무엇인가가 보상으로 반드시 따라오기를 원했고, 실제 그런 점이 그들을 선한 행위로 이끄는 힘으로 작용했음을 여기서도 확인할 수 있다.

성리학자들 스스로도 인정했듯이, 일반 백성들은 선한 행위를 순수한 동기에 의해서 하는 경우보다 어떤 보상이 이루어지기를 원하는 마음에서 행하는 경우가 많았다. 그래서 성리학자들 스스로도 백성들에게 실제 그러한 보상이 적절하게 주어지거나 적어도 적절하게 주어지리라는 기대를 심어줌으로써 그들이 선한 행위를 하도록 이끌 수가 있었다.

지금까지 본 것처럼, 성리학적 규범 준수의 당위성을 백성들에게 전파시키고 이를 통해 성리학적 이념을 확산시키기 위해서는 이러한 일반 백성들의 생리와 생각, 신앙, 사상과 일정한 타협을 할 수밖에 없었다. 그런 점에서 자신들이 내세우려는 교화의 논리를 일정 부분 세속화하여 세속의 복선화음 논리와 결합시키는 양상으로 백성들에게 다가가는 것은 불가피한 일이었다.

이렇게 성리학적 규범 준수의 당위성과 복선화음이라는 보상의 논리가 결합되어 백성들 사이에 통용되고 있었음은, 그리고 그러한 시도가 성공을 거두었음은 헐버트(Homer B. Hulbert, 1863~1949)의 1906년 저서 『대한제국멸망사(*The Passing of Korea*)』에서도 확인할 수 있다. 헐버트는 1886년부터 1891년까지 신교육 기관인 육영공원(育英公院)에서 교사로 활동하였고, 한국의 문화와 정세를 소개하기 위해 1901년부터 1906년까지 감리교계 월간지인 『코리아 리뷰(*The Korea Review*)』의 편집을 주관하였다. 해당 부분을 먼저 살펴보자.

이 오륜은 기독교의 진복팔단(眞福八端)에 해당되는 유교의 5훈(訓)이라고 말할 수 있는 것으로서 이를 처음 가르친 사람들은 어떻게 달리 표현하고 싶었는지 모르지만 한국인들이 그들의 실제 생활에 있어서 지키는 준칙은 다음과 같다.

(1) 부모를 공경하는 어린이는 복을 받을지니 장차 그의 자손들로부터 공경을 받을 것임이오.
(2) 왕에게 충성하는 자는 복을 받을지니 장차 그는 왕의 사랑을 받을 것임이오.
(3) 서로 사랑하는 부부는 복을 받을지니 그 집안은 화목할 것임이오.
(4) 벗을 우대하는 자는 복을 받을 지니 그는 벗으로부터 우대를 받을 것임이오.
(5) 어른을 공경하는 자는 복을 받을지니 나이를 먹은 후에는 지혜를 얻을 것이니라.

이를 지킨 다음에는 어떤 의미에서는 오륜의 당연한 귀결이라고 할 수 있는 다음과 같은 부차적인 윤리가 따른다.

(1) 정숙한 아내는 복이 있을지니 그의 덕을 새긴 정문(旌門)을 세워 부덕(婦德)이 남다름을 기릴 것임이오.
(2) 역경 속에서도 입신을 위해 꾸준히 노력하는 향사에게 복이 있을지니 그는 정적에게 폄하(貶下)되지 않고 조세를 물지 않을 것임이오.
(3) 시어머니의 박해를 꾸준히 참는 젊은 아낙에게 복이 있을지니 그는 장차 며느리를 꾸짖으면서도 원망을 듣지 않을 것임이오.
(4) 비복(婢僕)들에게 너그러운 자는 복이 있을지니 그들에게는 계란 한 꾸러미에 백 냥을 요구하는 대신에 일흔닷 냥을 요구할

것임이다.[51]

그는 당대 사람들의 일상생활에서 중심이 되는 것이 다름 아닌 오륜임을 간파한다. 이어서 그는 그러한 오륜이 원래 어떤 모습이었는지는 알 수 없다고 하고는 사람들의 실제 생활 속에서 구현되는 양상을 서술한다. 그는 오륜의 한 항목을 지켰을 경우 항상 그에 상응하는 보상이 따르는 것처럼 서술을 해 놓았다. 앞에 서술한 것은 준칙이고, 뒤에 따르는 것은 이를 통해 기대되는 보상인 셈이다. 부모를 공경하면, 자신 또한 자손으로부터 공경을 받을 것이라든지, 왕에게 충성을 다 한 보상으로 왕에게 사랑을 받는다든지, 부부의 사이가 좋음으로써 집안이 화목하게 된다든지, 벗을 우대함으로써 자신도 벗에게서 우대를 받는다든지, 어른을 공경하면, 후에 나이 들어 지혜를 얻게 된다든지 하는 것이 모두 여기에 해당한다.

이어 그는 이러한 오륜을 잘 지켰을 때 실질적으로 따라올 수 있는 보상에 대해서도 서술하는데, 그 양상이 다소 우스꽝스러운 면도 있기는 하지만 다분히 현실적인 보상이라는 점을 고려한다면, 실제 오륜의 준수에 대한 보상으로 민간에서 인식하고 있었던 면을 드러낸 것이라 할 수도 있다. 정숙한 아내는 정문(旌門)을 통해 그 부덕을 표창 받을 것이라든지, 꾸준히 입신을 위해 노력하는 선비는 그 노력을 인정 받아 특권을 누리게 될 것이라든지, 시어머니의 구박을 견디는 며느리는 나중에 시어머니가 되어서 며느리에게 원망을 받지 않을 것이라든지, 비복(婢僕)들에게 너그러운 집은 달걀 구매 값을 할인 받게 될 것이라든지

51 H. B. 헐버트, 신복룡 역주, 『대한제국멸망사』(집문당, 1999), 439~440면.

하는 것이 여기에 속한다.

이상에서 살핀 것처럼, 사대부들이 사대부 자제들뿐만 아니라, 여성을 비롯한 일반 백성들에게까지 성리학적 이념을 고취하기 위해서는 세속에서 통용되는 복선화음의 논리를 끌어와 활용할 수밖에 없었고, 이러한 논리를 문학 작품 속에서 구현해 놓음으로써 독자들에게 설득력 있게 다가갈 수 있었다. 그 결과 성리학적 규범 준수에 대한 당위성이 복선화음이라는 보상의 논리와 결합한 채 민간에 통용되고, 그것이 일상생활에서 상식으로 자리 잡을 정도로 이 논리가 민간에 설득력 있게 파고드는 데 성공했음을 알 수 있었다.

이러한 성과를 거둘 수 있었던 데는 비단 복선화음의 논리뿐만 아니라, 작품 속에서 이를 선-악 대립 구도로 재편하여 구현한 것도 큰 몫을 차지한다. 다음 항에서는 이 문제를 다루어보기로 하겠다.

3) 선-악 대립 구도의 재편과 정착

앞서 성리학적 규범을 잘 지키는 것이 인간으로서 갖추어야 할 가장 기본적인 요건이라는 논리는 하층에까지 성리학적 규범이 확산되고 정착되게 하는 중요한 논리 중 하나로 기능하면서 성리학적 규범 준수에 대한 도덕적 강제력을 갖도록 해 주며, 동시에 하층에서 이를 자발적으로 수용하도록 추동한다고 하였다. 이 논리는 복선화음의 논리와 결합되면서, 그리고 다시 선-악 대립 구도와 결합하여 재편됨으로써 암묵적이지만 더욱 강력한 설득력과 강제력을 지니게 된다.

이러한 면모는 특히 소설에서 더욱 강력하게 구현된다. 문학 작품 속에서 성리학적 규범을 반드시 지켜야 하는 것으로 인식하고, 어떠한 상황에서도 이를 철저히 준수하는 인물은 선인으로, 그렇지 않은 인물은 악인으로 형상화된다. 그리고 궁극적으로 선인은 무궁한 부귀영화를 누리고, 악인은 파멸하거나 극단적인 징치를 당하는 것으로 결구된다. 뿐만 아니라, 작품의 서술자는 시종일관 선인의 편에 서서 선인에게 우호적인 시선을 던지고, 악인에 대해서는 극단적인 언행도 서슴지 않는다. 성리학적 규범을 준수하느냐 여부가 선인이냐 아니냐 여부로 재편되는 것이다.

이렇게 사람이라면 성리학적인 규범을 반드시 지켜야 한다는 논리는 선-악 대립 구도와 결합함으로써 성리학적 규범에, 그리고 이를 준수하는 사람에게 도덕적 우위를 부여한다. 그리고 이는 피교화자들에게 성리학적 규범을 지키지 않으면 악한 사람이고, 심지어는 금수와 다를 바가 없다는 인식을 심어 주며, 더 나아가서는 그러한 악행을 저지를 경우 무시무시한 징치와 처벌을 결코 면할 수 없으리라는 생각을 갖게 만든다. 이로 인해 이 논리는 도덕적 강제력을 가지게 되고 궁극적으로는 피교화자가 자발적으로 이를 수용하게 만드는 것이다.

성리학적 규범의 준수 문제를 인물의 선악 문제와 결합시켜 선-악 대립 구도로 재편하는 양상은 19세기에 와서 새삼스럽게 이루어진 것은 아니다. 이미 여러 연구자들이 지적했듯이, 이러한 양상은 17세기 후반, 특히 〈사씨남정기〉, 〈창선감의록〉에서 선악의 대결, 복선화음의 구조와 결합되어 나타난다.[52] 즉 17세기 전반에 형성된 선-악 대립 구

---

52 이에 대한 대표적인 논의 몇을 들면 다음과 같다.
강상순, 「사씨남정기의 적대와 희생의 논리」, 『고소설연구』 12(한국고소설학회, 2001); 조현우, 「사씨남정기의 악녀 형상과 그 소설사적 의미」, 『한국고전여성문학연구』 13(한국고전여성문학회, 2006); _____(2007), 앞의 논문; 정환국, 「17세기 소설에서 '악인'의 등장과 대결구도」, 『한문학보』 18(우리한문학회, 2008).

도가 17세기 후반으로 접어들어 복선화음의 구조를 견인해 내면서 소설사의 전환이 이루어진 것[53]이다.

이러한 양상은 근본적으로는 바로 사대부 자제들과 여성, 그리고 향촌 사회 구성원들에게 성리학적 이념을 확산시키기 위해 사대부들이 소설을 중요한 수단으로 삼은 데서 기인한다.[54] 즉 부녀자들을 대상으로 한 소설의 교화적 측면이 부각되면서 사대부들이 소설이 갖고 있는 향유층을 통해 보다 많은 사람들을 자신들의 의도에 포섭하기 위해 소설을 이용했던 것[55]이다.[56] 그런 점에서 17세기 후반에 성립된 이 구도를 두고 일종의 '자기 합리화의 서사'[57]로 간주하는 것도 무리

53 정환국(2008), 앞의 논문, 581면.

54 그런 점에서 〈사씨남정기〉에서 "사씨의 절행과 교씨의 악행이 사실상 동일한 담론적 기반 위에서 가능했으며, 또 그러한 담론적 기반이야말로 교씨를 악녀로 그리고 사씨를 절개를 지킨 여성으로 만들어내는 핵심"이 되었다는 조현우의 지적은 매우 예리하다 할 수 있다(조현우(2006), 앞의 논문, 321면).

55 허태용, 「17세기말~18세기 초 존주론(尊周論)의 강화와 『삼국지연의』의 유행」, 『한국사학보』 15(고려사학회, 2003. 9), 141면. 이 논문은 '허태용, 『조선후기 중화론과 역사인식』(아카넷, 2009)'에 수정, 수록되었다.

56 그런 점에서 연구자들에게 너무나 익숙한 김만중의 다음 언급도 단순히 통속 소설이 경전보다 사람들의 흥미를 끌었기 때문에 많이 지어졌음을 의미하는 것으로 이해하는 시각은 제고할 필요가 있다.
김만중(金萬重), 『서포만록(西浦漫筆) 하(下)』, 『한국역대문집총서(韓國歷代文集叢書)』 247, 645~646면. "『동파지림(東坡志林)』에 말하길 '여염의 아이들은 집에서 싫어하고 귀찮게 여기기에 번번이 돈을 주어 모여 앉게 해서는 옛날 이야기를 들려주곤 한다. 삼국(三國)의 일을 이야기함에 이르러 유현덕(劉玄德)이 패하는 이야기를 들으면 찡그리며 눈물을 흘리던 아이가 조조(曹操)가 패하는 것을 들으면 기뻐하고 노래 부르며 즐거워한다' 하였다. 이것이 나관중(羅貫中)의 『삼국지연의(三國志演義)』의 시작인가? 지금 진수(陳壽)의 『삼국지(三國志)』와 사마광(司馬光)의 『통감(通鑑)』을 가지고서 여러 사람들을 모아놓고 강설한다고 해도 반드시 눈물을 흘리지는 않을 것이니 이것이 통속소설을 짓는 까닭이다."

57 정환국(2008), 앞의 논문, 583~584면.

는 아니다.

그런데 중요한 것은 성리학적 규범 준수의 당위성을 선-악 대립 구도, 복선화음의 논리와 결합시킨 소설의 결구가 인간의 도덕적 기준에 호소하여 '보편성'을 획득하고 마침내 고전소설사의 주류적 방향으로 구축되었다는 점이다.[58] 바꿔 말하면, 선-악 대립 구도, 복선화음의 논리와 결합된 소설의 결구가 소설 속 이런저런 흥미소와 함께 독자들의 흥미를 유발하고 독자들에게 적극적으로 받아들여지면서 소설 구성에 있어 일종의 공식적인 결구 형태로 정착되어 가는 것이다. 그리고 이러한 결구 형태는 이후 판소리와 일부 교훈 가사 등에도 영향을 미치는 것으로 보인다.

이런 식의 소설 결구가 정착되는 데 큰 역할을 한 사람은 다름 아닌 소설의 서술자이다. 그는 성리학적 규범을 잘 준수하는 선한 인물에 대해서는 그들의 행적과 덕성을 추켜세워 줄 뿐만 아니라, 그들 선조의 업적도 함께 드러내어 표창해 주고, 그들에 대한 찬사를 그치지 않는다. 반면, 성리학적 규범을 잘 지키지 않거나 고의로 어기는 악한 인물에게는 그들이 처한 현실적 여건이 어떠했건 간에 그들이 원래부터 악한 품성을 지녀서 성리학적 규범과는 애초부터 거리가 먼 인물인 것처럼 그려낸다. 일부 교훈 가사나 판소리에 등장하는 '악인형' 인물에 대한 형상화 역시 이러한 맥락에서 나온 것이다.

앞에서 살폈듯이, 악인형 인물들에 대해 외양 묘사를 생략하고 과거에 대한 설명을 생략해 버리며, 그들을 결코 교화가 불가능한 개과천선이 불가능한 애당초 악인으로 형상화하는 것, 그리고 그들의 악

58 정환국(2008), 위의 논문, 584면.

행을 상세하게 나열하고, 서술하고, 형상화하는 방식은 당대 문학 양식을 막론하고 공통적으로 활용되던 관습적인 기법이었을 것으로 생각된다.[59] 그리고 이러한 방식을 통해 선인인 주인공과 악인인 반동인물을 명확하게 대립시켜 선–악 대립 구도를 더욱 명확하게 설정할 수 있었다.[60]

여기서 중요한 점은, 이러한 대립적인 태도가 반복되면서 독자들의 뇌리에 '당연한' 생각으로 자리 잡아 간다는 점이다. 서술자의 이런 태도가 꾸준히 반복적으로 제시됨으로써 독자들은 성리학적 규범을 준수하는 사람이 선한 사람이며, 그러한 삶을 살았을 때 그 자신 혹은 후대에 반드시 복을 받게 되리라는 인식을 갖게 되고, 점차 그것이 독자 스스로도 당연한 것으로 생각하기에 이른다.

후대 국문 장편소설과 영웅 소설에서 보이는 선한 인물에 대해 서술자가 늘어놓는 무조건적인 찬사, 그리고 악한 인물에 대해 서술자의 과도한 악담은 이러한 과정을 거쳐 독자들이 당연한 것으로 느껴지는

---

59 그런 점에서 악인과 선인을 구분 짓는 데 자세한 외양 묘사(과거 행정 서술까지 포함해서) 여부 역시 기준이 된다고까지 하는 것은 다소 지나칠지 모르지만, 중요한 요소 중 하나로 작용하는 것만은 분명해 보인다.

60 조현우는 범죄소설에서 '선–악' 대립 구도가 인간이나 인성에서 구체화되지 않고 단순한 '영역'의 문제가 된다는 만델의 지적에 착안하여 영웅 소설의 '선–악' 대립 구도 역시 '실체화' 내지 '영역화'되는 경향이 있다고 하였다. 필자 역시 이에 대해 기본적으로 동감한다. 다만 이러한 '영역화'가 '선인과 악인이라는 그 영역의 속성을 받아들여 인격화한 일종의 '대리자(agent)'가 되'는 단계까지 갔는지에 대해서는 다른 소설 유형과의 비교 작업을 더 거친 다음에 내릴 수 있는 문제가 아닐까 싶다(조현우, 「고소설의 악과 악인 형상에 대한 문화사적 접근: 초기소설과 영웅 소설을 중심으로」, 『우리말글』 41(우리말글학회, 2007. 12), 22~25면). 한편 만델은 범죄소설이 왜 대중들에게 사랑을 받게 되었는지에 대해 사회학적으로 분석하였는데, 이러한 요인들은 영웅 소설이 인기가 있었던 이유를 설명하는 데도 많은 참고가 될 것으로 보인다(에르네스트 만델, 이동연 옮김, 『즐거운 살인: 범죄소설의 사회사』(이후, 2001)).

상황에까지 도달했기 때문에 가능했던 것이다. 이는 소설을 통해 좀 더 많은 사람들을 교화의 대상으로 포섭하고, 실제 교화시키려 했던 사대부들의 의도가 먹혀들었음을 의미하는 것이기도 하다.

여기서 놓치지 말아야 할 점은, 이러한 패턴이 전형화되었다는 것 자체도 중요하지만 이러한 패턴이 전형화되면서 그 서술 속에 녹아 있는 교화 요소도 함께 전형화되면서 독자에게 '반복'해서 제시되고 수용된다는 점이다. 그리고 독자가 이를 별 거부감 없이 수용한 데는 독자의 머릿속에도 선한 주인공에 대한 일정한 형상이 자리 잡음과 동시에 선한 주인공이라면 당연히 그럴 것이라는 기대가 있기 때문이다.

바로 이러한 기대를 만들어 낸 힘은 이러한 서술 속에 녹아 있는 교화 요소를 반복해서 받아들이면서 이를 자연스럽게 체화(體化)한 데서 기인한 것이다. 그럼으로써 독자들 스스로도 성리학적 규범을 어기는 사람들에 대해서는 그들이 어떠한 상황에 처해있든 간에 일단 자신들보다는 못한 사람으로 간주하고 그들이 징치를 받거나 몰락을 하는 데 대해 역시 당연하게 느껴가는 양상으로 나아가게 만들었다.

예를 들어, 국문 장편소설이나 영웅 소설에서 주인공의 내력을 소개할 때면 서술자가 그의 가계, 높은 덕망, 공업과 백성들의 선망 등을 읊어대는 방식이 문학적 관습으로 자리 잡았다는 것은 실제 현실에서 그 이전부터 지속적인 교화 작업을 통해 덕과 품행을 사람들에게 제시하고, 실천을 요구해 왔음을 의미한다. 반대로, 악한 인물에 대해서 그들의 악행만을 부각시키며, 이를 오로지 그들이 지닌 품성에서 기인한 것으로 전가해 버리는 방식이 그들이 결국 징치되거나 파멸하는 결말부와 함께 문학적 관습으로 자리 잡은 것 역시 마찬가지이다.

이렇게 볼 때, 결국 작품 속에 나타나는 서술자의 태도는 그가 선한 주인공에게 성리학적 이념을 관념적으로 덧씌우는 것이 아니라, 성리학적 이념을 잘 준수하는 인물을 선하게 형상화하는 것으로 보아야 한다. 아울러 서술자의 이러한 태도를 두고 사회 현실에는 무관심한 채 단순히 성리학적 이념의 우위를 보이기 위해 선한 인물에게 이를 덧씌우는 '관념적인' 태도로 치부할 수 없다는 점도 더욱 분명해진다.[61] 이는 문학 작품을 읽는 과정에서 교화의 효과가 충분히 발휘되도록 하기 위해 일단 몇 단계의 치환 과정을 거침으로써 가능했고, 이 논리가 사대부들의 의도대로 독자들에게 먹혀듦으로써 정착될 수 있었던 것이다.

한편 성리학적 이념 확산을 위해 이를 복선화음의 논리, 선-악 대립 구도와 결합시켜 재편시킴으로써 독자들에게 설득력을 높이고자 한 시도가 성공적이었음은 〈여와전(女媧傳)〉을 통해서도 간접적으로 확인할 수 있다. 〈여와전〉에 나타나는 소설 속 인물들에 대한 평과 서열의 변화는 유교적 부덕이 가장 중요한 요소로 부각된 상황을 드러내고 여성들에 대한 사대부들의 지속적인 교화가 먹혀들고 확산되고 있음을 단적으로 보여준다.

> 그렇다면 〈여와전〉에서 주목해야 할 점은 논평의 기준일 것이다. 소설 속의 여성들이 투색창업연을 벌였는데 여와의 명을 받은 문창진군이 투색창업연의 순위를 무너뜨리고 새로운 서열을 세웠다는 것은 전

61 그렇기 때문에 성리학적 이념에 우위를 두는 작품 서술자의 태도를 객관적이지 못하다는 이유로 부정을 하고 작품에 접근할 경우, 작품을 잘못 이해하거나 오히려 중요한 국면들을 놓치는 우를 범하게 되는 것이다.

> 술한 바다. 투색창업연의 순위가 소설 속 여성 인물들에 대한 기존의 인식을 반영한다면, 문창의 서열은 새로운 비평 의식의 출현을 뜻한다. 문창은 아무리 아름답고 현숙하더라도 불교를 적극적으로 신봉한 여성들과 둘째 부인으로서 첫째 부인의 자리를 차지한 여성들을 축출, 강등시켰다. 승격시킨 경우는 첫째 부인 또는 유일한 부인으로서 유교적 부덕을 투철하게 실천한 여성들이었다. 불교 배척과 유교적 부덕에 대한 엄격한 요구는 조선 후기 예교 질서의 강화와 궤를 같이 하며, 부인 사이의 서열을 절대시하는 태도는 상층 여성이었던 독자층의 이해관계를 대변한다. 추방되거나 강등된 여성들이 17세기 소설의 인물인 반면, 새롭게 영입되어 최고위를 차지한 여성들은 18세기 소설의 인물이라는 사실은 〈여와전〉이 장편소설의 사적 전개에서 중요한 변화의 지점을 포착하고 있음을 보여준다.[62]

이 연구에 따르면, 문창이 투색창업연에서 아무런 지위를 얻지 못했던 사정옥을 발탁하여 자신이 추천한 인물들과 같은 서열을 부여함으로써 17세기 소설 인물로서는 사정옥이 유일하게 최고위에 오른다. 아울러 최고 지위에 오른 그에 대해 "맑은 덕은 얼음 같고 공번된 마음은 옥 같다"는 평을 내린다. 공번되다는 말이 행동이나 일 처리가 사사롭거나 한쪽으로 치우치지 않고 공평하다는 의미를 지님을 고려하면, 이 평이야말로 사정옥에 대한 핵심을 정확하게 꿰뚫었다고 할 수 있다. 게다가 〈속남정기〉에서는 사정옥만 제외하고 그동안 황릉묘에 진출해 있었던 많은 소설 속 여인들이 모두 축출되어 황릉묘가 사정옥을 위한 폐쇄적인 공간으로 설정되고, 사정옥을 승격시켜 사실상 이비(二妃)와 동급으로 대접받게 만든다.[63]

---

62 지연숙(2011), 앞의 논문, 156면.

성리학적 이념의 화신이라 간주되는 사정옥이 소설 속 인물로서 황릉묘를 독점하게 되며, 그 지위도 이비와 동등하게 된다는 두 가지 사실은 매우 의미심장하다. 먼저 소설사의 흐름에서 사정옥의 위치가 규정되어 가는 흐름을 잘 보여주고 있다고 생각한다. 다시 말해 사정옥의 위상 변화는 단순히 한 인물의 위상 문제가 아니라 사정옥으로 대표되고 상징되는 성리학적 이념을 사대부가 여성들 스스로도 인물을 평가하고 상대에게 요구하는 최선의 가치가 되었다는 것을 상징적으로 보여주는 사건인 것이다.

이는 〈사씨남정기〉에서부터 〈속남정기〉에 이르는 황릉묘에 진출한 소설 속 여인들의 변천 양상과 함께 사대부가 여성들에 대한 교화 확장과 궤를 같이 하여 나타난 양상이라 할 수 있다. 아울러 이 두 사실에는 선-악 대립 구도 속에서 성리학적 규범을 준수하는 인물을 선한 인물로 간주하여 선한 인물로서 모습을 끝없이 부각시키려는 소설 결구 방식이 성공을 거두었음을 의미하는 것이기도 하다.

한 걸음 더 나아가 이 논리는 국문 장편소설의 판도 자체를 서서히 바꿔 놓는 데 성공했다. 성리학적인 이념으로 교화하기 위해 이러한 논리를 내세웠던 사대부들뿐만 아니라, 주 독자층인 상층 여성들 스스로도 이 논리에 공감함으로써 소설 내에서 윤리적인 정화 작용이 일어났던 것이다. 17세기 후반의 소설사적 주류는 자유분방한 감정 표현과 예교에 대한 느슨한 태도를 지니고 있는 작품들이 소설사의 앞자리에 위치하고, 점차적으로 유교적 윤리가 강화되면서 오늘날 우리가 보는 장편 가문소설이 형성되었던 것이다.[64]

---

63 지연숙(2011), 위의 논문, 156~158면.

그런데 사실 복선화음의 논리가 성리학의 논리와 맞지 않은 것처럼, 선-악 대립 구도 또한 성리학의 논리와 잘 맞아 떨어지지 않는다. 그 이유는 잘 알다시피, 유가적 심성론에서는 심성의 대립 구도가 선악의 대립이 아닌 선불선(善不善)의 대립으로 존재하기 때문이다. 즉 '불선'은 인간 본성으로서의 '선'이 실현되지 않은 상태로 노력 여하에 따라 언제든지 선한 본성으로 돌아갈 수 있는 가능성이 열려 있다. 따라서 자신의 의지와 선택에 따라 악을 행하고 그러한 행위에 대해서 책임을 지는, 어떤 영역을 가지고 선과 대립하는 '절대악'이 있을 수가 없다.[65]

결국 성리학적 이념을 확산시키고, 성리학적 규범을 준수하도록 하는 교화의 논리가 선-악 대립 구도와 결합하여 재편된 것은 양반 사대부 자제와 여성, 그리고 궁극적으로는 일반 백성들에게 이러한 논리가 좀 더 쉽게 다가오고, 쉽게 설득될 수 있도록 '속화(俗化)'된 것이라 할 수 있다. 교화의 논리가 복선화음의 논리와 결합한 것과 같은 목적 하에서 이루어진 셈이다. 그렇다면 소설 속에서 선-악 대립 구도를 설정하는 것은 어디에서 온 것일까?

여기에는 여러 경로가 있을 수 있다. 조선 전기에 유행했던 불교계 소설에서도 일정한 자양분을 얻었을 수도 있고, 16세기 중후반부터 조선에 들어와 읽히기 시작했던 명청대(明淸代) 연의류(演義類) 혹은 인정소설(人情小說) 등에서 구도와 기법을 차용해 왔을 수도 있다.

기존 연구에 따르면, 조선 전기 불교계 소설 속에서 성녀(聖女)와 악녀(惡女)의 대립적 형상이 비교적 뚜렷한 모습으로 부각되고 있다. 그

---

64 지연숙, 『장편소설과 여와전』(보고사, 2003), 258면, 271면.

65 조현우(2006), 앞의 논문, 339면.

중 성녀로서의 여성 이미지는 불전계(佛傳系) 서사들의 여성 이미지가 전래의 신화 서사에 그려진 여신들의 이미지와 결합되어 나타난 반면, 악녀로서의 여성의 이미지는 『삼국사기』나 『삼국유사』, 『고려사』에도 등장하지 않으며, 불교계 소설에서 비로소 나타나기 시작한다. 그리고 선악을 분명히 구별하고 규정하는 고대종교인 불교에 의해 비로소 악이 드러나고 악에 관한 이야기가 생성되었다. 다만 『삼국사기』나 『삼국유사』에서 악녀 형상이 나타나지 않는 것은 악을 통한 경계의 담론을 배제해 버린 데에서 기인한 것으로 추정된다.

그래서 17세기 이후의 가정 소설 혹은 가문 소설 안에 악한 첩이나 악한 계모 등의 형상으로 무수히 등장하는 악녀 형상의 가장 가까운 기원은 〈목련전(目連傳)〉이나 〈금우태자전(金牛太子傳)〉과 같은 조선 전기 불교계 국문 소설에 있다고 할 수 있으며, 조선 전기 불교계 소설은 이전에 없던 악녀의 형상을 소설사 안에 심어 놓은 의의가 있다고 한다.[66]

조선 전기 불교계 소설에서 성녀와 악녀의 대립 형상이 비교적 뚜렷하게 드러나고, 악녀에 대한 형상화가 비로소 이루어진다는 점 등이 소설 속 선-악 대립 구도가 형성되는 근원이 되었을 가능성은 충분히 있다. 다만 소설에서 본격적인 대립 구도가 형성되는 것은 17세기 후반 〈사씨남정기〉와 〈창선감의록〉에 와서이며, 더 올라간다고 해도 〈운영전(雲英傳)〉 이후라야 함을 감안한다면, 직접적인 영향 관계로 설정하기에는 주저되는 면이 있다. 그래서 선-악 대립 구도와 관련해서는

66 이상의 서술은 '조현설, 「성녀와 악녀: 조선 전기 불교계 소설의 여성 형상과 유가 이데올로기의 접점에 관한 시론」, 『불교어문논집』 8(한국불교어문학회, 2003. 12)'의 내용을 참조하여 정리하였다.

명청대 인정소설과 연관성이 더 뚜렷하지 않겠는가 생각한다.

근래 국문 장편소설과 명청대 인정소설 간의 내용적 근친성과 변별성을 다룬 논의가 있다. 여기서 국문 장편소설과 인정소설 사이의 근친성으로, 뛰어난 남녀 주인공들의 혼인과 혼사 장애가 주된 내용을 이루며, 남녀 주인공의 혼인은 소인 혹은 악인형 인물로 인해 지연되거나 방해를 받는다는 점, 욕망의 문제를 주의 깊게 다룬다는 점, 정도의 차이는 있지만 응보관이 노출되어 있다는 점, 작품의 주 공간은 가정이며 이곳에서 갈등이 시작된다는 점 등을 들었다.

아울러 인정소설과 대비되는 국문 장편소설의 특징으로, 한정된 독자층을 대상으로 하여 고급한 취향을 지닌다는 점, 그래서 충분한 오락거리로서 기능을 하면서도 상층 집단의 미의식과 문화적 욕구에 부합하는 형태를 띤다는 점, 인정소설처럼 곡진한 현실묘사가 이루어지지는 않는다는 점, 갈등 중심의 서사성 강화가 두드러지며, 그에 따라 선인은 물론 악인도 추상화, 허구화되는 경향을 보인다는 점, 재기 발랄하고 개성적인 주인공은 도덕적이고 군자적인 인물로 재편되어 가는 양상을 보인다는 점, 가정 내부에서 일어나는 여러 갈등들은 항상 가문의 존립과 관련된 국가적 문제로 확대된다는 점 등을 들었다.[67]

이 중 이 책과 관련하여 먼저 주목되는 부분은, 국문 장편소설에서 곡진한 현실묘사보다는 갈등 중심의 서사성 강화가 두드러진다는 점이다. 이는 소설 창작층의 관심이 현실의 인정물태를 있는 그대로, 세밀하고 정확하게 묘파하는 것보다 등장인물들 간의 갈등을 첨예하게

---

67 이상의 서술은 '전성운, 「17세기 장편국문소설과 명말 청초 인정소설의 상관성」, 『중국소설논총』 17(한국중국소설학회, 2003. 3), 76~86면'의 내용을 참조하여 정리하였다.

그려내는 것을 중요하게 여겼음을 뜻한다. 그리고 그러한 갈등을 드러내는 데는 선인과 악인을 대립시키는 것만큼 손쉽게 흥미를 배가시키는 방법도 없다. 주인공의 혼사 장애 모티프가 거의 빠지지 않는 것도 이와 깊은 관련이 있다.

그런데 국문 장편소설에서 갈등 중심의 서사성이 강화되고, 선인과 악인의 대립이 첨예하게 드러나는 것에 대해 독자의 흥미 제고 차원으로만 이해해서는 곤란하다. 소설 창작자들이 여기에 좀 더 주안점을 둔 것은 흥미 제고 차원뿐만 아니라 교훈성 또한 매우 중요하게 생각했기 때문이다. 즉 소설 창작자는 선인과 악인의 첨예한 대립 구도를 통해서 악인 때문에 선인이 여러 고난을 겪는 것을 보여준 뒤, 마침내 선인이 복록을 받고 악인이 형벌을 받는 종결을 통해 독자들에게 선인을 본받으며 살 것을, 그리고 그렇게 살다 보면 선인들처럼 언젠가는 복을 받을 것임을 보이는 데 가장 큰 관심이 있었던 것이다.

인정소설과 달리 곡진한 현실묘사가 이루어지지 않는 것은 창작자의 서술 능력이 떨어져서가 아니라, 바로 이를 드러내기 위해 가장 효과적인 방법을 택한 결과인 것이다. 선인과 악인이 추상화, 허구화되는 것 또한 여기에서 기인한다. 이들의 갈등을 첨예하게 드러내고, 선행과 악행을 뚜렷하게 보여주기 위해서는 현실성 있게 형상화하는 것보다 어느 정도 과장하고 극단화하는 것이 필연적이다. 그래서 선인이나 악인이나 현실성 있게 묘사되기보다는 자신들에게 부여된 역할, 기능, 이념에 그저 충실한 인물로 묘사될 수밖에 없었던 것이다.

아울러 선인들의 선한 행적이 좀 더 독자들에게 설득력 있게 다가가기 위해서는 그들이 재기발랄하고 개성적인 인물임을 강조하는 것보다 그들이 원래부터 매우 도덕적이고 군자적인 인물이었음을 강조하여 드러내는 것이 훨씬 중요했다. 주인공이 도덕적이고 군자적인 인물로 재편되어 가는 것 역시 여기에서 연유했던 것이다. 인정소설보다는 미약하지만 응보관이 여전히 드러난다는 점 또한 이와 관련 있음은 물론이다.

결국 가정 내부의 이런저런 문제가 단순히 가정 내부의 것이 아니라, 가문의 존립과 관계되는 도덕적 문제, 국가적 문제로 받아들이게[68] 된 소설 창작자들은 소설 속에서 악인들의 농간으로 인해 가정 내에서 갈등이 일어나고 급기야는 국가의 안정마저 위협받을 수 있음을 독자들에게 끊임없이 각인시키고, 이를 경계로 삼도록 할 필요가 있었다. 그래서 그들은 인정소설에 나타나는 뛰어난 남녀 주인공의 면모와 선인과 악인의 대결 구도를 끌어다가 여기에 이들의 대결구도를 더욱 첨예하게 만들고, 선한 주인공들의 도덕적 면모를 부각시키고, 등장인물들을 다소 추상적이고 과장적으로 그리는 방향으로 변화를 꾀했던 것이다.

한 가지만 덧붙이자면, 고전소설의 중요한 역할로 교화를 들고, 교훈성을 흥미성 못지않은 중요한, 아니 기본 전제로 간주하기까지 하는 이 책의 시각에 대해 교훈성을 지나치게 강조하고, 흥미성을 의도적으로 폄하하는 것 아니냐는 반론이 제기될지도 모른다. 하지만 이는 교훈과 흥미가 양립할 수 없다고 생각하거나 문학이 동양에서 교화의 수단으로써 기능했다는 점에 대해 서양의 문학에 비해 덜 발전된 양상으로 생각하는 데서 연유한 것이다.

테리 이글턴에 따르면, '경험'은 이데올로기의 본향이자 이데올로기

---

68 전성운, 위의 논문, 85면.

가 가장 효과적으로 뿌리를 내리는 장소일 뿐만 아니라, 그 문학적 형식 속에서 일종의 대리적 자기성취가 이루어지기에 문학은 주로 감동과 경험을 통해 작용한다는 점에서 이데올로기적 직무를 수행하는 데 매우 적합했다.[69] 이런 관점에서 보면, 고전소설이 교훈성을 강하게 지니면서 교화의 중요한 도구로 기능했다는 점은 전혀 이상하거나 뭔가 부족하다고 여길 사안이 아니다.

문학이 교화에 큰 역할을 했다는 점과 관련하여 우리와 다른 역사적 상황, 사회적 배경에서 나온 현상이기는 하지만 18세기 영국 문학이 중산층에게 귀족층의 이데올로기를 전파하고 보급하는 역할을 했다는 점도 참고가 된다.

테리 이글턴에 의하면, 18세기 영국의 문학에 대한 사회적 요구는 적절히 풍성하고 정교한 이데올로기로 자신들의 정치적·경제적 힘을 보강·지탱할 능력이 없음이 판명된 속물적인 중산계급을 교양 있게 만드는 것이었다. 이러한 작업은 귀족계급의 전통적인 스타일과도 같은 것을 중산계급에 주입함으로써 이루어질 수 있었다. 예의에 맞는 사회규범들과 '올바른' 취향, 그리고 이성, 자연, 질서, 예의 등 공통적인 문화적 기준들을 보급하고 확산하는 데 문학이 필수적 도구가 됨으로써 문학은 이제 새로운 중요성을 획득하기에 이르렀다는 것이다.[70]

이런 관점에서 볼 때, 고전소설이 지녔던 중요한 기능으로 성리학적 이념을 확산시키고, 사람들을 교화시키는 도구 역할을 드는 것은 이념 중심의 사회였던 조선 사회에서는 전혀 이상한 현상이 아니며,

69 테리 이글턴, 김현수 옮김, 『문학이론입문』(개정판)(인간사랑, 2006(2쇄), 2001(초판)), 62, 63면.

70 테리 이글턴, 위의 책, 47~48면, 58~59면.

문학 발전이 아직 덜 이루어진 데서 나온 현상으로 간주할 필요도 없음을 알 수 있다. 지금까지 살핀 것처럼, 고전소설은 성리학적 규범 준수의 당위성이 민간에서 통용되던 복선화음 논리와 결합하고, 다시 이를 선-악 대립 구도로 재편하여 사건을 결구함으로써 독자들의 흥미를 끌면서 동시에 성리학적 이념을 전파하고 확산시키는 두 역할을 훌륭하게 해 냈던 것이다.

4) 적극적 포섭과 철저한 배제

앞서 3장에서 국문 장편소설과 영웅 소설에서 전형적으로 나타나는 선-악 대립 구도와 복선화음의 구현, 그리고 여기에 내재되어 있는 포섭과 배제의 논리가 한문 장편소설과 우화 소설, 판소리, 판소리계 소설, 19세기 일부 교훈 가사 등에서 어떻게 나타나는가 하는 문제를 논의하였다. 그렇다면 작품 속 등장인물에 대한 서술자의 시선을 통해 표면화 되는 포섭과 배제의 논리가 힘을 발휘할 수 있는 이유는 무엇인가 하는 문제를 다루어 보기로 하자.

이는 정도의 차이는 있지만, 국문 장편소설과 영웅 소설, 한문 장편소설, 우화 소설, 판소리, 판소리계 소설, 19세기 일부 교훈 가사 등에서 이러한 포섭과 배제의 논리가 설득력을 가질 수 있는 공통적인 요인이 되기도 하기에 중요하게 다룰 필요가 있다. 다만 이 책에서 다루는 양식과 유형 중에서는 판소리, 판소리계 소설, 교훈 가사 등에서 이 논리가 가장 뚜렷하게 드러나고 가장 강력하게 관철되고 있으므로, 이들을 중심에 놓고 논의를 진행하기로 한다.

판소리, 판소리계 소설, 교훈 가사의 서술자는 앞서 논의했던 인물 형상화 방식들을 활용하면서 악행을 저지르는 인물들을 철저히 타자화(他者化) 하여 그들과 거리를 둔다. 이러한 거리두기는 냉정한 시선을 유지한 채 그들에게 어떠한 동정이나 구제의 시선을 주지 않겠다는 의지의 표현이나 다름없다. 이를 통해 서술자는 우월감으로 가득 찬, 멸시와 비아냥거리는 눈길로, 그 어떠한 동정의 여지도 없다는 눈길로 그들의 행위를 제시할 뿐이다.[71] 독자 또한 그들보다 도덕적으로 우월한 위치에 서서 그들을 비난하고 조롱한다.[72] 이렇게 독자가 서술자와 같은 위치에 서서 그들의 행위를 비난할 수 있게 하는 것만으로도 사실 경계의 의미는 크다. 간접경험을 통한 교화 효과를 발휘하는 것이다.[73]

그런데 작자의 이러한 시선은 단지 문제를 일으키는 그들에게만 향하는 데 그치지 않는다. 서술자는 독자가 자신과 같은 위치에 서서 그들을 마냥 비난하고 조롱하게 내버려두지 않는다. 서술자는 시선을 갑자기 독자에게 돌리고는 악행을 저지르는 등장인물들의 말로를 차분하게 보여준다. 그럼으로써 독자들로 하여금 이러한 행위들을 저지를 경우 그들과 똑같은 상황에 처할 수 있다고 엄포를 놓는 것이다.

서술자가 이러한 엄포를 놓는 데는 두 가지 이유가 있다. 먼저 서술

71 〈복선화음가〉의 여성화자인 이씨 부인이 딸에게 괴똥어미의 일을 이야기하는 태도가 상당한 빈정거림과 훙보는 어투로 일관하고 있다는 점도 사실 이와 궤를 같이 하는 것이다(길진숙(2003), 앞의 논문, 356면).

72 풍자 대상에 대한 서술이 다른 교훈 가사보다 자세하고 실감나게 서술되어 독자들이 '한 편의 흥미 있는 이야기'로 받아들였을 것이라는 지적은 이런 점에서 기인한 것이라 할 수 있다(권순회, 앞의 논문, 350~352면).

73 길진숙이 〈복선화음가〉 분석을 통해 '여성이 사회화되지 않고 일탈할 경우 불행이 뒤따른다는 양반 여성들의 일반적 관념이 괴똥어미란 인물의 형상에 그대로 재현되어 있고, 그걸 경험하게 해준다는 사실'을 지적한 것도 같은 맥락이다(길진숙(2003), 앞의 논문, 356면).

자가 그들의 악행을 하나하나 나열하는 것은 독자들이 해서는 안 될 행위, 바로잡아야 할 행위들을 구체적으로 나열하여 독자들이 행동거지 하나하나를 돌아보고 바로잡아 갈 수 있다는 장점이 있다.

하지만 여기에 내재된 서술자의 부정적 시각은 독자들이 쉽게 그들을 대상화하여 바라보게 한다는 맹점이 존재한다. 이는 독자 스스로 그들보다는 훨씬 나은 사람이라고 생각함으로써 자기와는 상관없는 일로 여기고 그들보다 우월한 입장에 서서 단지 비난하는 것으로 그칠 위험이 존재함을 의미한다.

> 독자들은 남성적 윤리에 착색되지 않은 괴똥어미의 삶에 매력을 느꼈다기보다는, 혹은 괴똥어미의 과감하고 거침없는 행동에 심리적인 유대를 가지며 일종의 쾌감을 느꼈다기보다는, 인간적 우월감을 느끼며 철저한 거리두기를 했던 것은 아닐까? 독자들은 우스꽝스럽고 비천하며 패악한 괴똥어미의 행위들을 **총체적으로 받아들이지 그 행위 하나하나를 따로 떼어 거침없는 행동엔 공감하고 반윤리적 행위에 대해서는 비판하는 식의 선택적 판단을 하지는 않았을 것**이다.[74] 진한 글씨는 필자.

위 인용문은 〈복선화음가〉의 독자가 괴똥어미의 삶을 바라보고, 행위를 인식하는 양상에 대해 서술한 것이다. 독자는 그 행위를 총체적으로 받아들이고 이를 통해 그를 문제 있는 인간으로 낙인찍어 거리를 두고 우월감을 느낀다는 것이다. 여기서 독자가 그의 행위들을 '총체적으로' 받아들인다는 점을 유의하자. 이는 독자가 문제가 된 인물의

74 길진숙(2009), 앞의 논문, 104면.

행위들을 자기와는 상관없는 일로 여기고 단지 그들을 비난하기만 하거나 '흥미' 본위로만 받아들일 위험이 처음부터 내재해 있음을 의미한다.[75]

이는 구체적인 행위 하나하나를 자신에게 절실한 문제로 인식하여 자신의 행동거지를 돌아보게 하려는 작자의 의도와 거리가 있는 것이다. 그래서 작자는 서술자를 내세워 문제적 인물들이 철저하게 파멸하는 모습을 보여주거나 소리 소문 없이 사회에서 사라져 버리는 모습을 보여줌으로써 독자들에게 엄포를 놓는다.

서술자의 이 엄포는 그들을 대상화하여 비난하며 자신의 본래적 위치를 잊고 있는 독자를 경각시키는 기능을 한다. 독자 자신도 언제든지 저런 상황에 처할 수 있음을 경고하고, 끊임없이 자신의 행실을 돌아보고 성리학적 규범을 철저히 준수해야 함을 인식시키는 것이다. 그래서 자칫 악인들의 행위를 비난하는 데만 집중함으로써 작자의 교화 의도가 흐려질 우려를 차단한 것이다.

다음 작자가 서술자를 내세워 독자들에게 엄포를 놓은 더 중요한 이유가 있다. 바로 여기에 성리학적 규범을 준수하는 인물은 선인으로 간주하여 포섭하고, 그렇지 못한 인물은 악인으로 간주하여 철저히 배제하려는 논리가 숨어 있다. 이 점은 독자들 스스로도 기대한 점이기도 하다.

〈심청가〉의 곽씨 부인과 〈복선화음가〉의 이씨 부인의 모습, 〈흥부가

75 한창훈도 〈우부가〉와 〈용부가〉에 대한 독자의 관심이 당시 일상적으로 나타나고 있었던 여러 상황 묘사나 친근한 인물상에 대한 주목일 가능성을 제기한 바 있다(한창훈, 「고전문학 감상 교육에 있어서 역사적 상상력의 역할에 관한 시론: 우부가, 용부가의 풍자적 성격과 그 해석을 대상으로」, 『문학교육학』 9(한국문학교육학회, 2002), 272면). 다만 문제의식 차원에서 구체적인 맥락은 필자와 전혀 다르다.

/전〉의 흥부와 흥부 아내를 상기해 보자. 〈심청가〉의 서술자는 곽씨 부인의 덕행과 함께 가난한 집에 시집와서 품팔이로 생계를 이어가는 모습을, 〈복선화음가〉의 서술자는 생계를 위해 묵묵히 온갖 궂은일을 다 해가며 마침내 성취를 이룬 이씨 부인의 모습을, 그리고 〈흥부가/전〉에서는 흥부와 흥부 아내가 극심한 가난을 면해 보기 위해 온갖 일을 마다하지 않고 하는 모습 등을 자세히 열거해 가며 서술을 했다.

이는 선한 주인공들의 모습에 감화되고, 익숙해진 독자에게 작자는 서술자의 입을 통해 이들의 행동거지를 하나하나 제시해 나감으로써 선한 주인공을 선망해 마지않는 독자가 자연스럽게 이러한 행동거지들을 본받고 자신의 몸에 익숙해지도록 하기 위한 것이다. 곧 전형화된 패턴으로 자리 잡은 주인공에 대한 서술에다 독자가 본받고 실천하기를 바라는 구체적인 행동거지들을 자세히 나열하여 주인공처럼 선하고 바른 사람이 되려면 이러한 행동거지들 하나하나를 몸에 익히고 실천해야 함을 일깨워주고, 이를 실천하기를 요구하는 것이다.

결국 작품의 서술자는 독자가 이미 바른 행동임을 인식하고는 있지만, 의식적으로든, 무의식적으로든 아직 이를 완벽하게 실천에 옮기지 못하고 있다는 점에 초점을 맞추어 이를 작품 속 서술을 통해 끊임없이 일깨워 주고 실천을 요구한 것이라 할 수 있다. 서술자의 이러한 작업은 이런 행위들이 아직 낯선 독자에게도 그 행위들이 올바른 것임을 깨닫게 해주고, 그것을 실천에 옮겨야겠다는 마음을 갖게 함은 물론이다.[76]

---

76 이런 점에서, '가부장적 이데올로기에 의해 이데올로기화된 독자들은 말할 것도 없이 이데올로기화 되지 않은 독자라 할지라도 괴똥어미의 정상적이지 않은 행동들을 보면서 오히려 이데올로기화 될 가능성이 보다 높다'고 본 관점은 타당하다고 하겠다(하윤

이 대척점에 뺑덕어미, 말똥이, 찡생원, 꼼생원, 저 부인, 괴똥어미, 놀부가 자리 잡고 있다. 서술자가 이 인물들을 서술하는 데 대해 전제하고 있는 것은 독자에게 이러한 행위들을 하지 않도록 요구한다는 점만 빼면, 선한 주인공의 경우와 조금도 다름이 없다. 다만 서술자가 시종일관 이들에 대해 부정적인 시각을 견지한다는 점, 이러한 시각하에 그들의 성품과 행위의 악함이 과장되게 부각된다는 점, 때때로 그들의 비참한 말로를 냉정하게 제시한다는 점이 다르다.

그렇다면 그들에 대한 서술자의 이러한 시각이 포섭과 배제의 논리와 어떤 연관이 있는가? 먼저 조선 후기 사회가 기본적으로 종족사회였다는 점, 그리고 그 종족화가 아래로 확산 일로에 있었다는 점을 다시 상기하자.[77] 평민들의 종족화 과정은 시차는 있었지만 양반들과 동일한 유형을 밟았다고 한다. 즉 평민들도 동성촌락을 형성하기 시작했는데, 지역과 경제력, 사회 지위에 따라 종족화의 추진 수준과 속도에 큰 차이가 있었다.[78] 그리고 19세기에 평민들의 경우도 장남의 세대 계승이 주류를 이루는 단계에 와 있었던 것으로 보인다.[79] 더구나 19세

섭, 「가부장적 이데올로기의 모순과 '상상'적 봉합: 복선화음가를 중심으로」, 제210차 고전문학한문학연구학회 월례발표회 발표문(2009. 10), 8면, 각주 45)).

77 다 알다시피 17세기 이후 종가(宗家)를 중심으로 동성동본의 씨족원들의 가족들이 함께 세거(世居)하는 이른바 '동성촌락'이 조선 사회의 보편적인 마을 형태로 정착되었다(최진덕, 「주자학적 예치의 이념과 그 현실」, 김상준 외, 『유교의 예치 이념과 조선』(청계, 2007), 251면; 권내현(2010), 앞의 논문). 아울러 민촌에서도 종족 마을이 잘 발달한 경우가 있고, 종족 간 결속이 강할 수 있음을 보여주는 사례가 있는 것으로 보아 이러한 현상은 보편적이었음이 분명하다. 다만 민촌형 종족 마을이 전통 사회에서 종족집단의 위상을 유지, 또는 강화할 만한 문화적 자원이 크게 부족했다는 차이는 있다(김필동, 「민촌적 배경을 갖는 종족마을의 종족집단과 그 변화: 충남 부여군 한 농촌 마을의 사례」, 『농촌사회』 16-1(한국농촌사회학회, 2006B)).

78 이훈상(2003), 앞의 논문, 167면.

기면 이미 향리들의 종족화가 지역별로 매우 견고하게 이루어진다는 점[80]을 감안하면 종족화는 아래로 계속 확산 일로에 있었다고 볼 수 있다.

결국 작품 속에서 서술자가 그려내는 인물들에 대한 시각은 그가 선한 인물이든 악한 인물이든 동일한 기제에 의해 이루어지고 있다고 하겠다. 가족과 가문을 위해 봉사하여 마침내 종족사회에 이바지 할 수 있는 사람은 종족의 일원으로서, 마을의 구성원으로서 적극적으로 포섭된다. 그 반대의 경우는 종족의 일원에서 철저하게 배제되고 더 나아가 더 이상 사회에서 살아갈 방도를 찾기 어려울 지경에 이르기도 한다. 악인형 인물들에 대한 작자의 이러한 시각은 단순히 작품 내에서 경각심을 높이기 위한 '수사'에 결코 그치지 않는 것이다.

실제로 동계(洞契)나 동약(洞約)에는 규약을 어긴 성원에 대한 '출동(黜洞)'과 '손도(損徒)'라는 규정이 있었다. 출동은 촌락에서 쫓아내어 촌락의 구성원으로서 완전히 배제함을 뜻하며, 손도는 한시적으로 다른 구성원들과의 관계를 단절하는 조치이다. 물론 출동이 반드시 촌락으로부터 물리적으로 쫓겨나는 것을 의미하는 것은 아니다. 그러나 조선 사회의 마을이 공동체적 삶을 기반으로 조직되어 있으며 이를 기반으로 하여 마을 구성원들이 생활한다는 점을 감안한다면, 다른 마을 사람들과 아무런 교류나 협력이 없이는 존립이 거의 불가능했을 것으로

79 다만 4대 봉사를 하면서도 딸과 아들이 돌아가며 제사를 지내는 윤회 봉공 사례와 남녀균분의 관행도 존속하고 있었던 사례가 있음을 들어 아직 완전히 자리 잡은 상태는 아닌 것으로 본다(이훈상(2003), 위의 논문, 167~168면).

80 이훈상(2003), 위의 논문; _____, 「19세기 전라도 고창의 향리세계와 신재효: 신재효 가문 소장 고문서 자료를 통하여 본 신재효의 사회 지위와 판소리의 발전Ⅰ」, 『고문서연구』 26(한국고문서학회, 2005. 2).

보인다. 그렇기에 출동 조치를 받은 사람은 사실상 그 마을을 떠날 수 밖에 없었을 것이다. 그래서 출동 조치가 역으로 마을 공동체의 결속을 유지하기 위한 장치로서 기능했다는 지적도 이 때문이다.[81]

이러한 양상은 〈삼한습유〉에서 향랑이 물에 빠져 죽은 뒤, 향랑의 전 남편 가족, 친척들의 삶의 모습을 통해 확인할 수 있다. 앞서 논의한 것처럼, 그들은 향랑이 죽은 뒤에도 악행을 그치지 않는데, 향랑의 죽음을 비롯한 여러 악행의 책임이 그들에게 돌아가자 주(州)나 마을 사람들은 그들과 인연을 끊고는 상종하지 않는다. 후에 향랑의 구원으로 사형을 면한 향랑의 전 남편은 어머니와 함께 부끄러워하며 문을 닫아걸고 살다가 모두 죽는다.

여기서 그들의 악행으로 인해 마을 사람들이 그들과 상종하기를 꺼렸고, 주(州)와 마을의 공식적인 모임에 끼워주지 않았다는 점, 그리고 결국 마을 사람들과 절연한 채 문을 닫아걸고 살다가 그대로 죽음을 맞이했다는 점은 그들이 철저히 마을과 주(州)에서 배제되고 고립되었음을 잘 보여준다. 마을 공동체에서 배제를 당한다는 것은 사실상 생존의 길이 막혀 버릴 수도 있음을 의미하는 것이며, 그만큼 강력한 배제의 논리가 작동한 것으로 볼 수 있다.

작품의 서술자가 선한 주인공을 서술할 때, 그 선대(先代)의 업적이 반드시 거론되며, 이에 대한 칭송으로 마무리되는 반면, 악한 주인공을 서술할 때, 아무런 뿌리도, 계보도 서술하지 않고 그의 심사가 흉악하다는 점만 강조하는 것도 바로 이러한 맥락에서 이해를 해야 한다.

81 출동과 손도에 대한 내용 정리는 '김필동(2002), 앞의 논문, 39면'. 아울러 그는 그런 점에서 "'출동'이나 '손도' 조치·조항의 존재는 촌락 공동체로부터 고립된 개인의 위상을 상징적으로 보여주는 것"이라고 하였다.

특히 〈흥부가/전〉에서 놀부가 징치를 당하고, 〈우부가〉의 세 주인공이 소리도 없이 사라지며, 〈심청전〉에서 뺑덕어미가 징치를 받는 것은 작자가 서술자를 통해 악한 인물을 철저히 배제하고 격리해서 제거하려는 의도를 매우 분명하게 보여준 것이라 하겠다.

이런 이유 때문에, 서술자의 이러한 시선은 그 서술 패턴이 전형화되어 관습적 기법으로 자리 잡음으로써 단지 도덕적 감계나 교화의 차원을 넘어서 이러한 교화를 따르지 않는 사람들에 대해 심한 심리적인 압박감을 가하는 기제로까지 작동하는 것이다.

그런데 이러한 엄포는 사실 작자가 독자의 기대를 교묘히 이용한 측면도 있다. 이러한 악행들을 저지르는 사람들은 독자 자신이 살고 있는 곳에서 익숙하게 볼 수 있다. 그들은 여러 악행들을 저지름으로써 결국 독자 자신이 살고 있는 마을 공동체의 질서를 무너뜨리고 해를 입힐 수도 있다. 사회라는 울타리 속에서 안전하게 살아가고 싶은 독자의 입장에서는 이들의 모습이 달가울 리 없다. 독자는 이들이 자신들에게 피해를 입힐까 하는 두려움을 가지면서 이들을 사회 밖으로 밀어내고 싶은 욕망을 갖게 된다.

작자는 독자의 이러한 마음을 포착해서 이를 교묘하게 이용했다. 수많은 악행을 저지르는 사람을 보여주면서 이들을 비난하고 조롱하게 한다. 그리고 이들이 사회에서 소리 소문도 없이 사라지는 모습을 보여주어 독자 대신 이들을 사회 밖으로 내쫓아 버림으로써 독자를 안심시킨다. 이렇게 작자의 엄포가 궁극적으로는 독자를 향해 있음에도 독자가 이에 대해 별다른 거부감을 표출하지 않는 것은 독자의 기대에 부합하는 면이 있었기 때문이다.

서술자의 시선에 내재된 포섭과 배제의 논리 속에서 볼 때, 작품의 서술자가 악인들의 일탈 행위들을 하나하나를 열거했던 사정도 결코 예사롭지 않음을 알 수 있다. 독자를 경계시키는 데 구체적인 일탈 행위를 열거해서 제시해 주는 방식은 독자가 지켜야 할 점들을 구체적으로 제시해 준다는 측면에서 단순히 규범을 알려주는 것보다 교화의 효과가 더 크다.

그런데 이는 교화를 시키려는 작자의 입장에서 볼 때, 바른 사람과 그렇지 못한 사람들을 구별해 내는 기준을 매우 세밀하게 제시하고 이를 지키지 않을 경우 악인으로 낙인찍어 사회에서 배제시킬 것임을 천명한 것이나 다름없다. 수용자의 입장에서는 이것이 악한 일이 된다는 것을 몰랐다고 변명을 할 기회 자체를 차단하는 것이다. 그리고 작자는 이러한 언명을 작품 속에서 일탈 행위들을 모두 악행으로 규정짓고, 그런 행위들을 저지르는 사람들을 모조리 악인으로 규정하며, 이들이 사회 구성원으로서 완전히 배제되는 말로를 보여줌으로써 분명하게 공포한다.

이렇게 지켜야 할 행위들을 하나하나 제시하는 것은 교화자의 입장에서 봤을 때, '바른 사람'으로 규정하는 눈높이가 그만큼 높아졌다는 것을 의미한다. 즉 조선 중기부터 꾸준히 행해 온 교화 작업을 거치면서 교화자 스스로 문제로 인식되는 행위들의 범주가 넓어졌고, 이에 따라 교화를 받아들이는 자에 대한 요구도 그만큼 까다로워졌음을 반영하는 것이라 하겠다. 아울러 이를 어기는 사람들에 대해 철저히 배제하려는 의지도 강해졌음을 보여주는 것이기도 하다.

2. 유교의 세속화와 확산

1) 하층민의 성리학적 이념 전유(專有)

〈두껍전〉, 〈장끼전〉, 〈서동지전〉 같은 우화 소설과, 〈흥부가/전〉, 〈심청가/전〉 같은 판소리, 판소리계 소설 등 하층 소설 양식에 이런저런 지식·전고들이 쏟아져 나오는 현상은 조선시대 문학사 전체를 놓고 보더라도 처음부터 이러했던 것은 아님이 분명하다. 더구나 이런 현상이 특히 판소리계 소설과 우화 소설에서만 나타난다는 점을 감안하면,[82] 18세기 중후반 이후에 나타난 현상이 아닐까 생각된다. 이러한 현상은 일단 한편으로는 상층 문학에서 하층 문학으로 흘러들고, 한편으로는 하층 문학 향유층에서 이를 적극적으로 수용했기에 가능했다고 볼 수 있을 것이다.

하지만 이러한 현상이 썩 자연스럽게 느껴지지는 않는다. 그래서 이를 상층과 하층의 소통의 결과 내지는 탈 계층성의 문제 혹은 상층의 고급의 전고를 저급한 하층이 전유함으로써 일어난 생채기 현상으로 보기도 한다.[83]

여기서 상층 문화가 하층 문화로 퍼져나간다는 관점에서 보자면 하

---

82 물론 그 이전 시기부터 창작되던 영웅 소설에도 많은 전고들이 등장한다. 여기서 강조하고 싶은 것은 하층민들이 향유하는 소설에도 전고들이 등장한다는 것이 아니라, 원래는 상층민들 전유의 지식들이 대규모로 하층민들이 향유하는 소설 속으로 들어온다든지, 전고를 제외하면 이야기 뼈대밖에 남지 않을 정도의 높은 밀도로 전고들이 작품 속을 채우고 있다든지 하는 현상을 눈여겨보아야 한다는 것이다. 하층민들이 비록 상층민들이 활용하는 전고들 중 일부에 불과하긴 하지만 전고를 제대로 이해하고 자유자재로 활용하는 것이 가능해진 것은 조선시대 전체를 통틀어서도 대단히 뒷 시기의 일임이 분명해 보이기 때문이다.

83 정환국(2009), 앞의 논문, 275면.

층이 상층의 지식·전고들을 '전유'하여 활용하는 현상에 강제성이 더 우세하게 작용했으리라는 점을 부인할 수는 없지만, 하층민들의 입장에서도 나름 공감하고 수용할 만한 점이 있으며, 이를 받아들이려는 '의지'가 전제가 되어 있다고 할 수 있다. 그들이 이러한 상층의 지식·전고들을 적극적으로 전유하게 된 동기는 무엇이었는가?

최근 〈춘향전〉에 형상화된 춘향의 모습에 대해 하층민이 성리학의 기제를 '전유(專有, appropriation)'[84]함으로써 가능했다고 보는 논의가 있어 눈길을 끈다.[85] 김영민은 〈춘향전〉 전반부에서 보이는 춘향의 모습

84 '전유(專有, appropriation)'는 문학 비평, 문화 연구에서 활용되는 용어다. 통상적인 어법에서는 자기 혼자만 사용하기 위해서, 흔히 허가 없이 무엇인가를 차지하는 일을 가리킨다. 문화 연구에서 전유는 어떤 형태의 문화자본을 인수하여 그 문화자본의 원 소유자에게 적대적으로 만드는 행동을 가리킨다. 그러나 전유가 반드시 전복적일 필요는 없다. 아울러 전유니 재전유니 하는 용어에는 진정으로 전복적인 것에 도달하는 것이 문화의 영역에서 불가능하다는 인식이 바탕에 깔려 있다(한국문학평론가협회 편, 『문학비평용어사전(하)』(국학자료원, 2006), 785면). 한편 '전유'는 '합일화(incorporation)'와도 관련이 있다. '합일화'는 프로이트 이론에서는 분리와 (특히) 사별을 극복하기 위한 방식으로 죽은 사람이나 잃어버린 사람을 내면화하는 과정이라는 의미를 지니며, 맑스주의 정치적 논의에서는 반대세력을 권력의 지배구조 속으로 합일화 시킴으로써 반대세력을 무력화하는 방식을 지칭한다. 합일화는 지배적 권위에 대한 허가된 공격은 그들에게 스스로 지배 권위에 대해 도전하고 있다는 생각을 부여하지만 실질적으로는 그들이 그 지배권위를 공격하는 것이 아니라 오히려 강화한다는 점을 주목한다. 이와 관련하여 '전유'는 합일화와 비슷한 영향력은 갖고 있지만, 암묵적 '이양'의 의미에 더 가깝다(제레미 M. 호손, 정정호 외 옮김, 『현대문학이론용어사전』(동인, 2003), 364~365면).

85 김영민(2007), 앞의 논문. 여기서 논자는 '정치사상'에 대해 두 가지 전제를 깔고 논의를 진행한다. 하나는 정치사상은 "복수의 주체들이 공존하기 위한 질서의 모색에 관련된 사유"라는 점이며, 다른 하나는 정치는 "복수의 주체들이 공존하기 위한 질서의 모색이라는 데서 유래하는 것"이므로, "복합적이고 역동적인 성격을 띠게 되며, 그것을 사유하거나 담는 서술 역시 그와 같은 복합성과 역동성을 수용하는 것"이어야 한다는 점이다(27~28면). 그리고 논자는 "〈춘향전〉 속에서 조선 후기에 제기된 정치공동체의 균열이라는 문제가 다루어지고 있으며, 이에 대한 일정한 대답이 성리학이라는 정치이념이 가진 내재적 긴장을 경유하여 주어지고 있"(28면)다는 시각에서 접근한다.

을 자신의 육체적 매력을 미리 의식하고, 그것을 효과적으로 전시할 줄 알며, 일정한 전략을 통해 몽룡과 일정한 관계 형성에 의식적으로(self-conscious) 성공하는 존재로 규정하고, 변학도와의 대결에서 시종일관 '도덕률의 천명'으로 맞서고 있는 점에 주목한다. 그는 변학도에 대한 춘향의 승리는 그 도덕률 자체가 변학도를 포함한 지배층이 공유하고 있는 도덕담론의 일부라는 점에서, 그것이 보다 효과적인 공적 주장(argument)이 될 수 있었던 점에 있다고 본다.

아울러 그는 도덕률의 천명을 무기로 행해지는 변학도와의 대결이 관원과 남원 농민을 포함한 공적인 이벤트로 진행된다는 점을 눈여겨 보아야 한다고 하면서 춘향의 이런 모습은 일종의 의도적 전유로 파악해야 한다고 한다. 춘향의 이러한 전유는 강한 주체와 강한 주체력(self-control)이 전제되어야[86] 가능한 바, 성리학의 핵심적인 이론적 전제인 -모두가 도덕적으로 완벽한 성인이 될 수 있다는 전제-에 의존[87]

〈춘향전〉에서 춘향의 이러저러한 행위들에 대한 논자의 시각, 춘향의 도덕률 천명은 결국 조선 후기 성리학적 특성에서 배태된 것임에 대해서는 '김영민(2007), 같은 논문, 30~40면'을 참조. 아울러 이하 서술은 이 부분을 참조하여 정리하였다.

86 "춘향은 처음부터 자신과 몽룡 간에 존재하는 신분 차에 대한 자의식을 가지고 있었으며, 자신의 연애사에 대해 뚜렷한 목적의식을 가지고 있었고, 그 목적의 달성을 위해 매우 상이한 두 가지 방법-성애와 도덕-을 공히 동원할 수 있었다. 춘향전의 대미는 (신분사회에서 최대한 자신의 안녕을 꿈꾸었던) 춘향의 프로젝트가 온갖 사회적 역경에도 불구하고 기어이 성공했음을 말하고 있다. 이러한 일련의 현상이 가능하려면, 외부세계와 맞서 자신이 설정한 가치를 수호할 수 있는 강한 주체와 그 강한 주체의 핵심적 특질로서 강한 자기 통제력(self-control)을 전제하지 않으면 안 된다"(김영민(2007), 위의 논문, 35~36면).

87 김영민(2007), 위의 논문, 39면. 그는 다른 논문에서 "성리학의 핵심은 "개인" 도덕의 강조이다. 성리학자라고 자신을 규정하는 이들은 모두 자기 개인 인격의 완전성에 대한 열망을 가지고, 그것을 위한 일련의 자아 수양에 몰두하며, 그것이 질서 있는 사회적 삶을 실현하는 길이라고 믿는다"라고 하였다(김영민(2003), 앞의 논문, 185면).

하고 있다고 하면서 결국 춘향은 지배층의 자기 정당화의 핵심인 '도덕'을 전유함을 통해서 자신의 프로젝트를 완수한다고 한다.[88]

결국 인간의 도덕적 완성을 위해 요구되는 인문 교양과 도덕을 습득하고 이를 자임한 춘향의 모습은 곧 양반과 자신과의 간극을 없애는 일이었고, 그것은 성리학의 이론에 의해 역설적으로 뒷받침되었다는 점에서 중요한 의미가 있다고 한다.

이러한 시각 하에서 그는 〈춘향전〉에 나타나는 춘향의 능동적인 캐릭터를, 조선 후기의 지배 엘리트들이 엘리트들의 자격 요건 강화를 위해 주자가례를 위시한 성리학의 기제를 이용했을 때, 소외계층이 역으로 성리학의 기제를 달리 전유하여 자신의 정치적 활로를 모색한 경우가 가능함을 암시하는 사례로 간주한다.[89]

> 지배 엘리트가 자신의 이해를 확보하기 위해 활용한 성리학이 역설적으로 피지배계층의 이해에 봉사하게 된 것은, 실로 조선 후기 성리학이 체현한 하나의 아이러니라고 할 수 있다. 이러한 현상은 기존 사회의 지배적 이념의 전유를 통해서만 가능했다는 점에서 기존 신분사회에 도전적인 맥락으로 전유되기도 한 동시에 지배층의 이해관계에 타협된 것이라 할 수 있다. 아울러 이는 성리학이 기존 지배 엘리트의 이해와 피지배층의 이해 모두에 절묘하게 공명할 수 있었기에 가능한 것이었다.[90]

---

88 그는 춘향의 사랑이 "신분상승의지와 연루되었다는 점에서, 그리고 그 사실을 (무의식적으로 가지고 있었던 것이 아니라) 스스로 인식하고 행동하였다는 점에서 "순수"하지 않다"고 한다(김영민(2007), 앞의 논문, 35면 각주 17)).

89 김영민(2007), 위의 논문, 41~42면.

90 김영민(2007), 위의 논문, 42~43면. 위 인용문은 해당 부분 내용을 필자가 정리하여 인용한 것임.

곧 상층민들이 자신들이 구축한 질서를 더욱 공고하게 하기 위해 활용한 성리학이 하층민들이 지배적 이념을 전유할 경우, 신분상승이라는, 기존 신분사회에 도전적인 맥락으로 전유되는 길을 터놓았다는 것이다. 그리고 이는 결국 하층민들이 일정하게 지배층의 이해관계에 타협되었음을 말해주는 것이기도 하다는 것이다.

특히 중요한 것은 이러한 현상이 가능했던 것은 바로 성리학이 지배층과 피지배층(하층)의 이해관계에 있어서 양쪽 모두에게 공감을 불러일으켰다는 점이다.[91] 곧 하층민들이 자신들의 필요에 의해 지배층의 이념을 전유한다는 것은 단순히 이념만을 전유하는 것이 아닌, 그들의 문화, 관습, 지식 등도 일정 부분 전유하는 것까지를 의미한다고 볼 수 있다.[92]

이쯤에서 다음과 같은 의문이 들 것이다. 하층민의 성리학적 이념을 전유한다는 것이 정확히 무엇을 의미하는가, 특히 '이념'이라는 용어가 함의하는 바는 무엇인가 하는 것이다. 여기서 이념은 '규범'에 상대적으로 더 가깝다. 다만 기존에 이념이라고 했을 때, 이데올로기, 정치적

91 그런 점에서 하층민들의 성리학적 이념 '전유'를 백 년이라는 기간이 넘게 중앙과 지방에서 끊임없이 이루어졌던 교화정책의 결과로만 보는 것은 상황을 일면적으로만 바라볼 여지가 크다. 하층민들에게도 나름대로 얻을 수 있는 측면이 분명히 존재했기에 가능한 것이다. 뒤에서 다시 구체적으로 논의하겠지만, 그렇다고 이 이야기가 교화정책의 효과 자체를 부정한다거나 교화정책이 지닌 일정한 강제성을 부정한다는 의미가 결코 아님을 밝혀둔다.

92 김영민(2007)의 논문에서 '열(烈)'은 이념의 차원에서 다루어졌는가? 아니면, 도덕규범의 차원에서 다루었는가? 필자가 보기에 그의 논의에서 가장 크게 초점을 맞추는 부분이 바로 도덕률의 천명이라는 점을 고려할 때, 논자는 '열'에 대해 일단 도덕규범의 차원에서 문제를 제기한 다음, 이것이 일정 정도 규범으로서만 성격이 제한되지 않고 이념의 문제로까지 확장이 되어나간 것으로 보는 것 같다. 그리고 이를 정치이념의 맥락과 연결 지어 논의를 진행하고 있는 것으로 보인다. 필자 역시 이 지점에 초점을 맞추어서 이 논의에 기대어 논의를 진행한다.

이념 혹은 신념의 의미도 여전히 포함한다. 그렇다면 이념이라는 용어 자체가 애매해지는 것은 아닌가? 흔히 이념이라고 하면 이를 이데올로기, 정치적 이념 혹은 신념의 의미를 함의한다고 생각하기 때문이다. 그러다 보니 하층민의 성리학적 이념 전유라 하면 앞에서 예로 든 춘향의 경우 정도는 되어야 한다고 생각하기 쉬우며, 하층민들 모두가 성리학적 이념으로 무장한 상태를 가리킨다고 여기기 쉽다.

그런데 전유라는 말에서 짐작이 가능하듯, 전유는 '자기화'의 과정을 통해서 이루어진다. 자기화한다는 것은 기존에 자신이 향유하지 않았던 규범, 문화, 관습, 지식 등을 자기 몸에 익숙하게 되는 것을 의미한다.

하지만 이것이 반드시 완전히 체화한 상태여야 하는 것은 아니다. 자기화의 과정에도 상당한 편차가 공존하기 때문에 다소 편차가 존재하더라도 사회에서 통용되는 규범, 문화, 관습, 지식 등이 자신의 몸에 완전히 습관으로 밸 수 있게 하는 과정에 있는 상태라면 자기화의 과정을 거치고 있으며, 자기 몸에 체화된 상태에 가까이 다가간 경우라면 일정 정도 자기화가 되었다고 할 수 있다.

또한 문화, 관습, 지식 각 방면에 대한 습관화 정도도 얼마든지 차이가 있을 수 있다. 규범 준수나 관습 향유의 측면에서는 상당히 습관화 정도가 높으나 지식의 측면에서는 아직 전자만큼 자기화가 되지 못했을 경우도 얼마든지 상정할 수 있다. 어떠한 경우든 원래 자신이 향유하지 않았던 문화, 관습, 지식 등을 여러 경로를 통해 자기 몸에 익숙해지도록 습관화가 되었거나 습관화되는 과정에 있다면 자기화 과정에 있는 것으로 간주할 수 있다는 말이다.

이렇게 자기화 과정에서 다양한 편차가 존재함을 감안한다면, 이념 전유에도 편차가 존재하리라는 것을 쉽게 예상할 수 있다. 게다가 이념이라는 말을 이데올로기 혹은 신념의 의미뿐만 아니라 규범의 의미까지 포함하는 것으로 활용할 경우, 더욱 편차가 커질 것임은 말할 필요가 없다. 이데올로기 혹은 신념으로서 성리학적 이념을 자기화하는 데도 다양한 편폭이 존재하는 것은 물론, 규범 준수의 차원에서도 편폭이 다양할 것이기 때문이다. 그럼에도 이념이라는 용어 의미가 애매해짐을 무릅쓰면서까지 이렇게 다양한 편폭을 하층민의 이념 전유로 포괄하려는 이유는 무엇인가?

하층민의 성리학적 이념 전유 문제는 다음의 단계들을 모두 포함한다. 교육을 통해 성리학적 규범을 익히는 과정, 이를 반복적으로 실천함으로써 습관화하는 과정, 이를 통해 이를 자연스럽고도 철저하게 준수하는 과정, 그러한 자신의 행위와 모습을 바탕에 두고 다시 이를 이념화하여 상층에 대한 비판 내지 문제 제기[93]의 수단으로 활용하는 데까지 이르는 과정. 그래서 마지막 단계에 이르렀을 때, 경우에 따라서는 하층민의 성리학적 이념 전유 문제는 다소 이념적이면서 정치적인 성격을 띠기도 한다. 나중에 다시 다루겠지만, 이 마지막 과정은 하층민들이 소수의 지식인과 결합하여 정치적인 운동의 성격을 띠는 움직임까지 감행할 수 있는 지점으로 나아갈 수 있는 가능성이 배태되는 단계이기도 하다.

이렇게 볼 때, 하층민의 성리학적 이념 전유 문제는 위에서 말한 여

---

93 이미 머리말에서 지적했지만, 여기서 상층들에 대한 비판이라는 것은 기본적으로 성리학적 사회 테두리 내에서 굳이 지킬 필요가 없는 하층민들 자신들도 성리학적 규범을 잘 준수하는데, 타의 모범이 되어야 할 상층민들이 이를 지키지 못해서야 되겠는가 하는 차원의 문제 제기를 의미함을 다시 강조해 둔다.

러 단계들을 두루 포괄하는 차원에서 접근해야 무리가 생기지 않는다. 그래서 이 책에서 사용하는 이념이라는 말에는 규범적 차원에서 이념의 차원까지 이르는 넓은 범주를 포괄하는 의미를 가지며, 하층을 겨냥하여 사용하는 만큼, 성리학적 지식, 철학적인 담론 등은 포함되지 않는다. 다시 말해 이념은 정치적 이념, 신념보다는 규범에 좀 더 가깝다. 그렇지만 이 규범을 바탕으로 삼아서 그 자체를 이념화할 수 있는 가능성이 존재하기에 규범이라는 말 대신, 이념이라는 용어를 사용하는 것이다.

여기서 유의할 점은, 성리학적 지식 습득의 정도는 고려의 대상이 아니라는 점이다. 하층민의 성리학적 이념 전유 문제에서 성리학적 지식은 애초부터 고려의 대상으로 삼기 어렵다. 성리학의 기본 뼈대를 이루는 가장 기초적인 지식이라면 모를까, 그 폭과 깊이를 고려한다면 일반 백성들이 성리학적 지식에 직접 접근할 수 있었으리라 보는 것은 무리이다.

앞서 강조했듯이, 성리학적 이념 전유는 어디까지나 규범적인 차원 내지 이념적인 차원의 문제이므로, 얼마나 성리학적 규범을 얼마나 자기 몸에 익숙하게 하여 잘 준수하고, 이를 잘 지켜야 한다는 인식을 갖고 있느냐가 문제가 되지 성리학적 지식 습득 여부는 문제가 되지 않는다.

이 하층민의 성리학적 이념 전유 문제에 대한 이해를 쉽게 하기 위해 앞서 2장에서 다루었던 문화적, 관습적 변화 양상들 중에서 한두 가지 예를 다시 들어 보겠다. 조선 후기에 당대 일반적인 지주제와 달리, 지주제의 확대재생산을 제일 목표로 삼는 지주들이 늘어나는데, 이 같은 유형의 지주들은 향리나 중서계층(中庶階層)에서 다수 생겨났다고 한다. 그런데 이들의 의식과 생활양식은 점차 양반지주들을 닮아간다. 즉 조선 후기에는 '신양반(新兩班)'이 다수 생겨났다는 것이다.[94] 이들은 합법적인 혹은 비합법적인 방법으로 양반 호칭을 얻음으로써 양반이 급격히 증가하여 19세기가 되면 조선 사회 전반이 양반화 되기에 이른다.[95] 여기서 양반화라는 말은 관습적, 문화적인 측면을 염두에 둔 것이다. 양반의 생활과 문화를 선망(羨望)하고 일정 정도 모방해서 자기 것으로 만든 결과인 셈이다.

민촌의 동성촌락화 현상도 이러한 전유 결과로 나타난 중요한 현상이라 할 수 있다. 한 연구자에 따르면, 양반들의 동성촌락 형성 시기보다는 늦더라도 조선 후기에 이미 일부 민촌에서 동일성관 집거의 경향을 띠고 있었으며, 그 수는 근대의 조사 자료가 보여주듯이 갈수록 늘어났다고 한다. 이는 부계 중심의 친족 질서는 양반층 내부에서의 정착 과정을 거쳐 여타 계층으로 파급된 것이라 할 수 있다.[96] 또 19세기가 되면, 향리층은 물론, 극히 일부이기는 하지만 평민 이하 계층에서도 문중화 현상이 나타나는 현상[97] 역시 이러한 전유의 결과로 볼 수 있을 것이다.

여기서 민촌의 동성촌락화 현상이 나타났다는 것은 바로 비(非) 양반층이 이러한 현상이 가능하기 위한 전제 조건들을 받아들였음을 의미

---

94 김건태, 『조선시대 양반가의 농업경영』(역사비평사, 2004), 399~400면. 김건태에 따르면, 향촌사회에서는 향리(鄕吏)나 중서층(中庶層)에서 성장한 가문(家門)을 흔히 신양반(新兩班)이라고 칭하였다고 한다.

95 최진덕, 앞의 논문, 김상준 외, 앞의 책, 311면. 또 '김성우, 「18~19세기 '지배양반' 되기의 다양한 조건들」, 『대동문화연구』 49(성균관대학교 대동문화연구원, 2005)'도 참조.

96 이에 대해서는 '권내현(2010), 앞의 논문'을 참조.

97 이에 대해서는 '이훈상(2003), 앞의 논문'과 '이훈상·윤성진(2008), 앞의 논문'을 참조.

하는 것이기도 하다. 즉 종법 질서를 수용함으로써 그로 인해 발생할 수밖에 없는 결혼과 상속 관행의 변화, 계후 입양의 확산 등을 자신들의 의식과 생활양식으로 받아들였다는 것을 의미하는 것이다. 앞서 언급한 소위 신양반들이 자신들의 의식과 생활양식에 있어 양반을 지향했다는 점, 향리층을 넘어서서 평민 이하 계층에서도 문중화 현상이 나타나기 시작했다는 점도 이와 같은 관점에서 바라볼 수 있다.

하층민들이 지배층의 이념을 전유한다는 것이 이념뿐만 아니라, 그들의 문화, 관습, 지식 등도 일정 부분 전유하는 것까지를 의미한다는 것은 바로 이를 두고 말한 것이다.

2) 유교의 세속화 성격과 함의

이렇게 사대부 자제와 여성, 일반 백성들에 대한 장기간에 걸친 사대부들의 교화 과정을 거치면서, 그리고 하층민들의 성리학적 이념 전유 과정을 거치면서 성리학적 이념과 규범은 민간 일반으로 서서히 확산되어 갔다. 그리고 이러한 성리학적 규범은 일종의 '통속도덕(通俗道德, conventional morality)'[98]이라 불릴 만한 세속화된 형태로 자리를 잡는다.

'통속도덕'은 일본 민중 사상의 다양성을 일관된 기본 성격과 관련지어 역사적인 의미를 지니는 것으로 파악하고자 야스마루 요시오(安丸

98 '통속도덕(通俗道德)'에 대해서는 다음 논저들을 참조.
김필동, 「'통속도덕(通俗道德)'의 역사성에 관한 일 고찰」, 『일본어문학』 34(일본어문학회, 2006A); 야스마루 요시오, 박진우 옮김, 『현대일본사상론: 역사의식과 이데올로기』(논형, 2006); ___________, 남춘모 옮김, 『방법으로서 사상사』(대왕사, 2010), 특히 후자 4장; 도베 히데아키, 「'민중사상사' 연구의 출발: 야스마루 요시오(安丸良夫)의 방법적 혁신」, 도면회·윤해동 편, 『역사학의 세기: 20세기 한국과 일본의 역사학』(휴머니스트, 2009).

良夫)가 주창한 개념이다. 즉 그는 이 개념을 통해 근세 중·후기부터 메이지[명치(明治)] 시기에 걸쳐 광범한 민중들이 수미일관한 자기규율을 수립하려 한 구체적인 움직임을 조명하고자 하였다.[99]

통속도덕은 지배계급의 도덕이었던 유교와는 달리 주로 '생활자'로서의 민중[100]들의 도덕으로서 근면·검약·정직·효행·인종(忍從)·겸양 등의 덕목 묶음으로 일상생활의 규범으로서 생활 실천에 나타나는 것을 말한다.[101] 이 통속도덕론은 다양한 욕구나 바람이나 신앙 등이 뒤얽혀 있는 현실의 의식 상황이 구조화되고 질서 지워 가는 특유한 존재방식을 문제로 하는 것이다.[102]

이 통속도덕은 이시다 바이간(石田梅岩, 1685~1744)의 심학(心學)이나 니노미야 손도쿠(二宮存德)의 보덕운동(報德運動), 모토오리 노리나가(本居宣長)의 국학(國學), 그리고 불교 제파(諸派)의 일상적인 가르침 등으로부터 영향을 받았다고 할 수 있다.[103] 그리고 이 통속도덕은 본디 도시의 상가 주인들이 갖추고 있었던 덕목이기도 했다.

---

99 김필동(2006A), 위의 논문, 476~478면.

100 이용기는 민중을 다음과 같이 정의한다. "모순을 과학적으로 인식하고 옳은 노선이나 역사적 과제를 향해 달려가는 영웅이 아니라 평범하면서도 감당하기 힘든 일상에서 고통과 희망을 경험하는, 그리하여 다양한 차원과 방법으로 끊임없이 저항을 시도하면서도 지배의 그물망에서 쉽게 벗어나기 힘든, 한마디로 모순덩어리면서도 그래서 역동적인 존재"(이용기, 「미군정기의 새로운 이해와 '사회사'적 접근의 모색」, 『역사와 현실』 35(한국역사연구회, 2000), 20면). 이는 야스마루 요시오가 말하는 '생활자'로서의 민중과 크게 다르지 않다. 야스마루 요시오는 일반 서민들은 "생활의식(사상)의 장에서는 복잡한 갈등을 겪어 가면서 사람들은 단순히 진보적이거나 단순히 반동적이지도 않는 삶의 방식을 설정하여 살아"간다고 하였다(야스마루 요시오, 앞의 책, 103~104면).

101 도베 히데아키, 앞의 논문, 도면회·윤해동 편, 앞의 책, 422면.

102 야스마루 요시오, 앞의 책, 90면.

103 김필동(2006A), 앞의 논문, 476면.

이러한 통속도덕은 19세기를 걸쳐 농촌의 엘리트들을 통해 향촌 일반에도 확산되었다. 이 통속도덕이 민간에 확산될 수 있었던 것은, 통속도덕 형의 여러 규범이 어떤 의미로는 바로 일본 민중의 전통적인 생활습관과 다를 바 없었다는 데 있다고 한다.[104] 그래서 이 생활 규범은 사람들의 통념을 형성하고, 사람들은 이 통념의 프리즘을 통해서 사유하고 실천하였다.[105] 야스마루 요시오는 이 '통속도덕'의 설득성→통념화를 매개로 해서 일본 민중의 생활양식·사유양식이 그 생애를 통해서 반복해서 형성되어 왔고, 거기에서 일본인 특유의 성격 구조나 몸짓이나 감수성 및 행동 양식의 특질 등도 형성되어 왔을 것이라 주장하였다.[106]

지금까지 간단히 살핀 것처럼, '통속도덕'이라는 개념은 일본의 역사 흐름 속에서 구성된 것이기 때문에 우리의 실정과는 상당히 다른 의미를 내포하고 있는 것은 당연하다. 특히 이 개념이 일본 고유의 '심학(心學)'에 기반하고 있다는 점에서 단순히 외적인 특성이 비슷하다고 하여 이 개념을 곧장 끌어다 활용할 수는 없다. 아울러 하층민들에게까지 성리학적 규범이 확산되어 나간 양상과 이를 동일시하려는 것은 더욱 아니다. 그럼에도 '통속도덕'이라는 개념이 많은 참고가 되는 것은 다음 몇 가지 측면 때문이다.

첫째, 일상생활 속에서 실천할 수 있는 구체적이고 손쉬운 덕목들

104 "일상적(케=ヶ) 국면에서는 성실하게 일하며, 부모나 주인의 말을 잘 지키고, 마을사람들과 사이좋게 지내는 등의 규범이 오랜 전통으로서 그 속에 정착되어 있으며, '통속도덕'은 일상규범에 호응하는 것이기 때문에 많은 사람들이 수용하였을 것이다"(야스마루 요시오, 앞의 책, 98면).

105 김문용, 앞의 논문, 20면.

106 야스마루 요시오, 앞의 책, 102면.

을 위주로 하여 사람들에게 이를 준수할 것을 인식시키고, 잘 지키도록 하였다는 것이다. 이는 상위 이데올로기를 이데올로기 자체가 아니라 그들이 일상생활 속에서 어렵지 않게 실천할 수 있는 몇 가지 덕목 내지 규범을 활용하는 방식으로 민간으로 확산시킴을 의미하는 것이다.

조선 사회에서 사대부들이 일반 백성들에게 성리학적 이념과 규범들을 확산시키는 데도 마찬가지였다. 그들은 일반 백성들에게 생경한 이념 자체를 전달하기보다는 가장 기본적으로 지켜야 할 것들을 위주로 구체화, 간소화하여 이를 잘 지키도록 하는 방식으로 일반 백성들에게 성리학적 이념과 규범에 익숙해지도록 하였다. 그리고 사람이라면 이를 반드시 지켜야 한다는 것을 인식하게 하였다.

일반 백성들에게 가장 기본적으로 지켜야 할 기초적인 규범을 구체적으로 제시하여 이를 준수하게 하고 익숙하게 하는 양상은 〈두껍전〉에서도 볼 수 있다. 두꺼비가 효에 대해서 이야기하는 부분이 단적인 예이다.

〈두껍전〉에서 천문지리와 육도삼략, 의약복술 등에 대한 여우의 질문에 두꺼비는 천문법, 지리에 이어 두꺼비는 인도(人道), 즉 오륜을 이야기한다. 당연한 이야기지만, 오륜은 당대 사람들이 가족, 사회 공동체를 유지하기 위한 가장 기본적인 생활규범이다.

그런데 오륜을 천문법, 지리 다음에 언급한 것은 단지 이것이 기본적인 생활규범이기 때문만은 아니다. 이러한 배치는 당대인들에게 오륜이 '의거(依據)'[107]의 기반이 되는 음양오행, 천문법 등의 지식들 다음으

107 이에 대한 구체적인 논의는 4장 4절에서 한다.

로 중요한 사항으로 생각하고 있었음을 보여주는 것이다. 그러다 보니 두꺼비는 오륜의 다섯 항목을 나열하는 데 그치지 않고, 이를 구체적인 전고들과 함께 차근차근 설명해 나간다.

두꺼비는 사람이 만물 중의 으뜸이라고 하면서 오행의 이치에 바탕을 두고 나왔다고 말한다.[108] 이어 오륜의 항목을 나열하고, 이를 차례로 설명한다.[109] 먼저 과거에 장원급제하여 천하에 이름을 떨치며, 난리가 났을 때에는 대원수의 직임(職任)을 갖고 전장에 나가 난리를 평정하고 돌아와 역사에 길이 이름을 남기는 것이야말로 대장부의 공업이자 임금께 충성을 다하는 법이라고 한다.[110] 임금을 섬기는 법으로 든 이 이야기는, 당대에 크게 유행하던 영웅 소설에서 주인공이 공업을 세우는 과정을 단순화한 것으로 보이는데, 그런 만큼 당대인들에게 익숙한 것이라 할 수 있다. 두꺼비는 당대 사대부라면 이상으로 생각하는 부분을 끌어 옴으로써 임금 섬기는 문제를 강조하였다고 하겠다.

---

108 "지리(地理)도 그러ᄒᆞ건이와 인되(人道) 인나이 사람 ᄉᆡᆼ긴 법(法)은 만물지즁(萬物之中)의 가장 귀(貴)ᄒᆞᆫ지라. 각ᄉᆡᆨ(各色) 짐ᄉᆡᆼ은 긔여 단이ᄃᆡ 사람은 홀노 셔셔 단이ᄂᆞᆫ이 머리ᄂᆞᆫ 하날을 이고 발은 ᄯᅡᆼ을 불부니, 쳔지만물지즁(天地萬物之中)의 웃듬이라. 머리ᄂᆞᆫ 둥그러 하날을 응(應)ᄒᆞ 발은 모져 ᄯᅡᆼ을 응(應)ᄒᆞ여 음양지이(陰陽之理)와 오ᄒᆡᆼ지이(五行之理)로 낫ᄂᆞᆫ지라." 정해본 〈두껍전〉.

109 "오륜(五倫)이 잇스니 부자유친(父子有親)ᄒᆞ며, 군신유의(君臣有義)ᄒᆞ며, 부부유별(夫婦有別)ᄒᆞ며, 장유유셔(長幼有序)ᄒᆞ며, 붕우유신(朋友有信)이라." 정해본 〈두껍전〉.

110 "임군 셤기ᄂᆞᆫ 법(法)은 과거(科擧)을 심써 보아 단계수(丹桂樹) 놉흔 가지 쇼연(少年)의 썩거 쥐고 일홈을 사ᄒᆡ(四海)의 ᄯᅥᆯ치며, 츙셩(忠誠)을 다ᄒᆞ야 난시(亂時)를 당(當)ᄒᆞ면 삼층(三層) 운긔(雲旗) 우희 ᄃᆡ원슈(大元帥) 인수(印綬)를 빗기 차고 쳔병만마(千兵萬馬)를 지휘(指揮) 즁(中)의 너허 두고 좌작진퇴(坐作進退)ᄒᆞ야 적병(敵兵)을 당(當)ᄒᆞ거든 한 칼의 쓰리치고 금고일셩(金鼓一聲)의 난시(亂時)를 평정(平定)ᄒᆞ고 일홈을 쥭ᄇᆡᆨ(竹帛)의 드리오고 얼골을 긔린각(麒麟閣)의 올인이, ᄃᆡ장부(大丈夫)의 사업(事業)인이라." 정해본 〈두껍전〉.

이어서 두꺼비는 효에 대해 이야기를 한다.[111] 그는 부모를 섬기는 일은 모든 행실의 근본이 됨을 전제한다. 그래서인지 다른 오륜 항목보다 많은 분량을 할애하여 자세하게 언급한다. 그는 효로써 이름난 인물들의 전고들을 끌어 와 이야기한다. 순 임금이 역산(歷山)에서 농사를 지었다거나 노래자(老萊子)가 나이 70세에도 비단 채색 옷을 입고 부모를 즐겁게 했다는 이야기, 부모를 위해 100리 밖에서 쌀을 지고 온 자로(子路)에 대한 이야기, 부모를 생각해서 귤을 품고 온 육적(陸績)에 대한 이야기 등 두꺼비가 예로 든 인물들에 대한 전고들은 당대인들에게도 비교적 많이 알려진 것들이다. 두꺼비는 이러한 인물들을 예로 들면서 옛사람들도 진심을 다해 효를 하였음을 강조한다.

하지만 이것이 보통 사람들이 본받고 행하기는 매우 어려운 일인 것도 사실이다. 순 임금의 행적은 성인이라야 할 수 있을 정도로 높은 수준이며, 맹종(孟宗)과 왕상(王祥)의 예는 기적에 가까워 실제로 일어나기는 거의 불가능한 일이다. 노래자, 자로, 육적의 예 역시 실행에 옮기기가 결코 쉽지 않기는 마찬가지이다. 그래서 두꺼비도 이는 하늘로부터 타고난 지극한 효성[출천지효(出天之孝)]이기에 모든 사람들이 본받아 행하는 데는 무리가 있다고 하면서 보통 사람들이 기본적으로

111 "부모(父母) 셤기기ᄂᆞᆫ ᄇᆡᆨᄒᆡᆼ(百行)의 근원(根源)이라. 부모(父母) 은혜(恩惠)을 ᄉᆡᆼ각ᄒᆞ면 호쳔망극(昊天罔極)이라. 슌(舜) 임군은 역산(歷山)의 밧슬 가라 부모(父母)를 셤기고, ᄂᆡᄅᆡ자(老萊子)ᄂᆞᆫ 육십(六十)의 ᄎᆡ의(彩衣)를 입고 부모(父母)를 질겁계 ᄒᆞ고, 자로(子路)의 부미(負米)와 육젹(陸績)의 회귤(懷橘)과 증자(曾子)의 양지(養志)와 ᄆᆡᆼ죵(孟宗)의 읍쥭(泣竹)과 왕상(王祥)의 빙상이(氷上鯉)ᄂᆞᆫ 츌천지효(出天之孝)라. 사람마다 쉽지 못ᄒᆞ거니와, ᄃᆡ제 혼정신셩(昏定晨省)ᄒᆞ며 문의육한ᄒᆞ며 죠셕(朝夕)의 졍셩(精誠)으로 봉양(奉養)ᄒᆞ며 부모(父母)의 뜻셜 거시리지 말면 인륜(人倫)의 큰 죄(罪) 업ᄂᆞᆫ이라. 어버이 ᄉᆡᆼ젼(生前)의 쥭도록 심을 다ᄒᆞ야 섬길 거시이 어버이 읍스면 아모리 효셩(孝誠)이 지극(至極)ᄒᆞ여도 엇지 하리요?" 정해본 〈두껍전〉.

행할 수 있는 일들을 이야기한다. 날마다 아침저녁으로 봉양에 힘을 쓰고, 부모의 뜻을 거스르지 않는 정도만 행하더라도 살아가는 데 인륜을 거스를 일은 없다는 것이다. 이는 앞서 전고에서 나온 효성에 비하면 매우 낮은 수준이어서 누구나 실행에 옮길 수 있는 것들이다. 반면 매우 낮은 수준이기에 사람들이 가볍게 여길 위험도 존재한다. 그래서 두꺼비는 어버이 생전에 진심을 다해 효를 행할 것을 다시 당부한다.

이 지점이 중요하다. 두꺼비는 효에 대한 이야기를 하면서 효로 이름난 인물들과 관련된 전고들을 끌어왔다. 만약 두꺼비가 이렇게만 말하고 넘어갔다면, 오륜이 중요하고 효가 중요하다는 것을 말하는 여느 다른 언술들과 별로 다를 것이 없었을 것이다. 그런데 두꺼비는 여기서 이는 보통 사람들은 지키기 어려운 것이라고 하면서 아침저녁으로 봉양에 힘쓰고, 부모의 뜻을 거스르지 않는 것만으로도 충분히 효를 실천할 수 있음을 덧붙였다.

두꺼비는 역사적 전고로 남은 인물들의 행적을 강조하고 효가 중요하다고만 해서는 보통 사람들이 오히려 낯설게 받아들이고, 자신들은 결코 실행할 수 없는 고원(高遠)한 행위들로 간주해 버리리라는 것을 간파하고 있었다. 그래서 일반 백성들이 가장 손쉽게 지킬 수 있는 기초적이고 구체적인 행위를 제시하면서 이것을 잘 지키는 것만으로도 충분하다고 했던 것이다. 이는 성리학적 규범을 매우 구체적이면서도 단순화하여 가장 하기 쉬운 기초적인 덕목으로 변용시켜 이를 민간에서 따르고 준수하게 했던 모습을 잘 보여주는 것이다.

여기서 한 가지 더 짚고 넘어갈 사항이 있다. 여우가 이 대목에서 끼어든다는 것이다. 여우의 이 말은 다음 몇 가지 측면에서 효를 강조한 두꺼비의 언술을 더욱 강조하고 뒷받침해주는 역할을 하고 있다는 점에서 중요하다.

이때까지 잠자코 듣기만 하던 여우는 토끼와 노루를 보고 눈물을 흘리며 자신의 이야기를 꺼낸다. 부모가 살아계실 적에는 집이 가난하여 고기반찬을 해 드리지 못하였는데, 부모가 세상을 떠나고 나니 아무리 봉양하고자 한들 길이 없어 한이 된다는 것이다. 그리고 노루 장선생(獐先生)이 대부인(大夫人) 수연(壽宴)을 배설(排設)한 데 대한 부러움을 나타낸다.[112]

우선 두꺼비가 부모님 생전에 효를 다할 것을 강조했다고 하더라도 듣는 사람의 입장에서 이 점이 마음 깊이 와 닿지 않을 가능성이 존재한다. 부모에게 효도를 해야 한다는 것은 누구나 안다. 부모가 세상을 떠나고 나면 효도도 불가능함을 모르는 사람도 없다. 그렇기에 그가 이 점을 다시 강조하더라도 심심하게 받아들일 수 있는 것이다.

다음 두꺼비는 보통 사람들이 쉬게 지킬 수 있는 몇 가지 행위를 제시하면서 이것만 잘 지켜도 효를 실천하는 데 문제가 없다고 이야기했다. 아닌 게 아니라, 두꺼비가 제시한 행위들은 그야말로 일상생활에서 가장 기본적으로 실천할 수 있는 기초적인 것들이다. 이는 사람들에게 저런 기초적인 행위를 잘 실천하는 것만으로도 효를 하는 데 부족함이 없으니 스스로 충분히 실천할 수 있다고 생각하며 적극적으로

112 "여호와 톡기와 노로를 보고 눈물을 흘이며 갈오ᄃᆡ, '슬푸다! 나ᄂᆞᆫ 부모(父母) 계실 ᄶᅧᆨ예 가난ᄒᆞ야 죠셕(朝夕)이 난계(難繼)ᄒᆞ기로 봉양(奉養)을 쵸식(草食)으로 ᄒᆞ고 육찬(肉饌)을 못ᄒᆞ여 드리다가 양친(兩親)이 그 몹쓸 신사연(辛巳年) 난(亂) 통의 다 여희고 영감하(永感下) ᄃᆡ여시이 아모리 봉양(奉養)ᄒᆞ고자 ᄒᆞᆫ덜 어ᄃᆡ 가 어들숀야? 호쳔망극(呼天罔極)이라! 오날날 경연(慶宴)의 만반진슈(滿盤珍羞)를 당ᄒᆞ니 옛일을 ᄉᆡᆼ각ᄒᆞ니 목이 머여 먹지 못ᄒᆞᄂᆞᆫ지라. 극(極)히 쥬인(主人) 장션ᄉᆡᆼ(獐先生)을 부러ᄒᆞ노라.' 정해본 〈두껍전〉.

실천하려는 의지를 갖게 한다는 점에서 의미가 있다.

하지만 반대로 효라고 하는 것이 대단한 무엇인가 있으리라 생각했던 사람들에게는 누구나 다 기본적으로 행할 수 있는 손쉬운 것이라고 생각한 나머지 더욱 심심하게 여기고 흘려버릴 위험도 존재한다. 그런데 여기에 생전에 효를 다하지 못해 평생의 한이 된 여우의 말이 첨가됨으로써 이 점이 심심하게 듣고 흘려버릴 것이 아니라, 마음속에 깊이 새겨두고 적극적으로 실천에 옮겨야 하는 것임을 깨닫게 한 것이다. 두꺼비의 이야기 도중에 끼어든 여우의 이 언술이 중요한 것은 바로 이런 이유들 때문이다.

한편 두꺼비는 부부 사이의 의와 장유유서에 대해서 각각 화목과 공경이 중요하다고만 하고 넘어간다. 벗들 간의 신의 문제에 대해서는 천하 만물도 신의를 잃지 않음을 들면서 사람이라면 당연히 신의가 있어야 한다고 하면서 오륜에 대한 이야기를 끝맺는다.[113]

결국 두꺼비는 오륜에 대한 이야기의 대부분을 부모에 대한 효에 할애한 셈이다. 이는 두꺼비도 스스로 밝혔지만, 오륜 중에서 부자유친이라는 항목이 가장 근본임을 간주하고 있음을 보여주는 것이며, 부모에 대한 효를 바탕으로 하여 이를 사회, 국가에까지 확장시켜 나가는 유가적 사고가 여기에도 그대로 깔려 있다고 볼 수 있다.

---

113 "또 부부지의(夫婦之義)는 깁흔 근원(根源) 이셩(異姓)이 합(合)ᄒᆞ여 삼싱연분(三生緣分)을 ᄆᆡ져시이 부화부슈(夫唱婦隨)ᄒᆞ야 집이 화목(和睦)ᄒᆞ면 자숀(子孫)이 창셩(昌盛)ᄒᆞᄂᆞ이다. 장유차셔(長幼次序)난 어룬을 공경(恭敬)ᄒᆞ미이 무식(無識)ᄒᆞᆫ 네 놈더런 죤장(尊長) 공경(恭敬)할 쥴 모로이 쓰러 다 후례 아들이로다. 붕우(朋友)난 오륜(五倫)의 분명(分明)ᄒᆞᆫ 거시라. 신(信)이 잇나니, 신(信)이 읍스면 남이 밋지 안이ᄒᆞ나이라. 쳔지(天地)도 사시(四時) 신(信)을 일치 안이ᄒᆞ고, 바다도 조수(潮水) 신(信)을 일치 안이ᄒᆞ고, 기러기도 춘츄(春秋) 신(信)얼 일치 안이ᄒᆞ나이 하물며 사람이야 일너 무엇 ᄒᆞ리요?" 정해본 〈두껍전〉.

이야기의 배치상으로 보아도 오륜에 대한 언급 내에서 효에 대한 언급이 큰 비중을 차지한다는 것은, 천문, 지리에 대한 것 다음으로 오륜이 중요한 위치를 차지하듯, 오륜 내에서도 효가 가장 중요한 위치를 차지한다고 당대인들이 생각했음을 반영하는 것일 수도 있다. 아울러 이후 두꺼비가 말하는 육도삼략(六韜三略)·팔진도법(八陣圖法), 의약법(醫藥法), 복술(卜術) 등은 기술적인 측면이 강한 지식들이다. 따라서 앞서 언급된 음양오행, 천문지리, 오륜 등과는 다소 층위가 다르고 중요도도 차이가 있다고 보아야 할 것이다.

둘째, 이와 관련지어 이러한 규범들이 민간에 제대로 뿌리를 내리기 위해서는 피교화자들이 이러한 규범들을 실천하고 익숙해지는 것도 중요하지만 인식적인 측면에서도 수용이 되어야 가능하였다. 다시 말해 피교화자들 스스로 이러한 규범들을 당연히 잘 지켜야 할 사항들로 인식하고 당연하게 여기는 데까지 나아가야만 했다.

그런데 이러한 인식적인 측면에서까지 수용이 이루어지기 위해서는 본래 상층에서 갖고 있었던 이데올로기가 일정 정도 '세속화', '통속화' 과정을 거치는 것이 불가피하다는 점이 중요하다. 도시 상인들에게 통용되던 생활 규범, 덕목들이 농촌의 엘리트들을 통해 향촌 사회로 확산되어 '통속도덕'으로 자리 잡기위해서는 이러한 과정을 거쳤을 것이 분명하다.

앞서 살펴봤던 것처럼, 이는 조선 사회에서도 마찬가지였다. 일반 백성들에게는 생경한 성리학적 이념과 규범들을 그들에게 곧장 강요해서는 소기의 목적을 거두지 못할 가능성이 컸다. 그렇기에 사람이라면 반드시 이를 지켜야 한다는 논리를 내세우기도 하고, 민간에서 통용되던 복선화음의 논리와 결합을 하고, 아울러 문학 작품 속에서 복선화음의 논리를 선-악 대립 구도와 결합시켜 재편시키기도 하였던 것이다.

우리의 경우, 일상생활 속에서 쉽게 실천할 수 있는 가장 기초적인 규범, 복선화음의 논리를 통해 성리학적 이념과 규범을 확산시키는 양상에 주목하여 이를 '유교의 세속화'라는 관점에서 논의한 연구가 있다. '유교의 세속화'라는 관점에서 심대윤(沈大允, 1806~1872)의 복리(福利) 사상을 다룬 연구[114]가 그것이다. 이 연구에서는 심대윤의 복리 사상은 기본적으로 경학에 기반한 하나의 사상체계이며 기학(氣學)에 가까운 사상이라는 점에서 통속도덕과는 다르지만, 전문적 학술 영역을 벗어나 서민의 생활영역과 관계하는 측면이 있음에 주목한다. 그리고 그의 복리 사상이 지니는 세속성[115]을 지적하였다.

그 중 이 책에서 다루고 있는 문제와 더욱 직접적인 연관성을 보여주는 측면은 유가적 도덕과 규범의 실천을 화복(禍福)과 이해(利害)와 결부시키고, 쉽고 가까운 도덕과 규범을 취함으로써 서민적 실천도덕을 내장하고 있다는 점이다. "많이 숙독하고 열심히 실천하여 마음에 다른 생각이 끼어들지 않으면 천재(千災)와 만악(萬惡)이 소멸하고 제복(諸福)과 백상(百祥)이 저절로 오리라"는 『복리전서(福利全書)』 서문의 언급이나 서민의 충(忠)에 대해서 "법령을 삼가 받들고 산업에 진력하며, 조세를 내고 공납을 빠뜨리지 않으며, 싸움과 송사를 피할 것"이라는 언급 등은 이러한 양상을 단적으로 보여주는 것이다.[116]

---

114 김문용, 앞의 논문.

115 김문용은 '세속'에 대해 "전통적인 용례 그대로, 사람들의 통상적인 생활공간 또는 그 공간의 풍속이나 습관을 지칭한다. 그것은 통치자들의 특수 공간과 대비되는 민간, 종교적 특수 공간과 대비되는 속세 등과 의미 영역이 많이 중복된다"라고 정의하였다 (김문용, 위의 논문, 22면).

116 김문용은 "심대윤의 복리사상이 서민적 실천도덕을 내장하고, 근로와 분수를 강조하

아까 피교화자들이 성리학적 규범을 잘 실천하고 익숙해지기 위해서는 규범 자체를 잘 받아들여 익숙해지는 것도 중요하지만 인식적인 측면에서 수용이 되어야 더 큰 효과를 발휘할 수 있다고 하였다. 인식적인 측면에서의 수용 양상을 보여준다고 생각되는 예를 〈서동지전〉에서 찾아보자.

서동지에게 양식을 얻으러 갔다가 거절을 당하고 돌아 온 다람쥐는 화를 내며 그의 인정 없음을 탓하고 송사를 일으키려 한다. 그러자 아내인 계집다람쥐가 그 옳지 않음을 조목조목 지적하며 반박한다. 이에 다람쥐는 남편의 말을 듣지 않고 기회를 엿보아 서동지를 따르려는 뜻이 있는 것이 아니냐며 계집다람쥐를 몰아붙인다. 그러자 계집다람쥐는 이비(二妃)와 마씨(馬氏)의 고사를 들면서 자신이 평소 품었던 뜻을 밝히고는 집을 떠나버린다.

여기서 주목할 부분은 하층민으로 형상화된 계집다람쥐가 이비와 마씨의 고사를 활용하고 있다는 점이다. 특히 그는 이비의 전고와 강태공의 전 부인 마씨에 대한 전고를 원래 의미와 맥락을 그대로 유지한 상태로 정확하게 끌어 온다. 이는 등장인물인 계집다람쥐가 해당 전고의 의미와 맥락을 정확하게 파악하고 있음을 의미한다.

아울러 전고라는 것이 사람들의 상식으로 자리 잡는 데까지는 꽤 오랜 시간이 필요하다는 점[117]을 감안하면 이 전고를 계집다람쥐 부류에 속하는 사람들이 처음부터 이 전고에 익숙했을 가능성은 별로 없다. 그렇다면 이 작품에서 하층민으로 형상화된 계집다람쥐의 입에서 이

며, 풍속을 방법론적으로 긍정하고, 숙명론을 수용한다는 점에서 세속적이다"라고 말한다. 이하 내용은 '김문용, 위의 논문, 22~25면'을 참조하여 정리하였다.

117 이에 대해서는 '지연숙(2011), 앞의 논문'을 참조.

러한 전고를 정확하게 활용한다는 것은 이 전고의 의미와 맥락이 하층민들에게도 비교적 익숙해져 있는 상태가 되었다는 점을 암시하는 것이라 생각해 볼 수 있다.

더 나아가 이러한 현상은 다음과 같은 의미를 갖는다고까지 말할 수 있다. 이비의 고사는 이비를 유가에서 가장 이상적인 부인상으로 우러르는 상징적인 의미를 갖고 있다. 강태공의 부인 마씨의 고사는 오랜 기간 동안의 가난을 참지 못하고 남편을 떠나 버림으로써 남편을 잘 섬기지도 못하였고, 정절도 지키지 못한 부덕(不德)한 부인이라는 상징적 의미를 담고 있다.

이러한 맥락을 그대로 유지한 상태에서 이 전고를 활용한다는 것은 이비의 정절을 우러러 보고, 강태공의 전 부인 마씨를 부정적으로 생각하는 인식이 민간 일반에도 상식적인 것으로 자리를 잡아가고 있다는 것을 의미한다. 아울러 이 두 고사의 대비를 통해 끌어 낼 수 있는 교훈도 민간에서 응당 그래야 하는 것으로 인식하고 있었음을 암시한다. 민간 일반에서도 한 집안의 아녀자라면 응당 이비의 모습을 본받아 평생 남편과 함께 온갖 우여곡절을 겪으면서 수절하는 것이 당연하다고 생각되는 상황에 와 있다고 볼 수 있는 것이다.

〈서동지전〉의 이 부분은 성리학적 규범이 피지배계층의 민간 일반에도 자리 잡아가는 단계에 이르렀음을, 특히 인식적인 측면에서도 수용되고 자리를 잡아가는 상황이었음을 암시하는 사례라는 점에서 의미가 있다.

아울러 앞서 살폈던 〈장끼전〉과 〈서동지전〉에 등장하는 '예의염치' 문제 역시 이러한 관점에서 이해할 수 있음을 알 수 있다. 피지배계층 일반에서 상대방에게 예의염치를 지킬 줄 알아야 함을 지적한다는 것은 결국 사람으로서 예의염치를 지킬 줄 알아야 한다는 인식이 피지배 계층 일반에도 어느 정도 자리가 잡혀 있다는 것을 의미하는 것이다.

〈삼한습유〉에서 달성 선비 노비의 딸이 달성 선비의 늑혼으로 인해 낙동강을 건너던 배에서 강물을 뛰어들어 죽자, 전송차 따라 나왔던 할머니가 달성 선비를 향해 노기를 띠고 바라보면서 혼사를 하루 앞둔 여인을 억지로 빼앗고는 부모의 속신 요청도 거절하고, 신랑 집의 애걸도, 혼인날까지만이라도 머무르게 해 달라는 이웃집 사람들의 간절한 부탁도 모두 거절한 채, 억지로 데려가다 그 여인이 죽은 사정을 이야기한다. 이에 강둑 주위에서 구경하던 사람들이 모두 얼굴에 노기를 띠고, 화가 머리끝까지 난 채 욕하고 꾸짖기를 그치지 않았으며, 함께 배에 타고 있던 사람들은 달성 선비에게 달려들어 그가 기절할 정도로 보복한다.

여인이 죽은 사정에 대한 할머니의 이야기에 강둑 주위 사람들이 욕하고 꾸짖은 것이나 배에 탄 사람들이 그에게 달려들어 보복을 한 것은 그의 불의함을 하소연하는 할머니의 이야기에 사람들이 깊은 동감을 나타내었기 때문이다. 곧 예를 다하지 않고 억지로 여인을 데리고 가는 달성 선비의 부당한 처사에 사람들이 분노를 느낀 것이라 하겠다. 이 부분에서 이들이 혼인할 때는 예로써 해야 한다는 것을 인식하고 있음을 분명하게 드러내 보이지는 않는다. 그렇지만 달성 선비에 대한 사람들의 분노는 단순히 사람을 죽인 데 대한 분노가 아니라, 부모와 신랑, 이웃사람들의 간절한 부탁에고 불구하고 끝내 예를 차리는 것도 없이 혼인을 강행하고, 이로써 여인을 죽음으로까지 몰아간 데 대한 분노임을 감안하면, 이들 역시 혼인을 하는 데는 반드시 예로써 해야 한다는 인식을 갖고 있었음을 알 수 있다.

그런데 이렇게 성리학적 규범을 잘 지켜야 한다는 인식은 피지배계층이 성리학적 규범을 지배층에 대한 비판의 수단으로 활용하는 데로 나아갈 수 있는 가능성을 내재하고 있다. 자신들도 잘 알고 있는 규범을 지배층이 제대로 갖추지 못해서야 되겠느냐고 문제를 제기하는 것이다. 문학 작품 속에서 이러한 예를 찾는다면, 〈서동지전〉에서 다람쥐에게 무고를 당해 관아에 끌려 온 서동지가 관장인 백호산군에게 공술을 올리는 부분을 들 수 있다.

서동지에게 두 번째로 양식을 얻으러 간 다람쥐는 그에게 거절 당한 채 집으로 돌아 온다. 다람쥐는 이에 앙심을 품고 소송을 건다. 관아에 잡혀 온 서동지는 다람쥐의 소지(所志)에 대해 관장인 백호산군이 사실을 밝힐 것을 요구하자 소지를 작성하여 올린다. 여기서 서동지가 다람쥐와의 사실관계를 밝히기 전에, 관장인 백호를 겨냥하여 많은 말을 쏟아내고 있음을 눈여겨 볼 필요가 있다.[118]

---

118 사실 이 논의를 하는 데 문제가 한 가지 존재한다. 이 책에서 대본으로 삼은 영창서관본 〈서동지전〉은 1918년 강의영(姜義永)이 편집한 이본으로, 주제나 삽화 모두 〈서대주전〉 계열 작품들과 비교했을 때, 가장 특이한 면모를 보이는 것으로 간주되는 이본이며, 그런 만큼 발행 당시 상당한 변개가 이루어졌으리라는 혐의를 받고 있다. 특히 전고들이 매우 장황하게 등장하는 서두 부분과 서동지의 이 공술 부분이 특히 그런 혐의를 강하게 받고 있다(정출헌, 앞의 책, 202면, 각주 99)). 따라서 여기에 형상화된 모습을 가지고 곧장 조선 후기 소설사의 의식이 여기까지 도달했다고 말할 경우, 강한 비판을 받을 여지가 큰 것이 사실이다. 이본의 특성들을 제대로 고려하지 않은 채 대본으로 선택한 것은 전적으로 필자의 불찰이며 책임이다. 다소 궁색하기는 하지만 이에 대한 해명을 하자면, 먼저 이 책이 〈서동지전〉 자체의 주제를 탐색하는 데 목적이 있는 것이 아니라 작품 내 특정 양상에 주목하여 논의를 진행하는 방식을 취하고 있기 때문에 이 이본을 선택했다고 해서 별다른 문제가 생길 것이라 생각하지는 않는다. 보다 중요한 점은, 이 부분의 내용이 선행 연구의 추정처럼 변개된 것일 경우 이를 조선 후기 당대인들의 의식이 도달한 지점으로 간주할 수 있느냐 하는 점일 것이다. 성리학적 이념과 규범의 확산 과정에서 하층민의 성리학적 이념 전유가 일어났으며, 또 그 전유를 통해 성리학적 이념과 규범이 민간에까지 정착되어 갔다고

서동지는 만물의 쟁송(爭訟)은 나라에 도가 없어 나라를 다스리는 임금의 덕이 부족한 데서 기인한다고 단언한다. 그는 이를 걸(桀), 주(紂)와 주(周) 무왕(武王)의 대비를 통해 밝힌다. 걸, 주는 행실이 악하여 백성이 도탄에 빠지고 쟁송이 빗발쳐 형벌을 받은 자, 죽임을 당한 자가 저자거리에 쌓일 정도였는 데 반해, 무왕은 행실이 어질고, 덕이 백성들에게까지 미쳐 예의염치가 확립되고 도적과 송사가 사라져 감옥이 텅 빌 정도였다는 것이다.[119]

서동지의 이 언설은 송사의 근본 원인은 모두 윗사람의 덕의 유무에 달려 있음을 전제로 삼은 것이다. 이를 토대로 서동지는 본격적으로 백호산군의 부덕을 문제 삼는다. 그는 지금 당(唐) 천자가 새로 즉위하

보는 관점에서는 이 부분에서 나타나는 양상은 하층민의 성리학적 이념 전유 결과 도달할 수 있는 한 지점이라고 생각한다. 그리고 이보다 더 적극적인 양상으로 구현된 것이 〈춘향가/전〉의 춘향이라는 점, 조선 후기 소설에서 이러한 의식이 구현되었음을 감안하면, 이 부분이 20세기에 와서야 문학적으로 구현이 가능한 양상이라 생각하지 않는다.

119 "의신(矣身)이 업듸여 드르니, 'ᄌᆞ고(自古)로 만물(萬物)의 ᄌᆡᆼ숑(爭訟)ᄒᆞᄂᆞᆫ 바는 나라의 도(道) 업스면 인군(人君)의 덕(德)이 업는 사유(事由)라.' 고로 걸쥬(桀紂)는 ᄒᆡᆼ악(行惡)ᄒᆞ야 ᄇᆡᆨ셩(百姓)이 도탄(塗炭)에 들고 만민(萬民)이 함원(啣怨)ᄒᆞ믹, 양민(良民)이 변(變)ᄒᆞ야 도젹(盜賊)을 이루고 ᄌᆡᆼ숑(爭訟)이 ᄭᅳᆫ치지 안이ᄒᆞ야 형벌(刑罰)ᄒᆞ는 자(者) 길에 ᄊᆞᆨᄒᆞ고 쥭엄이 져ᄌᆞ에 싸이니, 이는 나라이 도(道) 업고 인군(人君)이 덕(德) 업심이오. 무왕(武王)은 ᄃᆡ의(大義)를 ᄒᆡᆼ(行)ᄒᆞᄉᆞ 됴민벌죄(弔民伐罪)ᄒᆞ야 어질물 ᄒᆡᆼ(行)ᄒᆞ며 덕(德)을 ᄭᅵ치니, 화피쵸목(化被草木)ᄒᆞ고 뢰급만방(賴及萬方)이라. 산무도젹(山無盜賊)ᄒᆞ고 도불습유(道不拾遺)ᄒᆞ며 도젹(盜賊)이 화(化)ᄒᆞ야 양민(良民)이 되고, 남녀(男女)는 길을 ᄉᆞ양(辭讓)ᄒᆞ며 농부(農夫)는 일앙을 사랑[양]ᄒᆞ고 ᄇᆡᆨ셩(百姓)은 숑ᄉᆞ(訟事)를 아지 못ᄒᆞ며, 획디위옥(劃地爲獄)이라도 긔불입(期不入)ᄒᆞ고 각목위리(刻木爲吏)라도 긔약(期約)코 상ᄃᆡ(相對)치 안니ᄒᆞ야 죄(罪)를 범(犯)홈이 업고 숑사(訟事)를 아지 못ᄒᆞ야 옥(獄)이 ᄉᆞ십여 년(四十餘年)이 븨엿스니, 유ᄎᆞ관지(由此觀之)컨ᄃᆡ 만물(萬物)이 닷토와 송사(訟事)홈은 우헤셔 덕지유무(德之有無)에 잇는지라." 영창서관본 〈서동지전〉.

여 천자의 덕이 천하에 젖어들고 있는 상황이니, 만약 산군이 모든 짐승의 왕으로서 인의와 덕을 짐승들에게 베푼다면 도적과 쟁송이 있을 수가 없다고 말한다. 그러면서 산군의 위엄과 덕이 베풀어지지 않아 짐승들이 그의 교화를 입지 못해 쟁송이 일어나는 지경에까지 이르렀다고 강조한다.[120]

소지의 내용에 의하면, 서동지는 다람쥐가 자신에게 앙심을 품고 송사를 일으킨 것을 잘 알고 있었다. 그런데도 서동지는 다람쥐가 송사를 일으킨 것은 그의 무도함 때문이 아니라 바로 산군의 교화가 베풀어지지 않은 데 근본적인 원인이 있음을 지적한다. 마지막으로, 그는 송사와 관련하여 자신과 다람쥐의 상황을 진술한 다음, 소장 마지막에 산군에게 자신들의 송사를 그르다고 생각하지 말고, 자신의 덕화가 베풀어지지 못함을 깊이 탄식해야 한다고 말한다.[121] 결국 서동지는 소지를

---

120 "희(噫)라! 지금(至今)은 당텬ᄌᆞ(唐天子) ᄉᆡ로 즉위(卽位)ᄒᆞᄉᆞ ᄃᆡᄉᆞ텬하(大赦天下)ᄒᆞ시ᄆᆡ ᄇᆡᆨ셩(百姓)이 ᄌᆡᆼ송(爭訟)을 아지 못ᄒᆞ고 왕화(王花)가 사ᄒᆡ(四海)에 졈급(霑及)ᄒᆞ얏거ᄂᆞᆯ, 산군(山君)은 ᄇᆡᆨ(百) 짐ᄉᆡᆼ에 장슈(將帥) 되시고 쳔(千) 짐ᄉᆡᆼ의 왕(王)이 되사 인의(仁義)을 짐ᄉᆡᆼ에게 베푸시며 덕(德)을 짐ᄉᆡᆼ에게 ᄭᅵ치시며 ᄐᆡ산오악(泰山五岳)에 쳔만(千萬) 짐ᄉᆡᆼ이 산군(山君)의 교화(敎化)를 힘입어스면 엇지 도젹(盜賊)과 ᄌᆡᆼ송(爭訟)이 잇슬리잇고마는, 양ᄐᆡ부(梁太傅)에 ᄒᆞ엿스되, '덕가원시(德可遠施)ᄒᆞ며 위가원가(威可遠加)라, 슈ᄇᆡᆨ 리(數百里) 외에 위령(威令)이 불신(不伸)ᄒᆞ니 통곡자(痛哭者) 이거시라.' ᄒᆞ엿스니, 업듸여 ᄉᆡᆼ각(生覺)건ᄃᆡ 산군(山君)이 용ᄆᆡᆼ(勇猛)은 쳔산만학(千山萬壑)을 슌ᄒᆡᆼ(巡行)ᄒᆞᄉᆞ ᄇᆡᆨ(百) 짐ᄉᆡᆼ에 웃ᄯᅳᆷ이로ᄃᆡ, 위엄(威嚴)은 쳔리(千里) 밧게 나지 못ᄒᆞ고 덕(德)은 ᄇᆡᆨ리(百里) 밧게 베푸지 못ᄒᆞᄉᆞ 슈하(手下)의 젹은 즘ᄉᆡᆼ이 산군(山君)의 교화(敎化)를 입지 못ᄒᆞ고 ᄒᆡᆼ열(行列) ᄉᆞ이에 셔로 ᄉᆞ송(訟)을 이르케며 ᄌᆡᆼ송지경(爭訟之境)에 이르니, 슬푸다! 의신(矣身)과 달암쥐(達岩智)에 무도(無道)ᄒᆞ미 아니라 ᄎᆡᆨᄌᆡ원슈(責在元帥)라. 산군(山君)에 교화(敎化) 이르지 못ᄒᆞᆷ이오 덕(德)이 무왕(武王)을 효측(效則)지 못ᄒᆞᆷ이라." 영창서관본 〈서동지전〉.

121 "원(願)컨ᄃᆡ 산군(山君)은 참상교시후(參商敎是後)에 만일(萬一)에 의신(矣身)이 도젹(盜賊)에 낫타나는 형상(形像)이 분명(分明)ᄒᆞ올진ᄃᆡ 쾌(快)히 의신(矣身)을 명정기죄(明正其罪)ᄒᆞ와 일후(日後)의 다른 짐ᄉᆡᆼ으로 ᄒᆞ야곰 증계(懲戒)ᄒᆞ시고, 산군(山

통해 사실관계를 따지기 이전에 이러한 송사가 일어나게 된 것 자체가 문제이며, 이는 모두 관장의 덕이 부족하여 뭇 짐승들에게 교화가 미치지 못한 데서 기인한 것임을 강하게 주장한 것이라 정리할 수 있다.

이처럼 서동지는 소지에서 그와 다람쥐 간에 벌어졌던 사건의 정황을 밝히는 것보다 덕에 의한 교화를 통해 송사 자체가 일어나지 않도록 해야 한다는 것을 주장하는 데 초점을 맞춘다. 그리고 산군을 직접 겨냥하여 윗사람으로서 백성들에게 덕과 위엄이 널리 베풀어지는 데 힘쓸 것을 주문한다. 서동지의 이러한 논리는 백호산군 스스로 빠져 나올 수 없도록 강하게 압박하며, 결국 그를 풀어줄 수밖에 없도록 만든다.

할 말이 없어진 백호산군은 오히려 일개 백성인 주제에 관장을 능멸했다며 화를 낸다. 그러면서 자신의 덕이 없음을 지적한 서동지의 죄는 죽어 마땅하다고 한다. 관장을 능멸한 죄는 자칫하면 죽을 수도 있는 중죄였기에 백호산군이 서동지를 죽이더라도 아무도 문제 제기를 할 수는 없는 상황이다.

하지만 자신의 부덕함을 지적한 서동지의 말은 백호산군도 어찌할 수 없도록 만든다. 만약 관장인 자신을 능멸했다는 이유로 서동지를 죽일 경우, 이는 자신이 진실로 부덕하다는 점을 자기 스스로 만천하에 알리는 모양이 되고 말기 때문이다. 그래서 백호산군은 이를 무마하기 위해 서동지의 지적처럼 부덕하지 않음을 애써 강조하려는 제스처를 취한다.

백호산군은 임금이 어질어야 신하가 곧을 수 있다고 하면서 임좌(任

君)도 덕화(德化)를 멀리 베푸지 못ᄒᆞᄉᆞ 교화 널리 흐르지 못흠으로 이런 송ᄉᆞ(訟事)가 싱기는 거시오니 스ᄉᆞ로 탄식(歎息)만 ᄒᆞ옵시고 의신(矣身) 등(等)의 징송(爭訟)흠을 '그르다.' 마옵쇼셔." 영창서관본 〈서동지전〉.

座)와 주운(朱雲)을 끌어 온다. 자신의 부덕을 지적한 서동지는 임좌와 주운과 같으며, 이러한 지적에 대해 화를 내지 않고 겸허하게 받아들인 자신은 당시 위(魏)나라, 한(漢)나라 임금과 같다는 것이다. 서동지의 지적처럼 자신이 그렇게 부덕한 관장이 아님을 보이려 한 것이다. 그러고는 이렇게 곧은 자가 양식을 도적할 리가 없다고 하고는 그를 방송하게 한다.[122]

서동지의 이 예는 자신들을 다스리는 상관들은 응당 성리학적 이념을 수용하고 규범을 잘 준수하는 측면에서 모범이 되어야 마땅함을 자신들도 알고 있는데, 이를 상관이 등한시 여겨서야 되겠느냐는 차원의 문제 제기가 가능함을 암시한다는 점에서 의미가 있다. 아울러 서동지에 대한 백호산군의 방송은 무고하게 송사를 입은 서동지가 상관에 대한 적절한 문제 제기를 통해 적절한 혜택을 입는 것을 보여주는 것이기도 하다.[123]

셋째, 상식적인 이야기지만, 상층의 이데올로기가 하층으로까지 확산되기 위해서는 필연적으로 '강제성'이 동반될 수밖에 없다. 상층의

---

122 "예로붓터 일넛ᄂᆞ니 직ᄒᆞ자(在下者)는 유구무언(有口無言)이어ᄂᆞᆯ, 당돌(唐突)이 우히를 범(犯)ᄒᆞ야 나의 덕화(德化) 업슴을 ᄭᅮ즈지니 죄당만사(罪當萬死)라. 연(然)이나 '인군이 어즈러야 신화(臣下) 곳다.' ᄒᆞ엿ᄂᆞ니, 위(魏)나라 임좌(任座)는 그 인군 문후(問候)에 그름을 말ᄒᆞ얏고 ᄒᆞᆫ(漢)나라 신하 쥬운(朱雲)은 그 인군 한뎨(漢帝)의 그름을 말ᄒᆞ얏더니, 너는 이졔 ᄂᆡ 무덕(無德)ᄒᆞᆷ을 말ᄒᆞ니 너는 진실로 임좌(任座)·쥬운(朱雲)이 되고 나는 진실로 무후(武候) 한뎨(漢帝) 되린니, 너거치 곳은 ᄌᆡ 엇지 달암쥐(達岩智)의 양식(糧食)을 도적(盜賊)ᄒᆞ리오? 어불셩셜(語不成說)이니 달암쥐(達岩智)ᄂᆞᆫ 엄형졍빅(嚴刑定配)ᄒᆞ고 셔ᄃᆡ쥐(鼠大智)는 득위방송(特爲放送)ᄒᆞ라." 영창서관본 〈서동지전〉.

123 이러한 비판 의식이 보다 강한 이념성을 띠고 정치적인 성격마저 지니는 경우로, 〈춘향가/전〉의 춘향이 여기에 속한다고 할 수 있다. 이런 관점에서 〈춘향가/전〉을 분석한 예로는 '김영민(2007), 앞의 논문'을 참조.

이데올로기가 하층에까지 확산되는 현상을 두고 '이데올로기화'라고 부르는 것은 바로 이 때문이다.

여기서 중요한 점은, 일단 상층의 이데올로기가 하층에 수용되고 나서는 이 이데올로기가 다시 하층민들이 스스로를 억압하는 기제로 작용하는 측면이 존재한다는 점이다. 통속도덕에 대해 논의한 여러 연구자들이 이러한 측면을 지적하였다. 즉 통속도덕은 도덕은 결코 수단이 아니라 그 자체가 지고의 목적이고 가치인 것이며 그 결과로서 반드시 부와 행복을 얻을 수 있다는 점을 강조하고 인식시킨다.

이러한 논리는 부귀한 자는 도덕과 경제, 인간적인 영역에서까지 우월하고, 그렇지 못한 자는 부와 행복뿐만 아니라 도덕으로부터도 소외를 당하는 이중의 소외를 맛보게 되는 결과로 귀결된다.[124] 패배 시 받게 될 이중의 비난은 이러한 규범을 '자발적'으로 행하도록 추동한다.[125] 다음 인용문은 이러한 문제에 대해 자세히 설명해준다.

> 실제 일상에서 실천은 자기를 규율하기 위해 극도의 내면적 긴장을 배태한다. 이와 동시에 덕목의 준수로 얻어지는 이익의 불평등은 사회구조상 당연히 존재하므로, 공동체 전체의 실천은 엘리트에 의한 강제 없이는 있을 수 없다. 하지만 강제가 가능한 것은 실천을 통해 현실에 얼마간의 생활 개선이나 이익 배분이 가능했기 때문이며, 사사로운 성공이라도 그것은 당사자의 도덕적인 우위성을 의미했다. 이때 낙오자로 간주된 자는 단순히 경제적인 실패자일 뿐만 아니라 도덕적으로도 폄하되어 주변화 되었다('당신의 불행은 당신의 마음가짐이 잘못됐기 때문이다'). 이리하여 통속도덕은 일부가 채용하는 방도가 아니라 도

124 김필동(2006A), 앞의 논문, 479~480면.

125 도베 히데아키, 앞의 논문, 도면회·윤해동 편, 앞의 책, 426면.

> 덕적인 자명성을 갖는 부정할 수 없는 힘으로 민중에게 육박하여 자발적인 실천을 촉구해간다.[126]

그런 점에서 통속도덕은 하나의 역사적 달성물이지만, 그 달성에 의해서 스스로를 억압하는 극히 자기억압적인 규범이다. 하지만 이런 억압은 개인의 내면적 측면에서의 질서에 대한 동일화에 지나지 않기 때문에 억압은 억압으로서 의식될 수가 없게 되는 것이다.[127]

일반 백성들에게 성리학적 이념과 규범이 확산되어 가는 과정에서도 이와 같은 측면이 존재했다. 이때 억압의 기제로 작동하는 것이 바로 앞서 들었던 인간과 금수의 변별 논리와 복선화음의 논리, 포섭과 배제의 논리였다.

인간과 금수의 변별 논리는 성리학적 이념과 규범을 지속적인 교화작업을 통해 익히고 실천하게 된 피교화자들은 이러한 규범들이 사람이라면 반드시 지켜야하는 것임을 인식하게 된 이상, 금수만도 못한 사람이라는 비난과 비아냥을 듣지 않기 위해서라도 이를 어기지 않기 위해 스스로를 억압하게 만든다.

복선화음의 논리는 이러한 규범을 잘 지키면 비록 당장은 아니더라도 나중에는 가문이 흥하고 자손이 번창하는 복을 받고, 이를 어겼을 경우에는 하늘로부터 벌을 받으리라는 생각 때문에 이를 어기지 않기 위해 스스로를 억압하게 만든다.[128]

---

126 도베 히데아키, 같은 논문, 도면회·윤해동 편, 같은 책, 423~424면.

127 야스마루 요시오, 앞의 책, 147면.

128 필자가 보기에는 '이데올로기화'가 제대로 이루어지기 위해서는 이 비난이 두려워서 자신을 억압하고 자발적으로 준수하는, 결코 자발적이지 않은 '자발성' 외에도 다른 측면의 '자발성'이 함께 따라주어야 가능하다. 이 다른 측면의 '자발성'에 대해서는

문학 작품 속에서도 이러한 면모는 발견된다. 즉 복선화음의 논리가 구현된 선-악 대립 구도를 통해 성리학적 규범을 잘 지킴으로써 영달하는 인물과 이를 지키지 않음으로써 징치를 받고, 몰락하는 이들의 모습을 보여줌으로써 이를 읽는 독자들에게 이러한 억압의 기제로 작동하는 것이다.

이와 결부지어 포섭과 배제의 논리 역시 중요한 역할을 했다. 앞서 살폈던 〈우부가〉, 〈용부가〉, 〈흥부가/전〉, 〈심청가/전〉에서 서술자의 시선에 드리워진 포섭과 배제의 논리는 독자들 스스로 자신을 돌아보고, 작품 속에서 배제된 인물과 같은 처지가 되지 않기 위해 자신을 끊임없이 경계하도록 종용하는 것이다.

넷째, 무엇보다도 중요한 점은, 일본에서는 통속도덕을 통해, 우리의 경우에는 유교의 세속화를 통해 각각 민족 특유의 생활양식, 사유양식 등이 형성됨으로써 문화적 전통으로 자리를 잡아갔다는 점이다.

일본의 경우, 통속도덕은 설득을 통한 수용과 통념화를 통해 일본 민중의 생활양식·사유양식이 그들 각자의 생애를 통해 반복해서 형성되고, 그러한 반복적인 형성 과정을 거치면서 일본인 특유의 성격 구조나 몸짓이나 감수성 및 행동 양식의 특질 등도 형성시켰을 것으로 간주되고 있다.[129]

이러한 면모는 우리의 경우도 마찬가지라 생각된다. 17세기에 양반 사대부층을 중심으로 성립된 성리학에 기반한 제도, 관습들은 18세기 중후반에 이르면 양반 사대부층에서만큼은 거의 확립되었다고 간주될

다음 항에서 다룰 예정인데, 이 둘을 서로 모순되는 것으로 생각하여 필자의 논지가 서로 충돌하는 것으로 이해하지 말기 바란다.

129 야스마루 요시오, 위의 책, 102면.

정도로 자리를 잡는다. 이러한 제도와 관습이 정착되는 데는 성리학적 규범 준수의 당위성을 사대부 자제와 여성들이 인식하고 이를 준수함으로써 가능했고, 이러한 과정을 거쳐 하나의 문화로 자리를 잡아 갔다. 그리고 이러한 양상은 여기서 그치지 않고 느린 속도지만, 중인층과 그 아래 일반 백성에게 확산되어 나갔고, 20세기 초에 이르면 전 계층에 걸쳐 보편적인 현상으로 자리를 잡기에 이른다. 이는 선행 연구를 통해 어느 정도 밝혀진 바다.

이러한 문화가 형성되고, 정착이 되기까지 우리 역시 '유교의 세속화'를 통해 사람들마다, 그리고 대대로 생활양식과 사유양식이 반복되어 형성되고, 이러한 과정을 통해 문화적 전통이 형성되었을 것임에 틀림없다.

여기서 중요하게 살펴볼 점은, 생활양식·사유양식이 사람들 각자의 생애를 통해서, 그리고 대대로 반복해서 형성된다는 점, 그리고 이러한 과정 속에서 특수한 문화를 형성해 나가는 것이 어떤 의미를 갖는가 하는 점이다.

먼저 생활양식·사유양식이 사람들 각자의 생애를 통해서, 그리고 대대로 반복해서 형성된다는 점이 의미하는 것을 살펴보자. 결론부터 말하자면, 이는 성리학적 규범의 준수가 이를 준수해야겠다는 의지가 동반되는 과정을 거쳐 점차 자신의 몸에 익숙해짐으로써 일상생활 속에서 일반적으로 행하는 다른 행위들과 변별이 되지 않을 정도로 자기화되는 것을 의미한다. 성리학적 규범 준수를 통한 일련의 윤리적 행위들이 일상생활에서 무심코 하는 행위들과 다름없는 기제를 통해 나타나는 것이다.

이를 이해하기 위해 먼저 다음 인용문을 보자.

> 거리에서 맞이하는 일상적인 하루의 생활을 생각해 보라. 당신은 보도를 걸어가면서 곧 있을 회의에서 무슨 이야기를 해야 할까에 대해서 생각하고 있는데 그 때 사고가 일어나는 소리를 듣는다. 당신은 즉각적으로 당신이 도울 수 있을지를 살핀다. 다른 상황을 생각해 보자. 당신은 당신의 사무실에 있고 대화가 잘 이어지다가 어떤 화제가 당신의 비서를 당황스럽게 만든다. 당신은 즉각적으로 그 비서의 곤혹스러움을 알아차리고 재치 있는 말로 대화를 다른 화제로 돌린다.[130]

바렐라는 이러한 종류의 행위들은 판단과 추론(reasoning)으로부터 싹터 나오는 것이 아니라 우리가 직면하는 것들에 대한 즉각적 대응능력(immediate coping)으로부터 나온다고 말한다. 그는 바로 이러한 동작이 진정한 윤리적 행위들이고, 사실 이러한 동작이 우리의 일상에서 일어나는 가장 일반적인 종류의 윤리적 행동들이라 주장한다. 이러한 주장에는 사람에게서 어떠한 윤리적 행위가 발생하면 그것이 꼭 일정한 윤리적 판단(사유)을 거쳐서 나온 것으로 생각하는 것이 과연 정당한가에 대한 근본적인 문제 제기가 바탕에 깔려 있다.[131]

그는 일상생활 속에서 행해지는 이러저러한 윤리적 행위들의 대부분은 윤리적인 판단을 거쳐서 나오는 것도 아니고, 그렇다고 단순한 반사적 행위로 나온 것은 더더욱 아니며, "지각과 행위의 즉각성(immediacy)"[132]에 의해 나오는 것이라 주장한다. 이는 어떤 현상이나

---

130 프란시스코 J. 바렐라, 유권종·박충식 옮김, 『윤리적 노하우: 행동 지혜 인지』(갈무리, 2009), 26면.

131 프란시스코 J. 바렐라, 위의 책, 25~26면.

132 프란시스코 J. 바렐라, 위의 책, 25면. 지각과 행위에 대한 즉각성에 대해 이해하는 데는 다음 인용문이 참고가 된다.

"우리의 정신적 육체적 삶의 대부분은 다양한 즉각적 대응으로부터 오는 것이며, 그것

상황에 대한 반응에 있어서 이미 그것에 대한 반응의 방식을 체득하고 있는 상태이므로 행위를 유보하고 그 사이에 사고하고 음미하는 일을 하지 않고 즉각적으로 반응하는 것을 말한다.[133] 윤리적 행위는 마음(의식)에서 이루어지는 판단이 발단이 되어 몸이 그것을 따르는 단계적 작용이 아니고, 오히려 몸(또는 두뇌) 작용에 의한 경험의 체화 과정을 통해서 몸(또는 두뇌)에 형성된 구조가 자연적으로 발휘하는 (유형화된) 몸의 행위인 것이다.[134]

그의 이러한 주장은 다음과 같은 점에 입각해 있다. 우리의 지각과 인식, 이를 바탕으로 하여 형성되는 습관, 심지어는 관습, 문화까지지도 일차적으로 구체적인 경험을 통해, 그리고 그러한 경험을 반복하는 과정에서 형성된다. 그렇기 때문에 한 문화가 내재하고 있는 역사성과 맥락은 추상적인 어떤 것이 아니라, 마치 어떤 생물의 존재 양태가 현재의 그 개체를 유지하고 있기까지 거쳐 온 진화 역사의 기록의 산물인 것처럼, 그 문화를 구성하고 향유해 온 구성원들의 개인적, 집단적 경험이 축적되고 그것이 오랜 역사를 거치면서 겪은 변화들의 구체적인 기록의 산물이라는 점이다.[135] 아울러 이는 상세하게 논의할 여유는 없

은 명확하고 안정되었으며 우리의 개인적 역사에 근거하고 있다는 것이다. 그것은 매우 즉각적이기 때문에 우리는 그것을 알지 못할 뿐 아니라, 우리 자신이 그것을 알지 못한다는 것조차도 우리는 알지 못한다"(프란시스코 J. 바렐라, 위의 책, 45면).

133 프란시스코 J. 바렐라, 위의 책, 25면 옮긴이 주.

134 유권종, 「바렐라의 『윤리적 노하우』와 유교 연구」, 『한국학논집』 42(계명대학교 한국학연구원, 2011. 3), 49~50면. 아울러 이 저서의 배경과 상세한 내용 정리는 이 논문을 참조.

135 "지식의 기본적 단위는 일차적으로 구체적이고(concrete), 체화되고(embodied), 통합적이고(incorporative), 살아있는 것(lived)이라는 사실, 그리고 대체적으로 지식은 상황적이라는 사실, 지식의 독특성, 즉 지식의 역사성과 맥락은 어떤 추상적인 형태의 본질을 감추고 있는 껍데기에 불과한 것이 아니라는 사실이다. 구체적인 것은 어떤

지만, 인지가, 심지어 가장 높은 수준의 인지로 보이는 것조차 유기체 전체의 구체적인 활동, 즉 감각 운동 결합(sensorimotor coupling)에 기초하고 있다는 생각을 정립한 피아제의 연구에 일정하게 기반하고 있기도 하다.

그렇다면 일상생활에서 우리가 즉각적으로 행하는 윤리적 행위들은 어떻게 해서 가능한가? 그는 다른 모든 양상의 행위들을 획득하는 방법과 거의 똑같은 방식으로 우리의 윤리적 행위를 획득한다고 본다. 즉 다른 행위들을 경험을 통해 하나하나 배워나가는 것처럼, 윤리적인 행위들 역시 경험의 반복을 통해 습득을 해 나가고 몸에 익숙해지는 과정을 거친다는 것이다. 그리고 그는 그러한 행위가 지니는 사회적, 역사적 맥락은 그 사회 속에서 성장하면서 점차 분명해진다고 한다. 그는 이러한 일련의 과정을 거치면서 일상생활 속에서 행해지는 윤리적 행위들은 살면서 처하게 되는 모든 상황에 각각 들어맞는 '행동을 할 채비(a readiness-for-action)'가 되어 있는 단순한 행위들의 상황적 체화(the situated embodiments of simple acts)와 마찬가지로 '즉각적'으로 나오게 된다고 주장한다.[136]

이를 다시 성리학적 규범의 준수와 실천 문제와 연결 지어 보자. 조

다른 것을 향해 가는 중간 단계가 아니다. 우리가 존재하는 곳이고 동시에 우리가 존재하는 곳에 다가가는 방법인 것이다"(프란시스코 J. 바렐라, 위의 책, 29면). 인간의 인지와 지식, 습관, 문화가 구체적인 경험을 통해 형성된다는 점은 경험주의의 매우 유명한 다음 저서 'G. 레이코프·M. 존슨, 노양진·나익주 옮김, 『삶으로서의 은유』(수정판)(박이정, 2006)'에서도 연구의 기본적인 입각점으로 설정되어 있음을 알 수 있다. 프란시스코 바렐라의 이 저서 또한 이러한 연구 경향과 밀접한 관련이 있다. 아울러 프란시스코 바렐라는 본인은 이를 인정하지 않지만, 구성주의 진영에 속하는 학자로 간주되기도 한다.

136 프란시스코 J. 바렐라, 위의 책, 32면, 50~51면.

선 사회에서 장기간에 걸쳐 사대부들이 행했던 지속적인 교화 작업 또한 이와 다르지 않다. 반복해서 이야기하지만 사대부들은 『소학』이나 행실도, 가훈서 등을 통해 사람들에게 실천하기 쉬운 덕목부터 하나하나 가르치고, 이런 저런 논리와 수단을 활용하여 이러한 규범들을 반드시 지켜야함을 인식시키는 일을 끊임없이 반복하였다.

여기에는 바로 사람들로 하여금 아직 생소한 성리학적 규범들에 대해 이것을 반드시 지켜야하는 것임을 인식하면서 이를 하나하나 구체적인 행위를 따라하고 배움으로써 익혀 나가고, 이를 일상생활 속에서 반복적으로 행함으로써 이러한 행위를 해야겠다는 의지나 생각이 뒤따르기 전에, 일상생활에서 무심코 하는 행위들처럼 자연스러운 행위로 나타날 수 있게 하려는 목적이 있었던 것이다.

이렇게 성리학적 규범에 대한 자기화 과정이 개인적으로, 집단적으로, 그리고 대대로 반복되면서 성리학적 이념과 규범은 하나의 생활양식이자 사유양식으로 자연스럽게 자리를 잡게 되는 것이다. 그렇다면 하나의 문화가 어떻게 이러한 과정을 반복하면서 형성되는 것일까? 다음 인용문을 보면서 논의를 풀어보자.

> 사회적 환경이 지닌 의사소통적 역동성의 틀 안에서 개체 발생적으로 생기고 여러 세대에 걸쳐 안정되게 남아 있는 행동방식을 가리켜 우리는 문화적 행동이라 부른다. …(중략)… 이것은 한 집단의 역사가 개체들의 특수한 역사를 뛰어넘어 어느 정도 연속성을 갖도록 해주는, 개체 발생적으로 생긴 의사소통적 상호작용 모두를 통틀어 가리키기 때문이다. 이때 결정적인 역할을 하는 것은 집단 안에서 개체들이 어떤 행동을 흉내 내고 또 그 행동이 (그것의 작업적 효과가 되풀이하여 확인됨으로써) 지속적으로 선택되는 과정이다. 이런 과정을 통해 어린

> 것들과 다 자란 것들 사이에 접속이 생긴다. 그럼으로써 특정 개체 발생이 일어나는데, 그것이 인간 영역에서 나타난 것을 가리켜 사람들은 문화적 현상이라 부른다.[137]

이 인용문은 인간 사회에서 일어나는 '문화적 행동'이 무엇인지, '문화적 현상'이 어떻게 나타나게 되는지 생물학적 관점에서 설명하고 있다. 이 설명에 깔려 있는 전제들과 논의 과정은 상당히 복잡하고 이 책의 구도와 관계가 없기 때문에 따로 논의하지 않겠다. 여기서 중요하게 볼 부분은, 문화적 행동이 어떻게 해서 나타난다고 보고 있는가 하는 점이다.

먼저 문화적 행동은 사회적 환경이 지닌 의사소통적 역동성의 틀 안에서 개체 발생적으로 생기고 여러 세대에 걸쳐 안정되게 남아 있는 행동방식이다. 즉 사회라는 테두리 내에서 인간이 서로 접촉하여 '의사소통'[138]을 하는 과정에서 개개인이 겪은 경험과 시행착오가 축적이 되면서 하나의 행동방식으로 정립되고, 이것이 여러 세대에 걸쳐 안정되게 유지되고 남아 있을 경우를 말한다. 여기서 그러한 경험과 시행착오가 세대가 지나도 유지되고 남아 있기 위해서는 사회 집단 내에서

---

137 움베르또 마뚜라나·프란시스코 바렐라, 최호영 옮김, 『앎의 나무: 인간 인지능력의 생물학적 뿌리』(갈무리, 2007), 228면.

138 여기서 의사소통은 언어적 의사소통만 뜻하지 않는다. 인간이 사회 속에서 다른 구성원과 접촉하면서 행하는 '행동조정'을 모두 의사소통이라 한다. 그는 인간이 특히 언어를 갖고 이를 활용할 수 있다는 점이야말로 인간만이 지닌 특수한 문화적 행동과 문화적 현상을 낳는 원동력이 된다고 주장한다(움베르또 마뚜라나·프란시스코 바렐라, 위의 책, 218면). 한편 인간에게 있어 언어가 갖는 의미에 대해서는 다음 저서도 참조. 스티븐 핑커, 김한영·문미선·신효식 옮김, 『언어본능: 마음은 어떻게 언어를 만드는가』(동녘사이언스, 2008(개정 2판)).

구성원들이 어떤 행동을 '모방'하고 그에 따른 효과가 지속적으로 의미가 있어야만 가능하다. 바로 이러한 과정을 통해서 생활양식·사유양식이 사람들 각자의 생애를 통해서, 그리고 대대로 반복해서 형성되는 것이다.

여기서 문화적 행동의 특수성은 집단 구성원들이 줄곧 바뀌는 가운데 여러 세대에 걸친 사회적 삶의 결과로서 생긴다는 데 있다.[139] 즉 세대와 세대 간의 접촉을 통해 동질의 문화적 행동이 유지되고 전수될 때, 일반적으로 문화라 부르는 문화적 현상이 비로소 나타나는 것이다.

이런 관점에서 보면, 성리학적 규범들을 교육과 전수 과정을 통해 구체적인 행위로 하나하나 배우고 익혀서 자기 것으로 만들어 가는 것 자체가 사회 속에서 인간들 사이의 '의사소통'을 통해 이루어지는 셈이다. 이것이 개인마다, 그리고 대대로 축적이 되고 유지되면서 하나의 '문화적 행동', 즉 생활양식과 사유양식으로 성립되는 것이다. 그리고 인간들 사이의 의사소통 과정에서, 세대 간의 의사소통 과정에서 이러한 성리학적 이념과 규범이 가치가 있고 의미가 있다고 간주되어 세대가 지나서도 이를 계속 준수하고 유지해 나감으로써 비로소 하나의 '문화적 현상'으로 자리 잡는 것이다.

결국 '성리학적 이념과 규범의 확산'은 개인 간, 집단 간, 세대 간 성리학적 이념과 규범에 대한 의사소통을 통해 하나의 '문화적 행동', 즉 생활양식과 사유양식으로 확립되고, 그러한 생활양식과 사유양식의 가치를 세대 간 교육과 전수 과정에서 재확인함으로써 이를 지키고 유지해 나감으로써 하나의 '문화적 현상', 즉 문화로 자리를 잡아 나가

139 움베르또 마뚜라나·프란시스코 바렐라, 위의 책, 228면.

는 과정이었던 것이다.

이러한 길고 긴 과정을 거쳐 마침내 조선은 이른바 '유교 중심 사회'라고 할 수 있을 정도로 성리학적 이념과 규범은 일상생활의 구석구석까지 파고드는 데 성공한다. 1889년부터 한국에서 선교활동을 벌이고, 1898년부터 목사로 활동한 제임스 게일(James Scanth Gale, 1863~1937)의 1909년 저서 『전환기의 조선(Korea in Transition)』에서 조선 사회는 오륜이라고 하는 다섯 개의 튼튼한 기둥에 의해 지탱되고 있다고 하면서 날품팔이거나 정치가나 뛰어난 문학가도 '인의예지신'을 말하고 있음을 지적하였다.[140]

앞서 보았던 헐버트 역시 유교에 인간 생활의 가능한 측면이 거론되고 행실의 규준이 제시되고 있음을 지적하였다. 아울러 그는 유교적 내용을 담은 민담들에 대해 유교의 오묘한 철학적 언급은 없고 처신의 기준이 되는 몇 가지의 자명한 윤리적 원칙을 적용하는 것만을 배타적으로 다루고 있고, 유교의 오묘하고도 내면적인 이념이 모두 사라지고 오직 그것의 실제적인 적용만이 등장되고 있음을 지적하였다.[141] 이는 성리학적 이념과 규범이 일상생활의 구석구석까지 파고들어 있던 당시 상황을 간명하게 잘 보여준다 하겠다.[142]

140 J. S. 게일, 신복룡 역주, 『전환기의 조선』(집문당, 1999), 81면.

141 H. B. 헐버트, 앞의 책, 438, 443면.

142 앞서 다룬 헐버트나 게일의 저서들 모두 당시 서양 문화에 대한 우월감을 갖고 있던 서구인들의 시선을 통해 바라보았던 상황이라는 점에서 자료로 활용하는 데 주의하는 것이 필요하다. 하지만 이 책에서 인용한 부분들은 이러한 시선이 전혀 개재되지 않은 것은 아니지만, 당시 상황을 비교적 정확하게 파악하였다고 판단된다.

3. 성리학적 이념 전유의 결과

1) 자발적 감발에 의한 이데올로기화

앞서 하층민의 성리학적 이념 전유는 여러 단계를 거쳐 일어나며, 그 편폭도 다양하고 하였다. 그렇다면 이러한 단계를 거친 결과, 하층민의 성리학적 이념 전유가 도달할 수 있는 지점은 어디인가? 대략 다음 두 지점을 상정할 수 있을 것 같다. 하나는 '이데올로기화'로서 전유 단계, 다른 하나는 '재전유' 가능성으로서 전유 단계이다.

먼저 이데올로기화로서 전유 단계는 기존 관련 논의에서 '이데올로기화'라고 부르는 지점을 가리킨다. 그러나 그 함의하는 바는 단순히 이데올로기화라 부르는 것과 차이가 있다. 먼저 그 지점을 의미화하면 대략 이런 상태를 지칭한다.

상층 사대부의 생활양식과 의식을 선망하고, 상층 사대부에게서 확장된 성리학적 규범을 사람이라면 반드시 지킬 수 있어야 한다는 인식이 있으며, 그 자신 또한 이를 준수하거나 준수하려고 노력하고 있으며, 아울러 자신들의 의식과 생활양식 역시 상층 사대부를 닮아가는 과정에 있는 경우이다. 여기에는 양반 계층의 사람이 아닌 사람이 자신과 동급 혹은 아래 신분에 있는 사람들을 교화시켜야 한다는 인식을 갖고 있고 실제로 교화를 행하는 경우도 포함된다.

그런데 이데올로기화는 기본적으로 교화자가 지속적인 교화 작업을 통하여 피교화자들에게 특정 이념과 규범을 세뇌시키면서 도덕적 강제력을 부여하는 과정을 통해 이루어진다. 그래서 이러한 교화 과정은 필연적으로 강제성을 띨 수밖에 없다. 이데올로기화라는 말 자체에 이러한 강제성을 함의하고 있음은 물론이다. 그러다 보니 이데올로기화라 하면 피교화자들의 '수동성'이 부각될 수밖에 없다. 즉 특정 이념이나 규범에 대한 피교화자들의 생각과는 무관하게 교화자들에 의해 강제적으로 의식 변화 내지 개조를 당하는 것이다.

사실 이데올로기화가 이루어지기 위해서는 필연적으로 강제성이 동반되어야만 가능하다. 그리고 피교화자들은 이에 대해서 수동적으로, 일방적으로 받아들일 수밖에 없는 측면이 분명히 존재한다. 그래서 통속도덕과 관련지어 이데올로기화 과정을 이야기할 때 언급했듯이, 이데올로기화 과정에서 강제적으로 수용된 규범이 비난을 '두려워'하여 자신을 억압하고 '자발적'으로 이를 준수하도록 추동하는 기제로 작동하는 것이 분명하다.

하지만 이데올로기화 과정에는 보이지 않는 또 다른 측면이 존재한다. 즉 규범 준수에 대한 측면에서 볼 때, '자발성'에는 이러한 결코 자발적이지 않은 '자발성'이 존재하는가 하면, 자신의 적극적인 의지가 전제되어서 나온 '자발성'도 존재한다. 피교화자들의 감발에 의한 자발적 수용과 준수의 측면도 분명히 존재하는 것이다.

일반 백성들이 성리학적 규범을 준수할 때 보였을지도 모르는 자발성이 어느 쪽에 해당하는지 정확하게 알 길은 없다. 다만 분명한 점은, 두 자발성 모두 자발적인 준수를 추동한다는 점에서는 동일하며, 동전의 양면처럼 이 두 자발성은 항상 함께 따라다닌다는 점이다. 교화자들이 특정 이념이나 규범에 대해 언급했을 때, 피교화자들이 이에 적극적으로 동감하고 이를 지키려는 의지를 보여야 제대로 된 교화가 이루어지기 마련인 것이다.

그러므로 이데올로기화로서 전유가 이루어지는 데는 기존의 이데올로기화라는 말이 함의하고 있는 강제적 부여와 수동적 수용의 측면

외에 피교화자들의 감발에 의한 자발적이고 적극적인 수용과 실천 측면도 이에 못지않게 중요하다고 본다. 그래서 그 구체적 양상 역시 위에서 언급한 지점을 지칭하되, 그것이 강제성이 동반되어 이루어진 경우, 자발성에 의해 이루어진 경우를 모두 포괄한다.

이데올로기화로서 전유 단계로 볼 수 있는 예들을 분명하게 보여주는 자료는 그렇게 많지 않지만, 유재건(劉在建, 1793~1880)의 『이향견문록(里鄕見聞錄)』 기록들을 살펴보면 이러한 전유 양상이 다양한 계기를 통해 여러 방식으로 이루어지고 있음을 확인할 수 있다. 몇 가지 이야기들을 통해 그 면면을 살펴보기로 하자.

먼저 마을의 풍속을 바로잡아야겠다는 의식을 확고하게 갖고 있던 사람이 적극적인 교화를 통해 천한 사람들이 모여 사는 마을의 풍속을 변화시킨 사례를 들어 보겠다. 『이향견문록』 권1에 실린, 서명응(徐命膺, 1716~1787)의 『보만재집(保晩齋集)』 소재 「안죽헌광수(安竹軒光洙)」[143]에서는 절충장군(折衝將軍) 안도정(安道挺)의 아들 안광수(安光洙, 1710~1765)가 성균관 반촌(泮村) 사람들을 교화시켜 풍속을 변화시킨 일화를 다루고 있다. 절충장군은 서반(西班)의 정3품 당상관 위계이다. 안광수의 생몰연대로 보아 18세기 중반 무렵의 일로 보인다.

이야기에 따르면, 안광수의 선대로부터 성균관 반촌에 들어와 살았는데, 그는 마을에 예교를 따르는 자가 드묾을 보고 풍속을 바꾸기로 결심하고 제업문회(齊業文會)라는 계를 만들었다. 그는 능력 고하에 따라 경사자전(經史子傳)을 가르치고, 어버이를 섬기고 어른을 공경하는

---

143 유재건(劉在建), 「안죽헌광수(安竹軒光洙)」, 『이향견문록(里鄕見聞錄)』 권1; 유재건, 실시학사 고전문학연구회 역주, 『이향견문록』(글항아리, 2008), 번역문 60~62면, 원문 720~721면.

도리를 가르치고 따르게 하였다. 뿐만 아니라, 관혼상제(冠婚喪祭)에 대하여 손수 그림을 그려 백성들이 쉽게 알도록 하여 정자·주자의 교범과 준칙을 벗어나지 않게 하였다. 매달 초하루에 그 무리를 전부 모아 잘하고 못함을 시험하여 상과 벌로 권면하고 징계하였다. 그 결과, 반촌 젊은이가 모두 분발하여 따라 그들이 성인이 되어서는 서리나 전복(典僕)이 되어 모두 공자의 문묘에 공경하고 제사를 삼갈 줄 알고, 각기 임무 수행에 거르는 일이 없었다고 한다.

그의 노력이 마을의 풍속을 바꾸는 데 이바지했음은, 안광수가 죽은 뒤, 마을 노인들이 그에 대한 제사를 의논하며 "우리 반촌의 젊은이가 노인을 공경할 줄 알아, 노인이 무거운 짐을 이고지지 않게 된 것은 안 선생의 힘이다. 옛날에 향선생(鄕先生)이 죽으면 향사(鄕社)에서 제사를 지냈다고 하니, 그렇다면 안 선생 같은 분의 제사를 어찌 그 제자들만 지내게 하고 말겠는가?"[144]라는 말을 통해서도 충분히 드러난다.

무인 집안 출신인 안광수가 정자와 주자의 교범 준칙에 의거하여 기초적인 경전을 가르치고, 실생활에서 인간으로 갖추어야 할 기본적인 몸가짐과 행실들을 정성껏 가르친 결과, 가르침을 받은 사람들이 성인이 되어서도 자신의 맡은 직분에 충실했으며, 성균관 반촌의 풍속이 변화하는 데 이르렀다는 게 이야기의 골자다.

잘 알다시피, 성균관 반촌은 주로 성균관 노비로 알려진 반민(泮民)이 살며, 조선 후기에 한양의 도살 면허를 독점한 마을이다. 신분이 천한 사람들이 모여 사는 마을이다 보니 바둑, 장기로 소일한다든지,

---

144 「안죽헌광수(安竹軒光洙)」, 『이향견문록(里鄕見聞錄)』 권1. "吾泮之少者, 知敬老, 老者, 不負戴, 安先生力也. 昔鄕先生沒則祭於社, 若安先生, 豈但使其受業者祭之而已乎?"

협객으로 활동한다든지 하며 예교보다는 이익을 우선으로 여겼다.

이 이야기의 기록자는 이러한 마을의 험한 풍속을 무인 출신의 한 인물이 마을 계를 조직하여 적극적인 교화를 행하여 마을의 풍속을 성리학적 이념과 규범을 잘 지키는 방향으로 변화시킨 것에 대해 기이한 일로 생각하고 이를 기록하였음이 틀림없다. 그리고 이 일은 상당히 드문 일에 속한다는 것도 분명하다.

하지만 이 자료는 두 가지 측면에서 중요한 의미를 담고 있다. 하나는 노비와 같은 천한 사람들까지 성리학적 규범을 익히고 실천하게 하려는 인식이 상층인들에게 깔려 있었으며, 이를 실제 행동으로 옮기기도 하였음을 보여주는 사례라는 점이다. 그리고 다른 하나는 성리학적 이념이나 규범과는 거리가 멀었던 천인들 또한 상층인의 지속적인 교화 작업을 통해 마을의 풍속이 바뀔 정도로 교화가 가능함을 보여줌과 동시에 그들이 이데올로기화 되는 데 성공했음을 보여주는 사례라는 점이다. 이러한 이데올로기화가 진행되기 위해서는 상층의 교화 작업을 통해 피교화자들 또한 그러한 규범을 지켜야 한다는 인식이 자리잡았기에 가능했던 것이다.

이번에는 사대부층이 아닌 사람이 이데올로기화되어 상층인들처럼 백성들을 교화시키는 것이 반드시 필요함을 굳게 인식하고 교화의 대상에는 남녀노소의 구분이 필요하지 않다고 생각하고 있는 사례를 들어보자. 『이향견문록』 권7에 실린, 현전하지 않는 유재건의 『겸산필기(兼山筆記)』 소재 「박국은기열(朴菊隱基說)」[145]이 여기에 해당한다. 이 글

145 유재건, 「박국은기열(朴菊隱基說)」, 『이향견문록』 권7; 유재건, 앞의 책, 번역문 521~523면, 원문 822면. 번역은 일부 수정하여 인용함.

은 여항시인으로 알려진 박기열(朴基說)이라는 사람에 대한 일화이다. 여기에 기록된 일은 그가 이지화(李至和)에게 배우고, 소송 사건의 판관 김헌(金鑢)이 김재찬(金載瓚, 1746~1827)의 아들인 것으로 보아 대략 19세기 초반의 일이 아닐까 생각된다.

어느 날 박기열은 서울에서 어떤 소송 광경을 보게 된다. 할아버지와 손자가 돈 때문에 다투고 형제와 자매가 먹는 것으로 헐뜯어 소송하였는데, 당시 판관 김공(金公)이 윤리의 중함을 간곡하고 절실하게 타일러 깨우치자 서로 끌어안고 울면서 각기 자기의 죄를 실토하더라는 것이다. 이 광경을 지켜 본 그는 감격하여 다음과 같은 시를 짓는다.

밝은 세상에는 버릴 사람이 없는 법	明時無棄物
성인의 시대엔 모두 좋은 사람이라네.	聖代摠好人
착하지 않은 것은 천성의 악함이 아니고	不善非善惡
교화가 혹 미치지 못해서일세.	教化或未臻
가르침에는 사람의 종류 따로 없나니	有教自無類
삼대 백성이 곧 지금의 백성이라.	三代卽斯民
그래서 애처롭고 불쌍해하는 마음으로 훈계하고	所以戒哀矜
형벌에 임하여선 머뭇거렸다네.	臨刑且浚巡
이 뜻 아는 이 적어	此意人鮮知
억울함이 있어도 풀지 못하는 일 많다네.	有寃多不伸
아! 우리 한성 판관님	嗟我京兆郎
어버이를 사랑함이 남의 어버이에게 미치네.	愛親及人親
한 마디 말로 큰 옥사를 판결하여	片言折大獄
채찍과 곤장 벌여놓게 하지 않았네.	不使鞭朴陳
강상의 중요함 다 이야기하니	說盡綱常重
교화가 돼지와 물고기에게도 끼치네.	化被豚魚身

형제자매가 능멸하고 싸우는 일 면하고	兄妹免凌轢
할아버지 손자가 떳떳한 윤기(倫紀)를 보존하네.	祖孫保彝倫
지난날 눈서리 내리던 땅은	曩時雪霜地
지금 비이슬 촉촉한 봄이라.	今爲雨露春
어찌 한 집안의 다행일 뿐이랴	奚啻一價幸
장차 백 집안의 새로워짐을 보리라.	將見百家新
나 이 말씀 듣고는	而我聞此言
감격의 눈물 절로 수건을 적시네.	感淚自沾巾
멀리 선상공을 추억해 보매	緬憶先相公
효우가 누대 걸쳐 순수하였네.	孝友屢世純
충성을 옮겨 선왕을 섬기니	移忠事先王
남은 은택 아직도 인멸되지 않았네.	遺澤尙未湮
착한 아드님 잘 이어받아	令郎善繼述
벼슬 낮으나 덕은 고루 퍼지네.	官卑而德均
항상 남을 사랑하는 마음 지녀서	恒存愛物心
낮은 지위에도 도는 이미 길들었네.	一命道已馴
내가 그 문하를 다닌 지 오래	我忝門下久
다시 어진 정사 이루어짐을 보게 되네.	復覩爲政仁
기쁨이 극진하매 도리어 감회가 생겨	喜極還生感
사람을 만날 때마다 이야기 거듭거듭.	逢人說申申
이 마음 넓혀서	願言擴是心
영원히 석상의 보배를 보존하소서.	永保席上珍
알겠도다! 남겨주신 경사가 끝이 없어	知有餘慶在
자손들 두고두고 번창하오리.	子姓宜振振

「박국은기열(朴菊隱基說)」

그는 먼저 성인의 도가 잘 구현되는 성인의 시대에는 쓸모없는 사람이 없이 모두가 좋은 사람이라고 한다. 여기서 좋은 사람이라는 것은 선한 본성이 잘 보전되고 이를 일상생활 속에서 잘 실천하고 구현하는 것을 의미한다. 그렇기에 그는 혹 사람들 중에 착하지 않은 자가 있는 것은 애당초 본성이 악하기 때문이 아니라 교화가 제대로 미치지 못해 선한 본성으로 회복되지 못했기 때문이라고 말한다. 그래서 사람을 가르치고 교화하는 데는 사람의 나이, 신분 등이 문제가 되어서는 안 된다고 말한다.

그런데 성인의 시대라는 말은 조선시대, 그것도 지금 현재를 염두에 둔 말이다. 결국 작자는 현재 조선은 성인의 도가 잘 구현되어 모두가 선한 본성을 잘 보존하고 있으며, 혹 그렇지 못한 사람은 교화를 통해 얼마든지 선한 쪽으로 돌아설 수 있다는 자신을 드러낸 것이다. 아울러 그 역시 사람의 나이와 신분을 막론하고 가르치고 교화하는 일이 필수적임을 분명히 인식하고 있음을 알 수 있다. 그의 이러한 인식은 어렸을 때부터 신분을 막론하고 전 계층을 교화의 대상으로 생각했던 조선 후기 사대부들의 인식과도 상통한다.

이어 그는 현재 백성들이 이렇게 선한 사람들이라 교화를 행하는 사람들도 억울함을 당한 백성들에게 애처롭고 불쌍히 여기는 마음을 갖고 교화를 하고, 판관도 형벌을 집행하는 데 머뭇거린다고 말한다. 여기서도 조선 사회가 사회 통제 수단으로 법에 의존하기도 했지만, 윤리적 설득과 교육에도 큰 비중을 두었음이 잘 드러난다. 실제로 법원(法源)으로서 법전 외에도 정리(情理) -즉 인정(人情)과 천리(天理)-를 고려하고, 법률의 실제 집행에 있어서도 오륜의 유교적 상하질서의 도덕주의를 반영함으로써 '법률의 유교화(Confucianization of law)' 현상이 지속적으로 나타날 수밖에 없었다.[146]

그가 이 시를 짓게 된 결정적인 계기도 바로 여기에 있었다. 그는 자신이 본 소송 사건을 들며, 판관이 자신의 어버이를 사랑하는 마음을 미루어서 그들에게 형벌을 가하는 대신, 강상의 중요성을 들며 그들 스스로 잘못을 깨닫도록 하였다는 점에 주목한다. 그래서 형제, 자매가 서로 싸우는 일을 면하고, 할아버지와 손자가 서로 다투지 않아 윤기(倫紀)를 해치지 않게 되었음에 깊이 감복한다. 형벌을 통해 잘못을 고치기보다는 타이름을 통해 각자 스스로 감화되고 깨달아 떳떳한 오륜을 지키기를 기대하고 실제로도 그런 효과가 발휘될 수 있음을 다시 한 번 확신할 수 있었던 것이다. 그는 이러한 감화를 통한 변화가 일시적인 것이 아니라 대대로 지속될 수 있다고 생각하고 그렇게 되기를 기대한다.

사실 조선 사회가 물리력보다는 교화를 통해 백성들을 선도하려고 했다는 것, 그리고 실제로 그런 방식으로 교화가 이루어지고 있었음을 지적하는 것은 누구나 다 아는 사실이기에 별 의미가 없다. 중요한 점은, 원래 이러한 인식을 갖고 실제로 이를 행동으로 옮긴 사람들은 바로 교화의 주체인 사대부들이었는데, 이 시기에 이와 동일한 인식을 여항인에게서도 발견할 수 있다는 점이다.

이는 중인계층에 속하는 여항인들 역시 사대부들의 교화의 자장에 놓여 있었고, 그 결과 실제로도 오륜으로 대표되는 강상의 윤리를 반드시 잘 지켜야 하며, 이를 사람들에게 적극적으로 교화해야 할 필요성을

146 실제로 판관의 판결문과 소송기록들을 보면 '정리'에 의거한 감형 조치가 거의 체계화되고 정례화 되었음을 알 수 있다고 한다. 예컨대, 소송기록에서 피고를 '효자'로 묘사하고 효심 때문에 우발적인 범행을 저지르게 되었다고 기술하는 것은 상당히 전형적인 표현인데, 이는 판관이 피고의 감형을 위해 흔히 사용한 일종의 수사적 기법 중 하나라는 것이다. 이에 대해서는 '박소현, 앞의 논문'을 참조.

인식하고 있었음을 보여주는 것이다. 즉 그들 역시 성리학적 이념을 통한 이데올로기화가 되었으며, 사대부들과 동일한 인식의 궤적을 그리고 있음을 의미하는 것이다.

소송 사건을 접하며 감회에 젖은 그는 문득 자신의 집안을 떠올린다. 그는 자신이 현재 이런 모습은 모두 선조들이 집안 식구들을 효우와 충성으로써 잘 교화하고 대대로 그 덕을 잘 이어왔으며, 그 은택이 자신에게까지 미친 결과라고 말한다. 자신 또한 비록 지위는 낮지만, 선조 때부터 이어 온 교화를 입어 그 덕을 잘 보존하고 있노라고 자부한다.

그는 이러한 교화를 통한 정사가 잘 이루어지고 있음을 보며 느낀 감회를 만나는 사람들마다 이야기를 한다. 이를 통해 그는 아마도 그 이야기를 들은 사람들마다 감화를 받아서 집집마다 이러한 교화가 잘 행해지고, 이로 인한 덕이 잘 보존되기를 기원한다.

마지막으로, 그는 그러한 덕이 대대로 자손들이 번창하는 복으로 구현될 것이라 말한다. 교화를 통해 대대로 사람의 선한 본성을 잘 보존하고, 성리학적 규범을 잘 지켜나가면, 자손들이 번창하는 복을 입을 것이라는 것이다. 여기서 성리학적 이념과 규범 확산 논리가 복선화음 논리와 결합하여 사람들에게 성리학적 규범을 잘 지키면, 후대에 반드시 복을 받게 될 것이라는 논리로 제시되고 있음을 확인할 수 있다.

다음은 성리학적 규범에 대한 이야기를 들은 하층 신분의 사람이 이에 감발 받아 성리학적 규범을 실천하고자 적극적으로 노력했음을 보여주는 사례이다. 『이향견문록』 권4에 실린, 신광현(申匡絢, 1813~?)의 저술로 알려진 『위항쇄문(委巷鎖聞)』 소재 「영동열녀(嶺東烈女)」[147]를 살펴보자. 『위항쇄문』은 현전하지 않는다.

영동(嶺東)에서 온 한 남녀가 서울의 어느 벼슬아치 집에서 고용살이를 하고 있었다. 주인집 아들이 『사기(史記)』에서 왕촉(王蠋)이 '충신은 두 임금을 섬기지 아니하고, 열녀는 지아비를 바꾸지 않는다'고 말했던 대목을 배우고 있었다. 선생이 마침 뜻을 새기게 되었는데 여자가 불을 떼다가 그것을 듣게 되었다. 저녁이 되자 여자는 선생께 여쭈었다.

"아까 책을 설명하신 말씀은 제가 듣지 못하던 것이었습니다. 다시 상세하게 가르쳐주옵소서."

선생이 그 뜻을 말해주었더니 여자는 눈물을 흘리며,

"사람의 사람다운 일을 지금에야 비로소 듣게 되었습니다."

라고 하며, 지아비에게 이렇게 말했다.

"제가 처음엔 여자의 도리를 알지 못했는데, 오늘 불경이부(不更二夫)의 의리를 비로소 알았습니다. 이에 따라 헤어지기를 청합니다."

대개 그 남편은 이 여자가 개가(改嫁)하여 따르게 된 사람으로 또한 이미 젖먹이 아이가 있었다. 남편이 눈을 부라리며 그 이유를 꾸짖어 묻자, 여자가 말했다.

"지난날에 당신을 따랐던 것은 단지 사람이라면 누구나 다 남편을 가지게 마련인 줄 알아서였지만, 오늘 불경의 의리를 알았으니 지금부터는 마땅히 몸을 깨끗이 하여 전 남편에게 보답하겠습니다. 당신의 자식은 어려서 내 품에서 떼어놓기가 어려우니, 몇 년 더 기른 뒤에 데리고 가신다면 이는 당신에게 충분히 보답하는 것입니다."

지아비는 성내고 또 때리며 꾸짖었으나 여자는 굳은 결심을 돌이키지 않고, 주인집으로 달려 들어갔다. 주인집에서도 사실을 듣고 기이하게 여겼다. 그 뒤로 밖에 나다닐 경우 길에서 남편을 피하였는데, 그 차가움이 마치 얼음과 같았다.

147 유재건, 「영동열녀(嶺東烈女)」, 『이향견문록』 권4; 유재건, 앞의 책, 번역문 317~318면, 원문 778면.

> 아! 이 여인이 어찌 열부가 아니리오? 처음엔 알지 못하여 실수를 하였지만 도리를 듣는 순간 후회하였으며, 모질게도 품 안에서 젖 먹여 키운 자식을 포기하고 돌아보지 않았으니, 이는 더욱 '열(烈)'이 되는 것이다.[148]

서울의 어느 벼슬아치 집에서 고용살이를 하던 여자는 어느 날 우연히 『사기』에 나오는 왕촉(王蠋)의 말을 듣고 선생께 자세한 풀이를 듣는다. 이를 들은 여자가 사람의 사람다운 일을 지금에서야 듣게 되었다고 말하는 것으로 보아 일상생활에 필요한 몸가짐이나 사람으로서 지켜야 할 성리학적 규범에 대해서는 들어본 적이 없었던 것으로 보인다. 그는 선생에게서 들은 말로 인해 크게 감발을 받은 것이 분명하다.

그런데 이 이야기에서 주목되는 것은 이 깨달음이 개인에게 미친 파급력이다. 그는 이미 개가하여 따르는 남편도 있었고, 게다가 젖먹이 아이까지 있었다. 하지만 그는 불경이부(不更二夫)의 의리를 비로소 알았다고 하면서 남편에게 헤어질 것을 청한다. 현재 남편을 따른 것은 여자로서 도리를 알지 못했기에 그랬던 것이고, 지금 여자로서 도리를 안 이상 전 남편에 대한 의리를 지키기 위해서 헤어져 홀로 몸을 깨끗하게 보존해야 한다는 것이 이유다. 사실 이는 남편은 물론 이 이야기

---

148 「영동열녀(嶺東烈女)」, 『이향견문록』 권4. "嶺東人男女, 寄傭於京城某宦家. 主家子學史記王蠋言, '忠臣不事二君, 烈女不更二夫'. 館師時解說, 女襲而聞之. 夕告師曰, '頃所說書, 小人未始聞也. 願更詳教.' 師言之, 女涕曰, '人之事, 今始聞焉.' 出語夫曰, '我未始聞知女之道, 今日始知之, 請從此絕.' 蓋夫乃改家從者, 且既有子方乳. 夫瞠然詰其故, 女曰, '昔者從君, 我只知人盡夫, 今日得知有不更之義. 從今當潔身追報夫矣. 君之子幼, 難離抱, 待養數年取去, 此足酬於君也.' 夫怒且毆詈, 女堅辭不回, 走入主家, 主家聞亦奇之. 自後出入避路, 其冷如氷. 噫! 是婦何嘗非烈乎? 失於其未始知, 而悔於其方聞, 忍拋腹乳之兒而不顧, 是更烈也."

를 들은 주인집에서도 기이하게 여길 정도로 특별한 일이었다. 그러나 여자는 자신이 마음먹은 대로 그 이후 철저히 남편을 피해 다녔다.

이 여자의 이야기를 남편은 물론 벼슬아치 주인집에서도 기이하게 여겼다는 것은 평소에 고용살이를 하는 사람들이 반드시 성리학적 규범을 따라야 할 의무는 없다고 생각했음을 의미한다. 그렇기에 키우던 자식마저 포기하면서까지 자신의 열(烈)을 지키려 한 이 여인의 모습은 매우 기이한 일로 다가왔던 것이다. 이 이야기는 평소 사람의 도리를 듣지 못해 이를 알지 못했던 하층 사람이 그 도리를 듣고 감발 받아 행실을 바꿔 이를 철저하게 지키는 사례 중 다소 극단적인 예임에는 틀림이 없다.

다음 이야기 역시 하층민들 스스로 감발을 받아서 변화를 일으키고 교화된 경우이다. 『이향견문록』 권8에 실린, 『겸산필기』 소재 「신동추의칙자야급(申同樞矣則子也汲)」[149]을 살펴보자. 이는 필법(筆法)으로 이름이 있었던 신의칙(申矣則)에 대한 이야기로, 주 내용은 신의칙이 이광사(李匡師, 1705~1777)의 『원교서결(圓嶠書訣)』이라는 책을 가지고, 필법에 대해 작자에게 자세하게 설명을 해주던 일을 회상하는 내용이다. 이야기 말미에 기록자가 "공은 매양 이러한 필법으로 거듭 말하였으나 나는 그때 몽매하여 그 요령을 터득하지 못했다. 그러나 지금에 이르러 추억해 보니 이는 모두 필가(筆家)의 지극한 논리였다"[150]라고 말하는 것으로 보아 신의칙이 필법에 대해 조예가 깊었으며, 작자가 이를

149 유재건, 「신동추의칙자야급(申同樞矣則子也汲)」, 『이향견문록』 권8; 유재건, 앞의 책, 번역문 563~564면, 원문 831~832면.

150 「신동추의칙자야급(申同樞矣則子也汲)」, 『이향견문록』 권8. "公每以此等筆法, 申復言之, 而余時蒙騃, 未得其要領, 然至今追思, 皆是筆家至論也."

제대로 이해하지 못한 데 대해 아쉬움을 진하게 느끼고 있는 것이 분명하다.

여기서 주목하고자 하는 부분은 신의칙이 본격적으로 학문을 깨우치게 된 계기를 서술한 서두 부분이다. 이야기에 따르면, 그는 집이 가난하여 어려서부터 공부를 할 기회를 얻지 못했다. 그래서 어린 시절 방종하다가 근 이십이 되어서야 이웃의 아이를 따라 비로소 『소학』을 보았다. '닭이 처음 울 무렵에 두루 손을 씻고 양치질 한다'는 말을 보고는 두려운 듯 놀라 반성하고는 다음 날 첫 닭이 울자 부모의 침소에 들어 혼정신성(昏定晨省)의 예를 행하고 독서에 몰두하였다는 것이다. 『소학』의 이른바 '쇄소응대(灑掃應待)'에 대한 구절을 읽고는 불현듯 깨달은 것이 있었다는 것일 텐데, 사람으로서 반드시 갖추어야 할 몸가짐과 도리가 존재한다는 것을 깨닫고 어린 시절 방종하여 이를 배우지 못했다는 데 대해 부끄러움을 느꼈으리라 짐작할 수 있다. 다음 날 곧장 혼정신성의 예를 행하고 독서에 몰두했다는 것으로 보아 큰 충격을 받았음이 틀림없다.

그가 보여준 변화는 사람이라면 성리학적 규범을 잘 지켜야 한다는 것을 스스로 인식하고 있지 않았다면 일어나기 어려운 것이었다. 그러한 인식이 바탕에 깔려 있었기에 『소학』의 구절을 보고 감발 받고, 자신의 행동거지를 바르게 할 수 있었던 것이다.

사실 이 두 이야기들은 특히 현실에서 보기 어려운 기이한 일들이라서 기록된 측면이 강하다. 그래서 이를 두고 이러한 사례가 보편적인 것이라 주장하기에는 무리가 있으며, 그렇게 주장할 마음도 없다. 다만 여기서 강조하고 싶은 것은, 이러한 일들이 비록 보편적인 사례에 드는 것이 아님을 감안하더라도, 대체로 교화라는 것이 강제적인 경로를 통해 이루어지지만, 피교화자의 자발적인 감발을 통해서도 충분히 교화가 일어날 수 있으며, 심지어는 이 이야기처럼 기대했던 것 이상으로 상당히 철저한 변화를 가져오는 일도 있다는 점이다. 즉 기존의 이데올로기화가 함축하고 있는 의미와 달리, 피교화자의 자발적인 감발 또한 교화에서 중요한 계기로 작용하며, 기대했던 것보다도 더 큰 효과를 가져 오기도 한다는 것이다.

결국 이 두 사례를 통해 신분이 낮은 사람들도 강제적인 경로만이 아닌 감발이라는 자발적인 깨달음을 통해 성리학적 이념, 규범을 전유할 수 있음을, 그러했을 가능성이 전혀 불가능한 것은 아니었음을 확인할 수 있다.

2) 재전유(再專有)의 양상들

하층민의 성리학적 이념 전유가 도달할 수 있는 두 지점 중 나머지 하나는 '재전유' 가능성으로서 전유 단계이다. 이는 성리학적 규범을 자기화하여 철저히 준수하는 수준을 넘어서는 단계로 볼 수 있다. 앞의 이데올로기화로서 전유 단계가 지배층의 의도, 곧 평천민을 교화시켜 기존의 지배체제에 순응케 한다는 의도대로 귀결[151]되는 경우라면, 재전유 가능성으로서 전유 단계는 피지배층이 지배 이념을 전유함으로써 지배층의 사회적 정치적 행동을 심문할 수 있는 계기[152]로까지 작용할 수 있는 단계에 해당한다.

---

151 배항섭, 「19세기 지배질서의 변화와 정치문화의 변용: 인정(仁政) 원망(願望)을 중심으로」, 『한국사학보』 39(고려사학회, 2010. 5), 122면.

152 배항섭, 위의 논문, 같은 곳.

재전유 가능성으로서 전유 양상은 여러 모습으로 나타날 수 있다. 먼저 학업과 전혀 관계가 없던 사람이 성리학적 규범 준수 차원을 넘어서 학업과 학문에 침잠하는 경우를 들 수 있다. 이때 학문은 반드시 성리학이어야 할 필요는 없다. 소학 단계에 해당하는 교육을 바탕으로 다른 분야의 학문에 몰두하는 경우까지 모두 포함된다.

다음에 드는 두 이야기는 하층 신분으로서 학업에 흥미를 느껴 이에 침잠한 경우로, 앞의 것은 소학 단계에 해당하는 교육을 받고 여기에 몰두한 사례에 해당하며, 뒤의 것은 소학 단계의 학업을 넘어서 성리학을 비롯한 여타 학문에 몰두한 사례를 잘 보여준다.

먼저 『이향견문록』 권7에 실린, 김낙서(金洛瑞)의 『호고재고(好古齋稿)』 소재 「박돌몽(朴突夢)」[153]을 살펴보자. 공인(貢人) 김가(金家)의 종 박돌몽(朴突夢)은 어릴 때부터 글자를 배우고 싶어 했으나 처지가 천하여 스승을 청하여 글을 배울 수 없었다. 그래서 주인 김씨 집 아이가 당(堂)에 앉아 책을 읽는 것을 들으며 글자를 익혔다.

성인이 된 후 이웃 선생에게 나아가 글을 배운 1년 남짓 동안 『소학』, 『논어』, 『맹자』 등을 배웠는데, 벙거지 차림으로는 당에 오를 수 없어 절풍건(折風巾)을 쓰고서야 다른 제자들 틈에 낄 수 있었다. 그는 일을 하는 시간에도 늘 익힌 글을 외웠다. 어느 날 처와 함께 탕춘천(蕩春川)에 빨래하러 나가서는 냇가 평평한 바위에다 큰 붓으로 「소학제사(小學題辭)」를 쓰고는 해질녘에 나무 그늘에 누워 길게 읊조리기도 했다.

그의 이런 모습은 주인인 김씨 집 아이와는 대조적이었다. 김씨 집

153 유재건, 「박돌몽(朴突夢)」, 『이향견문록』 권7; 유재건, 앞의 책, 번역문 515~ 518면, 원문 821~822면.

아이는 방탕하여 학업에 게을러 아버지가 성내며 "네가 편하게 살고 교만을 부리는 것이 마치 금수가 제 눈에 보이는 고기만 먹는 것과 같으니, 도리어 돌몽만도 못하다"[154]며 여러 번 질책할 정도였다. 이 때문에 돌몽은 주인집 아들에게 모함을 받고 집에서 쫓겨나기까지 했다.

이야기 기록자는 공인(貢人)이 글 배우기를 좋아하여 주인집 아이가 글 읽는 것을 들으며 글자를 익히고, 성인이 되어서는 선생께 나아가 학업을 성실히 배움이 주인집 아들보다도 나았다는 점에 주목을 하였음에 틀림없다. 하인이 스스로 글 배우기를 좋아하여 『소학』, 『논어』, 『맹자』 등을 익히고, 늘 이를 입으로 되뇌고 외우는 것은 분명 매우 드문 사례이다. 이를 통해서 확인할 수 있는 것은 적어도 신분 계층이 낮은 사람들에게도 『소학』을 비롯하여 살아가는 데 필요한 가장 기초적인 학업은 배우는 것이 필요하다는 인식이 있었으리라는 것이다. 물론 실제로 학업을 배우는 일은 여전히 매우 드물었겠지만 말이다.

『이향견문록』 권1에 실린, 박영석(朴永錫, 1734~1801)의 『만취정고(晩翠亭稿)』 소재 「한율촌이형(韓栗村以亨)」[155]은 학업에 매우 침잠하고, 성리학적 규범 준수에 철저했던 사례에 해당한다. 한이형(韓以亨, 1742~1789)은 다섯 살 때 아버지를 여의어 배울 기회를 잃어버리고 무뢰배들과 어울렸다. 26살 때 우연히 어느 집에서 『근사록(近思錄)』을 보고 홀연히 깨달은 바가 있어 비로소 '위기지학(爲己之學)'이 있음을 알고는 육경과 수학, 예학(禮學) 등의 학문에 깊이 침잠하였다.

154 「박돌몽(朴突夢)」, 『이향견문록』 권7. "汝逸居肆姐, 禽鹿視肉, 反不若突夢."

155 유재건, 「한율촌이형(韓栗村以亨)」, 『이향견문록』 권1; 유재건, 앞의 책, 번역문 63~66면, 원문 721~722면.

뿐만 아니라 그는 효를 극진히 행하고, 상례와 제례를 철저하게 지내는 등 성리학적 규범들을 준수하였다. 이야기에 따르면, 그는 어머니를 섬길 때는 온화한 용모에 기쁜 얼굴빛으로 대하여 맛있는 음식을 극진하게 봉양하였고, 어머니가 편찮으실 때는 의관을 푸는 일이 없었고 그 곁을 한시도 뜨지 않았다. 어머니가 돌아가시자 여막(廬幕)에서 기거하고 거친 밥을 먹으며 상례를 극진히 하였으며, 봄가을의 시제(時祭) 때는 침의(深衣)와 큰 띠를 하고 그 엄숙함을 다하였다. 평소 알 수 없는 병을 앓아 이부자리를 걷을 사이가 없었지만 하루라도 사당의 새벽 참배를 거른 일이 없었다.

게다가 자신을 반성하고 심성을 잘 함양하는 데도 마음을 써서 장재(張載)의 "덕성을 높이고 학문을 지향한다(尊德性道問學)"는 말을 미루어 넓혀 글을 써서 괘도로 만들고는 자리 오른쪽에 이를 걸어 놓고 늘 자신을 경계하였다. 괘도에 쓴 다음 내용은 그가 지향한 공부의 지향이 성리학에서 심신을 수양하고, 격물치지를 통해 학문을 넓혀나가는 것과 일치함을 보여준다.

> "마음을 보존하여 방탕히 하지 않는 것, 선하지 못함을 고치는 것, 자신에게 없는 것을 더욱 아는 것, 이것은 덕성상의 이익이요, 글을 읽어 의리를 구하는 것, 사물을 응접해 자세히 살피고 처리하여 그 온당한 바를 얻는 것, 선대(先代) 사람들의 언행을 많이 아는 것, 이것이 학문상의 이익이다."[156]

---

156 「한율촌이형(韓栗村以亨)」, 『이향견문록』 권1. "心存而不放也, 改得不善也, 益知其所亡也, 是德性上益也. 讀書求義理也, 應接事物而審處得其當也, 多識前言往行也, 是文[問]學上益也."

한이형의 신분이 어디에 속하는지는 정보가 나와 있지 않아 알기가 어렵다. 다만 스물여섯 살 때 『근사록』을 접했고, 그의 이름을 왕도 알 정도였다고 하는 것으로 보아 앞서 든 박돌몽처럼 매우 낮은 신분은 아니고 중인계층에 속하였으리라 생각된다. 이 이야기를 기록한 박영석 역시 평을 통해 우연한 깨달음을 통해 학문에 깊이 침잠하고, 성리학적 규범들을 준수하고 늘 자신을 반성하며 심신을 잘 닦은 그의 모습을 높이 평가하였다. 그의 평소 몸가짐과 태도, 학문의 깊이가 사대부에 필적할 만큼 수준이 높았던 것에 주목한 것이다. 그리고 이러한 사례 또한 사람들이 기이한 일로 받아들일 만큼 결코 자주 있는 일은 아니었기에 기록으로 남겼을 것이다.

재전유 가능성으로서 전유 양상의 또 한 모습으로, 자신들 스스로 성리학적 규범을 준수해야 함을 인식하고 이를 준수하고 있으며, 이런 자신의 모습을 바탕으로 삼아 지배층이 지닌 문제점들에 대해 비판을 하거나 문제 제기를 할 수 있는 상황을 생각해 볼 수 있다. 여기서는 성리학적 사회 테두리 내에서 굳이 지킬 필요가 없는 하층민들 자신들도 성리학적 규범을 잘 준수하는데, 타의 모범이 되어야 할 상층민들이 이를 지키지 못해서야 되겠는가 하는 차원의 비판이 이루어진다. 또 때로는 성리학적 이념에 따라 자신들이 실질적인 혜택을 입을 수 있는 정치를 행하도록 상층민들에게 요구하기도 한다.

이 둘은 성리학적 이념을 전유하여 어느 정도 이념화 해 가는 양상을 띤다는 점에서 성리학적 이념을 재전유할 수 있는 가능성을 내포하고 있는 상태라 할 수 있다. 그리고 이는 성리학적 이념 전유가 정치적인 색채를 띨 가능성도 존재한다.

한 걸음 더 나아가 재전유 가능성으로서 전유는 피지배층이 소수 지식인들과 결합하여 일정한 정치 운동 형태의 움직임을 보이는 데까지 나아갈 수도 있다. 이는 성리학적 이념을 전유하여 이념화, 정치 세력화하는 데까지 나아간 경우로, 성리학적 이념에 대한 실질적인 재전유가 일어난 상태로 볼 수 있다. 민중사 분야의 연구 성과를 참고해 봤을 때, 여기에 가장 가까운 모습을 보인다고 볼 수 있는 역사적 사건으로는 19세기 중후반부터 본격적으로 일어난 여러 민란을 들 수 있겠고, 좀 더 극단적인 모습으로 나타난 양상으로 동학농민전쟁을 들 수 있을 것이다.

다만 문제가 되는 것은 일반 민중들은 야스마루 요시오가 말하는 "생활자"로서의 면모를 강하게 띤다는 점이다. 그래서 비록 유학의 초심자들이 익히는 『동몽선습(童蒙先習)』 정도의 유학적 소양은 이미 적지 않은 하층민들에게도 하나의 "상식"[157]으로 정착되어 있었고, 농민군은 그 상식에 의지하여 지배층을 비판하고 인정(仁政)을 회복하려는 자신들의 행동을 정당화해 나가고 있었[158]다고 하더라도 이러한 민란이나 동학농민전쟁에 참여했던 농민들의 의식이 민으로서 스스로를 정치의 주체적인 행위자로 규정하고, 스스로가 인정회복의 주체라는 자각[159]이 이루어지는 데까지 이르렀는지는 좀 더 따져볼 필요가 있다.

그런 점에서 19세기 중후반에 일어난 민란이나 동학농민전쟁이 여기에 해당한다고 단정적으로 말하기에는 주저되는 면이 있다. 위에 든 민중의 속성을 고려할 때, 두 번째 범주는 성리학적 이념 전유가 어느 정도 진행된 상태에서는 가능할지 모르지만, 이 세 번째 범주는 아직

157 여기서 "상식"은 그람시의 용어이다. 이에 대해서는 뒤에서 언급한다.

158 배항섭, 앞의 논문, 124면.

159 배항섭, 위의 논문, 147면, 150면.

결코 쉽지 않은 상황이 아닐까 생각된다.

어쨌든 재전유 가능성으로서 전유 지점을 이루는 핵심은, 이들이 지배 이념을 자신의 것으로 만들고, 이를 바탕으로 지배 이념이 구현되는 범위 내에서 지배층을 비판하고 문제 제기 할 수 있는 단계로 나아간다는 것이며, 이는 지배층이 결코 의도하지 않았던 지점으로 나아가는 것이라 할 수 있다.

이는 정치적인 관점에서 보자면, 지배이념과 그에 입각한 정치적 실천이 누적되면서 구성원들 사이에 그것이 수용되면서 어떤 "상식"이 형성되면, 그것은 거꾸로 지배이념과 괴리된 현실을 비판하거나 그에 대한 지배층의 책임을 물을 수 있는 근거로 전유될 수 있음을 보여주는 것이다.[160]

그런데 이러한 현상이 비단 정치적인 면에서만 나타난다고 볼 수는 없다. 정치적인 면에서 이러한 현상이 나타나기 위해서는 문화 전반에서 전유 과정이 일어나고 이것이 토대가 되어야만 하기 때문이다. 즉 피지배층의 의식이나 상식은 기본적으로 지배층의 꾸준한 교화 작업과 교화 논리로 인해 지배이념에 의해 규정된다. 하지만 일단 그들의 의식이나 상식이 규정되고 나면, 지배이념에 입각한 지배층의 행위들 모두가 지배이념을 전유한 피지배층의 의식이나 상식에서 자유로울 수 없게 되는 것이다.[161]

하층민의 이념적 전유의 결과, 이것이 이념적이면서 정치적인 색채를 띨 수도 있다는 점에 대해 윌리암 보우스마(William Bouwsma)의 의미

160 배항섭, 위의 논문, 114면.

161 배항섭, 위의 논문, 115면.

의 역사(History of Meaning)를 참고해 볼 수 있다. 의미의 역사는 실증주의적(positivistic) 역사 연구태도에 도전하여 다양한 역사적 상황 속에서 의미의 창출을 위해 노력한 인간의 양상과 그 결과들을 설명하려는 데서 나온 것으로, 인간이 그러한 철학을 통해 어떠한 의미를 향유하였는지, 그리하여 어떠한 삶의 체험이 이루어졌는지에 대해 관심을 가진다. 여기서는 인간을 (진리가 무엇이든) 인간 자신이 행하는 것들로부터 의미를 창출하거나 발견하고자 하는 동물로 간주하며, 인간의 행위에는 의미의 구축과 상징적 표현이라는 차원이 있음을 특히 주목한다. 클리포드 기어쯔(Clifford Geertz)가 인간에 대해 "스스로 자아낸 의미의 그물에 매달려 있는 동물(an animal suspended in webs of significance he himself has spun)"이라 정의한 것은 바로 이런 측면을 강조한 것이다. 따라서 의미사에서는 당시에 일어났던 어떤 사건이나 상황 자체에만 주목하지 않고, 당대 사람들이 이를 어떻게 바라보고 어떤 의미를 부여하였는가 하는 문제를 중요하게 다룬다.

이런 견지에서 보면, 어떤 철학적 언명이나 도덕적인 당위적 선언도 이를 받아들이는 대상에 따라, 그리고 같은 대상 안에서도 서로 다른 의미와 다른 맥락을 지닐 수 있다. 즉 인간들은 자신이 처한 상황과 처지에 따라, 그리고 일반적인 동일한 정치적 상황에서조차도 모두 자기 나름대로 해석대상을 전유하여 의미를 창출해 내는 것이다. 그래서 그 맥락을 이해하고 재구성하기 위해서는 사회 정치적 상황을 고려하지 않고서는 불가능하다.[162]

162 이상의 내용은 '김영민, 「철학의 역사와 의미의 역사, 성리학자와 연암 박지원: 이기론 연구방법론 재검토」, 『한국학논집』 43(계명대학교 한국학연구원, 2011), 147~149면'의 내용을 참조하여 정리하였다.

하층민들의 성리학적 이념 전유를 언급할 수 있는 것은 바로 인간에게 이러한 측면이 있음을 중요하게 간주하였기에 가능하다. 기존 이데올로기화의 관점에서는 교화자가 피교화자에게 부과하는 '상징체계' 만이 중요하게 간주될 뿐이었다.

하지만 이데올로기화로서 전유라고 했을 때에는 이데올로기화 단계에서 교화자가 피교화자에게 부과하는 상징체계가 여전히 중요하지만 이를 받아들이는 피교화자들이 이를 전유해 낼 수 있는 가능성도 중요하게 간주하는 것이다.

그리고 재전유 가능성으로서 전유의 경우는 교화자가 피교화자에게 부과하는 상징체계보다는 피교화자들이 이를 어떤 방식으로 전유해 나가는가 하는 문제를 더 중요하게 보는 것이다. 여기에는 의미사의 관점처럼, 피치자들마저 의미의 생산과 소비의 주체라고 보기 때문에, 정부의 상징이 일방적으로 피치자들에게 부과되었으리라고 쉽게 단정하지 않는다[163]는 전제가 깔려 있는 것이기도 하다. 그래서 교화자가 피교화자에게 부과한 상징체계와 이를 전유한 피교화자가 교화자에게 내세우는 상징체계가 부딪힐 때, 피교화자가 내세우는 상징체계는 이념적인 성격을 띠게 되며, 이 상징체계를 바탕으로 한 피교화자의 행위는 정치적인 성격을 띠게 되는 것이다.

163 김영민(2011), 위의 논문, 149면.

4. 소설 속 지식·전고와 글쓰기

1) 지식·전고의 공통 범주

〈삼한습유〉, 〈옥선몽〉, 〈옥루몽〉 등은 당대 사대부들이라면 누구나 알고 있어야 했던 지식들은 물론 상대적으로 고차원적인 지식들까지도 소설 속에 녹여 넣는 모습을 보인다. 그리고 〈두껍전〉에서 두꺼비가 쏟아내는 이런저런 지식들, 그리고 〈장끼전〉이나 〈서동지전〉 등에서 활용되는 전고들은 당대의 '기본적인' 수준의 지식[164]들에 기반하고 있다고 할 수 있다. 즉 〈삼한습유〉, 〈옥선몽〉, 〈옥루몽〉과 〈두껍전〉, 〈장끼전〉, 〈서동지전〉 등에서 활용되는 지식의 수준과 범주, 전고의 폭은 한눈에 봐도 확연하게 차이가 난다.

〈두껍전〉, 〈장끼전〉, 〈서동지전〉 등에서 활용되는 지식·전고들과 〈삼한습유〉, 〈옥루몽〉, 〈옥선몽〉 등에서 향유되는 지식·전고들 사이에 접점은 과연 존재하지 않는가? 이 문제에 대한 답을 찾기 위해 이 소설들에서 어떤 전고들이 어떻게 활용되고 있는가, 소설이라는 글쓰기 방식의 관점에서 상하층 소설을 막론하고 19세기적 현상이라고 말할 만한 현상이 나타나고 있지는 않은가 하는 문제에 초점을 맞추어 논의하였다. 그럼으로써 지식·전고 활용의 측면, 글쓰기 방식 측면 모두 적은 부분이기는 하지만 두 소설 유형 사이에도 공통되는 부분이 존재함을 알 수 있었다.

---

164 여기서 '기본적인' 수준의 지식이라는 것은 당대에 어느 정도 식견이 있는 사람들이라면 알고 있었을, 상식적인 수준의 지식을 의미한다. 따라서 민간에 떠도는 지식이나 사상, 신앙까지 포함되지는 않는다. 그런 점에서 뒤에서 이야기할 '보편적인 지식과 사상 및 신앙으로서의 지식'과 통한다고도 할 수 있다.

이제 이러한 논의 결과를 바탕으로, 두 소설 유형 사이에 접점을 구성하는 지식·전고들을 어떤 관점에서 바라보고 규정지을 것인가 하는 문제를 살펴보기로 한다. 문제의 핵심은, 어느 범주까지 두 소설 유형 사이에 접점을 구성하는 지식·전고들로 간주할 것인가, 그리고 그 지식·전고들의 성격을 한 마디로 무엇이라고 규정지을 수 있을 것인가에 있다.

우선 〈두껍전〉에서부터 논의를 시작해보자. 〈두껍전〉에는 상하층 소설 사이에 접점을 구성하는 지식·전고들뿐만 아니라, 생활에 필요한 다양한 상식들도 상당수 담고 있어 여기에서 논의하고자 하는 대상의 실체를 대략적으로나마 제시하면서 논의를 진행해 나갈 수 있다.

> [1] 천문법은 ④**ᄐᆡ호 복희씨 천문을 아르사 일월도슈를 정ᄒᆞ시고 졔요 도당씨ᄂᆞᆫ 희화라 ᄒᆞᄂᆞᆫ 신하를 명ᄒᆞ사 일연 열두달의 윤삭을 마련ᄒᆞ시고** ①**졔슌 유우씨ᄂᆞᆫ 션긔옥형으로 칠졍을 졍ᄒᆞ시니** ②ᄃᆡ졔 **하날은 둥그러 ᄃᆞᆰ긔 알썹즐갓고, ᄯᅡᆼ은 모이졔 노린지갓튼이**, 하늘은 왼편으로 돌고 ᄯᅡᆼ은 오른편으로 도ᄂᆞᆫ이, 하늘과 ᄯᅡᆼ 두 사이예 만물이 잇쓰며, ③**셩신은 하날에 붓터 잇고 일월과 금목슈화토 오셩은 공즁에 달여시니, 도슈**ᄂᆞᆫ **일년의 삼ᄇᆡᆨ육십오도 사분도지일이라. ᄒᆡᄂᆞᆫ 하로의 한 도씩 더 가고 달은 하로의 한 도씩 들 가니** 이런고로 ᄒᆡ와 달이 셔로 만나ᄂᆞᆫ ᄯᅢ여 일식 월식 ᄒᆞᄂᆞᆫ이라. 번호와 진한 글씨는 필자. 정해본 〈두껍전〉.

> [2] 천지에 운행하는 것은 만고에 이르도록 돌아가는데, 마치 반지처럼 끝도 없고 시작도 없이 둥글게 돌아가는 것은 해와 달과 다섯 별만한 것이 없습니다. 해와 달은 벽옥을 합해 놓은 것 같고, 다섯 별은 구슬을 둘러 놓은 것 같습니다. ①이에 **요순께서는 혼천의를 만들어 칠정(七政)을 가지런하게 하셨는데, 칠정이란 칠요(七曜)입니다**. …(중

> 략)… 혼천설에 따르면 ②**하늘은 계란 같고 땅은 계란 노른자 같으니**, 하늘은 크고 땅은 작은 것입니다. 하늘의 표면 안쪽에 물이 있으니, 하늘과 땅이 각각 기운을 받아 섰으며, 물을 이고 떠 있는 것이지요. 하늘이 도는 것은 마치 수레바퀴가 도는 것과 같아요.
>
> 하늘에는 본래 도(度)가 없습니다. ③**하늘의 둘레를 365도 1/4이라고 하는 것은 해가 하루 낮과 밤 궤도를 한 번 운행하는 것을 부른 이름이지요. 대개 해가 운행하는 데 365일 외에 또 1/4일을 더 갑니다. 1년은 태양이 하늘을 한 바퀴 도는 것이고, 하루에 가는 것만큼을 1도(度)라고 하지요. 그러므로 나누어 보면 365와 1/4도가 됩니다**. 별들의 거리와 달과 다섯 별의 궤도는 모두 그 도를 가지고 재는데, ④**요임금이 희씨와 화씨에게 명한 것이 이것**입니다.[165] 번호와 진한 글씨는 필자. 서울대본 <삼한습유>.

두 인용문은 <두껍전>과 <삼한습유>에서 천문법에 대해 이야기하는 부분이다. 인용된 [2]는 <삼한습유>에서 천문법에 대한 이야기의 시작 부분으로, 이후 꽤 긴 분량으로 자세하게 언급된다. 위의 인용문에서 보듯, 요순(堯舜)이 칠정(七政)을 만들었다든지(①), 하늘의 모습은 달걀 모양과 같고, 땅의 모습은 달걀의 노른자와 같다든지(②), 하늘의 도수를 365도 1/4이라고 한다든지(③), 처음 천문에 대한 관찰은 요임금이 복희씨와 희화씨(羲和氏)에게 명한 것이라든지(④) 하는 내용들이 공통

165 "運行天地, 旋轉萬古, 若環無端, 成始成終者, 莫如日月五星. 日月如合璧, 五星如環珠. 於是, 虞舜作璇璣玉衡, 以齊七政, 七政者, 七曜也. …(중략)… 其言曰, 天如鷄卵, 地如卵黃, 天大地小, 天表裡有水, 天地各乘氣而立, 載水而浮, 天轉如車轂之運. 天本無度, 周天三百六十五度四分度之一者, 因日一晝夜所躔濶狹而名者也. 盖日之行也, 三百六十五日之外, 又行四分日之一, 一年而一周天, 以一日所行爲一度, 故分爲三百六十五度四分度之一. 星辰之相去, 月五星之行躔, 皆以其度度焉, 堯之命羲和是已." 서울대본 <삼한습유>.

됨을 알 수 있다. 〈삼한습유〉는 여기서부터 천문에 대한 다양한 서술들로 나아간다는 점만 제외한다면, 여기서 다루는 내용들은 천문법을 이해하기 위한 가장 기본적인 수준이라 할 수 있으며, 두 작품 모두 이를 기반으로 하여 이야기를 전개하고 있음을 알 수 있다.

아울러 〈두껍전〉에서 두꺼비가 천지 구경 내력에 대해 이야기하면서 끌어오는 이런저런 전고들도 당대 기본적인 역사서나 문집을 읽었다면 익숙한 전고들이다. 예컨대, 우(禹) 임금이 구획했다는 구주구악(九州九岳)이라든지, 주 무왕이 구축한 십이제국(十二諸國)이라든지, 우 임금이 무찔렀다는 삼묘(三苗)가 도읍했다는 곳에 대한 내용들[166]은 『서경』과 『십구사략(十九史略)』에 나온다. 그리고 도연명에 대한 고사[167]는 「귀거래사(歸去來辭)」를 통해 널리 알려져 있는 것이기도 하다. 이것들은 비단 〈두껍전〉과 같은 하층 소설에서뿐만 아니라, 〈옥루몽〉, 〈삼한습유〉와 같은 상층 소설에서도 가장 기본적으로 활용될 수 있는 전고들이다.

다음 〈두껍전〉 후반부에서 여우는 천문지리와 육도삼략, 의약복술 등에 대해 두꺼비에게 질문을 한다. 그는 음양오행, 오방, 육십갑자, 천문법, 기후, 풍수지리, 좌향 정하는 법, 오륜, 육도삼략, 팔진도법, 의약법, 복술 등에 대해 매우 상세하게 이야기 해 나간다.[168]

---

166 "이른바 구쥬구악은 하우씨라ᄂᆞᆫ 임군이 아홉 ᄒᆡ 물을 만나 다사리시ᄆᆡ 아홉 골의 아홉 못슬 웨어 황하슈를 ᄆᆡᆫ드신 ᄇᆡ요, 십이졔국은 쥬 무왕이 은국을 멸ᄒᆞ고 공신을 봉ᄒᆞ신 ᄇᆡ요", "좌동졍 우핑여ᄂᆞᆫ 삼묘씨 도읍ᄒᆞ야 덕을 닥지 안이ᄒᆞᄆᆡ 하우씨 멸ᄒᆞ시고." 정해본 〈두껍전〉.

167 "시상의 오루촌은 진천자 도연명이 진세의 염이 읍셔 핑탁영 마다ᄒᆞ고 시상으로 다라와셔 문 압희 버들 심고 남산의 쇼나무와 동이의 국하 심어시이 그 안이 한가헌가." 정해본 〈두껍전〉.

168 이강옥은 후대본(김광순본 〈둑겁전〉, 김동욱본 〈금섬전〉, 소재영본 〈두껍전〉 등)의 경우, 관상보는 법, 음식 만드는 법, 송엽주 만드는 법, 부귀 되는 법, 태 사르는 법,

두꺼비의 끝없는 지식 나열에 대해 선행 연구에서는 그에게서 구체적인 현실 경험이 부족하고 지식만이 확장된 삶의 양상을 찾을 수 있다거나 아무 쓸모없는 지식을 현실에 소용되는 것처럼 보이도록 전환시켰다고 지적했다.[169] 이러한 지적은 두꺼비가 내세우는 지식들에 대해 현실 경험과는 유리된 '관념적 지식'의 나열에 불과한 것으로 간주했기 때문으로 보인다. 하지만 그가 내세우는 지식들이 과연 '관념적 지식'에 불과한 것이며, 현실과는 아무 관계가 없는 것인가?

두꺼비가 늘어놓는, 음양오행, 오방, 육십갑자, 천문법, 기후, 풍수지리, 좌향 정하는 법, 오륜, 육도삼략, 팔진도법, 의약법, 복술 등의 지식들이 대부분 '관념적 지식'임에는 분명하다. 그러나 '관념적'이라고 해서 이를 곧장 현실 경험과 유리된 것으로 간주하는 것은 옳지 않다. 기존 논의에서 적절하게 지적했듯이, 두꺼비의 입으로 진술된 내용은 '당대인들이 떠올릴 수 있는 세계인식 방법의 총체'이며 '삶을 꾸려가던 당대인이 갖추었던 일상적 상식들'이다.[170]

'당대인들이 떠올릴 수 있는 세계인식 방법의 총체'라는 것은 무엇을 의미하는가? 저 멀고 먼 선조들의 경험과 견문들이 차곡차곡 쌓여서 전승되어 온, 그래서 이제는 세상을 바라보고 이해하기 위해서 기본적으로 알고 있고, 알아야 할 지식이 아닌가? 그렇기에 당대인들에게는

우물 파는 법, 옷 마르는 법 등도 언급되고 있다고 하면서 이는 두꺼비의 관념적인 지식들이 허황된 것이 아니라 실생활에 소용되는 것이라는 인상을 주기 위하여 그가 의도적으로 구사한 말하기 전략의 일환이라는 것이다(이강옥(2002), 앞의 논문, 144면). 후대본의 경우에는 이러한 지적이 잘 들어맞을 수도 있지만, 정해본 〈두껍전〉의 경우에는 이들이 나오지 않기 때문에 적확한 지적이라 하기는 어렵다.

169 이강옥(2002), 위의 논문, 145면, 152면.

170 이강옥(2002), 같은 논문, 145면.

몸소 경험한 것은 아니지만, 그렇다고 특별히 새로울 것도 없는, 어쩌면 무의식 속에 박혀 있다고도 말할 수 있을 그런 관념이 아닌가? '삶을 꾸려가던 당대인이 갖추었던 일상적 상식들'이라는 것은 무엇을 의미하는가? 선조들뿐만 아니라, 당대인들이 반복되는 경험 속에서 겪은 이런저런 시행착오 속에서 터득한, 나름의 삶의 요령이고 지혜가 아니던가?

이러한 지식들은 어쨌거나 경험으로부터 축적된 것들이기 때문에, 당대인들이 직접 경험한 것이 아니라 할지라도 현실과 전혀 유리된 것으로 보아서는 안 된다. 예컨대, 기후와 관련된 두꺼비의 언술 부분[171]을 보더라도 가을비가 자주 오면 다음 해에 가물지 않는다거나 정월 보름달이 돋아 뜨고 누른빛이 선명하면 풍년이 든다는 말 같은 것은 지금도 일종의 민간 속설로 받아들이고 있는 지식이 아닌가? 이런 관점에서 볼 때, 두꺼비가 아무 쓸모없는 지식을 현실에 소용되는 것처럼 보이도록 전환시켰다는 지적도 결코 정확한 지적이라 할 수 없다. 두꺼비가 나열하는 지식들에 대해서 여우가 직접적인 반박을 전혀 하지 못한 것은, 바로 전혀 허황되고 관념적임에 불과한 지식이 아니었기 때문인 것이다.

---

171 "길흉화복을 응ᄒᆞ야 음양이 상합ᄒᆞ면 풍우상셜이 ᄯᆡ를 일치 안이 ᄒᆞᄂᆞᆫ이라. 양긔가 과ᄒᆞ면 가물고, 음긔가 과ᄒᆞ면 장마 지고, 음양이 셔로 부ᄃᆡ치면 우례가 되고, 음양이 셔로 함ᄒᆞ면 번ᄀᆡ가 되고, ᄒᆡ빗치 희면 무지ᄀᆡ 되고, 음긔가 합ᄒᆞ면 우박이 되고, 하날 긔우은 구름이 되고, ᄯᅡᆼ 긔운이 안ᄀᆡ가 되고, 밤 긔운은 이슬이 되고, 찬 긔운을 만나면 이슬이 어리여 셜이가 되고, 비ᄂᆞᆫ 눈이 되고, 물은 어름이 되ᄂᆞᆫ이 가을 비가 자조 오면 ᄂᆡ연의 가무지 안난 법이요, 동지날과 정죠 아참의 사면으로 구룸이 이러나면 정월 망일의 달이 도도 ᄯᅳ고 누른 빗치 잇쓰면 풍년 드ᄂᆞᆫ 증험이요, ᄯᅩ 츈상갑의 비가 오면 젹지철이요, ᄒᆡ상갑의 비가 오면 승쥬입실ᄒᆞ고, 츄상갑의 비가 오면 곡도싱각ᄒᆞ고, 동상갑의 비가 오면 우양이 동사ᄒᆞᄂᆞᆫ이라." 정해본 〈두껍전〉.

한편 〈서동지전〉에 등장하는 역사적 사실에 대한 여러 진술들, 역사적 인물들의 행적에 대한 진술들도 주목할 필요가 있다. 특히 이 작품은 본격적인 사건이 벌어지기 전, 주인공 서동지와 여러 자식, 손자 쥐들이 나누는 대화에서 역사적 사실과 인물에 대한 전고들이 쏟아져 나온다는 점이 눈길을 끈다.[172] 이러한 역사적 사실과 인물에 대한 전고들을 어디에 의거하여 끌어온 것일까? 이는 한문 장편소설과 우화 소설, 판소리계 소설 모두에서 활용되는 지식·전고들의 전거가 무엇인지 대략 그림을 그려볼 수 있다는 점에서 중요하다.

우선 서동지는 자식, 조카, 손자 쥐들을 모아 놓고 복희씨 때 큰 공을 이룬 조상에 대한 이야기를 하고는, 고금역대의 흥망성쇠에 대해 이야기해 보라고 한다. 그러자 모든 쥐들이 비록 학업은 부족하지만 선조로부터 항상 들은 말이 있어 약간의 견문이 있다고 하면서 온갖 역사적 전고들을 동원하여 삼황(三皇) 시절부터 당(唐) 태종(太宗) 시절에 이르기까지 모든 흥망성쇠를 낱낱이 읊어댄다.[173]

---

172 앞서 영창서관 본 〈서동지전〉이 〈서대주전〉 계열 작품들과는 다른 특이한 면모를 보이는 이본으로 간주되고 있음을 언급했다. 그리고 이 이본이 발행 당시 변개가 일어났을 가능성이 있다는 혐의를 받고 있음도 언급했다. 그러한 혐의를 받는 부분 중 하나가 바로 이 부분이다. 본래 이러한 전고들의 장황한 나열이 〈서대주전〉 계열 작품들에는 보이지 않다가 〈서동지전〉에 와서 추가되었을 가능성이 있다는 것이다. 필자가 보기에 이 부분은 변개 혐의를 강하게 받고 있는 서동지의 공술 부분과 달리 이 책의 논지 전개에 문제가 된다고 생각하지 않는다. 뒤에서 다루겠지만, 여기에 나열된 전고들은 모두 당대인들이 역사를 배울 때 기본적으로 익혔던 서적들에서 가져온 것이며, 이 전고들이 어느 유형의 소설에서든 익숙하게 발견되는 전고 범주에 속하기 때문이다. 따라서 여기에 나열된 전고들은 조선 후기 독자들에게 비교적 익숙한 것들임은 분명하다. 즉 발행 과정에서 이러한 장황한 전고 나열 부분이 추가되었다고 해서 이것이 20세기에 와서야 비로소 익숙한 지식·전고로 간주되었을 가능성은 거의 없다는 말이다.

173 "ᄃᆡ져(大抵) 삼황(三皇) 젼(前)에는 됴셔계(造書契) 젼(前)이라 가(可)히 샹고(詳考)

치 못ᄒᆞ오련이와, 듯ᄉᆞ오니 복희씨(伏羲氏)는 사신인슈(蛇身人首)로 진(晉) ᄯᅡ의 왕(王)ᄒᆞ여 글을 지으며 가취(嫁娶)를 이르고 그물을 ᄆᆡ져 고기를 갈으치고 즘ᄉᆡᆼ을 길너 포쥬(庖廚)을 ᄂᆡ시고, 녀와씨(女媧氏)는 ᄉᆡᆼ황(笙篁)을 ᄆᆡᆫ드러 음률(音律)을 맛츄고, 신롱씨(神農氏)는 인신우슈(人身牛首)로 곡구(曲阜)의 도읍(都邑)ᄒᆞ여 나무를 ᄶᅡᆨ거 보습을 만들며 ᄇᆡᆨ초(百草)를 맛보아 의약(醫藥)을 ᄂᆡ시고 져ᄌᆞ를 베풀어 장ᄉᆞ를 가르치며, 황뎨씨(黃帝氏)는 간괘를 지으ᄉᆞ 치우(蚩尤)를 탁녹(涿鹿) ᄯᅳᆯ의셔 ᄊᆞ화 ᄉᆞ로잡고 쥬(舟)와 ᄎᆞ(車)를 지으며, 금텬씨(金天氏)는 ᄉᆡ로써 벼슬을 긔록ᄒᆞ고, 고양씨(高揚氏)는 신령(神靈)을 위(爲)ᄒᆞ여 졔사(祭祀)를 가르치며, 고신씨(高辛氏)는 셰상(世上)의 나ᄆᆡ 신령(神靈)ᄒᆞ여 스ᄉᆞ로 일홈을 부르고, 당요씨(唐堯氏)는 뎡즁(庭中)의 명협(蓂莢)을 보시고 ᄎᆡᆨ력(冊曆)을 지으며, 평양(平壤)의 도읍(都邑)ᄒᆞᄉᆞ 토계삼등(土階三登)의 모ᄌᆞ(茅茨)를 불젼(不翦)ᄒᆞ며, 뎨슌씨(帝舜氏)는 효(孝)로써 고슈(瞽叟)를 섬겨 불격간(不格姦) ᄒᆞ시고 아황녀영(娥皇女英)을 취(娶)ᄒᆞ여 이비(二妃)를 삼으시며 오현금(五絃琴) 지어ᄂᆡ여 ᄇᆡᆨ셩(百姓)의 탐모(貪謀)를 푸시고, 하우씨(夏禹氏)는 뎨슌(帝舜)의 명(命)을 바다 홍슈(洪水)를 다시리고 세 번 집 문(門)을 지나시되 팔 년 불입(八年不入)ᄒᆞ고 육ᄒᆡᆼ 승차(陸行乘車)ᄒᆞ여 슈ᄒᆡᆼ 승션(水行乘船)ᄒᆞ시고 셩탕(成湯)은 무도(無道)ᄒᆞᆫ 거슬 ᄂᆡ치사 이윤(伊尹)으로 졍승(政丞)을 삼아 국졍(國政)을 맛기시고 칠 년 ᄃᆡ한(七年大旱)의 육사(肉祀)로 ᄃᆡ우(大雨)를 어드시며, 무왕(武王)은 상쥬(商紂)를 멸(滅)ᄒᆞ시고 여상(呂尙)으로 승상(丞相)을 삼아 국ᄉᆞ(國事)를 총임(總任)ᄒᆞ여 쥬시(周時)를 보익(輔翊)ᄒᆞ고, 진시황(秦始皇)은 여불위(呂不韋) 자식(子息)으로 진(秦)나라 왕(王)이 되야 열국(列國)을 진멸(殄滅)ᄒᆞ고 스사로 황뎨(皇帝) 되여 만리장셩(萬里長城)을 ᄊᆞ아 오랑키를 막고 장ᄌᆞ(長子) 부소(扶蘇)를 ᄂᆡ치며 장ᄉᆡᆼ불사(長生不死)ᄒᆞ랴 ᄒᆞ고 방사(方士) 서시(徐市)로 불사약(不死藥)을 구(求)ᄒᆞ랴다가 사구평ᄃᆡ(沙丘平臺)의서 쥭엇스며, 한텬ᄌᆞ(漢天子) 유방(劉邦)은 ᄇᆡᆨᄉᆞ(白蛇)를 버히고 포의(布衣)로 이러나 항우(項羽)로 더부러 호히(胡亥)를 파(破)ᄒᆞ고 파촉한즁(巴蜀漢中)의 도읍(都邑)ᄒᆞᆫ 후(後) 쟝량(張良)의 결승쳔리(決勝千里)와 소하(蕭何)의 불절양도(不絶糧道)와 한신(韓信)의 젼필승공필치(戰必勝攻必取)와 진평(陳平)의 륙츌긔계(六出奇計)로 항우(項羽)를 멸(滅)ᄒᆞ고 한(漢)나라를 통일(統一)ᄒᆞ엿더니, 그 후(後)에 왕망(王莽)이 찬역(簒逆)ᄒᆞ여 한(漢)을 폐(廢)ᄒᆞ고 ᄌᆞ칭텬ᄌᆞ(自稱天子)라 ᄒᆞ더니, 한광무(漢光武) 유문숙(劉文叔)이 군ᄉᆞ(軍士)를 ᄇᆡᆨ슈촌(白水村)의 이리켜 왕망(王莽)을 멸(滅)ᄒᆞ고 다시 한실(漢室)을 즁흥(中興)터니 한영뎨(漢靈帝) ᄯᅴ 이르러 십상시(十常侍)의 란(亂)을 맛나 황건적(黃巾賊)이 창궐(猖獗)ᄒᆞ고 동탁(董卓)이 찬역(簒逆)ᄒᆞᄆᆡ 텬하(天下)를 삼분(三分)ᄒᆞ야 한종실(漢宗室) 유현덕(劉玄德)이 셔쳔(西川)에 도읍(都邑)ᄒᆞ여 한실(漢室)을 븟드더니, 그 후(後)의 사마염(司馬炎)이 삼국(三國)을 통일(統一)ᄒᆞ고 텬ᄒᆞ(天下)를 통합(統合)ᄒᆞ여 국호(國號)를 진(晉)이라 ᄒᆞ고, 그 후에 수양뎨(隋煬帝)가 사마씨(司馬氏)를 진멸(珍滅)ᄒᆞ고 ᄌᆞ칭텬ᄌᆞ(自稱天子)러니, 슈양뎨(隋煬帝)의 일총(一寵) 신하(臣下) 동평장군(東平將軍) 리연(李淵)

그들은 삼황 이전 시절은 상고하기 어려움을 밝히고, 복희씨부터 그들의 공적을 하나씩 차례로 들어 나간다. 그 양상을 살펴보면, 우 임금에 이르기까지 여러 왕들에 대해서는 순서를 빠뜨리지 않고 거론을 한 반면, 은(殷)나라부터는 주요 임금 한두 명만 거론하고 넘어가는 모습을 보인다.

삼황(三皇) 이전 시절은 상고하기 어렵다는 언급은 물론, 복희씨 때부터 진 시황 때 이르는 언급은 모두 『십구사략』에서 그 내용을 끌어온 것으로 보인다. 그 중 고양씨(高揚氏)가 "신령을 위하여 제사를 가르쳤"다는 언급은 『십구사략』에 '소호(少昊)의 시대가 쇠해지자 구려(九黎)가 덕을 어지럽혀 백성과 신들이 뒤섞여 사물을 구별할 수 없는 지경에 이르렀다. 이에 고양씨는 남정(南正) 중(重)에게 하늘에 관한 일을 맡겨 신(神)의 일을 관장하게 하고 화정(火正) 려(黎)에게 지상에 관한 일을 맡겨 백성의 일을 관장하게 함으로써 신과 인간이 뒤섞이지 않게 하였다'는 내용을 가리키는 것으로 보인다. 또 제순씨(帝舜氏)가 "오현금(五絃琴)을 지어내어 백성의 탐모(貪謀)를 풀어주었"다는 언급은 '순(舜)이 오현(五絃) 거문고를 타면서 남풍(南風)의 시를 불렀다'는 내용을 가리키는 것으로 보인다. 이 외에 복희씨부터 우왕에 이르는 내용들은 모두 『십구사략』에 분명하게 언급이 되어 있는 것으로 보아 여기에 의거해서 이 부분을 서술한 것이 확실해 보인다.[174] 다만 한나라 때부터 당(唐)

의 셋ᄌᆡ아들 셰민(世民)이가 위증(魏徵), 진슉보(陳叔寶), 셔무공(徐武公) 삼걸(三傑)의 도움으로 슈양뎨(隋煬帝)를 ᄂᆡ치고 금용셩(金墉城)의 리밀(李密)을 파(破)ᄒᆞ여 리연(李淵)을 셰워 고됴황뎨(高祖皇帝)를 삼고 국호(國號)를 ᄃᆡ당(大唐)이라 ᄒᆞ더니, 지금(至今)은 그 아들 셰민(世民)이 그 뒤를 이어 황뎨(皇帝) 되엿스니 이 셰상(世上)은 당ᄐᆡ종(唐太宗) 셰민황졔(世民皇帝) 시졀(時節)이 아니온잇가?" 영창서관본 〈서동지전〉.

태종(太宗) 때까지의 언급은 반드시 『십구사략』에서 끌어 왔다고 확신하기 어렵다. 『십구사략』의 내용이 워낙 축약되어 있기도 하지만 『사기』나 『한서』 등 다른 역사서의 내용을 보고 간추렸을 가능성도 크기 때문이다. 결국 삼황 시절 이전부터 당 태종 시절에 이르기까지 흥망성쇠를 읊어대는 이 부분은 『십구사략』, 『사기』, 『한서』 등의 역사서를 기반으로 한 것으로 볼 수 있겠다.

아울러 장자(長子) 쥐가 항우와 사마천을 들면서 제왕, 영웅과 충효, 열절과 부귀, 공명, 문장이 소용이 없다[175]고 하며 조상의 덕을 잘 이어 자자손손 부유하고 화목하게 지내는 게 제일이라[176]고 말하는 부분에

---

174 그렇다고 해서 작자가 『사기』의 내용을 보았을 가능성을 완전히 배제하고 있는 것은 아니다. 『사기』에 이 내용들이 분명히 실려 있다. 『십구사략』을 보고 끌어 온 것이 확실해 보인다고 한 것은, 특히 〈서동지전〉에서 삼황오제를 언급한 부분이 『십구사략』의 구절들을 이리저리 조합해서 끌어왔다고 생각하기 때문이다.

175 "문장ᄌᆡ사(文章才士)와 영웅렬사(英雄烈士)는 신슈(身數)의 조흔 ᄇᆡ 안이라. 옛날 항량(項梁)도 그 족하 항우(項羽)로 ᄒᆞ야곰 글을 가르치ᄆᆡ 이루지 못ᄒᆞ고 금슐(劍術)을 가르치ᄆᆡ ᄯᅩ 불셩(不成)커날, 항량(項梁)이 노(怒)ᄒᆞ여 ᄭᅮ즈진ᄃᆡ 항우(項羽) ᄀᆞᆯ아ᄃᆡ, '글은 긔셩명(記姓名)하면 그만이오 금슐(劍術)은 일인젹(一人敵)ᄒᆞᆯ ᄯᆞ름이라, 족(足)히 ᄇᆡ홀 바 업ᄉᆞ오니 만인ᄃᆡ젹(萬人對敵)을 ᄇᆡ호고져 ᄒᆞᄂᆞ이다.' ᄒᆞ거늘, 항량(項梁)이 그 말을 긔특(奇特)이 여겨 즉시(卽時) 병법(兵法)을 가르쳐 일홈을 쳔츄(千秋)에 유젼(遺傳)ᄒᆞ엿고, 한(漢)나라 사마쳔(司馬遷)은 명만고(明萬古) 문장(文章)으로 고금(古今)을 통달(通達)ᄒᆞ고 력ᄃᆡ(歷代)를 박ᄅᆞᆷ(博覽)ᄒᆞ여 흉즁(胸中)에는 오거셔(五車書)를 품고 입에는 공ᄆᆡᆼ(孔孟)을 송독(誦讀)ᄒᆞ는 글노도 맛참ᄂᆡ 불알을 썩여 독(毒)ᄒᆞᆫ 형벌(刑罰)을 당(當)ᄒᆡᆺ스니, 글리 비록 리젹션(李謫仙)·두목지(杜牧之)를 압두(壓頭)ᄒᆞᆫ들 무엇시 유족(有足)ᄒᆞ리오? 속담(俗談)에 일넛스되 '곤궁(困窮)은 문장(文章)에셔 나고, ᄌᆡ승박덕(才勝薄德)이라.' 하니 글은 우리 루ᄃᆡ(累代) 셔씨(鼠氏) 호젹(戶籍)이나 남의 손에 빌어 쓰지 안니ᄒᆞ면 족(足)ᄒᆞᆯ지라." 영창서관본 〈서동지전〉.

176 장자 쥐의 이러한 뜻은 역대 제왕 영웅과 충효 열절과 부귀, 공명, 문장으로 이름난 사람들 중에 제 명에 죽지 못한 인물들을 든 이후의 다음 언급에서 더 분명히 드러난다.

"우리 셔씨(鼠氏)는 ᄃᆡᄃᆡ(代代) 션ᄇᆡ로 학업(學業)을 폐(廢)치 말고 셩명(姓名)이나 긔록(記錄)ᄒᆞ고 ᄌᆞ손(子孫)은 오입잡기(誤入雜技)나 말고 난봉(難捧)이ᄂᆞᆫ 업스면 욕

서도 역대 제왕 영웅과 충효 열절과 부귀, 공명, 문장으로 이름 난 사람들 중에 제 명에 죽지 못한 인물들을 나열한다.[177] 그가 나열하는 인물

급션됴(辱及先祖)는 면(免)ᄒᆞᆯ 것이오, ᄆᆡ년(每年) 츄슈(秋收)ᄒᆞ여 삼ᄇᆡᆨ륙십 일(三百六十日)에 권솔(眷率)이 긔한(飢寒)을 아지 못ᄒᆞ고 우흐로 됴상 신령(祖上神靈)의 사시향화(四時香火)를 밧들며, ᄇᆡᆨ발쌍친(白髮雙親)을 고당(高堂)에 모셔 죠셕(朝夕) 감지(甘旨)를 봉향(奉饗)ᄒᆞ며 아ᄅᆡ로 층층(層層) ᄌᆞ녀(子女)를 령솔(領率)ᄒᆞ여 부화부슌(夫和婦順)ᄒᆞ며 우ᄋᆡ우독(友愛尤篤)ᄒᆞ야 상하화목(上下和穆)ᄒᆞ고 계견(鷄犬)이 구슌(俱順)ᄒᆞ여 화긔ᄌᆞᄉᆡᆼ(和氣自生) 군ᄌᆞ실(君子室)이오 가화만사셩(家化萬事成)이면 셩ᄌᆞ신손(聖子神孫)이 계계승승(繼繼承承)ᄒᆞᆯ이니, 부즐업시 뎨왕영웅(帝王英雄)과 충효렬졀(忠孝烈節)과 부귀공명(富貴功名) 문장(文章)을 하쳐(何處)의 쓰리오?" 영창서관본 〈서동지전〉.

177 "자고(自古)로 졔왕영웅(帝王英雄)과 츙신효ᄌᆞ(忠臣孝子)와 열녀효부(烈女孝婦)며 부귀공명(富貴功名)과 문장(文章) 등(等) 역ᄉᆞ(歷史) 각인(各人)을 평론(評論)ᄒᆞᆯ진ᄃᆡ 졔(齊)나라 젼횡(田橫)은 일국(一國) 왕(王)으로 디방(地方)이 류텬여 리(六千餘里)오 ᄃᆡ갑(帶甲)이 ᄇᆡᆨ만(百萬)이로ᄃᆡ 오히려 로즁(路中)에셔 자문이사(自刎而死)ᄒᆞ엿고, 쵸국(楚國) ᄉᆞᄅᆞᆷ 오ᄉᆞ(伍奢)에 아ᄃᆞᆯ 오ᄌᆞ셔(伍子胥)는 오왕(吳王) 부ᄎᆞ(夫差)를 셤길ᄉᆡ 월왕(越王) 구천(句踐)이 오ᄌᆞ셔(伍子胥)의 일홈만 드러도 혼비ᄇᆡᆨ산(魂飛魄散) 젼율증(戰慄症)이 나ᄆᆡ 오ᄌᆞ셔(伍子胥)는 영웅(英雄)의 일홈이 각국(各國)의 젼파(傳播)ᄒᆞ되 맛참ᄂᆡ 한 ᄌᆞ루 촉누검(燭鏤劒) 아ᄅᆡ 자문이사(自刎而死)ᄒᆞ엿고, 지ᄇᆡᆨ(智伯)에 신하(臣下) 예양(豫讓)은 츙셩(忠誠)을 다ᄒᆞ야 칠신위뇌(漆身爲癩)ᄒᆞ고 탄탄위아(呑炭爲啞)ᄒᆞ여 힝걸어시(行乞於市)ᄒᆞ며 인군(人君)을 위(爲)ᄒᆞ야 원슈(怨讎)를 갑고져 ᄒᆞ다가 츙셩(忠誠) 일우지 못ᄒᆞ고 됴양ᄌᆞ(趙襄子)의게 쥭엇스며, 쥬문왕(周文王)의 아들 ᄇᆡᆨ읍고(伯邑古)는 그 아번님게셔 유리옥(羑里獄)의 갓치ᄉᆞ 칠 년(七年)을 도라오지 못ᄒᆞ신니 츌텬지효(出天之孝)를 다ᄒᆞ야 부친(父親)을 구(救)ᄒᆞ려다가 효(孝)를 일우지 못ᄒᆞ고 맛참ᄂᆡ 달비(妲己)에게 독(毒)을 바다 함분(含憤)코 쥭어스며, 졔(齊)나라 왕촉(王蠋)은 국파군망(國破君亡)ᄒᆞᆫ 연후(燃後)의 연장(燕將) 악의(樂毅)가 왕촉(王蠋)의 어진 일홈을 듯고 부르ᄆᆡ 왕촉(王蠋)이 불청(不聽) 왈(日), '츙신(忠臣)은 불ᄉᆞ이군(不事二君)이오 열녀 불경이부(不更二夫)라.' ᄒᆞ고 인(因)ᄒᆞ여 목을 ᄆᆡ여 쥭엇스니 열졀(烈節)은 비록 류젼(流傳)ᄒᆞ나 인군(人君)의 망(亡)ᄒᆞᄆᆞᆯ 구(救)치 못ᄒᆞ고 졔 몸이 쥭엇스며, 진(晉)나라 셕포(石苞)의 아ᄃᆞᆯ 셕숭(石崇)은 텬하(天下) 거부(巨富)가 만승텬ᄌᆞ(萬乘天子)를 지나되 오히려 명(命)을 보젼(保全)치 못ᄒᆞ고 맛ᄎᆞᆷᄂᆡ 머리를 버엿스며, 한장군(漢將軍) 박소(薄昭)는 황후(皇后)에 아오요 텬ᄌᆞ(天子)의 외슉(外叔)이로되 힝의불치(行義不治)ᄒᆞᆷ으로 텬ᄌᆞ(天子)가 신하(臣下) 등(等)을 거상(居喪)입혀 조상(弔喪)ᄒᆞᄆᆡ 박소(薄昭) 마지 못ᄒᆞ여 스ᄉᆞ로 목 질너 쥭어스며, 한(漢)나라 곽광(霍光)은 쥬공(周公)의 일을 본 바다 어린 인군(人君)을 밧드러 졍ᄉᆞ

은 전횡(田横), 오자서(伍子胥), 예양(豫讓), 백읍고(伯邑考), 왕촉(王蠋), 석숭(石崇), 박소(薄昭), 곽광(霍光) 등이다. 백읍고를 제외한 나머지 인물들은 『십구사략』, 『사기』, 『한서』, 『자치통감절요(資治通鑑節要)』 등의 역사서에 그 내용이 나온다. 이들의 출전 일부만 대강 들어 보면 다음과 같다.

전횡은 『십구사략』과 『사기』 「전담열전(田儋列傳)」, 『자치통감절요』 권5 한기(漢紀) 태조(太祖) 고황제(高皇帝) 하(下) 5년 조에 나오며, 오자서는 『사기』 「오자서열전(伍子胥列傳)」에 나온다. 예양은 『자치통감절요』 권1 주기(周紀) 위열왕(威烈王) 23년 조에 나오며, 왕촉은 『자치통감절요』 권1 주기(周紀) 난왕(赧王) 30년 조에 나온다. 석숭은 『자치통감절요』 권26 진기(晉紀) 세조(世祖) 무황제(武皇帝) 태강(太康) 3년 조와 영강(永康) 원년(元年) 조에 나온다. 박소는 『십구사략』과 『자치통감절요』 권7 한기(漢紀) 태종(太宗) 효문황제(孝文皇帝) 10년 조에 나오며, 곽광은 『한서』 「곽광열전(霍光列傳)」과 『자치통감절요』 권11 한기(漢紀) 세종(世宗) 효무황제(孝武皇帝) 하(下) 후원(後元) 원년(元年) 조부터 나온다. 백읍고에 대해서는 『사기』 「관채세가(管蔡世家)」에서 언급은 되고 있지만, 행적이 상세하게 나오지는 않는다.

이런 현상은 비단 〈서동지전〉의 이 부분에서만 나타나는 것은 아니

(政事)를 도으믹 벼슬이 박륙후(博陸侯)를 봉(封)ᄒᆞ고 평셔딕장군(平西大將軍) 딕사마(大司馬)를 겸(兼)ᄒᆞ여 인군(人君)의 스승이 되야 금달(禁闥)의 츌입(出入)ᄒᆞᆫ 지 이십여 년(二十餘年)의 공명(功名)의 지즁(至重)ᄒᆞ여 비록 제 몸은 무사(無事) 보젼(保全)ᄒᆞ엿스나 곽광(霍光)이 죽은 후(後)의 ᄌᆞ손(子孫)이 멸망(滅亡)ᄒᆞ고 곽시(霍氏) 제족(諸族)이 진멸(殄滅)ᄒᆞ엿ᄉᆞ오니, 딕져(大抵) 예로부터 뎨왕영웅(帝王英雄)과 츙효렬절(忠孝烈節)과 부귀공명(富貴功名)과 문장(文章)이라 일홈난 자들이 와셕종신(臥席終身)ᄒᆞ기 어려온지라 무엇이 션(羨)ᄒᆞ며 귀(貴)타 ᄒᆞ리오." 영창서관본 〈서동지전〉.

다. 예컨대, 서동지의 공술 내용 중 남녀는 길을 사양하고 농부는 이랑을 사양하며 백성들은 송사를 알지 못한다는 내용은 『시경』 대아(大雅) 문왕지십(文王之什) 「면(緜)」에 나온다. 그리고 땅에 금을 그어 감옥으로 삼아도 그 안으로 들어가지 않고 나무를 깎아 관리라 해도 대질하지 않는다는 내용은 『자치통감절요』에 나온다. 또 서동지의 공술에 대한 백호산군의 제사(題辭) 중에서 언급되는 임좌와 위(魏) 문후(文侯)에 대한 고사는 『여씨춘추(呂氏春秋)』와 『자치통감절요』에, 주운과 한(漢) 성제(成帝)에 대한 고사는 『한서』와 『자치통감절요』에 나온다.

〈장끼전〉의 경우도 마찬가지이다. 이 작품에서 별이 떨어지는 꿈을 꾼 까투리가 흉몽이라 하며 든 제갈공명이 오장원(五丈原)에서 죽을 때 장성(長星: 將星)이 떨어졌다는 고사는 『십구사략』에 나오며, 이에 대한 반박으로 장끼가 든 헌원씨 대부인이 북두칠성의 정기를 타서 아들을 낳았다는 고사는 『십구사략』과 『사기』에 등장한다. 염치 문제를 놓고 까투리와 장끼가 벌이는 언쟁에서 등장하는 백이, 숙제 고사는 『십구사략』에, 장량의 고사는 『자치통감절요』에 나오며, 호타하(滹沱河)에서 광무제가 보리밥을 얻어먹은 고사는 『십구사략』에, 한신이 표모의 식은 밥을 얻어먹고 나중에 한나라 대장이 된 고사는 『십구사략』과 『자치통감절요』에 나온다. 뒤이어 까투리가 고집을 부리다 망한 사례로 든 부소(扶蘇)의 간언을 무시한 진 시황 고사는 『사기』에 나오며, 범증(范增)의 말을 듣지 않았다가 결국 강동(江東)에서 자살한 초패왕(楚霸王) 고사는 『십구사략』과 『사기』에 나온다. 또 굴원(屈原)의 간언을 듣지 않았다가 진(秦) 무관(武關)에 갇혀 죽은 초(楚) 회왕(懷王)의 고사는 『십구사략』에 나온다. 장끼가 콩 태[태(太)] 자를 가지고 말장난하는 대목에 등장하는 천황씨가 18,000세를 살았다거나 복희씨 자손이 15대를 전했다는 이야기는 『십구사략』에 나온다. 아울러 끝내 콩을 먹다 덫에 걸린 장끼에게 까투리가 하는 "독약(毒藥)이 고구(苦口)나 리어병(利於病)이요, 충신(忠言)이 역이(逆耳)나 리어행(利於行)이라"는 말은 『자치통감절요』에 등장한다.

이렇게 〈서동지전〉, 〈서대주전〉, 〈장끼전〉의 작자는 역사 전고들을 『십구사략』, 『사기』, 『한서』, 『자치통감절요』 등의 역사서들을 바탕으로 하여 이 부분의 내용을 구성한 것으로 보인다. 이 역사서들 중에서 비단 사대부 계층뿐만 아니라, 중인 계층 혹은 평민 계층까지도 이러한 역사적 사실과 인물에 대한 지식·전고를 습득하는 데, 그리고 그러한 지식들을 폭넓게 확산시키는 데 큰 역할을 한 것은 『자치통감절요』와 『십구사략』이라 생각된다. 이 두 서적은 중국의 역사를 압축하고 간추려 놓았기 때문이기도 하지만 17세기 이후 지방자제들의 필수 초학교재로서 그 위상이 굳건해지기 때문이다.

『자치통감절요』가 조선에서 본격적으로 널리 읽히기 시작한 것은 17세기 들어서면서부터로 보고 있다.[178] 『자치통감절요』는 중국에서 시대에 따라 여러 가지 판본이 나타났지만 조선에서 읽힌 판본은 대부분 주희의 정통론이 잘 구현된 유섬증교본(劉剡增校本) 소미선생(少微先生) 강지(江贄)의 『자치통감절요』였다. 곧 강지본(江贄本)을 저본으로 하여 명나라 초기에 나온 유섬증교본 『자치통감절요』는 조선시대에 가장 널리 유행한 판본이다. 이것은 이미 조선 전기에도 왕실과 일부 사대부들 사이에서 초학교재(初學教材)로서 사용되어 왔지만 17세기에 들어오

178 이 언술이 17세기 이전에는 『자치통감절요』가 읽히지 않았다는 것을 의미하지 않는다. 잘 알려진 것처럼, 조선 전기 때부터 이미 『자치통감절요』가 초학교재로 활용되고 있었다. 이는 『십구사략』도 마찬가지이다.

면 독자의 범위가 확장되면서 그 영향력을 넓혀갔고 17세기 후반에는 『춘추』와 『자치통감강목(資治通鑑綱目)』을 잇는 위상을 인정받기에 이른다.[179]

『자치통감절요』의 보급과 확산은 우선 임진왜란 후 통치이념의 보급을 통해서 성리학적 질서를 유지하려는 국가의 입장과 맞아떨어지면서 이루어졌다. 통치이념을 보급하기 위해서는 성리서적들의 간행과 보급, 그리고 교육의 진흥이 필수적으로 수반되어야 했다. 또한 이것은 사족중심의 질서를 확립하려 했던 지방사족들의 의도와도 맞물리면서 널리 보급되고 읽히기 시작했다.

더 큰 요인은 바로 대명의리론 및 정통론의 강화라는 역사적 배경에 있었다. 17세기 후반 명청교체라는 전통적 국제질서의 변화에도 불구하고 조선의 경우는 인조반정과 전통적 화이관에 입각한 명분론이 강력하게 자리를 잡고 있었기 때문에 멸망한 명에 대한 의리론의 강화가 지속되었다. 주희의 정통론이 잘 구현된 『자치통감절요』는 대명의리론 및 정통론의 강화라는 역사적 배경 속에서 17세기 이후 급속하게 성행하게 되었고, 또한 이것의 보급이 대명의리론과 정통론을 강화하는 한 방편으로 작용하기도 했다. 17세기 후반 대명의리론 및 정통론의 강화와 맞물려 그 위상이 한층 높아진 『자치통감절요』는 지방자제들의 필수 초학교재로서 그 위상을 분명히 하며, 『자치통감절요』를 『십팔사략』, 『십구사략』보다 한 단계 위의 학습서로 인식되었던 것이다.

『십구사략』도 사정은 이와 크게 다르지 않았던 것으로 보인다.[180] 본

179 이하 『자치통감절요』에 대한 서술은 '허태용, 「17세기 후반 정통론(正統論)의 강화와 『자치통감절요』의 보급」, 『한국사학사학보』 3(한국사학사학회, 2001)'의 내용을 참조하여 정리하였다.

래 원(元) 증선지(曾先之)가 편찬한 『십팔사략』은 삼국 중 위(魏)를 정통으로 한 것이다. 그런데 유섬(劉剡)이 증선지가 편찬한 『십팔사략』에 원사략(元史略)을 덧붙이면서 주자를 따라, 촉한(蜀漢)을 정통으로 바꾸어 놓았다. 이후 명(明) 여진(余進)이 이를 개정하여 『고금역대표제주석십구사략통고(古今歷代標題註釋十九史略通攷)』를 저술했다. 이후 이 여진본 『십구사략』이 유행을 하게 된다. 이 책은 촉한을 정통으로 두는 데 그치지 않고, 아예 촉한을 표목으로 정하여 서한, 동한, 촉한의 삼한 체계를 구축함으로써 주자학적 정통사관을 더욱 심화시켰다.

『십팔사략』과 『십구사략』은 여러 본이 존재한다. 그런데 우리나라에서는 『십팔사략』보다 『십구사략』이, 그 중에서도 오로지 여진본 『십구사략』만 읽혔다고 한다. 『십구사략』도 중종(中宗) 연간에 이미 초학 교재로 활용되고 있었다. 그리고 17세기 후반에는 이미 『십구사략언해(十九史略諺解)』가 간행된 것으로 보이며[181], 1800년에는 『십구사략』이 상업적인 방각본으로 처음 간행되기도 했다.[182] 이는 17세기 후반에는 한문을 읽지 못하는 계층, 아동들에게 기초적인 역사 지식을 습득하게 하는 교재로 활용되었으며, 늦어도 19세기 언저리에는 『십구사략』 자

180 이하 『십구사략』에 대한 서술은 '김윤수, 「『십구사략』의 원류와 한국적 전개 (상)」, 『서지학보』 6(한국서지학회, 1991, 12)'와 '______, 「『십구사략』의 원류와 한국적 전개 (하)」, 『서지학보』 7(한국서지학회, 1992, 9)'의 내용을 참조하여 정리하였다.

181 논자에 따르면, 현재 『십구사략언해』 판본은 17세기 판식과 언어적 특성을 지닌 무간기(無刊記) 고본(古本), 18세기 판본의 특징과 간기를 지닌 화곡판(花谷版)(1749), 경중판(京中版), 영양(嶺營)에서 간행된 영양판(嶺營版) 등 세 계통이 존재한다고 한다. 이에 대해서는 '백두현, 「『십구사략언해』 제(諸) 판본(版本)의 계통 연구」, 『국어학』 36(국어학회, 2000)' 참조.

182 이윤석, 「방각본 연구의 몇 가지 문제」, 『열상고전연구』 31(열상고전연구회, 2010, 6), 132면. 다만 이윤석은 방각본을 상업적인 목적으로 판각된 것이 분명한 것만으로 한정하고 있어 방각본의 대상을 좀 더 확대할 경우, 시기가 더 올라가리라 생각된다.

체가 역사 지식 습득을 위한 필독서로 완전히 자리 잡았음을 보여주는 것이다.

임진왜란 이후 조선에서 『십팔사략』이 아닌 『십구사략』이, 그것도 여진의 『십구사략』만이 읽힌 데는[183] 주자학적 정통론을 구현한 『자치통감절요』와 마찬가지로, 여진의 『십구사략』 역시 주자학적 정통사관을 더욱 심화시킨 서적이었으며, 이것이 17세기 후반 대명의리론 및 정통론의 강화라는 역사적 배경과 맞물렸기에 가능했던 것이라 생각된다. 이런 상황에 비추어 볼 때, 중국 역사에 대한 기초적인 지식들은 대부분 『십구사략』과 『자치통감절요』을 통해서 얻었으리라 추정할 수 있다.

『자치통감절요』와 『십구사략』이 널리 읽히고 있었음은 18세기 전반의 상황을 묘사한 것이 분명해 보이는 이의현(李宜顯, 1669~1745)의 기록에서도 알 수 있다. 글 전체 내용은 우리나라의 견문이 협소하고 비루함을 꼬집는 것이기는 하지만 맨 앞부분에 『자치통감절요』와 『십구사략』, 『고문진보(古文眞寶)』를 집집마다 읽히고 외울 정도로 널리 성행하고 있음을 분명히 언급하고 있다.[184]

그런데 『자치통감절요』나 『십구사략』이 특히 방각본으로까지 찍히는 문제는 단순히 한문본이나 한글본을 막론하고 방각본 이해의 핵심

183 김윤수(1991), 앞의 논문, 71면.

184 이의현(李宜顯), 「도협총설(陶峽叢說)」, 『도곡집(陶谷集)』 권28. "江贄通鑑, 曾先之十九史略, 陳櫟古文眞寶, 中原則絕稀, 而我東幾乎家誦戶讀. 又如趙孟頫固工書, 而元時文士, 無不工書, 與孟頫比者, 並世亦多有之. 故中原則別無. 特以趙書爲稱者, 而我東以高麗忠宣王入元, 與趙相親, 多受筆蹟, 大播東國之故, 無人不習其書, 至與王羲之並稱曰王·趙, 中原則不如此矣. 庾信文章氣格不高, 哀江南賦, 比之六朝諸賦載昭明文選者, 大不及, 而我東極尙之, 人無不慣誦, 凡此皆由偏邦見聞狹陋而然也."

은 '상류계층의 독점물이었던 서적이 다른 계층으로 확대되었기 때문' 에 중요한 것만은 아니며, 또한 '기존의 지식체계와는 다른 형태의 지식을 요구하는 새로운 독서 계층의 출현'이라는 측면에서 접근할 문제도 아니다.[185]

이 문제는 기존 성리학적 사회에서 사대부가 자제들에게 가장 기초적인 지식으로 통용되던 지식들이 보다 아래 계층까지 확산되어 가고 있었던 사정을 반영한 것으로 보는 것이 옳다. 그리고 바꾸어 말하면, 보다 아래 계층 사람들도 이러한 지식들을 자제들이 배우고 익혀야 할 필수적이고 기초적인 지식으로 인식하고 있었다는 말도 된다. 앞서 논의했던 유교의 세속화 현상과도 긴밀하게 연관되는 것이라는 점에서 중요하다.

그렇다면 소설 유형을 막론하고 공통적으로 활용되던 전고 범주로 『자치통감절요』와 『십구사략』에 나오는 전고들을 상정할 수 있을까? 『자치통감절요』, 『십구사략』이 비록 초학교재로 필독서가 되었다고는 하지만 이를 처음부터 끝까지 다 읽는 일은 그렇게 많지 않았을 것으로 보인다. 잘 알려져 있듯이, 『자치통감절요』는 대략 한대(漢代)까지 읽는 경우가 대부분이었으며, 『십구사략』은 대략 3권까지 읽거나 초권(初卷)만 읽는 경우가 많았다. 『십구사략』에만 한정해서 본다면, 이른바 "사략초권(史略初卷)"이라는 말이 유행할 정도로 당대 초권의 비중이 높았다. 그런데 이는 특별히 초권을 중요하게 생각해서라기보다는 초권을 중심으로 간단한 역사적 지식을 습득하고, 기초적인 문리를 습득하

185 이윤석, 앞의 논문, 120면, 122면. 특히 기존의 지식체계와는 다른 형태의 지식이 구체적으로 무엇을 가리키며, 무엇을 의미하는지 설명이 없어서 이해하기가 어렵다.

는 데 힘을 썼던 것이라 생각된다. 방각본도 예외가 아니어서, 『십구사략』이 1800년 처음 상업적인 방각본으로 간행될 때부터 간행이 중단될 때까지 대부분 초권 혹은 3권까지만 방각되었다.[186] 이 점 역시 당대 『십구사략』 중 초권을 위주로 읽던 사정을 잘 보여준다.

이렇게 『십구사략』 초권을 위주로 읽는 풍토에 대한 문제 제기도 있었다. 정약용(丁若鏞, 1762~1836)은 정수칠(丁修七)에게 준 글[187]에서 『자치통감절요』와, 『십구사략』이 아동용 교재로 적합하지 않음을 지적하였다.[188] 특히 『십구사략』 초권의 '천황씨'에 대한 서술이 매우 황탄하여 아동들이 기초적인 지식을 배워나가는 데 방해만 됨을 지적하면서 이른바 "사략초권"이 횡행하는 풍토를 강도 높게 비판하였다.[189]

이런 상황에 비추어 볼 때, 〈서동지전〉에서 진(秦) 이후 인물들에 대해서는 띄엄띄엄 다루고, 그 이전까지의 인물들은 소상하게 서술하던

---

186 이에 대해서는 '이윤석, 위의 논문, 132면'을 참조.

187 정약용(丁若鏞), 「위반산정수칠증언(爲盤山丁修七贈言)자내칙장흥인(字乃則長興人)」, 『다산시문집(茶山詩文集)』 권17, 증언(贈言). "어린아이에겐 항상 거짓을 보이지 말아야 한다. 그런데 증선지(曾先之)의 『사략(史略)』은 책을 펴면 모두 황당한 이야기이다. 천황씨(天皇氏) 1장(章)은 매우 황탄(荒誕)하고 귀괴(鬼怪)하니, 절대로 아이들에게 가르쳐서는 안 된다. 『예기(禮記)』의 곡례(曲禮)·소의(少儀)·옥조(玉藻)·내칙(內則) 등의 편은 마땅히 이때에 먼저 가르쳐 주어 글과 행동이 아울러 진보하도록 해야 할 것이다. 그리고 국풍(國風)도 역시 아이들이 의당 배워야 할 것이다. 강지(江贄)의 『통감절요(通鑑節要)』는 온공(溫公: 사마광(司馬光))의 『자치통감(資治通鑑)』을 남본(藍本)으로 하였는데, 주자(朱子)의 『통감강목(通鑑綱目)』을 취하여 의례(義例)로 삼고 있어 문리(文理)가 이루어지지 않았다. 또 사람의 성품은 새로운 것을 좋아하는데 아이들은 더욱 심하다. 지금 아이들에게 4~5년 동안 이 책에 몰두하게 하면, 지리(支離)한 것이 병이 되어 글과는 원수가 될 것이다. 나는 그러므로 이 법은 반드시 폐하여야 한다고 하는 것이다."

188 이 문제에 대해서는 『다산시문집』 권22 잡평(雜評)에 실린 「사략평(史略評)」과 「통감절요평(通鑑節要評)」에서 더욱 상세하게 언급하고 있다.

189 이에 대해서는 '김윤수(1991), 앞의 논문, 89~90면'도 참조.

양상도 심상하게 보이지는 않는다. 확신할 수는 없지만, 이러한 양상 역시 『십구사략』 전체를 읽는 것이 아닌, 3권까지만 읽거나 초권(初卷)을 위주로 일던 당대 사정을 알려주는 것이 아닐까?

결국 사서삼경과 『노자』, 『장자』, 『열녀전』과 같은 서적들을 제외하고, 소설 유형을 막론하고 공통적으로 많이 활용되는 전고들을 최소 범위로 잡아본다면, 대략 『십구사략』과 『자치통감절요』에 근거한 것들이라 할 수 있겠다. 그리고 당대에 『십구사략』은 초권을 위주로 읽거나 3권까지만 읽었으며 『자치통감절요』는 한대까지 읽었다는 점을 감안한다면, 소설에서 공통적으로 많이 활용되는 전고들은 진(秦) 이전, 특히 고대 중국 시절의 역사 전고들은 『십구사략』을, 진(秦) 이후, 특히 한나라 시기의 역사 전고들은 『자치통감절요』에 의거하여 활용한 것으로 추정해 볼 수 있겠다. 이러한 전고들 중 상당수는 『사기』에도 실려 있는 것이기도 할 것이다. 그리고 공통 범주를 최대한 확대하여 본다고 하더라도 『사기』나 『한서』에만 등장하는 '일부' 전고들을 넘어서지는 않으리라 생각된다.

2) 지식·전고의 성격과 역할

지금까지 논의를 통해, 〈두껍전〉, 〈장끼전〉, 〈서동지전〉 등에서 활용되는 지식·전고들은 기본적인 지식들로 이루어져 있기는 하지만 〈삼한습유〉와 같이 다소 고차원적인 지식을 다루고 있는 소설들 속에서도 기본적으로 활용되고 있음을 알 수 있었다. 그리고 소설 유형을 막론하고 공통적으로 많이 활용되는 전고들의 최소 범주가 대략 어느 정도일지에 대해서도 살펴보았다. 그렇다면 이들을 무엇이라고 규정지을 수 있으며, 어디에 귀속되는 것일까?

앞서 논의를 바탕으로 하여 본다면, 두 소설 유형뿐만 아니라, 소설 유형을 막론하고 공통적으로 활용되는 지식·전고들은 모두 당대인들이라면 상식적으로 알고 있거나 최소한 한두 번쯤은 들었음직한 것들이라 하겠다. 어쩌면 이들을 당대 사람들이 실제로 알고 있든 모르고 있든 간에 그들의 삶에 영향을 끼쳤던 '일반적인 지식'의 범주에 들어가는 것으로 상정할 수 있을지도 모르겠다.[190] 그렇다면 이 일반적인 지식은 무엇을 의미하는가?

모든 문화에는 복수의 '지식'들이 존재한다[191]고 했을 때, 여기에는 비단 다양한 방면의 지식들이 존재한다는 것을 의미하는 것이 아니라, 각 계층별로 그 사람들이 삶을 살아가고 세계를 이해하는 데 필요로 했던 지식들이라는 의미도 포함된다. 그렇다면 이 일반적인 지식은 계층을 막론하고 삶을 살아가고 세계를 이해하는 데 필요했던 평균적인 지식을 가리키는 것인가? 다음 논의가 중요한 시사점을 줄 수 있을 것 같다.

거자오광(葛兆光)은 그동안 대표적인 엘리트 사상가의 저작과 경전의

---

190 필자가 소설 유형을 막론하고 공통적으로 나타난다고 생각되는 지식·전고들을 '일반적 지식', '보편적인 지식과 사상 및 신앙으로서의 지식'으로 규정한다고 해서 소설 속 지식·전고가 '보편적인 지식과 사상 및 신앙으로서의 지식'의 전부이며 동급을 이룬다고 이해해서는 안 된다. 이는 애초부터 말이 안 되는 것이기 때문이다. 논의 과정에서 분명해지겠지만, '보편적인 지식과 사상 및 신앙으로서의 지식'의 범주는 매우 넓으며 다양한 분야를 포괄한다. 그 중 일부분을 차지하는 것이 바로 소설에서 공통적으로 나타나는 지식·전고들이다. 다시 말해 필자는 이 소설 속 지식·전고들을 성격 차원에서 규명해 보자면 '보편적인 지식과 사상 및 신앙으로서의 지식'의 범주에 들어간다는 것을 말하고 싶은 것이다.

191 피터 버크, 앞의 책, 31면.

사상을 중심으로 사상사가 저술되어 왔던 경향에 대해 반성을 하면서 사람들이 생활하는 실제 세계는 평균치에 가까운 지식과 사상 및 신앙이 바탕이 된다는 점에 주의할 필요가 있다고 주장한다. 이러한 평균치에 가까운 "일반적인 지식과 사상 및 신앙은 사람들이 눈앞의 세계를 판단하고 해석하고 처리하는 데 중요한 작용을 한다. 그렇기 때문에 대표적인 엘리트 사상가의 저작과 경전의 사상 및 일반적인 사회와 생활 사이에 '일반 지식과 사상 및 신앙의 세계'가 존재할 수 있다"고 한다.[192] 그는 이 일반적인 지식에 대해 다음과 같이 정리한다.

> ① 과거의 사상사는 단지 천재적인 사상가와 경전의 사상사였지만, 사람들의 **실제적인 생활 세계에는 겨우 평균치에 달할 만한 지식·사상·신앙이 밑바탕이 되어 존재**하고 있었다. 이러한 일반적 지식·사상·신앙은 **사람들이 당면한 세계를 판단하고 해석하고 처리하는 가운데에서 작용**했다. …(중략)… '민간사상' 혹은 '민중사상'이라는 용어를 가지고 내가 말하는 '**일반적인 지식·사상·신앙**'을 이해하지 않기를 바란다. 왜냐하면 내가 말하는 '일반적인 지식과 사상'이 가리키는 것은 **가장 보편적이고, 일정 수준의 지식인들이 우주간의 현상과 사물에 대해 해석할 때 받아들이고 파악하며 사용하는 것**을 뜻하기 때문이다. 이것은 천재적인 지혜가 싹튼 것도 아니고 심원한 사려가 결실을 맺은 것도 아니며, 그렇다고 무지한 최하층 사람들의 '집단의식'도 아니다. 오히려 이것은 "**매일 사용하면서도 스스로 그것을 의식하지 못하는(日用而不知)**" 보편적인 지식과 사상이며, 보통 사람들이 받아들이고 공유하는 지식과 사상이다.[193] 진한 글씨는 필자.

---

192 거자오광(2007), 앞의 책, 34면; 거자오광(2008), 앞의 책, 58면.

193 거자오광(2007), 위의 책, 34면, 35~36면; 거자오광(2008), 위의 책, 58면, 59~60면.

2 이러한 지식과 사상은 **가장 기본적인 교육을 통하여 사람들의 문화적 토대를 이룬다**. 한편으로 이것은 **사람들이 말하지 않아도 아는 의거와 가설에 따라 일련의 간명하고 효과적인 이해를 형성**하며, 또 한편으로는 **일상생활에서 일어나는 모든 현상들을 해석하게 해주고, 정해진 방식에 따라 생활해나가도록 해주며, 생활의 규칙과 이유를 이루기도** 한다.[194] 진한 글씨는 필자.

3 여기서 내가 말하는 '지식'이란 수술·방기와 같은 조작적인 지식이나 경전의 주석과 암송과 같은 문자적 지식만을 의미하는 것이 아니다. 그것은 **의례 활동에 대한 이해, 생활 방식에 대한 이해, 생산 기술의 전수, 사물의 명칭에 대한 분류 등을 모두 포함**한다.[195] 진한 글씨는 필자.

4 **사람들이 당면한 실제적인 문제를 처리하면서 얻게 된 경험·지식·기술의 영역은 우주와 사회의 근본적 의미와 가치를 해석하는 사상·신앙의 영역과 반드시 모종의 관계를 가진다**는 점이다.[196] 진한 글씨는 필자.

위 인용문들을 종합해 보면, '일반적인 지식', 즉 '보편적인 지식과 사상 및 신앙으로서의 지식'은 사람들이 현실 세계를 살아가면서 부닥치는 여러 가지 실제 문제들을 처리하면서 얻은 경험, 시행착오, 지식과 기술을 가리킨다. 이는 날마다 사용하면서도 의식하지 못하는 일종

앞으로 인용은 모두 이연승이 번역한 책에서 하기로 한다.

194 거자오광(2007), 위의 책, 36~37면; 거자오광(2008), 위의 책, 60면.

195 거자오광(2007), 위의 책, 66면; 거자오광(2008), 위의 책, 93면.

196 거자오광(2007), 위의 책, 75면; 거자오광(2008), 위의 책, 101면.

의 보편적인 지식과 사상이며, 보통 사람들이 받아들이고 공유하는 것이다. 이는 비단 문자적 지식뿐만 아니라, 의식 활동과 생활 방법에 대한 이해, 생산 기술에 대한 전수, 그 밖에 사물의 명칭에 대한 분류를 두루 포괄한다. 따라서 이러한 지식은 기술적인 지식들도 폭넓게 포함되지만, 그렇다고 해서 기술적인 면에만 국한되는 것은 아니라고 할 수 있다.

또한 여기에는 상상적이고 추상적인 인식 양태도 포함된다. 예컨대, 신화적 공간은 경험적으로 알려진 것을 둘러싸고 있는, 불완전한 지식으로 된 모호한 지역으로, 직접 경험을 통해 획득한 친숙하고 평범한 공간을 개념적으로 확장한 것이다.[197] 『산해경(山海經)』 같은 지괴(志怪)류에 등장하는 신화적 지리 공간이 바로 여기에 속한다. 한편 이러한 지식은 세계관의 공간적 구성요소이며 국지화된 가치- 사람들은 이에 따라 실천적인 활동을 수행한다- 개념이 되어 세계관이나 우주론의 한 구성요소를 만드는 바탕이 되기도 한다.[198] 이러한 과정을 통해 이 신화적 공간은 당대인들이 자신을 둘러싼 세계, 우주를 이해하는 바탕으로 기능하게 된다.

이 '보편적인 지식과 사상 및 신앙으로서의 지식'은 가장 보편적이면서도 일정 정도의 지식을 갖춘 사람들에 의해 수용되어 우주 현상과 사물을 해석하고 파악하는 데 활용된다. 그럼으로써 사람들의 문화적 토대를 구성한다. 문화적 토대는 다음 두 가지 방향에서 이루어진다고 할 수 있다. 하나는 사람들이 말하지 않아도 아는 의거와 가설에 따라

---

197 이-푸 투안, 구동회·심승희 옮김, 『공간과 장소』(대윤, 2007(개정판), 2001(2쇄), 1995(초판 1쇄)), 142, 143면.

198 이-푸 투안, 위의 책, 142, 146면.

일련의 간명하고 효과적인 이해를 형성하며, 또 하나는 일상생활에서 일어나는 모든 현상들을 해석하게 해주고, 정해진 방식에 따라 생활해 나가도록 해주며, 생활의 규칙과 이유를 이루기도 한다. 결국 '보편적인 지식과 사상 및 신앙으로서의 지식'은 우주와 사회의 근본적 의미와 가치를 해석하는 사상, 신앙과 필연적으로 어떤 관계를 맺게 된다.

따라서 '보편적인 지식과 사상 및 신앙으로서의 지식'은 '민간 사상'이나 '민중 사상'과 등가를 이루는 것이 아니라 이보다는 높은 수준의 지식, 사상, 신앙이다. 그렇기에 이 일반적인 지식·사상·신앙의 역사가 묘사하는 것이 전부 다 '소전통(小傳統)'인 것만은 아니며[199], 최하층 사람들의 의식만을 가리키는 것이 아니다.[200] 곧 이는 선행 연구에서 '당대인들이 떠올릴 수 있는 세계 인식 방법의 총체'이자 '삶을 꾸려가던 당대인이 갖추었던 일상적 상식들'이라고 한 것과 일정 부분 통한다고 하겠다. 그렇다면 '보편적인 지식과 사상 및 신앙으로서의 지식'은 어떻게 전파되는가?

> 5 이들 일반 지식·사상·신앙의 전파는 천재들의 사상이나 경전을 읽고 서신을 왕래하며 공동 토론을 함으로써가 아니라, **가장 보편적인**

---

199 거자오광(2008), 위의 책, 59면. 번역자는 중국어에서 대전통(大傳統)과 소전통(小傳統)의 구별은 상층 문화와 하층 문화의 구별과 같은 것이라고 말한다. 대전통과 소전통에 대한 번역자의 설명은 다음과 같다.

"어느 사회에나 모두 소수의 상층 문화인의 문화 전통, 즉 대전통이 있는데 이는 학교·교회나 사원 등의 교육을 통해 형성되고, 의식적으로 배양하고 이끌어온 산물로서 계획된 교육에 의하여 전파된다. 이와 반대로 소전통은 문인(文人)이 아닌 자들의 문화 전통으로, 일상생활 중에 생겨나며, 아무도 전문적으로 이를 배양하고 발전시키고자 하지는 않는다. 그저 입에서 입으로, 귀에서 귀로 전해지면서 자연스럽게 이루어지는 것이다"(거자오광(2008), 위의 책, 59면, 옮긴이 주 〈5〉).

200 거자오광(2007), 위의 책, 45면; 거자오광(2008), 위의 책, 69면.

각종 경로를 통하여 이루어진다. 예를 들면, 오락적인 공연(종교적 의식·법회·상업이 집중된 도시에서의 연극이나 설창(說唱))을 보면서 알게 모르게 감화되거나, 일반적인 교육 가운데 이루어지는 직접적인 지시나 가르침(서당·소학·부모와 친구들이 경전의 세속화된 해설을 가르치는 것), 대중적인 독서(소설·선본(選本)·선서(善書) 및 구비문학 등)이다. 이러한 전파의 범위는 경전의 체계를 훨씬 능가하고 이러한 전파의 경로는 어떠한 천재도 거치는 것이다. 따라서 이러한 것들이야말로 실제 천재와 경전의 사상이 발생하게 되는 직접적인 토양과 배경이 된다.[201] 진한 글씨는 필자.

⑥ 나는 일반적 지식·사상·신앙 세계를 형성하고 거기에 영향을 주는 것에는 대체로 세 가지가 있다고 생각한다. 첫째는 **계몽 교육의 내용**으로, 그것은 **모든 피교육자들이 경험하고 그의 사상 발전 과정 안에 존재하는 것**이다. 따라서 어린이용 교재 가운데 포함된 지식과 사상은 매우 중요하다. 둘째는 **생활 지식의 원천**인데, 이 역시 **모든 사람에게 제공되는 것으로 그들이 낯선 세계를 대할 때 이용할 수 있는 경험과 지식**이다. 따라서 다양한 무의식적이고 보편적인 재료들, 예를 들어 문자가 아닌 도상 자료(화상전·동경·종교적 도상·조소·건축), 보편적으로 사용되는 인쇄품(예컨대 사원 안에 있는 댓가지에 쓰인 글·격식화된 축수사·황력(皇曆)과 같은 통용되는 수첩) 등이 필요하다. 셋째는 **사상 전파의 과정에서 천재들의 사상이 직접 일반적 사상 세계의 내용으로 전화되지는 않으므로 그런 사상이 통속화되는 선전품**, 이를테면 역사학자들이 그다지 주의하지 않는 문학적인 자료(예컨대 초기의 강경·변문 및 후대의 선서(善書)·예인(藝人)에게 읽도록 제공되는 노래 가사·정해진 장소에서의 소설 낭독·가족 제사 혹은 마을 모임

---

201 거자오광(2007), 위의 책, 37면; 거자오광(2008), 위의 책, 61~62면.

때의 연극) 등을 찾아야 한다.[202] 진한 글씨는 필자.

이러한 일반 지식·사상·신앙은 다양하고 가장 보편적인 경로를 통해 전파된다. 사람들은 종교 의식, 공연과 같은 많은 사람들이 함께 관람하고 참여하는 모임, 서당이나 가정 단위 교육, 대중적인 독서 등을 통해서 이러한 '보편적인 지식과 사상 및 신앙으로서의 지식'을 익히고 자기 것으로 만들어 간다. 거꾸로, 계몽 교육의 내용, 생활 지식의 원천, 통속화되어 전달된 일련의 사상들은 일반 지식·사상·신앙 세계를 형성하고 유지하는 데 영향을 끼친다.

우리의 경우도 조선 후기에 점차 확대된 서당 교육, 16세기 이래 행실도, 행실도 언해, 오륜시조, 오륜가사 등을 통해 지속적으로 이루어져 온 교화 작업, 소설이나 야담이 구연되던 이야기판[203], 판소리나 탈춤 등이 공연되던 마당 등에서 이러한 일반 지식·사상·신앙의 내용들

202 거자오광(2007), 위의 책, 51~52면; 거자오광(2008), 위의 책, 75~76면.

203 "이야기판은 계층의 높고 낮음을 막론하고 자기 문화를 전승하는 중요한 매체 노릇을 하였다. 각 계층과 가문은 독자적인 이야기판을 만들어 일상 중에서 획득한 경험들과 정신을 공유하고 전승했다. 이야기판은 조선 후기에 이르러 통합되기도 하였으니, 여러 계층 구성원들이 같은 이야기판에 함께 모여 새로운 이야기들을 구연함으로써 새로운 시대 문화와 정신을 형성하고 전승했던 것이다. 그것은 문화의 통합을 가능하게 한 것이면서 계급적 경계를 넘어서서 새로운 의미세계를 형성하게 하였다. 사대부들은 하층민들로부터 더 다양한 이야기들을 들을 수 있었고 하층민들도 사대부들로부터 마찬가지의 흥미로운 이야기를 들을 수 있었다"(이강옥, 「이중 언어 현상과 고전문학의 듣기·말하기·읽기·쓰기에 대한 연구」, 『어문학』 106(한국어문학회, 2009. 12) 77~78면). 이처럼 야담의 구연과 기록, 소설의 유통 측면에서 보았을 때, 이야기판은 이런 저런 경험과 정신들이 이야기를 통해서 공유되고 전승되는 공간으로서 중요한 의미를 지닌다. 그런데 좀 더 시야를 확대해서 생각해 본다면, 이 이야기판은 이야기뿐만 아니라 새로운 경험, 새로 습득한 지식, 기존에 공유되던 지식, 가치관들도 함께 공유되고 전승되던 공간이었을 가능성이 높다. 아울러 이 공간은 세속화된 윤리 도덕 규범이 공유되고 확대되는 데 매우 중요한 기능을 담당했을 것이다.

이 교류되고 전파되었던 것으로 보인다.

도덕적인 규범 차원에만 국한시켜 보자면, 오륜 시조와 오륜 가사를 통한 교화 작업을 통해 일반 백성들이 반복적으로 보고, 듣고, 익힘으로써 자신의 몸에 배게 하는 데 큰 영향을 끼쳤다고 생각된다. 이 점에서는 이야기판이나 공연 마당 역시 예외가 아니다. 판소리 하면 민중성, 해학성과 풍자성 혹은 숭고미, 비장미와 같은 데만 주목을 하는 경향이 있다. 하지만 해학과 풍자가 가능하려면 이를 가하는 쪽은 이를 당하는 쪽에 비해서 도덕적인 우위에 있어야만 한다. 다시 말해 판소리 작품을 감상하는 사람들이 거기에 등장하는 문제적 인물들 -비록 상상적으로 문제를 더 키워 놓았다 하더라도-에 비해 도덕적인 우위가 전제되어 있는 것이다.

아울러 이러한 해학과 풍자는 다시 이를 감상하고 있는 사람들에게 자신들이 갖추어야 할 도덕적인 규범과 수준을 재확인시키는 역할을 한다는 점도 중요하다. 문제적 인물들의 형상화되는 모습을 보면서, 그들이 일정하게 징치되는 모습을 보면서 다시금 자신들의 모습을 돌아보게 되는 것이다. 다만 사람들이 작품을 감상하는 과정에서 암묵적으로 이루어지는 것이라는 차이가 있을 뿐이다. 결국 이러한 과정은 성리학적 도덕규범들이 이른바 유교의 세속화로 부르는 것으로 자리를 잡고 유지되는 역할을 한 중요한 경로 중 하나라고 생각된다.

그렇다면 이 '보편적인 지식과 사상 및 신앙으로서의 지식'은 궁극적으로 어떤 역할을 담당하는가?

> 7 어떠한 문화나 지식, 혹은 사상이라 해도 모두 근거가 되어주는 출발점이 있는데, 어떤 이는 이를 토대[기석(基石)]라고 하고 어떤 이는

공통된 인식(共識)이라고 하며 또 어떤 이는 전제[예설(預設)라고 한다. …(중략)… 아마도 고대 중국인들은 이를 '도(道)'라고 불렀을 것이다. 그러나 나는 이를 '**의거(依據)**'라고 부를 것이다.[204] 진한 글씨는 필자.

8 의식의 최저층에는 깊고 어두우며 은폐된 배경이 형성되어 있으며, 우리는 이를 바탕으로 삼아 지식과 사상의 체계를 건설해 간다. …(중략)… 이 배경은 모든 지식과 사상의 의거가 되고, 실제로 사람들의 모든 판단과 해석을 지배하며, 지식과 사상에 합리성을 부여한다. 이 배경이 형성되면서부터 그것은 오히려 지식과 사상에 의하여 부단히 확인을 받게 된다. 역사가 계속적으로 이를 인정해주게 되면 이 배경은 점차 옅어져서, 이에 의지하는 사람들에 의하여 '저 높은 곳에 매달리고 누각에 묶여버린다[束之高閣]'. 따라서 더 이상 명백하게 말하기 어렵게 되어버리는 것이다. **오랜 세월을 통해서 이와 같이 이해의 틀·해석의 구조·관찰의 각도·가치의 표준 등을 지탱해온 배경은 언제나 한결같이 지식과 사상의 절대적이고 궁극적인 의거가 되어준다. 일단 이 의거가 생기면 지식과 사상은 안정된 바탕 위에 건립되며, 지식과 사상으로 하여금 전체적이고 상호 해석이 가능한 연결망을 형성하게 한다.** …(중략)… **이 연결망은 모든 것이 이 그물 안에 있고, 그 시야를 벗어날 수 있는 것은 아무것도 없으며 그 어떤 것도 해석 못할 게 없을 듯한 인상을 준다.** 그리하여 이 궁극적인 의거가 붕괴되기 전까지 지식과 사상 세계에는 '생각지 못할' 갑작스런 변화는 없으며 사람을 놀라게 하는 의외의 단절도 없고, 모든 것이 이미 가지고 있는 지식과 사상 안에서 증가되고 이어져가며 확장되어 간다. **그것이 지탱해 주는 상징 혹은 부호 체계 안에서 사람들은 모든 것을 알게 되고 안정감을 획득하게 된다.**[205] 진한 글씨는 필자.

---

204 거자오광(2007), 앞의 책, 81~83면; 거자오광(2008), 앞의 책, 112~113면.

거자오광에 따르면, 어떠한 문화나 지식, 혹은 사상이라 해도 모두 근거가 되어주는 출발점이 있다. 즉 의식의 최저층에는 깊고 어두우며 은폐된 배경이 형성되어 있으며, 우리는 이를 바탕으로 삼아 지식과 사상의 체계를 건설해 간다는 것이다. 그는 이를 '의거(依據)'라고 규정한다. 이에 대해서는 이미 여러 사람이 지적하였다.

예컨대, 슈펭글러는 "각 문화의 근저에는 세계에 대한 그 문화 특유의 관념이 있으며, 모든 문화에는 세계에 대한 이해를 제공해 주는 기본적인 상징이 있는데, 문화의 모든 표현 형식은 이 상징의 작용에 따라 결정된다는 것이다"라고 하였고, 푸코는 이를 '공통된 공식(共識)'이라고 하면서 "모든 수사(修辭)와 과학 및 그 밖의 모든 담론 형식을 연결하는 일종의 총체적 체계"라고 규정하였으며, 틸리히는 이를 '궁극적 원칙'이라 하면서 "이러한 궁극적 원칙과 그에 대한 인식은 개인적 심령의 변화나 상대성의 밖에 독립적으로 존재한다. 그들은 불변하는 영원한 빛으로서, 사상의 기본 범주 안에서도 드러나고 논리와 수학적 공리 안에서도 드러난다"고 했다.[206]

이 의거는 사람들이 지식과 사상의 체계를 건설해 가는 바탕이 되고, 실제로 사람들의 모든 판단과 해석을 지배하며, 지식과 사상에 합리성을 부여한다. 또한 이 배경이 형성되면서부터 그것은 지식과 사상을 통해 부단히 확인을 받게 된다. 다시 말해, 사람들이 삶을 영위하고 세계를 이해하는 바탕이 되면서 동시에 이를 바탕으로 생성해 낸 지식, 사상들을 통해 이 의거의 정당성을 확인하고 유지해 나가는 것이다.

---

205 거자오광(2007), 위의 책, 82~83면; 거자오광(2008), 위의 책, 113~114면.

206 거자오광(2007), 위의 책, 81~82면; 거자오광(2008), 위의 책, 112면.

이 의거를 바탕으로 지식과 사상은 비로소 안정감을 획득하게 되며, 전체적이고 상호 해석이 가능한 연결망을 형성하게 된다.

역사가 지속되면서 이 의거는 더 이상 분명히 말하기 어렵게 되어버리지만, 이해의 틀·해석의 구조·관찰의 각도·가치의 표준 등을 지탱하는 의거로 작용하면서 이를 바탕으로 건립된 지식, 사상의 세계가 '장기지속(長期持續)'[207] 되도록 한다. 그래서 그것이 지탱해 주는 상징 혹은 부호 체계 안에서 사람들은 생각지 못할 갑작스런 변화나 의외의 단절이 없이 안정감을 획득하게 된다. 다시 말해 당대를 살아가는 당대인들의 "삶을 질서 지워 주는 마스터 픽션(master fiction)"으로서 기능하는 것이다.[208]

이 의거를 좀 더 구체화하여 접근해 본다면, 테리 이글턴이 말한 '사실적 지식(factual knowledge)'[209] 이나 그람시가 말한 '상식(good sense)'이 여기에 해당한다고 볼 수 있을 것이다. '사실적 지식'은 사람들이 세상을 이해하고 새로운 지식을 얻기 위해서 반드시 지닐 수밖에 없는 기준인 '특별한 이해관계'를 구성한다.[210] 이 사실적 지식은 당대인들이 삶을 살아가면서 자신을 둘러싸고 있는 세상, 우주에 대해 이해할 수 있

---

207 이에 대해서는 '거자오광(2007), 위의 책, 38~40면; 거자오광(2008), 위의 책, 62~64면' 참조.

208 이는 클리포드 기어쯔(Clifford Geertz)의 용어이다. 이에 대한 대략적인 설명은 '김영민(2011), 앞의 논문, 147~148면'을 참조.

209 "우리의 사회적 삶에 철저히 얽매어 있어서 그 삶을 변형하지 않으면 변하지 않는 견식(見識)과 평가의 어떤 '심층적인' 방식들을 공유하고 있기 때문에 우리는 오직 그렇게 할 수 있는 것이다"(테리 이글턴, 앞의 책, 37~38면). 이는 비단 문학 작품 감상과 향유에만 해당되지는 않는다. 시각을 넓혀서 인간이 사회를 구성하고 유지하는 것, 이른바 장기지속이 가능한 이유이기도 하다.

210 테리 이글턴, 위의 책, 37면.

는 바탕이 된다.

여기서 '특별한 이해관계'라는 말에 대해 저자의 책의 내용에 비추어 약간의 설명이 필요할 것 같다. 우리가 어떤 새로운 지식을 습득하고 그 지식이 옳은지 그른지를 판단하기 위해서는 반드시 자신이 기존에 알고 있는 상식, 몸에 익숙한 관습, 사고방식 등에 의거하여 이해하고 판단한다. 이는 개인별로 취향 가치관에 따라 차이를 보이기도 하지만 역사, 문화적 전통에 따라 국가별, 종족별로 큰 차이를 보이기도 한다. '특별한 이해관계'라는 말은 바로 역사, 문화적 전통에 의거하지 않고서는 새로운 지식을 접하고 판단하고 받아들이는 것 자체가 불가능하며 이것이 우리의 지식을 구성하는 요소로 작용한다는 점을 염두에 둔 것이다. 그리고 그러한 특별한 이해관계를 구성하는 데 큰 영향을 끼치는 것이 바로 사실적 지식이다.

그리고 그람시는 대중들의 일상적인 의식이나 통속적 사고를 '상식'이라 불렀다. 이에 대한 한 연구자의 정리에 의하면, '상식'은 우선 전통적인 지혜 혹은 시대의 진실로서 스스로를 드러내지만, 실제로는 철저하게 역사의 산물이자 역사적 과정의 일부이다. 이는 인민 대중의 실천적 의식이 실제로 형성되는 개념과 범주들의 지형, 혹은 이미 형성되어 있으며 당연한 것으로 여겨지는 지형이다. 또한 이는 고정되어 있고 비유동적인 것이 아니라, 일상의 삶으로 들어 온 과학적 사고와 철학적 견해들로 풍부해지면서 지속적으로 스스로를 변형시켜 간다.[211] 간단히 말해, 이 '사실적 지식'과 '상식'은 '보편적인 지식과 사상 및 신앙으로서의 지식'이 조금 더 구체화된 범주라 할 수 있다.[212]

---

211 배항섭, 앞의 논문, 113면 각주 9).

이 사실적 지식이나 상식을 구성하고, 의거를 이루는 기반이 되는 지식들을 담고 있는 부분이 바로 〈두껍전〉에서 여우와 두꺼비가 천문지리와 육도삼략, 의약복술 등에 대해 문답하는 부분이다. 이때 두꺼비는 음양오행, 오방(五方)과 육십갑자, 천문법, 지리, 인도, 육도삼략·팔진도법, 의약법, 복술의 순서로 답을 해 나간다.[213] 답을 하는 중간중간 여우를 놀리는 것도 잊지 않는다.

여기서 두꺼비가 답을 하는 순서를 유심히 살펴볼 필요가 있다. 지식을 정교화할 때 가장 중요한 요소의 하나로 빼놓을 수 없는 것이 바로

---

212 그리고 이 '사실적 지식'과 '상식'은 '의거'가 생성·유지되도록 하는 기반으로 작용한다. '사실적 지식', '상식'이 '의거'와 등치가 아님을 잊어서는 안 된다.

213 여기서 이 책에서 〈두껍전〉 대본으로 채택한 정해년본에 대해 잠깐 언급할 필요가 있겠다. 정해년본은 1887년에 필사된 것으로, 창작 연대는 1821~1887년 사이로 추정되는 이본이다. 이 이본이 갖는 의미는, 두꺼비의 구변이 확대되어 가는 추세 속에서 중간 단계의 모습을 보여주는 이본이라는 데 있다. 즉 초기 이본에서 길게 이어지는 천문 지리나 천하 고금사 등의 내용에 의약, 복술, 관상 등의 새로운 항목들이 추가된 양상을 보인다는 것이다. 그래서 "연회가 역대 고금사나 천문지리, 심지어 잡다하게 전해지던 민간의 상식이 펼쳐지는 일종의 '이야기 판'으로 성격이 변모되어" 가는 양상을 보인다는 지적이 있기도 하다(정출헌, 앞의 책, 70~73면). 굳이 이를 밝히는 이유는 이 두꺼비의 구변 부분이 후대로 갈수록 점차 확대되는 추세를 보인다는 점 때문이다. 그래서 이 부분에 대해 논의를 할 때, 이러한 변화 추세도 충분히 고려하며 논의를 진행하는 것이 마땅하다. 하지만 여기서는 어떤 지식들이 들어가 있는가가 아니라, 여기에 담긴 이런저런 지식들이 결국 어떤 성격을 갖고 어떤 역할을 하는지에 초점을 맞추고 있기 때문에, 이 점까지 고려해서 논의하지는 않는다. 그렇다고 해서 이 책에서 주장하려는 논지가 흔들리리라 생각하지는 않는다. 왜냐하면, 선행 연구를 참고했을 때, 초기 이본에서 큰 비중을 차지하는 것으로 알려진 천문, 지리, 인사 등에 대한 내용들이 비록 비중은 약간 줄어들기는 하지만 아예 탈락하지는 않는 것으로 생각되며, 후대 이본으로 갈수록 많은 비중을 차지하는 일상생활의 상식들 –물론 민간요법에 해당하는 지식들은 제외된다– 또한 천문, 지리, 인사 등에 대한 지식들과 함께 '보편적인 지식과 사상, 신앙으로서 지식'의 범주에 들어가 '의거'를 생성하고 유지하는 기반이 된다고 보기 때문이다. 이 책의 시각과는 다른 관점을 지니고 있지만, 이본들의 변화 속에서 이러한 현상이 갖는 의미에 대한 상세한 논의는 '정출헌, 앞의 책, 73~81면, 123~137면'이 많은 참고가 된다.

지식의 분류라는 점, 지식을 선택하고 체계화해 제시하는 것은 중립적이고 가치판단 따위는 없는 과정이 아니라, 오히려 과정 하나하나가 특정한 사회·정치·경제체제에 바탕을 둔 특정한 세계관을 표현하고 있음[214]을 상기한다면, 두꺼비가 늘어놓는 지식 배열의 순서 역시 무작위 배열이 아닐 것은 분명하다.

피터 버크는 중국 백과사전들의 전형적인 배열 방식을 이렇게 정리했다. 천문현상, 지리, 황제들, 인간 본성 및 행동, 통치, 의례, 음악, 법률, 관료, 귀족계급, 군사문제, 국내경제, 재산, 의복, 운반기구, 연장, 식품, 가정용품, 공예, 장기, 도가사상, 불교, 혼령, 의술, 박물학 등등.

백과사전과 거기에 채택된 범주들은 지식관, 아니 사실은 세계관의 표현이나 체현으로 볼 수 있으며[215], 배열 방식 또한 그들이 세상을 살아가면서 세상을 이해하는 데 가장 긴요한 것들 순으로 되어 있다고 할 수 있다. 그렇게 볼 때, 맨 앞에 놓인 천문현상, 지리와 같은 지식들이야 말로 당대인들의 지닌 세계관의 기저를 이루는 지식들이라 하겠다.

이런 관점에서 볼 때, 〈두껍전〉에서 두꺼비는 당대 인간들이 살아가면서 세상과 우주를 이해하는 방식 혹은 인간의 사고를 구조화하는 데 가장 기본이 되는 것들부터 나열해 나가고 있음을 알 수 있다. 음양오행, 오방과 육십갑자, 천문법, 여기에 포함되어 다루어진 기후 등과 같은 것은 모든 사람들이 일반적으로 자세히 알고 있느냐 여부와는 별도로 당대 사람들이 세상을 이해하고 사고를 구조화하는 기반으로

214 피터 버크, 앞의 책, 145면, 293면.
215 피터 버크, 위의 책, 163~164면.

작용하는 '의거'가 생성되는 데 기여[216]했고, 또한 이것이 유지되도록 하는 데 가장 중요한 기반이 되는 것들이다. 그렇기에 두꺼비도 이에 대한 지식들을 가장 먼저 언급한 것이다.

결국 〈두껍전〉에서 두꺼비의 이 언술들과 바로 뒤에 이어지는 생활규범, 기술적인 지식들에 대한 언급 부분은 '보편적인 지식과 사상 및 신앙으로서의 지식'이 가장 보편적인 경로를 통해 사람들에게 전파됨을 상징적으로 보여주는 것이다. 그리고 그 언술의 순서와 비중은 당대인들이 삶을 살아가면서 세상을 이해하는 데 가장 중요하게 작용하는지 여부를 고려하여 이루어지고 있음을 보여주는 것이다.

이처럼 '보편적인 지식과 사상 및 신앙으로서의 지식'은 다양하고 가장 보편적인 경로를 통해 사람들에게 전파되며, 당대인들이 세상을 살아가면서 세상을 이해하는 데 바탕이 되는 의거를 생성하고 유지시

---

216 거자오광은 고대 중국 문화가 형성의 지배적인 토대가 되는 것으로 천지(天地)를 든다. 문화적 기반이 중국과 결코 다르지 않은 우리의 경우도 상황은 마찬가지가 아닐까 싶다. 천지가 고대 중국 문화 형성의 중요한 기반이 된다는 것에 대해서는 예컨대 다음과 같은 서술을 참조.
"나는 고대 중국 사상 세계의 수없이 많은 지식과 사상의 지배적 관념은 모두 천원지방(天圓地方)·음양변화(陰陽變化)·중심사방(中心四方) 등 본래 천문·지리적 경험으로부터 생겨났고 그것을 토대로 하고 있는 게 아닐까 생각한다. …(중략)… 천상과 지형은 사람들의 마음속에서 시간과 공간의 틀을 형성하고, 우주 간의 모든 것은 이 틀 안에서 각자의 위치를 지니게 되었다. 또 고대 중국의 천원지방(天圓地方)·천도좌선(天道左旋)·중앙사방(中央四方)·음양변화(陰陽變化)·사계유전(四季流轉)의 이미지는 상징의 암시와 의식(儀式)의 신성화를 통하여 사람들의 유추 과정에서 영원히 변치 않는 절대적인 진리(天經地義)의 기점이 되었고, 사람들의 마음속에서 점차 많은 지식과 사상을 이룩하게 되었다. 영원불변의 '천(天)'은 영원불변의 '도'의 배경이 되어갔고, 영원불변의 '도'는 많은 '이(理)'를 지지해주었으며, '이(理)'는 수많은 '술(術)'에 합리성을 부여하였다"(거자오광(2007), 앞의 책, 90~91면; 거자오광(2008), 앞의 책, 121~ 122면). 그리고 이에 대한 자세한 논의는 '거자오광(2007), 앞의 책, 85~95면; 거자오광(2008), 앞의 책, 116~126면'을 참조.

키는 기반으로서 작용함을 알 수 있다.

이상의 논의를 바탕으로 하여 볼 때, 한문 장편소설인 〈삼한습유〉, 〈옥선몽〉, 〈옥루몽〉 등과 우화 소설인 〈두껍전〉, 〈장끼전〉, 〈서동지전〉 등에서 향유되는 지식·전고들은 모두 일단 당대인들이 지녔을 '보편적인 지식과 사상 및 신앙으로서의 지식'을 공통적인 기반으로 하고 있을 것으로 보인다. 그리고 이러한 공통 기반 위에서 〈삼한습유〉, 〈옥선몽〉, 〈옥루몽〉 등 한문 장편소설은 좀 더 넓은 폭으로 전고를 활용하며 사건을 구성하고, 좀 더 고차원적이고 심원한 관념적 지식들을 가미하여 의론을 구성하는 쪽으로 나아갔다고 생각된다. 의론에만 국한시켜 보더라도, 남녀 간의 성적인 즐거움이 어디에서 기인한 것인지를 세밀하게 살핀 의론은 〈삼한습유〉가 나아갈 수 있는 고차원적이고 관념적인 지식의 한 극점을 보여준 것으로 볼 수 있다. 또 〈옥루몽〉에서 양창곡을 비롯한 여러 아들들의 상소문들을 통해 당대의 현안에 대한 작자의 생각들을 펼쳐 나가기도 하고[217], 양창곡과 노균, 천자 간의 갈등에 예악문제에 대한 이견을 바탕에 깔아 놓음으로써 이들의 갈등을 더욱 첨예하고 흥미롭게 진행시킨다.

반대로 〈두껍전〉은 민간에서 통용되는 상식이나 민간요법과 같은 것들도 수용한 것으로 보인다. 이런 양상을 가장 뚜렷하게 보여준다고 생각되는 부분은 두꺼비가 의약법에 대해 말하는 부분이다.[218] 여기에

217 물론 당대 현안 문제에 대해 작자 나름대로 제시한 대안들이 얼마나 실효성이 있는가, 과연 새로운 의견이라 볼 수 있는가 하는 문제는 별도로 평가해야 할 문제이다.

218 "감긔(感氣)와 홍역(紅疫)의는 승마갈근탕(升麻葛根湯)이 긴(緊)하고, 토사곽는(吐瀉癨亂)의는 곽향정긔산(藿香正氣散)과 당귀산(當歸散)을 쓰고 혹(或) 도라지와 총빅(蔥白)도 죠흔이라. 임산(臨産)ᄒᆞ야 불슈산(佛手散)이 졔일(第一)이요, 히산(解産)하다가 역산(逆産)ᄒᆞ야 손목이 몬져 나오거든 즉시(卽時) 손목을 침 주면 역산(逆産)

등장하는 지식들이 어디에서 왔는지 가늠하기는 어렵다. 봉산탈춤을 비롯한 몇몇 판소리 작품들에서 부분적으로 인용하고 있다는 〈약성가(藥性歌)〉[219]와도 전혀 관련이 없다. '감기와 홍역에는 승마갈근탕이 좋고, 토사곽란에는 곽향정기산과 당귀산을 쓴다'고 한 부분은 어느 의서에서 가져왔을 가능성은 분명히 존재한다. 그리고 '해산 후 헛배를 앓을 경우에는 가물치를 고아 먹으면 좋다' 같은 것은 민간요법으로 전해 내려오던 것으로 짐작된다.

하지만 '해산하다가 손목이 먼저 나올 경우, 즉시 침으로 손을 주면 도로 들어가서 순히 나온다'는 언급이나 '치통에는 말 발에 채인 돌을 구워 물에 넣어서 그 물을 마시면 좋다'와 같은 것들은 민간요법 중에서도 '근본'을 알 수도 없고, 선불리 믿기에도 주저되는 것들이다.

이렇게 두꺼비가 의약에 대해서 늘어놓는 지식에는 의서에 나옴직한 내용, 그럴 듯하게 느껴지는 민간요법의 내용, 황당하기 그지없는 민간요법의 내용들이 뒤섞여 있음을 알 수 있다. 즉 이 부분은 당대

안이ᄒᆞᄂᆞᆫ이라. 산후(産後)의 ᄒᆞᆺᄇᆡ 알커든 가물치를 고아 먹으면 조흔지라. 치통(齒痛)의ᄂᆞᆫ 말 발에 ᄎᆡ인 돌얼 구어 당가 그 물을 마시면 시연ᄒᆞ고 안질(眼疾)의ᄂᆞᆫ ᄲᅩᆼ나무 버러지를 ᄃᆡ막ᄃᆡ로 침 쥬어 그 물을 눈 너흐면 조흔이라. 유죵(乳腫)의ᄂᆞᆫ 둥구려를 만이 키여 술의 달여 먹고 ᄯᅩ 짓ᄶᅮ드려 숡을 발너 졋ᄉᆡ 부치면 ᄂᆞᆫ이라. 독(毒)의ᄂᆞᆫ 그 듕(中)의 압흔 ᄃᆡ를 셕장만 ᄡᅳ면 ᄶᅩᆨ이 업ᄂᆞᆫ 법(法)이니라. 더위의 막키거든 ᄇᆡ곱의 쳥(靑) 홍겁을 노코 그 우희 쇼곰 노코 ᄯᅳᆷ질하면 조흔 법(法)이요, 독(毒)ᄒᆞᆫ 것 먹고 급히 알커든 ᄯᅩᆼ물얼 먹이면 조흔 법(法)이요. 긔허(氣虛)ᄒᆞ여 막히거든 동변(童便)이 조흔 법(法)이라. 부부간(夫婦間) 금슬(琴瑟)이 불화(不和)ᄒᆞ거든 승경이 고기를 먹이면 화합(和合)한다 일너ᄂᆞᆫ이라." 정해본 〈두껍전〉.

219 〈약성가〉에 대해서는 다음 논문들을 참조.
인권환, 「수궁가의 약성가 고찰」, 『토끼전·수궁가 연구』(고려대학교 민족문화연구원, 2001). 원제는 「판소리 사설 약성가: 수궁가를 중심으로」, 『문학한글』 1(한글학회, 1987); 이정화·안상우, 「『제중신편(濟衆新編)』 약성가(藥性歌)의 서지적 고찰」, 『대한본초학회지』 24-3(대한본초학회, 2009).

일반적으로 통용되는 지식들을 바탕으로 하면서 민간에 통용되는 신빙성이 약한 지식들까지 포괄하고 있다 하겠다.[220]

그렇다면 지금까지 논의해 온 우화 소설, 판소리계 소설에 나타나는, 상층 지식·전고의 활용 양상이 곧 하층민들의 이념 전유 결과라고 본다거나 이 둘을 동일한 차원에서 다룰 수 있다는 것인가? 바꿔 말하면, 전자는 지식의 차원에 속하는 것이라면 후자는 규범적 차원, 좀 더 확대하면 이념적 차원에 속하는 것이다. 이 질문은 규범적 내지 이념적 차원에서 이루어진 하층민의 이념 전유 결과가 곧 소설 속에서 상층 지식·전고들을 끌어다 활용하는 것을 의미하는가 하는 것이다.

지식의 차원과 규범적 내지 이념적 차원은 서로 층위가 다르기 때문에 이를 함께 다루거나 이 둘을 곧장 연결 지을 수는 없다. 즉 우화 소설과 판소리계 소설에서 상층의 전고, 지식들을 끌어다 활용하고 이를 어느 정도 이해하는 양상을 보이는 것을 가지고 성리학적 규범 준수 정도가 높을 것이라 단정한다든지 반대로 성리학적 규범 준수 정도가 높다고 해서 우화 소설, 판소리계 소설에서 상층의 전고, 지식들을 활용하는 것을 당연하게 보거나 이를 잘 이해했으리라 단정 지을 수 없다는 것이다. 이 두 가지는 서로 필연적인 관계를 갖는 것은 아니다. 그렇다고 해서 전혀 관계가 없다고 보는 것도 상식적으로 봤을 때 옳다고 하기 어렵다.

한 사회의 문화가 형성되고 자리를 잡는 데 생활양식, 관습을 비롯해

---

220 그런 점에서 〈두껍전〉에 대한 정출헌의 다음 지적은 정확하다 하겠다.
"〈두껍전〉은 상대방을 압도할 만한 역대 고금사를 장황하게 늘어놓아야 하는 중국식 쟁년설화를 기본 구도로 하여 패관잡서나 연의류에서 습득된 지식·견문, 당시 일상사에서 통용되는 생활상식, 민간에 전승되던 두꺼비와 관련된 각종 구비물에 이르기까지 다양한 원천을 종합하여 만들어진 작품이라 할 만하다"(정출헌, 앞의 책, 63~64면).

규범, 의식이 먼저 문화적 토대를 다진 뒤, 그 문화 속에서 지식이 생성된다. 그리고 그 지식은 다시 기존 문화를 유지하면서 새롭게 발전시키는 역할을 한다. 성리학적 이념이 구현된 사회를 사대부들이 17세기 중반 이후부터 사대부 자제들을 비롯하여 마을 백성들을 대상으로 하여 『주자가례』나 『소학』을 가지고 성리학적 규범들을 세세하게 익히고 자기화하도록 교화하는 데 일차적으로 가장 힘을 쏟은 이유이기도 하다. 또 머리말에서 잠깐 언급했지만, 18세기에 여항문학이 화려하게 꽃을 피울 수 있었던 것도 17세기 말 18세기 초에 중인들의 교육 기회가 확대되어 상층의 문화들을 익히고 자기 것으로 만들고서야 가능했다는 점을 상기하면, 전고, 지식의 활용은 이를 활용하는 문화, 관습이 일정 정도 자리를 잡은 뒤에 나타나는 것임이 분명하다.

그런 점에서 우화 소설과 판소리계 소설에 나타나는, 상층 지식·전고들을 활용하는, 이른바 지식적 차원의 전유는 상층의 문화, 관습, 의식, 생활양식을 일정 부분 전유한 상태에서 따라오는 것이라고 보는 것이 타당하다. 하층민들이 상층의 문화, 관습, 지식 등을 일정 부분 전유하는 과정을 통해 그 문화, 관습, 지식들을 자기화하고 이를 다시 문학 작품에 투영함으로써 나타난 결과[221]로 나타난 현상이라는 것이다. 우화 소설과 판소리계 소설에 나타나는, 상층 지식·전고를 대폭 수용하여 활용하는 현상은 하층민들의 이러한 이념적 전유의 '부수적인' 결과인 셈이다.

221 그래서 '부수적인' 결과라는 말은 하층민들이 상층의 문화, 관습, 지식 등을 일정 부분 전유하는 과정을 통해 그 문화, 관습, 지식들을 자기의 것으로 만드는 과정에서 자연스럽게 따라오게 된 결과라는 의미로 사용한 것이지, 덜 중요하다거나 부차적이라는 의미로 사용한 것이 아니다.

결국 판소리계 소설과 우화 소설에 나타나는 지식·전고 활용 현상은 하층의 지배적 이념 전유를 통해 상층의 문화, 관습, 지식 등도 일정 부분 수용하여 자기화 함으로써 나타난 현상이라 할 수 있다. 그리고 다른 한편 판소리계 소설과 우화 소설은 민간에서 통용되던 지식이나 사상 등도 끌어들여서 활용하기도 했다고 볼 수 있다. 앞서 본 것처럼, 〈두껍전〉, 〈장끼전〉, 〈서대주전〉, 〈서동지전〉 등에 활용되는 지식·전고들은 바로 이러한 현상들을 잘 보여주는 하나의 사례라 할 것이다.

3) 비(非) 유가적 지식·전고

지금까지 논의한 것처럼, 우화 소설과 판소리계 소설에서 나타나는 상층 지식·전고의 활용 양상은 하층민들의 성리학적 이념 전유로 인해 따라오는 부수적인 결과라고 하였다. 아울러 상하층 소설을 막론하고 공통적으로 등장하는 지식·전고들이 '보편적인 지식과 사상 및 신앙으로서의 지식'의 범주에 들어간다고 했다.

그렇다면 상하층 소설을 막론하고 공통적으로 등장하는 지식·전고들을 일률적으로 유가적(儒家的) 지식으로 간주할 수 있는가? 활용되는 지식·전고들이 유가 경전을 비롯한 역사서들에 기반을 둔 경우가 대부분이지만, 일부는 사람들에게 익숙한 부분에 한해 『노자』나 『장자』 등 도가(道家) 서적이나 불경에 기반한 것들도 결코 적지 않다. 그렇다면 여기에 기반한 지식·전고들은 어떻게 볼 것인가? 먼저 몇 가지 예를 살펴보자.

〈서동지전〉에서 어느새 서동지의 잔치 날이 다가왔음을 서술자는 "경(情) 업는 빅구(白駒)는 틈 지님 갓ᄒᆞ여"라는 구절로 표현한다. 무심한 흰 망아지가 틈을 지나가듯이 세월이 빠르게 흘러 어느덧 서동지의 잔치 날이 다가왔다는 말이다. 이 말은 『장자』 외편(外篇) 「지북유(知北遊)」 5장의 "사람이 천지 사이에 사는 것은 빠른 말[백구(白駒)]이 틈을 지나가는 것과 같아서 순식간에 지나갈 뿐이다(人生天地間, 若白駒之過隙, 忽然而已)"는 구절에서 따온 것이다. 이 구절은 공자가 노담(老聃)에게 지도(至道)에 대해서 묻는 대목에 나온다.[222]

여기서 노자는 도가 존재하지 않으면 만물이 존재하지도 제대로 살아가지도 못하며, 아무리 뛰어난 사람이라도 이 도에 대해서 알 수는 없다고 한다. 이어 그는 대도(大道)의 거대한 순환적 흐름의 관점에서 볼 때, 삶은 기(氣)가 잠깐 모였다가 사라지는 순간적인 일에 지나지 않는다고 말한다. 위 구절은 삶이 순식간에 지나가는 것임을 이야기하는 부분에서 나온 것으로, 대도의 관점에서 보면 삶이란 그저 잠깐 스

222 『장자』 외편(外篇) 「지북유(知北遊)」 5장. "孔子問於老聃曰, '今日晏閒, 敢問至道.' 老聃曰, '汝齊戒, 疏瀹而心, 澡雪而精神, 掊擊而知! 夫道, 窅然難言哉! 將爲汝言其崖略. 夫昭昭生於冥冥, 有倫生於无形, 精神生於道, 形本生於精, 而萬物以形相生, 故九竅者胎生, 八竅者卵生. 其來无迹, 其往无崖, 无門无旁, 四達之皇皇也. 邀於此者, 四肢强, 思慮恂達, 耳目聰明, 其用心不勞, 其應物无方. 天不得不高, 地不得不廣, 日月不得不行, 萬物不得不昌, 此其道與! 且夫博之不必知, 辯之不必慧, 聖人以斷之矣. 若夫益之而不加益, 損之而不加損者, 聖人之所保也. 淵淵乎其若海, 巍巍乎其若山, 終則復始也, 運量萬物而不匱. 則君子之道, 彼其外與! 萬物皆往資焉而不匱, 此其道與! 中國有人焉, 非陰非陽, 處於天地之間, 直且爲人, 將反於宗. 自本觀之, 生者, 喑醷物也. 雖有壽夭, 相去幾何? 須臾之說也. 奚足以爲堯桀之是非! 果蓏有理, 人倫雖難, 所以相齒. 聖人遭之而不違, 過之而不守. 調而應之, 德也, 偶而應之, 道也, 帝之所興, 王之所起也. 人生天地之間, 若白駒之過郤, 忽然而已. 注然勃然, 莫不出焉. 油然漻然, 莫不入焉. 已化而生, 又化而死, 生物哀之, 人類悲之. 解其天弢, 墮其天袠, 紛乎宛乎, 魂魄將往, 乃身從之, 乃大歸乎! 不形之形, 形之不形, 是人之所同知也, 非將至之所務也, 此衆人之所同論也. 彼至則不論, 論則不至. 明見无値, 辯不若默. 道不可聞, 聞不若塞. 此之謂大得.'" 이에 대해서는 '장자, 안병주·전호근 공역, 『역주 장자 3』(전통문화연구회, 2008(2쇄), 2005(초판))'을 참조.

쳐 지나가는 것에 불과하다는 것임을 말하기 위해 사용되었다.

그런데 이 작품에서는 대도의 관점에서 본 삶의 의미, 삶이란 덧없고 순간적으로 지나가는 것에 불과한 것이라는 맥락에서 벗어나 단순히 세월이 빨리 흘러감을 의미하는 것으로 활용되었다. 그럼으로써 『장자』의 해당 부분의 원래 맥락과는 전혀 연관 관계가 존재하지 않게 되었다. 이는 이 구절이 원래 갖고 있는 도가적인 사유, 취향 역시 탈색된 채 표면적인 의미로만 활용됨을 의미하는 것이기도 하다. 예를 하나 더 들어보자.

〈서동지전〉에서 다람쥐가 서동지에게 양식을 꾸러 가서 한 말, 그리고 〈흥부가〉에서 흥부가 놀부에게 가서 양식 좀 달라고 애걸하며 한 말 중에 등장하는 이른바 '학철부어(涸轍鮒魚)' 고사는 『장자』 잡편(雜篇) 「외물(外物)」 2장[223]의 내용이다. 이 고사는 장자가 집이 가난하여 감하후(監河侯)에게 곡식을 빌리러 갔다가 그가 봉읍에서 나오는 세금을 받거든 거기서 빌려주겠다고 하자 장자가 발끈 화를 내며 한 이야기이다. 이 우화 자체는 생명에 위협을 받을 정도로 위급한 상황에 빠진 사람에게는 아주 적은 양의 물이나 식량도 목숨을 부지하는 데 매우 긴요함을 말하고 있다.

앞서 살폈듯이, 이 작품에서 다람쥐가 이 고사를 끌어온 것은 자신의

223 『장자』 잡편(雜篇) 「외물(外物)」 2장. "莊周家貧, 故往貸粟於監河侯. 監河侯曰, '諾. 我將得邑金, 將貸子三百金, 可乎?' 莊周忿然作色曰, '周昨來, 有中道而呼者. 周顧視車轍中, 有鮒魚焉. 周問之曰, '鮒魚來! 子何爲者邪?' 對曰, '我東海之波臣也. 君豈有斗升之水而活我哉?' 周曰, '諾. 我且南遊吳越之土, 激西江之水而迎子, 可乎?' 鮒魚忿然作色曰, '吾失我常與, 我无所處. 吾得斗升之水然活耳, 君乃言此, 曾不如早索我於枯魚之肆!'" 이에 대해서는 '장자, 안병주·전호근·김형석 공역, 『역주 장자 4』(전통문화연구회, 2008(2쇄), 2006(초판))'을 참조.

처지가 그만큼 급박하고 위태로운 상황임을 보이기 위함이었다. 다시 말해 이 '학철부어' 고사가 말하려는 의미와 맥락을 그대로 살린 채 가져온 것이다. 이 이야기만 놓고서는 이 고사에서 도가적 색채나 취향이 있음을 따지는 것이 무의미하다. 위급한 상황에 빠진 생명체에게 작은 도움이 얼마나 크게 작용하는가를 말하려는 것 이상의 의미를 담고 있는 것으로 보이지 않기 때문이다. 〈서동지전〉에서도 이 맥락을 전혀 벗어나지 않고 있음은 물론이다.

그런데 이 우화에 대한 이해를 위해서는 『장자』 내편(內篇) 「대종사(大宗師)」 1장의 '천학지어(泉涸之魚)' 이야기와 이를 둘러싼 서술[224]의 맥락, 바로 앞의 「외물」 1장 내용을 함께 고려할 필요가 있다. 이 고사는 「대종사」 1장에 들어 있는 '천학지어' 이야기를 부연한 우화[225]이기 때문이다. 다만 「외물」의 이 '학철부어' 고사가 나오는 장과 바로 앞 장을 연결 지어 읽어야 할지는 분명하지 않다. 앞 장의 내용은 외부에서 일어나는 사건이나 상황은 반드시 그 자신이 원하는 대로 흘러가지는 않는다고 하면서 여기에 지나치게 마음을 써서 조화로운 기를 해치게 될 경우, 자연(自然)의 도를 다 없애 버리는 데까지 이를 수 있음을 말한 것이다. 다음 장에서 장자 역시 집이 가난하여 양식을 꾸어야 하는 처지에 있는 것으로 나오지만, 이것이 마음의 조화로운 기를 해치게 될 만큼 급박한 상황임을 의미한다고 보이지는 않기 때문이다. 이를 연결 지어 읽을 수 있는 고리는 바로 「대종사」 1장의 '천학지어' 이야기에서 찾을 수 있다.

---

224 이에 대해서는 '장자, 안병주·전호근 공역, 『역주 장자 1』(전통문화연구회, 2003(3쇄), 2001(초판))'을 참조.

225 장자(2008), 앞의 책, 47면.

「대종사」 1장에서는 도를 체득한 진인(眞人)에 대한 서술이 이루어진다. 여기에 나오는 '천학지어' 이야기는 "샘이 마르면 물고기들이 땅 위에 남아서 서로 습기를 뿜어내며 서로 거품을 적셔 주지만 강호(江湖)에서 서로를 잊고 사느니만 못하다(泉涸, 魚相與處於陸, 相呴以濕, 相濡以沫, 不如相忘於江湖)"를 말한다. 이는 "득도자의 입장에서 볼 때 어지러운 세상에서 인간들이 서로를 위해 감싸주는 행위는 부자유의 굴레를 피할 수 없는 하찮은 몸부림에 지나지 않음을 역설적으로 표현"[226]한 것이라 할 만하다. 이는 부자유라는 굴레에 묶여 있느니 대도(大道)를 체득하고 그 안에서 영원히 전화(轉化)·전생(轉生)하는 것이 낫다[227]는 의미이다. 이는 바로 뒤에 이어지는 구절인 "요(堯)임금을 칭송하고, 걸(桀)임금을 비난하느니, 차라리 둘을 모두 잊고 도(道)에 화(化)하는 것이 낫다(與其譽堯而非桀也, 不如兩忘而化其道)"를 통해 좀 더 명확하게 드러난다.

그럼 이 이야기는 위에 언급한 '학철부어' 고사와 어떻게 연결을 시킬 수 있을까? "샘이 마르면 물고기들이 땅 위에 남아서 서로 습기를 뿜어내며 서로 거품을 적셔준다"는 구절에서 힌트를 얻을 수 있을 것 같다. 즉 여러 물고기가 사는 조그만 샘에서는 비록 샘이 마르더라도 서로 습기를 뿜어내고 거품을 적셔줌으로써 어느 정도는 생명을 부지할 수 있다. 그런 점에서 물이 말라가는 수레바퀴 자국 안에서 생명의 위협을 느끼고 있는 한 마리 물고기의 급박한 처지보다는 훨씬 나은 상태라 할 수 있다. 이 둘을 비교했을 때, '학철부어' 고사에서 물고기

226 장자(2003), 앞의 책, 246면.

227 이케다 도모히사(池田知久)는 "이 화(化)란 물(物)이 그 물(物)로서는 죽어서 다른 물(物)로 태어나는 전화(轉化)·전생(轉生)이고 이것이 한없이 영겁(永劫)으로 반복되는 일종의 윤회(輪廻)인데 변화[化]되는 물(物)의 총화(總和)로서의 '만물(萬物)'은 항상 자기동일(自己同一)로 유지되고 있다"고 한다(장자(2003), 위의 책, 245면).

의 급박한 상황은 더욱 두드러지게 된다.

한편 진인(眞人)의 관점, 즉 대도를 체득한 사람의 관점에서는 이 둘이 어느 것이 더 낫다고 할 수 있는 상황이 아니다. 아무리 몸부림을 친들, 샘과 수레바퀴 자국이라는 부자유의 굴레를 벗어날 길이 없는 것이다. 하지만 '천학지어'의 물고기와 '학철부어'의 물고기가 매여 있는 부자유의 굴레 강도에는 분명히 차이가 있다. 결국 이 두 이야기를 종합해 보면, '학철부어' 고사는 급박한 상황에 처한 자에게는 조그만 손길도 큰 도움이 됨을 나타내면서 동시에 결코 벗어날 수 없는 부자유의 굴레의 가장 극단적인 형태를 상징한 것이라 볼 수 있다.

이쯤 되면 이 상황은 다시 바로 앞에 나오는 「외물」 1장의 내용과 결부를 지어보면 의미가 더욱 명확해진다. 1장의 내용이 자신이 바라는 것에 대해 지나치게 마음을 써서 조화로운 기를 해치게 될 경우 자연의 도를 다 없애 버리는 데까지 이를 수 있음을 경고한 것임을 감안하면, '학철부어' 고사의 물고기가 처한 상황은 바로 '결코 벗어날 수 없는, 가장 극단적인 부자유의 굴레에 매여 자신에게 내재되어 있던 조화로운 마음을 해치고 급기야는 자연의 도마저 없앨 수 있는 지경에 이른 상황'을 상징적으로 표현한 것이 아니겠는가?

다소 먼 길을 돌아 온 결과, 〈서동지전〉에서 다람쥐가 자신의 궁박한 처지를 하소연하기 위해 끌어 온 '학철부어' 고사가 원래 이 고사가 지니고 있는 의미와는 별 관계없이 고사 안에 물고기의 급박한 처지만을 따 와서 활용하고 있음을 알 수 있을 것이다. 그리고 『장자』 내에서의 문맥, 즉 대도의 관점에서 부자유의 굴레에 매여 몸부림치는 어리석음과 이 때문에 마음의 조화를 해치는 어리석음을 지적하는 맥락에서 완전히 벗어나 있음도 알 수 있을 것이다.

한편 청혼을 해 오는 갈까마귀에게 거절의 뜻을 밝히면서 한 말인 "운종용(雲從龍), 풍종호(風從虎)"는 다 알다시피 『주역』 건괘(乾卦) 문언전(文言傳)에 나오는 구절이다. "같은 소리는 서로 응하고 같은 기운은 서로 구하여, 물은 습한 곳으로 흐르고 불은 건조한 곳으로 나아가며, 구름은 용(龍)을 따르고 바람은 범을 따른다(同聲相應, 同氣相求, 水流濕, 火就燥, 雲從龍, 風從虎)"는 구절은 바로 뒤에 이어지는 "성인(聖人)이 나옴에 만물(萬物: 萬人)이 우러러본다(聖人作而萬物覩)"는 것을 말하기 위한 것이다. 즉 앞의 구절을 통해 기(氣)가 같은 부류[유(類)]끼리 응하고 따름을 보임으로써 성인이 이미 나오심에 아랫사람이 여기에 응함으로써 함께 일을 이룸을 말한 것이다. 특히 이는 건괘의 구오(九五)를 풀이한 것으로, 성인처럼 덕을 지닌 임금이 나면, 자연히 훌륭한 신하들이 여기에 응하여 국가를 훌륭하게 다스릴 수 있음을 말한 것이다. 그리고 이는 다시 뒤에 이어지는 "하늘에 근본한 것은 위를 친히 하고 땅에 근본한 것은 아래를 친히 하니, 각기 그 유를 따르는 것이다(本乎天者親上, 本乎地者親下, 則各從其類也)"는 구절을 통해 자연스럽고 당연한 것임이 강조된다.[228]

그런데 〈장끼전〉에서는 『주역』의 이러한 맥락과는 상관없이 비슷한 종끼리 서로 어울리고 따르기 마련이라는 것만을 강조하기 위해 활용된다. 즉 장끼가 갈까마귀는 자신과는 유(類)가 다르니 따를 수 없음을 말하기 위해 끌어온 것이다. 이른바 단지 '유유상종(類類相從)'이라는 의미 맥락에 한정된 채로 활용한 것이다.

---

228 『주역』 구절의 번역은 '성백효 역, 『주역전의(周易傳義)』(전통문화연구회, 1998)'의 것을 따랐다.

도가 서적이나 불경에서 전고를 따왔다고 해서 그 전고가 활용된 부분 혹은 작품 전체가 도가적, 불교적이라고 할 수 없다는 점은 상식이 된 지 오래이다. 설령 이 서적들에서 다양한 전고들을 끌어와 활용하고, 작품 묘사도 도가적 취향이나 불교적 색채를 담아서 하였다고 해도 해당 부분은 그러한 색채나 취향을 풍길 수는 있겠지만, 작품 전체를 두고 그러한 취향을 지닌다고 단정짓는 데는 신중해야 한다는 것 또한 마찬가지다.

사실 이런 상식적인 선에서 본다면, 우화 소설이나 판소리계 소설에서 도가적, 불교적 지식이나 전고를 활용하는 것 자체는 문제될 사안이 아니다. 문제는 이 책에서처럼, 하층에서 상층의 지식·전고들을 활용하는 현상이 그들의 성리학적 이념 전유의 결과로 발생한 것이라는 관점 자체가 이러한 지식·전고들을 '유가적인' 지식으로 간주하거나 이들이 성리학적 이념 전유와는 별도로 다른 경로를 통해서 습득되었을 가능성을 애초부터 배제하고 있는 것처럼 비춰질 여지가 크다는 점이다.

이 문제를 명확히 하려면 이 도가적, 불교적 지식·전고들의 층위를 나누어서 접근할 필요가 있다. 도가적, 불교적 지식들, 그 서적들에서 활용되던 맥락이 그대로 유지된 상태에서 활용되는 전고들, 그리고 그러한 색채와 취향이 그대로 유지된 전고들은 분명히 성리학적 이념 전유와는 별도로 다른 경로를 거쳐 습득되었을 것이다. 그리고 이들은 '유가적 문화'의 자장(磁場) 내에서 지식·전고들로 활용되면서 '보편적인 지식과 사상 및 신앙으로서의 지식'으로 구성되었을 것이다. 그렇기 때문에 이들을 '성리학적 이념의 전유'라는 관점에서만 설명하는 것은 분명 한계가 있으며, 그러한 관점에서 설명하는 것 또한 합리적이지 않다.

다른 한편 도가적, 불교적 지식·전고들 중에는 그러한 색채와 취향이 탈색된 채로 활용되는 경우도 결코 적지 않다. 특히 우화 소설, 판소리계 소설 등에서 활용되는 도가적, 불교적 지식·전고들 대부분은 이러한 색채와 취향이 탈색된 채로 활용되고 있음을 놓쳐서는 안 된다. 이 소설 유형에서 활용되는 도가적, 불교적 지식·전고들은 비교적 사람들에게 익숙하다고 생각되는 부분들에서 가져오는 경우가 많다. 이 지식·전고들이 원래 그 서적에서 가졌던 맥락과는 상관없이 표면적인 의미만을 취해서 활용하는 일이 많다는 점 또한 잊어서는 안 된다.

이러한 상태에 놓인 이 지식·전고들을 두고 이들이 도가적, 불교적 지식이냐 아니냐를 따지는 것은 사실상 별 의미가 없다. 그렇다고 이들이 유가적 문화의 자장 내에서 활용되면서 유가적 문화의 영향을 받아 이러한 색채와 취향이 탈색되었다고 간주한다든지 그래서 이들을 유가적 지식·전고에 해당한다고 하는 것 역시 합리적인 판단은 못 된다. 어느 시점부터 그러했을지는 알 수 없지만, 이 지식·전고들은 애초부터 원래 이들이 지닌 맥락에서 벗어난 상태로 활용되고, 그러한 상태로 '보편적인 지식과 사상 및 신앙으로서의 지식'의 범주로 들어가게 되었을 것이라 보는 것이 합리적일 것이다.

'보편적인 지식과 사상 및 신앙으로서의 지식'의 범주에는 반드시 유가적 지식·전고들만 들어가는 것도 아니며, 유가 문화와 직접적인 관련을 갖는 지식·전고들만 들어가는 것도 아님을 다시 한 번 강조해 둔다. 아울러 유가적, 도가적, 불교적 지식·전고들 모두 '보편적인 지식과 사상 및 신앙으로서의 지식'의 범주에 들어가서 당대인들의 문화 속에서 활용되는 상태에서는 이들의 성격을 굳이 찾아 분별하는 것 자체가 큰 의미가 없는 일일 수도 있다는 점 또한 강조해 두고 싶다.

4) 유교 내면화 과정의 결과물

그렇다면 우화 소설, 판소리계 소설에 나타나는 지식·전고 활용 양상과 글쓰기 방식, 곧 상층의 지식·전고들이 대거 등장하고, 선-악 대립 구도와 복선화음의 구현 원리가 내재된 소설의 구성 방식을 취하는 양상에 대해 어떤 의미를 부여할 수 있을까? 크게 두 가지 정도로 요약할 수 있다.

하나는 이 책 전체를 통해서 밝힌 것처럼, 성리학적 이념과 제도에 바탕을 둔 유교 문화가 아래로까지 확산되어 감에 따라 이러한 지식·전고 활용과 글쓰기 방식 역시 이를 따라 아래로 내려오면서 자리를 잡았다는 점이다. 이에 대해서는 이 책 논의 과정에서 다룬 문제이므로, 별도로 설명하지는 않겠다. 다만 이 현상은 다음에 서술하는 문제와 관련지어 볼 때 더 큰 의미를 지닌다.

앞서 본 것처럼, 성리학적 이념과 제도에 기반한 유교 문화의 확산은 중하층민들의 유교의 내면화 과정이 동반되면서 이루어졌다고 할 수 있다. 여기서 내면화된다는 것은 상층의 제도, 관습을 모방하여 자신의 것으로 전유하는 한편 그 제도, 관습에 내재되어 있는 의식적 측면까지 받아들여 자기화 함을 의미한다. 이러한 내면화는 문화의 측면에서 봤을 때 다음과 같은 의미를 갖는다.

성리학적 이념과 제도에 기반한 유교 문화의 내면화는 다른 계층, 특히 상층에게 자신들의 목소리를 낼 수 있는 수단과 방법이 존재하지 않았던 중·하층민들이 그들에게 필요할 경우 정당한 문제 제기를 하고 자신들의 존재를 표출할 수 있는 수단과 방법을 획득했다는 의미를 갖는다. 아울러 이는 여전히 미약한 측면이 있기는 하지만 상층의 횡포를 견제하는 수단과 방법을 얻었다는 의미도 된다. 이는 중·하층민들이 성리학적 이념을 전유함으로써 가능한 현상이었다.

우화 소설과 판소리계 소설에서 상층의 지식·전고를 끌어 오고 글쓰기 방식을 활용하는 현상 역시 이러한 관점에서 의미를 부여할 수 있다. 정확하게 알 길은 없지만, 당대에도 중인층 혹은 하층민들끼리 통하였으리라 생각되는 고유한 의사소통 방식과 수단이 존재했을 것이다. 하지만 이는 어디까지나 자신이 속한 계층 내에서만 통할 수 있는 것이었다.

그런데 성리학적 이념에 기반한 제도와 관습, 의식을 그들이 모방하여 자기 것으로 만듦으로써 유교의 내면화가 이루어져 나간다. 그리고 이 자장 내에서 상층의 지식·전고와 글쓰기 방식도 함께 따라와서 자리를 잡아 간다. 이는 중인층이나 하층민들끼리 통하였으리라 생각되는 고유한 의사소통 방식과 수단 외에 새로운 방식과 수단을 모방을 통해 획득하였음을 뜻한다. 아울러 이러한 수단과 방법의 획득을 통해 제한적이나마 보다 상위 계층과의 문화적 교류가 가능해지는 길이 열렸다는 점에서 의미가 있다.

사실 이는 사대부들이 장기간에 걸쳐 펼쳤고, 큰 성과를 거두었던 교화 작업이 의도했던 부분은 아니었다. 사대부들이 의도했던 것은 어디까지나 중·하층민들이 자신들의 제도와 관습에 익숙해짐으로써 자신들의 지배를 더욱 용이하게 함과 동시에 그들로부터 이에 대한 정당성을 부여받고자 한 데 있었다고 생각한다. 곧 사대부들의 꾸준한 교화 작업은 궁극적으로 일반 백성들을 이데올로기화 하고자 하는 의도에서 나온 것이며, 그들이 자신들의 이데올로기를 전유하는 것은 결코 의도하지 않았다는 것이다.

한 연구자는 성리학 자체에 이러한 요소가 들어 있음에 주목하여 이를 성리학의 아이러니라는 관점에서 논의하기도 했다.[229] 성리학 자체 내에 이러한 요소가 있는 것은 사실이지만, 성리학에 기반한 문화였기 때문에 이러한 현상이 나왔다고 볼 필요는 없어 보인다. 이 책의 논의 과정에서도 언급했지만, 이는 상층의 제도, 관습, 문화를 하층에서 모방하여 전유하였을 경우 나타날 수 있는 현상이다. 우화 소설과 판소리계 소설에 나타나는 지식·전고 활용 양상이 갖는 두 번째 소설사적 의의는 바로 여기에 있다.

한편 머리말에서 언급했듯이, 소설에서는 화자의 이야기에다 인물들의 대화를 섞는데, 이들은 자신들의 사회적 위상과 개인적 특성에 적합한 언어를 말한다는 특징이 있다. 발레트에 따르면, 『운명론자 자크』는 하인에게는 너무나 유식한 말이기 때문에 '광견병'이라고 말하지 않으며, 발자크의 농부들은, 모파상의 노르망디 지역 사람들처럼 자신들의 사투리를 가지고 있다고 주장한다.[230] 이는 소설 속의 등장인물들은 각자 자신에게 부여된 사회적인 신분, 위상, 지적 수준, 지역적 특성, 개인적 특성에 잘 맞는 말을 구사한다는 뜻이겠다.

이런 시각에서 보면, 우화 소설과 판소리계 소설에 등장하는 하층민들이 상층의 지식·전고들을 활용하여 대화하는 양상은 당대 그들의 사회적 신분과 위상, 지적 수준에 비추어 볼 때, 어색하고 잘 맞지 않는

229 김영민(2007), 앞의 논문.

230 베르나르 발레트, 조성애 옮김, 앞의 책, 29면.

다는 인상을 받을 수밖에 없다. 그리고 사회적인 위상, 신분에 어울리지 않게 고상함을 돋보이려 갖은 지식·전고들을 활용하는 글쓰기 방식을 두고 당대 작자층이 인물들의 신분, 특성, 사회적 위상 등을 전혀 고려할 줄 몰랐다고 간주할 수 있는 문제이기도 하다.

그런데 국문 장편소설이나 한문 장편소설 등에서도 이러한 문제가 진지하게 고려되는 것으로 보이지는 않는다. 예를 들어, 악인의 무리에 속하는 하인이 자신들이 계획하는 음모나 악행에 대해 이야기하면서 고상한 전고들을 섞어 쓰는 모습을 어렵지 않게 찾아볼 수 있다.

이 책의 논의 과정에서도 언급이 되었지만, 조선 후기 고전소설과 명청대 인정소설 간에는 공통적인 지점들이 여럿 존재했지만, 뚜렷한 차이점 역시 결코 적지 않았다. 이는 고전소설의 창작 기반과 목적이 전혀 다른 데 있었던 데 기인한 것이며, 각기 그 기반을 바탕으로 목적을 달성하기 위한 가장 적절한 방법을 고안하는 과정에서 나타났던 것이다.

우화 소설과 판소리계 소설에 나타나는 지식·전고 활용 양상 역시 이러한 관점에서 생각해 볼 필요가 있다. 우화 소설과 판소리계 소설을 위시한 우리 고전소설 창작 환경에서는 등장인물의 신분, 사회적 위상, 지적 수준 등을 다각도로 고려하여 그들의 대화를 구성하고, 그들의 말하기 방식을 설정하는 것 자체에 별다른 관심을 갖지 않았을 수도 있다는 것이다.

지식·전고 활용이라는 측면에만 국한시켜 생각한다면, 소설 유형별로 비중의 차이는 물론 있었겠지만, 고전소설의 창작자들은 이러한 점들을 고려하는 것보다 소설 속에서 등장인물들이 자신들의 의견과 감정을 표출할 때 얼마나 지식·전고들을 적절하게 활용하여 설득력을 높이고 동시에 읽는 재미를 느끼게 하는가 하는 데 더 큰 관심을 가졌던 것은 아닐까? 이 점은 고전소설이 지닌 여러 특징들과 함께 또 다른 특징으로 간주되어야 할 사안이 아닐까?

우화 소설과 판소리계 소설에 와서도 상황은 결코 변하지 않는다. 한문 장편소설과 비교해 봤을 때, 이 유형들에서 활용되는 지식·전고들은 한문 장편소설과 일정하게 공통적인 부분을 보이는 부분도 있지만, 그 범주와 수준을 고려하면 당대인들이 비교적 익숙하게 여겼던 가장 기본적인 범주와 수준이었다.

그런데 우화 소설과 판소리계 소설의 분량을 고려했을 때, 이 소설 유형 속에서 지식·전고가 차지하는 밀도는 다른 소설 유형에 비해 높다고 할 수 있다. 다만 이는 상대적인 것이기는 하다. 예를 들어, 〈삼한습유〉의 경우, 지식·전고의 활용이 작품의 구체적인 서술 속에 잘 녹아들어 있기 때문에 겉으로 잘 드러나지 않는 것일 뿐, 많은 지식·전고들을 다채롭게 활용하고 있기 때문이다. 우화 소설과 판소리계 소설의 경우, 이것이 작품의 구체적인 서술 속에 자연스럽게 녹아들어 있기보다는 문면에 직접적으로 드러나는 경향이 강하기 때문에 상대적으로 밀도가 커 보이는 것일 수도 있다.

여하튼 우화 소설과 판소리계 소설에서 지식·전고를 적극적으로 활용하려는 경향이 있다는 점, 등장인물들의 사회적 신분이나 위상, 지적 수준을 고려했을 때, 그들이 지식·전고를 활용하는 것 자체가 그리 어울리지는 않지만, 다른 소설 유형들과 마찬가지로 그들 나름대로 지식·전고들을 적절하고 효과적으로 활용하고 있다는 점은 분명 주목할 만한 현상임에는 틀림없다.

이렇게 볼 때, 우화 소설과 판소리계 소설의 지식·전고 활용 현상은 국문 장편소설이나 한문 장편소설에서 지식·전고가 다양하게 활용되는 경향성을 그대로 이어 받고 있다고 볼 수 있다. 그리고 지식·전고의 다채로운 활용이 고전소설에서 갖는 중요한 관심 중 하나라고 본다면, 우화 소설과 판소리계 소설 역시 그러한 특성을 그대로 간직하고 있다고 할 수 있다. 이는 우화 소설과 판소리계 소설에 나타나는 지식·전고 활용 양상의 또 다른 의미라고 하겠다.

소설 속 지식·전고 활용 양상에 대한 이러한 관점은 고전소설 창작과정에서 내재되어 있는 원리인 선-악 대립 구도, 이러한 구도에 기반한 인물의 형상화 방식, 작품의 결구를 통해 구현되는 복선화음의 원리에 대한 문제를 해명하는 데도 시사하는 바가 있다. 곧 고전소설의 '천편일률' 문제를 어떤 관점에서 바라보아야 하느냐 하는 문제인데, 우리에게 매우 익숙한 모리스 꾸랑의 다음 언급에서부터 논의를 시작하자.

> 소설의 대부분은 한글로 쓰여 있으며 저자명을 밝히는 법이 없고 연대표시가 있는 것도 드물다. 일부는 중국 것을 번역했거나 모방한 것이고 일부는 창작인데, 중국과 한국 역사상 알려진 사건을 담고 있거나, 역사에 근거를 두지 않고 상상력에 의한 작품들로 구성되었다. 상상력에 의한 작품 가운데도 대개의 경우 그 줄거리가 중국을 담고 있어 한국인들 정신에 미친 이들의 영향은 대단한 것이라 하겠다. 게다가 소설 속의 이 중국은 언제나 비현실적인 것이어서 매우 시대착오적이고 인물들은 드러내놓고 끊임없이 한국적 사상을 설명하고 있다.
>
> 이야기에 나오는 장소야 어찌되었건 이들 저술들의 공통적인 면은 매우 많이 명백히 나타난다. 성격의 연구는 전혀 없고 등장인물들은 언제나 똑같아 급제하는 선비나 적을 무찌르는 젊은 용사, 신체적 도덕적으로 완벽한 젊은 여성, 젊은이들의 행복을 반대하는 아버지, 젊

은 처녀를 탐내다 그 모략이 탄로 나는 사악한 양반, 자비로운 고관, 전술과 비술(秘術)에 능통한 승려 등 도처에 같은 유형이 발견되어 곧 오랜 지기(知己)처럼 되어 버린다.

줄거리도 단순하여, 젊은이들이 결혼에 도달하는 이야기나 오랫동안 잃어버렸던 자식을 찾는 이야기며, 많은 사건이 쌓여 전쟁, 유괴, 파선, 꿈, 기적, 모략, 유배 등이 쉴 새 없이 이어지는 것이다. 유일한 관심사는 복잡다단한 이 얽힘이 어떻게 해결될 것인가에 대한 호기심에서 나오는 것인데 서투른 그 결말에서 흔히 실망하게 된다.

이러한 저술 두세 편만 읽으면 모든 것을 다 읽었다 할 수 있다. 때때로 신선한 풍경의 묘사나 적절히 표현된 성격의 취급, 그리고 풍자적 의도가 보이는 것도 있으나 묘사가 언제나 똑같아 곧 싫증이 나게 되며 성격의 취급도 지나치게 과장되어 곧 얼굴을 찌푸리게 된다. 때로는 줄거리가 환상적인 상태로 전환되어 전혀 예기치 못한 급반전이 일어나기도 하지만 있음직하지 않은 일이 너무도 많고 인물들을 이어주는 관계도 매우 잘못되어 우리들의 아동용 우화 중의 가장 볼품없는 것보다도 흥미 면에서 떨어지는 것들이다.[231] 단락 구분은 필자.

위 인용문은 우리 고전소설의 특성, '천편일률'에 대한 문제를 다룰 때 어김없이 등장하는 부분이다. 모리스 꾸랑은 근대인의 시각에서 당대 유행하던 소설의 실상에 대해 매우 신랄한 평가를 내렸다. 하지만 그는 한국의 소설 향유 문화에 대해 정통하지 못한 이방인의 시각일 뿐이라며 폄하해 버릴 수 없[232]을 정도로, 고전소설에서 두드러지게 나타나는 특성들을 매우 정확하게 짚어내었다.

231 모리스 꾸랑, 이희재 옮김, 『한국서지(韓國書誌)(개정번역판)』(일조각, 1994), 70면.
232 황혜진, 앞의 논문, 442면.

기실 '천편일률'이라는 말은 결국 "평면적인 인물의 성격, 판에 박힌 듯한 사건의 전개, 한결같은 권선징악의 결말 등 우리가 예전부터 귀가 아프도록 들어왔던 고전소설의 특징을 일컫는 다른 이름"[233]일 뿐이다. 고전소설 연구자들은 고전소설의 이러한 모습들에 질려하면서도 나름 의미를 부여하기 위해 노력해 왔다.

고전소설 연구자들의 이러한 노력 안에는 근대인으로 표상되는 한 서양인이 자신들의 문화에 대한 우월감을 바탕으로 당대 문화에 대해 '함부로' 내뱉은 데 대한 반발감이 바탕이 되었다고 생각된다. 근대 문화로 표상되는 서양 문화에 대해 우리 역시 나름의 문화를 꽃피우고 있었으며, 그런 만큼 우리가 갖고 있는 문화 속에도 의미를 부여할 수 있는 많은 특징들이 있음을 인식하고 그 의미 규명에 적극적으로 나섰던 것이다.

그런데 모리스 꾸랑이 열거 해 놓은 특성들이 우리가 서양인의 언급에 반발하며 애써 의미 규명하려 노력해야 할 만큼 '부끄럽고' '수준이 떨어지는' 특성들인가 하는 점에 대해서 다시 생각해 봐야 한다고 생각한다. 필자가 보기에 저 부끄럽고 수준이 떨어져 보이는 특성들은 오히려 고전소설이 창작되고 향유되는 중요한 기반이면서 중요한 창작 원리들이기 때문이다. 저 특성들이야말로 고전소설의 특성을 거론할 때 더욱 적극적으로 해석을 해야 할 중요한 면면들이 아닌가 생각한다.

모리스 꾸랑은 고전소설에 등장하는 인물들이 하나같이 성격 면에서 볼 때 전혀 특징적인 면이 없이 늘 똑같고 지나치게 과장되어 있다

---

233 정출헌, 「고전소설 연구의 몇몇 국면에 대한 반성적 고찰」, 『한국문학연구』 3(고려대 한국문학연구소, 2003), 180면.

고 했다. 그리고 줄거리 역시 언제나 단순하고 예상이 가능한 틀에 박혀 있으며, 줄거리 전개 자체에도 합리성이라고는 찾아볼 수 없다고 했다. 게다가 이리저리 얽힌 사건들의 해결 또한 맥이 빠질 정도로 서툴고 허술하며, 인물 묘사나 풍경 묘사 역시 언제나 똑같아 지루할 뿐이라고 하였다.

그런데 이 점들은 고전소설의 창작 기반과 의도를 생각해 봤을 때, 당연한 점이라 할 수 있다. 필자는 앞서 성리학적 이념과 규범의 확산 문제를 다루면서 조선 후기 고전소설의 창작 기반과 목적이 이와 깊은 관련을 맺고 있음을 지적하였다.

곧 소설을 통해 성리학적 이념과 규범을 확산시키기 위해서는 먼저 성리학적 이념과 규범을 준수하는 인물들을 선한 인물로, 그렇지 못한 인물을 악한 인물로 설정하여 이들 간의 대립을 뚜렷하게 그림으로써 독자들이 자신의 삶을 돌아보고, 내면화하도록 해야 했다. 이를 위해서는 이런저런 특성을 가진 개성적 인물들을 다채롭게 등장시키는 것보다 선악의 대비가 뚜렷하게 드러날 수 있도록 그 역할에 충실하게 그려질 필요가 있었다.

아울러 선악의 대비를 인물의 형상화와 이러저러한 사건의 결구를 통해서 뚜렷하게 드러내기 위해서는 선한 인물이든 악한 인물이든 그들의 성격을 과장해서 그려야만 했다. 사건의 결구 역시 이를 위해 상당히 과장해서 이야기를 끌어갈 필요가 있었다. 그리고 사건 구성은 선한 인물의 고난과 행복, 악한 인물의 악행과 파멸을 충분하게 드러내는 것이면 족했기에 줄거리에 이런저런 변이를 굳이 가할 필요도 없었다.

인물 묘사나 풍경 묘사 또한 고전소설에서는 중요한 문제가 아니었다. 특정 문장이나 구절이 해당 인물이 상징하고 있는 이미지, 의미를 구현할 수 있으면 반복해서 이를 활용하는 것이 효율적이었지 새로운 표현을 애써 찾을 이유가 없었다. 해당 인물의 이미지와 상징하는 의미만 잘 드러나면 충분했던 것이다.

작품의 결말 또한 마찬가지다. 사건의 합리적인 해결이 중요한 것이 아니라, 고난을 겪던 선한 인물이 결국 복을 받고, 악행을 일삼던 악한 인물이 징치를 당하고 파멸하는 것을 극적으로 보임으로써 복선화음의 원리를 뚜렷하게 드러낼 수 있느냐가 훨씬 중요했다. 이 복선화음의 원리 구현을 통해 독자들은 비로소 마음의 평안을 얻고 자신을 돌아보며 나아가 자기 스스로 윤리적인 삶의 태도를 가질 수 있어야만 했다.[234]

이러한 고전소설의 특성이야말로 선조들이 프랑스 어린이가 읽는 우화 가운데 졸작보다도 재미없다는 이런 고전소설에 열광[235]하게 만들었던 중요한 원리였던 셈이다. 고전소설을 언급할 때 가장 먼저 등장하는 "천편일률"이라는 특성은 그런 점에서 고전소설의 가장 큰 특성으로 더욱 적극적으로 이해하고 해석할 의의가 있는 것이다.

---

234 이러한 점들은 황혜진 역시 다음과 같은 언급을 통해 지적하였다. 다시 한 번 강조하지만 고전소설에서는 흥미성도 물론 중요했지만, 교훈성이야말로 가장 중요하게 간주되었던 점이자 전제였음을 기억해야 한다. "보편적 인정을 담아내기 위해 필요한 유형적 인물을 등장시키고, 이미 감흥력에 있어서 유효성을 인정받은 관행의 표현을 활용하며, 복선화음의 이치를 확인하여 본성을 깨닫게 하기 위해서 필연성과는 상관없이 예정된 결말로 마무리 하는 것은 독자가 윤리적인 삶의 태도를 형성하게 돕는 효과적인 기법이 될 수 있었다"(황혜진, 앞의 논문, 443면).

235 정출헌(2003), 앞의 논문, 180면.

5장
맺음말

이 책은 우화 소설과 판소리계 소설에서 상층의 지식·전고들이 대거 등장하는 현상에 주목하여 이러한 현상이 성리학적 이념과 규범이 아래로 확산되어 가는 과정에서 나타난 부수적인 결과물임을 밝히고자 작성되었다. 그래서 이 문제를 조선 후기는 성리학적 이념과 규범이 일반 백성에게까지 확산되어나가는 과정에 있었다는 관점을 가지고, '19세기 상·하층 소설의 접점'과 '19세기 상·하층 소설 접점 형성의 문화적 기반' 두 측면으로 나누어 논의하였다. 본문에서 다루었던 내용을 각 장별로 요약하면 다음과 같다.

2장에서는 본격적인 논의를 시작하기에 앞서 이 책에서 19세기, 특히 조선 후기를 바라보는 시각에 대해 논의하였다. 먼저 고전문학 연구에서 일반적으로 통용되어 온 성리학적 이데올로기가 해체되어 가는 전환기적 시기로서 조선 후기를 바라보는 시각이 지닌 문제점들을 살폈다. 그 중 가장 큰 문제로, 이러한 시각 하에서 조선 후기의 특정 국면들에만 주목하여 이를 강조하기 위해 성리학적 이념 문제를 다소 이율배반적으로 적용하는 우를 범했음을 지적하였다. 다음 실증주의를 표방했던 내재적 발전론 또한 조선 후기 실상을 그대로 반영한 것이라기보다는 특수한 시각과 가치를 내재한 하나의 역사적 담론인 이상, 이제는 다른 시각에서 조선 후기를 접근해 볼 필요가 있다고 하였다.

이에 이 책에서는 조선 사회가 성립된 후 성리학적 이념, 규범이 영향을 끼쳐 본격적인 성리학적 사회로 정립되기까지는 상당한 진통을 겪어야만 했으며, 매우 오랜 시간을 거쳐서 서서히 구현되었다는 점에 주목하여 조선 후기를 성리학적 이념이 전면적으로 확산되는 과정이라는 관점에서 논의를 진행하겠다고 하였다.

다음 작품을 분석하는 데 공통적으로 활용되는 방법론을 '텍스트'로 보는 관점, 서술자 시각, 독자 층위 셋으로 나누어 밝혔다. 이는 우선 이 책에서 중심 대상이든, 비교 대상이든 창작층, 창작 방식이 다른 여러 유형의 작품들을 함께 다룸으로써 제기될 수밖에 없는 문제들을 먼저 해명할 필요가 있기 때문이었다.

이 책에서는 상대적으로 집단 창작, 집단 전승의 요소가 강한 소설 유형도 화소들을 어디에 배치하느냐 하는 문제는 독서물로 전환시키는 작자의 의지에 달렸음을 지적하면서, 상대적으로 개인 창작의 요소도 분명히 강해진다고 보았다. 따라서 이들을 일정하게 '정착된' 독서물로 접근이 가능하기에 이들을 공히 하나의 '텍스트'로 놓고서 논의를 진행하는 관점을 취하였다. 이러한 방법론을 활용함으로써 이 유형들이 서사를 진행시켜 나가는 방식에 어떤 공통적인 면모는 없는가, 더 나아가 최소한 18세기 후반에서 19세기에 이르는 시기에 산출된 소설 속에는 서사 진행이라는 측면에서 어떤 공통된 인식이 바탕에 깔려 있을 가능성은 없는가 하는 문제까지 논의가 가능하리라고 하였다.

독자들은 작품의 스토리를 이끌고 통제하는 서술자 시각에 영향을 받을 수밖에 없는데, 이때 서술자의 신뢰성이 문제가 된다. 그래서 서술자의 시각을 처음부터 부정하거나 무시하고서 연구자가 갖고 있는 시각을 가지고 작품에 접근하는 경우가 많다. 하지만 이는 자칫하면 연구자 스스로 갖고 있는, 현대인으로서의 시각이 작품 해석에 영향을 끼쳐 의도치 않게 연구의 객관성을 상실하는 결과를 초래할 수 있음을 지적하였다.

결국 등장인물들이 자신의 감정이나 의견을 내세우기 위해 어떤 방법을 활용하는지 구체적으로 살피고, 서술자의 시각에 내재되어 있는 의미를 찾아봄으로써 서술자가 그런 시각을 취하고 있는 이유는 무엇이며, 그러한 시각 속에 은폐하고 있는 측면과 진실을 드러내고 있는 측면은 무엇인가 하는 문제들을 따져 나가기 위해서는 일단 서술자의 시각을 따라가면서 작자의 의도를 헤아리며 읽는 방식을 취해 나가야 한다고 하였다.

마지막으로, 소설 속 지식·전고 향유 양상에 대한 논의는 초점을 어디(작자, 등장인물, 독자)에 맞추든 결국 독자가 이를 얼마나 알고 있고, 이해할 수 있는가 하는 문제와 연결되기에 논의를 펼치기 위해서는 일정한 독자층을 상정해야만 한다. 소설을 읽는 독자 층위에 대해 [1] 한문 소설을 꼼꼼히 따져 읽어 나가듯, 모든 지식·전고들을 하나하나 음미해 가면 읽어가는 독자층, [2] 어느 정도 수준의 지식·전고를 알고 있는 독자층, [3] 지식·전고들에 대해서 거의 아는 바가 없지만, 그나마 귀동냥을 통해 몇 가지 주워들은 것은 있는 독자층, [4] 지식·전고들에 대해서 아는 바가 거의 없는 독자층 넷으로 대략 나누어 보았다.

이 책의 문제의식과 관련해서는 [2]와 [3], 특히 [3]에 해당하는 독자층에 초점을 맞추어 논의를 진행해야 하지만 그들이 알고 있는 지식·전고, 이해할 수 있는 지식·전고들을 하나하나 따져볼 수 없는 현실적인 한계가 있기 때문에 부득이하게 작품 속에 등장하는 모든 지식·전고들을 세세히 이해할 수 있으며, 하나하나 음미하며 감상할 의향을 갖고 있는 독자를 상정하여 논의를 진행하는 방법을 취할 수밖에 없었음을 밝혔다.

3장에서는 소설에서 일반적으로 전고 끼워 넣기 방식을 구사한다는 관점 하에, 우화 소설이나 판소리계 소설, 한문 장편소설에서 공통적으로 전고를 활용하는 방식을 크게 네 가지로 나누어 살펴보았다.

먼저 원래 전고가 갖고 있는 의미와 전고 내 상황을 모두 그대로 유지한 채 끌어오거나 최소한 의미를 그대로 살린 상태에서 적확하게 끌어 오기도 하고, 전고 안에서 원래 의미를 해치지 않는 한도 내에서 약간 다르게도 생각할 수 있는 측면에 초점을 맞추어 끌어 오기도 했다. 또 동일한 사물이나 상황을 두고 전혀 다른 해석을 내리거나 동일한 인물의 행적을 두고 서로 다른 측면에서 접근하여 활용하기도 했다. 아울러 전고의 원래 맥락을 뒤집어 정반대 측면에 초점을 맞추어서 이를 끌어 오거나 표면적인 의미만 취해 와서 자신의 상황에 끼워 맞추는 경우도 종종 있음을 알 수 있었다. 다만 한문 장편소설에서는 전고가 지니는 의미망 내에서 초점을 달리 하여 끌어 오는 것보다는 의미나 상황 어느 한 쪽에 초점을 맞추어서 전고를 끌어 오는 경우가 더 많다는 차이도 있음을 알 수 있었다.

다음 중심 스토리가 흘러가는 과정에서 다른 이야기들이나 다른 양식의 글이 이리저리 끼어드는 현상은 결국 소설의 구성에 대한 문제로 귀결됨을 주목하고, 우화 소설, 판소리계 소설, 한문 장편소설 사이에 서사에 대한 어떤 공통적인 인식이 깔려 있었던 것은 아닌가 하는 문제를 개합과 착종의 측면에서 살펴보았다.

먼저 소설에서 개합이 가장 뚜렷하게 드러나는 부분으로 소설의 도입부임을 지적하고, 이 부분의 관건은 개와 합이 제대로 이루어지면서 이어지는 본격적인 이야기와 자연스럽게 연결될 수 있도록 고리를 잘 만드는 데 성공하느냐에 있다고 하였다. 개합 관계는 스토리가 한창 전개되는 과정 속에서 가까이서 이루어지기도 하고, 멀리 조응을 하며 이루어지기도 하며, 다른 양식의 글들과 결합되면서 개합 관계를 이루기도 한다고 하였다.

이어 착종·착란의 기법은 소설 창작에서 매우 중요하게 간주되었음에 주목하고, 정서와 협서, 서사와 의론의 착종 두 측면으로 나누어 논의하였다. 정서와 협서가 중심 스토리와 삽화들이 맺는 관계나 삽화의 운용 등과 관련된 문제임을 감안할 때, 한문 장편소설은 물론 국문장편소설에도 적용할 수 있으며, 단편소설 또한 중심 스토리로만 일관되게 흘러가는 일은 없다는 점에서 이 개념들을 활용할 수 있다고 보았다. 그래서 중심 스토리가 흘러가는 도중에 관련 인물에 대한 에피소드를 끼워 넣거나 역사적 인물의 행적상 예상되는 논쟁이 될 만한 문제를 설정하여 형상화하는 경우, 구성적 사건과 구성적 사건을 이어주는 매개 역할을 하기 위해 삽화가 끼어든 경우, 서사 전개를 잠시 멈추고 상세한 묘사나 의론이 이루어지는 경우 등을 예로 들어 살펴보았다.

다음 서사와 의론의 착종 문제의 경우, 소설에서는 여러 화소, 삽화들이 이어지는 가운데 의론이 거기에 끼어드는 형태로 의론이 등장하기 때문에 서사와 의론의 교착 효과가 곧장 나타나는 경우도 있지만, 사건이 한참 진행된 후 조응을 이룸으로써 효과를 거두는 경우도 있음을 지적하였다. 아울러 의론의 범주를 좀 넓게 잡을 경우, 의론적인 성격을 띠는 담화인 의론적 담화라는 관점에서 비단 한문 장편소설에서뿐만 아니라 국문 소설, 단편소설 등에서도 서사와 의론의 교착 문제를 논의할 수 있다고 보고, 〈서대주전〉을 예로 들어 살펴보았다.

이러한 현상들을 종합해 보았을 때, 우화 소설, 판소리계 소설, 한문 장편소설은 그 문화적인 기반 차이에도 불구하고 향유자들에게는 서사의 일관성을 유지하여 중심 스토리를 구성하는 서사가 일관되게 흘러가는 것을 바람직하다고 보는 인식을 기본으로 하면서 서사적 일관성을 지나치게 해치지 않는 범위 내에서 이질적인 양식이 서사 흐름 속에서 자유롭게 끼어드는 것도 좋다는 인식도 갖고 있었던 것이 아닌가 추정을 해 보았다.

마지막으로 국문 장편소설과 영웅 소설에서 전형적으로 나타나는 선-악 대립 구도와 이에 기반한 인물 형상화 방식, 복선화음의 구현, 포섭과 배제의 논리 등이 한문 장편소설, 우화 소설, 판소리, 판소리계 소설, 19세기 교훈 가사 등 여타 양식과 유형에서도 나타남을 보임으로써 이것이 교훈성 제고와 밀접한 연관이 있음을 밝히기 위한 기초 작업으로 삼았다.

한문 장편소설에서는 작품의 일부분에서 선한 인물과 악한 인물 간의 갈등이 비교적 장기간에 걸쳐 일어나거나 작품의 어느 특정 부분, 부분 별로 갈등이 집약적으로 드러나는 양상을 보이는데, 이는 악한 인물이 제거된 후 선한 인물들이 부귀영화를 극진히 누리는 모습을 그려내는 데에도 관심이 있었기 때문이라고 하였다. 갈등이 단시간에 집약적으로 일어나는 경우 선한 인물에 대한 보상과 악한 인물에 대한 징치 역시 빠른 시간 내에 이루어지는 경향을 보이며, 장기간에 걸쳐 갈등이 반복되며 지속되는 경우에는 국문 장편소설이나 영웅 소설과 마찬가지로 선한 인물에 대한 보상과 악한 인물에 대한 징치가 강력하게 이루어짐으로써 복선화음이 구현된다고 하였다. 아울러 이를 통해 포섭과 배제의 논리도 뚜렷하게 드러낸다고 하였다.

판소리, 판소리계 소설에서는 국문 장편소설이나 영웅 소설에 비해 선한 주인공의 고난을 가중시키는 악인의 행위나 그들 간의 갈등이 적게 나타나며, 선한 인물이 악한 인물이 벌인 행위로 인해 온갖 고난을 겪는 양상을 보이는 데 집중함으로써 선-악 대립을 간접적으로 보여주는 경향이 있다고 하였다. 그리고 서술자의 입을 통해 이루어지는 인물 형상과 품성을 통해 등장인물의 선악 면모가 드러나는 경향이 강함도 지적하였다. 또 선-악 대립 구도 내에서 선한 인물이 보상을 받고, 악한 인물이 징치를 당하거나 파멸을 하는 점은 국문 장편소설, 영웅 소설과 결코 다르지 않으며, 이는 선-악 대립 구도를 설정한 상태에서 복선화음으로 작품을 결구함을 의미한다고 보았다. 이러한 복선화음의 결구를 통해 선한 인물에 대한 포섭, 악한 인물에 대한 배제의 논리가 뚜렷하게 드러나며, 이 점 역시 국문 장편소설과 영웅 소설과 결코 다르지 않다고 보았다.

우화 소설은 특정한 한 가지 문제 혹은 이와 관련된 몇 가지 문제를 한두 가지 사건을 통해 집약적으로 보여주고, 사건의 진행 추이에 관심을 쏟는 소설 유형으로, 등장인물들의 선악 여부와 이들 간의 선악 대립이 나타나지 않거나 애매하고 흐릿하게 나타난다고 하였다. 그렇기에 복선화음이 직접적으로 드러나기보다는 권선징악의 형태로 표면화되는 양상을 보인다고 하였다. 그리고 복선화음이 직접적으로 드러나지 않는 만큼, 등장인물에 대한 포섭과 배제의 논리 역시 나타나지 않는다고 보았다.

19세기 교훈 가사의 경우, 인물 형상화 방식의 측면에서는 기존 소설 유형의 방식을 그대로 따오고 있으며, 이들의 행위를 부각시켜 대비한다는 점에서 기존 소설에서 활용되는 선-악 대립 구도와 맥이 닿아 있다고 하였다. 아울러 여기에서도 등장인물에 대한 포섭과 배제의 논리가 강하게 작동되고 있다고 하였다.

아울러 한문 장편소설뿐만 아니라, 우화 소설, 판소리계 소설, 심지어는 19세기에 창작된 교훈 가사까지도 기존 국문 장편소설과 영웅 소설에서 선-악 대립 구도를 좀 더 뚜렷하게 드러내기 위해 인물 형상화 측면에서 활용되던 방식을 그대로 따라한다는 점을 지적하였다. 곧 소설에서 다루려는 문제가 마치 등장인물들의 품성이 그러해서 그러한 갈등이 일어나고, 그러한 사건들이 발생하는 것처럼 보이도록 처리함으로써 문제의 원인을 등장인물의 품성에 전가해 버리는 경향이 있는 것이다. 이는 19세기에 오면 문학 양식이 어떠하든 간에 선한 주인공과 악한 인물을 서술하는 패턴이 전형화되어 있음을 보여주는 것이라 하였다.

4장에서는 성리학적 규범을 아래로 확산시키기 위해서는 아무래도 하층민들이 믿고 있었던 신앙이나 사상 속에 녹아 있는 논리를 일정 정도 끌어올 수밖에 없었다는 점에 주목하여 교화자들이 활용했던 논리를 네 가지 정도 들어 보았다. 이 논의를 통해, 사대부들이 교화 작업을 위해 이전 시기부터 활용해 온 논리들이 이 시기에 오면 하나의 공식화되었다고 해도 무방할 정도로 완전히 정착하여 민간을 교화시키기 위한 논리로 먹혀들고 있었음을 보이려고 하였다.

먼저 '인간과 짐승의 변별 논리'는 인간다움의 실현을 속화(俗化)하여 천명한 것으로, 성리학적 규범 준수에 대한 도덕적 강제력을 갖도록 해 주며, 동시에 하층에서 이를 자발적으로 수용하도록 추동하였다고 보았다.

다음 성리학의 논리는 교화와 연관해서 신을 부정하면서 복선화음이 언젠가는 실현될 것이라고 주장함으로써 사람들에게 전혀 확신을 줄 수가 없었고, 성리학 스스로 하등인들은 도덕적 행위의 순수성보다도 상벌에 더 많은 관심을 지니고 있음을 스스로 인정하는 맹점을 갖고 있었다. 따라서 성리학적 이념 확산을 위해서 보상의 논리를 적절하게 활용할 수밖에 없었는데, 그래서 끌어 온 논리가 복선화음의 논리라 하였다.

이어 이 복선화음의 논리는 선-악 대립 구도와 결합되어 재편되기도 하였는데, 특히 이러한 논리를 통해 소설을 구성함으로써 성리학적 규범 준수의 당위성을 독자들에게 고취하려 하였고, 실제로 독자들에게 설득력 있게 다가갈 수 있었다고 하였다. 이를 성리학적 규범의 준수 문제를 인물의 선악 문제와 결합시켜 선-악 대립 구도로 재편하는 양상이 정착되어가는 추세와 관련지어 설명하였다.

마지막으로, 포섭과 배제의 논리는 선-악 대립 구도와도 일정 부분 관련이 있다고 하였다. 이 논리는 선인과 악인의 대비를 통해 성리학적 규범을 잘 지켜서 마을의 안정에 이바지하고, 마을 사람들에게 우러름을 받는 인물들은 작품의 서술자가 그를 추앙함으로써 적극적으로 포섭하려고 하는 반면, 그 반대의 경우에는 서술자가 앞장서서 그를 몰아내고 그의 파멸을 극단화해서 보여줌으로써 적극적으로 배제하려는 태도를 보인다고 하였다. 그리고 이러한 논리를 통해 독자들로 하여금 자신의 행실을 돌아보고 경계하도록 하는 효과를 가짐을 알 수 있었다. 이러한 포섭과 배제의 논리는 마을 공동체의 안녕을 해치는 악한 인물들을 배제하려는 독자들의 욕망을 작품의 작자들이 교묘히 활용한 측면이 있음도 지적하였다.

다음 하층 소설 작품 속에서 상층 소설에서 향유되는 지식·전고들을 끌어와서 활용하는 양상이 일어난 데는 하층민들의 '성리학적 이념 전유'가 바탕에 깔려 있었기 때문으로 보았다. 성리학적 이념 전유에서 '이념'은 '규범'의 의미에 가까우며 규범의 철저한 준수와 체화를 통해 이를 이념으로 시킬 수 있는 여지를 갖고 있으며, 규범에 가까운 것이기에 성리학적 지식, 담론은 여기에 포함되지 않는다고 하였다. 그리고 성리학적 규범을 자기화하는 것뿐만 아니라 이념을 전유하는 데는 다양한 편폭이 존재함도 밝혔다. 아울러 우화 소설과 판소리계 소설에 나타나는, 상층 지식·전고들을 향유하는, 이른바 지식적 차원의 전유는 상층의 문화, 관습, 의식, 생활양식을 일정 부분 전유한 상태에서 따라오는 것이라고 보았다.

이어 하층민의 성리학적 이념 전유 과정에서 '유교의 세속화' 측면이 나타났다고 하고, 이를 '통속도덕'에 대한 연구 성과를 참고하면서 그 의미를 분석해 보았다. 첫째, 상위 이데올로기를 이데올로기 자체가 아니라 그들이 일상생활 속에서 어렵지 않게 실천할 수 있는 몇 가지 덕목 내지 규범을 활용하는 방식으로 민간으로 확산시킨다는 점을 들었다. 둘째, 이러한 규범들이 민간에 제대로 뿌리를 내리기 위해서는 피교화자들이 이러한 규범들을 실천하고 익숙해지는 것도 중요하지만 인식적인 측면에서도 수용이 되어야 가능하였는 바, 본래 상층에서 갖고 있었던 이데올로기가 일정 정도 세속화, 통속화 과정을 거치는 것이 불가피하다는 점을 지적하였다. 셋째, 상층의 이데올로기가 하층으로까지 확산되기 위해서는 필연적으로 강제성이 동반될 수밖에 없는데,

이때 일단 상층의 이데올로기가 하층에 수용되고 나서는 이 이데올로기가 다시 하층민들이 스스로를 억압하는 기제로 작용하는 측면이 존재함을 지적하였다. 마지막으로, 유교의 세속화를 통해 각각 민족 특유의 생활양식, 사유양식 등이 형성됨으로써 문화적 전통으로 자리를 잡아갔다는 점을 지적하였다.

이를 통해 결국 성리학적 이념과 규범의 확산은 개인 간, 집단 간, 세대 간 성리학적 이념과 규범에 대한 의사소통을 통해 하나의 문화적 행동, 즉 생활양식과 사유양식으로 확립되고, 그러한 생활양식과 사유양식의 가치를 세대 간 교육과 전수 과정에서 재확인함으로써 이를 지키고 유지해 나감으로써 하나의 문화적 현상, 즉 문화로 자리를 잡아나가는 과정이었음을 알 수 있었다.

한편 하층민의 성리학적 이념 전유가 도달할 수 있는 지점으로, 이데올로기화로서 전유 단계, 재전유 가능성으로서 전유 단계를 들었다. 먼저 이데올로기화로서 전유 단계는 기존 관련 논의에서 이데올로기화라고 부르는 지점을 가리키는데, 상층 사대부의 생활양식과 의식을 선망하고, 상층 사대부에게서 확장된 성리학적 규범을 사람이라면 반드시 지킬 수 있어야 한다는 인식이 있으며, 그 자신 또한 이를 준수하거나 준수하려고 노력하고 있으며, 아울러 자신들의 의식과 생활양식 역시 상층 사대부를 닮아가는 과정에 있는 경우로 상정하였다.

이 이데올로기화로서 전유 단계에서는 이데올로기화 과정에서 강제적으로 수용된 규범이 비난을 두려워하여 자신을 억압하고 자발적으로 이를 준수하도록 추동하는 기제로 작동하는 자발성과 자신의 적극적인 의지가 전제되어서 나온 자발성, 즉 피교화자들의 감발에 의한 자발적 수용과 준수의 측면도 존재한다고 보았다.

다음 재전유 가능성으로서 전유 단계는 피지배층이 지배 이념을 전유함으로써 지배층의 사회적 정치적 행동을 심문할 수 있는 계기로까지 작용할 수 있는 단계라고 하였다. 여기에는 학업과 전혀 관계가 없던 사람이 성리학적 규범 준수 차원을 넘어서 학업과 학문에 침잠하는 경우, 자신들 스스로 성리학적 규범을 준수해야 함을 인식하고 이를 준수하고 있으며, 이런 자신의 모습을 바탕으로 삼아 지배층이 지닌 문제점들에 대해 비판을 하거나 문제 제기를 할 수 있는 경우, 피지배층이 소수 지식인들과 결합하여 일정한 정치 운동 형태의 움직임을 보이는 데까지 나아갈 수도 있는 경우 등이 여기에 속한다고 하였다. 뒤의 두 가지는 성리학적 이념을 재전유할 수 있는 가능성을 내포하고 있는 상태라 할 수 있으며, 마지막 것은 성리학적 이념을 전유하여 이념화, 정치 세력화하는 데까지 나아간 경우에 해당한다고 하였다.

이러한 재전유 가능성으로서 전유 단계가 가능한 것은 의미사의 관점에서 보았을 때, 교화자가 피교화자에게 부과하는 상징체계를 피교화자들이 어떤 방식으로든 전유해 나갈 수 있다는 데서 기인한다고 하였다.

이어 이 책에서 가장 처음 관심을 가졌던 문제로 돌아가 〈두껍전〉, 〈장끼전〉, 〈서동지전〉 등 우화 소설이나 판소리계 소설과 〈삼한습유〉, 〈옥루몽〉, 〈옥선몽〉 등 한문 장편소설에서 공통적으로 활용되는 지식·전고의 범주를 대략 설정해 보고 그 성격을 어떻게 규정할 것인지 논의하였다.

먼저 이 두 유형뿐만 아니라 고전소설의 유형을 막론하고 활용되는 지식·전고들은 대략 유가 경전의 전고들과 『노자』, 『장자』 등 도가 경전의 일부 전고들, 역사서의 경우 『십구사략』과 『자치통감절요』에 주로 의거하여 활용하였을 것으로 추정하였다. 그리고 공통 범주를 최대한 확대하여 본다고 하더라도 『사기』나 『한서』에만 등장하는 일부 전고들을 넘어서지는 않으리라고 보았다.

이어 이러한 지식·전고들은 당대인들이 세상을 살아가면서 세상을 이해하는 바탕이 되는 '보편적인 지식과 사상 및 신앙으로서의 지식'의 범주에 속하는데, 이 '보편적인 지식과 사상 및 신앙으로서의 지식'은 우주와 사회의 근본적 의미와 가치를 해석하는 사상, 신앙과 필연적으로 어떤 관계를 맺는 만큼, 민간 사상이나 민중 사상과 등가를 이루는 것이 아니라 이보다는 높은 수준의 지식, 사상, 신앙이라 하였다.

아울러 이 '보편적인 지식과 사상 및 신앙으로서의 지식'은 이해의 틀·해석의 구조·관찰의 각도·가치의 표준 등을 지탱하는 '의거'를 생성하고 유지하는 기반이 되며, 이 의거는 건립된 지식, 사상의 세계가 '장기지속'되도록 한다고 하였다.

이러한 관점 하에서 우화 소설과 판소리계 소설에 나타나는, 상층 지식·전고들을 향유하는, 이른바 지식적 차원의 전유는 상층의 문화, 관습, 의식, 생활양식을 일정 부분 전유한 상태에서 따라오는 것이라고 보는 것이 타당하다고 하였다.

이어 상하층 소설을 막론하고 공통적으로 등장하는 지식·전고들을 일률적으로 유가적 지식으로 간주할 수 있는가 하는 문제를 다루었다. 이 중 도가적, 불교적 지식들, 그 서적들에서 활용되던 맥락이 그대로 유지된 상태에서 활용되는 전고들, 그리고 그러한 색채와 취향이 그대로 유지된 전고들은 성리학적 이념 전유와는 별도로 다른 경로를 거쳐 습득되었을 것이며, 이들은 유가적 문화의 자장 내에서 지식·전고들로 활용되면서 '보편적인 지식과 사상 및 신앙으로서의 지식'으로 구성되었다고 보았다.

마지막으로 19세기 소설 속 지식·전고, 글쓰기 방식이 갖는 의의를 살폈다. 하나는 성리학적 이념과 제도에 바탕을 둔 유교 문화가 아래로까지 확산되어 감에 따라 이러한 지식·전고 활용 방식과 글쓰기 방식 역시 아래로 내려오면서 자리를 잡았다는 점이었다. 다른 하나는 유교 문화의 내면화라는 관점에서 봤을 때, 중·하층민들이 다른 계층에게 자신들의 존재를 표출할 수 있는 수단과 방법을 획득했다는 의미를 갖는다고 하였다. 그래서 이러한 수단과 방법의 획득을 통해 제한적이나마 보다 상위 계층과의 문화적 교류가 가능해지는 길이 열렸다는 점에서 의미가 있다고 하였다. 아울러 이는 장기간에 걸쳐 교화 작업을 했던 사대부들이 결코 의도하지 않았던 측면이기도 했다.

다음 소설 속에서 중·하층민들로 형상화된 등장인물들이 고상하게 지식·전고들을 활용하는 점에 주목해 볼 때, 이는 소설 창작상의 미숙이 아니라, 고전소설 창작자들이 소설 속에서 등장인물들이 자신들의 의견과 감정을 표출할 때 얼마나 지식·전고들을 적절하게 활용하여 설득력을 높이고 읽는 재미를 느끼게 하는가 하는 데 더 큰 관심을 보였을 것이라 추정하였다. 그리고 이 점은 고전소설의 '천편일률'의 문제에 대한 해명의 실마리로 삼을 수 있다고 보았다.

곧 고전소설에서 보이는 천편일률이라는 특성을 갖게 된 것은 고전소설의 창작자들의 수준, 능력이 떨어져서가 아니라, 조선 후기 고전소설의 창작 기반과 목적이 성리학적 이념과 규범의 확산 의도와 긴밀하게 관련을 맺고 있었기 때문이라고 보았다. 즉 고전소설에서 보이는 선-악 대립 구도, 이에 기반한 인물 형상화 기법, 복선화음의 구현 등은 모두 이러한 목적을 이루기에 적합했기에 조선 후기 소설에서 관습이 되다시피 할 정도로 적극적으로 활용되었다고 보았다. 그리고 그렇게 볼 때, 고전소설의 '천편일률'이야말로 고전소설의 정체성을 가장 뚜렷하게 보여주는 면이라고 하였다.

참고문헌

기본자료

- 『원본언토(原本諺吐) 옥루몽(玉樓夢)』. 보급서관본(普及書舘本). 한문활자 현토본. 전3권. 대정(大正) 13년(1924).
- 『삼한습유(三韓拾遺)』. 서울대본. 한문필사본.
- 『옥선몽(玉仙夢)』. 서강대본. 한문필사본. 상하 2책.
- 〈흥부전〉. 경판 25장본.
- 〈박흥보가(朴興甫歌)〉. 신재효본. 성두본(星斗本).
- 〈심청전〉. 완판 71장본. 다가서포본(多佳書舖本). 국문활자본.
- 〈두껍전〉. 정해본(丁亥本, 1887). 국문필사본.
- 〈장끼전〉. 경성서적업조합본. 국한문혼용 활자본.
- 〈서듸쥐〉 권지단. 단국대 도서관 소장본. 국문필사 13장본(1913년 필사). 『〈니어사〉 외』에 합철.
- 〈셔동지젼(鼠同知傳)〉. 영창서관본. 국한문혼용 활자본. 1918. 9. 29. 발행.
- 〈서대주전(鼠大州傳)〉. 소장처 미상. 한문활자본. 『문장(文章)』 2권 4호(1940. 4) 활자화.
- 〈광한루기(廣寒樓記)〉. 숭실대본. 한문필사본.
- 〈우부편〉. 규장각 소장본. 일사본(一簑本).
- 〈용부편〉. 규장각 소장본. 일사본(一簑本).
- 『삼국지연의(三國志演義)』. 모종강(毛宗崗) 평점본(評點本).

- 『서경(書經)』.
- 『시경집전(詩經集傳)』.
- 『모시(毛詩)』.
- 『장자(莊子)』.
- 『구당서(舊唐書)』.
- 『십팔사략(十八史略)』.

- 『십구사략(十九史略)』.

- 『과재집(果齋集)』.
- 『근재집(近齋集)』.
- 『다산시문집(茶山詩文集)』.
- 『도곡집(陶谷集)』.
- 『병계집(屛溪集)』.
- 『상촌집(象村集)』.
- 『성호사설(星湖僿說)』.
- 『이향견문록(里鄕見聞錄)』.
- 『인정(人政)』.
- 『입재유고(立齋遺稿)』.
- 『조선왕조실록(朝鮮王朝實錄)』.
- 『지봉집(芝峯集)』.
- 『홍재전서(弘齋全書)』.
- 『화서집(華西集)』.

- 김기동 편, 『필사본 고전소설전집 1』(아세아문화사, 1980).
- 김동욱 편, 『나손본 필사본 고소설자료총서 8』(보경문화사, 1991).
- 김소행, 조혜란 역주, 『삼한습유』(고려대학교 민족문화연구원, 2005).
- 김태준 역주, 『한국고전문학전집 14: 흥부전/변강쇠가』(고려대 민족문화연구소, 1995).
- 김학주, 『(새로 옮긴) 시경』(명문당, 2010).
- 남영로, 김풍기 역, 『완역 옥루몽 1~5』(그린비, 2006).
- 동국대학교 한국학연구소 편, 『구활자본(舊活字本) 고소설전집(古小說全集) 3』(아세아문화사, 1976).
- 미상, 성백효 역, 『주역전의(周易傳義)』(전통문화연구회, 1998).
- 성현경·조융희·허용호, 『광한루기 역주 연구』(박이정, 1997).
- 신해진 편역, 『서류 송사형 우화 소설』(보고사, 2008).
- 여정덕(黎靖德) 편, 허탁·이요성 역주, 『주자어류(朱子語類) 1』(청계, 1998).
- ________________, 허탁·이요성 역주, 『주자어류 2』(청계, 2000(2쇄), 1998(1쇄)).
- 유영대·신해진 역주, 『조선후기 우화 소설선』(태학사, 1998).
- 유재건, 실시학사 고전문학연구회 역주, 『이향견문록(里鄕見聞錄)』(글항아리, 2008).

• 인천대학교 민족문화연구소 편, 『구활자본(舊活字本) 고소설전집(古小說全集) 12』(인천대학교 민족문화연구소, 1983).
• 장자, 안병주·전호근 공역, 『역주 장자 1』(전통문화연구회, 2003(3쇄), 2001(초판)).
• ____, 안병주·전호근 공역, 『역주 장자 3』(전통문화연구회, 2008(2쇄), 2005(초판)).
• ____, 안병주·전호근·김형석 공역, 『역주 장자 4』(전통문화연구회, 2008(2쇄), 2006(초판)).
• 장효현·윤재민·최용철·지연숙·이기대, 『교감본(校勘本) 한국한문소설(韓國漢文小說) 영웅 소설(英雄小說) 1』(고려대 민족문화연구원, 보고사, 2007).
• ________________________, 『교감본 한국한문소설 영웅 소설 2』(고려대 민족문화연구원, 보고사, 2007).
• 정재호, 『(주해) 초당문답가(草堂問答歌)』(박이정, 1996).
• 정하영 역주, 『한국고전문학전집 13: 심청전』(고려대민족문화연구소, 1995).
• 최동현·최혜진 편, 『(교주본) 흥보가』(민속원, 2005).
• H. B. 헐버트, 신복룡 역주, 『대한제국멸망사』(집문당, 1999).
• J. S. 게일, 신복룡 역주, 『전환기의 조선』(집문당, 1999).

단행본

국내 도서

• 강만길 편, 『조선후기사 연구의 현황과 과제』(창작과 비평사, 2000).
• 강명관, 『조선후기 여항문학 연구』(창작과비평사, 1997).
• ______, 『안쪽과 바깥쪽』(소명출판, 2007A).
• ______, 『공안파와 조선후기 한문학』(소명출판, 2007B).
• ______, 『농암잡지 평석』(소명출판, 2007C).
• ______, 『국문학과 민족 그리고 근대』(소명출판, 2007D).
• 강헌국, 『서사문법시론』(고려대학교 민족문화연구원, 2004(2쇄), 초판(2003)).
• 계승범, 『조선시대 해외파병과 한중관계: 조선지배층의 중국 인식』(푸른역사, 2009).
• 고려대학교 고전문학·한문학연구회 편, 『19세기 시가문학의 탐구』(집문당, 1995).
• 구만옥, 『조선후기 과학사상사 연구 1: 주자학(朱子學)적 우주론(宇宙論)의 변동』(혜안, 2004).
• 김건태, 『조선시대 양반가의 농업경영』(역사비평사, 2004).
• 김경미, 『19세기 소설사의 새로운 모색: 지식, 이념, 섹슈얼리티를 중심으로』(보고사, 2011).

- 김상준·한도현·박현모·이원택·최진덕, 『유교의 예치 이념과 조선』(청계, 2007).
- 문숙자, 『조선시대 재산상속과 가족』(경인문화사, 2004).
- 박연호, 『교훈가사연구』(박이정, 2003).
- 백승욱, 『자본주의 역사 강의: 세계체계 분석으로 본 자본주의의 기원과 미래』(그린비, 2009(개정판 3쇄), 2006(초판)).
- 서신혜, 『김소행의 글쓰기 방식과 삼한습유』(박이정, 2004).
- 송혁기, 『조선후기 한문산문의 이론과 비평』(월인, 2006).
- 유광수, 『흥보전연구』(계명문화사, 1993).
- 윤재민, 『조선후기(朝鮮後期) 중인층(中人層) 한문학(漢文學)의 연구』(고려대학교 민족문화연구소, 1999).
- 윤해옥, 『조선시대 우언우화 소설연구』(박이정, 1997).
- 이기대, 『19세기 조선의 소설가와 한문 장편소설』(집문당, 2010).
- 이종서, 『고려·조선의 친족용어와 혈연의식: 친족관계의 정형과 변동』(신구문화사, 2009).
- 인권환 편, 『흥부전연구』(집문당, 1991).
- ______, 『토끼전·수궁가 연구』(고려대학교 민족문화연구원, 2001).
- 장시광, 『조선시대 대하소설의 여성반동인물』(한국학술정보, 2006).
- 장효현, 『한국 고전소설사 연구』(고려대학교 출판부, 2002).
- ______, 『한국 고전문학의 시각』(고려대학교 출판부, 2010).
- 정출헌, 『조선 후기 우화 소설 연구』(고려대학교 민족문화연구원, 1999).
- 조혜란, 『19세기 서얼 지식인의 대안적 글쓰기: 삼한습유』(소명출판, 2011).
- 지연숙, 『장편소설과 여와전』(보고사, 2003).
- 한국문학평론가협회 편, 『문학비평용어사전(하)』(국학자료원, 2006).
- 한명기, 『임진왜란과 한중관계』(역사비평사, 1999).
- ______, 『정묘·병자호란과 동아시아』(푸른역사, 2009).
- 허태용, 『조선후기 중화론과 역사인식』(아카넷, 2009).

국외 도서

- 거자오광(葛兆光), 이등연·심규호·양충렬 옮김, 『중국사상사 도론: 사상사의 서술 방법』(일빛, 2007).
- ______________, 이연승 옮김, 『사상사를 어떻게 쓸 것인가』(영남대학교출판부, 2008).
- 고지마 쓰요시(小島毅), 신현승 옮김, 『사대부의 시대: 주자학과 양명학 새롭게 읽기』(동아시아, 2004A).

- 고지마 쓰요시(小島毅), 신현승 옮김, 『송학의 형성과 전개』(논형, 2004B).
- 데이비드 롤스톤, 조관희 옮김, 『중국 고대소설과 소설 평점: 행간 읽기와 쓰기』(소명출판, 2009).
- 란다 사브리, 이충민 옮김, 『담화의 놀이들』(새물결, 2003).
- 마르티나 도이힐러, 이훈상 옮김, 『한국 사회의 유교적 변환』(아카넷, 2003).
- 모리스 꾸랑, 이희재 옮김, 『한국서지(韓國書誌)(개정번역판)』(일조각, 1994).
- 미조구찌 유조(溝口雄三)·이토 타카유키(伊東貴之)·무라타 유지로(村田雄二郎), 동국대 동양사연구실 옮김, 『중국의 예치 시스템: 주희에서 등소평까지』(청계, 2001).
- 베르나르 발레트, 조성애 옮김, 『소설분석: 현대적 방법론과 기법』(동문선, 2004).
- 스티븐 핑커, 김한영·문미선·신효식 옮김, 『언어본능: 마음은 어떻게 언어를 만드는가』(동녘사이언스, 2008(개정 2판)).
- 안네마리 피퍼, 이재황 옮김, 『선과 악: 그 하나의 뿌리를 찾아서』(이끌리오, 2002).
- 야스마루 요시오, 박진우 옮김, 『현대일본사상론: 역사의식과 이데올로기』(논형, 2006).
- ______________, 남춘모 옮김, 『방법으로서 사상사』(대왕사, 2010).
- 에르네스트 만델, 이동연 옮김, 『즐거운 살인: 범죄소설의 사회사』(이후, 2001).
- 우치다 타츠루(内田樹), 『푸코, 바르트, 레비스트로스, 라캉 쉽게 읽기: 교양인을 위한 구조주의 강의』(갈라파고스, 2010).
- 움베르또 마뚜라나·프란시스코 바렐라, 최호영 옮김, 『앎의 나무: 인간 인지능력의 생물학적 뿌리』(갈무리, 2007).
- 이-푸 투안, 구동회·심승희 옮김, 『공간과 장소』(대윤, 2007(개정판), 2001(2쇄), 1995(초판)).
- 제레미 M. 호손, 정정호 외 옮김, 『현대문학이론용어사전』(동인, 2003).
- 키스 젠킨스, 최용찬 옮김, 『누구를 위한 역사인가』(혜안, 1999).
- 테리 이글턴, 김현수 옮김, 『문학이론입문』(개정판)(인간사랑, 2006(2쇄), 2001(초판)).
- 프란시스코 J. 바렐라, 유권종·박충식 옮김, 『윤리적 노하우: 행동 지혜 인지』(갈무리, 2009).
- 피터 버크, 박광식 옮김, 『지식: 그 탄생과 유통에 대한 모든 지식』(현실문화연구, 2006).
- G. 레이코프·M. 존슨, 노양진·나익주 옮김, 『삶으로서의 은유』(수정판)(박이정, 2006).
- H. 포터 애벗, 우찬제·이소연·박상익·공성수 옮김, 『서사학 강의: 이야기에 대한 모든 것』(문학과지성사, 2010).

논문

학위논문

- 박형서, 「김승옥 소설 플롯의 구조와 의미」(고려대학교 응용어문정보학 협동과정 박사학위논문, 2009. 12).
- 이명희, 「조선후기 공동체 윤리규범의 특성에 관한 연구 : 『승총명록(勝聰明錄)』과 〈南平文氏古文書(南平文氏古文書)〉를 중심으로」(한국정신문화연구원 한국학대학원 교육·윤리전공 박사학위논문, 2000).
- 임영석, 「한국 현대소설의 서사담론 연구: 서정인·오정희 소설을 중심으로」(고려대 국어국문학과 박사학위논문, 2009. 8).
- 최원경, 「항해 홍길주의 『숙수념(孰遂念)』: 지식과 공간의 인식」(성균관대학교 박사학위논문, 2008).

일반 논문

- 강상규, 「근대지식체계와 조선사 이미지」, 『동양정치사상사』 9-2(한국동양정치사상사학회, 2010. 9).
- 강상순, 「사씨남정기의 적대와 희생의 논리」, 『고소설연구』 12(한국고소설학회, 2001).
- 계승범, 「한국의 유교화와 17세기: 도이힐러의 『한국 사회의 유교적 변환』과 그 해석」, 『한국사학사학보』 20(한국사학사학회, 2009. 12).
- 고영진, 「병리학적 환상과 글쓰기 방법으로서의 여담: 허윤석의 『구관조』를 중심으로」, 『한국문학이론과 비평』 34(11권 1호)(한국문학이론과 비평학회, 2007. 3).
- 고은지, 「계몽가사의 인물 형상화 방식과 내용구성의 특징: 『초당문답가』와 비교를 중심으로」, 『국제어문』 25(국제어문학회, 2002).
- 구만옥, 「조선후기 천체운행론(天體運行論)의 변화」, 『역사와실학』 17·18(역사실학회, 2000. 1).
- 구희진, 「19세기 중반 유자(儒者)들의 보통교육론(普通教育論)과 동몽서(童蒙書) 편찬」, 『역사교육』 92(역사교육연구회, 2004).
- 권내현, 「향약, 지배와 통제의 도구」, 『내일을 여는 역사』 11(내일을 여는 역사, 2003. 2).
- ______, 「조선후기 동성촌락 구성원의 통혼 양상: 단성현 신등면 안동 권씨 사례」, 『한국사연구』 132(한국사연구회, 2006. 3).
- ______, 「조선후기 입양의 시점과 범위에 대한 분석」, 『대동문화연구』 62(성균관대학교 대동문화연구원, 2008).

• 권내현, 「조선후기 입양의 확산 추이와 수용 양상」, 『역사와 현실』 73(한국역사연구회, 2009. 9).
• ______, 「조선후기 평민 동성촌락의 성장」, 『민족문화연구』 52(고려대학교 민족문화연구원, 2010. 6).
• 권순회, 「『초당문답가』의 이본양상과 주제적 의미」, 고려대학교 고전문학·한문학연구회 편, 『19세기 시가문학의 탐구』(집문당, 1995).
• 길진숙, 「여성으로서 말하기, 그 안과 밖: 복선화음가의 여성화자를 중심으로」, 박노준 편, 『고전시가 엮어 읽기(下)』(태학사, 2003).
• ______, 「뺑덕어미와 괴똥어미의 일탈과 그 성격: 용부가·복선화음가·심청가의 일탈형 여성인물에 대한 고찰」, 『한국고전연구』 19(한국고전연구학회, 2009, 6).
• 김경미, 「조선 후기 한문 소설의 의론적 대화 양상과 그 의미: 정생전·삼한습유·옥선몽을 중심으로」, 『고소설연구』 8(한국고소설학회, 1999).
• 김광순, 「흥부전의 주인공에 관한 인성분석」, 인권환 편, 『흥부전연구』(집문당, 1991).
• 김문용, 「심대윤의 복리사상과 유학의 세속화」, 『시대와 철학』 21-3(한국철학사상연구회, 2010).
• 김문희, 「장편가문소설의 전고(典故)와 독서 역학적 연구」, 『한국고전연구』 21(한국고전연구학회, 2010. 6).
• 김백철, 「조선의 유교적 이상국가 만들기: 서주와 요순의 재인식 과정」, 『국학연구』 17(한국국학진흥원, 2010. 12).
• 김성우, 「조선후기 신분제: 해체국면 혹은 변화과정?」, 『역사와 현실』 48(한국역사연구회, 2003).
• ______, 「18~19세기 '지배양반' 되기의 다양한 조건들」, 『대동문화연구』 49(성균관대학교 대동문화연구원, 2005).
• ______, 「'조선 중기'를 바라보는 두 개의 시선: 한국과 미국의 역사학계 비교」, 『한국사연구』 143(한국사연구회, 2008).
• 김언순, 「조선 여성의 유교적 여성상 내면화 연구: 여훈서(女訓書)와 규방가사(閨房歌詞)를 중심으로」, 『페미니즘연구』 8-1(한국여성연구소, 2008).
• ______, 「18세기 종법사회 형성과 사대부의 가정교화: 가훈서를 중심으로」, 『사회와 역사』 83(한국사회사학회, 2009. 9).
• 김영민, 「성리학의 형이상학: 개별 자아의 세계 전유」, 『철학과 현실』 58(철학문화연구소, 2003).
• ______, 「정치사상 텍스트로서 춘향전」, 『한국정치학회보』 41-4(한국정치학회, 2007).

• 김영민, 「미시성의 정치: 논어의 경우」, 『한국정치학회보』 43-1(한국정치학회, 2009. 3).
• ______, 「철학의 역사와 의미의 역사, 성리학자와 연암 박지원: 이기론 연구방법론 재검토」, 『한국학논집』 43(계명대학교 한국학연구원, 2011).
• 김윤수, 「『십구사략』의 원류와 한국적 전개 (상)」, 『서지학보』 6(한국서지학회, 1991, 12).
• ______, 「『십구사략』의 원류와 한국적 전개 (하)」, 『서지학보』 7(한국서지학회, 1992, 9).
• 김일권, 「동양 천문의 범주와 그 세계관적인 역할: 고려와 조선의 하늘 이해를 덧붙여」, 『정신문화연구』 94(제27권 제1호)(한국정신문화연구원, 2004, 봄).
• 김정녀, 「삼한습유(三韓拾遺)에 나타난 예(禮)에 관한 논쟁과 그 의미」, 『국어국문학』 137(국어국문학회, 2004. 9).
• 김정인, 「내재적 발전론과 민족주의」, 『역사와 현실』 77(한국역사연구회, 2010, 9).
• 김필동, 「한국 전통 사회의 공동체와 개인」, 『사회와 이론』 1(한국이론사회학회, 2002).
• ______, 「'통속도덕(通俗道德)'의 역사성에 관한 일 고찰」, 『일본어문학』 34(일본어문학회, 2006A).
• ______, 「민촌적 배경을 갖는 종족마을의 종족집단과 그 변화: 충남 부여군 한 농촌 마을의 사례」, 『농촌사회』 16-1(한국농촌사회학회, 2006B).
• 김현수, 「17세기 향촌교화론과 향례(鄕禮) 인식: 이유태(李惟泰), 윤휴(尹鑴), 박세채(朴世采)를 중심으로」, 『동양고전연구』 39(동양고전학회, 2010. 6).
• 김흥규, 「한국 근대문학 연구와 식민주의: 김철·황종연의 담론들에 관한 비판적 검토」, 『창작과 비평』 147(창작과 비평사, 2010. 3).
• 도면회, 「'건너뛰기'가 아니라 '다시보기'이다: 김용흠 교수의 서평에 대한 반론」, 『내일을 여는 역사』 38(내일을 여는 역사, 2010. 3).
• 도베 히데아키, 「'민중사상사' 연구의 출발: 야스마루 요시오(安丸良夫)의 방법적 혁신」, 도면회·윤해동 편, 『역사학의 세기: 20세기 한국과 일본의 역사학』(휴머니스트, 2009).
• 마르티나 도이힐러, 「유교사상과 조선사회: 도전과 적응의 양상」, 『국학연구』 14(한국국학진흥원, 2009. 6).
• 민혜란, 「김성탄(金聖嘆)의 소설기법론(小說技法論)에 대하여」, 『중국학연구』 7(중국학연구회, 1992. 10).
• 박 섭, 「근대 경제에 대한 한국인의 적응」, 『역사학보』 202(역사학회, 2009. 6).
• 박소현, 「중국과 조선의 법률문화와 범죄소설의 계보학」, 『비교문학』 53(한국비교문

학회, 2011. 2).
- 박연호, 「19세기 오륜가사 연구」, 고려대학교 고전문학·한문학연구회 편, 『19세기 시가문학의 탐구』(집문당, 1995).
- 박 진, 「여담의 글쓰기」, 『문예중앙』 109(랜덤하우스 중앙, 2005. 봄).
- 박찬승, 「한국학 연구 패러다임을 둘러싼 논의」, 『한국학논집』 35(계명대학교 한국학연구원, 2007, 12).
- 배항섭, 「19세기 지배질서의 변화와 정치문화의 변용: 인정(仁政) 원망(願望)을 중심으로」, 『한국사학보』 39(고려사학회, 2010. 5).
- 백두현, 「『십구사략언해(十九史略諺解)』 제(諸) 판본(版本)의 계통 연구」, 『국어학』 36(국어학회, 2000).
- 서경희, 「옥선몽의 구성방식 연구」, 『한국고전연구』 7(한국고전연구학회, 2001).
- 서인석, 「조선 후기 향촌 사회의 악인 형상: 놀부와 옹고집의 경우」, 『국문학연구』 3(국문학회, 1999. 8).
- 서종택, 「딴전의 시학: 최창학의 「창(槍)」의 서사담론」, 『한국학연구』 31(고려대학교 한국학연구소, 2009. 11).
- 송기섭, 「여담의 구실과 서사전략」, 『한국문학이론과 비평』 29(9권 4호)(한국문학이론과 비평학회, 2005. 12).
- 안대회, 「조선 후기 이중 언어 텍스트와 그에 관한 논의들」, 『대동한문학』 24(대동한문학회, 2006).
- ______, 「초정(楚亭) 박제가(朴齊家)의 연행(燕行)과 일상속의 국제교류」, 『동방학지』 145(연세대 국학연구원, 2009).
- ______, 「18·19세기 조선의 백과사전파(百科全書派)와 『화한삼재도회(和漢三才圖會)』」, 『대동문화연구』 69(성균관대 대동문화연구원, 2010).
- 에반 톰슨, 「생명과 마음: 오토포이에시스로부터 신경현상학까지- 프란시스코 바렐라에게 바치는 헌사」, 프란시스코 J. 바렐라, 유권종·박충식 옮김, 『윤리적 노하우: 행동 지혜 인지』(갈무리, 2009).
- 유권종, 「바렐라의 『윤리적 노하우』와 유교 연구」, 『한국학논집』 42(계명대학교 한국학연구원, 2011. 3).
- 유영대, 「심청전의 여성 형상: 곽씨부인과 뺑덕어미를 중심으로」, 『한국고전여성문학연구』 1(한국고전여성문학회, 2000).
- 윤해동, 「'숨은 신'을 비판할 수 있는가?: 김용섭의 내재적 발전론」, 『한국사학사학보』 14(한국사학사학회, 2006).
- ______, 「에피고넨의 시대, "내재적 발전론"을 다시 묻는다」, 『민족문화논총』 47(영남대학교 민족문화연구소, 2010, 9).

- 이강옥, 「두껍전의 말하기 전략과 그 의미」, 『고전문학연구』 22(한국고전문학회, 2002).
- ______, 「이중 언어 현상으로 본 18, 19세기 야담의 구연, 기록, 번역」, 『고전문학연구』 32(한국고전문학회, 2007).
- ______, 「이중 언어 현상과 고전문학의 듣기·말하기·일기·쓰기에 대한 연구」, 『어문학』 106(한국어문학회, 2009. 12).
- ______, 「야담의 전개와 경화세족」, 『국문학연구』 21(국문학회, 2010. 5).
- 이대중, 「뺑덕어미 삽화의 더늠화 양상과 의미」, 『판소리연구』 17(판소리학회, 2004).
- 이명희, 「조선후기 향촌의 지역공동체 문화와 자치적 전통에 관한 연구」, 『한국사상과 문화』 16(한국사상문화학회, 2002).
- 이상익, 「유가(儒家)에 있어서 최고선(最高善)의 문제」, 『철학』 73(한국철학회, 2002. 11).
- 이승렬, 「'식민지 근대론'과 민족주의」, 『역사비평』 80(역사비평사, 2007, 8).
- 이영호, 「'내재적 발전론' 역사인식의 궤적과 전망」, 『한국사연구』 152(한국사연구회, 2011. 3).
- 이용기, 「미군정기의 새로운 이해와 '사회사'적 접근의 모색」, 『역사와 현실』 35(한국역사연구회, 2000).
- 이윤석, 「방각본 연구의 몇 가지 문제」, 『열상고전연구』 31(열상고전연구회, 2010, 6).
- 이정철, 「내재적 발전론 비판의 역사 인식」, 『내일을 여는 역사』 22(내일을 여는 역사, 2005. 12).
- 이정화·안상우, 「『제중신편(濟衆新編)』 약성가(藥性歌)의 서지적 고찰」, 『대한본초학회지』 24-3(대한본초학회, 2009).
- 이지영, 「흥부전의 '놀부심술사설' 연구: 무가계 사설의 하나로서」, 『고소설연구』 7(한국고소설학회, 1999).
- 이해준, 「조선후기 '문중화' 경향과 친족조직의 변질」, 『역사와 현실』 48(한국역사연구회, 2003. 6).
- 이헌창, 「제한된 합리적 선택으로서 조선시대의 유교: 조선시대 유교를 위한 변명」, 『한국실학연구』 7(한국실학학회, 2004).
- ______, 「한국사 파악에서 내재적 발전론의 문제점」, 『한국사 시민강좌』 40(일조각, 2007).
- ______, 「조선 후기 자본주의맹아론(資本主義萌芽論)과 그 대안(代案)」, 『한국사학사학보』 17(한국사학사학회, 2008. 6).

- 이헌창, 「조선시대를 바라보는 제3의 시각」, 『한국사연구』 148(한국사연구회, 2010. 3).
- 이훈상, 「조선후기 사회규범들간의 갈등과 향리사회의 문화적 대응: 판소리 흥보전과 중재문화의 발전」, 『판소리연구』 16(판소리학회, 2003).
- ______, 「조선후기 경상도 감영(監營)의 영방(營房)과 안동의 향리사회: 안동 향리사회의 영방주도권 유지 전략과 향리 가계들의 상호 견제 기제」, 『대동문화연구』 55(성균관대학교 대동문화연구원, 2006).
- ______·윤성진, 「조선후기 향리의 사회 이동과 동질성: 소규모 행정 구역 곤양의 廣州 崔氏 향리가문과 이들의 문서 전승에 대한 사례 연구」, 『고문서연구』 33(한국고문서학회, 2008).
- 인권환, 「수궁가의 약성가 고찰」, 『토끼전·수궁가 연구』(고려대학교 민족문화연구원, 2001).
- 임형택, 「18~19세기 예술사의 성격」, 『한국학연구』 7(고려대학교 한국학연구소, 1995. 12).
- ______, 「문화현상으로 본 19세기」, 『역사비평』 37(역사비평사, 1996. 11).
- ______, 「19세기 문학사가 제기한 문제점들」, 『국어국문학』 149(국어국문학회, 2008. 9).
- ______, 「17~19세기 동아시아, 한·중·일 간의 지식교류 양상: "이성적 대화"의 열림을 주목해서」, 『대동문화연구』 68(성균관대학교 대동문화연구원, 2009).
- 장예준, 「19세기 소설의 '지식' 구성의 한 양상과 '지식'의 성격: 두껍전에 나타난 '지식' 향유 양상을 중심으로」, 『한국어문학연구』 55(한국어문학연구학회, 2010. 8).
- ______, 「19세기 소설 속 여담(餘談)의 성격」, 『고전과 해석』 11(한국 고전문학한문학연구학회, 2011. 10).
- ______, 「'착종(錯綜)'의 관점에서 본 19세기 소설 속 서사 흐름에 대한 인식」, 『고소설연구』 32(한국고소설학회, 2011. 12).
- 전성운, 「17세기 장편국문소설과 명말 청초 인정소설의 상관성」, 『중국소설논총』 17(한국중국소설학회, 2003. 3).
- ______, 「19세기 장편 한문소설과 청말 재학소설의 지식 제시 방식: 옥선몽(玉仙夢)과 경화연(鏡花緣) 비교를 중심으로」, 『어문연구』 58(어문연구학회, 2008).
- 정우봉, 「조선(朝鮮) 후기(後期) 소설론(小說論)에 있어 구성(構成)의 문제」, 『한국고소설사의 시각』(국학자료원, 1996).
- ______, 「삽교예학록(霅橋藝學錄)의 산문수사학 연구」, 『한국한문학연구』 32(한국한문학회, 2003).
- 정재호, 「용부가 고」, 정재호 주해, 『초당문답가』(박이정, 1996).

- 정재호, 「우부가 고」, 정재호 주해, 『초당문답가』(박이정, 1996).
- 정출헌, 「고전소설 연구의 몇몇 국면에 대한 반성적 고찰」, 『한국문학연구』 3(고려대 한국문학연구소, 2003).
- ______, 「고전문학에서의 근대성 논의, 그 반성의 자리와 갱신의 계기」, 『국제어문』 35(국제어문학회, 2005. 12).
- 정충권, 「경판 흥부전과 신재효 박타령의 비교 고찰」, 『판소리연구』 12(판소리학회, 2001. 10).
- ______, 「흥보가(전)의 전승양상 연구」, 『판소리연구』 13(판소리학회, 2002A. 4).
- ______, 「연경도서관본 흥보젼 연구」, 『국어국문학』 130(국어국문학회, 2002B. 5).
- 정하영, 「심청전에 나타난 악인상: 뺑덕어미론」, 『국어국문학』 97(국어국문학회, 1987. 5).
- 정환국, 「'초옥(楚玉)'과 '옹녀': 19세기 비극적 자아의 초상」, 『한국문학연구』 33(동국대학교 한국문학연구소, 2007. 12).
- ______, 「17세기 소설에서 '악인'의 등장과 대결구도」, 『한문학보』 18(우리한문학회, 2008).
- ______, 「19세기 문학의 '불편함'에 대하여: 그로테스크한 경향과 관련하여」, 『한국문학연구』 36(동국대 한국문학연구소, 2009).
- 조석곤, 「식민지 근대화론과 내재적 발전론 재검토」, 『동향과 전망』 38(한국사회과학연구소, 1998. 7).
- ______, 「식민지 근대화론 연구 성과의 비판적 수용을 위한 제언」, 『역사비평』 75(역사비평사, 2006. 5).
- 조성산, 「18세기 후반~19세가 전반 "조선학(朝鮮學)" 형성의 전제와 가능성」, 『동방학지』 148(연세대학교 국학연구원, 2009).
- 조현설, 「성녀와 악녀: 조선 전기 불교계 소설의 여성 형상과 유가 이데올로기의 접점에 관한 시론」, 『불교어문논집』 8(한국불교어문학회, 2003. 12).
- 조현우, 「사씨남정기의 악녀 형상과 그 소설사적 의미」, 『한국고전여성문학연구』 13(한국고전여성문학회, 2006).
- ______, 「고소설의 악과 악인 형상에 대한 문화사적 접근: 초기소설과 영웅 소설을 중심으로」, 『우리말글』 41(우리말글학회, 2007. 12).
- ______, 「우언문학에서 '교훈'의 성격과 위상」, 『시학과 언어학』 16(시학과 언어학회, 2009. 2).
- 조혜란, 「악행(惡行)의 서사화 방식과 진지성의 문제: 현몽쌍룡기를 중심으로」, 『한국고전연구』 23(한국고전연구학회, 2011. 6).
- 지연숙, 「고전소설 공간의 상호텍스트성: 황릉묘를 중심으로」, 『한국학연구』 36(고

려대학교 한국학연구소, 2011. 3).

- 진재교, 「경화세족의 독서성향과 문화비평: 19세기 홍석주(洪奭周) 가(家)의 경우」, 『독서연구』 10(한국독서학회, 2003. 12).
- ______, 「19세기 차기체(箚記體) 필기(筆記)의 글쓰기 양상: 『지수념필(智水拈筆)』을 통해 본 지식의 생성과 유통」, 『한국한문학연구』 36(한국한문학회, 2005).
- ______, 「이조 후기 차기체(箚記體) 필기(筆記) 연구: 지식의 생성과 유통의 관점에서」, 『한국한문학연구』 39(한국한문학회, 2007).
- ______, 「18~19세기 초 지식·정보의 유통 메커니즘과 중간계층」, 『대동문화연구』 68(성균관대학교 대동문화연구원, 2009).
- 최기숙, 「담론의 패권주의와 기만의 사회학: 두껍전 읽기」, 『돈암어문학』 12(돈암어문학회, 1999).
- 최원경, 「항해(沆瀣) 홍길주(洪吉周)를 통해 본 고전작가의 초상」, 『현대문학의 연구』 37(한국문학연구학회, 2009).
- 최진덕, 「주자학적 예치의 이념과 그 현실」, 김상준 외, 『유교의 예치 이념과 조선』(청계, 2007).
- 하윤섭, 「가부장적 이데올로기의 모순과 '상상'적 봉합: 복선화음가를 중심으로」, 제210차 고전문학한문학연구학회 월례발표회 발표문(고전문학한문학연구학회, 2009. 10).
- ______, 「선초(鮮初) 오륜가(五倫歌)의 고전적 원천과 그 의미: 경기체가 오륜가와 시조 오륜가를 중심으로」, 『어문논집』 60(민족어문학회, 2009).
- ______, 「16세기의 법적 질서와 오륜가의 발생: 15세기와의 대비적 지점을 중심으로」, 『우리어문연구』 37(우리어문학회, 2010).
- 한길연, 「완월회맹연의 서사문법과 독서역학」, 『한국문화』 36(서울대학교 규장각 한국학연구원, 2005. 12).
- 한창훈, 「고전문학 감상 교육에 있어서 역사적 상상력의 역할에 관한 시론: 우부가, 용부가의 풍자적 성격과 그 해석을 대상으로」, 『문학교육학』 9(한국문학교육학회, 2002).
- 허태용, 「17세기 후반 정통론(正統論)의 강화와 『자치통감절요(資治通鑑節要)』의 보급」, 『한국사학사학보』 3(한국사학사학회, 2001).
- 황혜진, 「독자 비평 자료를 통해 본 고전소설의 효용에 대한 연구」, 『문학교육학』 15(한국문학교육학회, 2004).

찾아보기

ㄱ

ㅇ

ㅎ

저자 장예준

부산 출생
고려대 국어교육과 졸업
동 대학원 국어국문학과 졸업(문학박사)
고려대 민족문화연구원 HK한국문화연구단 연구원 역임
고려대 BK21플러스 한국어문학사업단 연구교수 역임
현재 고려대 강사

民族文化硏究叢書 154
19세기 상·하층 소설의 접점과 문화적 의미

2016년 10월 20일 초판 1쇄 펴냄

저 자 장예준
발행인 이형대
발행처 高麗大學校 民族文化硏究院

등록 1964년 9월 28일 제6-18호
주소 서울특별시 성북구 안암로 145
전화 02-3290-1610~4
팩스 02-926-8385
http://riks.korea.ac.kr

ISBN 978-89-7155-166-0 94810
978-89-7155-073-2 (세트)

정가 30,000원